Dialogische Bibeldidaktik
Korrelative Auslegung der Korintherbriefe in der Kolleg-/Studienstufe

Europäische Hochschulschriften
Publications Universitaires Européennes
European University Studies

Reihe XXIII
Theologie

Série XXIII Series XXIII
Théologie
Theology

Bd./Vol. 406

PETER LANG
Frankfurt am Main · Bern · New York · Paris

Rudi Ott

Dialogische Bibeldidaktik

Korrelative Auslegung der Korintherbriefe in der Kolleg-/Studienstufe

PETER LANG
Frankfurt am Main · Bern · New York · Paris

CIP-Titelaufnahme der Deutschen Bibliothek

Ott, Rudi:

Dialogische Bibeldidaktik : korrelative Auslegung der Korintherbriefe in der Kolleg-/Studienstufe / Rudi Ott. - Frankfurt am Main ; Bern ; New York ; Paris : Lang, 1990
(Europäische Hochschulschriften : Reihe 23, Theologie ; Bd. 406)
Zugl.: Würzburg, Univ., Diss., 1990
ISBN 3-631-43406-5

NE: Europäische Hochschulschriften / 23

D 20
ISSN 0721-3409
ISBN 3-631-43406-5

Printed in Germany 1 2 3 4 6 7

UXORI CARISSIMAE ET AMABILISSIMAE

INHALTSVERZEICHNIS

Geleitwort

Erfahrungsgemäß stellt die Bibeldidaktik im Religionsunterricht weiterführender Schulen nach wie vor ein hartes Problem dar: "Die Mühe um das je bessere und tiefere Verstehen der Bibel, in der die Ursprungsdokumente des jüdisch-christlichen Glaubens, die Urzeugnisse der Geschichte Gottes mit den Menschen gesammelt sind" (W. Langer, 1987), trifft auf Schülerinnen und Schüler, die zwar meistens die Wichtigkeit der Heiligen Schrift einsehen, sich jedoch mit den ihrer Lebenswelt so fernen, sprachlich, soziologisch und inhaltlich so fremden Texten nur bedingt einzulassen willens sind. Auch die exegetische Texterschließung, die noch in den 60er Jahren fruchtbare Impulse auslöste, vermag heute auch bei wissenschaftlich interessierten Kollegiaten auf längere Dauer keine anhaltende Motivation mehr auszulösen. Diesem Dilemma versucht die Religionsdidaktik seit nunmehr fast zwanzig Jahren mit dem Korrelationsprinzip beizukommen, indem man heutige Erfahrung und biblische Glaubensdokumente, Situation und Tradition, Gegenwart und Vergangenheit, den heutigen Schüler und die alte Bibel in eine kritische und produktive Wechselbeziehung zu bringen versucht.
Nun hat die jüngere Religionsdidaktik diese Wechselbeziehung zwischen Glauben und Leben zwar immer wieder eingeklagt, auf der theologiegeschichtlichen Basis einer in die Lebenswelt des Menschen hinein ergangenen Offenbarung legitimiert und unter den Bedingungen der Welt von heute die Verwirklichung von Glauben gegen realitätsfremde Fundamentalismen zu ermöglichen versucht. Wie wenig man jedoch faktisch in der schulischen Kleinarbeit dieses Korrelationsmodell in die Praxis umzusetzen und auf immer neue Weise zu erproben und weiterzuführen sich bemühte, verdeutlicht die Tatsache, daß die Korrelationsdidaktik bereits im Begriff steht, von einer vermeintlich neu ansetzenden Symboldidaktik abgelöst zu werden.
Die hier vorliegende Untersuchung von Rudi Ott, gleichermaßen bewandert in der philosophischen und theologischen Problemlage wie in der didaktischen und schulpraktischen Wirklichkeit, verankert zunächst das Korrelationsprinzip im Hiltner/Zerfaß'schen Modell Praktischer Theologie und entwickelt es methodisch für die Bibeldidaktik weiter. Die Analyse unterrichtlichen Handelns und die Einbeziehung der konkreten Erfahrungswelt und Glaubenspraxis von SchülerInnen haben hier genauso ihren Ort wie die exegetischen Textanalysen. (Entwicklungs-)Psychologie Jugendlicher, Sozialisationsforschung, Schulpädagogik, Exegese biblischer Überlieferungen und Analyse heutiger partieller kirchlicher Gläubigkeit von Jugendlichen bedürfen der Interaktion im Didaktikverständnis und in der konkreten Unterrichtsvorbereitung des Religionslehrers. In diesem Bezugsrahmen ein fundiertes bibeldidaktisches Konzept

für die Kollegstufe fortgeschrieben zu haben, stellt ein erstes Verdienst dieser Arbeit dar.

Doch bleibt Rudi Ott nicht bei der Entwicklung eines Theorie-Modells stehen. Da für ihn induktives Vorgehen das entscheidende Movens bibeldidaktischer Theoriebildung ist, führt er in verschiedenen Unterrichtssequenzen sein Modell an den Korintherbriefen des Paulus durch. Planung und Reflexion dieser Unterrichtseinheiten, ihr Gelingen und Scheitern, ihre Revisionen und vorandrängenden neuen Impulse werden aus der Schulpraxis gewonnen und stets neu mit dem Theoriekonstrukt rückgekoppelt, so daß sich in mehreren Regelkreisen das Korrelationsmodell für den bibeldidaktischen Religionsunterricht verifiziert und validisiert. Zugleich versucht Rudi Ott aber auch stets neu den Anspruch einzulösen, Schülerwirklichkeit und Glaubenstradition je unverkürzt miteinander zu vermitteln. Auf diese Weise entstehen verschiedene korrelative Wechselbeziehungen auf unterschiedlichen Ebenen: Theorie-Modell – Unterrichtspraxis; Erfahrung – Glaube; Schülersoziologie – Exegese; weltliche Glückserwartungen – christliche Auferstehungsbotschaft, und manche mehr. Ja, der Arbeitsstil dieser Untersuchung ist selber korrelativ angelegt: die exegetischen Textanalysen aus den Korintherbriefen sind von der gleichen wissenschaftlichen Akribie getragen wie die soziologische, entwicklungspsychologische und soziokulturelle Erhebung der Schülersituation, die selber wiederum einen unverzichtbaren Bestandteil des Religionsunterrichts in der gymnasialen Oberstufe bilden. So werden die Erfahrungswirklichkeit der Kollegiaten nicht nur vorausgesetzt, sondern mit diesen zusammen schrittweise erarbeitet und damit die kirchlicherseits oft eingeklagte Menschenwürde – hier auch der Jugendlichen – konkret ernstgenommen.

Hierin überschreitet nun Rudi Ott die bisherigen Grenzen des Korrelationsmodells und gelangt damit auf die personale Ebene: Gemäß dem »Prinzip der originalen Begegnung« ist Korrelation nicht mehr nur Unterrichtsprinzip, sondern Anbahnung von Teilhabe zwischen dem Völkerapostel Paulus und heutigen Gymnasiasten. Sie reift zum Dialog zwischen der Offenbarung Gottes und dem heutigen Menschen in argumentativer Auseinandersetzung und partnerschaftlicher Hörbereitschaft selbst dann, wenn unvermeidbare Paradoxien die Spannungen zwischen der Botschaft und dem Lebensempfinden der Jugendlichen als unaufhebbar stehen lassen und zum Ertragen aufgeben müssen.

Man möchte der Bibeldidaktik und den ReligionslehrerInnen wünschen, die praxiserfahrenen Anregungen dieser Arbeit in ihre Unterrichtsplanung und Reflexion umzusetzen, damit als "Strukturform begegnenden Handelns" (O. Fuchs) Beziehung in Konkretheit, kritische Auseinandersetzung um die Wahrheit des Lebens, Begegnung mit betroffenmachender Glaubensbotschaft im Ernstnehmen heutiger Schülerwirklichkeit sich mehr und mehr anbahne.

Auf die historisch-kritischen Korintherbrief-Exegesen ist in dieser Arbeit Verlaß; sie können deshalb auf aktualisierende und mehrdimensionale Interpretationsversuche verzichten, weil ihnen ungemein reiches Material aus der Schülerwirklichkeit an die Seite gestellt ist. Aus dieser Materialfülle – von der Religionskritik bis zur Autoreklame, von moderner Lyrik bis zu Slogans der Jugendsprache, von der griechischen Anthropologie bis zur modernen Narzißmusforschung und zu soziologischen Identitätsmustern, von Sehnsuchtsstrebungen Jugendlicher bis zu deren Wehmut und Verzweiflung angesichts gesellschaftlicher Leistungsverhimmelung, und vieles mehr – lassen sich nicht nur Kontexte für das Glaubenlernen herausfinden, sondern legitime und begründete Belege für das Lebenswissen der heutigen Generation. Sie bilden ohne modische Aktualitätshascherei eine Fundgrube für einen wahrhaftigen Religionsunterricht, der das Alltagsleben einschließt.
Wer sich darüber hinaus zu dem zweiten Standbein der Untersuchungen Rudi Otts, von seinen stets neuen Angängen besonders bei schwer vermittelbaren Texten (vgl. die Auferstehungsbotschaft von 1 Kor 15) anregen läßt, wird für sich und die SchülerInnen neue Wege einer dialogischen und auf Begegnung ausgerichteten Wirklichkeit aufspüren, die in interessant neue und doch bereits Déjà-vue-Gegenden aufbricht – der biblischen Überlieferungen getreu und gleichermaßen verbunden und verpflichtet der heutigen jungen Generation.

Paul Neuenzeit

EINFÜHRUNG

0. Werdeprozeß und Methodik der Untersuchung

Was fällt einem Religionslehrer ein, wenn er an Paulus denkt? Es werden vornehmlich die Erzählungen der Apostelgeschichte sein, an ihrer Spitze die Damaskusvision, dann die Missionsreisen, das Apostelkonzil, die Areopagrede und manche Episode auf dem Weg des Apostels durch Palästina, Kleinasien, Griechenland und nach Rom. Man fragt im Unterricht auch nach seinen Briefen und ordnet sie in einer Unterrichtsreihe über »die Bibel als Buch« in die neutestamentliche Abteilung des biblischen Bücherschrankes ein. Religionsdidaktische Konzepte und ihre inhaltlichen Entscheidungen haben die Beschäftigung mit Paulus bestimmt. Darin kommen Abschnitte aus den Paulusbriefen kaum vor. Nur der eine oder andere »Spitzentext« taucht immer wieder auf, z.B. das Bildwort vom Leib und seinen Gliedern (1 Kor 12), der Christushymnus (Phil 2,5-11), das Auferstehungsbekenntnis (1 Kor 15,3-5); markante Wendungen aus verschiedenen Briefen werden, als Leitsätze ausstaffiert, Lehrplänen und Schulbüchern eingefügt. So kam es, daß die hehre Gestalt des großen Völkerapostel jedem bekannt, der Umfang seiner missionarischen Leistung bewundert wurde und die Wucht seiner Sprache ihren Eindruck nicht verfehlte. Nach dem didaktischen Wert seiner Briefe aber wurde selten gefragt.

Paulus gilt zwar als bedeutender Glaubensverkündiger, dessen Autorität man in theologischen Debatten gerne ins Feld führt, aber läßt sich seine Theologie auf das Zeugnis von Glaubenswahrheiten reduzieren und der Mensch Paulus zum Kämpfer für die Ausbreitung des Christentums hochstilisieren? Das Doktrinäre und die heilige Gestalt hat noch das Übergewicht in der Religionsdidaktik. Die Absicht der Briefe aber geht verloren, wenn man "von der falschen Annahme ausgeht, daß Paulus theologische Kompendien an seine Gemeinden geschickt habe"[1]. Hat er sich dort nicht mit Menschen auseinandergesetzt, die es mit dem Glauben an Christus schwer hatten, mit ehemaligen Juden und Heiden? Oder ist die Eigenart seiner Argumentation deswegen aus dem Blick geraten, weil man die Briefe als Gelegenheitsschriften (abwertend) kennzeichnete, deren Kontext weniger von Bedeutung ist als die darin eingepackte Glaubenslehre? Ist hinter der Singularität der Briefe einerseits und dem Doktrinären andererseits das Gespür dafür verloren gegangen, daß Paulus den Christusglauben gerade im Kontext konkreter

---

1 J. C. Beker, Der Sieg Gottes. Eine Untersuchung zur Struktur des paulinischen Denkens (SBS 132), Stuttgart 1988, 11f.

Situationen des gemeindlichen und persönlichen Lebens auslegte? Lebt seine Sprache nicht gerade davon, daß er den Glauben und die Lebenspraxis nicht für sich betrachtet, sondern, sie aufeinander beziehend, das eine im Lichte des anderen zu erhellen sucht?

Es sieht danach aus, daß das kerygmatische Anliegen des Paulus gerade dem nahekommt, was die gegenwärtige Religionsdidaktik im Sinne hat, wenn auch unter anderen Voraussetzungen. In der historisch-kulturellen Situation einer nachchristlichen Gesellschaft ist es schwierig geworden, die Inhalte des Religionsunterrichts ausschließlich im Sinne der Vermittlung von Glaubenswahrheiten der Kirche zu bestimmen und das Lernen in der Schule als Einübung in die kirchliche Praxis zu organisieren[2]. Die Bestandsaufnahme der Würzburger Synode führte zu einer neuen Zielbestimmung, nach der im Religionsunterricht "gelebtes Leben und der Anspruch des Glaubens und seine Wirkungsgeschichte in einem ausgewogenen Verhältnis zueinander stehen" sollen[3]. Die Verflechtung theologischer und anthropologischer Ziele erscheint nicht nur im Kontext der säkularisierten Schule und Gesellschaft, sondern gerade im Blick auf die Schüler notwendig, um die Botschaft von dem in Christus die Menschen suchenden Gott als "Angebot und Einladung"[4] an die ihre Identität suchenden, in ihrer religiösen Orientierung verunsicherten Schüler zu artikulieren. Mit diesem Konvergenzmodell der Synode im Rücken suchte die Religionsdidaktik danach, wie Glaube und Erfahrung auf der Ebene der Schüler in ein Lernkonzept zu integrieren wären[5].

Der Religionsdidaktik, die in einer religiös indifferenten Gesellschaft nach den Möglichkeiten religiösen Lernens fragt, gilt die Korrelation von Glauben und Erfahrung als Prinzip der Auslegung des Glaubens im Religionsunterricht. Ist dies nur eine Marotte modernistischer Religionspädagogik? Suchen wir uns damit nur das Leben leichter zu machen, da wir mit der »harten Doktrin« der Glaubenslehre nicht mehr durchkommen? Was es mit dem Prinzip der Korrelation auf sich hat, muß bedacht werden. Können wir für diese Korrelation etwas von Paulus lernen? Oder bedarf der Ansatz einer grundlegenden Revision? Eine gewisse Analogie des Religionsunterrichts zur paulinischen Verkündigungssituation ist nicht zu verkennen.

---

2 Diese Aufgabe und Zielsetzung hatte der "Rahmenplan für die Glaubensunterweisung" (mit Plänen für das 1.-10. Schuljahr, hrsg. von den katholischen Bischöfen durch den Deutschen Katecheten-Verein, München 1967) dem Religionsunterricht zugewiesen.

3 Der Religionsunterricht in der Schule, in: Gemeinsame Synode der Bistümer in der Bundesrepublik Deutschland. Offizielle Gesamtausgabe I, Freiburg [2]1976, 113-152, hier 140.

4 Ebd., 138.

5 Vgl. P. Neuenzeit, Vorlesung Religionspädagogik IV (Wintersemester 1985/86), Arbeitsblatt 14-18.

Wer erzieht und unterrichtet, steht mitten in den Strömungen der Zeit. Er kann sich gar nicht aus ihnen heraushalten und sich auf ein System von Wahrheiten zurückziehen. Er gerät vielmehr mitten in die Auseinandersetzung der Kinder und Jugendlichen mit den Erfahrungen, die sie von außen her betreffen und von innen her bewegen, und ist ihnen in ihrem Suchen nach einer tragfähigen Sinnorientierung des Lebens beigesellt. Das Prinzip der Korrelation, das von dieser didaktischen Situation ausgeht, unterliegt aber immer wieder dem Verdacht, den Glauben zu verkürzen und ein Defizit an religiösem Wissen zu erzeugen. Deshalb fordert man als Heilmittel die Rückkehr der Glaubensvermittlung zu den vier klassischen Hauptstücken der Katechese als "Sammlung der Gedächtnisstoffe des Glaubens", die die Katechese auch "als notwendigen Gedächtnisstoff" zu lernen vorzulegen habe[6]. Ist das Problem mit dem Rückgriff auf die Tradition gelöst? Wenn wir den historisch-kulturellen und situativen Kontext der Schüler ausklammern, geht da nicht die Nähe zu den Menschen verloren, mit denen wir die Wahrheit menschlichen Lebens erschließen wollen? Suchen wir nicht bloß unter anderen Voraussetzungen und auf andere Weise ebenso nach der Wahrheit der Welt und des Lebens wie frühere Generationen? Kommt es nicht darauf an, die Wahrheit des Glaubens unter den heutigen Bedingungen verständlich und einleuchtend zur Sprache zu bringen? Das Problem der Korrelationsdidaktik läßt sich so formulieren: Schließen die Reaktivierung der Glaubenstradition und der Bezug zur Erfahrungswelt überhaupt einander aus?

In der Diskussion um die inhaltliche Ausrichtung des Religionsunterrichts muß darum gerade das Werk jenes biblischen Autors am meisten interessieren, der geradezu als Protagonist systematischer Glaubensvermittlung gelten kann. Wie versucht Paulus Glaubensüberlieferung und Situationsbezug miteinander zu vermitteln? Mit einer solchen Frage betritt man natürlich ein breites Problemfeld, das zahlreiche theologische und didaktische Reflexionszusammenhänge berührt. Wo also anfangen? Im Zentrum der Arbeit steht natürlich die Frage nach den Möglichkeiten einer Auslegung von Paulusbriefen im Religionsunterricht. Der Duktus der paulinischen Sprache legt es nahe, mit solchen Schülern an seinen Texten zu arbeiten, die zum Umgang mit abstrakten Begriffen in der Lage sind. Dies läßt sich für Schüler der gymnasialen Oberstufe annehmen. Da die Didaktik nur exemplarisch vorgehen kann, mußte ein Brief ausgewählt werden. Die Entscheidung fiel für die beiden Korintherbriefe, weil dort einerseits die zentralen Inhalte der Glaubensüberlieferung entfaltet werden, nämlich Kreuz und Auferstehung Christi, andererseits der Dialog des Paulus mit der Gemeinde als tiefgreifender Konflikt über diese Glaubensinhalte am deutlichsten hervortritt.

---

[6] J. Ratzinger, Die Krise der Katechese und ihre Überwindung. Rede in Frankreich, Einsiedeln 1983, 32f.

0.1 Motive und Zielsetzung der Untersuchung

Mit Paulusbriefen in der gymnasialen Oberstufe Religion unterrichten? Wie sollte das gehen? Während der Studienzeit in den sechziger Jahren hatte ich mich intensiv mit den Paulusbriefen befaßt[7]. Während der Lehrtätigkeit an Gymnasien spielten Paulustexte im Unterricht kaum eine Rolle bzw. wurden nur als Belegstellen für systematische Inhalte herangezogen[8]. Als Hilfe zur Spiritualität und zur persönlichen theologischen Orientierung blieben sie für mich jedoch unentbehrlich. Und ein Blick auf die religionspädagogische Literatur zeigt: In der Phase der hermeneutischen Bibeldidaktik konzentrierte sich die Diskussion im wesentlichen auf die Auslegung der Erzähltexte des Alten Testaments und der Evangelien sowie auf die Frage der Textauswahl im Horizont kindlichen Verstehens[9]. Der Hinweis von Hubertus Halbfas auf die Möglichkeit, mit Schülern des 10. bis 13. Schuljahres "besonders die neutestamentliche Briefliteratur" zu bearbeiten[10], blieb ein reines Postulat[11]. Hinzu kommt, daß bibeldidaktische Reflexionen für die gymnasiale Oberstufe fehlen.

---

7 R. Ott, Hoffnung als die den gegenwärtigen Heilsstand des Christen charakterisierende Haltung bei Paulus. Zulassungsarbeit zur wissenschaftlichen Prüfung für das Lehramt an den Gymnasien, Würzburg 1967.

8 Beispielhaft erkennt man dies am Rahmenplan für den katholischen Religionsunterricht an den Gymnasien vom 31. August 1969. Dieser Tatbestand hat sich auch in jüngeren Lehrplänen nicht geändert. Der Lehrplan für das Grundfach Katholische Religionslehre in Rheinland-Pfalz führt lediglich Phil 2,5-11 als Beispiel für eine Bekenntnisformel und 1 Kor 12 als neutestamentliche Grundlage für das Selbstverständnis der Kirche an (Kultusministerium Rheinland-Pfalz (Hrsg.), Lehrplan Katholische Religionslehre. Grundfach in der Oberstufe des Gymnasiums (Mainzer Studienstufe), Mainz/Worms 1983, 18.23). Auf eine Analyse von Lehrplänen muß diese Arbeit jedoch verzichten.

9 Vgl. I. Baldermann, Biblische Didaktik. Die sprachliche Form als Leitfaden unterrichtlicher Texterschließung am Beispiel synoptischer Erzählungen, Hamburg 1963; H. Halbfas, Der Religionsunterricht. Didaktische und psychologische Konturen, Düsseldorf 1965, 55-143; K. Frör, Wege zur Schriftauslegung. Biblische Hermeneutik für Unterricht und Predigt, Düsseldorf ^{3}1967; G. Otto, Handbuch des Religionsunterrichts, Hamburg 1964; G. Stachel, Der Bibelunterricht, Zürich 1967; W. Langer, Schriftauslegung im Unterricht, Zürich 1968. Knappe Hinweise auf Paulusbriefe finden sich bei I. Baldermann, Der biblische Unterricht. Ein Handbuch für den evangelischen Religionsunterricht, Braunschweig 1969, 267-282.

10 Der Religionsunterricht, 107.

11 In den Katechetischen Blättern der jüngeren Zeit finden sich erst in Heft 10/1978 didaktische Reflexionen zu Paulusbriefen, die noch nicht allzu weit gediehen sind. Das einschlägige Werk zum Religionsunterricht in der gymnasialen Oberstufe von Werner Trutwin (Hrsg.), Religion – Sekundarstufe II. Ein Arbeitsbuch für den Kursunterricht, Düsseldorf 1974, sieht Paulustexte unter systematischer Rücksicht vor: Röm 1,3; Phil 2,6-11 (Christologie); 1 Kor 15 (Christologie, Lehre von der Totenauferstehung); Gal 3; 4,4f.; Röm 3,21ff. (Soteriologie) und verweist auf wenige andere als "Texthilfen" und für die "Erfolgskontrolle".

a) Woher kommt diese Zurückhaltung gegenüber Paulustexten in der Religionsdidaktik? Sind seine Briefe nur noch von historischem Wert? Ist der Apostel Paulus aufgrund seiner theologisch-abstrakten Argumentationsweise und seiner grundsatzhaft-unkonkreten Sprechweise nur für die systematische Theologie interessant? Eignen sich Paulustexte nur zur Artikulation des Grundtenors christlichen Weltverständnisses und zur systematischen Begriffsbildung? Läßt sich aus seiner Verkündigung an die Gemeinden in Kleinasien, Griechenland und Rom nichts mehr für das Glaubens- und Lebensverständnis der heutigen Zeit gewinnen?

Aus der eigenen Bibellektüre und Unterrichtspraxis bekannte Schwierigkeiten und Vorbehalte gegen Paulustexte werden auch in der Literatur hin und wieder aufgeführt[12]:
- Paulus ist ein weltfremder Theologe im doppelten Sinne, er rät nicht nur zur Weltflucht, sondern seine Sprache ist auch unverständlich.
- Entgegen seiner theologischen Bedeutung ist es schwierig, paulinische Briefe an die Schüler zu vermitteln. Mit seiner hochtheologischen Redeweise kann man Schüler nur quälen. Lediglich die Apostelgeschichte findet sich aufgrund ihrer Anschaulichkeit häufig in Lehrplänen der Sekundarstufe I.
- Seine dogmatische Redeweise erschwert es, Paulustexte heute noch zum Sprechen zu bringen.
- Paulus gilt als bedeutender Inspirator der Glaubenslehre. Wo sollten im problemorientierten Religionsunterricht so ferne und abstrakte, kirchenimmanente Texte produktiv werden können?
- Paulustexte werden im Kontext systematischer Lerninhalte gerne als Zitate und als Belege für das ursprüngliche Glaubenszeugnis aufgeführt, aber eine weitere Aufarbeitung im Kontext der Briefe und der historischen Situation unterbleibt.
- Den Evangelien wird wegen der direkten Darstellung von Taten und Worten Jesu und wegen der besseren Lesbarkeit Vorrang gegenüber den »sekundären« Paulustexten eingeräumt.
- Das Paulusbild ist im Bewußtsein vieler Gläubiger geradezu mit heroischen Zügen ausgestattet, denen der normale Christ gar nicht nahekommen kann.
- Eine rein historische Beschäftigung mit Paulus langweilt die Schüler.

Die Vorzeichen für eine unterrichtliche Behandlung von Paulusbriefen standen schlecht, als ich mich im Schuljahr 1983/84 erstmals an den Versuch machte, mit Schülern der gymnasialen Oberstufe[13] die Ko-

[12] Vgl. Paulus im Religionsunterricht (Themaheft), in: Katechetische Blätter 103 (1978) 741-769.

[13] Die Unterrichtsversuche führte ich als nebenberuflicher Religionslehrer an der Mainzer Studienstufe des Bischöflichen Willigis-Gymnasiums durch. Der Schulleitung danke ich für diese Möglichkeit und und für die Offenheit im speziellen Fall recht herzlich.

rintherbriefe zu lesen und zu besprechen. Über diesen und die nachfolgenden Versuche ist hier zu berichten. Die unterrichtliche Arbeit mit diesen Texten bildet den Ausgangspunkt für grundlegende bibeldidaktische Reflexionen.

b) Was bewog mich zu diesem Versuch?

- Der weiße Fleck auf der religionspädagogischen Landkarte reizte zur genaueren Klärung der Probleme und zur Prüfung konkreter Ansätze. Dabei sollten jedoch nicht aus der Exegese Möglichkeiten der Umsetzung der Bibelexegese in die Unterrichtspraxis erkundet werden. Die Forschungsarbeit sollte vielmehr bei der unterrichtlichen Erfahrung im Umgang mit Paulustexten selbst ansetzen.
- Meine persönliche Pauluslektüre ließ mich zunehmend darauf aufmerksam werden, daß Paulus zwar als rabbinisch geschulter Theologe abstrakt argumentiert, aber besonders in den Korintherbriefen konkrete Probleme der christlichen Glaubenspraxis und Fragen, die aus den Gemeinden an ihn gerichtet wurden, zu klären sucht.
- Uns bewegt die Frage: Wie kann in unserer soziokulturellen Situation, in der wir den religiösen Indifferentismus als bestimmende Mentalität[14] feststellen und gleichzeitig neuartige religiöse Bewegungen[15] auftreten, die tradierte christliche Botschaft als eine "Wahrheit, die dem Menschen gut tut"[16], plausibel werden? Paulus wollte die überlieferte Christusbotschaft den Menschen in dem andersartigen Kulturraum der hellenistischen Welt verständlich machen. Könnte seine Art der Transformation der bis dato formulierten Glaubensüberlieferung Impulse für die heute fällige Auslegung hergeben? Die Fremdheit der paulinischen Sprache enthält freilich besondere didaktische Hindernisse.
- Paulus hat sich nicht bloß auf die Tradierung von Glaubensgut eingelassen. Seine Aufmerksamkeit galt vornehmlich auch bewegenden menschlichen Grundsituationen und konkreten Konflikten der Lebenswelt. Er durchdachte sie immer wieder und deutete sie aus der Perspektive der Zugehörigkeit zu Christus. Inwieweit ergeben sich aus seinen Gedankengängen Modelle oder wenigstens Anstöße zur Inter-

---

14 Vgl. Der religiöse Indifferentismus (Themaheft), in: Concilium 19 (1983) 325-405; F.-X. Kaufmann, Der Ort Gottes in unserer Kultur, in: Herder Korrespondenz 39 (1985) 329-334; ders., Religiöser Indifferentismus, in: E. Paul/A. Stock (Hrsg.), Glauben ermöglichen (FS Günter Stachel), Mainz 1987, 115-127; F.-X. Kaufmann/J.B. Metz, Zukunftsfähigkeit. Suchbewegungen im Christentum, Freiburg 1987.

15 Vgl. Die neuen religiösen Bewegungen (Themaheft), in: Concilium 19 (1983) 1-81; G. Schiwy, Der Geist des neuen Zeitalters. New-Age-Spiritualität und Christentum, München 1987; J. Sudbrack, Neue Religiosität – Herausforderung für die Christen, Mainz 1987; H. Baer Neue Wege zur Transzendenz?, Hamm 1987.

16 So der Titel eines Aufsatzes von Jürgen Werbick, in: Katechetische Blätter 110 (1985) 326-336.

pretation von Wirklichkeit, die auch für die heutige Zeit produktiv aufgenommen werden können? Die geschichtliche und kulturelle Differenz bleibt bei dieser Rezeption jedoch zu beachten.

- Der Unterricht in der gymnasialen Oberstufe bezieht sich über weite Strecken auf den Prozeß der Auseinandersetzung mit der Wirklichkeit und mit den internalisierten und erlebten Interpretationsmustern, die den jungen Menschen in dieser Phase der Identitätsentwicklung stark beschäftigen. Vornehmlich will er prüfen, ob und inwieweit der Glaube als Sinndeutung von Wirklichkeit seinem Leben eine tragfähige Orientierung vorzustellen vermag. Der Unterricht ist auf dieser Schulstufe in besonderer Weise von der argumentativen Auseinandersetzung geprägt. Die Frage war nun: Kann das Argumentieren eines Paulus in Inhalt und Stil, sofern der Unterricht die nötigen Verstehenshilfen gibt, im Klärungsprozeß der jungen Menschen nicht nur christliche Glaubensmotive plausibel machen, sondern auch produktive Anstöße zu eigener Deutung der Lebenswirklichkeit im Geiste Christi vermitteln?
- Seitens der Bibelexegese forderte Josef Blank dazu auf, im Religionsunterricht "einen geschlossenen neutestamentlichen Text im ganzen zu lesen"; denn es führe zu einem in sachlicher Hinsicht unvollständigen Bild des Neuen Testaments, "wenn man von vorneherein auf die Lektüre eines größeren, zusammenhängenden Textes verzichtet"[17]. Für die gymnasiale Oberstufe erscheint diese Forderung aus Gründen der Motivation eher einlösbar als für die Sekundarstufe I, auf die sich Josef Blank zunächst bezog. Vermittelt die Lektüre eines Paulusbriefes wirklich ein vollständigeres Bild des Neuen Testaments als einzelne Perikopen? Der Versuch mit dem 1. Korintherbrief sollte darüber Aufschluß geben.
- Ein eigener ermutigender Unterrichtsversuch über den Philemonbrief im 6. Schuljahr[18] reizte zum Aufbruch zu weiteren Experimenten.

c) Jede wissenschaftliche Arbeit sucht an vorausgehende Untersuchungen anzuknüpfen. Die vorliegende Arbeit kann diesen Weg nicht gehen, da sie in mehrfacher Hinsicht nicht bearbeite Probleme aufgreift.

- Die Arbeit kann nicht auf didaktische Modelle der Auslegung von Paulusbriefen im Religionsunterricht zurückgreifen. Die Untersuchung, die Johannes Müller-Bardorff zur didaktischen Erschließung paulini-

[17] J. Blank, Neutestamentliche Themen im Zielfelderplan, in: R. Ott/ G. Miller (Hrsg.), Zielfelderplan – Dialog mit den Wissenschaften, München 1976, 45-61, hier 49. Eine solche Forderung findet sich bereits bei Bruno Dreher, Katholische und evangelische Bibelkatechese, in: Katechetische Blätter 91 (1966) 67-80.

[18] R. Ott, Philemon und Onesimus – Ein Fall für Paulus, in: Religionsunterricht an höheren Schulen 23 (1980) 246-249.

scher Briefe vorgelegt hat[19], kann lediglich als ein Versuch bezeichnet werden, die Schüler anhand ausgewählter Kapitel in das paulinische Denken einzuführen. Ihre existentielle Auslegung findet kaum den Weg zur Lebenswelt der Schüler, sie verbleibt vielmehr in einer textimmanenten Auslegung, die den Schülern paulinisches Gedankengut, zuweilen in methodischer Anknüpfung an gegenwärtige Gemeindesituationen, nahebringen will. Das Werk enthält lediglich methodische Anregungen zur Lektüre von Paulustexten, aber keine didaktische Vermittlung mit gegenwärtigen Erfahrungen. Die Frage nach der Möglichkeit einer didaktischen Auslegung von Paulusbriefen ist damit offen und sollte in Anbetracht der Bedeutung des Apostels Paulus für die Glaubenstradierung angegangen werden.

– Wie bereits aufgezeigt, spielen Paulustexte in der Didaktik der gymnasialen Oberstufe nur als Bestandteile systematischer Traktate eine Rolle. Dies betrifft im übrigen viele Bibeltexte. Es bleibt aber zu fragen, ob biblische Texte nur auf dem Weg der Systematik eine Bedeutung für den Lernprozeß der Jugendlichen haben können. Daß die Didaktik der gymnasialen Oberstufe die Bibel in dieser Weise aufnimmt, hat mit dem Fehlen bibeldidaktischer Reflexion für diese Schulstufe zu tun.

– Studierfähigkeit als Ziel der gymnasialen Oberstufe wird im Religionsunterricht noch immer als Einführung in theologische Denkweisen und Methoden interpretiert[20]. Nach alter akademischer Tradition wird dadurch der Religionsunterricht zum Transformator von Wissenschaft. Es hat den Anschein, als solle er für das Theologiestudium qualifizieren. Dabei treten wichtige Aspekte religiösen Lernens in den Hintergrund: die Verknüpfung der Themen mit den Erfahrungen der Schüler und ihrer Reflexion, sowie die Möglichkeit der Schüler, ihre Erfahrungen und Interpretationen einzubringen und kritisch zu reflektieren und den Ort theologischer und ethischer Argumentation in der konkreten Wirklichkeit wahrzunehmen. Es wird nicht ersichtlich, daß der Religionsunterricht "Grundfragen des Glaubens als Grundfragen des Lebens" betrachtet[21]. Denn nur solche Inhalte werden wirklich verstanden, die "der Bewährung angesichts der Erfahrungsmöglichkeiten der Schüler ausgesetzt worden sind"[22]. Diesen Weg kann der Religionsunterricht nur beschreiten, wenn er die Schüler auch zur kritischen Auseinandersetzung mit den Lebensentwürfen und der Lebenspraxis in ihrem sozialen Umfeld anleitet. Im Kontext der Schü-

---

19 J. Müller-Bardorff, Paulus. Wege zu didaktischer Erschließung der paulinischen Briefe, Gütersloh 1970.

20 Vgl. E. Paul, Religion (katholisch) in der Sekundarstufe II, in: L. Roth (Hrsg.), Handlexikon zur Didaktik der Schulfächer, München 1980, 416-418.

21 Ebd., 418.

22 Ebd., 418.

lersituation die elementaren Anliegen und Bekenntnisinhalte des Glaubens zu entfalten und dadurch die Perspektive des Glaubens für Grundfragen des Lebens zu erschließen, ist die eigentliche didaktische Aufgabe. Ein solcher Unterricht ist aber noch ein Postulat[23]. Diese Tatbestände erschweren die Arbeit erheblich, da man sich bei der Erkundung neuen Terrains verlaufen könnte. Deshalb muß von Anfang an betont werden, daß es sich hier um einen Versuch handelt, in unsicherem Gelände neue Pfade auszukundschaften. Das Erarbeitete bleibt so mit mancherlei Unsicherheit und Schwierigkeiten behaftet. Dafür gilt das koreanische Sprichwort: Eine Reise über zehntausend Meilen beginnt mit dem ersten Schritt.

0.2 Aufgabenstellung der Untersuchung

Wer ein neues Gelände erkundet, wappnet sich nicht nur mit dem Mut zum Risiko, sondern sondiert auch sein Vorgehen und das Ambiente seiner Schritte, vermißt das Erkundete sorgfältig und sucht das Erschlossene begehbar zu machen, so daß es für andere ein Gewinn sein kann, ihre Wege auf das neue Territorium auszudehnen. Eine Untersuchung zur Didaktik von Paulusbriefen im Religionsunterricht steht im Kontext eines umfangreichen Problemgeflechts der Religionsdidaktik und in besonderer Weise der Bibeldidaktik. Es ist deshalb angebracht, aus den dargelegten Beobachtungen und Überlegungen das Aufgabenfeld der Untersuchung genauer abzustecken.

a) Didaktische Forschung kann nicht unvermittelt Erkenntnisse der Fachwissenschaften auf den Lernprozeß übertragen, sie steht vielmehr stets im engen Konnex zur unterrichtlichen Praxis. Darstellung und fachdidaktische Kritik von Unterrichtspraxis ist darum elementarer Bestandteil wissenschaftlich-didaktischer Arbeit (vgl. auch 0.3). Dieser induktive Ansatz wissenschaftlicher Erkenntnis ist auch deshalb durchzuhalten, weil alle theoretischen Erwägungen einer Fachdidaktik im Dienste einer verbesserten Praxis des Unterrichts stehen.

b) Es ist eine Erfahrungstatsache, daß die Bibel bei Schülern der gymnasialen Oberstufe nicht mehr ankommt. Die Kritik konkreter Arbeit mit biblischen Texten und Themen fragt sowohl nach den Gründen der Blockierung als auch nach den theoretischen Annahmen, die der Bibeldidaktik in der Schule zugrunde liegen.

---

[23] Hier führt auch der Beitrag von Vito Arnaldo Di Chio nicht weiter (Unterricht: Religion, in: D. Lenzen (Hrsg.), Enzyklopädie Erziehungswissenschaft, Bd. 9.2: Sekundarstufe II – Jugendbildung zwischen Schule und Beruf, Stuttgart 1983, 637-645). Er ordnet den Religionsunterricht in das Aufgabenfeld der Sekundarstufe II ein, läßt aber keine Konturen eines didaktischen Konzeptes erkennen.

c) Der Ausgang der Untersuchung bei der Praxis impliziert den konzentrierten Blick auf den Schüler. Ein Religionslehrer kann sich nicht mit der Aufgabe der Stoffvermittlung begnügen. Sein Geschäft besteht darin, daß junge Menschen Fortschritte in ihrem Prozeß des Leben- und Glaubenlernens machen. Die Dimensionen ihres Lernens mit biblischen Texten sind genauer zu erkunden und aufgrund psychologisch-pädagogischer Einsichten abzuklären. Dazu gehören vornehmlich die entwicklungspsychologischen und soziologischen Dimensionen des religiösen Lernprozesses. Die Untersuchung will einen Beitrag zu einer schülerorientierten Auslegung der Bibel leisten.

d) Fachdidaktische Untersuchungen haben einen eigenen Gegenstandsbereich, nämlich ein konkretes Unterrichtsfach[24]. Was dort geschieht, muß nicht nur erziehungswissenschaftlich fundiert sein, sondern auch mit der jeweiligen Fachdisziplin in Einklang stehen. Eine bibeldidaktische Untersuchung bedarf darum auch der Fundierung in Erkenntnissen und Methoden der Bibelexegese. So ist bei der didaktischen Auslegung der Korintherbriefe danach zu fragen, wie die Exegese diese Texte heute versteht. Das Interesse an den Paulusbriefen ist zwar didaktischer Art, der Sachstruktur der Lerninhalte wegen sind aber exegetische Studien zu ihrer Auslegung notwendig.

e) Die Paulusbriefe gehören zum unterrichtlichen Themenkomplex Bibel. Die didaktische Auslegung der Heiligen Schrift hat inzwischen eine längere Geschichte[25]. In den letzten 25 Jahren wurden bemerkenswerte Neuansätze entwickelt. Obgleich die Paulusbriefe bisher in der Theoriebildung der Bibeldidaktik noch wenig berücksichtigt wurden, sollen die unterrichtspraktischen Versuche im Horizont bisheriger bibeldidaktischer Forschung reflektiert werden.

f) Zugleich besteht die Absicht, einen Beitrag zur Theoriebildung der Bibeldidaktik zu erbringen. Es geht nicht nur darum, Möglichkeiten der Auslegung der Korintherbriefe im Religionsunterricht zu erkunden, sondern die aus der Praxisreflexion und der Kritik bibeldidaktischer Ansätze gewonnenen Einsichten in ein Modell der Bibeldidaktik zu fassen. Aufgrund der Bereichsbegrenzung der Arbeit geht es zuvorderst um ein Modell für die gymnasiale Oberstufe: eine Übertragung auf andere Bereiche bedürfte einer neuen Untersuchung.

---

[24] Vgl. W. Simon, Inhaltsstrukturen des Religionsunterrichts. Eine Untersuchung zum Problem der Inhalte religiösen Lehrens und Lernens (SPT 27), Zürich 1983, 18-22.85-99.

[25] Vgl. R. Ott, Geschichte der katholischen Bibeldidaktik, in: W. Langer (Hrsg.), Handbuch der Bibelarbeit, München 1987, 226-230; K. Wegenast, Geschichte der evangelischen Bibeldidaktik, in: ebd., 221-226.

g) Die Ausrichtung der Untersuchung auf die Unterrichtspraxis muß auch dazu führen, daß die erarbeiteten Grundlagen wieder für die Praxis fruchtbar werden. Ein bibeldidaktisches Modell muß sich an verschiedenen Themen und Texten bewähren. Deshalb kommt es darauf an, sowohl die Korintherbriefe unter der erarbeiteten didaktischen Pespektive zu untersuchen als auch exemplarisch an möglichen Unterrichtsthemen die Aspekte und Wege des Lernprozesses aufzuzeigen. Die jeweiligen Unterrichtsgegenstände nötigen dann zu neuen inhaltlichen Klärungen. Es wird sich auch zu zeigen haben, inwieweit das erarbeitete Modell wirklich einen Leitfaden für die Bibeldidaktik abgibt.

Die Untersuchung verfolgt also das Ziel,
- einen Beitrag zur Theoriebildung der Bibeldidaktik zu leisten,
- ein bibeldidaktisches Modell für den Religionsunterricht in der gymnasialen Oberstufe zu entwerfen,
- die Möglichkeiten didaktischer Auslegung von Paulusbriefen, exemplifiziert an den Korintherbriefen, zu sondieren und dadurch auch
- Anregungen für die Fachdidaktik Religion in der gymnasialen Oberstufe zu entwickeln.

Dabei bewegt sie sich im Regelkreis von Planung, Durchführung und Reflexion konkreter Unterrichtspraxis. Dieser Aufgabenstellung liegt ein bestimmtes Arbeitsprogramm der Praktischen Theologie zugrunde, das auch zur Leitlinie der Methodik der Untersuchung wird.

0.3 Methodik der Untersuchung

Die Schüler schlagen zum Unterricht eine Bibelausgabe auf. Damit bereits stellen sich Probleme, die im Verhältnis von Theorie und Praxis liegen. Die christliche Unterweisung kann nicht auf die Bibel verzichten, aber das Interesse an jenen alten Texten ist bei der Mehrheit der Schüler gering und damit die Motivation für den Unterricht erheblich erschwert. Die Unterrichtspraxis muß mißlingen, wenn die Bibeldidaktik nur deduktiv verfährt, indem sie mit unterrichtsmethodischem Geschick die Inhalte biblischer Theologie ad usum delphini zurechtschneidet. Hat nicht gerade die direkte Übernahme theologischer Inhaltskonzepte (z.B. des Katechismus oder der heilsgeschichtlichen Auslegung der Bibel) wegen ihrer Unverständlichkeit den Zugang zur Bibel und zur Glaubenslehre blockiert? Ein deduktives Vorgehen würde einer Abbilddidaktik das Wort reden, der der situative Kontext des Lernprozesses fremd bleibt[26]. Die Ausblendung der Fachwissenschaft würde ihrerseits zur Beliebigkeit bei inhaltlichen Entscheidungen führen. Notwendig ist

[26] Vgl. R. Ott, Die Inhaltsfrage in der Vermittlung von Dogmatik und Religionspädagogik, in: G. Stachel u.a. (Hrsg.), Inhalte religiösen Lernens (SPT 14), Zürich 1977, 18-26, hier 19f.

vielmehr die Frage nach den Möglichkeiten einer Vermittlung zwischen Schüler und biblischer Überlieferung, die beiden Seiten gerecht wird.

Dieses Problem wiederholt sich auf der Ebene einer wissenschaftlichen Untersuchung zur Bibeldidaktik: Was auf der Praxisebene unumgänglich wird, kann in der didaktischen Forschung nicht draußen bleiben, nämlich die Vermittlung von biblischer Überlieferung und gegenwärtigen Möglichkeiten des Religionsunterrichts. Die Untersuchung greift darum auf ein Arbeitsprogramm zurück, das jene Vermittlung von vorneherein intendiert: das handlungsorientierte Modell wissenschaftlicher Forschung in der Praktischen Theologie, das Rolf Zerfaß im Anschluß an S. Hiltner entwickelt hat[27]; sie versucht diesen Ansatz für die bibeldidaktische Forschung umzusetzen. Es ist nicht nur der Leitfaden für das Verständnis von Bibeldidaktik, sondern bildet auch das methodische Grundgerüst der Untersuchung, die nach den Möglichkeiten der Bibelauslegung mit Schülern fragt.

Das folgende Modell (vgl. Seite 24) stellt darum das Zueinander der grundlegenden methodischen Schritte dar, die zum Aufbau einer bibeldidaktischen Theorie und zur Verbesserung didaktischer Bibelauslegung notwendig sind. Das Modell will Theorie und Praxis aufeinander beziehen. Die Hauptachse der Forschungsarbeit bildet die unterrichtliche Praxis, d.h. das Modell geht von der Praxis didaktischer Bibelarbeit aus und führt über theoretische Erwägungen und Analysen zur Praxis zurück (Die theoretischen Schritte werden jeweils durch viereckige Kästchen, die praktischen durch Kreise gekennzeichnet).

a) Jede theologische Disziplin hat einen Bezug zur Glaubenspraxis. Die historisch-kritische Exegese (5) liegt einer bibeldidaktischen Untersuchung am nächsten. Sie befaßt sich mit der Heiligen Schrift als Richtschnur des Glaubens und entscheidendem Inhalt der kirchlichen Verkündigung. Sie arbeitet im Kontext gegenwärtiger Fragestellungen den Kern und die Absicht der biblischen Überlieferung heraus und entfaltet ihren Gehalt produktiv für den Aufbau von Sinnentwürfen für die Gegenwart und Zukunft; gerade dazu braucht sie die Sensibilität für die konkrete Erfahrungswelt und die Situation der Glaubenspraxis. Die Bibeldidaktik (3) geht diesen hermeneutischen Prozeß der Exegese mit. Das Ziel der Exegese ist jedoch "auf die Rekonstruktion und Interpretation von Zeugnissen der christlichen Überlieferung festgelegt"[28]. Die Forschungsaufgabe der Bibeldidaktik bezieht sich demgegenüber unmittelbar auf die

[27] R. Zerfaß, Praktische Theologie als Handlungswissenschaft, in: F. Klostermann/ders. (Hrsg.), Praktische Theologie heute, München/ Mainz 1974, 164-172.

[28] Ebd., 171.

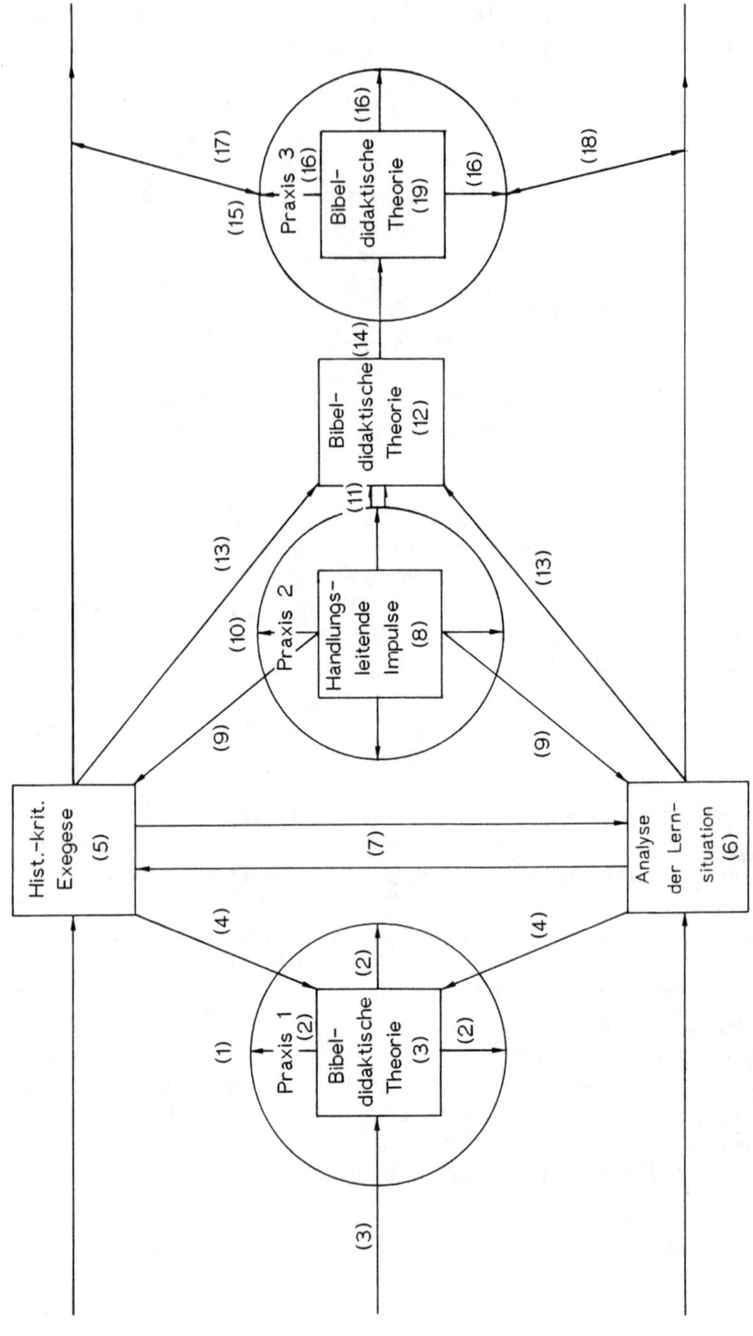
Hist.-krit. Exegese (5)
Analyse der Lern- situation (6)
(7)
(4)
(4)
Praxis 1
(1)
(2)
Bibel- didaktische Theorie (3)
(2)
(2)
(3)
(9)
(9)
Praxis 2
(10)
Handlungs- leitende Impulse (8)
(13)
(13)
(11)
Bibel- didaktische Theorie (12)
(14)
Praxis 3
(15)
(16)
Bibel- didaktische Theorie (19)
(16)
(16)
(17)
(18)

didaktische Praxis (2) in verschiedenen Handlungsfeldern. Ihr Gegenstand ist der lehrende und lernende Umgang mit der Bibel im weitesten Sinne. Insofern sie sich mit der Schule befaßt, analysiert sie unterrichtliches Handeln (6), das sich auf biblische Texte bezieht. Das bedeutet für die Methodik einer bibeldidaktischen Untersuchung, daß sie von der Erhebung und Analyse von tatsächlichem Unterricht (1) ausgehen und zu erneuerter Praxis zurückführen muß (15)[29]. Das induktive Vorgehen ist darum das entscheidende Movens bibeldidaktischer Theoriebildung.

b) Jeder Religionsunterricht basiert auf bestimmten theoretischen Annahmen über seine Rahmenbedingungen, Ziele, Inhalte, Methoden und Medien sowie deren Zusammenhang (2). Am Gelingen bzw. Mißlingen der Praxis zeigt sich, inwieweit die leitende Theorie von Bibeldidaktik im Religionsunterricht (3) der Lernsituation gerecht wird. Die kritische Analyse des Religionsunterrichts (4) fragt nach den theoretischen Voraussetzungen, soweit sie in der Praxis faßbar sind. Diese betreffen das Bibelverständnis (5) und die Situation des Lernens (6). Es dürfte notwendig sein, sich nicht nur auf eine kurze Unterrichtssequenz zu beziehen, weil sich nicht immer alle relevanten Komponenten erschließen lassen, sondern noch eine weitere, anders strukturierte Unterrichtssequenz zu untersuchen. Zum unterrichtlichen Handeln gehört der Regelkreis von Planung, Durchführung und Reflexion. So können in die Untersuchung weiterer Unterrichtssequenzen immer auch die intuitiven und vorläufigen Postulate an die Praxis eingehen. Die erfaßte Theorie (3) ist anhand der Praxisanalyse (4) auf ihre Tragfähigkeit zu prüfen; dies erstreckt sich auf den gesamten Ansatz oder auf einzelne Aspekte.

c) Religionsunterricht ist ein Handlungsspiel zwischen Schülern und Lehrer, in dem es um die lernende Verständigung über und die Aneignung von Religion geht. Damit sind für das Gelingen von Unterricht nicht nur theologische Einsichten (5) relevant, sondern auch die Reflexion der Komponenten didaktischen Handelns (6). Die Veränderung von Bibelunterricht bedarf daher einerseits der hermeneutischen Besinnung auf den Anspruch der Überlieferung, andererseits der Analyse der Lernsituation. Dazu muß die Bibeldidaktik die Erkenntnisse der für die Didaktik bedeutsamen Handlungswissenschaften heranziehen, das sind Psychologie, Sozialisationsforschung, Allgemeine Didaktik und Schulpädagogik.

[29] In der katholischen Religionspädagogik wurde dies zum erstenmal von Günter Stachel realisiert; vgl. G. Stachel, Die Religionsstunde – beobachtet und analysiert. Eine Untersuchung zur Praxis des Religionsunterrichts, Zürich 1976; ders. (Hrsg.), Bibelunterricht – dokumentiert und analysiert. Eine Untersuchung zur Praxis des Bibelunterrichts (SPT 11), Zürich 1976. Diese Untersuchungen führten bisher nur zur Entwicklung der Analysemethoden und ersten kritischen Hinweisen für eine zu erneuernde Praxis.

Die Form des Handelns im Religionsunterricht ist die Interaktion von Subjekten, die sich der Sinnorientierung des Lebens vergewissern und darin die Bedeutung von Glaubensinhalten miteinander reflektieren. Der Religionsunterricht verläuft so in der "Strukturform begegnenden Handelns"[30] in zweifacher Hinsicht: es geht um die Begegnung von Menschen mit ihren Lebensgeschichten und Erfahrungen und um die Begegnung dieser Menschen mit der Tradition gelebten Glaubens.

d) Die Analyse der Lernsituation (6) ermöglicht den Einblick in die Faktoren und die konkreten Bedingungen, die im Lernprozeß zusammenwirken. Sie liefert nur "Datenmaterial", aber "noch keine Handlungsanweisungen"[31]. Deshalb bildet sie auch nicht das alleinige Kriterium für die Entwicklung neuer Praxis. Die Analyse fragt nicht nur nach personenunabhängigen Daten, ihr liegt vielmehr gerade an den Elementen, die die personale Entwicklung der Schüler und das interaktionelle Geschehen des Unterrichts konstituieren. Kein unerhebliches Gewicht haben darin die Beiträge, in denen die Schüler ihre Interpretation der Lernsituation bzw. des Lerngegenstandes vornehmen. Dies ist auch die Ebene, auf der die Situationsanalyse sich mit ihrem für das Unterrichtsfach relevanten Gegenstandsbereich (5) verknüpfen läßt. Die Unterrichtserfahrungen werden dazu "mit dem geltenden Überlieferungsanspruch konfrontiert", um "aus dem Impuls christlicher Überlieferung kritisch und konstruktiv auf das gegenwärtige Handlungsfeld Einfluß" zu nehmen[32]. Die Konfrontation ist wechselseitig (7), insofern auch der Geltungsanspruch der Überlieferung kritisch geprüft und die Bibelhermeneutik zu einer situationsgerechten Auslegung angespornt wird. Hierin ist das grundgelegt, was wir im Blick auf die konkrete Unterrichtspraxis "didaktische Analyse" nennen. In dieser Korrelation sucht die Didaktik nach dem gemeinsamen Boden von Situation und biblischer Überlieferung, d.h. nach der gemeinsamen Sache, die hier wie dort ansteht, um daraus "die neuen Handlungsimpulse" zu gewinnen, die sich "sowohl theologisch wie humanwissenschaftlich verantworten lassen"[33].

e) Die Korrelation von Glaube und Erfahrung, aus der sich handlungsleitenden Impulse (8) für eine erneuerte Praxis ergeben, ist zunächst ein theoretisches Konstrukt; es ist aus der intuitiven Zusammenschau (9) von historisch-kritischer Exegese (5) und Analyse der Lernsituation (6) erwachsen. Ihr wahrer Ort ist die Interaktion des Unterrichts, in

30 O. Fuchs, Die Praktische Theologie im Paradigma biblisch-kritischer Handlungswissenschaft zur Praxis der Befreiung, in: ders. (Hrsg.), Theologie und Handeln. Beiträge zur Fundierung der Praktischen Theologie als Handlungstheorie, Düsseldorf 1984, 209-244, hier 212.
31 R. Zerfaß, Praktische Theologie als Handlungswissenschaft, 168.
32 Ebd., 168.
33 Ebd., 168f.

der sie sich zu bewähren hat (10). Erst in der Praxis entscheidet sich, inwieweit aus den gewonnenen Impulsen (8) ein besserer Unterricht werden kann.

f) Aus der Reflexion des Unterrichts heraus (11) dürfte es möglich sein, eine neue Theorie von Bibeldidaktik (12) zu entwerfen, die der biblischen Überlieferung (5) und der Lernsituation (6) gleichermaßen gerecht werden sollte. Darum sind in der Theoriebildung jene beiden Grundkomponenten aufeinander zu beziehen (13). Aufgrund der Entstehungsbedingungen kann sich die bibeldidaktische Theorie nicht auf alle Bereiche von Schule und auf die gesamte Bibel beziehen. Jedoch muß sie den Geltungsbereich und die Komponenten angeben, die für die Planungen neuer Unterrichtssequenzen relevant sind. Die Theorie muß aber auch hinreichend weit sein und nicht nur für ein einzelnes Thema gelten. Darauf basieren nämlich die Handlungsimpulse (14), die in der didaktischen Analyse der konkreten Themen wirksam werden. Es dürfte also möglich sein, aus der Analyse gelungener Unterrichtssequenzen eine neue bibeldidaktische Theorie zu entwickeln.

g) Die bibeldidaktische Theorie bildet die Grundlage für die Entfaltung erneuerter Praxis (14). Da sie auch auf handlungsleitende Kriterien für einen bestimmten Themenkomplex ausgerichtet ist, nämlich in besonderer Weise auf den Gang der didaktischen Analyse, stellt sie eine wesentliche Hilfe dazu dar, biblischen Unterricht zu konstruieren. Die Praxis gilt dann wiederum als Bewährungsfeld der aufgestellten Theorie (15). Ihre kritische Prüfung verläuft in drei Richtungen: sie fragt nach der Übereinstimmung von Theorie und Praxis (16), untersucht Theorie und Praxis hinsichtlich der (evtl. neuen) Erkenntnisse der historisch-kritischen Exegese (17) und analysiert wiederum die (evtl. veränderte) Lernsituation (18). Daraus ergibt sich die Notwendigkeit, die bibeldidaktische Theorie erneut zu reflektieren und evtl. zu revidieren (19). Damit steht die Entwicklung des Modells wieder an einem neuen Anfangspunkt des Regelkreises und setzt darum zu neuer kritischer Prüfung an. Man kann aber auch davon ausgehen, daß sich die erneuerte Praxis auf das Bibelverständnis und die Analyse der Lernsituation auswirkt, weil sich aus der Praxis auch Einsichten für die bibeldidaktische Methodik ergeben können (gegenläufige Pfeile).

Das methodologische Modell will die entscheidenden Schritte bibeldidaktischer Forschung darstellen, die zur Verbesserung von Bibelauslegung in der Schule führen sollen. Seine »Fahrschiene« ist die Planung, Durchführung und kritische Reflexion von bibeldidaktischer Unterrichtspraxis. Seine Grundspannung wird durch die Reflexionsprozesse "Historisch-kritische Exegese" (5) und "Analyse der Lernsituation" (6) hergestellt, die aufgrund sich bewährender Praxis (11) sich zu einer handlungsleitenden "bibeldidaktischen Theorie" (12) zusammenführen lassen. Die Horizontale bildet den Entwicklungsprozeß ab, der sich in der Spannung von Theorie und Praxis ergibt. Die Vertikale verdeutlicht, daß ein Religionsunterricht mit der Bibel im Spannungsgefüge von Theologie und humanwissenschaftlichen Methoden bedacht und entwickelt werden muß.

In diesem Modell sind nicht die Methoden der wissenschaftlichen Bibelauslegung abgebildet. Im Rahmen dieses Modells ist erst bei konkreten Entscheidungen zu fragen, worin der Beitrag der Exegese für die Didaktik bestehen könnte. Die Durchführung der Forschungsarbeit selbst wird darum auch relevant für das, was Bibelhermeneutik in didaktischer Absicht sein kann. Ebenso zeigt das Modell noch nicht die Aspekte, unter denen die Lernsituation zu betrachten ist. Dafür gilt das gleiche wie für die Bedeutung der Bibelexegese. Es fehlt auch die Funktion, die die Religionspädagogik insgesamt für die Entwicklung einer bibeldidaktischen Theorie hat. Es zeigt jedoch in einem wichtigen Bereich der Religionspädagogik, welche Dimensionen für das wissenschaftliche Fach Bedeutung haben. Das Modell bedürfte also noch einer Einbettung in den Forschungsprozeß der Religionspädagogik und der Theologie.

0.4 Vorgehensweise und Aufbau der Untersuchung

Aufgabenstellung und Methodologie zeigen ein breites Spektrum notwendiger wissenschaftlicher Arbeit. In Anbetracht der Komplexität des Untersuchungsgegenstandes wird es schwierig sein, allen Anforderungen in genügender Weise zu entsprechen. Die Arbeit versteht sich darum als ein Beitrag zu einer wissenschaftlichen Diskussion über die schülerorientierte Bibelarbeit, die bisher nur Postulat ist[34]. Ihre leitende Idee ist darum der Weg von der Praxis zur Praxis schulischer Bibelauslegung. Exemplifiziert wird der Diskussionsbeitrag an den Korintherbriefen als Unterrichtsinhalt im Religionsunterricht der gymnasialen Oberstufe. Der Hauptteil gliedert sich in sechs Hauptabschnitte, die der methodischen Struktur bibeldidaktischer Forschung (vgl. 0.3) zu entsprechen suchen.

Den Ausgangspunkt bildet die Planung und Durchführung einer Unterrichtssequenz, die die fortlaufende Lektüre des 1. Korintherbriefes intendiert (1. Kapitel). Die kritische Analyse arbeitet wichtige Aspekte heraus,

[34] R. Ott, Wie mit der Bibel unterrichten? Kommentare zu bibeldidaktischen Büchern von 1980 bis 1985, in: Religionspädagogische Beiträge 17/1986, 79-90, hier 89f.; kurze Zeit später auch K. Wegenast, Bibeldidaktik 1975-1985. Ein Überblick, in: Jahrbuch der Religionspädagogik, Bd. 3, Neukirchen-Vluyn 1987, 127-152, hier 148-150.

die die Bibeldidaktik zu beachten hat. Sie untersucht dazu die Lernsituation und die Art der Textauslegung. Mit der Einordnung der Unterrichtssequenz in die bibeldidaktische Theorie, die für den Unterrichtsversuch bestimmend ist, fragt sie nach deren Vorzügen und Defiziten (2. Kapitel). Der 1. Hauptabschnitt schließt mit der Darstellung und Begründung grundlegender Kategorien, die bereits Elemente einer erneuerten Theorie der Bibeldidaktik in der gymnasialen Oberstufe darstellen. Zugleich sollen sie handlungsleitende Impulse für weitere Unterrichtsversuche hergeben. Es kommt darauf an, die Schwierigkeiten der Bibeldidaktik in der heutigen Situation deutlich herauszuarbeiten. Die didaktischen Kategorien, die bestimmend werden sollen, werden einerseits hinsichtlich der Bibel insgesamt, andererseits im Blick auf die besonderen Probleme der Korintherbriefe entfaltet (3. Kapitel).

An der Untersuchung einer Unterrichtssequenz kann nur eine begrenzte Anzahl didaktischer Probleme identifiziert werden (vgl. 0.3 b). Dem ersten Unterrichtsversuch wird darum im 2. Hauptabschnitt die Untersuchung einer zweiten Sequenz an die Seite gestellt, die thematisch und unterrichtsmethodisch anders verfährt, jedoch bereits Einsichten aus dem 1. Hauptabschnitt aufzunehmen sucht. Die Beschäftigung mit dem Auferstehungsglauben der Schüler ist noch Bestandteil von "Praxis 1" im methodologischen Modell (vgl. 0.3). Der Akzent liegt einerseits auf der Analyse der Schülersituation und der faßbaren Einstellungen zum Auferstehungsglauben, die für das Lernen mit der Bibel bedeutsam sind, andererseits auf der exegetischen Untersuchung der Kommunikation des Apostels Paulus mit der Gemeinde und ihrer Bedeutung für die Kommunikation mit Schülern über Glaubensthemen.

Das 4. Kapitel zeigt kurz die didaktisch bedeutsamen Aspekte der Interpretation von Schülereinstellungen zu Glaubensinhalten. Das 5. Kapitel faßt die Auffassungen der Schüler über den Auferstehungsglauben in der Form von Statements zusammen. Im Zuge des Aufbaus der bibeldidaktischen Theorie ist wiederum die Bedeutung des Schülerbezugs für die Planung von Unterricht zu erläutern. Dabei geht es nicht nur um das soziokulturelle Umfeld, sondern um den Prozeß des Lebenlernens selbst, auf den die Verständigung im Religionsunterricht ausgerichtet ist. Die argumentative Auseinandersetzung mit Erfahrungen und Vorstellungen der Adressaten gehört zu den Formen der Glaubensüberlieferung selbst; sie ist ein Weg der Orientierung. Eine exegetische Untersuchung soll darum die Kommunikationsform des Paulus im 1. Korintherbrief im Blick auf die Bibeldidaktik der gymnasialen Oberstufe näher klären, um daraus Schlußfolgerungen für die unterrichtliche Auslegung zu ziehen (6. Kapitel). Die Kommunikation über die Lebensperspektiven des Glaubens macht es notwendig, die Schüleräußerungen über einen zentralen biblischen Inhalt im Hinblick auf die Zugänge und Barrieren des Verstehens zu untersuchen; das Unterrichtsgespräch über den Glauben an die Auferstehung der Toten gibt dazu Anlaß. Die Verknüpfung der Lernsituation und der historisch-kritischen Exegese dürfte zu Einsichten führen, die die Gestalt der Bibeldidaktik zu konturieren vermögen. Die Konsequenzen aus dieser Analyse müssen in die Untersuchungsergebnisse des 1. Hauptabschnittes eingebracht und die dortigen bibeldidaktischen Kategorien im Blick auf die Schüler näher bestimmt werden (7. Kapitel). Daraus soll eine umfassende Auswertung der bisherigen Reflexionsgänge auf wichtige Elemente einer bibeldidaktischen Theorie hin erfolgen. Dabei geht es wiederum um allgemeine Strukturmomente einer Bibeldidaktik in der gymnasialen Oberstufe und um die Auslegung der Korintherbriefe im besonderen (8. Kapitel). Diese Thesen sind zunächst theoretische Konstrukte, die im Gang der Untersuchung nur die Funktion von handlungsleitenden Impulsen einnehmen (vgl. 0.3, Nr. 8); sie bedürfen noch der Erprobung in weiterer Unterrichtspraxis.

Der 3. Hauptabschnitt widmet sich darum wieder konkreten Unterrichtsversuchen, in denen die erarbeiteten handlungsleitenen Ideen als Impulse in der Praxis wirksam werden sollen. Der Bericht über zehn Unterrichtseinheiten stellt kein fertiges Unterrichtskonzept dar, sondern ist selbst ein experimentierendes Durchproben der didaktischen Impulse an dem Thema "Starksein und Schwachsein" (9. Kapitel). Es geht darum, wie sich die Schülerorientierung mit der Auslegung von Texten der Korintherbriefe vereinbaren läßt. Die Darstellung der Unterrichtseinheiten bildet den Ausgansgpunkt für das 10. Kapitel, in dem die didaktischen Konturen seiner Thematik in einer Analyse der Lernsituation, ihrer Sachstruktur und einer bibelhermeneutischen Reflexion erschlossen werden (vgl. 0.3, Nr. 9). Dieser Reflexionsvorgang hat bereits ein neues Modell von Bibeldidaktik im Visier. Darum erarbeitet die hermeneutische Reflexion des Lerngegenstandes bereits Möglichkeiten einer neuen Strukturierung des Unterrichts, die die gegenwärtige Lernsituation mit den Anliegen paulinischer Verkündigung zu verknüpfen sucht (10. Kapitel).

Der 4. Hauptabschnitt bildet die theoretische Mitte der Untersuchung. Er soll Elemente zu einer Theorie biblischer Korrelationsdidaktik darstellen, die vom Geist des Dialogs inspiriert ist. In der Form eines Modells wird die Grundstruktur didaktischer Auslegung der Bibel in der gymnasialen Oberstufe aufgerissen und entfaltet. Funktion, Zielrichtung und Grenzen eines solchen Modells müssen zuerst geklärt werden (11. Kapitel). Die entwickelte Unterrichtspraxis schließt sich an die religionspädagogische Diskussion über die Didaktik der Korrelation von Glaube und Erfahrung an. Deshalb sind die theologischen Implikationen und die didaktischen Probleme jenes Ansatzes zu erörtern.

Das 12. Kapitel entwirft als Herzstück der Untersuchung ein Modell dialogischer Bibeldidaktik, indem es von der didaktischen Aufgabe der Bibelauslegung ausgeht und ihre verschiedenen Kategorien entfaltet und aufeinander bezieht. Aufgrund der Praxisorientierung der Arbeit bedarf das Modell einer Operationalisierung auf die Unterrichtsplanung hin; dazu ist wiederum die Verknüpfung von historisch-kritischer Exegese und Analyse der Lernsituation (vgl. 0.3, Nr. 13) nötig. Ein Konzept der didaktischen Analyse von Bibeltexten schließt den Entwurf des Modells ab.

Von der Theoriediskussion führt der Weg der Arbeit wieder zurück zur Planung von Religionsunterricht, um das Modell dialogischer Bibeldidaktik an der Auslegung von Texten der Korintherbriefe durchzuspielen. Der 5. Hauptabschnitt zielt darum auf Praxisentwürfe für die gymnasiale Oberstufe, die den didaktischen Weg von der Schülersituation bzw. vom Bibeltext zur Unterrichtsplanung entwickeln. Der Schwerpunkt liegt auf der didaktischen Erschließung der Korintherbriefe, die als Exempel didaktischer Forschung durchgearbeitet werden. Das erste didaktische Problem ist die Themenfindung. Nach der Begründung des Vorgehens werden mögliche Themen aus den Korintherbriefen benannt und kurz charakterisiert (13. Kapitel); vorausgehende Unterrichtssequenzen sind darin einbezogen. Auf die genauere didaktische Erschließung angezeigter Themen beziehen sich die folgenden Kapitel (14.-17. Kapitel). In unterschiedlicher Breite und mit verschiedenen Schwerpunkten erschließen sie die Gegenwartsbedeutung von Texten der Korintherbriefe so, daß die Korrelation der biblischen Überlieferung und der Erfahrung der Schüler hinsichtlich ihrer didaktischen Möglichkeiten und Grenzen durchgespielt wird. Diese Analyse läuft jeweils auf eine Unterrichtsskizze oder auf die Formulierung didaktischer Elemente hinaus.

Wie der 2. Hauptabschnitt zeigt, stellt die Auferstehungsthematik ein besonders schwieriges didaktisches Problem dar. Auch an der breiten, immer neu ansetzenden Argumentation des Paulus in 1 Kor 15 läßt sich erkennen, daß die Explikation dieses Glaubensinhalts mit erheblichen Problemen behaftet ist. Zudem scheint der Auferstehungsglaube mit der rationalistisch geprägten Kultur unserer Zeit schwer zu vereinbaren zu sein. Das bibeldidaktische Modell, das auf der Korrelation von Glaube und Erfahrung beruht, gerät infolgedessen bei dieser Thematik in eine neue Bewährungsprobe. Darum geht die Arbeit in einem neuen Anlauf nicht nur den unterrichtlichen Möglichkeiten nach, sondern bedenkt nochmals die Struktur des bibeldidaktischen Modells.

Der 6. Hauptabschnitt stellt also die Frage nach der Möglichkeit einer didaktischen Vermittlung der Auferstehungsbotschaft. Nur selten wird in Verkündigung und Religionsdidaktik von 1 Kor 15 mehr wahrgenommen als das Auferstehungsbekenntnis in Vv. 3-5. Was ergibt sich aber für die Bibeldidaktik, wenn wir das argumentative Bemühen des Paulus in 1 Kor 15 als Ganzes betrachten? Eine exegetische Besinnung auf die Akzente der Glaubenserfahrung, auf die es Paulus in seiner Argumentation wesentlich ankommt, soll die Lebensperspektiven dieser Botschaft artikulieren (18. Kapitel). Die Verschlungenheit seines Gedankensgangs deutet bereits darauf hin, daß die argumentative Annäherung an den Auferstehungsglauben Grenzen hat. Muß deshalb an dieser Stelle das Modell korrelativer Bibeldidaktik aufgegeben werden? Trotz aller Schwierigkeiten sollte sich die Bibeldidaktik auf den Weg machen, um An-Wege zu einem Verständnis der Auferstehungsbotschaft zu eröffnen, indem sie die anthropologische Ebene der christlichen Hoffnung reflektiert (19. Kapitel).
Die Thematisierung der Auferstehungsbotschaft im Religionsunterricht bedarf daher der gründlichen und breiten Erarbeitung, die an den Verstehensschwierigkeiten nicht vorbeigeht. Welchen Weg der Religionsunterricht beschreiten kann, das wird anhand didaktischer Elemente skizziert. Die unterrichtliche Entfaltung des Themas ist Anlaß, nochmals die Dimensionen des bibeldidaktischen Modells zu durchleuchten. Inwiefern läßt sich von einer korrelativen Vermittlung von Auferstehungsglauben sprechen? Oder fällt jener Ansatz beim zentralen Inhalt des christlichen Glaubens in sich zusammen? (20. Kapitel) Gerade dieses Thema verweist die Bibeldidaktik auf Dimensionen religiösen Lernens, die in der Schule kaum zu erschließen sind; darauf kann freilich die Arbeit nicht eingehen.

Ergebnisse der Untersuchung, weiterführende Perspektiven und offene Probleme bibeldidaktischer Forschung bilden den Abschluß.

HAUPTTEIL

In dieser Untersuchung geht es um eine zeitgemäße Auslegung der Korintherbriefe des Apostels Paulus im Religionsunterricht der gymnasialen Oberstufe (Kolleg–/ Studienstufe). Da sie auf die didaktische Praxis angelegt ist, empfiehlt sich ein induktiver Arbeitsweg, der von der Planung und Erprobung und der kritischen Reflexion konkreten Unterrichts ausgeht und dahin zurückkehrt. Mit der Einsicht in die Schwierigkeiten und Probleme der Praxis sollen Konsequenzen für einen neuen Praxisansatz gezogen werden. Die Untersuchung beschränkt sich auf die Inhaltsstruktur des Religionsunterrichts, um daran Struktur und Gang der Bibelauslegung zu reflektieren. Methodische und interaktionelle Aspekte werden insoweit einbezogen, als sie für die Klärung der Inhaltsstruktur von Bedeutung sind.

Im ersten Schritt werden zwei Unterrichtssequenzen vorgestellt und interpretiert, die schwerpunktartig verschiedene Problemkreise didaktischer Praxis betreffen. Dies hat sich in der Unterrichtspraxis so ergeben, nachdem auf die erste Unterrichtssequenz hin in einer anderen Klasse ein neuer thematischer Ansatz gewählt wurde. Die Reflexion beider Unterrichtssequenzen wird jeweils in den Zusammenhang der Theorie bibeldidaktischer Fachdidaktik gestellt, um die Stärken und Schwächen bisheriger Konzepte von der Praxis der gymnasialen Oberstufe her zu beleuchten. Die kritische Auseinandersetzung bildet den Ausgangspunkt für einen neuen Ansatz biblischer Fachdidaktik, der ihre verschiedenen Komponenten am Beispiel der Korintherbriefe in ein Konzept zu bringen versucht. Die Untersuchung hebt damit auf einen handlungswissenschaftlich orientierten Arbeitsgang ab, insofern sie von der Praxis her und auf Praxis hin Bibeldidaktik entwickelt (vgl. 0.3). Beschreibung, Analyse und Interpretation ihrer Inhaltsstruktur bilden die Grundlage für eine Reflexion, die die Entscheidungen und Schritte des unterrichtlichen Handelns im Kontext der bibeldidaktischen Theoriebildung kritisch beurteilt.

Das Vorgehen der didaktischen Reflexion orientiert sich schwerpunktartig an folgenden Kriterien:

a) Das Interesse der praktischen Theologie an der Bibel beschränkt sich nicht auf die Frage, wie der Gehalt der tradierten Texte kennengelernt wird, sondern richtet sich auf die Wege der Bibelauslegung, der es um die Vermittlung der Sinnstruktur biblischer Texte mit dem Horizont ge-

genwärtiger Wirklichkeitserfahrung geht[1]. Dem Eigenwert der Bibel widerspricht ein historistisches oder gar museales Verständnis der Texte. Ihre Tradierung in der Kirche zielt vielmehr auf ein Fruchtbarwerden im Lebensverständnis und Handeln der Menschen, so daß sie aus diesen Impulsen ihr Leben und Handeln neu begreifen lernen. Bibelauslegung unter praktischer Rücksicht ist darum angetrieben von der Frage: "Wie können biblische Erfahrungen und Handlungszusammenhänge, faßbar in den Texten der Schrift, mit gegenwärtigem Leben in kritische Verbindung gebracht werden?"[2] Dies setzt voraus, daß der Unterricht die Bibeltexte in diesem Horizont zum Sprechen bringt (hermeneutische Fragestellung).
b) Unterricht hebt auf einen Lernfortschritt der Schüler ab. An der Mitarbeit der Schüler ist in der Regel abzulesen, inwiefern die Auseinandersetzung mit einem Unterrichtsgegenstand ihre Problemlage trifft und ihrem eigenen Verständnishorizont weiterführende Impulse vermittelt. Dabei muß in Rechnung gestellt werden, daß es nicht um objektive Erkenntnisse geht, sondern um den Bezug auf die persönliche Problem- und Verstehenssituation der Schüler, auf ihre eigenen Interessen und Erwartungen und auf die Bedeutung, die der Gegenstand im Horizont ihrer Identitätsentwicklung gewinnen kann (didaktische Fragestellung)[3].

Diese Kriterien sind zunächst noch grob gefaßt. Die Feinstruktur der Analyse ist weitgehend von der durch die eigene Praxiserfahrung gewachsenen Intuition bestimmt[4]. Die Abklärung der Praxis möchte nicht

[1] Vgl. W. Langer, Praxis des Bibelunterrichts. Ziele–Gestaltungsformen–Entwürfe, Stuttgart/München 1975, 26-35; ders., Bibelarbeit, in: G. Bitter/G. Miller (Hrsg.), Handbuch religionspädagogischer Grundbegriffe, Bd. 1, München 1986, 282.

[2] O. Fuchs, Biblische Geschichten und christliches Handeln. Überlegungen zu einer angemessenen Vermittlungstheorie zwischen Schrift und Leben, in: Katholisches Bibelwerk (Hrsg.), Dynamik im Wort. Lehre von der Bibel. Leben aus der Bibel (FS zum 50jährigen Bestehen des Katholischen Bibelwerks), Stuttgart 1983, 361-381, hier 361; vgl. ders., Der Stellenwert der Bibel in der heutigen Pastoral, in: Katholisches Bibelwerk (Hrsg.), 50 Jahre Katholisches Bibelwerk in Deutschland, Stuttgart 1983, 104-125.

[3] Vgl. G. Stachel, Erfahrung interpretieren. Beiträge zu einer konkreten Religionspädagogik, Zürich 1982, 102-123; ders., Der Bibelunterricht. Grundlagen und Beispiele, Zürich 1967, 65-119.

[4] Für die exakte Analyse des Unterrichts hätte sich das Instrumentarium des Forschungsprojektes von Günter Stachel empfohlen. Vgl. G. Stachel (Hrsg.), Die Religionsstunde – beobachtet und analysiert. Eine Untersuchung zur Praxis des Religionsunterrichts, Zürich 1976; ders. (Hrsg.), Bibelunterricht – dokumentiert und analysiert. Eine Untersuchung zur Praxis des Bibelunterrichts, Zürich 1976; W. Simon, Inhaltsstrukturen des Religionsunterrichts. Eine Untersuchung zum Problem der Inhalte religiösen Lehrens und Lernens (SPT 27), Zürich 1983, bes. 100-219. Dazu waren aber weder die technischen noch die personellen Voraussetzungen gegeben. Aus den beiden Unterrichtssequenzen liegt dennoch kontrollierbares Material vor: Neben den

nur die Notwendigkeit eines erweiterten Auslegungshorizontes deutlich machen, sondern auch die Anliegen früherer Ansätze kritisch prüfend für eine neue Praxis einholen. Gerade der Kontinuität von Bibelauslegung und didaktischer Forschung wegen ist es geboten, bewährte Elemente didaktischer Praxis in neu entwickelte Prinzipien der Bibelauslegung und der Religionsdidaktik zu integrieren. Außerdem wirkt das Durchspielen didaktischer Kriterien zurück auf die Annahmen, von denen sie ausgehen, und zwingt zu ihrer Überarbeitung und Präzisierung, bei der vornehmlich auch die Determinanten didaktischer Entscheidung auf ihren Geltungsanspruch hin zu prüfen sind.

Aufzeichnungen des Lehrers sind es die persönlichen (anonymen) Notizen der Schüler und ein (technisch unzulänglicher) Tonkassettenmitschnitt der zweiten Unterrichtssequenz. Der Autor traut sich zu, nach 20 Jahren Unterrichtspraxis und 15 Jahren Supervision von Religionsunterricht in der Praxisausbildung seinem eigenen Handeln gegenüber nicht nur den nötigen kritischen Abstand zu besitzen, sondern im Interesse einer praxisbezogenen Untersuchung keine bedeutsamen Elemente des Unterrichtsgeschehens auszublenden. Auf dem Weg der Selbstbeobachtung wird sicher nicht alles erfaßt. Dennoch liegt die folgende Verlaufsbeschreibung nicht so weit von der tatsächlichen Praxis entfernt, daß daraus keine Schlüsse für eine praxisanleitende Theorie der Bibeldidaktik gezogen werden könnten. Was letztlich als Ergebnis erarbeitet wird, muß immer noch für eine empirische Prüfung offen bleiben.

ERSTER HAUPTABSCHNITT

"Als Christ leben. Was uns heute Paulus im 1. Korintherbrief zu sagen hat"

Darstellung und kritische Auswertung der ersten Unterrichtssequenz mit Texten des 1. Korintherbriefes

Der Weg der Untersuchung geht von der geplanten Praxis aus und führt über die Reflexion im Kontext der fachdidaktischen, besonders der bibeldidaktischen Forschung zurück zu Kriterien eines neuen Praxisansatzes. Ausgangspunkt ist also eine Unterrichtssequenz, die sich vom didaktischen Interesse an Texten aus dem 1. Korintherbrief leiten läßt. Zunächst werden die didaktischen Überlegungen, Entscheidungen und der grobe Verlauf des Unterrichts mit den Überlegungen, die beim Aufbau wirksam waren, aufgezeigt. Daran schließt sich die kritische Reflexion unter der Rücksicht der genannten Kriterien an.

Erstes Kapitel

1.0 PLANUNG UND DURCHFÜHRUNG DER UNTERRICHTSSEQUENZ

Wie in der Einführung (vgl. 0.1) aufgezeigt, standen die Vorzeichen für eine unterrichtliche Behandlung von Paulustexten schlecht, als ich mich im Schuljahr 1983/84 an den Versuch machte, mit Schülern der gymnasialen Oberstufe die Korintherbriefe zu lesen und zu besprechen. Über diesen Versuch ist hier zunächst zu berichten.

1.1 Planung der Unterrichtssequenz und des Unterrichtseinstiegs

Bei allen Entscheidungen war die Absicht bestimmend, den Religionsunterricht von der Lektüre des 1. Korintherbriefes her aufzubauen. Der Blick richtete sich auf die Ganzschrift. Die erste Entscheidung bestand darin, die fortlaufende Lektüre des Paulusbriefes vom ersten Satz an als Grundlinie des Unterrichts anzusetzen. Den Schülern des 13. Schuljahres wurde das Thema so angekündigt: "Als Christ leben. Was uns heute Paulus im 1. Korintherbrief zu sagen hat". Mit dieser Formulierung sollte den Schülern nicht nur der eigentliche Unterrichtsgegenstand angekündigt, sondern ihnen auch bedeutet werden, daß nicht einfach nur ein Bibeltext gelesen und exegetisch besprochen wird, sondern mit der Lektüre eine Aktualisierung für konkretes Christsein heute beabsichtigt ist.
Die Ausrichtung des Themas auf die Frage nach dem konkreten Christsein heute ergab sich aus folgenden Vermutungen, die aus der bisheri-

gen Praxiserfahrung erwuchsen[1]:

- Die Schüler haben ein ambivalentes Verhältnis zum Christentum. Nahezu alle sind in einem religiös geprägten Elternhaus aufgewachsen und besuchten Schulen in kirchlicher Trägerschaft. Aber die kritische Distanz zur bisher erfahrenen Sozialisation gehört zu ihrer Haltung, jedoch nicht so, daß sie sich bereits von der Religion abgewendet hätten. Oft stellten sie Fragen, die sich gerade auf Wert und Sinnhaftigkeit christlichen Lebens bezogen, d.h. sie interessierten sich sehr wohl für das Spezifikum des Christentums.
- Äußerungen in den vergangenen Schuljahren ließen erkennen, daß die Schüler sich oft an Teilaspekten des christlichen Glaubens (z.B. Beichte, Ablaß, Vorsehung) festbissen, die Bedeutung entscheidender Inhalte (Kreuz, Auferstehung, Ewiges Leben u.a.) für das konkrete Christsein nicht realisieren konnten oder bestenfalls formelhaft davon redeten.
- Sehr oft hantierten die Schüler mit theologischen Begriffen. Was jene aber mit konkreten Situationen menschlichen Lebens zu tun haben, konnten die Schüler nicht ausmachen.
- Am Ende ihrer Schulzeit sollten die Jugendlichen nochmals mit den Grundlagen des Glaubens befaßt werden, aber nicht in der Form eines theologischen Systems, sondern im Blick auf lebendiges Christsein.
- Das Verständnis biblischer Texte schien nicht sonderlich ausgeprägt, am wenigsten was Paulustexte betrifft.
- Eine Anknüpfung legte sich aus der Struktur der Korintherbriefe nahe. Nach Sprache und Absicht der Briefe ging es Paulus nicht um eine Systematik der Glaubenstradition, sondern um die Klärung konkreter Probleme christlichen Lebens im gesellschaftlichen und kulturellen Kontext von Korinth. Im Vordergrund stand aber auch keineswegs die Pragmatik, sondern die Erinnerung an das Evangelium als Grund christlicher Existenz und Gemeindebildung und die Vereinbarkeit konkreten Handelns mit der übernommenen Überlieferung (vgl. 1 Kor 1,10; 11,23; 15,1).

Aber wie sollte ich in die Thematik einsteigen, damit den Schülern der Bezug des Themas auf sie selbst von vornherein bewußt wird? Zwei Möglichkeiten boten sich an:
a) die Schüler lesen in häuslicher Vorarbeit den 1. Korintherbrief und bestimmen selbst die sie interessierenden Abschnitte,
b) wir beginnen den Unterricht mit einem offenen Gespräch über die Frage, wie die Schüler ihre Beziehung zum Glauben an Christus selbst einschätzen und was Christsein heute für sie bedeutet.

---

[1] Solche Beobachtungen und Schlußfolgerungen können nicht verallgemeinert werden, sondern betreffen die konkrete Klassensituation.

1.2 Darstellung des Unterrichtsaufbaus und der unterrichtsbegleitenden Reflexion

Die darzustellende Unterrichtssequenz erstreckte sich über drei Doppelstunden. Die Unterlage bildet nicht ein genaues Protokoll, sondern Aufzeichnungen des Lehrers zur Vor- und Nachbereitung der Religionsstunden.

1.2.1 Unterrichtseinstieg

Die erste Möglichkeit des Unterrichtseinstiegs mußte entfallen, weil kein Schüler den Bibeltext gelesen hatte. Die vorgebrachten Gründe (Anfertigung der Facharbeit u.a.) hatten nicht direkt mit dem Thema zu tun; der Tatbestand ist dennoch bemerkenswert. Ein brennendes Interesse an der Lektüre eines Bibeltextes schien jedenfalls nicht zu bestehen. Die offene Frage zum Christsein heute als zweite Möglichkeit nahmen die Schüler dagegen interessiert auf. Sie gingen die Frage zunächst im freien Unterrichtsgespräch an, dann in persönlichen schriftlichen Aufzeichnungen.

Am Ende der Stunde konnte ich folgende Eindrücke notieren: Den Schülern erscheint die Botschaft von Jesus Christus bedeutsam: als Idee für unsere Zeit und (mehreren) als Grundlage und Leitfaden für ihr persönliches Leben ("Ideologie" im positiven Sinne). Wo die Zustimmung positiv ausfiel, verwiesen die Schüler auch auf die familiäre und schulische Erziehung. Als bedeutsame Inhalte des Christusglaubens hoben sie hervor: die ständige Möglichkeit von Vergebung und Umkehr, durch die niemand auf das Vergangene festgelegt wird; die verändernde Kraft der Nächstenliebe; die Perspektiven der Hoffnung über den Tod hinaus; die Aussage von der liebenden Nähe Gottes und der Geborgenheit; der Gedanke der Freiheit jedes Menschen und das ganze Wirken Jesu.

Vom Christentum könnte unsere Zeitepoche auch viel für das konkrete Leben lernen: Der Glaube an den unendlichen Gott könnte dem Leben die Angst und Verbissenheit nehmen und Gelassenheit und Lebensfreude geben. — Taten der Versöhnung und des sozialen Friedens, der Toleranz und der Nächstenliebe sind schwer zu verwirklichen, aber notwendig. — Gerade das kindliche Vertrauen, das Transzendente, das Irrationale, das vom Christentum verkörpert wird, könnte unsere Zeit lernen. — Der Mensch und das Leben sind mehr als das Äußerliche und der Erfolg. — Verzicht auf den eigenen Vorteil zum Wohle anderer macht das Leben menschenwürdiger. — Die Hoffnung auf Erlösung und ewiges Leben wirkt der Resignation entgegen.

Im Blick auf die konkrete Kirche nehmen die Schüler jedoch eine andere Position ein. Überwiegend wirkt die Kirche von ihrer institutionellen Seite her auf die Schüler enttäuschend, verstaubt, engstirnig, in Struktur und Organisation verhärtet. Die Kirche könne sich nicht verständlich machen und setze sich wenig mit ihrem eigenen Glauben auseinander. Der Alleinvertretungsanspruch widerspreche der Toleranz. Die Differenz zur Botschaft Jesu sei offenkundig. Wo die Kirche seelsorgerisch als Ratgeber für Menschen in Not wirke und bescheiden auftrete, wirke sie dagegen überzeugend.

Das Gespräch der Schüler ergab zwei markante Aspekte: Die persönliche Erwartung an das Christentum als gestaltende Kraft des individuellen und gesellschaftlichen Lebens scheint sehr hoch gesteckt. Die Schüler haben zwar nur selten und nur andeutungsweise auf konkrete Erfahrungen Bezug genommen, aber das, was im christlichen Glauben "theoretisch" vertreten wird, erfährt auch bei kritischen Schülern hohe Wertschätzung.
Ganz anders sah es aus, wo es um die Betrachtung des praktischen Lebens ging: Die Aufmerksamkeit der Schüler konzentrierte sich auf die Kirche als Institution und auf das Handeln ihrer Vertreter. Diese Perspektive war für die Jugendlichen geradezu beherrschend. Darin entschied sich für sie die Frage der Glaubwürdigkeit des Christentums. Gerade die Erfahrungen mit der Kommunikation in der Kirche, zu der sie durchaus noch einen Konnex haben, mit der Toleranz und dem gegenseitigen Ernstnehmen werden zum ausschlaggebenden Prüfstein für ihr persönliches Verhältnis zur Kirche[2] .

Diese Diskrepanz wirft natürlich Fragen auf, die weit über die Perspektive der Untersuchung hinausreichen, bot aber für die Einsicht in die Interessenlage der Schüler im Blick auf den Bibeltext gewisse Anhaltspunkte. Im Fortgang des Unterrichts lief die Einsicht in die Diskrepanz von Theorie und Praxis zunächst auf die Feststellung hinaus, daß die Frage nach dem konkreten Christsein je neu gestellt werden müsse: sie ist eine ständige Frage, heute wie früher. Ein Mann wie Paulus mußte mit den Christen von Korinth auch immer wieder neu klären, wie sie in ihrer Situation an Christus glauben und als Christen leben könnten. Interessant könnte für uns heute sein Weg mit der Gemeinde von Korinth deshalb werden, weil sich die Gemeinde damals im kulturellen Schmelztiegel der Hafen- und Weltstadt Korinth in einer ähnlich diffusen religiösen (freilich nicht religiös indifferenten) Situation vorfand wie wir heute. Damit konnte der Unterricht direkt auf den 1. Korintherbrief zugehen.

1.2.2 Lektüre und Interpretation des Briefanfangs (1 Kor 1,1-3)

Als Hinführung zur Lektüre des Briefeingangs (1 Kor 1,1-3) erfuhren die Schüler wichtige historische Informationen über Paulus und seinen Aufenthalt in Korinth in den Jahren 50 – 52 sowie über die Situation der Stadt[3]. Nach seinem Weggang mußte die neue Gemeinde der Christen allein sehen, wie sie ihr Christsein inmitten der buntgewürfelten Gesell-

2 Vgl. auch K.E. Nipkow, Erwachsenwerden ohne Gott? Gotteserfahrung im Lebenslauf, München 1987, 77f.

3 Vgl. W. Elliger, Paulus in Griechenland. Philippi, Thessaloniki, Athen, Korinth (SBS 92/93), Stuttgart 1978, 200-251; H.-J. Klauck, 1. Korintherbrief (NEB 7), Würzburg 1984, 5-9.

schaft erhalten und als Christen mit ihrer Umwelt und mit sich selbst zurecht kommen konnten. Daß Paulus der Gemeinde so viel Raum der Eigenentfaltung ließ und nicht ständig "den Daumen draufhielt", empfanden die Schüler bereits als einen interessanten Vertrauensbeweis und für die Kirche ungewöhnlich. Sie akzeptierten auch, daß Paulus von Ephesus aus durch Briefe mit der Gemeinde in geistiger Auseinandersetzung blieb und ihnen Rat und Ermahnung zukommen ließ, als ihm Probleme der Gemeinde zugetragen oder als Anfragen von Boten übermittelt wurden. Gespräche und gemeinsames Ringen um das Christsein macht nach ihrer Ansicht ein wichtiges Stück kirchlichen Lebens aus. Entscheidend wurden für die Schüler freilich die Fragen: Wie geht Paulus mit den Korinthern um? Was sind für ihn die zentralen Punkte des Glaubens? Was sagte er den Leuten eigentlich für ihre christliche Lebenspraxis? Solche Überlegungen waren deutlich aus den eigenen Erfahrungen der Schüler mit der kirchlichen Verkündigung und mit den Amtsautoritäten motiviert.
Nun kam die Nagelprobe: Können die Schüler etwas mit Anschrift und Gruß von 1 Kor 1,1-3 anfangen? Es sollte ja nicht um die formkritische Betrachtung eines Briefanfangs[4] gehen, zumal die Interessenlage der Schüler auf die Kommunikation unter Christen ausgerichtet war.

Um den persönlichen Bezug zum Text aufrechtzuerhalten, sollten die Schüler im Präskript zuerst eine Passage entdecken, durch die der Brief auch auf uns bezogen wird: "mit allen, die den Namen Jesu Christi, unseres Herrn, überall anrufen" (1 Kor 1,2b)[5]. Die Schüler bedachten am Text,
– wie sich die Beziehung des Paulus zur Gemeinde darstellt und
– was Paulus in dieser Beziehung wichtig ist.
Nach einigen Begriffserklärungen (Apostel, herausgerufen, Geheiligte/Heilige, Kirche u.a.) kamen wir zum Ergebnis: Paulus behauptet gegenüber der Gemeinde seine Autorität, um alle Zweifel an der Geltung seiner Arbeit abzuweisen. Gleichzeitig geht es ihm um Brüderlichkeit, um

---

4 Vgl. K. Berger, Apostelbrief und apostolische Rede. Zum Formular frühchristlicher Briefe, in: Zeitschrift für die neutestamentliche Wissenschaft 65 (1974) 190-231; ders., Hellenistische Gattungen im Neuen Testament, in: H. Temporini/W. Haase (Hrsg.), Aufstieg und Niedergang der römischen Welt. Geschichte und Kultur Roms im Spiegel der neueren Forschung II: Prinzipat, Bd. 25: Religion, Teil 2, Berlin 1984, 1326-1365; E. Fascher, Urchristliche Briefliteratur, in: RGG³ I, Tübingen 1957, 1412-1415; H.-M. Schenke/K.M. Fischer, Einleitung in die Schriften des Neuen Testaments, Bd. I: Die Briefe des Paulus und Schriften des Paulinismus, Gütersloh 1978, 26-35.

5 Dieser "ökumenische" Ausblick, der wohl von Paulus selbst stammt, drückt zwar einen universalen Kirchenbegriff aus, gehört aber wohl auch zu der paulinische Antwort auf die Gruppenbildung und Überheblichkeit der Korinther. Vgl. H. Conzelmann, Der erste Brief an die Korinther (KEK 5), Göttingen ²1981, 41; H.-J. Klauck, 1. Korintherbrief, 18.

Streit und Risse in der Gemeinschaft zu beseitigen. Die entscheidende Linie ist die Verbindung mit Christus und die Berufung zur Weitergabe der Botschaft, die jede Eigenmächtigkeit und Selbstsucht ausschließen.

Da sich im Vorgespräch bei den Schülern die kirchliche Institution und das Auftreten der Amtspersonen als Problem herauskristallisiert hatte, sollten sie den Beziehungsaspekt im Kontakt des Paulus mit der Gemeinde noch genauer untersuchen[6]. Anhand zahlreicher Textstellen versuchten sie zu charakterisieren, wie Paulus seine Rolle in der Beziehung zu den Korinthern definiert. Im wesentlichen wurden die Beobachtungen von A. Schreiber[7] bestätigt: Paulus geht es um die Auferbauung der Gemeinde Gottes in der Welt. "Die Basis der Gemeinde ist das durch Paulus gelegte Fundament und muß es immer bleiben". Aber Paulus stellt seine Person nicht in den Vordergrund. Er sieht seine Rolle als Dienst am Evangelium und als Nutzen für alle. Er bleibt restlos gebunden an die überlieferte Glaubenstradition und Gottes Willen untergeordnet. Die Schicksalsverbundenheit mit der Gemeinde "wird gleichsam zum Programm erhoben". Sein Führungsstil ist nicht autoritär, ist frei von Bevormundung. Aber "so wie der »freiheitlich-demokratische Führer« weitgehend die Führung behält, verzichtet Paulus auf seine Autorität nicht, verabsolutiert sie aber auch nicht". Paulus hat seine Gemeinde kollegial bzw. freiheitlich-demokratisch geleitet.
Den Schülern fiel die Diskrepanz zwischen den biblischen Texten und ihrer Erfahrungswirklichkeit auf. Bei aller Zustimmung zu diesem Ideal, das die Schüler leider selbst kaum hinterfragten, blieb primär große Ratlosigkeit im Blick auf ihre eigene Situation zurück. Was sollten die "schönen" Worte des Paulus, wenn sie bei den Vertretern der Institution nichts bewirkten? Die Schüler hatten genug von der Theorie einer Beziehung in der Kirche, die sie weder mit der Praxis verbinden noch selbst produktiv umsetzen konnten. Die Betrachtung eines ansprechenden Modells im Bibeltext führte zur Resignation gegenüber der Realität – und wirkte so auch dämpfend auf die Einschätzung der Bibel zurück: ein realitätsfremdes Ideal kann bestenfalls nur musealen Charakter haben. Bei der Beschäftigung mit diesem Bibeltext ließ sich bereits eine Beobachtung machen, die zunehmend bestimmender wurde: Obwohl die Schüler sich zunächst bereitwillig auf den Text einließen, nahm die Motivation ab. Sie konnten nicht verstehen, was diese Texte mit ihrer Situation zu tun hätten und wofür das Lesen dieser (gewiß interessanten) Texte helfen sollte.

---

[6] Der Beziehungsaspekt in den Korintherbriefen wird nach Kriterien der Gruppendynamik untersucht von A. Schreiber, Die Gemeinde in Korinth. Versuch einer gruppendynamischen Betrachtung der Entwicklung der Gemeinde von Korinth auf der Basis des ersten Korintherbriefes (NTA NF 12), Münster 1977. Vgl. H.-J. Klauck, Gemeindestrukturen im ersten Korintherbrief, in: ders., Gemeinde–Amt–Sakrament. Neutestamentliche Perspektiven, Würzburg 1989, 37-45.

[7] A. Schreiber, Die Gemeinde in Korinth, 78.99.103.

1.2.3 Lektüre und Interpretation der Danksagung (1 Kor 1,4-9)

Um die Frage nach dem Christsein heute anzugehen, müssen wir uns auf die Grundlage christlichen Lebens besinnen. Die Danksagung des Paulus (1 Kor 1,4-9), die in der Form eines jüdisch-hellenistischen Segensgebetes aufgebaut ist, ist zwar in Einzelformulierungen als Antwort auf die Problemlage in Korinth artikuliert[8], enthält aber fundamentale Aussagen über das Verständnis christlicher Existenz, die auch für uns Gültigkeit besitzen. Die Analyse des Proömiums hob darum auf das Erkennen der Grundelemente christlicher Existenz ab, ohne daß die Konfliktsituation von Korinth erwähnt wurde.

Das Gespräch in der Klasse entfaltete das Proömium (1 Kor 1,4-9) auf drei Ebenen: Inhalte des Glaubens – Grundzüge menschlichen Lebens im Glauben – Kritik heutiger Lebensauffassungen. Folgende Sachzusammenhänge wurden erarbeitet:

a) Der Christ geht von der freien, unverdienten Zuwendung Gottes zu den Menschen aus, die in Jesus Christus Wirklichkeit wurde (Gnade Gottes). So erfährt er seine Existenz als Geschenk der Liebe Gottes, der er alles verdankt, gerade auch den Besitz besonderer geistiger Fähigkeiten. Dieses Bewußtsein schließt jede "Selbstbespiegelung im eigenen Reichtum"[9] aus. Eine solche Grundhaltung steht in tiefgreifender Spannung zum gegenwärtigen Bewußtsein von der Autonomie der menschlichen Vernunft, die der Eigenmächtigkeit des Menschen zum Motiv geworden ist.

b) Ein Christ lebt in der Erwartung von Christi Offenbarung. Was seine Existenz auszeichnet, das steht noch unter dem eschatologischen Vorbehalt. Grundzug christlichen Lebens ist darum die Hoffnung als ständiger Spannungszustand. Sie hebt sich ab gegen jede Verdrossenheit und Resignation, weil sie aus der Gewißheit des Glaubens kommt, und gegen die Überheblichkeit des Alles-Besitzens und Alles-Könnens, weil die Vollendung des Menschseins noch erwartet wird.

c) Am Ende kommt der Tag des Weltgerichts, an dem das Handeln der Menschen beurteilt wird und alles zutage tritt, was war. Dadurch steht der Christ mit seinem ganzen Leben in der Verantwortung vor Gott, dessen Wort und Handeln das Maß abgibt. Diese Beziehung steht Tendenzen der Selbstbestimmung entgegen, in denen die Selbstverantwortlichkeit des Menschen zum absoluten Maßstab erhoben wird[10].

---

8 Vgl. J. Weiß, Der erste Korintherbrief (1910), Neudruck Göttingen 1977 6-11; H. Conzelmann, Der erste Brief an die Korinther, 43-47; H.-J. Klauck, 1. Korintherbrief, 18-20.

9 H. Conzelmann, Der erste Brief an die Korinther, 45.

10 Vgl. W. Huber, Die Verantwortung des Intellektuellen, in: Neue Sammlung 23 (1983) 337-351.

d) Bei aller Unsicherheit baut der Christ auf die Treue Gottes, der zu dem steht, was er gesagt und begonnen hat. Diese Erfahrung gibt dem Menschen ein Grundvertrauen, das ihn die Schwierigkeiten seines Lebens bestehen läßt. Der Glaube wirkt so allen Erfahrungen der Sinnlosigkeit und des Nichts im Leben entgegen.
Dies sind zentrale Kriterien des Christseins, auf die sich Paulus, die Korinther und wir eingelassen haben.

Aus theologischer Perspektive könnte man mit solchen Arbeitsergebnissen, wie auch immer sie methodisch zustande kamen, einverstanden sein. Aber die Schüler waren es nicht! Mehr aus sekundärer Motivation ließen sie sich auf die Entwicklung eines solchen Gedankengangs ein. Sie hatten auch kaum Widerspruch gegen den Inhalt anzumelden. Aber sie machten in aller Klarheit deutlich, daß ihnen solche Glaubensinhalte wenig bedeuteten und sie nicht erkennen könnten, wo ihr Leben darin vorkäme. "Das ist alles zu abstrakt und zu allgemein".
Worin lag nun das Problem? in methodischer Ungeschicktheit, weil die Illustration mit Erfahrungsbeispielen fehlte? in der Unzeitgemäßheit und Bedeutungslosigkeit der theologischen Aussagen? in der Fremdheit der biblischen Sprache und ihrer Übersetzung? in der inneren Distanz der Schüler gegenüber Glaubensinhalten? Oder fehlte nur der Bezug zu konkreten Situationen in Korinth? Jedenfalls zeigten diese Unterrichtsstunden, daß die Schüler auf diesem Wege für Paulusbriefe nicht sonderlich zu gewinnen waren.

Zweites Kapitel

2.0 KRITISCHE REFLEXION DER UNTERRICHTSSEQUENZ

Die Praxis wirft einige Fragen auf, die sich auf die hermeneutischen und didaktischen Voraussetzungen des gewählten Weges der Bibelauslegung beziehen. Die Erarbeitung des fachdidaktischen Zusammenhangs, in den die Unterrichtssequenz einzuordnen ist, und der Probleme ihres Unterrichtsaufbau führt zu Kriterien einer biblischen Fachdidaktik, die in neuer Praxis zu erproben sind. Der Arbeitsgang gliedert sich in folgende Schritte: Anhand der Inhaltsstruktur läßt sich die Unterrichtssequenz auf die Art ihrer Hermeneutik näher prüfen und charakterisieren. Die erarbeiteten Strukturmomente werden zu bekannten Modellen der Bibeldidaktik in Beziehung gebracht (2.1). Mit der Einordnung der Unterrichtssequenz in die Entwicklung der Bibeldidaktik werden grundlegende Anliegen in ihrem geschichtlichen Werdeprozeß aufgezeigt und Grundlinien der Fortschreibung aus der bibeldidaktischen Diskussion skizziert (2.). Daraus erwachsen Kriterien der Bibeldidaktik, die in der kritischen Reflexion der Unterrichtssequenz konkret durchgespielt werden. Diese Praxisreflexion zielt auf erste Konturen einer zeitgemäßen Bibeldidaktik in der gymnasialen Oberstufe.

2.1 Analyse und Interpretation der Inhaltsstruktur

Mit der Auswertung der Unterrichtsinhalte soll nicht nur das hermeneutische Modell charakterisiert, sondern auch kritische Fragen an seine didaktische Struktur formuliert werden.

2.1.1 Bedeutung der Frage nach der persönlichen Beziehung zum Christusglauben

Mit der allgemeinen Frage nach ihrer persönlichen Beziehung zum Christusglauben und der persönlichen Bedeutung ihres Christseins wurden die Schüler direkt angesprochen und zu reger Beteiligung motiviert. Diese Erfahrung ist insofern wichtig, als sie Hinweise für Zugang und Verstehensebene der Schüler gibt: Wo es um sie selbst geht und ein Thema auf ihre eigenen Erfahrungen bezogen wird, wächst die Motivation der Schüler zur Sachauseinandersetzung; denn sie können "mitreden", indem der Unterricht ihre eigenen Erfahrungen ins Spiel bringt.

2.1.2 Konsequenzen dieser Frage für den Unterrichtsverlauf

Weitgefaßte Fragen veranlassen natürlich zu grober und verallgemeinender Betrachtungsweise. Auch wenn es zunächst nur um einen Ansatz des Gesprächs ging, müßten die Gedanken der Schüler weitere Konse-

quenzen für den Unterrichtsverlauf haben.
a) Es ist noch in keiner Weise ausgemacht, wie die Wertschätzung der Christusbotschaft das Leben der Schüler konkret im Urteilen und Handeln bestimmt. Ist sie vielleicht nur ein Überbau, den sie sich nur für den Religionsunterricht zurechtgelegt haben (Religionsstunden-Ich)? Ist sie nur Anpassung an die soziokulturellen Bedingungen der Umwelt eines katholisch geprägten Milieus? Andeutungen der Schüler könnten einen solchen Schluß zulassen. Oder ist sie nur die mentale Bekräftigung eines Ideals, in das die Defizite der persönlichen Lebensgeschichte hineinprojiziert werden?
b) In welchem Verhältnis steht die grundsätzliche Wertschätzung der Christusbotschaft und die persönliche Bedeutsamkeit bestimmter Inhalte zur konkreten Erfahrungswelt der Schüler? Es wurden im Unterricht keine Situationen erzählt, und die Aussagen standen nur andeutungsweise in Beziehung zu Erfahrungen. In der Regel wird man in einer Schulklasse keine persönlichen Erlebnisschilderungen, Eingeständnisse und Bekenntnisse erwarten können[1]. Aber es fehlte auch an indirekten Bezügen zu Lebenssituationen und Erfahrungen, auf die sich Schüler dieser Altersstufe sehr wohl einlassen. Dazu regte der Unterricht an dieser Stelle und in der Folgezeit auch gar nicht an.
c) Offen bleibt nach diesen statements, wie die Begriffe inhaltlich gefüllt sind. Die Bedeutung für die Gegenwart bleibt in einer oberflächlichen Charakteristik, überwiegend in der Polarisierung von negativ und positiv, bei der weder konkrete Lebenspraxis kritisiert noch die abstrakten Werte des Christentums ins Konkrete übersetzt werden. Dem müßte der Unterricht aber näher nachgehen, wenn er die Plausibilität des Christentums gegen die Gefahr der Verdunstung stärken soll.
d) Die Kritik an der Institution Kirche spiegelt die altersgemäße Neigung wider, sich von der Einbindung in ein prägendes Sozialisationsfeld zu lösen, um dem Autonomiestreben Raum zu schaffen für den Aufbau eigener Wertkonzepte. Aber der Blick auf die institutionelle Seite von Kirche wurde nur vereinzelt aufgebrochen auf den Anspruch kirchlicher Glaubenstradition an jeden einzelnen hin. Insofern gab es keinen Lernfortschritt über das hinaus, was die Schüler selbst schon wußten.

2.1.3 Beobachtungen aus der Jugendforschung

Die Motivation und die konkreten Antworten der Schüler bestätigen Be-

[1] Die Neigung zum Reden über lebenswichtige Sachverhalte in der Form der Selbstdistanz ist ein weit verbreitetes Phänomen bei Schülern der gymnasialen Oberstufe (vgl. K.E. Nipkow, Erwachsenwerden ohne Gott? Gotteserfahrung im Lebenslauf, München 1987, 71). Darin schlägt sich vermutlich der überspitzte Intellektualismus gymnasialen Unterrichts überhaupt nieder. Nicht wenig trägt dazu das Mischungsverhältnis einer Religionsklasse und der häufige Wechsel der Lerngruppe im Kurssystem bei.

obachtungen aus der Jugendforschung, in denen das Verhältnis von Jugend und Religion näher bestimmt wird[2]:

a) Obwohl die Schüleräußerungen wenig Persönliches und Lebensgeschichtliches hergaben, spiegelte sich in ihnen eine persönliche Qualität ihrer Einstellung zum Glauben. Der Christusglaube wurde nicht nur als grundlegend bedeutsam für das persönliche Leben betrachtet, sondern auch (freilich abstrakt) auf existentielle Grundbedürfnisse bezogen: Vergeben legt niemanden fest – Nächstenliebe verändert – Hoffnung über den Tod hinaus – Freiheit jedes Menschen u.a. Diese Deutungstendenz der Schüler liegt auf der Linie der Interpretation der Religiosität Jugendlicher, die J.W. Fowler so bestimmte: Der religiöse Hunger richtet sich "auf einen Gott, der einen kennt, annimmt und das Selbst zutiefst bestärkt und der dem Selbst, während es seinen Mythos der persönlichen Identität und des persönlichen Glaubens bildet, als unendlicher Garant dient"[3]. Die Formulierungen der Schüler liegen hier jedoch auf einer abstrakten Ebene und reichen bereits über den Horizont der Individualität hinaus. Jedenfalls sind die Schüler stärker von ihrer Lebensthematik bewegt – und sehen aus dieser Perspektive die Bedeutsamkeit von Glauben – als von objektiven Gottesvorstellungen.

b) Mit der Kritik an der Kirche und der modernen Gesellschaft entwerfen die Jugendlichen gleichzeitig Ideale einer "besseren Welt", deren Realisierungsmöglichkeiten diese 18jährigen eher kritisch beurteilen. Die Wechselbeziehung zwischen den Idealen und der Gesellschaftskritik wirkte sich in der Weise aus, daß die Spannung zwischen der Wichtigkeit der Ideale und der erfahrenen Realität die Enttäuschung der Jugendlichen über die religiöse Institution anwachsen ließ. In dieser Klasse konnte man noch nicht feststellen, ob sich diese Enttäuschung auch auf die Religion grundsätzlich ausdehnte.

c) Die Kritik der Jugendlichen an der Kirche trägt ambivalente Züge. Auffallend ist, daß gerade solche Erfahrungen in das Zentrum des Interesses rücken, an denen ihnen die Distanziertheit von Kirche den Jugendlichen gegenüber bewußt wird ("verhärtet, engstirnig, Alleinvertretungsanspruch u.a."). Es wäre verfehlt, aus dieser Kritik Distanz der Jugendlichen von der Kirche oder gar vom Glauben abzulesen – im Gegenteil. Ihre Wertschätzung des Glaubens bringt sie vielmehr als Jugendliche in einen unlösbaren Konflikt. Zur Erklärung des Geschehens dürfte das

---

2 Vgl. K.E. Nipkow, Grundfragen der Religionspädagogik, Bd. 3: Gemeinsam leben und glauben lernen, Gütersloh 1982, 68–98.

3 J.W. Fowler, Stages of Faith. The Psychology of Human Development and the Quest for Meaning, San Francisco 1981, 153.

psychologische Modell von R. Kegan[4] hilfreich sein: Das ganze Leben über hält die Spannung zwischen dem Verlangen nach Zugehörigkeit und Beteiligung einerseits und dem Verlangen nach Unabhängigkeit oder Selbständigkeit andererseits an. Die Lösung des Konflikts in Bezug auf die Kirche erscheint den Jugendlichen unmöglich, obwohl sie dieser Gemeinschaft zugehören möchten. Denn die Institution tritt ihnen in der Weise entgegen, daß ihr wachsendes Verlangen nach Selbständigkeit und Entfaltung ihrer eigenen Kräfte im Denken, Urteilen und Handeln nicht genügend Raum gegeben wird. Sie fühlen sich in ihrem Sosein sozial nicht anerkannt und respektiert. Darum bleibt ihnen als Form des Beteiligtseins nur die Kritik, die sich aufallenderweise gerade auf die interaktionelle Dimension kirchlicher Praxis richtet. Wo gibt es Erfahrungsorte, in denen man dem Bedürfnis junger Menschen nach Zugehörigkeit und Selbständigkeit gleichermaßen mit Verständnis und Wohlwollen begegnet? Kann der Religionsunterricht diese Erfahrungen aufarbeiten oder gar ausgleichen?

d) Die Sensibilität der Jugendlichen für Ungereimtheiten in der Gesellschaft und in unserer Zivilisation verliert sich nicht im luftleeren Raum bzw. in bloßer Opposition. Sie verspüren vielmehr, daß es betroffenmachende Erfahrungen gibt, die bis an die Fundamente des Lebens rühren: Schuld, Angst, Erfolgsdenken, Egoismus, Resignation u.a. "Hier wird heute Gott gesucht oder eben nicht mehr gesucht, wenn die Hoffnung aufgegeben ist"[5]. Das kritische Nachdenken der Schüler brachte durchaus bereits Impulse zur Veränderung zutage, für die sie gerade auch den christlichen Glauben beanspruchen: Glaube an den unendlichen Gott, Vertrauen, Transzendenz, Verzicht zum Wohle anderer, Hoffnung auf Erlösung u.a. Die von den Schülern durchgeführte Korrelation spricht einerseits dafür, daß christlicher Glaube auch von Jugendlichen aktuell verstanden werden kann, andererseits zeigt sie wegen ihrer Allgemeinheit und Abstraktheit die Schwierigkeit einer Aktualisierung konkreter Glaubensinhalte in Alltagssituationen und einer durchdachten didaktischen Artikulation. Die Unterrichtssequenz brachte auf Schülerseite inhaltliche Ansätze zutage, die didaktisch konkreter entfaltet werden müßten, aber nicht wurden.

e) In positiver Wendung wird eine Thematik deutlich, die K.E. Nipkow als einen "der für die Gottes- und Glaubenserfahrung sensibelsten wie auch zugleich verhängnisvollsten Bereiche" anführt[6]: die Erfahrung von Schuld im Gewissen. Im Falle dieser (sicher nicht aller anwesenden)

---

[4] Vgl. R. Kegan, Die Entwicklungsstufen des Selbst. Fortschritte und Krisen im menschlichen Leben, München 1986, 149-152.
[5] K.E. Nipkow, Grundfragen der Religionspädagogik, Bd. 3, 86.
[6] Ebd., 87.

Jugendlichen hat sich offenbar gerade aus dem Glauben ein befreiender Weg aufgetan: durch die ständige Möglichkeit von Vergebung und Umkehr wird niemand auf seine Vergangenheit festgelegt. Da bereits die die Betonung dieser (Glaubens-)Erfahrung bei Jugendlichen bezeichnend ist, müßte der Unterricht die Vergebungsbotschaft in ihren anthropologischen und theologischen Dimensionen konkret entfalten.

2.1.4 Kritik der Auslegung von 1 Kor 1,1-9

Mit dem Unterrichtseinstieg "Christsein heute" wurde eine Motivation geschaffen, die deutlich auf die innere Verbindung von Christusglauben und Erfahrungswelt der Jugendlichen abgestellt war. Die Schüler haben ein gutes Stück eigenständigen Buchstabierens von Glaubenserfahrung geleistet und auf der Ebene ihres Selbständigkeitsstrebens eine kritische Loyalität zur kirchlichen Praxis bewiesen, die weit über die für Jugendliche bezeichnende Distanzierung von Autoritäten und besonders auch von der kirchlichen Institution hinausreicht. Die Qualität des Glaubens ist ihnen durchaus bereits im Kontext ihrer Welterfahrung aufgegangen. An einer solchen Station des Lernprozesses "darf die christliche Erziehung nicht strukturell dahinter zurückfallen"[7]. Die Reflexion der Schüler bildete eine hermeneutische Vorgabe, mit der der folgende Unterrichtsschritt zu vernetzen war. Entspricht nun die Art der Anbindung und Auslegung von 1 Kor 1,1-9 der aufgebauten Verstehensstruktur der Schüler? Legt es sich überhaupt nahe, jetzt den Bogen zu den Korintherbriefen zu schlagen und diesen Bibeltext einzuführen?
Die Verknüpfung der bisherigen Unterrichtssequenz mit dem 1. Korintherbrief bestand lediglich in der Behauptung einer allgemeinen historischen Analogie der paulinischen Verkündigungssituation zu unserem heutigen Erfahrungshorizont. Die Argumente für die Lektüre einer Ganzschrift, für den Einstieg in die Bibel mit dem Briefanfang und für eine konkrete Thematik blieben für die Schüler offen. Es wurde kein konkretes Problem aufgeworfen. Alles blieb vielmehr von der Entscheidung des Lehrers bestimmt, den 1. Korintherbrief mit den Schülern lesen und auslegen zu wollen. Bemerkenswert ist wiederum, daß die Schüler von sich aus an der historischen Schilderung einen Punkt aufgriffen, der ihnen gerade selbst am Herzen gelegen hatte: Paulus ließ der Gemeinde Raum zur Eigenentfaltung. Das entsprach ganz ihren Vorstellungen von Zusammenleben und -arbeiten mündiger Christen. Außerdem verhieß diese Einschätzung der korinthischen Situation, ein interessantes Modell von Kommunikation unter Christen zu werden, das nach der interaktionellen und inhaltlichen Seite detaillierter zu betrachten ist. Daß der Unterricht anders verlief, muß genauer analysiert werden.
Bereitwilliges Mitgehen der Schüler ist noch kein hinreichendes Kri-

---

7 Ebd., 91.

terium für eine adäquate Unterrichtsarbeit. Am Ende der Textarbeit stand Desinteresse an der Bibel. Die Schüler konnten den Wert der erarbeiteten Erkenntnisse nicht erfassen. Die Distanz zu den Texten wuchs. Die Frage ist: Warum ist der zündende Funke bei dieser Art von Bibelarbeit ausgeblieben? Einige Aspekte ergeben sich bereits aus den Schülerkommentaren. Der Ansatz der Bibelarbeit selbst bedarf ebenso genauerer Prüfung hinsichtlich der hermeneutischen und didaktischen Voraussetzungen der Texterschließung, die sich auf drei Textkomplexe bezog: auf den Briefanfang (1 Kor 1,1-3), eine Auswahl einzelner Verse aus dem 1. Korintherbrief und auf das Proömium (1,4-9). Die Inhaltsstruktur der Unterrichtssequenz zeigt gelungene Elemente und gibt Probleme auf.

a) Anhand von Leitfragen sollten die Schüler aus den Textaussagen die Kommunikation des Paulus mit der Gemeinde und grundlegende Akzente christlichen Lebens charakterisieren. Diese Texterschließung fragte nach der Sinnmitte der jeweiligen Perikopen. Die Interpretation hielt sich dicht an den Wortsinn. Die Zusatzinformationen über Begriffe und historische Ereignisse sollten das Verständnis der Sinnmitte vorbereiten und unterstützen. Die exegetische Arbeit vermittelte also den Schülern in genügender Klarheit Einsicht in das Kerygma dieser Texte.

b) Der Ansatz bei der Beziehungsebene und bei der Frage nach dem Christsein stellte die Texterschließung unter die existentielle und kommunikative Perspektive. Ihr tatsächliches Ziel waren jedoch Prinzipien und Grundsätze. Infolge der Fragestellung und der Textauswahl konnte anderes auch gar nicht erarbeitet werden. Konkrete Konflikte und Lebenssituationen blieben außer Betracht. Es wurden lediglich die theologischen und pastoralen Grundverhältnisse deutlich, in die Paulus sich selbst und die korinthische Gemeinde hineinstellte. Diese Aussagen blieben jedoch zu glatt: Denn die konkreten Haken und Ösen der korinthischen Realität waren unbekannt, so daß die tatsächlichen Konflikte nicht wahrgenommen und nicht mit den paulinischen Grundsätzen in Beziehung gesetzt wurden; das Idealbild stand im Kontrast zur eigenen Erfahrung der Schüler, ohne daß etwas auf ihr Leben hin aufgearbeitet wurde. Die Bestätigung eigener Ideale (Brüderlichkeit, Selbständigkeit, demokratischer Führungsstil u.a.) machte die Schüler angesichts ihrer eigenen Erfahrungen mit der Institution Kirche nur ratlos.

c) Mit dem offenen Gespräch über Christsein heute gab es zwar für die Bearbeitung der Bibeltexte einen (freilich weitgefaßten) Anknüpfungspunkt in der eigenen Wirklichkeitserfahrung, aber es kam weder eine Übersetzung der Bibeltexte in das Hier und Heute ingang noch wurde der Anspruch der paulinischen Verkündigung in ihrer konkreten Realisierung betrachtet. Die historischen Vorbemerkungen waren zu wenig konkret und brisant, um die Geschichtsenthobenheit der Bibelauslegung zu verhindern. Die Bibeltexte bewirkten kaum Betroffenheit, weil ihr »Sitz im Leben« weder an Erfahrungen der korintischen Gemeinde noch an Lebenssituationen der Gegenwart, noch weniger der Schüler selbst festgemacht wurde. Die Schüler konnten sich daher gar nicht über die wirkliche Bedeutung der Texte verständigen: Die Bibel sprach nicht von Erfahrungen, die sie gemacht, und von Reflexionen, die sie selbst schon einmal angestellt haben; so konnte der Unterricht den Text auch nicht zum Sprechen bringen.

d) Die Kontrastbildung, die in der Charakteristik des Existenzverständnisses von Bibel und heutiger Lebensauffassung steckt, enthält apologetische Tendenzen. Die intendierte Aktualisierung mußte fehlschlagen, weil sich aus einer abstrakten Typisierung und Schematisierung von Lebenseinstellungen weder Handlungskonsequenzen noch Motive und konkrete Ziele entwickeln lassen. Es ist eigentlich kein Gegenstand, an dem der Schüler die Bewährung christlichen Glaubens im Leben erfahren könnte. Diese Art von Texterschließung wirkt geradezu kontraproduktiv, insofern sie den jungen Menschen in seiner Sinn- und Lebensorientierung nur verunsichert, ohne seine Erfahrungswelt auf neue Sichtweisen und Lebensmöglichkeiten aufzuschließen. Von der theoretischen Alternative allein kann der Schüler nicht leben. Der Unterricht müßte vielmehr exemplarisch anhand konkreter Situationen oder Erfahrungen einsichtig machen, wo und inwiefern z.B. das Verständnis vom Verdanktsein des Lebens angemessener ist als die Berufung des Menschen auf seine eigenen Fähigkeiten und Kräfte. – Verunsicherung bringt die Kontrastbildung auch in der Identitätsentwicklung: Gerade auf geistiger Ebene sucht der Jugendliche in dieser Lebensphase in der Beziehung zur soziokulturellen Umwelt Position zu gewinnen. Die Kontrastbildung hilft ihm kaum, seine Lebensphilosophie[8] realitätsgerecht voranzutreiben. Diese Problematik stellt sich unter didaktischer Perspektive deshalb, weil die Texte nicht als Deutung von Wirklichkeit verstanden werden, sondern die Erfahrungswelt erst nachträglich eingebracht wurde, noch dazu in abstrakten Definitionen, und produktive Lernschritte der Übersetzung in die Lebenspraxis der Schüler unterblieben. Mit dem selbständigen Denkweg vom Abstrakten zum Konkreten überfordert jeder Unterricht auch noch Jugendliche.

Die Praxiserfahrung legt den Schluß nahe: Exegetisch-fachwissenschaftlich inspirierte Textarbeit dieser Art macht den Unterricht mit der Bibel noch nicht ansprechend genug. Sie verstärkt nicht die Motivation der

---

[8] Vgl. J. Piaget, Theorien und Methoden der modernen Erziehung, Wien 1972, 251-258.

Schüler bzw. vermindert sie sogar, weil die erarbeiteten Inhalte nicht mit ihrer eigenen Situation in Verbindung kommen. Dadurch verspüren die Schüler aus der mühsamen Beschäftigung mit der Bibel auch keinen Erkenntnisfortschritt; es stellt sich kein Gewinn für ihre Auseinandersetzung mit der Sache ein. Diese Wirkung hängt am konkreten Weg der Bibelauslegung. Der Lernprozeß bleibt beim Informiertsein über Glaubensaussagen und religiöse Sinnakzente menschlichen (Zusammen-)Lebens stehen. Die Beziehung zur Bibel geht über gewisse Formeln und bekannte, jedoch unverstandene Begriffe nicht hinaus. Mit der Feststellung ihrer Gültigkeit für die Gegenwart geschieht noch keine Auslegung, aus der junge Menschen Orientierung für das persönliche, soziale und kulturelle Leben gewinnen könnten.

Die Textanalyse, die den Wortsinn klärt und das Kerygma erhebt, ist sicher ein wichtiger Bestandteil der Bibeldidaktik. Aber sie wird zur Methodik schülergemäßer Exegese verkürzt, weil die Frage nach dem persönlichen Einverständnis mit dem Anspruch des Textes in der Abstraktheit der Begriffsbildung ausgeblendet wird. Ob und was ein Bibeltext einem Jugendlichen hier und heute zu sagen hat, kann nur in einer didaktischen Struktur verständlich werden, die die Erfahrungswelt von Anfang an ins Spiel bringt und in diesem Horizont den Anspruch des Textes verdeutlicht. Auch darin behalten die Methoden und Ergebnisse der Bibelexegese ihr Gewicht, insofern sie den Erfahrungskontext in historisch-kritischer, soziologischer und religionsgeschichtlicher Fragestellung zu erschließen suchen. Im didaktischen Zusammenhang hat die Fachexegese "eine orientierende Funktion, die auf zentrale inhaltliche Zusammenhänge und Schwerpunkte aufmerksam macht, deren Nichtbeachtung zu einer verzerrten Wahrnehmung des angesprochenen Gegenstandsbereiches führen würde"[9]. Wo sie der notwendigen Sachklärung dient, wird Exegese auch Lerngegenstand. Aber der Ort der exegetischen Sachklärung ist immer der Erfahrungs- und Deutehorizont der Jugendlichen, in dessen Kontext erst der Anspruch der Bibel entfaltet werden kann.

2.1.5 Zuordnung der Unterrichtssequenz zur kerygmatischen Bibelkatechese

Wenn die Schüler auch die Unterrichtssequenz wohlwollend mitgetragen haben, so dürfte das Abnehmen ihrer Motivation seinen Grund vornehmlich in den aufgezeigten Schwierigkeiten haben. Die Unterrichtssequenz ist einem Typ von Bibeldidaktik zuzuordnen, in dem die Schülerorientierung noch geringes Gewicht hatte. Mehrere Inhaltsmerkmale weisen

[9] W. Simon, Inhaltsstrukturen des Religionsunterrichts. Eine Untersuchung zum Problem der Inhalte religiösen Lehrens und Lernens (SPT 27), Zürich 1983, 267.

auf die kerygmatische Bibelkatechese[10] hin:
a) Das Schwergewicht der Bibelarbeit liegt auf der Erfassung des zentralen Inhalts. des Kerygmas: die Frage nach der Qualität der Kommunikation und nach den Grundelementen des Christseins zielten auf die Botschaft des Textes.
b) Nach Art der Skopus-Methode wird der Textgehalt "auf seine theologische Pointe"[11] befragt und in abstrakten (Merk-)Sätzen systematisch erfaßt.
c) Das Wort der Verkündigung wird den Schülern vorgelegt, um ihre Antwort herauszufordern. Die Vermittlung mit dem Erfahrungshorizont der Schüler ist erst nachträglich eingebracht, wird zudem nicht einmal differenziert.
d) Die Bibeldidaktik ist überwiegend dem Text und seiner Botschaft verpflichtet und am sachgerechten Umgang mit den Bibeltexten interessiert. Bezüge zur Gegenwart und zum Lebenskontext der Schüler stecken in – spannungslosen – allgemeinen Kategorien, deren Brisanz für heutige Situationen verdeckt bleibt.
e) Der Unterricht verläuft vollständig im Rahmen der Thematik der Glaubensüberlieferung. Gerade durch die apologetischen Tendenzen wird er traditionsorientiert. Damit tritt das Interesse an den Problemen der Schüler, die sich mit den konkreten Erfahrungen der Umwelt stellen, zurück.

Der Typ der kerygmatischen Bibelkatechese hat die Diskussion der sechziger Jahre bestimmt. Sie führte zu interessanten Einsichten in die Aufgaben und Grenzen der Bibeldidaktik, die auch für die heutige Unterrichtssituation wichtig sind. Im nächsten Schritt sollen darum die zentralen Anliegen der kerygmatischen Bibelkatechese in ihrem Werdeprozeß und ihren Grenzen bedacht werden.

2.2 Rückbesinnung auf Absichten und Grenzen der kerygmatischen Bibelkatechese

Was war das Anliegen der kerygmatischen Bibelkatechese? Wo liegen ihre Grenzen?

2.2.1 Ansatz und Anliegen der materialkerygmatischen Besinnung

Als Reaktion auf die abstrakte Glaubenssystematik der Neuscholastik

[10] Vgl. W. Langer, Kerygma und Katechese. Theologische und didaktische Neubegründungen des Bibelunterrichtes, München 1966, bes. 153-203. Mit dieser Zuordnung wird nicht behauptet, daß die Unterrichtssequenz allen Aspekten der kerygmatischen Bibelkatechese gerecht wird.
[11] Th. Kampmann, Das Geheimnis des Alten Testaments. Eine Wegweisung, München 1962, 26.

entwickelte sich neben der Schultheologie ein neuer Ansatz theologischen Denkens, der sich um eine eigenständige "Verkündigungstheologie" bemühte[12]. Verkündigung wurde zum Leitbegriff für die Katechese. Im Gefolge der kerygmatischen Erneuerung der Katechese entwickelte sich auch ein neues Verständnis des biblischen Unterrichts. Um die Jahrhundertwende hatte die Bibel in der vom Katechismus bestimmten Katechese die Funktion, die Aussagen der Glaubenslehre zu veranschaulichen und für die sittliche Unterweisung Beispiele zu liefern, oder sie wurde (in der Grundschule) erlebnishaft, psychologisierend und oberflächlich historisierend als "Biblische Geschichte" dargestellt[13].
Mit der materialkerygmatischen Besinnung trat das Interesse an der "Frohen Botschaft" und an der Heilsgeschichte mit der Botschaft von Jesus Christus als Heilsbringer und Mitte der Heilsgeschichte hervor. Materialkerygmatisch heißt diese Besinnung deshalb, weil sie in der Didaktik die Methodenfrage hintanstellt gegenüber dem Problem: "Was ist zu verkünden und wo liegt die Mitte, der zentrale Inhalt dessen, was in Predigt und Katechese zu sagen ist"[14]. Nach heilsgeschichtlichen und christozentrischen Prinzipien wurde eine der Verkündigung dienende Katechese aufgebaut, die mit den Schülern an biblischen Perikopen das Kerygma, die ursprüngliche Verkündigung der Bibel, herausarbeiten sollte[15]. Sie versteht die Bibel als Zeugnis vom Wort Gottes, das im Bibelunterricht verkündigt wird und den Hörer zur Antwort ruft. Bibelkatechese vergegenwärtigt das Kerygma, indem sie den Text selbst zu Wort kommen läßt. Deshalb legte man zunehmend Wert auf die unmittelbare Schriftlesung und -auslegung, um die Verkündigung des Wortes Gottes in seiner ursprünglichen Fülle zu gewährleisten. Die Katechese sollte dadurch Voraussetzungen für die eigene personale Glaubensentscheidung der Schüler schaffen[16].
Mit der Profilierung der Bibelkatechese wurde jedoch der Katechismus nicht verdrängt. Prinzipiell sollte die "»Geschichtlichkeit und Positivität« der christlichen Religion" gleichermaßen durch "die Verbindung der »hi-

12 J.A. Jungmann, Die Frohbotschaft in unserer Glaubensverkündigung, Regensburg 1936; F.X. Arnold, Dienst am Glauben. Das vordringlichste Anliegen heutiger Seelsorge, Freiburg 1948.

13 F.J. Knecht, Praktischer Kommentar zur Biblischen Geschichte, Freiburg 1882, ^{25}1925; J. Ecker, Handbuch zur Katholischen Schulbibel, Trier 1907ff. Vgl. H. Kreutzwald, Zur Geschichte des Biblischen Unterrichts und zur Formgeschichte des biblischen Schulbuches, Freiburg 1957; B. Dreher, Die biblische Unterweisung im katholischen und evangelischen Religionsunterricht, Freiburg 1963.

14 W. Langer, Kerygma und Katechese. Theologische und didaktische Neubegründungen des Bibelunterrichts, München 1966, 153.

15 Vgl. W. Langer, Kerygma und Katechese; C. Skupien, Biblische Erneuerung. Die bibeldidaktische Erneuerung im deutschen Religionsunterricht der 1960er Jahre und die bibelkatechetische Erneuerung in der polnischen Katechese der 1970er Jahre, Frankfurt am Main 1984, 161-167.

16 Vgl. W. Langer, Kerygma und Katechese, 170-175.

storischen« mit der »systematischen« Methode" in ein Gesamtkonzept von Katechese zusammengeführt werden[17]. Der »Grüne Katechismus« erhielt eine heilsgeschichtlich-christozentrische Ausrichtung in Lehrstück-Form[18]. Die biblischen Perikopen der urtextnahen Auswahlbibeln verbanden die heilsgeschichtliche Gesamtschau mit den kerygmatischen Absichten. Ihr Inhalt wurde nach der Skopus-Methode in zusammenfassenden Merksätzen erschlossen. die das Fundament für die Katechismuskatechese abgaben. Auf dem Höhepunkt (und Abschluß) der kerygmatischen Katechese wies der "Rahmenplan für die Glaubensunterweisung" (1967)[19] das Ineinander von Bibel und Katechismus in der Verkündigung durch die Zuordnung einzelner Textblöcke der Schulbibeln zu den Lehrstücken des Katechismus und zum Kirchenjahr konkret aus.

2.2.2 Vorzüge und Kritik der kerygmatischen Bibeldidaktik

Der kerygmatische Ansatz führte zu intensiven bibeldidaktischen Reflexionen, die auch für unsere Untersuchung von Bedeutung sind. Folgende Aspekte der Diskussion sind entscheidend:

a) Die kerygmatische Katechese betonte den Wert der Bibel als Zeugnis und Verkündigung des Glaubens, der für jede Art von Bibelunterricht das entscheidende Kriterium darstellt und auch künftig darstellen muß.
b) Diesen Grundgedanken darf man jedoch didaktisch nicht als Ziel derart verstehen, daß die Katechese die Glaubensentscheidung der Schüler vorbereiten oder gar anbahnen könne. Gegen den kerygmatischen Bibelunterricht wandte darum Wolfgang Langer ein: "Weder «heilsträchtige« Verkündigung auf seiten des Lehrers noch personale Glaubensentscheidung auf seiten des Schülers sind unterrichtsmethodisch zu planen – sie können sich (durch Gnade) innerhalb des Unterrichtsvorgangs ereignen, der seinerseits didaktisch sachgerecht anzulegen ist"[20].
c) Die Gewichtung der Bibel weitete den Blick für ihre eigene Gestalt. Die Akzentuierung des Kerygmas bringt aber eine einschichtige Betrachtung der Texte mit sich, besonders wenn ihre Lektüre nach der Art der Skopus-Methode auf katechismusartige Merksätze abgestellt wird[21]. Theoderich Kampmann, Bruno Dreher, Günter Stachel, Wolfgang Langer

---

17 Ebd. 160. 156.
18 Katholischer Katechismus der Bistümer Deutschlands. Freiburg 1955
19 Hrsg. von den Katholischen Bischöfen Deutschlands durch den Deutschen Katecheten-Verein. München 1967.
20 W. Langer. Kerygma und Katechese. 175. Ähnlich argumentierte B. Dreher. Katholische und evangelische Bibelkatechese, in: Katechetische Blätter 91 (1966) 67-80, hier 71.
21 Vgl. G. Stachel, Bibelkatechese im Zeitalter der kritischen Exegese. in: Katechetische Blätter 91 (1966) 81-100. hier 86ff.

brachten drei wichtige Kriterien ins Spiel, die in der Folgezeit für die Bibeldidaktik maßgebend bleiben sollten:

1. Bibelunterricht hat glaubensdeutende Funktion. Darum muß er den Bibeltext selbst zum Sprechen bringen und muß als sachgerechter Umgang mit der Schrift, deren Texte einen spezifischen Charakter haben, verstanden werden. "Der Bibelunterricht hat hörbar zu machen, was der Text wirklich sagt"[22]. Exegetische Arbeit am Bibeltext, die sich an den Methoden der Bibelwissenschaft orientiert, gehört zum unerläßlichen Bestand einer sachgerechten Bibeldidaktik[23].

2. Die Bibel kann nur dem etwas sagen, der versteht, was sie sagen will. Bibeldidaktik befaßt sich nicht nur mit den Inhalten, sondern auch mit den Verstehensfähigkeiten der Adressaten und ihrem Vorverständnis von der in der Bibel angesprochenen Sache. Dazu gehört auch der persönliche Lebenskontext und die Struktur des Glaubens der Hörer[24]. Da Textbegegnung Basiselement der Bibeldidaktik wurde, stellte sich das Problem des Zugangs der Adressaten zu den biblischen Sprachformen. Aus der psychologischen Analyse der religiösen Entwicklung im Kindes- und Jugendalter gewann Hubertus Halbfas Anhaltspunkte für den Aufbau des Verstehens biblischer Sprachformen[25], die eine grobe Zuordnung von Bibeltexten in der Erstbegegnung zu Lebensphasen ermöglichte.

3. Bibelunterricht soll nicht nur das Kerygma zur Kenntnis bringen, son-

---

22 Ebd., 90.

23 In der Frage des didaktischen Stellenwertes der exegetischen Methoden gibt es zwischen Günter Stachel und Wolfgang Langer einen Unterschied. Nach W. Langer können gewisse Methoden der historisch-kritischen Exegese auch "unmittelbar didaktisch fruchtbar gemacht werden..., ohne daß die Katechese zu einer Volksausgabe wissenschaftlicher Exegese werden müßte" (Kerygma und Katechese, 190). Dagegen verwies G. Stachel zunächst vorrangig auf die Frage nach den Verstehensmöglichkeiten und Interessen der Schüler, die kluges Vorgehen nahelege (Bibelkatechese im Zeitalter der kritischen Exegese, 84). Später wies er die direkte Ünernahme von historisch-kritischer Methodik als "pseudoakademisches Verfahren" und als "sachlich didaktisch unangemessenes Vorgehen" ab (Die "unerledigte Hermeneutik" – Bibelunterricht als Auslegung der Schrift unter heutigen Menschen, in: Religionspädagogische Beiträge 1/1978, 24-58, hier 35f.). G. Stachel betont allerdings, daß z.B. Redaktionskritik auch ein "heuristisches Instrument" sein könne, wenn "die uns betreffende Aussage eines Schriftttextes nur über Redaktionskritik erschlossen werden" kann (ebd., 34). Grundsätzlich kann aber kein "anderer Zugang zur Richtigkeit der Sache" postuliert werden "als Übereinstimmung mit dem Konsens der exegetischen Wissenschaft" (G. Stachel (Hrsg.), Bibelunterricht – dokumentiert und analysiert. Eine Untersuchung zur Praxis des Bibelunterrichts (SPT 11), Zürich 1976, 63). Vgl. auch: E. Paul, "Die Bibel unter heutigen Bedingungen verstehen", in: Religionspädagogische Beiträge 1/1978, 8-13.

24 Vgl. W. Langer, Kerygma und Katechese, 181ff.; G. Stachel, Bibel-Katechese im Zeitalter kritischer Exegese, 91.

25 H. Halbfas, Der Religionsunterricht. Didaktische und psychologische Konturen, Düsseldorf 1965, 55-143.

dern auch persönliche Begegnung und Dialog mit den Texten eröffnen. In der Auseinandersetzung mit der evangelischen Bibelexegese und -didaktik bekam das Prinzip der Auslegung der Bibeltexte im Horizont der heutigen Wirklichkeit und der Existenzerfahrungen der Schüler das Schwergewicht in der Bibeldidaktik. In Absetzung von einer Auslegung der Bibel als "historisierende Vergegenwärtigung" geht es Günter Stachel um die "aktualisierende Interpretation", die die existentiellen Erfahrungen der Adressaten in das lebendige Gespräch mit dem Bibeltext und der in ihm bedeuteten Sache bringt und ihren Anspruch auf das konkrete Leben erschließt[26].

Für die Bibeldidaktik bleibt wichtig, daß im Bibelunterricht als aktualisierende Interpretation die Inhalte des Lernens nicht so bestimmt werden, daß die Frage nach der Lebenswirklichkeit der Schüler der theologischen Sachfrage nachgeordnet wird und die Didaktik dann "nur noch über die »Anwendung« der bereits vorher getroffenen Inhaltsentscheidung" befindet[27]. Die didaktische Reflexion fragt darum durchgängig nach der Bedeutung der Bibeltexte für die Existenz der Schüler in Gegenwart und Zukunft. Auch bibelexegetische Erkenntnisse werden dieser Grundfrage zugeordnet. Im Gespräch mit den Texten wird das Vorverständnis der Schüler mit dem Anspruch der Bibel konfrontiert und ihre Erfahrungswelt durch das Nachdenken über das biblische Kerygma neu konstituiert. Bibelunterricht ohne Bezug zu den Lebenserfahrungen der Schüler[28] läßt die Texte stumm werden.

2.2.3 Problematik der "aktualisierenden Interpretation"

Mit diesen weiterführenden Kriterien war die Problematik der kerygmatischen Bibelkatechese noch keineswegs entschärft. Denn beim Rückblick auf die verschiedenen Neuansätze zeigt sich: Gerade in der sog. "aktualisierenden Interpretation", die die "existentielle Erfahrung" der Schüler einzubeziehen vorgab, hat damals die kerygmatische Bibeldidaktik kaum das geleistet, was sie sich vorgenommen hatte. Die Vermittlung der Bibel mit der Schülersituation ist im Abstrakten steckengeblieben und kaum auf konkrete Schülererfahrungen ausgefaltet worden. Der Grund liegt wohl darin, daß das, was man unter "existentieller Erfahrung" verstand, zu sehr im Schlepptau der Existenzphilosophie und der

26 Bibelkatechese im Zeitalter kritischer Exegese, 87.

27 R. Merkert/W. Simon, Didaktik und Fachdidaktik Religion. Didaktische Grundpositionen und ihre Rezeption durch die Religionspädagogik, Zürich 1979, 179.

28 Die Aktualisierung der Bibeltexte enthält das, was Wolfgang Langer unter "Hinführung und Einübung in Gottesdienst und Gemeindeleben" versteht (Kerygma und Katechese, 199), geht dem Umfang nach aber darüber hinaus auf die Alltagswelt und die Überzeugungen der Schüler.

Bultmannschen "existentialen Interpretation des Neuen Testaments"[29] zu stehen schien. So hat man den existentialen Anspruch der Bibel wie eine Leerformel vor sich hergeschoben, ohne ihn auf die konkrete Wirklichkeitserfahrung der Schüler zu applizieren und aufzuschließen.
Die Absichten der "aktualisierenden Interpretation" konnten wohl auch deshalb nicht greifen, weil auf seiten der Schüler die Bedingungen für die Möglichkeit einer unmittelbaren Aktualisierung der Bibel nicht mehr gegeben waren (und auch heute nicht gegeben sind). Die kirchliche Sozialisation war in den sechziger Jahren infolge der Säkularisierungstendenzen bereits abgebröckelt. Die Schüler hatten ihre Lebensinteressen schon zu sehr auf die Errungenschaften des wirtschaftlichen Fortschritts bzw. (Ende der sechziger und Anfang der siebziger Jahre) auf die Maßstäbe revolutionärer Gesellschaftskritik der Studentenbewegung eingespielt, um von sich aus mit ihrer Existenz auf das Kerygma zu reagieren. Eine derartige Interpretation der Bibel implizierte eine Glaubensentscheidung, die schon damals den Schüler überforderte. Zwar war man »irgendwie« überzeugt vom Anspruch der Bibel und von der Notwendigkeit einer existentiellen Antwort darauf. Aber ein solcher Ansatz ging schon damals zumindest in der Schule von Sozialisationsbedingungen aus, die nicht mehr gegeben waren: Weil man bei christlichen Schülern die unbedingte Geltung der Bibel glaubte voraussetzen zu können, wollte man auch selbstverständliches existentielles Reagieren der Schüler von sich auf einen Bibeltext einfordern[30]. Diesen Schritt konnten die Schüler jedoch nicht mitvollziehen.
Einer ähnlichen Fehleinschätzung der Adressaten des Bibelunterrichts saß dieser mein erster Versuch mit 1 Kor 1,1-9 auf. Eine existentielle Erfahrung der Schüler entzündete sich nur sehr bedingt am Paulustext, da die tatsächliche Lebenswirklichkeit der Schüler nicht analog zum Bibeltext als wesentlicher Bestandteil des didaktischen Geschehens freigelegt wurde. Dieser Bibelunterricht anhand von 1 Kor 1,1-9 erreichte letztlich die Adressaten nicht, weil sie sich nicht analog zum Paulustext in ihrer eigenen Lebenssituation wiedererkennen konnten. Was exegetisch und vor allem verkündigungstheologisch stimmig sein mag, muß noch keinesfalls in der didaktischen Situation von Schule auch bei den Adressaten, den Schülern, ankommen und zur Erkenntnis reifen können.

---

29 Vgl. R. Bultmann, In eigener Sache (1957), in: ders., Glauben und Verstehen, Bd. 3, Tübingen 1960, 178-189, hier 181-183.

30 Vgl. G. Stachel (Hrsg.), Existentiale Hermeneutik, Zürich 1969.

Drittes Kapitel

3.0 ERSTE KONTUREN EINER ZEITGEMÄSSEN BIBELDIDAKTIK IN DER GYMNASIALEN OBERSTUFE

Die Kritik der Unterrichtssequenz im Kontext des Modells kerygmatischer Bibelkatechese förderte wichtige Einsichten zutage, die im folgenden zu erweitern und systematisierend zu ersten Konturen einer zeitgemäßen Bibeldidaktik in der gymnasialen Oberstufe weiterzuführen sind. Damit sollen einerseits konstruktive Ansätze für eine Praxiskorrektur entwickelt, andererseits Überlegungen zu einer Theorie der Bibeldidaktik im Bereich dieser Schulstufe angestellt werden. Zum einen kamen die Probleme eines kerygmatisch orientierten Auslegungskonzeptes zum Vorschein, zum andern gab die Reflexion erste Hinweise darauf, wo Bibeldidaktik anknüpfen müßte, um der Botschaft Gehör zu verschaffen. Man wird sich jedoch davor hüten müssen, die Gesichtspunkte, die in der Spannung von Bibel und Schüler als Problem liegen, zum ausschließlichen Kriterium von Bibelauslegung zu verstärken. Was sich hier zeigte, nötigt vielmehr dazu, das didaktische Problem weiträumiger zu fassen als in der kerygmatischen Bibelkatechese. Da Bibelauslegung in der Schule immer auch mit den besonderen Bedingungen des religiösen Lernens und der Lernsituationen in der Schule verknüpft ist, muß sich die Diskussion nicht nur auf den hermeneutischen Ansatz, sondern auch auf religionspädagogische Einsichten und auf schulpädagogische Aspekte erstrecken. Die ersten Konturen der Bibeldidaktik in der gymnasialen Oberstufe werden im folgenden Kapitel aus der Praxisauswertung erarbeitet und in Thesenform vorgestellt.

3.1 Didaktischer Ansatz bei der Erfahrungswelt der Schüler

Die bisherigen Einsichten ergeben einen ersten Aspekt der Sache: Die Unterrichtspraxis zeigte, daß die Schüler zwar motiviert waren, solange ihre eigene Erfahrungswelt und Bedürfnislage angesprochen wurden, aber nur ansatzweise eine Verknüpfung der Textaussagen mit den Themen ihres Problemhorizontes herstellen konnten. Bei der Beschäftigung mit den Texten, die das Rollenverständnis des Paulus und seine Kommunikationsform erhob, war dies noch gewährleistet. Aber die Erarbeitung des Proömiums, die wichtige Elemente christlichen Existenzverständnisses herausstellte, ließ ihre Bedeutung für das Existenzverständnis der Schüler zurücktreten. So entstand allmählich Desinteresse am Bibeltext. Aus dieser Praxiserfahrung müssen wir entsprechende Folgerungen ziehen.

3.1.1 Notwendigkeit der Verknüpfung von Bibeltexten mit dem Erfahrungshorizont der Jugendlichen

Ein Unterricht, der überwiegend auf die Artikulation der Glaubenswahrheiten ausgerichtet ist, besonders wenn er apologetische Züge aufweist, vermag die existentiell bedeutsamen Lebensfragen und -probleme nur ungenügend einzubeziehen.

a) Das hermeneutische Problem besteht darin, daß es in einem derart objektivierenden Unterricht nicht zum Dialog mit dem Bibeltext kommen kann. Dem Schüler, der aufgrund seiner Sozialisation einen eher bibelfernen Standort hat, muß es schwerfallen, den Inhalt der Texte auf heutige Lebenssituationen zu beziehen, zumal nicht nur die Sprache der Bibel ungewohnt ist, sondern auch die Existenzdeutung des Paulus und seine eigene Lebenswelt in erheblicher Diskrepanz stehen. Der Jugendliche kann sich und seine Welt auch bei differenziertem Problembewußtsein darin nicht wiederfinden. Text und Erfahrungswelt treffen sich nicht: Sie weisen nicht nur eine unterschiedliche Struktur von Erfahrung auf, sondern sind auch von verschiedenen Interessen und Beweggründen bestimmt. Bei intensivem Sicheinlassen im Sinne eines spirituellen Umgangs mit biblischen Texten könnte zwar ein Dialog zwischen den Jugendlichen und dem Bibeltext gelingen[1], aber eine solche Lernsituation setzt bereits eine Motivation zur Beschäftigung mit biblischen Texten und eine anfanghafte Sensibilität für ihren Wahrheitsgehalt voraus. Eine selbständige Applikation biblischer Texte wird durch die unterrichtliche Erschließung ihrer Bedeutsamkeit in vielen produktiven Lernerfahrungen aufgebaut und bestätigt. Eine solche Ausgangssituation des Lernens kann aufgrund der Sozialisation der Schüler und der Lernbedingungen der Schule in den wenigsten Fällen vorausgesetzt werden, sondern muß sich erst entwickeln. Den Vorbehalten und Widerständen der Schüler gegenüber der Bibel können wir nicht ausweichen. Sonst verfestigt sich nur ihr Vorverständnis, und sie können keine neue Beziehung zu einem religiös und kulturgeschichtlich so bedeutsamen Text gewinnen. Die Bibel bleibt stumm.

b) Es besteht gar kein Zweifel, daß die Glaubenstradition, die für die Kirche jahrhundertelang bestimmend war, auch in der heutigen Welt ihre Bedeutung haben kann. Aber ihre Relevanz stellt sich nicht bereits durch das unbefragte Weitergeben der Tradition ein. Die Möglichkeit ihrer Aneignung setzt vielmehr voraus, daß ein Zusammenhang mit der Erfahrungswelt und dem Problemhorizont der Jugendlichen faßbar wird. Ein

---

[1] Vgl. G. Stachel, Spiritueller Umgang mit biblischen Texten, in: W. Langer (Hrsg.), Handbuch der Bibelarbeit, München 1987, 102-106.

alter Text wird in dem Maße überflüssig, wie er im Kontext des heutigen Weltverstehens nicht mehr zum Sprechen gebracht werden kann, sondern andere, angeblich realistischere Vorstellungen sich als tragfähiger erweisen. Dieser Bezug auf die gegenwärtige Erfahrungswelt kann jedoch nicht einfach postuliert werden oder sich in der »Anwendung« vorgegebener Erkenntnisse erschöpfen. Was nach der "Münchener Methode" als Anwendung verstanden wurde[2], ist schon deshalb ein unangemessenes Element der Bibeldidaktik, weil kein wirklicher Dialog über Erfahrungen und bedrängende Lebenssituationen der Schüler beabsichtigt ist[3].
Was ein Bibeltext heute noch zu sagen hat, kann erst im Kontext betroffenmachender Erfahrungen der Schüler erfaßt und durchgearbeitet werden. In den meisten Fällen ist es nämlich mit einer direkten Konfrontation von Bibeltext und heutiger Lebenssituation noch nicht getan. Im Vielerlei der Empfindungen muß vielmehr mit den Schülern erst ein strukturiertes <u>Verständnis der Erfahrungen</u> aufgebaut werden, um im Gefüge eines Problems den entsprechenden Ort für eine Verknüpfung mit dem Bibeltext zu entdecken.
Dazu gehört auch die <u>kritische Prüfung</u> jedes Gedankens und jeder Erfahrung auf ihre Herkunft und ihr Gewicht im Ganzen der Wirklichkeit. Erst wenn den Jugendlichen die Sinnstrukturen ihrer Lebensdeutung erschlossen und fraglich geworden sind, können sie mit der Bibel ins Gespräch kommen; erst dann gibt es Anknüpfungspunkte, wo sich aus der Beschäftigung mit der Bibel neue Sinnimpulse ergeben. Das Gespür für die Kategorien der eigenen Selbst- und Welterfahrung und das emotionale Betroffensein von bewußtgemachten Geschehnissen bildet den Schlüssel zum Verstehen fremder Texte, die analoge Erfahrungen aussprechen oder ihre Deutung artikulieren[4]. Diese Problematik liegt nicht

---

2 Zur Münchener Methode vgl. A. Weber, Die Münchener katechetische Methode, Kempten/München 1905; F.J. Knecht, Praktischer Kommentar zur Biblischen Geschichte, Freiburg ^{25}1925; H.W. Offele, Geschichte und Grundanliegen der sogenannten Münchener Methode, München o.J. (1961); U. Hemel, Religionspädagogik im Kontext von Theologie und Kirche, Düsseldorf 1986, 79-81; E. Paul, Die Münchener Methode: Intention—Realisierung—Grenzen, in: Katechetische Blätter 113 (1988) 186-192.

3 Auf die didaktische Unfruchtbarkeit (besonders) der Stufe der Anwendung hat bereits G. Stachel (Der Bibelunterricht, 55f.) hingewiesen. Vgl. auch W. Langer, Moralpädagogische Bibelinterpretation. Die ethische Aktualisierung biblischer Texte im deutschsprachigen katholischen Bibelunterricht seit dem Ende des 18. Jahrhunderts, Theol. Diss. Münster 1977, 241-274. Im Blick auf ähnliche Einwände gegen die Formalstufe der Anwendung erhob I. Baldermann die Forderung, daß "die Arbeit am Text von <u>Anfang</u> an durch das Bemühen um Aneignung bestimmt sein" müsse (Der biblische Unterricht. Ein Handbuch für den evangelischen Religionsunterricht, Braunschweig 1969, 276f.).

4 Auf den Ursprung dieses Grundgedankens in der Theorie der "kategorialen Bildung" bei Wolfgang Klafki weist Karl Ernst Nipkow hin (Grundfragen der Religionspädagogik, Bd. 3, 194f.). Vgl. W. Klafki,

auf der methodischen Ebene des Unterrichts, sondern stellt sich bereits im Ansatz bibeldidaktischer Reflexion.

c) Der kerygmatische Bibelunterricht, der durch die unmittelbare Begegnung mit der Verkündigung des Wortes Gottes den Hörer in die Entscheidung zum Glauben stellen will[5], verfehlt sein Ziel, weil er die Bedingungen des Verstehens mißachtet und so die Schüler überfordert. Er geht von der Annahme einer Eigenwirksamkeit religiöser Aussagen auf das Leben der Schüler aus, beachtet aber nicht, daß sich ihre Impulse im Milieu distanzierter Kirchlichkeit und religiöser Indifferenz als Umfeld jugendlicher Persönlichkeitsentwicklung gar nicht entfalten können. Für den religionspädagogischen Zusammenhang hat die kerygmatische Theologie nur einen "begrenzten Wert", weil sie "zuerst sich selbst und dann erst (in einem zweiten Schritt) ihre Adressaten finden will"[6]. Sie steht in der Gefahr, sich in einer religiös-kirchlichen Sonderwelt abzuschließen und gerade die nicht mehr zu erreichen, denen die Botschaft zu vermitteln ist. Für das Gelingen des Lernprozesses ist vielmehr das "ausdrückliche Interesse am gelebten Leben, in das hinein die Glaubensüberlieferung gesprochen werden soll", und die Auslegung "auf ihre Bedeutung für die Wirklichkeit des erfahrbaren Lebens" konstitutiv[7]. Wo diese Verknüpfung fehlt, können die Schüler mit der Bibel kaum zu eigenen Lernerfahrungen, die ihrer »Lebensphilosophie« Impulse geben, gelangen. Woraufhin sich ihre Einstellungen in der Begegnung mit der Bibel differenzieren lassen, kann man ohne die Verknüpfung mit Problemen der konkreten Lebenswirklichkeit nicht erkennen.
Bei aller Problematik eines direkten didaktischen Zugriffs auf biblische Aussagen ist als Gewinn des kerygmatischen Modells der Bibeldidaktik festzuhalten: Der christliche Glaube ist nicht zuerst Lehre und systematisches Wahrheitsgebäude, sondern Botschaft, d.h. er ist auf den Hörer ausgerichtet. Jedoch kommt alles darauf an, ihren Zuspruch und Anspruch nicht nur in jeder Zeit, sondern im Kontext der Lebenserfahrung der Adressaten und ihrer Persönlichkeitsentwicklung immer neu vernehmlich zu machen. Ohne die Verknüpfung mit der Wirklichkeit der Adressaten können weder das Textverständnis noch die Aneignung der biblischen Botschaft vorankommen. "Was in keinem aufweisbaren

---

Studien zur Bildungstheorie und Didaktik, Weinheim 1963, bes. 43f. Auf die Rolle, die die "emotionale Einbettung des Verstehensprozesses statt der "distanzierenden Exegese" für die Neuaneignung der Bibel spielt, macht Ingo Baldermann aufmerksam (vgl. Engagement und Verstehen. Politische Erfahrungen als Schlüssel zu biblischen Texten, in: Der Evangelische Erzieher 36 (1984) 147-157, bes. 153f.).

5 Vgl. W. Langer, Moralpädagogische Bibelinterpretation, 263-274.

6 E. Paul, Katechismen in der Geschichte, in: ders./G. Stachel/W. Langer, Katechismus — Ja? Nein? Wie? (SPT 25), Zürich 1982, 26.

7 W. Langer, Religionspädagogische Forderungen an einen Katechismus, in: ebd., 57-70, hier 60.

und verstehbaren Zusammenhang steht mit der mir zumutbaren Wirklichkeitserfahrung kann von mir nicht verantwortlich angeeignet werden"[8]. Um diesen Auslegungsansatz vor Mißverständnissen zu schützen, betont Karl Ernst Nipkow, daß der Lebenszusammenhang menschlicher Erfahrung nicht "der Grund, aber der Ort" ist, auf den sich das Wort der Bibel ausrichtet[9].
So ist davon auszugehen, daß der Lernprozeß in der Begegnung mit der Bibel anders als in der kerygmatischen Bibelkatechese strukturiert werden muß: Motivation und Zugang zur Bibel entwickeln sich am ehesten dort, wo mit dem Bibeltext eine Thematik angesprochen wird, die die Erfahrungswelt der Schüler berührt, und sich aus der Beschäftigung mit dem Bibeltext klärende und produktive Impulse für die eigene Wirklichkeit ergeben.

d) Ein solcher Ansatz hat natürlich Folgen für das Verständnis der Bibel selbst und für die Bibelexegese im didaktischen Kontext. Darauf ist später noch gründlicher einzugehen. Festzuhalten wäre doch jetzt schon: Die Sinndimension biblischer Texte läßt sich ganz sicher nicht auf den Geltungsbereich einer bestimmten Interpretation zu einer bestimmten Zeit festlegen. Damit ist jedoch auch nicht über Notwendigkeit und Zielrichtung einer bestimmten Interpretation entschieden. Aber wo es zur Aneignung biblischer Texte kommen soll, ist eine Interpretation im Horizont einer konkreten Erfahrungssituation unerläßlich. Damit gerät die Beschäftigung mit Bibeltexten in einen hermeneutischen Zirkel[10], insofern die Interpretation aus dem Text gerade das herauslesen könnte, was der Leser bereits als Erwartung an ihn heranträgt. Andererseits ist an dieser Situation gerade wichtig, daß auf diese Weise das Eindringen in den Sinn eines Textes angeregt wird.

Aus dieser hermeneutischen Problemsituation ergeben sich wichtige Kriterien der Bibelauslegung, wie sie Karl Ernst Nipkow aufstellt[11]:

1. Jeder Religionspädagoge muß sich Rechenschaft geben "über sein vorgängiges Lebens- und Interessenverhältnis zum Bibelgebrauch".
2. Jede Auslegung muß auch den eigenen Vorverständnissen und Interessen gegenüber kritisch bleiben, damit in der Begegnung mit dem Text "die Bibel über allen Abstand der Zeit hinweg sich selbst nachdrücklich Gehör" verschaffen kann[12].

---

8 G. Ebeling, Wort und Glaube, Bd. II, Tübingen ^{2}1962, 356.

9 Grundfragen der Religionspädagogik, Bd. 3, 212; ders., Grundfragen der didaktischen Textvermittlung, in: W. Langer (Hrsg.), Handbuch der Bibelarbeit, München 1987, 242-249, hier 247.

10 Vgl. H.-G. Gadamer, Wahrheit und Methode. Grundzüge einer philosophischen Hermeneutik, Tübingen 1965, 250ff.

11 Grundfragen der didaktischen Textvermittlung, 244-246.

12 Zitat bei K.E. Nipkow aus: I. Baldermann, Engagement und Verstehen, 148.

3. Gewissenhafte Arbeit am Text mit textanalytischen und historisch-kritischen Methoden, die zumindest vor der Bibelauslegung im Kontext von Lebenssituationen zu leisten ist, zwingt zu sorgfältiger Wahrnehmung der inhaltlichen Aussagen.
4. Willkür wird auch dadurch vermieden, daß eine Textauslegung sich an der Wirkungs- und Auswirkungsgeschichte sowie an der kirchlichen Lehrtradition orientiert, ohne jedoch eigenständige Auslegungen unter diesem Kriterium auszuschalten.
5. Die Texterschließung muß sich sowohl für gesellschaftliche als auch für kirchliche und biographische Perspektiven offenhalten.

Diese Kriterien wenden sich gegen jede Verabsolutierung einer bestimmten Auslegung eines Bibeltextes. Ihr Stellenwert liegt darin, daß sie der Möglichkeit einer erfahrungsbezogenen Bibelauslegung in entschiedener Wahrnehmung der Eigengestalt der Bibel den Weg bahnen. Auf die Folgen, die sich in diesem Horizont für das Bibelverständnis selbst ergeben, ist anschließend näher einzugehen. Zunächst kann aber aus den bisherigen Überlegungen folgende bibeldidaktische These formuliert werden: Bibelauslegung mit Jugendlichen muß stets eine enge Verknüpfung der Bibeltexte mit dem Erfahrungshorizont der Adressaten schaffen, damit ihre Bedeutung für die Gegenwart lebendig werden und Ansätze zu einem Einverständnis in der Sache gefunden werden können.

3.1.2 Folgerungen für die unterrichtliche Auslegung der Korintherbriefe

Aufgrund dieser These ergibt sich nunmehr die Frage nach den Folgerungen für die Auslegung der Korintherbriefe ziehen. Die grundlegenden Einsichten sollen also auf die unterrichtliche Auslegung der Korintherbriefe zurückbezogen werden. Dabei geht es auch um die kritische Betrachtung der anfangs vorhandenen Motive und Annahmen für eine sinnvolle Behandlung der Paulusbriefe.

Die didaktische Entscheidung über den Aufbau des Lernprozesses kann sich nicht ausschließlich an der vorhandenen Textüberlieferung und ihren Inhalten orientieren. Nicht nur die Struktur einer Ganzschrift, sondern auch der Argumentationsgang abgrenzbarer Abschnitte der Korintherbriefe, in denen Paulus die Probleme der Gemeinde aufarbeitet, überfordern in der Regel die Verstehensmöglichkeiten der Jugendlichen. Wenn wir die Schüler einfach nur vor den Text setzen und ihn in einer immanenten Interpretation erschließen, geschieht noch nicht Auslegung im eigentlichen Sinne. Folgende Gesichtspunkte führen zu dieser Schlußfolgerung:

a) Die Texteinheiten entstanden ihrem Inhalt und ihrer Form nach in einem problembezogenen Dialog zwischen der korinthischen Gemeinde und dem Apostel Paulus. Daraus kennen wir nur einen Partner, den Apostel, wie er auf Gemeindefragen und mitgeteilte Tatbestände geantwortet hat. Sein Gegenüber und die konkreten Sachfragen können wir nur rekonstruieren. Bei der direkten Textbegegnung gelingt dies aber nicht[13]. Dadurch bleibt für den Schüler eine Leerstelle, so daß er weder das konkrete Problem erfährt noch sich in den Dialog über die Sache einschalten kann. Die Aussagen des Paulus bleiben weitgehend abstrakt. Der Schüler kann die paulinische Antwort dann nur auf sich selbst beziehen. Ob der Text seine Situation auch trifft, bleibt zufällig. Eine Übertragung im Sinne der didaktischen Stufe der "Anwendung" aber macht die Auslegung unbedarft (s.o.).

b) Der eigentliche Ort der Auseinandersetzung und die Anlässe der Briefe sind konkrete Lebenssituationen in Korinth (Beziehung zu Apollos und Paulus, Verzehr von Opferfleisch, soziales Verhalten u.a.) und die Konflikte in der Gemeinde über das Leben nach dem von Paulus verkündeten Evangelium. Wir können zwar in der Art von Hypothesen den konkreten historischen Zusammenhang als Hintergrund des Textes erarbeiten und als methodisch notwendigen Baustein zum Verständnis der Aussagen einbringen. Damit ist aber das eigentliche didaktische Problem noch gar nicht wahrgenommen: Auf welche Lebenssituation unserer Zeit und auf welche Erfahrungen der Schüler lassen sich der Bibeltext samt historischem Kontext beziehen? Woraufhin können gerade die Korintherbriefe wichtige Orientierungsimpulse geben? Auch der in seiner Ursprungssituation aufgehellte und so verlebendigte Text befindet sich in großer Distanz zu Lebenswelt und Existenzfragen der Schüler. Der Text kommt erst dann näher an die Verstehenssituation der Schüler heran, wenn eine innere Verknüpfung zwischen der Problemkonstellation der Korintherbriefe und gegenwärtigen Erfahrungen im Sinne einer Analogie zustande kommt. Auf dem Weg zum Einverständnis zwischen Bibel und Schüler gelangt der Religionsunterricht überhaupt erst, wenn die Auslegung der Briefe auf Fragen und Motive stößt, die auf die Reflexion der konkreten Lebenserfahrung appliziert und an ihr aktualisiert werden können. Der Unterricht selbst muß also über weite Strecken die Implikationen, d.h. die Motive und Vorgänge der konkreten Erfahrungen mit den Schülern erst bewußt machen. Bei der Ganzschriftlektüre würde der Unterricht dadurch ständig diesen Zusammenhang verlassen.

c) Der konkrete Anspruch der Bibel kann umso treffender aktualisiert

[13] Was sich als didaktisches Problem zeigt, wird durch die Untersuchung der Bibelwissenschaft noch verschärft. Vgl. K. Berger, Die impliziten Gegner. Zur Methode des Erschließens von "Gegnern" in neutestamentlichen Texten, in: D. Lührmann/G. Strecker (Hrsg.), Kirche (FS Günther Bornkamm), Tübingen 1980, 373-400.

werden, je näher er an die Situation der Adressaten herangeführt und in diesem Kontext entfaltet werden kann. Eine Verknüpfung "in der Abstraktion, in den zeitlosen Strukturen des menschlichen Daseins"[14] macht den Inhalt der Bibel für den Schüler wenig faßbar, weil auf diesem Weg gerade das nicht zum Ausdruck kommt, was sich als lebendige Erfahrung in der Sprache der Bibel niedergeschlagen hat. An den Korintherbriefen ist nun auffallend, daß ihr Hauptinhalt einen direkten Bezug auf konkrete Situationen und Konflikte in der Lebenspraxis der korinthischen Christen erkennen läßt. Worum es ging, läßt sich zwar nur aus der Antwort des Paulus eruieren, aber die an die Basis von Christsein gehende Bearbeitung der Probleme, wie Paulus sie vorgenommen hat, müßte auf ihre Bedeutung für heutige Lebenssituationen befragt werden. Auf Einverständnis in der Sache können wir hinarbeiten, indem wir untersuchen, inwieweit Paulus in der Bearbeitung konkreter Themen und Konflikte Wertvorstellungen und Handlungsimpulse entwickelt hat, die für die Schüler im Horizont ihrer eigenen Erfahrungen und im Blick auf die Wertvorstellungen unserer Zeitepoche Anstoß zum Nachdenken oder gar Impuls zur Neuorientierung werden können. Dies wird nur erreicht, wenn der Religionsunterricht solche Konfliktsituationen in Korinth thematisiert und auf Erfahrungen unseserer Zeit bezieht. Nur auf konkreter Ebene findet der Schüler am Bibeltext einen Anschluß an seine Lebenswelt, nicht durch abstrakte Kategorien. Die Verknüpfung kann aus historischen Gründen nicht an äußeren Tatbeständen festgemacht werden. Vielmehr ist zuerst die innere Struktur des Sachverhalts zu klären, d.h. nach den leitenden Interessen, Handlungszielen und Werten zu fragen. Erst auf diesem Wege kann der Schüler erfahren, wie Glaube lebendig wird – damals und heute.

d) Aufgrund dieser Überlegungen legt es sich nahe, die Lektüre des geschlossenen Textes von seinem Anfang an nicht zum didaktischen Leitfaden zu machen. Vielmehr sollten in den Briefen konkrete Themen identifiziert werden, die aufgrund ihrer inneren Struktur auf Erfahrungssituationen und Wertvorstellungen unserer Zeitepoche bezogen werden. Gerade die Briefanfänge des 1. und 2. Korintherbriefes, mit denen die fortlaufende Lektüre beginnen müßte, eignen sich wenig für den Anfang des

14 I. Baldermann, Engagement und Verstehen, 147. An der existentialen Interpretation Rudolf Bultmanns kritisiert er, daß sie "aufs Äußerste formalisiert" sei (ebd., 148). Erst die sozialgeschichtliche Exegese machte die Texte beredt. Baldermann ist davon überzeugt, daß die Beachtung der Bibel in der öffentlichen Diskussion "durch schicksalhafte Erfahrungen ausgelöst" worden ist.

Vertrautwerdens mit einer Ganzschrift. Gründe dafür sind[15]:

- Auch wenn Präskript, Proömium und Briefschluß situationsspezifische Elemente enthalten, sind ihre Form und Funktion am antiken Briefschema ausgerichtet. Ihre formelhafte Sprache erschwert den Schülern den Zugang zur Sache.
- Diese Teile sind spezifisch auf die damaligen Adressaten und ihre Situation zugespitzt. Unter historischer Perspektive sind sie bedeutsam, aber regen nicht zur Identifikation an.
- Als Rahmentexte beziehen sie sich auf die Gesamtsituation der Gemeinde in ihrer historischen Einmaligkeit, die in dieser Weise unterrichtlich weder bearbeitet werden kann noch deren Kenntnis für das Verständnis der theologischen Anliegen des Paulus immer notwendig ist. Von konkreten Situationen aus kann plausibler nach den grundlegenden Inhalten der Verkündigung zurückgefragt werden.
- Den heutigen Leser führen sie nicht an die konkreten Problemsituationen in Korinth heran. Die Kenner des korinthischen Lebens, d.h. die direkten Adressaten der Paulusbriefe könnten zu den allgemeinen und abstrakten Aussagen der Briefeingänge bestimmte Erfahrungen, die ihnen lebendig sind, assoziieren. Für den heutigen Leser bleiben viele Fragen, die er nur durch weitere Texte und Informationen beantworten kann. Wenn er den Situationsbezug erst auf dem Weg über Abstraktes herstellen muß, führt das meist zu wenig sachgerechten und wiederum unkonkreten Interpretationen.
- Der Inhalt der Aussagen, besonders der Proömien, hat grundsatzhaften Charakter. Paulus ruft entscheidende Inhalte seiner Predigten, die den Korinthern bekannt und bedeutsam geworden sind, in die Erinnerung zurück. Den Jugendlichen dagegen fehlt noch der Zugang zu den Kernmomenten des Glaubens, oder diese sind für sie inhaltsleer geworden, so daß erst wieder ein neuer Zugang gestiftet werden muß. Ihre Skepsis erschwert eine solche Erinnerung, wie Paulus sie vorsieht.
- Redaktionskritische Erkenntnisse ergeben einen weiteren Aspekt. Die beiden Korintherbriefe sind wahrscheinlich erst durch eine spätere Redaktion aus mehreren Briefen des Apostels Paulus an die Gemeinde von Korinth zu der überlieferten Fassung angeordnet worden. Der zeitliche Abstand von der konkreten Situation in Korinth veranlaßte den Redaktor, "die grundsätzliche Ausrichtung hervortreten zu lassen,

[15] Für die exegetischen Aspekte der Begründungen vgl. H. Conzelmann, Der erste Brief an die Korinther (KEK 5), Göttingen ²1981, 21f.36-47; G. Dautzenberg, Sprache und Gestalt neutestamentlicher Schriften, in: J. Schreiner (Hrsg.), Gestalt und Anspruch des Neuen Testaments, Würzburg 1969, 21-40, hier 30-37; E. Fascher, Urchristliche Briefliteratur, in: RGG ³1957, Bd. 1, 1412-1415; H.-J. Klauck, 1. Korintherbrief (NEB NT 7), Würzburg 1984, 11-13.17f.123-127; ders., 2. Korintherbrief (NEB NT 8), Würzburg 1986, 9f.17f.103f.

die den Apostelbriefen Überzeitlichkeit verleiht"[16]. Damit ist vornehmlich in den Rahmentexten (z.B. Proömium) zu rechnen. Während es für den Redaktor noch eine gewisse Nähe zum originären Lebenskontext der Briefe gegeben haben dürfte, trifft dies für heute nicht mehr zu, zumal sich der gesamte religiöse Kontext grundlegend geändert hat. Die Situationsferne aber erschwert den Zugang zu einem Text. Diese Aspekte legen es nahe, die fortlaufende Lektüre der Korintherbriefe nicht direkt zum didaktischen Leitfaden zu nehmen, sondern thematisch vorzugehen, um eine konkrete Verbindung zur Erfahrungswelt der Schüler aufzubauen.

e) Daraus läßt sich jedoch noch nicht folgern, daß Präskript, Proömium und Briefschluß keine didaktische Bedeutung hätten. Der Unterrichtsversuch hat vielmehr gezeigt, daß in diesen Elementen der Paulusbriefe vieles über die Kommunikation des Apostels mit seiner Gemeinde, über seine Rolle und über die Aufgabe der Verkündigung anklingt sowie grundlegende Bekenntnisaussagen formuliert werden, die für das Verständnis konkreter Problemsituationen und für die Motivation des Handelns Gewicht haben. Wo der Unterricht solche Grundlagen anspricht, sollte man sie einbeziehen. Der thematische Bezug gibt hier jedoch den Leitfaden ab. Außerdem haben die Rahmentexte noch eine weitere Funktion: Für Paulus sind sie wesentliche Ausdrucksformen für die Kommunikation mit der Gemeinde, um das nötige Terrain für die Klärung strittiger Fragen zu schaffen. Im Religionsunterricht geschieht dagegen die Kommunikation primär zwischen Lehrer und Schülern und den Schülern untereinander. Darin ist die aktuelle Anrede durch die christliche Botschaft und die Art der Sachauseinandersetzung eingebettet. Stil und Inhalt von Briefeingang, Danksagung und Briefschluß könnten in diesem Geschehen zum anregenden Impuls zuallererst für den Lehrer werden, der, Paulus ähnlich, tradierte Bekenntnisaussagen und Glaubensinterpretationen an die Schüler heranträgt, um mit ihnen Verständigung über wichtige Fragen unseres Lebens aus dem Geist des Evangeliums zu erreichen. Diese Texte werden dadurch zum Orientierungsmodell für die Kommunikation unter Christen, dessen Wirksamkeit zuerst von der Praxis der Verkündiger und Lehrer abhängt.

Diese Überlegungen reichen aber nicht aus, um zur Ganzschriftlektüre zurückzukehren. Sie sind nur ein Hinweis darauf, daß ein selektives Vorgehen bei der Textauswahl, das durch die thematische Orientierung der Bibelauslegung notwendig wird, nicht zur vollständigen Vernachlässigung des ursprünglichen Zusammenhangs führen darf. Die Forderung, im Religionsunterricht eine Ganzschrift zu bearbeiten, läßt sich jedoch im Anschluß an diese Überlegungen nur in der Form aufrecht erhalten,

[16] H.-J. Klauck, 2. Korintherbrief, 9f.

als die Textauslegung das Ganze, das in den Bekenntnisaussagen steckt, beachten muß, im Vorgehen sich jedoch nicht an den Textaufbau halten, sondern den Lernprozeß anhand von Themen der Briefe und ihrer Bezüge auf die gegenwärtige Welterfahrung strukturieren sollte. Die fortlaufende Bibellektüre macht nur eine exegetisch verantwortbare Bibelmethodik möglich, aber keine Bibelauslegung als Aneignung ihres Anspruchs für das Weltverständnis der heutigen Menschen.

3.2 Aspekte einer erfahrungsorientierten Bibelauslegung

Es ist bereits angeklungen, daß eine an der Erfahrungswelt der Schüler orientierte Bibelauslegung auch die Betrachtung und Bearbeitung der Bibeltexte verändert. Die hier angedeuteten Konsequenzen sollen im folgenden wiederum auf die Bibelauslegung allgemein und im speziellen auf die Korintherbriefe hin bedacht und entfaltet werden.

3.2.1 Notwendigkeit der Interpretation von Bibeltexten im Blick auf die ursprüngliche Erfahrungssituation

Wenn der Religionsunterricht bei Erfahrungen der Schüler ansetzt, bleibt immer noch das Problem der Distanz der Schüler zur Bibel. Die Texte werden nicht schon dadurch lebendiger, daß der Unterricht sie mit besprochenen und durchgearbeiteten Erfahrungen konfrontiert. Es kommt vielmehr darauf an, daß aus der Bibel auch etwas – wie junge Leute heute sagen – »rüberkommt«.

a) Ein solcher Vorgang setzt voraus, daß Bibeltexte bei den Schülern Widerhall finden, emotionale und kognitive Reaktionen auslösen, weil sie die jungen Menschen an bedeutsamen Knotenpunkten ihrer Existenz treffen. Nur dann können Bibeltexte einen Prozeß auslösen, in dem sich die Schüler aus dem Horizont ihrer Wirklichkeitserfahrung mit dem auseinandersetzen, was die Texte zu sagen haben; und allein darum geht es zunächst. Dieser Prozeß ermöglicht es, die Bibeltexte nach Argumenten zur Sache zu befragen und nach Motiven zur Hoffnung abzuklopfen, die die jungen Menschen ihr Leben bestehen und ihre Welt ordnen lassen. Eine solche Brücke können Schüler finden, wenn sie merken, daß es auch im Bibeltext um ihre Lebenserfahrung geht. Um die Distanz der Schüler zur Bibel abzubauen, müßten wir demnach auch die Bibel auf dem Hintergrund von Erfahrungen lesen. Dies kann nur dadurch gelingen, daß wir auf die Erfahrungen zurückgehen, die am Ursprung eines Textes liegen. Bibeltexte kommen uns in verschiedenen Sprachformen entgegen, aber was sie "verhandeln, ist das

Leben selbst"[17]. An der Sprache der Bibel die Lebensphänomene und Erfahrungen wahrzunehmen, die ihren Ursprung mitkonstituieren, das bedeutet nicht nur eine historische Rückbesinnung auf die Ursprungssituation, sondern impliziert auch das Nachdenken über die verhandelte Sache[18]. Was die Redaktion der biblischen Schriften zu fester Form gerinnen ließ, müssen wir also auf die Sprechsituation zurückführen, in der ein Text seine Wurzel hat. Mit diesem hermeneutischen Postulat berühren wir gleichzeitig eine längst erkannte didaktische Aufgabe, die in diesem Zusammenhang sofort mitzubedenken ist.

b) Der Rückbesinnung auf die Ursprungssituation, aus der der Text hervorgegangen ist, entspricht die didaktische Denkbewegung, die Heinrich Roth für den Aufbau des Lernprozesses aufgezeigt hat: die "originale Begegnung" als Prinzip der Aneignung von Gegenständen[19]. In der katholischen Religionspädagogik hat zwar Eugen Paul auf der Ebene der Methodenfrage an diesen Grundsatz erinnert[20], seine hermeneutisch-didaktischen Implikationen sind jedoch noch nicht hinreichend bedacht. – Im Unterschied zu starren Formalstufen richtet sich das Interesse darauf, daß zwischen Schüler und Gegenstand eine wirkliche Begegnung und ein lebendiges Gespräch in Gang kommt. Die Bedingung dafür ist, daß wir den Gegenstand aus seiner "Ferne und Lebensunberührtheit" herausholen, um seine "menschliche Seite" aufzuschließen und ihn "aus dem menschlichen Sinnsuchen heraus" zu verstehen[21]. Wenn der Unterricht die "Ursituationen und Ursachverhalte ... wieder lebendig zu machen

[17] H. Weder, Exegese und Dogmatik. Überlegungen zur Bedeutung der Dogmatik für die Arbeit des Exegeten, in: Zeitschrift für Theologie und Kirche 84 (1987) 137-161, hier 160.

[18] Die Auseinandersetzung mit den Intentionen der Dogmatik läßt Hans Weder einige Beschränkungen der Exegese erkennen, die um einer zeitgerechten Bibelauslegung willen überwunden werden müßten: die Beschränkung auf die historischen Produktionsbedingungen der Texte, die "von der wirklichen Gestalt der Dinge abstrahiert" (ebd., 146), der Zwang zur analytischen Arbeit, die "die Sache des Textes verschlingt" (ebd., 152), sowie die Verwechslung von Interpretation mit historischer Beschreibung, durch die die Frage nach ihrer Geltung für die Gegenwart liegen bleibt (ebd., 158). Hans Weder spricht dann von der Aufgabe, "dem Lebensphänomen gerecht zu werden, dem Leben die Würde zuzuerkennen, die es vor Gott hat" (ebd., 161).

[19] H. Roth, Pädagogische Psychologie des Lehrens und Lernens, Hannover [13]1971 ([1]1957), 109-117. Auf die Bedeutung dieses Prinzips für die Bibeldidaktik wiesen bereits hin: G. Kittel, Elementarisierung als Aufgabe der Bibeldidaktik, in: I. Baldermann/G. Kittel, Die Sache des Religionsunterrichts. Zwischen Curriculum und Biblizismus, Göttingen 1975, 128; K.E. Nipkow, Grundfragen der Religionspädagogik, Bd. 3: Gemeinsam leben und glauben lernen, Gütersloh 1982, 216f. (Anm. 394); I. Baldermann, Engagement und Verstehen, 151.

[20] Vgl. E. Paul, Methoden, in: E. Feifel u.a. (Hrsg.), Handbuch der Religionspädagogik, Bd. 2, Gütersloh/Zürich 1974, 145-172, hier 147.151.

[21] Diese und die folgenden Zitate aus: H. Roth, Pädagogische Psychologie des Lehrens und Lernens, 116.110.117.114.116.

versteht, die einst zu der Begegnung Mensch und Gegenstand, Mensch und Werk, Mensch und Gott geführt haben, dann haken Kind und Jugendlicher ein". Der Gegenstand kann in die Herzen der Schüler "hereinleuchten" und ihren Erkenntnisprozeß ergreifen, indem man "wieder die ursprüngliche menschliche Situation und damit die vitale Interessiertheit, aus der er einst hervorgegangen ist", schafft. Es geht darum, daß der Schüler, wie er "von sich aus in die Welt hineinlebt", den Lerngegenstand in sein Leben integriert. Darum bleibt für diese didaktische Erschließung auch die Berücksichtigung der Verstehensfähigkeit und der Persönlichkeitsentwicklung der Schüler bedeutsam.

Mit dem Prinzip der "originalen Begegnung" führt man einen Gegenstand an die menschliche Erfahrungssituation zurück, aus der er ursprünglich hervorgegangen ist, und stellt ihn damit auf eine konkrete Erfahrungsgrundlage. Durch seinen ursprünglichen Situationskontext bekommt er nicht nur Farbe und Lebendigkeit, sondern auch die Bedeutung der besprochenen Sache und die Funktion der Aussage wird konkret und plastisch. Der Begriff des Ursprünglichen hebt zuinnerst nicht auf historische Tatbestände ab, vielmehr geht es um die Grundfragen menschlichen Lebens, die sich Menschen in historischen Situationen gestellt haben und die von ihnen in einer bestimmten Weise gedeutet worden sind. Je konkreter die ursprünglichen Erfahrungssituationen in all ihrer Frag-würdigkeit nacherlebt werden, desto intensiver vermag die Sache den Schüler in seinem Suchen und Verstehen anzusprechen. Dazu gehört auch, den konkreten Menschen in seinem eigenen Werden nicht auszublenden. Man sollte darüber hinaus einen wichtigen Aspekt, den Heinrich Roth in diesem Zusammenhang auch aufgewiesen hat[22], nicht übersehen: der persönliche Bezug des Lehrers zur Sache, sein eigenes Suchen und Fragen mit den Schülern gibt dem Lerngeschehen als "originale Begegnung" Spannung und Vitalität.

c) Wie aber erreichen wir die Ebene der Bibel, auf der "originale Begegnung" möglich wird? Diese Frage geht einerseits der historischen Entstehungssituation der Texte nach, sucht andererseits der Sache auf die Spur zu kommen. Im Unterricht läßt sich der Weg dorthin nicht direkt über den Text beschreiten. Daran hindert nicht nur "die historische Distanz" und die "fortgeschrittene Erosion der christlichen Tradition und jener geschichtlich überkommenen Sprache des Glaubens, die uns bisher mit den biblischen Texten verband und ihren Erfahrungsraum offenhielt"[23], sondern auch die mangelhafte Brücke ihrer Verkündigung zur Wirklichkeit heutiger Menschen, durch die die Wirksamkeit der Glau-

---

22 Ebd., 113f.

23 P. Stuhlmacher, Exegese und Erfahrung, in: E. Jüngel u.a. (Hrsg.), Verifikationen (FS Gerhard Ebeling), Tübingen 1982, 67-89, hier 70.

benstradierung empfindlich geschwächt ist. Der unterrichtliche Weg über die Lebenserfahrung der Jugendlichen bleibt von daher, wie im letzten Abschnitt ausgeführt (vgl. 3.1), unersetzlich.
Um das Gespräch vom Bibeltext her zu ermöglichen, gilt es, seine objektive Struktur exegetisch auf die Ebene der Lebenserfahrung hin aufzuschließen. Die Fremdheit gegenüber der Bibel läßt sich in dem Maße aufheben, wie der einzelne Bibeltext als Zeugnis konkreter Personen, die in der Auseinandersetzung mit konkreten Lebenssituationen stehen, aufgenommen werden kann. Dazu ist exegetische Arbeit am Text notwendig, bei der wir einerseits "den Erfahrungen nachspüren, die für die (biblischen) Offenbarungszeugen religiös bestimmend waren"[24], andererseits den Lebenskontext, die Widerfahrnisse und Handlungsweisen der ursprünglichen Adressaten (»Sitz im Leben«), die sich im Bibeltext niedergeschlagen haben, aufdecken. Auf dieser Ebene wird uns auch deutlich, welche Intention die Sprechenden oder ihre Adressaten ursprünglich mit den Texten verbanden. Sowohl für die Exegese der Bibel als auch für die didaktische Arbeit ist darum die hermeneutische Einsicht von Belang, die Gerhard Ebeling für allgemeingültig hält: "Ein überliefertes Wort ist erst dann recht erfaßt, wenn deutlich wird, woraus es entsprungen ist, was zu ihm ermächtigt hat, woraufhin es gesagt werden kann ... Je nach dem Charakter eines Textes muß man bis zu der Erfahrung vorstoßen, die in ihm zur Äußerung gelangt ist ... Erst dann, wenn man in den Erfahrungsgrund einkehrt, erschließt sich uneingeschränkt der Zugang zum Text"[25]. Es muß eine solche Erschließung der Bibel angezielt werden, daß in der Begegnung mit einem konkreten Bibeltext ein Gespräch mit Menschen, für die dieser Text steht, in Gang kommen kann[26].
Die Ursprungssituation ist immer konkret: Individuelle Menschen oder Gruppen handeln unter bestimmten Umständen, aus mehr oder weniger faßbaren Motiven und auf beschreibbare Veranlassung hin. Das exegetische Problem besteht darin, daß mit den Texten nicht immer auch die ursprüngliche Entstehungssituation mittradiert wurde, weil mehr ihre bleibende Bedeutung für die christliche Lebenspraxis im Blickfeld blieb[27]. Auch wenn man nicht alle historischen Aspekte kennt (didaktisch gesehen auch nicht kennen muß), läßt sich das Woraufhin der Texte zumindest im Blick auf elementare Situationen, die für menschliches Leben

24 Ebd., 81.
25 G. Ebeling, Dogmatik und Exegese, in: Zeitschrift für Theologie und Kirche 77 (1980) 269-286, hier 275.
26 Vgl. K.E. Nipkow, Grundfragen der Religionspädagogik, Bd. 3, 201: "Wir sollen mit den Menschen ins Gespräch kommen, mit den Menschen in und hinter den Texten damals und mit anderen vor den Texten heute – und so mit den Texten selbst".
27 Vgl. P. Stuhlmacher, Exegese und Erfahrung, 79f. Redaktionskritik reicht im Kern über die Frage der Textkomposition hinaus in die konkrete Geschichte der Rezeption von Überlieferung.

immer wieder markant sind, erfassen. Denn vermutlich sind die Texte gerade deswegen in der Überlieferung "zu Erfahrungsmustern von grundsätzlicher Bedeutung ausgestaltet worden"[28].
Da alles Geschichtliche relativ ist, kann die historische Betrachtung der Texte auch nicht auf die Vergangenheitsdimension eingeschränkt werden, sondern sie hält den Blick für die Zukunft offen[29]. Man sollte darum das Prinzip der Ursprünglichkeit im historischen Sinn nicht überdehnen, zumal es noch auf ein anderes Moment ankommt: auf die Tiefendimension der versprachlichten Erfahrung, die in den historisch beschreibbaren Situationen durchscheint. Damit ist ein hermeneutischer Sachverhalt angesprochen, der über die Bibelexegese hinaus auch für die didaktischen Überlegungen Gewicht hat. Das Verstehen auf dieser Ebene ist jedoch, wie Peter Stuhlmacher herausstellt, an die wichtige Bedingung geknüpft, daß man "auf die Sehnsucht nach und die Wirklichkeit von Wahrheit, Liebe, Freiheit, Treue und Gerechtigkeit angesprochen werden kann und zum Adressaten der biblischen Texte geworden ist"[30]. Für den unterrichtlichen Dialog mit einem Bibeltext bedeutet dies, daß auf seiten der Schüler die Wahrnehmung dieser Tiefendimension in ihrer eigenen Erfahrungswelt als emotionaler und kognitiver Lernschritt geleistet sein muß. Dies ist geradezu eine conditio sine qua non von Bibelunterricht. Damit bestätigt sich wieder die erste These (vgl. 3.1). Ein Text, dessen Erfahrungsgehalt erfaßt wird, kann erst ansprechen, wenn der Hörer ein entsprechendes vitales Interesse entwickelt. Eine erfahrungsbezogene Interpretation der Bibel setzt also eine Wahrheit oder wenigstens ein Gespür für eigene Lebenssituationen auf seiten der Schüler voraus. Dafür muß allerdings der Religionsunterricht in den meisten Fällen erst sorgen. Etwas anderes ist es, wenn er im Sinne des "fruchtbaren Momentes" an eine gegebene Situation im unmittelbaren Erfahrungsraum der Schüler anknüpfen kann.

d) "Originale Begegnung" bzw. erfahrungsbezogene Interpretation bewegen sich auf der Ebene des Konkreten. Die anstehende Sachfrage behält ihre Farbigkeit und Eindeutigkeit, wenn konkrete Mechanismen des Handelns, Motive, Absichten im Zusammenhang mit bestimmten Situationen aufgezeigt werden. Eine Situation ist immer das, was uns betrifft und einen gewissen Spielraum des Verhaltens eröffnet. Wie Menschen mit Situationen umgehen, das läßt wichtige Züge ihres Menschseins erkennen. Der Bezug auf konkrete Konflikte, in denen etwas zur Entschei-

---

28 Ebd., 80. Den Ebeling'schen Begriff der "Grundsituation" als "Sein vor Gott" (Dogmatik und Exegese, 281f.) möchte ich wegen seiner Abstraktheit vermeiden. Die "Grundsituation" hat in den elementaren Situationen des Alltags eine durchaus unterschiedliche Gestalt mit verschiedener Problemstellung.

29 Vgl. H. Weder, Exegese und Dogmatik, 156.

30 P. Stuhlmacher, Exegese und Erfahrung, 74f.

dung stand, läßt darum einen Bibeltext überhaupt erst zu Wort kommen und öffnet den Blick für die Lebenseinsicht, die er vermitteln will. Vor solchem Erfahrungshintergrund können wir ihn in seiner Bedeutung und Intention, die er ursprünglich hatte (z.B. als Widerspruch), genauer verstehen. Seine Brisanz wird durch den konkreten Konfliktbezug erst so recht deutlich.

e) Situationen sind aber nicht allein individuell bestimmt. Die soziale Struktur gehört zu ihrer Konstitution von Grund auf dazu: Ich stehe immer in einer Situation und damit in etwas, das von anderen und der Beziehung anderer zu mir und miteinander mitbestimmt ist; in der zwischenmenschlichen Beziehung ergeben sich auch Strukturen, die die Situation prägen (Schichten, Gruppen, Status, Rollen, soziale Konflikte, Wertmuster u.a.). Die soziologische Exegese hat in dieser Richtung den Blick für die konkreten Lebenssituationen, die sich in den biblischen Texten niedergeschlagen haben, geschärft[31]. Ihr Instrumentarium ermöglicht eine differenziertere Sicht der konkreten Erfahrungen und sozialen Zusammenhänge, in denen die Texte ihren »Sitz im Leben« hatten. Der Horizont der Exegese reicht auf diesem Wege über die "religiösen Interessen" hinaus[32] "Die Texte werden überraschend beredt, wenn wir ihren sozialen Hintergrund genauer kennenlernen"[33]. Nicht nur die äußere und innere Struktur der sozial bedingten Konflikte (wer liegt mit wem um was im Streit?), sondern auch die Dimensionen der Botschaft, die sich auf die sozialen Implikationen von Wirklichkeit und christlicher Lebenspraxis (Lebensformen, Sozialformen, Abhängigkeiten u.a.) sowie auf die Wege ihrer Tradierung beziehen, werden deutlicher wahrgenommen[34]. Das Interesse richtet sich in diesem Ansatz gerade auch auf Verhaltensmuster und Alltagsgewohnheiten samt ihrer schichtenspezifischen und rollenbestimmten Färbung, in denen sich die angeeignete Lebensphilosophie der Leute und die bestimmenden Normen zeigen.

[31] Für diese Arbeit ist es in der Tat bedeutsam, daß sich diese Exegese gerade an 1 Kor entwickelt hat. Vgl. G. Theißen, Studien zur Soziologie des Urchristentums (WUNT 19) Tübingen 1979; K. Berger, Exegese des Neuen Testaments (UTB 658), Heidelberg 1977, 218-241; A. Schreiber, Die Gemeinde von Korinth. Versuch einer gruppendynamischen Betrachtung der Entwicklung der Gemeinde von Korinth auf der Basis des 1 Kor (NTA NF 12), Münster 1977; H.-J. Klauck, Hausgemeinde und Hauskirche im frühen Christentum (SBS 103), Stuttgart 1981; H.-J. Klauck, Gemeindestrukturen im ersten Korintherbrief, in: ders., Gemeinde—Amt—Sakrament. Neutestamentliche Perspektiven, Würzburg 1989, 37-45.

[32] G. Theißen verdeutlicht damit den Denkhorizont der soziologischen Exegese, die die Texte von spiritualisierenden Auslegungstendenzen befreien und als Impulse für konkretes Handeln in der jeweiligen soziokulturellen Situation deuten will (Studien zur Soziologie des Urchristentums, 6).

[33] I. Baldermann, Engagement und Verstehen, 148.

[34] Für G. Theißen ist an der soziologischen Interpretation vor allem auch "die Überwindung des individualistischen existenzialen Verständnisses" bedeutsam (ebd., 17).

Zu beachten bleibt bei alledem, daß die Auswertung der Bibeltexte "als historische Quelle für geschichtliche Geschehnisse nur einen Bruchteil ihres Gehaltes erfaßt"[35]. Das muß sich für die Bibelauslegung nicht in allen Fällen als Nachteil erweisen. Denn mit größerer Genauigkeit historischer Beschreibung wird noch kein Mehr an Sachverständnis erreicht. Hier muß an früher Gesagtes erinnert werden: Die historische Kenntnis der äußeren Umstände allein macht noch nicht den "springenden Punkt" eines Bibeltextes, der eine Brücke zu heute stiften kann, deutlich. Vielmehr kommt es auf die Spannungsmomente der Situation an, aus denen das Betroffenmachende menschlicher Erfahrung herauswächst und das Sinnsuchen angeregt wird. Dort kann der Verstehensprozeß ansetzen und die damals gegebene Deutung des Bibeltextes mit der Erfahrungskonstellation heute in Verbindung bringen und so neues Sinnsuchen im Lichte der Botschaft anstoßen. Aus diesen Überlegungen ergibt sich folgende These:
Da die Bibeltexte nur in einer erfahrungsbezogenen Auslegung Widerhall finden, muß der Bibelunterricht den konkreten Erfahrungszusammenhang, auf den sich die religiöse Deutung eines Textes bezieht, d.h. die individuelle und soziale Situation, die Sachfrage und die bestimmenden Wertvorstellungen der Beteiligten, aufzeigen und ins Spiel bringen.

3.2.2 Folgerungen für die unterrichtliche Auslegung der Korintherbriefe

Mit dem Transfer der These auf die unterrichtliche Auslegung der Korintherbriefe ergibt sich eine Reihe von exegetischen Problemen, denen sich die Bibeldidaktik der sachgerechten Interpretation wegen stellen muß. Die historisch-kritische Exegese kann der Bibeldidaktik nicht vorbuchstabieren, welche Lerninhalte der Religionsunterricht durchzugehen hat. Ihre Forschungsergebnisse werden aber umso wichtiger für die Bibeldidaktik, je mehr sie in der Wahrnehmung historischer Zusammenhänge auch das Nachdenken über die Sache der Texte vorantreiben, d.h. sich auf der Ebene historischer Erkenntnisse am Streit um die Wirklichkeit beteiligen[36]. Was ist darum exegetisch-hermeneutisch zu leisten, um an den Korintherbriefen einen erfahrungsorientierten Ansatz der Auslegung zu gewinnen? Im folgenden Abschnitt geht es nicht um einen

35 G. Theißen, ebd., 19f.

36 Auf dem Hintergrund der philosophischen Hermeneutik von Hans Georg Gadamer und ihrer religionspädagogischen Rezeption z.B. bei Günter Stachel hebt neuerdings Paul Neuenzeit wieder hervor, daß die Bibelwissenschaft sich nicht mit der Anwaltschaft für den antiken Text begnügen kann, vielmehr wegen der Hinordnung der Bibel auf ihre Hörer sich der Situation heutiger Evangelisierung zu stellen und den Blick auf die Eingeladenen zu richten hat (Zur Gegenwärtigkeit des Evangeliums, in: B. Jendorff/G. Schmalenberg (Hrsg.), Evangelium Jesu Christi heute verkündigen (FS Cornelius Peter Mayer), Gießen 1989, 47-60).

inhaltlichen Leitfaden für das Verständnis der Korintherbriefe. Vielmehr sollen die Denkvorgänge, die sich auf eine solche Auslegung der Korintherbriefe ausrichten, ihrer Struktur nach aufgezeigt werden.

a) Im Blick auf die Wahrnehmung der Paulusbriefe in der Bibeldidaktik hat sich gezeigt, daß es zahlreiche Vorbehalte und Verstehenshindernisse gibt, durch die die Paulusbriefe als Unterrichtsinhalt faktisch ausfallen (vgl. 0.1). Die gewichtigsten Hindernisse betreffen das Bild von Paulus selbst, wie es sich in Theologie und Pastoral festgesetzt hat. Vier Aspekte seien kurz herausgegriffen:

– Paulinische Theologie und Argumentation ist zu einem wesentlichen Bestandteil der kirchlichen Lehre geworden. Weil Paulus im Ganzen der Glaubenslehre aufging und dieses Ganze die eigentliche Gültigkeit beansprucht, verliert die einzelne Stimme ihr Gewicht[37].
– Nicht alle Briefe des Corpus Paulinum haben Paulus als Autor. Die sog. deuteropaulinischen Schriften (Eph, 1 Tim, 2 Tim, Tit, wahrscheinlich auch Kol und 2 Thess) zeichnen Paulus als eine kirchliche Autorität, die er in der Zeit seines Wirkens in dieser Deutlichkeit nicht gewesen ist. Das Interesse der Pastoralbriefe an der Konstituierung kirchlichen Lebens und ihr Kampf gegen die Häresie steht wohl auch im Zusammenhang mit der Gemeindetheologie der echten Paulusbriefe; sie entwerfen jedoch nur einen Teilaspekt. Dieses Bild von Paulus, das in der Folgezeit vorherrschend wurde, bedarf der Korrektur[38].
– Paulinisches Denken wird auf die Rechtfertigungsthematik festgelegt, wie sie seit Martin Luther diskutiert wird. Die Rechtfertigung stellt zwar einen Zentralbegriff paulinischer Briefe dar (besonders Gal und Röm), kann aber nicht zu einem Kristallisationspunkt seiner Theologie hochstilisiert werden, der alle anderen Ansätze, Vorstellungen und Begriffe verdrängt[39].
– In der paulinischen Verkündigung wird oft der Grund für die Aufforderung zur Weltflucht und Weltentsagung der Christen gesehen. Einige Aussagen scheinen diese Einstellung zu stützen (1 Kor 9,24-27; 2 Kor 12,4; Röm 8,19.23; Phil 4,20 u.a.)[40]. Auch diese Interpretation bedarf einer genaueren Prüfung.

Diese und andere Bilder haben uns Paulus fremd werden lassen. Die Ursache dafür liegt in der oberflächlichen Kenntnisnahme der Briefe und

---

37 Auf diese Ursache für die Fremdheit des Paulus weist Wolfgang Trilling in einer anregenden Besinnung auf Paulus hin: Mit Paulus im Gespräch. Das Lebenswerk des großen Völkerapostels – Eine Hinführung, Graz 1983, hier 19.

38 Vgl. W. Trilling, Mit Paulus im Gespräch, 21-26; H.-J. Klauck, 2. Korintherbrief, 10.

39 Ebd., 26-29.

40 Vgl. H. Fox, Das Verhältnis des Christen zur Welt nach Paulus, in: Katechetische Blätter 103 (1978) 741-746.

ihrer Entstehungsbedingungen: Das Konkrete wird zugunsten des Systematischen und Abstrakten zurückgedrängt. Eine Sache kann aber nur lebendig werden, wenn die Schüler ihr in konkreter Gestalt begegnen können. Die Bibeldidaktik kommt nicht umhin, Paulus als Dialogpartner seiner Gemeinde gerade in den konkreten Konflikten, die zum Anlaß der Briefe geworden sind, und in seinen konkreten Gedankengängen wahrzunehmen. Das bedeutet: die Persönlichkeit des Paulus, sein Auftreten, seine Denkformen, sein Charisma, seine Erfahrungen gehören, soweit sie sich aus den Texten eruieren lassen, zur didaktischen Vermittlung dazu. Nicht der Heros, das zeitenthobene Vorbild, sondern der sich mit Leidenschaft in die Sache verwickelnde Mensch[41], dessen Engagement Staunen oder Kopfschütteln, Begeisterung oder Widerstand auslöste und heute noch auslösen kann, sollte den Schülern lebendig werden. Hierher gehört auch die Frage, was Paulus eigentlich motiviert hat und wovon er sich hat leiten lassen, worauf ein Gedanke in seinen Briefen basiert und was ihm in einem konkreten Konflikt aufgegangen ist. Also Traditionsgeschichte – biographisch gewendet. Das Individuelle sollte nicht zugunsten abstrakter Begrifflichkeit »wegrationalisiert« werden.

b) Paulinische Theologie ist ihrer Gestalt nach nicht theoretisierend-systematisch. Sie bewegt sich nicht im Spiel der Begriffe, sondern ist, wie sich gerade an den Korintherbriefen zeigt, handfest geprägt von konkreten Konflikten des praktischen Lebens und von Verwicklungen, in die Menschen immer wieder durch bestimmte Lebensauffassungen geraten. Paulus hat sich nicht von den vordergründigen Phänomenen ferngehalten, sondern mit seinem Briefeschreiben sich gerade hineinverwikkelt. Für die Korintherbriefe ist "der aktuelle Anlaß und der Situationsbezug" besonders typisch[42]. Schon dieser Tatbestand verbietet die Annahme von Weltflucht in der paulinischen Theologie. Noch mehr zeigt sich dies bei der Analyse konkreter Themen seiner Briefe. Die Briefform selbst ergibt sich aus dem Interesse des Paulus am Konkreten. Seine Theologie ist im besten Sinne vordergründig, "weil sie im Handgemenge des Lebens entstanden ist und dort ihre Tragfähigkeit hat"[43].
Dieser Grundzug ist didaktisch in doppeltem Sinne von entscheidender Bedeutung: Zum einen können im Sinne der "originalen Begegnung" konkrete Phänomene und Situationen, die den Ausgangspunkt der Briefe bilden, anschaulich gemacht und in Analogie zur heutigen Erfahrungssituation gebracht werden. Der Blick auf die Erkenntnisse der soziologischen Exegese verbreitert dabei die Wahrnehmung der wirklichen Gestalt und Problematik der Situationen, auf die sich Paulus bezieht.

41 Vgl. W. Trilling, Mit Paulus im Gespräch, 29-35.
42 H.-J. Klauck, 1. Korintherbrief, 12.
43 H. Weder, Exegese und Dogmatik, 147.

Bibeldidaktisch bedeutsam ist an diesem Erfahrungsbezug der Korintherbriefe auch, "daß Paulus Thema für Thema auf die Grundlage der Existenz, auf den Glauben bezieht"[44]. Er macht deutlich, wie tief Leben und Glauben miteinander zusammenhängen. Diese Denkrichtung tendiert auf die Wahrheitsfrage, die uns heute genauso aufgegeben ist. Wie Paulus mit den Situationen umgegangen ist, welche "tiefgreifende Zusammenhänge" er an den konkreten Erfahrungen entdeckt hat[45], das kann heute zu einem wesentlichen Impuls für den Suchprozeß der Jugendlichen werden. An seinem Umgang mit konkreten Problemsituationen können wir uns auch klar machen, wovon sich christliches Glaubensverständnis absetzt bzw. wogegen es sich wendet. Denn die Unterscheidung gibt dem Leben Profil und Gestalt. Nicht die Theorie, sondern der Zusammenhang mit den Erfahrungen und den konkreten Auseinandersetzungen läßt die Lebensgrundlage der Theologie erkennen, auf der ihre Sache erst plausibel wird.

c) In diesem Zusammenhang müssen wir zwei Grundfragen der Exegese der Korintherbriefe bedenken: die Komposition der Briefe und die Gegner des Paulus in der Gemeinde. Der didaktische Ansatz bei konkreten Themen und Situationen enthält die Entscheidung gegen die Ganzschriftlektüre und für die Besprechung einzelner Abschnitte, wobei man sicher die Zusammenhänge mit anderen Abschnitten nicht übersehen darf. Auf diesem Hintergrund ist für didaktische Belange die Frage nach der Komposition der Korintherbriefe[46] von nachrangiger Bedeutung. Der Umfang der Korrespondenz mit der korinthischen Gemeinde, der auf dem Wege der Redaktionskritik auszumachen ist, belegt zwar in eindringlicher Weise das Ringen des Paulus um die "Lebensform der Kirche" und den Kampf um sein Apostolat[47]. Aber mit Hans-Josef Klauck sollte die Kompositionsfrage "wegen der schwierigen Beweislage keinesfalls zum Angelpunkt der Auslegung gemacht werden"[48]. Sie wird darum in dieser Arbeit auch nicht diskutiert. Ihre didaktische Bedeutung liegt lediglich in dem bereits angeführten Situationsbezug paulinischer Theolo-

44 H. Conzelmann, Der erste Brief an die Korinther, 21.

45 H. Weder, Exegese und Dogmatik, 147.

46 Vgl. die Darstellung der Hypothesen bei H. Conzelmann, Der erste Brief an die Korinther, 15-17. H.-J. Klauck geht von insgesamt vier Briefen aus, die "redaktionell zu den beiden Korintherbriefen zusammengearbeitet wurden" (2. Korintherbrief (NEB NT 8), Würzburg 1986, 9; ders., 1. Korintherbrief, 9-11). Günther Bornkamm nimmt die Integrität des 1 Kor und eine Sammlung von fünf Brieffragmenten in 2 Kor am Ende des 1. Jahrhunderts an (vgl. Die Vorgeschichte des sogenannten zweiten Korintherbriefes, in: ders., Studien zum Neuen Testament, München 1985, 237-269).

47 So die Titel der Bücher von Rudolf Pesch. Durch diesen bemerkenswerten Tatbestand wird auch im Religionsunterricht das Engagement des Paulus für die Sache des Evangeliums deutlich.

48 1. Korintherbrief, 11.

gie. So sei nochmals betont, daß der Religionsunterricht sich nicht mit der Bibellektüre begnügen kann, sondern den Sachgehalt der Korintherbriefe im Blick auf den »Sitz im Leben« erschließen muß.
Das zweite Problem betrifft die Gegner des Paulus in Korinth, über die in der Exegese kontrovers diskutiert wird[49]. Das Verfahren, aus den biblischen Texten die Gegner des Paulus zu rekonstruieren, stellt sich als ungeheuer problemgeladen dar[50]. Noch schwieriger ist die Bestimmung ihrer geographischen und geistigen Herkunft. Auch auf die Diskussion dieser Thematik kann im didaktischen Zusammenhang weitgehend verzichtet werden. Als Leitfaden mögen lediglich folgende Gesichtspunkte gelten:
- Es gab in der Gemeinde Kritik an Paulus.
- Sie wurde verstärkt durch Personen, die von außen in die Gemeinde kamen.
- Die gegnerische Front war nicht einheitlich.
- "Auf eine Auseinandersetzung mit den Gegnern sollte man nur dort zurückschließen, wo der Text einigermaßen deutliche Anhaltspunkte dafür bietet"[51].

Einen Tatbestand sollte man jedoch nicht unterschlagen: Bestimmte Inhalte der paulinischen Verkündigung und von ihm aufgezeigte oder erinnerte praktische Lebensformen stießen auf Unverständnis (z.B. Botschaft vom Kreuz) oder riefen Widerstand hervor (1 Kor 15). Paulus war wohl über die gegnerischen Positionen unzureichend informiert[52] und entwarf oftmals ein Zerrbild seiner Gegner[53]. Aus seinen Argumentationen, die nicht immer und in allen Aspekten eine Replik auf Gegner sind, können wir jedoch sein Urteil darüber erkennen, worauf die Mißachtung bestimmter Zusammenhänge hinausläuft oder welche Wirkung gewisse Auffassungen im Praktischen und im Glauben selbst haben. Noch bedeutsamer sind die in der Auseinandersetzung mit den Gegnern entworfenen Gedanken, welche positiven Wirkungen der Glaube an den gekreuzigten und auferstandenen Christus zeitigt.

---

49 Vgl. D. Georgi, Die Gegner des Paulus im 2. Korintherbrief. Studien zur religiösen Propaganda in der Spätantike (WMANT 11), Neukirchen-Vluyn 1964; W. Schmithals, Die Gnosis in Korinth. Eine Untersuchung zu den Korintherbriefen (FRLANT 66), Göttingen ^{2}1965; B. Spörlein, Die Leugnung der Auferstehung. Eine historisch-kritische Untersuchung zu 1 Kor 15 (BU 7), Regensburg 1971; G. Lüdemann, Paulus, der Heidenapostel. Bd. 2: Antipaulinismus im frühen Christentum (FRLANT 130), Göttingen 1983, 125-143.

50 Vgl. K. Berger, Die impliziten Gegner. Zur Methode des Erschließens von "Gegnern" in neutestamentlichen Texten, in: D. Lührmann/G. Strecker (Hrsg.), Kirche (FS Günther Bornkamm), Tübingen 1980, 373-400.

51 H.-J. Klauck, 2. Korintherbrief, 10-12, hier 12.

52 K. Berger, Die impliziten Gegner, 392; vgl. W. Schmithals, Die Gnosis in Korinth, durchgängig.

53 H.-J. Klauck, 2. Korintherbrief, 10.

Für diese didaktisch relevanten Fragen ist die Kenntnis der religions- und geistesgeschichtlichen Zusammenhänge, in denen die gegnerischen Positionen stehen, weniger wichtig. Anders ist es, wenn wir auf die heutige Mentalität blicken, in der die Schüler stehen: Ergeben sich hier Gemeinsamkeiten in der Wirklichkeitsdeutung und Gottesvorstellungen mit früheren religiösen Auffassungen und Lebensformen, die auch schon Paulus aus dem Glaubenshorizont kritisch beurteilte? Worauf kam es ihm dabei an? Welche Argumente hat er gar von seinen Gegnern übernommen? In jedem Fall führt eine religionsgeschichtliche Einengung auf gnostische Gegner nicht weiter[54]. Entscheidend ist vielmehr der Inhalt dessen, was Paulus bekräftigt und/oder ausgrenzt, und die Frage, inwieweit hiermit auch heutige Auffassungen tangiert werden. Für eine erfahrungsbezogene Interpretation der Korintherbriefe sind auch in dieser Beziehung die soziologischen Aspekte gewichtiger als die religionsgeschichtlichen, weil sie für die elementare Lebensgrundlage religiöser Vorstellungen sensibel machen und die Reflexion theologischer Kernsätze auf ihre anthropologischen Implikationen verstärken.

d) Die religionsgeschichtliche und soziologische Analyse der Korintherbriefe verläuft weitgehend auf objektivierender Ebene. Daß es um Wahrheiten für den Menschen geht, die uns betreffen, kann dabei aus dem Blick geraten – und damit auch die Originalität und Lebendigkeit der Texte. In der Schwierigkeit, für die Paulusbriefe den Erfahrungsbezug aufzuzeigen, macht Peter Stuhlmacher[55] auf einen bedeutsamen Zusammenhang aufmerksam, der auch für die Interpretation der Korintherbriefe konkret zu bedenken ist. Die Paulusbriefe gehören zu den Textpassagen, "die den Hörern und Lesern bewußt teilgeben an den Glaubenserfahrungen einiger besonderer biblischer Zeugen, um eben dadurch in das Verständnis des Ganzen der unter dem Namen dieser Zeugen überlieferten Texte einzuführen". Paulus hat mehrfach bekundet, daß die Berufungserfahrung für ihn zum Grund seines Lebens wurde, der seinen Glauben und seine Verkündigung bestimmte (Gal 1,10-17; Phil 3,2-11; 1 Kor 15,8-10; 2 Kor 5,13-17). Die entscheidende Qualität dieser Erfahrung besteht darin, "daß Gott ihn in der Person seines Christus trotz aller gegenüber der Gemeinde geäußerten Feindschaft zur Gemeinschaft angenommen, ihm seine Schuld vergeben und ihn in die Freiheit des Geliebt-

[54] Vgl. K. Berger, Die impliziten Gegner, 393; H.-J. Klauck, Herrenmahl und hellenistischer Kult. Eine religionsgeschichtliche Untersuchung zum ersten Korintherbrief (NTA NF 15), Münster 1982. Trotz der differenzierten Untersuchung von Walter Schmithals (Die Gnosis in Korinth) gibt es Probleme mit der Annahme eines gnostischen Hintergrundes, weil die Parallelbelege aus gnostischen Quellen überwiegend einer späteren Zeit angehören.

[55] Exegese und Erfahrung, 81-83. Daraus stammen auch die Zitate; Hervorhebungen von mir.

und Beanspruchtseins versetzt hatte". Diese Erfahrung ergriff die ganze Person und veränderte sein Verhältnis zu sich und zur Welt. Was Paulus tut und sagt, bleibt an diese Grunderfahrung geknüpft, so daß man alle Paulusbriefe "als immer umfassender ausgearbeitetes Muster jener ursprünglichen und exemplarischen Versöhnungserfahrung und Christuserkenntnis interpretieren darf, die Paulus vor Damaskus zuteil geworden ist". Das Damaskuserlebnis läßt in Paulus einen neuen Lebensentwurf entstehen, der seine Wurzel in der "Erkenntnis Jesu Christi" (Phil 3,8), nicht im Vertrauen auf menschliche Fähigkeiten hat. Von dieser Basis aus dachte Paulus weiter auf die konkreten Lebenserfahrungen hin. Die fundamentale Verwandlung seiner Existenz schlägt sich bis in den Grund seines Denkens und Sprechens nieder: Mit der Auferweckung Jesu fängt ein neues Denken an, das in schroffem Gegensatz zu dem steht, was vor seiner Begegnung mit dem Auferstandenen war. Für Wolfgang Trilling spielt diese Erfahrung noch bis in die Vorliebe des Paulus für die Antithesen hinein[56]. Paulus macht dann im Grunde im Blick auf die jeweiligen Fragen deutlich, was eigentlich ein Leben, das von der Zuwendung Gottes in Christus gekennzeichnet ist, ausmacht, d.h. er setzt seine Erfahrung in konkrete Lebenslinien und Handlungsanweisungen um, die sich als sinnvoll für die Existenz des Menschen darstellen. Die Auslegung der Korintherbriefe sollte demnach an den konkreten Themen und Konflikten deutlich machen, wie die Erfahrung des gekreuzigten und auferstandenen Christus dem Leben und Handeln Gehalt und Gestalt gibt. Die Erkenntnis des Paulus, wer Jesus wirklich ist, enthält auch die Korrektur des Gottesbildes und der Sinnorientierung, die ihn bewegte. Die Beschäftigung mit den Korintherbriefen führt darum auch zur Kritik unserer Gottesvorstellungen und Sinnkonzepte, auf denen wir unser Leben aufbauen.

3.3 Begegnung und Dialog als Kategorien der Bibeldidaktik

Bisher haben wir die Aufmerksamkeit den beiden zu vermittelnden Seiten der Bibeldidaktik zugewandt: dem Erfahrungshorizont der Adressaten und dem Bibeltext. Im ersten Unterrichtsversuch hat sich ja gezeigt, daß den Schülern die Bedeutung der ersten Abschnitte des 1. Korintherbriefes fremd blieb, weil es keine Verknüpfungsebene gab. Mit den vorangehenden Überlegungen wurden einige Schneisen in den unwegsamen Problembestand geschlagen, indem die Strukturebene des Verstehens und der Interpretation der Bibeltexte näher bedacht wurde. Dabei tauchten immer wieder die Begriffe Begegnung und Dialog auf, deren didaktische Bedeutung bisher einfach vorausgesetzt wurde. Aber wie kann es denn zur Begegnung und zum Dialog mit so fernen und fremden Texten kommen? Setzen wir hier nicht auf einen Weg, der zur Sackgasse wird,

[56] Mit Paulus im Gespräch, 38-55.

weil die Schüler den wirklichen Dialogpartner gar nicht erleben? Entzündet sich an den Texten nicht mehr Widerstand als Interesse, weil nicht nur die Sprache, sondern auch die Inhalte der überlieferten Erfahrung für einen Jugendldichen zu sperrig und unzeitgemäß sind? Was besagen eigentlich »Begegnung« und »Dialog« mit den Korintherbriefen als didaktische Kategorie?

Begegnung und Dialog kommen nur dort zustande, wo ein Mensch bestimmte Erfahrungen oder Auffassungen kundtut, die ein anderer interessant genug findet, daß er sich darauf einläßt, sich davon ansprechen läßt und sich damit emotional und/oder kognitiv auseinandersetzt. Vom Gelingen eines solchen Geschehens im unterrichtlichen Zusammenhang kann nur unter bestimmten Bedingungen gesprochen werden, die genauer zu bedenken sind.

3.3.1 Historische Schwierigkeiten von Begegnung und Dialog

Begegnung und Dialog mit den Paulusbriefen stehen vor einer doppelten historischen Schwierigkeit:

a) Die Briefe sind zwar "wie die eine Hälfte eines Dialogs"[57], aber wir kennen nicht die Korrespondenz der Partner, so daß der Mitvollzug des Dialogs ausgeschlossen bleibt. Dennoch verweist die Briefform von 1 und 2 Kor noch eindeutig genug auf die ursprüngliche Sprechsituation, obwohl wir von einer Komposition mehrerer Briefe auszugehen haben[58]. Gegenüber diesen Briefen befinden wir uns jedoch in einer ähnlichen Lage wie die urchristlichen Gemeinden, die untereinander die Briefe des Apostels Paulus weitergaben (vgl. Kol 4,16), sich also von Paulus ansprechen ließen oder angesprochen fühlten. Für die überliefernde Kirche hing das Interesse an den Briefen wohl kaum an der Möglichkeit, frühere Diskussionen um damals anstehende konkrete Verhaltensformen aufzubewahren: Situationen kommen und gehen, jede Epoche hat ihre eigenen Probleme zu bewältigen. Der Wert der Paulusbriefe lag wohl schon immer auf einer anderen Ebene.

– Bedeutsam sind die Briefe aufgrund der unverwechselbar persönlichen Struktur der Glaubenserfahrung, die aus ihnen spricht. Dieses persönlich-biographische Gepräge darf nicht darüber hinwegtäuschen,

---

57 Als Zitat aus De elocutione 223 von Pseudo-Demetrius Phal. bei H.-J. Klauck, 1. Korintherbrief, 13.

58 Bisher wurden lediglich zwei Textpassagen aus den Korintherbriefen als unpaulinische, spätere Einschübe identifiziert: die frauenfeindliche Anweisung in 1 Kor 14,33b-36 (vgl. G. Dautzenberg, Urchristliche Prophetie (BWANT 104), Stuttgart 1975, 257-273; H.-J. Klauck, 1. Korintherbrief, 105f.) sowie 2 Kor 6,14-7,1 (vgl. H.-J. Klauck, 2. Korintherbrief, 60f.).

daß die Botschaft von Jesus Christus die Sache war, deren Geltung Paulus im Blick auf die Gemeinde und auf sein eigenes Leben vertreten hat (vgl. Phil 1,18; 1 Kor 3,5).

- Sie dokumentieren in unmittelbarer Weise und exemplarisch die tiefe Verflochtenheit von Glauben mit dem praktischen Leben. Die Wirklichkeit der Menschen, denen Paulus das Evangelium verkündet hat, bestimmt unmittelbar das dargelegte Glaubensverständnis. Denn "er führt auch das vermeintlich Belanglose und Einzelne auf den Grund und mißt es an dem Ganzen der Heilsbotschaft"[59].
- Die Tiefe und Überzeugungskraft seiner Mitteilungen an die Gemeinde hatte wohl gerade deswegen auf Dauer mehr Bestand als die Überlegungen seiner Gegner, obwohl Paulus sich in der Zeit der Korrespondenz selbst wohl nicht so klar durchgesetzt hat.
- Bemerkenswert war und ist das Denkmodell des Paulus, d.h. das Gefügtsein seiner Auslegung der Glaubenserfahrung im Blick auf die konkreten Lebenserfahrungen, bzw. wie er mit bestimmten Lebenssituationen und Auffassungen von sinnvollem Leben aus dem Christusglauben heraus umgeht. Wie Paulus die Sache des Glaubens ins Spiel bringt, das weist eine innere Ordnung auf, die für die Glaubensinterpretation vorbildhafte Bedeutung bekommen hat.

Angesichts dieser Tatbestände richtet sich die Frage an die Bibeldidaktik, worauf es ihr in der Begegnung und im Dialog mit den Korintherbriefen ankommt.

b) Doch zunächst die zweite Schwierigkeit: Aufgrund des zeitlichen Abstandes zur Ursprungssituation der paulinischen Korrespondenz sind für uns nicht nur viele (situative) Anspielungen und Begriffe unverständlich, sondern auch die Gedanken- und Vorstellungswelt hat sich geändert. Dieses didaktische Problem können wir nicht nur nicht überwinden: die Fremdheit der Texte ist sogar das eigentlich Wertvolle für den Lernprozeß. Denn "es ist gerade nicht das Verwandte und Ähnliche, sondern das Andere und Fremde, was der Begegnung (sofern sie gelingt) ihre Fruchtbarkeit gibt"[60]. Doch wie geht diese Annahme mit der Didaktik der Korintherbriefe zusammen?
Ein erstes Moment: Gerade die Korintherbriefe vermitteln nicht nur eine große Nähe zu den konkreten Lebenssituationen der damaligen Zeit, bzw. ihre Lebensbezogenheit läßt sich hinreichend konkret aufzeigen; sie erhalten gerade in ihrer Sprache die markante persönliche Ausdrucksqualität des Paulus. Es ist dort nicht von demselben die Rede, was wir alltäglich erleben, aber Paulus wandte sich gerade an Menschen, um All-

[59] G. Bornkamm, Paulus, Stuttgart 1969, 90.
[60] J. Derbolav, Vom Wesen geschichtlicher Begegnung, in: B. Gerner (Hrsg.), Begegnung. Ein anthropologisch-pädagogisches Grundereignis, Darmstadt 1969, 145-162, hier 150.

tagserfahrungen aufzuarbeiten und elementare Fragen menschlichen Lebens durchzugehen.
Wenn der Religionsunterricht die Schüler mit der Persönlichkeit des Paulus vertraut macht und den fraglichen Konflikt, von dem ein Text handelt, anschaulich, d.h. erzählend, schildernd, mit Skizzen oder Bildern vor Augen stellt ("originale Begegnung"), können sich die Schüler in die Erfahrungssituation hineinstellen (Identifikation) und sich auf die Suche nach sinnvollen Lösungswegen machen. Die kreative Aktivierung der eigenen Fähigkeiten in einem konkreten »Fall« intensiviert das Verständnis für die Sachzusammenhänge. Der fremde Paulus kann so für den, der sich auf seine Gedanken einläßt, auch zum "Partner jenes ersten Gespräches, mit angeredet, gefragt, und aufgerufen" werden[61].
Hier klingt bereits ein zweites Moment an: Jede echte Begegnung ist unberechenbar und zufällig, läßt sich demnach mit pädagogischen Mitteln nicht erzwingen[62]. Es gibt in der Regel sogar Widerstände gegen das Fremde, weil man sich die eigene Sicherheit und Sinnordnung nicht zerstören lassen will. Anders ist es, wenn jemand in der Begegnung mit dem Fremden betroffen wird, weil sein eigenes "Leben, so wie es ist, überhaupt in Frage gestellt ist"[63].
Der Religionsunterricht kann nur in geringem Maße die existentielle Betroffenheit erzeugen, die eine Begegnung mit Paulus ermöglicht, aber er kann darauf vorbereiten und die Kräfte stärken, "die den Menschen allererst zur echten Begegnung befähigen"[64]. Ein wesentliches didaktisches Element für die Begegnung mit den fremden Korintherbriefen ist dann, daß wir die Schüler anhand konkreter Erfahrungen und Themen des Lebens zur Einsicht in die Aporie der eigenen Erkenntnisse und Lebensvorstellungen hinführen[65]. Dieser Lernschritt, in dem es um ein Auf-die Probe-gestellt-Sein, nicht um Wissensansammlung geht, bildet die Voraussetzung, um sich in einen fremden Sinnhorizont einzuarbeiten.
Wir verstehen fremde Texte nur dann, wenn wir ihnen in der Reflektiertheit unseres eigenen Lebens begegnen. Texte aus 1 und 2 Kor können selbstverständlich nur produktiv eingebracht werden, wenn ihr In-

61 G. Bornkamm, Paulus, 21. Ein solcher Vorgang hat sich bei einem Unterrichtsversuch über den Philemonbrief im 6. Schuljahr eingestellt. Vgl. R. Ott, Philemon und Onesimus — Ein Fall für Paulus, in: Religionsunterricht an höheren Schulen 23 (1980) 246-249.
62 Vgl. O.F. Bollnow, Begegnung und Bildung, in: B. Gerner (Hrsg.), Begegnung. Ein anthropologisch-pädagogisches Grundereignis, Darmstadt 1969, 120-144, hier 132.
63 Ebd., 132.
64 Ebd., 141. An anderer Stelle (ebd., 123) hob O.F. Bollnow hervor, daß Begegnung mit einer bestimmten Wirklichkeit und Entfaltung der menschlichen Kräfte einen gleichzeitigen Prozeß intendieren.
65 Dieses didaktische Element trifft sich mit dem, was J. Derbolav unter "Begegnung am Problem" versteht ("Existentielle Begegnung" und "Begegnung am Problem", in: B. Gerner (Hrsg.), Begegnung, 174-196.

halt grundlegende Zusammenhänge der jugendlichen Lebenswelt und die Aporie der bisherigen oder aus der Umwelt bekannten Vorstellungen tangiert. So wird Begegnung und Dialog auch mit Fremdem möglich, wenn der Jugendliche in der Sache des Textes sein eigenes, wachgerufenes Thema oder seine Situation wiedererkennt. Auf diese Begegnung führt der Religionsunterricht hin, wenn die Schüler in ihrer eigenen Lebenssituation nicht nur ernstgenommen werden, sondern in rückhaltloser Kommunikation zum Ausdrücken ihrer Erfahrungen ermutigt und zum Aufarbeiten von Konflikten ihrer Lebenswelt (soweit wie möglich) aktiviert werden[66]. In einer solchen Lernsituation kann ein fremder Text Widerhall finden, d.h. es kann die Motivation dazu erwachsen, daß sich der junge Mensch in die ganz andere, fremde Wirklichkeitsdeutung, die ihm aus einem konkreten Abschnitt der Korintherbriefe entgegenkommt, hineinarbeitet und sich davon etwas sagen läßt. Wo es ein gemeinsames Terrain gibt, und die Jugendlichen im Gegenüber zu einem (zunächst fremden) Text versuchen, mit dem Leben klarzukommen, da geschieht Begegnung.

c) Die historischen Schwierigkeiten von Begegnung und Dialog mit den Korintherbriefen können also didaktisch gerade fruchtbar werden, wenn der Religionsunterricht die freie Auseinandersetzung mit der Sinndeutung des Lebens aus dem Evangelium, um die es Paulus in der Korrespondenz mit der korinthischen Gemeinde ging, ermöglicht. Wenn mit den Schülern eine elementare Sachfrage aufgerollt ist, die auch eine wichtige Bedeutungsschicht eines Textes ausmacht, kann der fremde Text zum »Gesprächspartner« werden. Und der Religionsunterricht wird zum Raum des Gesprächs, wo sich Schüler und Lehrer in die Sinndeutung des Textes hineinarbeiten, indem sie immer wieder auf den eigenen Bewußtseinshorizont zurückblenden.
Die Fragebereitschaft und selbstkritische Einstellung des Lehrers ist für das Gelingen dieses Gesprächs eine wichtige Vorbedingung. In diesem Suchprozeß bahnen sich Verbindungen zur eigenen Reflexion an, ergeben sich Impulse zum Weiterdenken. Manches ist sympathisch, anderes stößt ab. Da treten neue Fragen und neue Widerstände auf. Nichts darf ausgeklammert werden. "Wer meint, dieses außer acht lassen zu können, um gleich zum Wesentlichen zu kommen, drängt entscheidende Möglich-

---

66 Die Implikationen eines solchen Religionsunterrichts, der die Einbahnkommunikation überwindet, weil sie "dort, wo es um die Veränderung von Einstellungen, von Überzeugungen und damit auch von Glaubensüberzeugungen geht, wenig wirksam ist", verdeutlicht Erich Feifel, auf dessen "sozialpsychologische Aspekte einer Realitätskontrolle" hinzuweisen ist (in: ders. u.a. (Hrsg.), Handbuch der Religionspädagogik, Bd. 2, Gütersloh/Zürich 1974, 208-219).

keiten und Hindernisse zu verstehen ins Unterbewußte ab"[67].
Aber kann man sich dabei nicht ins Unendliche verlieren? Die Aneignung eines Glaubenshorizontes ist stets mit zahlreichen Konflikten verbunden, die nicht von vorneherein durch ein Wissensdepositum abgeklärt werden können. Wenn der Religionsunterricht den Kern der Sache im Gespräch hält, zwingt das Entlanggehen an den ernsten Fragen der Schüler zu ihrer Auslegung auf das Lebensverständnis der heutigen Zeit hin.

3.3.2 Das didaktische Problem der Paradoxien in den Korintherbriefen

Bisher gingen wir davon aus, daß sich zwischen der Erfahrungswelt der heutigen Zeit und dem Denkmodell des Paulus immer eine Brücke schlagen läßt, auf der sich der Verstehensprozeß gewissermaßen im Hin und Her allmählich ausfaltet. Dieser Ansatz setzt die Möglichkeit voraus, daß der Inhalt sich widerspruchslos in das Gefüge des heutigen Erfahrungshorizontes integrieren läßt: das Fremde wird auf irgendeine noch herauszufindende Weise mit dem Bekannten verrechenbar. Der Inhalt eines paulinischen Textes gilt darin als ein immer schon bestehender Sachverhalt, den man nur noch nicht erkannt hat, sich aber jetzt in der Begegnung mit dem Text aneignen kann. Der Lernprozeß mag langwierig sein, aber wo er gelingt, erhöht sich der Wahrheitsanspruch eines biblischen Textes. Seine Bewährung in der Breite menschlicher Lebenserfahrung darf man jedoch nicht ausklammern.

a) Gerade hier zeigt sich aber bereits, daß der Aneignung von Glaubensinhalten zahlreiche Widerstände entgegenstehen, weil sie dem »common sense« widersprechen. Wesentliche Inhalte paulinischer Verkündigung fügen sich nicht erst heute nicht dem gängigen Denken, sondern riefen bereits in der korinthischen Gemeinde die unterschiedlichsten Reaktionen hervor: von der Ablehnung über die Umdeutung bis zur Übernahme oder wenigstens der Nachdenklichkeit. Gerade deswegen hatte Paulus eine so schwierige Korrespondenz mit der Gemeinde, belastet von den Problemen des Aneinander-vorbei-Redens und des Mißverstehens, letztlich sogar der unaufhebbaren Gegensätze. Bei Paulus wie heute im Religionsunterricht können solche Wirkungen nicht allein mit persönlichem oder didaktischem Ungeschick zu tun haben. Gerade die engagierte Begegnung mit der Bibel, in der die eigene Erfahrung ins Spiel gebracht und reflektiert wird, führt zu tiefgreifenden Herausforderungen, weil sie auf Glaubenserfahrungen trifft, die konträr zu Denkmustern heutiger Wirklichkeitserfahrung stehen und sie in Frage stellen.

[67] A. Stock, Umgang mit theologischen Texten, Zürich 1974, 54; vgl. auch H. Barth/T. Schramm, Selbsterfahrung mit der Bibel, München/Göttingen 1977; K.E. Nipkow, Grundfragen der Religionspädagogik, Bd. 3, 213-215.

b) Damals wie heute stehen zwei Inhalte der Glaubensüberlieferung, die für Paulus das absolute Fundament seiner Verkündigung waren, in schärfstem Gegensatz zur Erfahrung, so daß der Widerstand geradezu unvermeidbar ist: die Botschaft vom Kreuz und von der Auferstehung (vgl. 1 Kor 1,10-31; 15). Zum Glauben gehören "unvermeidbare Paradoxien", d.h. der Logik unzugängliche und der verbreiteten Erwartung widersprechende Aussagen[68]. Es hat den Anschein, daß sich im Zeitalter der empirischen Wissenschaften, deren Denkstrukturen bis in die alltägliche Lebenserfahrung bestimmend geworden sind, die Widerspenstigkeit zu solchen Glaubenserfahrungen noch gesteigert hat. Wenn die Mitte paulinischer Verkündigung und des christlichen Glaubens überhaupt zu Wort kommen soll, können wir weder die Paradoxien relativieren noch ihnen didaktisch deshalb ausweichen, weil sie mit den Gegenwartsideen von sinnvollem Leben nicht assimilierbar sind[69]. Aber auch die Probleme didaktischer Vermittlung dürfen nicht überspielt werden. Denn im Grunde erfordert schon das Geltenlassen einer Paradoxie tiefgreifendes Umlernen, um wieviel mehr die Aneignung des als paradox erfahrenen Sachverhalts. Auf die Gefahr der Überblendung eines biblischen Textes mit heutigen Interessen wurde an anderer Stelle bereits hingewiesen (vgl. 3.1.1).

An dieser Stelle aber gerät die erfahrungsorientierte Auslegung der Bibel als Didaktikansatz in eine unausweichliche Aporie: Wie lassen sich Glaubensinhalte erfahrungsorientiert vermitteln, ohne als widersprüchlich und sinnlos abgewiesen zu werden? Es ist eine Sache der Redlichkeit, diese Aporie in aller Klarheit wahrzunehmen: Es gibt Glaubenstraditionen, die trotz aller Versuche einer erfahrungsbezogenen Auslegung im fundamentalen Widerspruch zum modernen Wirklichkeitsverständnis bleiben, infolgedessen nicht mit Erfahrungen unserer Schüler verknüpft werden können. Wird nun der Bezug zu Gegenwartserfahrungen zum obersten Kriterium der Bibeldidaktik erhoben, entsteht die Gefahr des Verlustes wesentlicher Glaubenstraditionen. Die Konsequenzen einer erfahrungsorientierten Bibeldidaktik müssen darum mit aller Deutlichkeit bedacht werden. Mitten in diese Aporie führt der zweite Unterrichtsversuch über ein zentrales Thema paulinischer Verkündigung (vgl. 2. Hauptabschnitt). Dort wird uns diese Problematik vertieft beschäftigen und zu weiterführenden Reflexionen veranlassen.

c) An dieser Stelle sollte nochmals deutlich werden, daß der Dialog mit den Korintherbriefen auf massive Paradoxien stößt, die der Sache inhä-

---

68 Vgl. I.T. Ramsey, Religiöse Paradoxien, in: D.M. High (Hrsg.), Sprachanalyse und religiöses Sprechen. Mit einer Einführung von Helmut Peukert, Düsseldorf 1972, 133-158; H. Schröer, Die Denkform der Paradoxalität als theologisches Problem, Göttingen 1960.

69 Vgl. K.E. Nipkow, Grundfragen der Religionspädagogik, Bd. 3, 215f.: "Ausweichen hieße, der Kritik an Christentum und Kirche und damit der Selbstkritik ausweichen".

rent sind, deshalb auch nicht aufgelöst werden können. Die paradoxale Redeweise ist für die Argumentation des Paulus geradezu typisch. Wir begegnen ihr in offenkundiger Form zum Beispiel

- im Wortspiel von der Torheit des Kreuzes, die weiser ist als die Menschen (1 Kor 1,25),
- in der Motivierung christlichen Lebens unter dem eschatologischen Vorbehalt, der auf Distanz zu den üblichen Verhaltensnormen abhebt: "haben, als hätte man nicht" (1 Kor 7,29-31; vgl. 13,13),
- in der rätselhaften Charakteristik seiner Existenz als Gehetzter und doch Geborgener als Lebender und doch dem Tode Ausgelieferter (2 Kor 4,8.9.11; vgl. 6,4-10),
- in der widersprüchlichen Beschreibung seiner Situation vor Gott: "wenn ich schwach bin, dann bin ich stark" (2 Kor 12,10).

Weder in diesen Texten noch anderswo (vgl. z.B. Phil 3,4b-11) handelt es sich um ein rhetorisches Ausdrucksmittel, das Spannung erzeugen soll. Die paradoxale Struktur ist dem Glauben vielmehr von Grund auf eigen, insofern sie auf eine Wirklichkeit jenseits des alltäglichen und erwartbaren Erfahrungszusammenhangs hinweist, die dennoch die eigene Existenz betrifft. Sie entsteht dadurch, daß im Verständnis einer Lebenssituation zwei Betrachtungsweisen kollidieren und die Geltung innerweltlicher Vorstellungen von sinnvollem Leben und gesellschaftlicher Normen in der Christusbeziehung relativiert wird (vgl. 1 Kor 3,22f.; Gal 3,28; Phil 4,12f.; Röm 14,8).
Paulus ist das Paradoxe seiner Verkündigung bewußt: "Nein, wir verkündigen, wie es in der Schrift heißt, was kein Auge gesehen und kein Ohr gehört hat, was keinem Menschen in den Sinn gekommen ist" (1 Kor 2,9). Damit meint er die Botschaft vom Kreuz, die ganz und gar den Charakter einer unvermeidbaren Paradoxie hat; Jesu Tod am Schandpfahl des Kreuzes ist das Heilswerk Gottes (1 Kor 1,18.23f.; Gal 5,11; Röm 5,7f.). Von Gottes (Heils-)Macht kann nicht mehr ohne das konkrete Ereignis der Ohnmacht Jesu gesprochen werden. Die Gemeinde von Korinth hat die Bedeutung des Kreuzes offenbar entwertet und sich damit auf den falschen Weg begeben. In seiner Paränese (1 Kor 1,10-31) bekräftigt darum Paulus ohne jeden Abstrich die Kreuzesbotschaft in ihrer paradoxalen Struktur, als lägen gerade in ihr die entscheidenden Möglichkeiten des Lebens. Damit intendiert er ein neues Lebensverständnis, das sich nur aussagen läßt, indem die Struktur der formalen Logik durchbrochen wird. Durch die bewußt gewählte Widersprüchlichkeit wird dem Neuen, der Botschaft vom Kreuz gerade die eigentliche, die entscheidende Bedeutung zugesprochen.

d) Es ist zu vermuten, daß die paulinische Botschaft vom Kreuz auch heute noch – trotz Auschwitz und Hiroshima – in scharfem Gegensatz zur menschlichen Welt- und Selbsterfahrung steht, für Jugendliche vielleicht sogar zum Grund der Unvereinbarkeit von Glauben mit der Sehnsucht nach Ich-Stärke wird – auf jeden Fall ein Glaubensinhalt, der ambivalente Reaktionen auslöst. Was für die Reich-Gottes-Botschaft der Evangelien gilt, trifft auch auf die Kreuzesbotschaft zu: Auch sie ist "nicht anders als im Kontrast zu den bestehenden wirtschaftlichen und politischen Herrschaftsstrukturen vorstellbar"[70].

Begegnung und Dialog mit den Korintherbriefen haben jedenfalls durch die Paradoxien, die mit der Botschaft vom Kreuz gegeben sind und von Paulus auf das Existenzverständnis bezogen werden, hermeneutische und didaktische Folgen für das Ganze des Glaubenlernens. Wegen der zentralen Bedeutung des Paradoxen für das christliche Glaubensverständnis, besonders der Korintherbriefe, kann die Bibeldidaktik diesem Problem nicht ausweichen[71]. Ein besonderes Spannungsverhältnis erhält dieses Problem im Kontrast der heutigen Lebensformen, in denen die Jugendlichen ihre Welt aufbauen, zu der mit der Glaubensüberlieferung intendierten Lebensform. Damit ist ein weiterer Kreis von didaktischen Problemen angeschnitten, der im nächsten Hauptabschnitt zu bearbeiten ist.

---

[70] I. Baldermann, Engagement und Verstehen, 152.

[71] Im Hinblick auf den Aufbau eines religiösen Sprachverständnisses ist für Hubertus Halbfas "die Erarbeitung der kindlichen Aufmerksamkeit für das Paradoxon" als einer "Sprachfigur spiritueller Wachheit und religiöser Empfänglichkeit dem Religionsunterricht grundsätzlich unentbehrlich" (Religionsunterricht in der Grundschule. Lehrerhandbuch 4, Düsseldorf 1986, 573-577).

ZWEITER HAUPTABSCHNITT

An die Auferstehung der Toten glauben?

Einstellungen von Schülern eines 13. Schuljahres als Bezugsrahmen von Bibeldidaktik

Um die Bibel zu verstehen, bedarf der Schüler einer erfahrungsorientierten Auslegung der einzelnen Texte; d.h. der Religionsunterricht reflektiert nicht nur auf den Erfahrungsgrund der biblischen Zeugnisse, sondern bezieht auch den Sinngehalt der Texte auf die konkreten Erfahrungen der Schüler, um ihre Bedeutung für das Leben der Jugendlichen zu erschließen. Von diesem didaktischen Prinzip handelte der erste Hauptabschnitt, in dem die Ebenen und einige Grundprobleme der Bibelauslegung mit Jugendlichen auch im Blick auf die Korintherbriefe näher bedacht wurden. Man kann wohl auch davon ausgehen, daß dieses Prinzip in der Religionspädagogik nicht mehr grundsätzlich bestritten wird[1]. Die konkreten didaktischen Implikationen sind jedoch bisher wissenschaftlich zu wenig entfaltet und diskutiert.
Mit diesem Ansatz ist aber erst eine anfängliche schmale Spur durch die Problematik von Bibelauslegung gezogen. An deren Ende taten sich mit den didaktischen Kategorien »Begegnung« und »Dialog« neue Schwierigkeiten auf, die zugleich auf einen neuen Problembereich hindeuten. Wenn wir Begegnung und Dialog als entscheidende didaktische Kategorien betonen, muß sich die Aufmerksamkeit dem heutigen »Gesprächspartner« der biblischen Texte, dem Jugendlichen, zuwenden. Wege und Ziele von Bibelauslegung können nur realitätsgerecht geklärt werden, wenn man sie im Zusammenhang mit der Situation der Jugendlichen und den Bedingungen des Verständigungsprozesses bedenkt. Die Erweiterung des didaktischen Fragehorizontes dieser Arbeit bezieht sich dann auf die Möglichkeiten und Grenzen des Verstehens biblischer Texte unter den heutigen soziokulturellen Bedingungen, wie sie sich bei Schülern der gymnasialen Oberstufe darstellen.

Die folgenden Überlegungen sollen zunächst die religionspädagogischen Aspekte kurz aufzeigen, die für die Interpretation des Verstehens- und Aneignungsprozesses der Jugendlichen relevant sind (4. Kapitel). In diesen Kontext stellt das 5. Kapitel den Inhalt einer Unterrichtseinheit zum Auferstehungsglauben und zieht daraus erste Schlüsse für die Bibeldidak-

[1] Vgl. W. Langer, Bibelarbeit, in: G. Bitter/G. Miller (Hrsg.), Handbuch religionspädagogischer Grundbegriffe, Bd. 1, München 1986, 275-284, hier 282; G. Miller, Konzeptionen des Religionsunterrichts, in: ebd., 432-440, hier 438f.; E. Feifel, Religionsunterricht, in: ebd., 198-208, hier 205; W. Langer, Die Bibel in der Schule, in: ders., (Hrsg.), Handbuch der Bibelarbeit, München 1987, 210-220.

tik. Dazu sucht das 6. Kapitel eine Verknüpfung mit der Kommunikationsform, die wir in den Korintherbriefen beobachten können. Auf diesem Hintergrund wird dann im 7. Kapitel das Ergebnis der Unterrichtseinheit über den Auferstehungsglauben von Jugendlichen analysiert. Daraus sollen die konkreten Bedingungen der Verständigung über einen zentralen Glaubensinhalt mit den Jugendlichen verdeutlicht und Konsequenzen für die Bibeldidaktik in der gymnasialen Oberstufe gezogen werden.

VIERTES KAPITEL

4.0 Aspekte der Interpretation von Schülereinstellungen zu Glaubensinhalten

Eine erfahrungsorientierte Bibeldidaktik kann sich nicht auf die Frage nach der angemessenen Inhaltsstruktur beschränken, sondern muß auch die Bedingungen der Aneignung von biblischen Texten genauer bedenken. Die Berücksichtigung der Adressatensituation gewährleistet erst realitätsgerechte Wege der Auslegung, insofern sie den anderen »Gesprächspartner«, dessen Eigenart den Dialog ebenso wie die Bibel bestimmt, in den Blick nimmt. In der Regel muß der Religionslehrer selbst die Bezüge seiner Schüler zum Unterrichtsinhalt wahrnehmen und in die didaktische Planung einbeziehen. Diese Überlegungen kann ihm niemand abnehmen, zumal die individuellen und soziokulturellen Veränderungen keine allgemeine und länger geltende Charakteristik des Jugendalters zulassen. Jedoch können die verschiedenen Dimensionen des religiösen Lernprozesses, die sich in der religionspädagogischen Forschung herauskristallisiert haben, erste Aspekte abgeben, unter denen man die Bezüge der Schüler zu einem Thema interpretieren kann. Dieser Problembereich ist daher zunächst näher aufzugliedern.

4.1 Hermeneutische Voraussetzungen des Verstehens von Glaubensinhalten

Der erste Aspekt steht noch in enger Verbindung mit den Überlegungen des ersten Hauptabschnitts. Verstehen meint den Prozeß der subjektiven Aneignung religiöser Inhalte, so daß es zum "Einverständis in der Sache"[1] kommt. Der Aneignung religiöser Traditionen entspricht darum nicht das rationalistisch-objektivierende Erkenntnisideal der Naturwissenschaften. Dieser Vorgang bleibt vielmehr durchgängig an die Frage nach der persönlichen Zielbestimmung des Lebens, die in zahlreichen Situationen des individuellen und sozialen Lebens je neu aufbricht und im Ablauf des Lebens eine je neue Färbung erhält, gebunden. Dieses

[1] H.G. Gadamer, Wahrheit und Methode. Grundzüge einer philosophischen Hermeneutik, Tübingen ²1965, 276.

Grundverhältnis des Verstehens läßt sich sowohl theologisch als auch hermeneutisch aufzeigen.

4.1.1 Ziel des Lebens als theologische Kategorie

In der Katechetik wurde die Frage nach dem Ziel menschlichen Lebens seit alters als Grundlage aller Glaubenswahrheiten aufgegriffen.
a) Jedenfalls muß man die erste Frage der meisten Katechismen "Wozu sind wir auf Erden?" und ihre Antworten so verstehen, daß es beim Glaubenlernen vorrangig um die Orientierung des Lebens geht[2].
b) Im Blick auf die Bibel wird es noch deutlicher, daß die Heilsbotschaft selbst und die Verkündigung der Kirche in der Frage nach der Finalität des Lebens ihren Kristallisationspunkt haben (vgl. Joh 3,15f.; 3,36; 5,24; 10,28; 20,30f.; 2 Kor 1,24; 1 Joh 4,9-11)[3].
c) Dem christlichen Glaubensverständnis nach geht es auch nicht um Gott an sich und eine bestimmte Gottesidee. Vielmehr wird das Gottsein Gottes zutiefst von der Heilsgeschichte, besonders von Christus als "Ebenbild des unsichtbaren Gottes" (Kol 1,15) her begriffen. Das Zugewandtsein Gottes zu und die Versöhnung Gottes mit den Menschen, die in Christus geschieht (2 Kor 5,19), sind entscheidende Momente christlicher Gotteserfahrung. Sie sind unmittelbar auf das menschliche Leben bezogen; denn es geht um die Rettung der Verlorenen (1 Kor 1,18).
d) Die Aufgabe der Evangelisation richtet sich, wie Paul VI. in der Enzyklika "Evangelii nuntiandi" ausführte, auf die Sinngebung im Alltag, auf die Durchdringung der Kultur mit dem Geist Christi und auf die Umwandlung aller Bereiche der Menschheit durch die Botschaft von innen her. Sie kommt erst zum Ziel, wenn sie "gehört, aufgenommen und angeeignet wird und in dem, der sie so aufnimmt, die Zustimmung des Herzens bewirkt"[4].
Glaubensinhalte nehmen darum den Charakter von Lebens- und Orientierungswissen[5] an: Sie wollen nicht einen Weltzusammenhang erklären, sondern nehmen schon im Ansatz die Erfahrungen und Sehnsüchte der Menschen auf, um dem Glaubenden eine "Perspektive" zu entwerfen, "die ihn angesichts einer zerrissenen, zutiefst widersprüchlichen

---

2 Vgl. W. Langer, Wozu sind wir auf Erden? Die Antwort der Katechismen auf die Frage nach dem Sinn des Lebens, in: Theologisch-Praktische Quartalschrift 162 (1982) 20-31.

3 Vgl. P. Neuenzeit, Ziel Gottes ist der Mensch. Zur Begründung zielgerichteten Handelns im Religionsunterricht, in: Katechetische Blätter 108 (1983) 809-819.

4 Apostolisches Schreiben "Evangelii nuntiandi" Seiner Heiligkeit Papst Pauls VI. über die Evangelisierung in der Welt von heute (8. Dezember 1975), hrsg. vom Sekretariat der Deutschen Bischofskonferenz, Bonn 1975, 18.

5 Den Begriff "Lebens- und Orientierungswissen" bilde ich im Anschluß an das Buch "Existenzwissen", hrsg. von der Redaktion der Frankfurter Hefte (FH extra 5), Frankfurt am Main 1983.

Wirklichkeit sein Leben bestehen läßt"[6].
Dieser theologischen Ausrichtung korrespondiert die religionsphilosophische Einsicht, daß die Sinnfrage unser ganzes Leben begleitet, und wir ständig aus der Annahme von Sinn leben und handeln[7]. Das Alltagsleben führt häufig in Situationen, wo die Sorge um die Zukunft auf die Frage nach dem Sinn des Lebens und der Welt zutreibt – sofern sie nicht in der Dumpfheit des Alltags (Konsum- und Prestigedenken) wieder abstirbt. Auch wo nicht ausdrücklich nach Sinn gefragt wird, ist die Annahme berechtigt, "daß die Alltagssituation... immer schon in Sinnstrukturen eingelassen ist und durch diese selber mitkonstituiert wird"[8]. Der Glaube ist in die "elementaren Sinngebungsakte, die das eigene Leben maßgeblich strukturieren und durchaus religiöse Züge tragen"[9], vernetzt. Mag es auch nach Funktionalisierung aussehen: die Plausibilität des christlichen Glaubens hängt von seiner Kraft zur Sinngebung in Grunderfahrungen des Lebens ab. In der Jugendzeit bekommt dieser Zusammenhang eine besondere Bedeutung (vgl. 4.3). Diese Sichtweise impliziert bestimmte Kriterien für das Verstehen selbst.

4.1.2 Applikation als hermeneutische Kategorie

Zur Hermeneutik der Bibelauslegung gehört, wie wir bereits sahen (vgl. 3.1.1), die Applikation auf die gegenwärtige Situation der Hörer. Denn ein Verkündigungstext will "nicht als ein bloßes historisches Dokument aufgefaßt werden, sondern er soll so verstanden werden, daß er seine

[6] J. Werbick, Der Glaube als "Lebenswissen". Begriff und Dimension eines identitätsverbürgenden Wissens aus dem Glauben, in: Katechetische Blätter 107 (1982) 326-333, hier 331. Die Unterscheidung von Sachwissen des Glaubens, Lebenswissen des Evangeliums und Heilswissen, die Dieter Emeis (Der Religionsunterricht als Lernort des Glaubens, in: Katechetische Blätter 112 (1987) 4-17) als Grundlage für die Unterscheidung von Lernorten ansetzt (6), ist unzureichend und künstlich. Was sollte der Glaube als Sachwissen für sich selbst denn sein? Geht es nicht im Glauben um das Heil des Lebens – und nicht um ein vom Leben unterscheidbares Heil? Die christliche Verkündigung will den Menschen nicht aus diesem Leben herausführen in eine höhere Sphäre des Heils, sondern es geht ihr um das Gelingen des Lebens in individuellen und sozialen Dimensionen. Und eine "Sachkunde des Glaubens", die nicht auf allen Ebenen den ganzen Menschen in den Blick nimmt, sich nicht an die Erfahrungen der Schüler anschließt, sie nicht aufschließt und nicht den Weg zu einer religiösen Interpretation der menschlichen Erfahrungen ebnet, verliert ihren erziehenden und bildenden Charakter. Schon in der frühen Kirche war es Praxis, "daß der Zugang zum Ganzen der christlichen Lehre jedermann offensteht" (G. Bardy, Menschen werden Christen. Das Drama der Bekehrung in den ersten Jahrhunderten, hrsg. von J. Blank, Freiburg 1988, 272-274, hier 274).

[7] Vgl. B. Welte, Religionsphilosophie, Freiburg 1978, 58-63.

[8] R. Preul, Religion–Bildung–Sozialisation. Studien zur Grundlegung einer religionspädagogischen Bildungstheorie, Gütersloh 1980, 153.

[9] N. Mette, Kirchlich distanzierte Christlichkeit. Eine Herausforderung für die praktische Kirchentheorie, München 1982, 128; vgl. ebd., 161.

Heilswirkung ausübt"[10]. Dieses Wirkungsgeschehen ist natürlich ein vieldimensionaler Prozeß, der nicht als Produkt eines didaktischen Arrangements beabsichtigt werden kann. Aber es bleibt an solche Bedingungen geknüpft, die Hans Georg Gadamer für die theologische Hermeneutik aufwies[11].

Verstehen kommt nur zustande,

- wenn der persönliche Bezugs des Interpreten (das Selbst) zu der Sache, die in einem Bibeltext thematisiert wird, ins Spiel kommt;
- wenn der Interpret das Wort der Schrift auf sich selbst und die konkrete Situation, in der er sich findet, bezieht;
- wenn die Verkündigung den konkreten Menschen trifft, insofern er glaubend oder zweifelnd auf den verstandenen Sinn reagiert.

Worauf kommt es also in der Verständigung über Glaubensinhalte an? Der Glaube ist kein fertiges Konzept von wissenschaftlich abgesicherten Aussagen, das nur, umgesetzt in schülergemäße Stoffreihen und in gleichlautenden Formeln konserviert, verstanden werden könnte. Verständlich wird vielmehr nur etwas, zu dem der Mensch eine persönliche Beziehung gewinnen und in dem er sich selbst und seine Lebenswelt entdecken kann. Motivierend wird etwas, das ihn von einer verengten Weltsicht befreit und dem Suchenden die Wahrheit seines Lebens und der Welt eröffnet. Wir haben uns darum der Einsicht zu stellen, daß Glaubenlernen fundamental mit der Vermittlung motivkräftiger, sinnstiftender Lebensorientierung zu tun hat[12]. Diese Überlegungen machen deutlich, daß Glaubenlernen nicht nur auf Sinngebung im Lebenszusammenhang ausgerichtet ist, sondern mit einem Prozeß einhergeht, "in welchem es dem Heranwachsenden selber schon aus inneren und äußeren, entwicklungs- und umweltbedingten Gründen um ein bestimmtes Ziel geht, um die Gewinnung von personaler und sozialer Identität"[13]. Woraufhin Jugendliche ihr Leben ausrichten, bildet darum eine wesentliche Komponente, die in der Begegnung mit biblischen Texten ins Spiel kommt. Die Auslegung mit den Schülern muß für diesen Zusammenhang offenbleiben. Und die Bibeldidaktik muß die Frage nach den persönlichen Sinngebungen und Zielsetzungen der Adressaten in die Struktur des Auslegungsprozesses integrieren. – Damit ist aber erst ein Aspekt des Problems der Aneignung biblischer Inhalte angezeigt.

---

10 H.G. Gadamer, Wahrheit und Methode, 292.
11 Ebd., 313-315.
12 Vgl. F.-X. Kaufmann, Gesellschaftliche Bedingungen der Glaubensvermittlung, in: G. Stachel u.a. (Hrsg.), Sozialisation–Identitätsfindung–Glaubenserfahrung (SPT 18), Zürich 1979, 67-100; F.-X. Kaufmann/ G. Stachel, Religiöse Sozialisation, in: F. Böckle u.a. (Hrsg.), Christlicher Glaube in moderner Gesellschaft, Bd. 25, Freiburg 1980, 117-164.
13 R. Preul, Religion–Bildung–Sozialisation, 143.

4.2 Die Bedeutung von Sozialisation im religiösen Lernprozeß

Bereits beim ersten Unterrichtsversuch wurde von den Jugendlichen deutlich gemacht, was für eine bedeutsame Rolle in ihrer Beziehung zur christlichen Lebenspraxis ihre sozialen Erfahrungen mit der Kirche spielen (vgl. 1.2.1). Dies deutet darauf hin, daß der Prozeß des Verstehens und die erfahrungsorientierte Bibelauslegung in Zusammenhängen von Erfahrung stehen, die nicht übergangen werden dürfen: Offensichtlich beeinflußt auch die Auseinandersetzung des Individuums mit der gesellschaftlichen Wirklichkeit den Zugang zu einer Sache.
Die Religionspädagogik hat sich darum der Einsicht zu stellen, daß religiöses Lernen und Verstehen religiöser Inhalte nicht allein von intentionaler Erziehung und Bildung abhängt. Dieses Geschehen selbst ist vielmehr Bestandteil des soziokulturellen Lebens der Gesellschaft und wird durch die kulturelle Situation beeinflußt[14]. Die Eingliederung in das Leben der sozialen Umwelt macht darum auch ein elementares Moment der Persönlichkeitsentwicklung aus. Sie geschieht gleichzeitig als Aneignung einer Kultur (Enkulturation)[15]. Was ein Mensch wirklich lernt, hängt auch von den sozialen Erfahrungen ab, die den Alltag ausmachen.

a) Erwachsenwerden wird darum auch als ein Prozeß der Sozialisation verstanden, in dem der junge Mensch die Verhaltensmuster und geltenden Wertvorstellungen aus der beobachteten und erlebten Lebenspraxis seiner soziokulturellen Umwelt übernimmt. Der Heranwachsende verinnerlicht infolge der emotionalen Wirkkraft der Sozialbeziehungen die Normen und Werte, die das Verhalten der näheren Mitmenschen bestimmen, und übernimmt jene vorherrschenden Interpretationsmuster von Wirklichkeit, nach denen die für das Individuum bedeutsamen Anderen leben. Auf diesem Weg lernt der junge Mensch in tiefgreifender Weise wesentliche Einstellungen, noch bevor er die Fähigkeit zu eigenständiger Auseinandersetzung erlangt. Was in der Auseinandersetzung mit der Kultur der umgebenden Gesellschaft gelernt wird, kann in den zielgerichteten Bildungsprozessen nicht ausgeblendet werden.

b) Die Aneignung von religiösem Lebenswissen, d.h. religiöser Motive, Interpretationsmuster und Verhaltensnormen geschieht zunächst eben-

[14] Die Bedeutung des sozialen Kontextes für jede Erziehung hat erstmals Emile Durkheim betont; vgl. B. Götz/J. Kaltschmid (Hrsg.), Erziehungswissenschaft und Soziologie, Darmstadt 1977.

[15] Vgl. G. Milanesi, Religionssoziologie. Wandlungsprozesse im religiösen Verhalten, Zürich 1976, 42-66; R. Ott, Sozialisation, in: G. Bitter/G. Miller (Hrsg.), Handbuch religionspädagogischer Grundbegriffe, Bd. 1, München 1986, 61-67; H.-J. Fraas, Entwicklung und religiöse Sozialisation, in: W. Böcker u.a. (Hrsg.), Handbuch religiöser Erziehung, Bd. 1, Düsseldorf 1987, 106-118.

falls in den sozialen Beziehungen der Alltagswelt und ist in den Gesamtwerdeprozeß des Individuums eingebunden[16]. Mit der Bildung der Ich-Identität, vornehmlich im Jugendalter, bekommen zwar die eigenen Reflexionen über das Leben größeres Gewicht. Aber religiöse Werthaltungen übernimmt der Heranwachsende zunächst auf dem Weg sozialen Lernens, und zwar durch Imitation und Identifikation mit Vorbildern[17]. Wie die bedeutsamen Anderen die Alltagswelt strukturieren und die Bedingungen ihres Lebens auf einen Sinnhorizont hin auslegen[18], das wird von den Heranwachsenden in der Alltagskommunikation internalisiert. Prägnanz des gezeigten Verhaltens, Ausstrahlungskraft des Modells und Intensität der emotionalen Beziehung sind natürlich wirksame Faktoren dieses Lernprozesses. Auf diesem Weg werden sogar ganze Wertsysteme übernommen. Von der Erfahrung religiöser Symbole und Sinndeutung in der Alltagswelt hängt darum auch die Möglichkeit religiöser Sozialisation ab. Dabei zeigt sich selbstverständlich eine unterschiedliche Nähe zur Glaubenstradition und eine unterschiedliche Färbung des Wirklichkeitsverständnisses. Es hängt deshalb an den soziokulturellen Lebensbedingungen der Jugendlichen, ob und inwieweit sie an der christlichen Glaubenstradition orientierte Sinnkonzepte entwickeln.
Aufgrund dieses Zusammenhangs ist davon auszugehen, daß sich in den Köpfen und Herzen der Jugendlichen solche Erfahrungsmuster und kulturelle Trends finden, denen wir in der Gesellschaft begegnen. Prozeß und Inhalt der konkreten Sozialisation der Jugendlichen bilden den Kontext, in dem sich ihr Verstehen und Aneignen religiöser Inhalte vollzieht.

Für die Bibeldidaktik bedeutet dies: in den Prozeß der Auslegung von Bibeltexten spielen die Einstellungen und Interpretationsmuster der gesellschaftlichen Umwelt, die der Jugendliche internalisiert hat, unmittelbar hinein. Die Bibeldidaktik muß sich darum der konkreten Einstellungen der Jugendlichen und ihrer Umwelteinflüsse vergewissern, um Ansätze und Schwierigkeiten, Hindernisse und Anknüpfungspunkte für die Auslegung der Botschaft im Dialog mit den Jugendlichen aufzuspüren. Erst in diesem Kontext kann man die Frage nach den möglichen Zielen der Bibelauslegung situationsgerecht angehen.
Um einer soziologistischen Engführung zu entgehen, muß noch ein dritter Aspekt aufgewiesen werden.

---

16 F.-X. Kaufmann, Gesellschaftliche Bedingungen der Glaubensvermittlung, 67-100, bes. 75ff.
17 Vgl. H.A. Zwergel, Religiöse Erziehung und Entwicklung der Persönlichkeit, Zürich 1976, 41-63; R. Ott, Sozialisation, 62f.
18 Vgl. W.-D. Buckow, Religiöse Sozialisation, in: Jahrbuch der Religionspädagogik, Bd. 2, Neukirchen-Vluyn 1985, 41-67.

4.3 Die lebensgeschichtliche Perspektive von religiöser Erfahrung

Der Prozeß des Verstehens biblischer Texte ist noch durch andere Momente mitbestimmt als durch die erfahrungsbezogene Erschließung in Bildungsvorgängen und durch die Sozialisationsbedingungen. Bereits in der kritischen Auseinandersetzung mit den Sozialisationstheorien[19] wurde die aktive Beteiligung des Heranwachsenden an seiner Entwicklung als bedeutsames Moment hervorgehoben (Personalisation); dies gilt vornehmlich für das Jugendalter, mit dem wir es hier zu tun haben. Menschliches Lernen ist immer auch aktive, eigenständige Weltaneignung, die von der Entwicklung der kognitiven Kräfte bestimmt wird und auf Bildung der Ich-Identität in der Beziehung zur Mit- und Umwelt abzielt. Klaus Hurrelmann entwickelte daraufhin "das Modell des produktiv realitätsverarbeitenden Subjekts"[20]. Die Sicht der Sozialisationsforschung wird damit nicht abgedrängt, sondern um die Perspektive der lebensgeschichtlichen Veränderung von Vorstellungen und Einstellungen, in denen sich auch die individuelle Arbeit am Selbst und an der Welt ausprägt, ergänzt.
Mit dieser Betrachtung kommen entwicklungspsychologische Gesichtspunkte ins Spiel, die den Aufbau von Sinnkonzepten und Gottesvorstellungen in der Lebensgeschichte näher bedenken[21]. Es geht darum, den den Anteil der individuellen und eigenständigen Bemühungen um die Deutung von Leben und Welt im Blick auf die sich differenzierende Reflexionsfähigkeit und Identitätsbildung zu würdigen. Denn mit der Entwicklung des Menschen intensiviert sich auch die Reflexion in individueller Färbung und auf der Basis gesammelter Erfahrung. Die lebensgeschichtliche Perspektive von religiöser Erfahrung ist für diese Arbeit aus zwei Gründen wichtig:
a) Mit dem Jugendalter wird die Frage nach der persönlichen Zukunft zu einem brennenden Problem, das der einzelne primär selbst anpacken muß. Auf der Basis seiner kognitiven Fähigkeiten entwirft der Jugend-

---

19 Vgl. Ch. Morgenthaler, Sozialisation und Religion. Sozialwissenschaftliche Materialien zur religionspädagogischen Theoriebildung, Gütersloh 1976; R. Preul, Religion—Bildung—Sozialisation, 146-155; R. Oerter/ L. Montada, Entwicklungspsychologie, München-Weinheim ^{2}1987, 41-44; K.E. Nipkow, Lebensgeschichte und religiöse Lebenslinie, in: Jahrbuch der Religionspädagogik, Bd. 3, Nurkirchen-Vluyn 1987, 3-35; F. Schweitzer, Lebensgeschichte und Religion. Religiöse Entwicklung Erziehung im Kindes- und Jugendalter, München 1987, bes. 168-184.

20 Das Modell des produktiv realitätsverarbeitenden Subjekts in der Sozialisationsforschung, in: Zeitschrift für Sozialisationsforschung und Erziehungssoziologie 3 (1983) 91-104.

21 Wichtige empirische Untersuchungen aus der jüngsten Zeit stellen diese Entwicklung in Stufenmodellen vor; A.-M. Rizzuto, The Birth of the Living God, Chicago/London 1979; J.W. Fowler, Stages of Faith. The Psychology of Human Development and the Quest for Meaning, San Francisco 1981; F. Oser/P. Gmünder, Der Mensch — Stufen seiner Entwicklung. Ein strukturgenetischer Ansatz, Zürich 1984.

liche sich selbst und sein Bild von der Welt in der ihm eigenen Weise. In allen Situationen und Erfahrungen geht es ihm um Unabhängigkeit und Selbstbestimmung, durch die er sich einen eigengeprägten Platz in der Gesellschaft und im kulturellen Kontext erwirbt. Sein Ziel ist die Gewinnung von Identität als stabile handlungsfähige Persönlichkeit[22]. Mit dieser Akzentuierung von Persönlichkeit wird ein anthropologischer Grundzug angesprochen, der sich von Geburt an aufbaut, in der Jugendzeit aber zum eigentlich kritischen Punkt kommt.
b) Dem tritt ein theologischer Aspekt zur Seite: Zu jeder Zeit enthält der Akt des Glaubens die persönliche Zustimmung zu Gott – in jedem Lebensabschnitt auf je verschiedene Weise. Zwar in einer dialogischen Struktur, aber als persönlicher Vorgang spricht der Glaube den einzelnen nicht nur auf seine persönliche Entscheidung an, sondern nimmt auch die Lebensgeschichte und das entwickelte Selbstverständnis in Anspruch[23]. So hängt besonders im Jugendalter die Möglichkeit des Glaubens gerade an der Frage, in welcher Weise der Glaube das Selbstbild des Heranwachsenden bereichert und seine Erfahrungen vertieft.
Nicht nur was die Jugendlichen umtreibt, sondern auch was sie selbst als Wirklichkeitsverständnis entwickeln und welche Art der Sinndeutung ihnen in der bisherigen Lebensgeschichte zugewachsen ist, das wirkt besonders in die Begegnung mit solchen Texten hinein, die selbst einen Sinnhorizont und Vorstellungen von gutem Leben entwerfen.

Für die Religionspädagogik ist diese Perspektive insofern bedeutsam, als mit der Einsicht in die Struktur der tatsächlichen Formen von Sinndeutung und der Glaubensvorstellungen die Frage nach der Anknüpfung für konkrete Inhalte der christlichen Glaubenstradition genauer ventiliert werden kann. In verschiedenen Lebensphasen begegnen wir den biblischen Texten, um die es hier geht, in unterschiedlicher Weise. Die Frage nach der lebensgeschichtlichen Perspektive von religiöser Erfahrung hebt also auf den Horizont des Verstehens ab, in dem sich die die Hörer der biblischen Botschaft bewegen. Damit kommt eine Perspektive religionspädagogischen Denkens und Handelns ins Spiel, die Rudolf Englert jüngstens gründlich debattiert hat: das Problem einer "gezielten glaubensgeschichtlichen Plazierung religionspädagogischer Lernimpulse"[24].
Es ist in dieser Arbeit nicht möglich, die gesamte empirische Forschung aufzurollen. Zum besseren Verständnis der Art und Weise, wie Jugendliche Erfahrungen ihres Lebens verarbeiten und welche Gestalt in einem

22 Vgl. R. Oerter, Jugendalter, in: ders./L. Montada, Entwicklungspsychologie, München-Weinheim ²1987, 265-338.
23 Vgl. J. Ratzinger, Einführung in das Christentum, München ³1968, 58-61.
24 R. Englert, Glaubensgeschichte und Bildungsprozeß. Versuch einer religionspädagogischen Kairologie, München 1985, 2.

bestimmten Alter die religiöse Interpretation von Wirklichkeit annehmen kann, ist aber der Rückgriff auf ihre Ergebnisse angebracht. Selbstverständlich können aus den entwicklungspsychlogischen Einsichten keine Maßgaben für die Planung religiösen Lernens abgeleitet werden. Aber mit ihrer Hilfe lassen sich die Möglichkeiten und Grenzen des Verstehens in einem bestimmten Lebensalter konkreter abklären. Die eigentliche Bedeutung der lebensgeschichtlichen Perspektive liegt m.E. darin, daß mit ihr einerseits die nichtgeplanten Lernerfahrungen der Schüler, die jeden weiteren Verstehensvorgang mitbestimmen, andererseits die Auswirkungen früherer Lernprozesse in den Blick kommen. Denn Religionsunterricht erschöpft sich nicht in der Aufgabe, neue Lerninhalte zu vermitteln, sondern er muß auch vorausgehende Lernerfahrungen aufarbeiten[25].

Nach der Darstellung der einzelnen Aspekte, unter denen Schülereinstellungen zu Glaubensinhalten interpretiert werden sollten, legt das nächste Kapitel das Ergebnis einer Unterrichtseinheit über den Auferstehungsglauben von Jugendlichen vor.

---

25 K.E. Nipkow entwirft religiöse Erziehung und Bildung vor allem als "Lebensbegleitung"; vgl. Grundfragen der Religionspädagogik, Bd. 3, Gütersloh 1982, 45-138.

Fünftes Kapitel

5.0 BEZÜGE VON SCHÜLERN EINES 13. SCHULJAHRES ZUM AUFERSTEHUNGSGLAUBEN

Die Grundrichtung dieser Arbeit geht von der didaktischen Praxis aus und führt wieder zur Praxis zurück. Deshalb wird das Thema des zweiten Hauptabschnitts wiederum an einer durchgeführten Unterrichtseinheit diskutiert. Nachdem sich aufgrund der Unterrichtserfahrung mit der Ganzschriftlektüre der didaktische Ansatz bei einem konkreten Thema und die stärkere Einbeziehung der Schüler in die unterrichtliche Bearbeitung nahegelegt hatten, sollten diese Aspekte in einem neuen Unterrichtsversuch mit einem wichtigen Thema der Korintherbriefe schwerpunktartig veranschlagt werden.

5.1 Didaktisch-methodische Vorüberlegungen zur Unterrichtseinheit über den Auferstehungsglauben

Im Angehen der Unterrichtseinheit spielten folgende Überlegungen eine Rolle:

a) Was und wie Schüler denken und welche Lebenskonzepte sie für sich bereits entwickelt haben, gilt es vorbehaltlos zu registrieren. Denn in diesem Kontext steht jeder Versuch des Religionsunterrichts, mit den Schülern die Bedeutung eines Glaubensinhaltes zu erschließen. Je konkreter diese Ausgangssituation gefaßt wird, desto klarere Wege des Verstehens lassen sich aufspüren. Sonst besteht die Gefahr, mit den Schülern ein Thema anhand von Problemen anzugehen, die gar nicht die ihren sind, oder Fragen zu beantworten, die sie gar nicht stellen. Der konkrete Denkhorizont der Schüler konstituiert den Dialog über die Sache mit.

b) Welches Thema eignet sich für einen solchen Ansatz am besten? Bei dieser Frage spielten zwei Überlegungen eine Rolle. Zum einen sollte es um die paulinische Verkündigung gehen. Die Lektüre der Korintherbriefe führte zur Entscheidung für das Thema "Auferstehung der Toten". In vielerlei Hinsicht ist dieses Thema für die gesamte paulinische Verkündigung zentral[1]; und in der Gemeinde von Korinth erwies es sich offenbar als besonders problematisch:

– Zum Kern der Predigt des Paulus in Korinth gehörte das Bekenntnis zum gekreuzigten und vom Tode auferweckten Christus als "der Grund, auf dem ihr (sc. die Gemeinde) steht" und als "der Glaube, den ihr ange-

[1] Vgl. G. Bornkamm, Paulus, Stuttgart 1969, 225–233; H. Schlier, Grundzüge einer paulinischen Theologie, Freiburg 1978, 140–154; W. Trilling, Mit Paulus im Gespräch. Das Lebenswerk des großen Völkerapostels – eine Hinführung, Graz 1983, 92–106.

nommen habt" (1 Kor 15,1-11). Die übernommene Glaubensformel reflektiert Paulus in vielfältiger Weise.

- In diesem Bekenntnis kommt eine bisherige Gottesvorstellungen überbietende Erfahrung zum Ausdruck: Die Welt steht nicht mehr allein unter dem Signum des Todes, sondern Gott hat dem Tod den Stachel zerbrochen und damit Leben aus dem Tod erstehen lassen (1 Kor 15,54 -57; 2 Kor 13,4).
- Paulus verknüpft vielfältig das Geschick der Christen mit dem Jesu: Die Tat Gottes an Jesus Christus enthält eine Zukunftsperspektive, die auch dem Glaubenden gewährt ist. Der Glaubende lebt aus der Kraft des lebenschaffenden Gottes (1 Kor 6,14; 15,12-22; 2 Kor 4,14).
- "Gestorben und auferstanden" – diese Verbindung von Aussagen über Jesus will nicht objektivierend verstanden werden, sondern bezeichnet ein Heilsgeschehen "für" alle (vgl. 2 Kor 5,13-17; Röm 14,7-9; 13,3), das der menschlichen Existenz eine neue Bestimmung gibt.
- Dieses Bekenntnis wurde für Paulus selbst zur Existenzbasis: Der Glaube an den Gott, der die Toten auferweckt, stiftet eine Hoffnung, die auch Situationen von Ausweglosigkeit bestehen läßt (2 Kor 1,8-11).

Das zweite Motiv der Themenwahl war didaktischer Art: Die Schüler hatten dreizehn Jahre lang Religionsunterricht. Viele waren zumindest während der Kindheit und frühen Jugendzeit kirchlich sozialisiert. Es ist ist daher interessant zu erfahren, welche Auffassungen sie in der Adoleszenz von diesem zentralen Inhalt der kirchlichen Glaubensverkündigung haben.

c) Um einen möglichst unverstellten Blick auf die tatsächlichen Schülereinstellungen zu bekommen, wurde der Weg eines zwei Unterrichtsstunden dauernden, nicht-gelenkten Unterrichtsgesprächs[2] gewählt. In dieser Unterrichtsform hat der Lehrer nur moderierende Funktion. Es kommt ausschließlich auf den freien Austausch der Schüler über ihre Sicht eines Themas an. Ein solches Unterrichtsverfahren bietet die Möglichkeit,

- daß mehr Ehrlichkeit mitspielt,
- daß latente Auffassungen ungeschminkt zum Vorschein kommen,
- daß sich unterschiedliche Standpunkte und Vorstellungen im kontroversen Dialog deutlicher profilieren.

Im Unterschied zu Fragebogen und Interview, die das Individuum isoliert ansprechen, regt das Hin und Her in der Gruppe auch den einzelnen zu intensiveren Reflexion an. Das Ziel wird jedoch nur erreicht, wenn der Lehrer seine Funktion in einem solchen Gespräch strikt wahrt und die

[2] Vgl. H. Fischer, Das freie Unterrichtsgespräch, Braunschweig 1955; K. Aschersleben, Einführung in die Unterrichtsmethodik, Stuttgart 1974, 88.126.141-147; E. Paul, Methoden, in: E. Feifel u.a. (Hrsg.), Handbuch der Religionspädagogik, Bd. 2, Gütersloh/Zürich 1974, 145-172.

Schüler keine Furcht vor Sanktionen haben. Ein vollständiges Offenlegen und Eindeutigwerden der wirklichen Lebenskonzepte ist auf diese Weise freilich auch nicht zu erwarten. Aber der Einblick in die Auffassungen, mit denen Jugendliche umgehen, sobald sie eine Sachfrage bewußt reflektieren, wird erheblich angereichert. Überraschend war jedenfalls, daß daß sich einige Schüler in dem offenen Gespräch anders äußerten als in gelenkten Arbeitsgesprächen und leistungsbezogenen Arbeiten.

d) Zur Einordnung des Unterrichtsgesprächs in die vorliegende Arbeit ist folgendes festzustellen: Das Gespräch wurde im Dezember 1984 in einem 13. Schuljahr geführt und mit einer einfachen Tonkassette aufgezeichnet. Der Gesprächstext eignet sich aufgrund der Vielzahl und des Gewirrs von Assoziationen nicht als Ansatz der didaktischen Reflexion. Darum habe ich versucht, anhand eines Protokolls die Schülerinterventionen zu ordnen und zu systematisieren[3]. Die folgende Aufstellung ist also das Ergebnis der Auswertung eines zweistündigen freien Unterrichtsgesprächs. Der Schülerjargon wurde – grammatikalisch bereinigt – weitgehend beibehalten.

e) Angestoßen wurde das Gespräch mit dem Impuls: "Auferstehung? (= Tafelanschrift). Alle, die hier sitzen, sind getauft, und zwar auf den Namen des gekreuzigten und auferstandenen Christus. Damit ist nach dem christlichen Glauben Ihrem Leben ein bestimmtes Ziel gesetzt: Nicht der Tod ist der Gipfelpunkt Ihres Lebens, sondern die Auferstehung von den Toten. Spielt dieser Gedanke in Ihrem Leben eine Rolle?"

5.2 Auffassungen von Schülern über den Auferstehungsglauben

Die folgende Auswertung der Schülergespräche gibt die erkennbaren Tendenzen bei Schülern eines 13. Schuljahres wieder, wenn sie ihre eigene Einstellung zum Auferstehungsglauben reflektieren. Äußerungen verschiedener Schüler sind jeweils einem gemeinsamen Merkmal in der Form eines Stichwortes oder markanten Satzes zugeordnet. Der Charakter eines Gesprächs bedingt jedoch, daß die Schüler in dessen Verlauf z.T. unter dem Eindruck anderer Schülerbeiträge – unterschiedliche Auffassungen vertreten, die bei der Systematisierung verschiedenen Stichwörtern zuzuordnen sind. Die Reihenfolge der Verständniskategorien gibt auch den ungefähren Rang (von höher zu niedriger) und ihre Breite im Ganzen des Klassengesprächs wieder.

---

3 Die Auswertung geschah anhand der qualitativen Analyse von B.G. Glaser und A.L. Strauss wie bei K.E. Nipkow (Die Gottesfrage bei Jugendlichen – Auswertung einer empirischen Umfrage, in: U. Nembach (Hrsg.), Jugend und Religion in Europa, Frankfurt/Main-Bern 1987, 233-259.

1. Unser Leben hier kann doch nicht alles sein:
   - Ich erfahre vom Unglück anderer Menschen;
   - ein Angehöriger stirbt;
   - unbewußt kalkuliere ich die Möglichkeit eines plötzlichen Todes ein (z.B. durch Unfall);
   - der alltägliche Trott, der doch nichts Richtiges bringt;
   - die Angst davor, daß das Leben nur soviel wert sein soll wie die Rohstoffe, aus denen man besteht;
   - das Selbstwertgefühl;

   all das sind Erfahrungen, die mich schon auf den Gedanken bringen, daß mit dem Tod nicht einfach alles zu Ende sein kann, daß der Angehörige doch nicht einfach weg vom Fenster sein kann. Man klammert sich an den Gedanken, daß das Leben hier nicht alles sein kann, daß doch mehr Sinn drin sein muß, daß es vielleicht noch etwas, ein Leben nach dem Tod gibt, wo es besser ist als hier. Der Gedanke an die Auferstehung kann da beruhigend sein. Aber es bleibt eine vage Vermutung, die nicht belegbar ist.

2. Sinnlose Spekulation:
   - Ich habe schon das Gefühl, daß uns irgend etwas fehlt, worin man den Sinn für das Leben sehen kann;
   - wenn man in schlimmen Situationen ist und denkt, daß das Leben mir nichts bietet, dann kann schon der Gedanke an ein Leben nach dem Tod stärker werden. Aber das ist bei mir noch nicht der Fall.

   Aber die Theorie von der Auferstehung bringt mir nichts. Und daß es etwas anderes geben muß, damit kann ich nichts anfangen. Es ist auch sinnlos, darüber zu spekulieren. Keiner kann mir beweisen, daß es Auferstehung gibt, noch kann ich das Gegenteil beweisen. Auferstehung ist unbeweisbar. Darum hat es keinen Sinn, sich Gedanken darüber zu machen. Was in der Bibel steht, ist mir nicht Beweis genug. Unser Leben ist ganz und gar auf Realitäten aufgebaut, und wir leben nur nach dem, was man sich erklären kann, was man vor Augen sieht. Die Auferstehung ist aber etwas, das man nicht fassen kann; sie hat mit der Wirklichkeit nichts zu tun. Vieles läuft hier nicht gut, aber daraus ergibt sich nicht die zwingende Notwendigkeit, daß es etwas anderes geben muß. Auch eine konkrete Vorstellung von der Auferstehung würde nichts an meinem Leben ändern. Das ist eine zu verschwommene Sache. Auferstehung ist nichts Reales, nichts Konkretes: das kann man nicht greifen. Deshalb kann ich nicht daran glauben. Ich versuche halt, glücklich zu sein. Das ist doch ein gutes Ziel. Ich habe nicht das Gefühl, daß alles sinnlos ist. Es gibt viele Dinge, die mich freuen: Motrorrad fahren, Freundin. Mal geht es besser, mal schlechter. Warum soll ich nicht nach dem streben, was mir fühlbar und erkennbar etwas bringt?

3. <u>Opium des Volkes:</u>
Der Glaube an die Auferstehung ist eine Sache für Leute, die mit ihrem Leben hier nicht fertig werden. Opium des Volkes! Sie konstruieren sich einen Überbau, um keinen Bezug zum wirklichen Leben zu haben. Der Glaube an die Auferstehung ist ein psychologisches Phänomen, das sich nicht nur im Christentum, sondern in der ganzen Menschheit gezeigt hat. Er ensteht nur dadurch, daß der Mensch die Ohnmacht, die er vor der Realität des Todes hat, überwinden möchte. Auch Gott ist nur ein Produkt des Menschen. Wenn ich sehe, daß etwas falsch läuft, muß ich eben selbst versuchen, die Dinge zu ändern in dem Maße, wie es geht. Ich muß halt darauf hinarbeiten. Grenzen bleiben immer, die man nicht überwinden kann. Man soll hier sein Leben in die Hand nehmen statt von utopischen Sachen zu reden. Man muß da nicht gleich an die Transzendenz denken oder an ein Leben nach dem Tod. Wenn die Gedanken auf ein Leben nach dem Tod verlagert werden, wird man nur passiv gegenüber dem jetzigen Leben. Das läuft darauf hinaus, daß ich mir keine Gedanken mehr mache, das Leben hier besser zu gestalten. Wir verlagern dabei nur unsere Wünsche auf einen Zeitpunkt, den ich überhaupt nicht mehr beeinflussen kann. Im anderen Falle kann ich wenigstens noch etwas in einer bestimmten Richtung beeinflussen.

4. <u>Glaube ist subjektive Entscheidung:</u>
Von wirklicher Bedeutung ist für mich die Annahme und Anerkennung jedes Menschen. Wenn ich einen Schicksalsschlag erleiden muß, kann ich mir vorstellen, daß ich zum Glauben an die Auferstehung finden könnte. Aber das ist eine Sache, die ich mir völlig selber aussuchen kann. Ich brauche nur für mich selber die Legitimation, das zu tun oder nicht. Die Frage ist: Wer ist der Richter dafür, ob etwas gut oder schlecht ist? Das machen doch auch nur die Menschen. Es fehlt aber bei uns die Anerkennung, daß einer das als Mensch tun darf. Wenn einer einen Menschen totschlagen will, muß ich ihn daran hindern. Aber ich darf das Werturteil über ihn nur mit Vorbehalt fällen; ich muß ihn als Menschen und Individuum anerkennen.
Mir gibt im Leben Sinn: die Anerkennung des Individuums und seine Meinung. Damit ist auch das Problem der zwischenmenschlichen Beziehung gelöst. Ich kann mich selber nur annehmen, wenn ich den Menschen an sich annehme, d.h. daß ich nicht jeden fertig mache, den ich treffe, sondern offen bin für andere. Das gibt einen Sinn.
Der Mensch ist völlig unfähig, Vollkommenheit zu erlangen. Alles ist subjektiv und hört mit dem Tod auf. Wenn das Leben als ganzes anerkannt wird, gibt es keine Probleme mehr. Das ist eben der Lebenssinn. Mein Ego und daß die anderen auch sein können, ist der Sinn des Lebens. Ich finde es gut, mich mit anderen zu verständigen aus

dem Glauben heraus, daß das andere Individuum genau soviel wert ist wie ich. Das ist Grundlage genug.

5. Ansätze:
a) Der Gedanke an die Auferstehung kommt manchmal im Zusammenhang mit dem Osterfest auf. Aber er verfließt dann wieder, weil er im Leben und in der Gesellschaft im Wege steht.
b) Auferstehung ist für mich fühlbar, wenn ich positive Erfahrungen mit anderen Menschen habe, wenn es mir gut geht. Das ist zwar eine brüchige Erfahrung. Aber meine Wünsche gehen immer weiter, sie sind unersättlich.

6. Lebensentscheidung:
Der Glaube an die Auferstehung basiert auf einer recht schwierigen Entscheidung. Es geht um alles oder nichts. Um zu diesem paradiesischen Zustand, wie ihn die Bibel darstellt, zu gelangen, muß man möglichst sündenfrei leben. Aber wenn man versucht, nach den christlichen Maßstäben zu leben, ist man nicht konform mit der Gesellschaft, sondern lebt nach ganz anderen als den gängigen Maßstäben. Entweder entscheidet man sich für das diesseitige Leben, indem man mit den Trends mitgeht und versucht, hier eine möglichst gesicherte und materiell reiche Existenz aufzubauen, oder man versucht hier christlich zu leben in der Hoffnung auf ein späteres Leben. Die Chancen, eine andere Lebensweise als die gängige durchzusetzen, sind sehr gering: Du gehst vor die Hunde, wenn du das tust.

7. Man lebt anders – zwei Gesichtspunkte:
a) Auferstehung spielt natürlich nur dann eine Rolle, wenn man daran glaubt. Dann legt man nicht mehr so sehr den Schwerpunkt auf das irdische Leben, daß man möglichst viel erreicht. Man ist dann nicht so verkrampft, richtet sich nicht auf irdische Ziele aus, daß man nichts verpaßt, bevor man den Löffel abgibt. Wir leben aber eigentlich so, als wäre das irdische Leben das ewige Leben.
b) Andererseits macht der Glaube an die Auferstehung das Leben hier keineswegs gleichgültig nach dem Motto: Erst danach geht's richtig ab. Sondern ich mache mir Vorstellungen von der Welt, und es hat einen Zweck darauf hinzuarbeiten, weil es in der Auferstehung verwirklicht wird. Auferstehung ist ein Ziel des Lebens, das mir sagt: Mit dem, was du hier tust, rennst du nicht am Ende gegen eine Wand, sondern die Welt hat ein Ziel, sie wird vollendet in der Auferstehung. Ohne Auferstehung wäre das Leben erst sinnlos. Ohne diesen Glauben könnte ich erst richtig sagen, es ist scheißegal, was auf der Welt passiert. Man muß doch nicht immer ein absolutes Sinnsystem postu-

lieren. Nicht alles, was passiert, läuft auf erkennbaren Sinn hinaus. Aber letzten Endes überwiegt das Sinnvolle.

8. Wie auferstehen?
   Die Auferstehung beginnt schon im Tod selbst. Der Tod ist nur ein Punkt, eine Wende zum neuen Leben. Eine materielle, körperliche Vorstellung ist völlig ausgeschlossen. Es kann im Jenseits nicht so sein, wie es jetzt ist. Wir denken es uns nur so, weil unsere ganze Welt körperlich ist. Auferstehung kann nur geistiger Art sein. Was die klassischen Philosophen, die auch vom Körper als Gefängnis der Seele sprechen, meinen, ist mir bisher immer plausibler erschienen als das Christentum, das auch wieder von einer Art Körper in der Auferstehung spricht.

9. Auferstehung und Gericht:
   Die Auferstehung ist ein Gut, das nur der erlangt, der sein Leben nach christlichen Wertvorstellungen ausrichtet und sich danach verhält. Wer sich so verhält, arbeitet irgendwie auf die Auferstehung hin. Es geht zwar nicht darum, daß man sich die Auferstehung verdient. Das geht nicht. Außerdem wäre das ein primitives Gottesverhältnis (do ut des). Dennoch richtet Gott auch über unser Handeln und bestimmt, wer das ewige Leben erhält und wer nicht.

5.3 Die Bedeutung solcher Schüleräußerungen für die Bibeldidaktik

Diese Äußerungen achtzehnjähriger Jugendlicher machen bereits für sich deutlich, daß der religiöse Lernprozeß noch ganz andere Dimensionen enthält, als eine systematisierende Inhaltsvermittlung des Glaubens veranschlagt. Nicht weil der Unterrichtsimpuls die Schüler auf die Reflexion des Glaubens im Horizont des persönlichen Lebens angesprochen hat, vielmehr weil sich in ihrer Lebenssituation die Frage nach dem Selbstsein und nach der Zukunft des eigenen Daseins betont stellt, und sie die Bedeutung religiösen Wissens neu auf die Probe stellen, ergab sich dieses Bild vom Verständnis des Auferstehungsglaubens. Auf Defizite bisheriger religiöser Sozialisation und Bildung sollte man sich realistischerweise nicht hinausreden; da kämen nur das Sachproblem hemmende Schuldzuweisungen heraus. Vielmehr muß der Horizont didaktischer Fragestellung neu abgesteckt werden. Im Religionsunterricht ist immer auch die Auseinandersetzung mit den eigenen Lernerfahrungen der Jugendlichen und ihrem soziokulturellen Kontext notwendig.

5.3.1 Von der Stofforientierung zur Lebensorientierung

Trotz einiger bedächtiger Versuche der Neuinterpretation schien für die

Mehrzahl der Schüler der christliche Auferstehungsglaube wenig vereinbar zu sein mit ihrem Weltempfinden, ja sogar unakzeptabel und überflüssig. Es herrschte zwar überwiegend die Vorstellung: »Da mag etwas dran sein«, aber die Möglichkeit einer solchen Ahnung blieb ständig in Frage gestellt, weil für die meisten Jugendlichen zwischen den Vorstellungen und Normen unserer Zivilisation und einem Lebensentwurf aus dem Geist der Botschaft Jesu eine enorme Diskrepanz besteht. Die Schüleräußerungen zeigen, daß das Problem der Didaktik zentraler Glaubensinhalte weit über das Problem der Verständlichkeit kirchlicher Glaubenssprache und Selbstdarstellung hinausgeht, und man mit der Forderung nach vermehrter Vermittlung von religiösem Sachwissen am Kern des didaktischen Problems vorbeigeht. Der vorherrschende Säkularismus und die Differenzierung der Lebenswelten erschweren es den heutigen Menschen, die tradierten Glaubensinhalte mit den veränderten Welt- und Lebensvorstellungen zusammenzubringen und gerade im religiösen Wissen etwas Lebens-Notwendiges zu sehen.

Der heutige Mensch fragt viel radikaler: Worauf läuft das Leben hinaus? Wie wird mein und unser Leben gut? Was hat mir das Christentum in diesen Fragen besseres zu bieten, als was wir schon selbst gefunden haben? Gerade beim Adoleszenten[4] wird die Zielbestimmung des Lebens besonders frag-würdig. Zum einen sind die bisherigen Lernerfahrungen tief in die Ablösungsproblematik verwickelt; religiöses Wissen bedarf daher in der Bildung des Ich-Ideals der Rekonstruktion und neuen Integration in das veränderte Selbst- und Weltbewußtsein. Zum andern geht es im Prozeß der Identitätsbildung, der in die sozialen Beziehungen eingelassen ist, gerade auch um die Klärung der eigenen Position im Gegenüber zu den anderen; die Frage persönlicher Lebensorientierung ist von diesem Konflikt stark betroffen. Die Auseinandersetzung mit der umgebenden Lebenswelt, in der es um die Stimmigkeit der inneren Überzeugungen und um die Balance zur Gesellschaft geht, macht ein gutes Stück der Identitätsbildung aus und bestimmt das Verständnis vom christlichen Glauben.

Der Religionsunterricht gerät mitten in diesen Prozeß hinein. Darum kann er gar nicht anders denn als Auseinandersetzung mit der gegenwärtigen Lebenswelt betrieben werden, deren Denk- und Handlungskategorien das Bewußtsein des Jugendlichen beeinflussen. In dieser Situation bleibt er selbst dann gefragt, wenn sie in größter Spannung zu den Deuteperspektiven des Glaubens stehen. Wenn wir die Lebenswelt und die probeweise aufgestellten Interpretationen der Jugendlichen im Religionsunterricht außen vor lassen, erfahren sie nicht die Ausrichtung

[4] Vgl. J. Werbick, Glaube im Kontext. Prolegomena und Skizzen zu einer elementaren Theologie (SPT 26), Zürich 1983, 389-439; K.E. Nipkow, Grundfragen der Religionspädagogik, Bd. 2, Gütersloh ^{3}1984, 101-114.

des Glaubens auf ihr Fragen nach dem eigenen Selbst und der Zukunft ihres Lebens. Der Glaube wird dann als (meist überflüssiger) Überbau erlebt. Die gesammelten Glaubenserfahrungen der Bibel, die selbst in der Auseinandersetzung mit Lebenssituationen gewachsen sind (vgl. 3.2.2), werden zu einem bedeutungsleeren Extrakt, wenn sie nicht im Horizont der heutigen Lebenswelt neu erprobt werden. Der Religionsunterricht muß sich in die Auseinandersetzung, die die Jugendlichen selbst leisten, hineinstellen.

5.3.2 Persönliche Sinnorientierung der Schüler als Gegenstand der Bibeldidaktik

Mit der Erweiterung des Aufgabenfeldes der Religionsdidaktik ergibt sich auch die Notwendigkeit, das Verständnis von erfahrungsorientierter Bibelauslegung (vgl. besonders 3.1) genauer zu fassen. Erfahrungsorientierung bezieht sich auf die Situation der Adressaten in dem Sinn, daß im Religionsunterricht mit den Jugendlichen auch der Dialog über Inhalt, Herkunft und Tragfähigkeit ihrer eigenen Lebensorientierung geführt wird. Der Religionsunterricht bearbeitet nicht nur die Lebensthemen, die sie bewegen, sondern er reflektiert mit ihnen auch ihre persönliche Verarbeitung von Erfahrungen. Denn die Sinnerschließung biblischer Texte trifft immer schon auf einen Lernprozeß, in dem sich den Jugendlichen bereits Perspektiven für ihr eigenes Leben erschlossen haben. Bibeldidaktik hat sich auch der Gestalt religiösen Bewußtseins zu stellen, die die Adressaten selbst entwickelt haben, um die konkrete Bedeutung der Texte für die persönliche Lebensorientierung genauer abklären zu können[5]. Unter dieser Rücksicht werden die Einsichten der Entwicklungspsychologie und Sozialisationsforschung auch für die Bibeldidaktik wichtig. Gerade in der Adoleszenzphase wird das am meisten deutlich, was menschliches Leben insgesamt kennzeichnet: Menschsein heißt "Bedeutung schaffen", den Erfahrungen Sinn geben. "Dazu gehört natürlich auch, daß wir manchmal unfähig sind, eine Bedeutung zu fassen, was uns dann oft selbst aus der Fassung bringt"[6]. Im Anschluß an die empirischen Forschungen von Robert Kegan zur Entwicklung der Identität können wir diesen Lernprozeß als "Bedeutungsbildung" verstehen, in dem sich individuelle und soziale Vorgänge verschränken und als Reifungsprozeß das konkrete Menschsein ausmachen[7]. Bedeutungsbildung ist eine

[5] R. Preul stellt darum zu Recht fest: "Eine Theorie der Ziele und Aufgaben des Religionsunterrichts, die nicht auf einer Theorie der religiösen Sozialisation... gegründet ist, – auf eine solche also, die... den einen Gesamtprozeß personaler Entwicklung zum Gegenstand hat, bleibt »abstrakt«" (Religion–Bildung–Sozialisation, 145).

[6] R. Kegan, Die Entwicklungsstufen des Selbst. Fortschritte und Krisen im menschlichen Leben, München 1986, 31.

[7] Ebd., 29-33.37-44.

Aktivität des menschlichen Subjekts, durch die sich das Selbst entwickelt, indem der einzelne seine Erfahrungen, Gefühle und Gedanken zu stimmiger Einheit integriert und Gleichgewicht in der Beziehung zu den anderen Menschen hält. Dieser Prozeß impliziert die Aspekte, die den Verstehens- und Aneignungsprozeß bestimmen (vgl. 4. Kapitel).
Die Veränderungen in der Pubertät fordern den jungen Menschen in besonderer Weise zu neuen Schritten der Bedeutungsbildung heraus, weil das Selbstgefühl in viele Krisen gerät und sich durch gelingende und mißlingende Experimente des Selbstverständnisses neu festigen muß. Die Komplexität der modernen Kultur und die Vielzahl von Sozialkontakten erschwert dem Jugendlichen jedoch die Entwicklung seiner Identität und eines klaren persönlichen Sinnkonzeptes, die wesentlich auf dem Weg von Identifikation und Vorbildlernen erworben werden. Denn die Sinnhorizonte seiner verschiedenen Lebensbereiche gehen so weit auseinander, daß "keine ausreichende, d.h. motivbildende Wertübernahme gelingt"[8]. Der Jugendliche kann sich vielmehr nur wie auf einem »Markt« konkurrierender Möglichkeiten die verschiedenen »Angebote« relativ willkürlich – eben wie sie sich anbieten – aussuchen. Er ist sehr viel stärker als in früheren Gesellschaften nicht nur dazu veranlaßt, seine Ich-Identität selbst, gewissermaßen auf eigene Faust zu schaffen[9], sondern auch ein eigenes Sinn- und Wertsystem zu konstruieren, ohne daß es dafür aber einen übergeordneten Bezugsrahmen gibt[10]. Welche Bedeutung haben diese Zusammenhänge für die Bibeldidaktik?

a) Die Einstellung der Schüler zu Inhalten der Bibel und der christlichen Glaubenstradition ist in den Gesamtlernprozeß ihrer Identitätsfindung einbezogen. Glaubensinhalte treten in Konkurrenz zu Sinnkonzepten und Wertvorstellungen, die der Jugendliche im Prozeß der Sozialintegration verarbeitet. Sie schlagen sich in unterschiedlicher Weise in seiner Bedeutungsbildung nieder: mit größerer oder geringerer Nähe zur biblischen Tradition und ihren Auslegungen, mit Spannungsgeladenheit, Gleichgültigkeit oder bedächtigen Neuinterpretationen. Die Verstehenswege der Jugendlichen und ihre Denkweise können darum Anknüpfungspunkte oder massive Widerstände für einen neuen Zugang zu biblischen Inhalten aufweisen. In jedem Fall bedarf es im Religionsunterricht einer Verständigung über die Zielrichtungen und die Tragfähigkeit ihrer Sinnorientierung. Da in ihre Einstellung das geschichtlich-gesellschaftliche Leben hineinspielt, kann sich die Bibeldidaktik nicht auf ein zeitgerechtes Umspre-

8 F.-X. Kaufmann, Gesellschaftliche Bedingungen der Glaubensvermittlung, 81; vgl. Th. Luckmann, Persönliche Identität, soziale Rolle und Rollendistanz, in: O. Marquard/K. Stierle (Hrsg.), Identität (Poetik und Hermeneutik VIII), München 1979, 293-313, bes. 304ff.
9 F.-X. Kaufmann, ebd., 86; vgl. J. Werbick, Glaube im Kontext, 402-408.
10 Für Robert Kegan ist dies ein Merkmal von Stufe 4 der Identitätsbildung ("Das institutionelle Gleichgewicht"), die in der Regel mit der Adoleszenz einhergeht (Die Entwicklung des Selbst, 141-144).

chen der Vorstellungsmodelle von biblischen Texten beschränken. Der Adressatenbezug impliziert vielmehr auch die Auseinandersetzung mit den geistigen Gehalten der gesellschaftlichen Lebenswelt, die die Jugendlichen – wenn auch selektiv – verarbeiten. Das Verhältnis von Bibeltext und Schülereinstellung wird andernorts diskutiert (vgl. 12. Kapitel).

b) Welche Aufgabe kommt der biblischen Bildung in Anbetracht der Tatsache zu, daß Jugendliche bereits selbst eigene Sinn- und Wertvorstellungen verarbeitet haben, die für ihre Identitätsentwicklung bedeutsam sind?

Ein erster Aspekt bezieht sich auf die Beziehungsebene: Der Religionslehrer anerkennt die eigenen Bedeutungsschöpfungen des Schülers und ermöglicht ihm so die Entfaltung seines eigenen Lernprozesses. Von weittragender Bedeutung für den Aufbau christlicher Sinngebung und für die Übernahme christlicher Werthaltung ist die Qualität sozialer Erfahrungen (Interaktion), die junge Menschen (und Erwachsene) mit der Kirche machen. Die Sozialisationsforschung macht deutlich: Eine motivbildende Glaubensvermittlung setzt "einen qualifizierten Interaktionsstil voraus, bei dem nicht funktionsspezifische Merkmale, sondern solche der gegenseitigen Identitätswahrnehmung dominieren"[11]. Für die Tradierung biblischer Inhalte ist es entscheidend, daß Beziehungen gestiftet werden, in denen sich persönliches Vertrautsein und ein partnerschaftliches Miteinander aufbaut. Die Sozialbeziehungen müssen zwei grundlegenden Bedürfnissen des Menschen gleichermaßen gerecht werden[12]:

– dem "Verlangen nach Zugehörigkeit", d.h. dem "Verlangen, von anderen gehalten, aufgenommen und begleitet zu werden", und
– dem "Verlangen nach Unabhängigkeit oder Selbständigkeit", d.h. dem "Verlangen, verschieden zu sein, unsere eigene Richtung zu bestimmen, die eigene Integrität zu wahren".

In den Interaktionen des Religionsunterrichts müssen beide Bedürfnisse ins Spiel kommen.

Zweitens: Innerhalb solcher Interaktionen gibt es allerdings nur einen Fortschritt des Lernens, wenn der junge Mensch "die Grenzen oder Widersprüche seiner Art, die Welt zu konstruieren"[13], erfährt. Es geht dabei nicht darum, künstliche Aporien zu erzeugen, sondern im Blick auf Lebenssituationen, die es zu bestehen gilt, das Fragen wachzuhalten und das Nachdenken anzuregen. Mit dem erfahrungsbezogenen Erschließen biblischer Texte kann der Religionsunterricht dem Jugendlichen Impulse geben, die ihn über den Rand seines Sinn- und Wertsystems hinausführen. Auf diesen neuen Horizont im Sinne einer ausdrücklichen confessio

11 F.-X. Kaufmann, Gesellschaftliche Bedingungen der Glaubensvermittlung, 97.
12 R. Kegan, Die Entwicklungsstufen des Selbst, 149.
13 Ebd., 359.

auch zu bestehen und ihn argumentativ zu erschließen, fordert den Jugendlichen zu neuen Schritten der Sinnorientierung – jedenfalls solange die Interaktion in der Atmosphäre von Gefährtenschaft im Erkennen bleibt. Dieser Anreiz richtet sich auch auf den Fortschritt im Glaubensverständnis der Jugendlichen, insofern der Religionsunterricht die "Strukturstufen des Glaubens, die kraftlos und unzureichend geworden sind", verwandeln hilft[14].
Dazu kommt ein dritter Aspekt: Die eigene Denkbewegung der Jugendlichen hat einen bestimmten Differenzierungsgrad und ein bestimmtes Niveau des Problembewußtseins erreicht, die für ihre Idenität und Beziehung zur kulturellen Umwelt bedeutsam sind. Dazu gehört vornehmlich die Fähigkeit, alle Sinndeutungen, die als Anspruch an das Selbstgefühl und –bewußtsein erfahren werden, vor den Richterstuhl ihrer Kritik zu ziehen – sofern die Kritikfähigkeit sich nicht in der Banalität der Alltagsgeschäfte auflöst. Nicht zu übersehen ist auch, daß es dem Jugendlichen primär nicht um Detailfragen geht, sondern um den Entwurf eines stimmigen Ganzen. Die Auslegung von Bibeltexten darf in ihrem Problemniveau strukturell nicht unter der Erfahrungs- und Denkebene der Jugendlichen zurückbleiben[15].

Mit diesen Überlegungen wird nicht nur für die Analyse von Schüleräußerungen, sondern vor allem in den Unterrichtsgesprächen ein Horizont abgesteckt, auf den sich die Bibeldidaktik einstellen muß[16].

---

14 K.E. Nipkow, Grundfragen der Religionspädagogik, Bd. 3, Gütersloh 1982, 89.

15 Vgl. ebd., 91.

16 Verschiedene Methoden der Bibelauslegung können das Spektrum der Bibeldidaktik bereichern. Aber wenn die Erfahrungswelt der Schüler nicht in die Inhaltsfrage integriert wird, bleiben sie allesamt ortlos. Dieser Bezug mangelt dem Buch von Johannes Thiele, Bibelarbeit im Religionsunterricht. Ein Werkbuch zur Bibeldidaktik, München 1981. Zur Kritik vgl. R. Ott, Wie mit der Bibel unterrichten? Kommentare zu bibeldidaktischen Büchern von 1980 bis 1984, in: Religionspädagogische Beiträge 17/1986, 79-90, hier 81f. Ähnlich urteilt K. Wegenast kurze Zeit später im Literaturbericht: Bibeldidaktik 1975-1985, in: Jahrbuch der Religionspädagogik, Bd. 3, Neukirchen-Vluyn 1986, 127-152.

Sechstes Kapitel

6.0 ARGUMENTIEREN ALS WEG DER ORIENTIERUNG

Die religionspädagogischen Überlegungen des vorangehenden Kapitels verweisen auf eine Reflexionsebene, die der Unterricht der gymnasialen Oberstufe über biblische Texte nicht ausklammern kann. Aber kommen dadurch nicht Postulate in die Bibeldidaktik, die weder zu erfüllen sind noch der Überlieferungsgestalt des christlichen Glaubens entsprechen? Ohne Zweifel bekommt eine Bibeldidaktik, die die Auseinandersetzung mit den Erfahrungen und gewachsenen Vorstellungen der Schüler zum integralen Bestandteil des Unterrichts macht, ein anderes Gepräge, als wenn sie nur auf das Weitergeben von Wissensbeständen[1] oder auf die Systematik von Glaubenswahrheiten abzielte. Aber dies ist nicht zuerst eine didaktische Frage. Daß zur Glaubensüberlieferung selbst die argumentative Auseinandersetzung mit den Vorstellungen der Hörer gehört, zeigen uns gerade die Korintherbriefe.
Das folgende Kapitel nimmt darum die Frage nach der Kommunikationsform des Paulus wieder auf (vgl. 1.2.2), um auch von diesem Aspekt her die Bedeutung der Korintherbriefe gerade für die Bibeldidaktik auf der angezielten Schulstufe näher zu prüfen.

6.1 Sprachliche Struktur und Intention der Korintherbriefe am Beispiel von 1 Kor 1,10–4,21

Während seines anderthalbjährigen Aufenthaltes in Korinth hatte Paulus die Gemeinde gegründet. Wahrscheinlich im Herbst 51 verließ er die Stadt und reiste mit Priscilla und Aquila nach Ephesus (Apg 18,18f.), wo er – nach weiteren Reisen – ab Frühjahr 52 drei Jahre lang wirkte[2]. Nach seiner Abreise war es häufiger zum Dissens unter den Christen gekommen, der durch Auffassungen und Verhalten einzelner Gemeindemitglieder oder von Gruppen ausgelöst wurde und die Einheit der Gemeinde bedrohte. Bestimmte Bekenntnisinhalte und Normen christlichen Lebens, die Paulus in seiner Verkündigung aufgewiesen hatte, schienen ihre Geltung zu verlieren; die diffusen Einflüsse der heidnisch-hellenistischen Umwelt blieben auch nicht wirkungslos. Paulus erfuhr von den Streitigkeiten durch offizielle Anfragen (vgl. 1 Kor 7,1; 8,1; 12,1; 16,1.12).

---

[1] Nicht zu Unrecht bestehen gewisse Vorbehalte gegen den Ausdruck "Weitergabe des Glaubens". In der Alltagssprache bezieht sich dieser Begriff auf etwas Fertiges oder auf Tatbestände, über die man informiert sein sollte. Der Begriffsinhalt von Weitergeben wird dem Glauben nicht gerecht, weil er ihm die Qualität einer Information gibt.

[2] Zur Datierung vgl. H. Conzelmann, Der erste Brief an die Korinther (KEK 5) Göttingen [2]1981, 30; H.-J. Klauck, 1. Korintherbrief (NEB 7), Würzburg 1984, 7; H. Conzelmann, Urgeschichte des Christentums, Göttingen [4]1978, 20.81f. Eine exakte Datierung ist nicht möglich.

Einige konkrete Vorgänge in der Gemeinde wurden ihm offenbar auch durch informelle Kontakte bekannt (vgl. 1 Kor 1,11; 5,1; 6,1; 11,18; 15,12). Alle diese Mitteilungen "deuten auf einen Normenfindungsprozeß hin, der zumindest in den betreffenden Bereichen noch zu keiner allgemein anerkannten Lösung gelangt ist"[3]. In der Verantwortung für das Evangelium (1 Kor 4,1; 2 Kor 3,6) und in Liebe zur Gemeinde (2 Kor 2,4) bearbeitete Paulus die konkreten Probleme aus seinem Christusbekenntnis heraus und im Blick auf die mitgeteilten Handlungsweisen und Vorstellungen in verschiedenen Briefen. Wie Paulus auf die konkreten Konflikte einging, soll zunächst am Beispiel von 1 Kor 1,10-4,21 erschlossen werden.

6.1.1 Anlaß und Problemstellung von 1 Kor 1,10 – 4,21

Der Abschnitt 1 Kor 1,10 – 4,21 ist aufgrund des gemeinsamen Themas ein einheitlicher Komplex: Es geht um Spaltungen in der Gemeinde bzw. um die Sorge für die Einheit der Gemeinde. Das Problem zeigte sich an äußeren Vorgängen, seine Ursache aber lag nach Ansicht des Paulus tiefer. Er sah darin nicht eine Frage strukturell-organisatorischer Regulationen, sondern an den Vorgängen wird das Problem des Selbstverständnisses und des Wesens der christlichen Gemeinde deutlich. Was ist vorgefallen? Was ist der aktuelle Anlaß, der Paulus zu derart tiefgreifenden Reflexionen veranlaßt?

a) In der Abwesenheit des Paulus kam Apollos, ein begabter und redegewandter Missionar in die Gemeinde (Apg 18,24-28). Er machte durch sein Auftreten offenbar großen Eindruck. Über konkrete Vorgänge in der Gemeinde während der Anwesenheit des Apollos wissen wir nichts; Paulus selbst ging ihnen auch nicht nach. Zwischen Apollos und Paulus bestand offenbar gutes Einvernehmen (1 Kor 3,5f.22; 4,6; 16,12). Man kann also davon ausgehen, daß Apollos keineswegs der Verursacher der Konflikte in Korinth war.
Eine andere Sache waren jedoch die Entwicklungen, die nach der Mission des Apollos in der Gemeinde eingetreten waren. Im Gefolge seines Auftretens in Korinth, das sich durch seine Weisheit und Redegewandtheit von dem schwächeren Eindruck des Paulus abgehoben hatte, dürften sich unter Christen, denen solche Kriterien mehr als alles andere galten, Tendenzen herausgebildet haben, unter Berufung auf Apollos der Weisheit und Erkenntnis einen höheren Rang zuzuweisen als dem (wohl schwierigeren) Kern der paulinischen Verkündigung, dem Wort vom Kreuz. Der Anteil des Apollos an dieser Entwicklung dürfte jedoch darin

[3] A. Schreiber, Die Gemeinde von Korinth. Versuch einer gruppendynamischen Betrachtung der Entwicklung der Gemeinde von Korinth auf der Basis des ersten Korintherbriefes (NTA NF 12), Münster 1977, 26.

bestanden haben, daß er als gebildeter alexandrinischer Jude "jüdisch-hellenistische Weisheitsspekulationen und allegorische Gesetzesauslegungen eingebracht" hat[4]. Das war für Paulus im Blick auf die Verkündigung des Evangeliums und die sich daraus ergebende Praxis von solcher Bedeutung, daß er aus der Ferne mit allen ihm zu Gebote stehenden Mittel auf die Gemeinde einwirkte, indem er sie an das verkündigte Evangelium erinnerte. Es ging ihm um die Einheit der "Kirche Gottes, die in Korinth ist" (1,1), die zu ihrer Berufung "als Heilige mit allen, die den Namen Jesu Christi unseres Herrn überall anrufen" (1,2), in ihren konkreten Lebensformen stehen muß. Auf dieses Thema ging Paulus direkt zu, ohne sich bei den Entwicklungen in der Gemeinde im einzelnen aufzuhalten. Aber es ist ihm auch um eine möglichst klare Kommunikation zu tun. Als er der Gemeinde den Brief schrieb, nannte er darum sofort seine Gewährsleute: die in Korinth bekannten Leute der Chloë (1,11), Sklaven oder Angestellte einer Handelsfirma, die zwischen Korinth und Ephesus als Kaufleute unterwegs waren und mit Paulus in Ephesus zusammentrafen[5]. Von ihnen erfuhr Paulus, daß es in der Gemeinde Streitigkeiten gab, die zur Spaltung der Gemeinde führten (1,11). Diese Ereignisse veranlaßten Paulus zu seinem Schreiben[6] an die Gemeinde.

b) Die Spaltung der Gemeinde äußerte sich darin, daß sich Gemeindemitglieder in ihrem Glauben auf verschiedene Personen beriefen: auf Paulus, Apollos, Kephas und Christus (1,12). Da sie sich unter diesen Namen gruppierten ("ich halte zu...") und gegeneinander konkurrierten, drohte die Einheit der Gemeinde zu zerreißen.
Es ist schwer zu klären, welcher Art die Gruppierungen im einzelnen waren und in welchen Auffassungen sie sich voneinander unterschieden. Paulus bemühte sich nicht um die Aufhellung der faktischen Zusammenhänge; vielleicht waren sie ihm auch nicht im einzelnen bekannt. Aber es spricht einiges dafür, daß ihm gerade die Losung "ich (halte) zu Christus" ins Auge gestochen ist und ihm im Gefolge davon auch die anderen Losungen als Widerspruch zum Evangelium erschienen. Jedenfalls schien die Gemeinde durch diese Losung, mit der sich eine Gruppe von der paulinischen Verkündigung absetzte, nach der Einschätzung des Paulus in die falsche Richtung abzudriften: in die Zerteilung des Christus (1,13), d.h. die Zerstörung der Einheit der Gemeinde.

[4] H.-J. Klauck, Herrenmahl und hellenistischer Kult. Eine religionsgeschichtliche Untersuchung zum ersten Korintherbrief (NTA NF 15), Münster 1982, 236.

[5] Vgl. H.-J. Klauck, 1. Korintherbrief,10; ders., Hausgemeinde und Hauskirche im frühen Christentums (SBS 103), Stuttgart 1981, 28f.; G. Theißen, Studien zur Soziologie des Urchristentums (WUNT 19), Tübingen 1979, 254f.

[6] Auf die Diskussion über Komposition und Einheitlichkeit der Briefe kann die Arbeit nicht eingehen (vgl. 3.2.2, Anm. 46). Die Frage der Situationen, die Paulus thematisierte, spielt in unserem Kontext jedoch eine große Rolle.

Über die vier Losungen und die Existenz von Parteien gab es in der neueren Exegese die unterschiedlichsten Auffassungen. Walter Schmithals hält die These von Johannes Weiß[7], bei der Christuslosung handle es sich um eine Glosse, für unhaltbar, weil Paulus mit der ersten Gegenfrage (1,13) gerade die Spaltung als Folge dieser Losung aufgegriffen und ständig gegen ihre Einstellungen polemisiert habe[8]. Gegen die Unterbewertung der Streitigkeiten als belanglose private Zänkereien[9] macht Ulrich Wilckens auf die von Paulus erkannte Gefahr für die Gemeinde und auf das Profil seiner theologischen Argumentation aufmerksam[10]. Aufgrund der Textstruktur widerspricht Hans-Josef Klauck[11] der These von Ernst Käsemann, die Christuslosung sei "ironisierende Überbietung der anderen umlaufenden Parolen", und seiner Folgerung, eine Christuspartei habe es nicht gegeben[12]. Er favorisiert vielmehr die Erklärung von Walter Schmithals, der die Christuslosung als typische EGO-EIMI-Formel aus dem Mythos der Teilhabe des gnostischen Selbst am erhöhten Christus erklärt[13]. Das Kernproblem möchte Hans-Josef Klauck aber zunächst in den Folgen ihrer Auffassungen sehen: Die Berufung dieser Leute auf ihre unmittelbare Beziehung zu Christus "birgt in sich die Absage an die menschlichen Vermittler und Verkünder des Evangeliums"[14]. Walter Schmithals meint zwar, Paulus habe den geistigen Hintergrund dieser Leute nicht erkannt, ihr Selbstzeugnis aber lasse ihre Gegnerschaft gegen die apostolische Tradition erkennen. Für die Existenz der Christuspartei als eigentlichem Gegner des Paulus spreche auch die sachliche Polemik des Paulus, "indem er gegen die korinthische Pneumalehre und die darauf fußende kauchēsis der Gnostiker Stellung nimmt"[15].

c) Paulus fragte nicht nach dem geistigen Hintergrund der Leute, die die Konflikte in die Gemeinde brachten, und wandte sich auch nicht der Frage nach einer brauchbaren Regulation des Miteinander der verschiedenen Aufassungen zu. An dieser Stelle erschien ihm vielmehr ein Grundproblem des Gemeindelebens hervorzutreten, das direkt an seiner Wurzel angepackt werden mußte. Anlaß dazu war wohl die Christusparole, aber Adressat seines Briefes war die ganze Gemeinde. Denn an dem Konflikt, der die Gemeinde zu spalten drohte, waren außer den Vertretern der Christusparole auch andere beteiligt, die sich in eine Gegnerschaft treiben ließen[16], indem sie sich mit ihren Parolen auf Verkünder des Evangeliums statt auf Christus beriefen und so, ihrerseits falsche Akzente setzend, an der Spaltung mitwirkten. Mit seinen energischen Gegenfragen (1,13) zog Paulus jedenfalls auch das Gebaren der anderen Par-

7 Der erste Korintherbrief (1910), Neudruck Göttingen 1977, XXXVIII.16f.
8 Die Gnosis in Korinth. Eine Untersuchung zu den Korintherbriefen (FRLANT 66), Göttingen ²1965, 189f.
9 J. Munck, Paulus und die Heilsgeschichte, Kopenhagen 1954, 128ff.
10 U. Wilckens, Weisheit und Torheit. Eine exegetisch-religionsgeschichtliche Untersuchung zu 1. Kor 1 und 2 (BHTh 26), Tübingen 1959, 5.12.
11 H.-J. Klauck, 1. Korintherbrief, 22.
12 E. Käsemann, Einführung zu F.C. Baur, Ausgewählte Werke I, Göttingen 1963, X.
13 Die Gnosis in Korinth, 188.
14 H.-J. Klauck, 1. Korintherbrief, 22.
15 W. Schmithals, Die Gnosis in Korinth, 189-194 (Zitat 194) vermutet sogar, daß Paulus die Apostellosung ad hoc geprägt habe.
16 Ebd., 190-192.

teien in Zweifel. Die Struktur der Fragen[17] deutet darauf hin, daß Paulus alle zur Besinnung auf den theologischen Sachverhalt, der die Gemeinde konstituiert, zwingt.

d) Als erste Problemebene tat sich bei allen Gemeindemitgliedern das Verständnis der Taufe auf. Paulus handelte sie nur kurz ab (1,14-16), weil in der Gegenreaktion der Parteien, die sich auf ihn, Apollos und Kephas beriefen, wohl nicht der Kern des Konflikts lag. Er erkannte vielmehr eine weitere Problemebene,die primär mit dem Gehalt des Evangeliums selbst, auf das alle getauft sind, zu tun hat und für Bestand und Charakter der Christengemeinde von erheblichem Gewicht war. Es war die Frage, woraufhin sie eigentlich getauft sind, und welches Bewußtsein für Christsein konstitutiv ist. Der Riß in der Gemeinde war für Paulus ein Indiz dafür, daß ihr Bewußtsein das Evangelium vom Kreuz Christi um seine Kraft brachte (1,17).
In dieses Problem verflochten ist die Frage des Apostolats des Paulus. Aber er ging es nicht im Sinne einer Begründung seines speziellen Apostelamtes[18] an, sondern er entfaltete an der Beziehung von Apollos und Paulus untereinander und zur Gemeinde die Frage, wie Menschen, die sich unter das Kreuz stellen, zueinander stehen (3,5–4,13) und woran sich infolgedessen die Beziehungen innerhalb der Gemeinde orientieren sollten (4,14-16). Sein Ziel ist ja der Nachweis eines inneren Widerspruchs zwischen dem Geschehen in der Gemeinde, der Spaltung der Getauften und dem verkündeten Evangelium (3,23).

6.1.2 Kommunikationsform der Paulusbriefe an die Korinther

Der aufgezeigte Sachverhalt enthält in der Tat schwerwiegende Probleme im Hinblick auf den wirklichen Glauben der Gemeinde an Christus. Wenn Paulus sie aufgegriffen hat, obwohl er nur davon erfuhr und keine offizielle Anfrage vorlag, bedurfte es besonderen kommunikativen Geschicks, um das Problem sach- und persongerecht zu bearbeiten. Wo Konflikte auftreten, kann es ja nicht darum gehen, noch Öl ins Feuer zu gießen. Eine Erschwernis war freilich, daß Paulus das Problem nicht vor

---

17 Indem Paulus das Problem der Spaltung an sich selbst exemplifiziert ("Wurde etwa Paulus für euch gekreuzigt?") und mit der chiastischen Stellung von Christos und Paulos gewissermaßen ein tieferes Koordinatensystem unter den äußeren Erscheinungen des Konflikts aufbaut, lenkt er die Hörer von ihren Aggressionen gegeneinander ab und führt sie bedächtig dem Kern des Problems zu: "zerteilt" – "gekreuzigt".

18 Der Problemkontext ist verkürzt, wenn R. Pesch den Apostolat als Gegenstand der Apologie von 1 Kor 1,10–4,21 bezeichnet (Paulus ringt um die Lebensform der Kirche. Vier Briefe an die Gemeinde in Korinth, Freiburg 1986, 123). In 3,18–4,6 steckt jedoch eine solche Apologie.

Ort in direkter Kommunikaton angehen konnte, sondern auf Briefe angewiesen war. Für die Bibeldidaktik ist nun interessant, wie Paulus die Beziehungsebene ausformt.

a) Paulus mußte viel Überzeugungsarbeit leisten. Darauf deutet die wohlbedachte Struktur seiner Argumentation hin. Die Klärung der Sachlage ging Paulus innerhalb des Briefes in der Form einer Rede[19] an. Obgleich er sicher geahnt hatte, daß der Streit in Korinth auch mit seiner Person und seinem Apostelamt zu tun hat (vgl. 1 Kor 1,13-17; 2,1-5; 3,5-9; 4,6), legte er den Akzent seiner Rede nicht auf Verteidigung und Selbstrechtfertigung. Er stellte vielmehr seine Person und das Interesse an seiner Person bewußt in den Dienst der Sache und gegenüber der Glaubensfrage hintan (4,6-16); sein eigenes Tun steht für ihn sogar unter dem Gericht Christi (4,4). Durch die Entwicklungen in Korinth war primär die Sache des Evangeliums in Frage gestellt, nicht sein Apostolat. So sah es jedenfalls Paulus (1,17; 3,21-23). Seine Rede ist darum keine Apologie[20], sondern entspricht der Gattung der Volksrede[21]: Paulus verteidigt nicht sich selbst, sondern berät die Gemeinde und rät zu einem bestimmten Denken und Handeln aus der Botschaft vom Kreuz heraus. Es muß jedoch an der Schwierigkeit der Sache und an der ungeheuren Differenz zu den gewöhnlichen Auffassungen der Korinther (und heute?) gelegen haben, daß seine Rede nicht als bestechend empfunden wurde, er sogar als ein schlechter Redner galt (2,1-4), und seine Gedankenführung nicht in einer eingängigen Logik und einheitlich aneinandergefügt war, obwohl er sich der antiken Stilmittel zu bedienen wußte[22].

---

19 Die Briefe des Paulus sind "Reden in Briefform" (K. Berger, Hellenistische Gattungen im Neuen Testament, in: H. Temporini/W. Haase (Hrsg.), Aufstieg und Niedergang der römischen Welt. Geschichte und Kultur Roms im Spiegel der neueren Forschung II: Prinzipat, Bd. 25: Religion, Teil II, Berlin 1984, 1291).

20 Thema und Ziel sprechen gegen die Zuordnung des Textes zum genus iudiciale, der Apologie, bei Rudolf Pesch (Paulus ringt um die Lebensform der Kirche, 81.121). In den Parolen liegt keine Anklage gegen Paulus, und der Text enthält keine "Selbstrechtfertigung und Selbstdarstellung angesichts von Gegnern und Bestreitern" (K. Berger, Hellenistische Gattungen im Neuen Testament, 1287). Aufgrund von 1 Kor 2,1-4; 3,5 könnte man von apologetischen Absichten höchstens in Unterordnung unter die Sachfrage des Evangeliums und seiner Bedeutung für die Gemeinde als ganze sprechen; Paulus zählte dazu auch sein Apostelsein. Es wäre eine für Paulus merkwürdige Gewichtsverteilung, wenn er die Heilsbedeutung des Kreuzes und die Frage der Einheit der Christen funktional der Verteidigung des Apostelamtes unterordnete. V. 13 ist die entscheidende Gegenaussage.

21 Nach Manfred Fuhrmann war die Volksrede eine beratende Rede, die auf Zu- und Abraten zielte. Sie spricht an, was geschehen solle, und inwiefern bestimmte Handlungen der Sache, um die es gehe, entspreche bzw. widerspreche (Die antike Rhetorik, München/Zürich 1984, 81-83). Vgl. H. Lausberg, Handbuch der literarischen Rhetorik, München 1960, 123-129.

22 Vgl. R. Bultmann, Der Stil der paulinischen Predigt und die kynisch-stoische Diatribe (FRLANT 13), Göttingen 1910, durchgängig.

b) Die Notwendigkeit einer rhetorisch geordneten Argumentation ergab sich auch aus der Tatsache, daß Paulus es in Korinth mit Leuten zu tun hatte, denen Redegabe und Erkenntnis wichtige Attribute ihres Lebens geworden waren (1,5). Nicht daß er ihnen die Fähigkeiten abstreiten wollte – im Gegenteil, er sah darin einen wirklichen Reichtum für die Gemeinde (1,7; 4,8). Das Problem lag in dem Bedeutungshorizont und den konkreten Auswirkungen, die sich bei ihnen eingestellt hatten. Wenngleich Paulus die ganze Gemeinde ansprach, so hat er doch vorwiegend diese Gruppe im Auge, deren Auffassungen das Fundament der Gemeinde zu zerstören drohen (3,11) und in der Folge Christus, d.h. den Leib Chri-Christi, die Kirche zerteilen (1,13a).

c) Es ist offenkundig, daß Paulus in beiden Korintherbriefen sowohl Gemeinsamkeit mit seinen Gegnern suchte als auch um die authentische Interpretation der Christusbotschaft bemüht war. Nur wenn man redlicherweise Leuten, die eine andere Auffassung vertreten, nicht von vorneherein Absichten der Verfälschung einer Sache zu anderen Zwecken unterstellt[23], kann man überhaupt in einen Dialog über die Sache eintreten. Es ist auffallend, daß Paulus im ersten Korintherbrief (anders in 2 Kor) nie auf fremde Einflüsse reflektiert, die in die Gemeinde eingesickert wären und in den Köpfen und Herzen der Korinther Platz gegriffen hätten. Vielmehr scheint er zu unterstellen, daß die mitgeteilten Auffassungen und Handlungsweisen eigenständige Interpretationen des Getauftseins artikulieren, die aber am Sinngehalt des Evangeliums, dem er sich selber verpflichtet weiß (1,17; 2,1f.; 3,5; 4,4), kritisch zu prüfen sind. Auf der anderen Seite lebten die Korinther nicht isoliert vom kulturellen Leben der Stadt; sie kannten auch andere Gottes- und Menschenbilder. Bei der Ausformung ihres Christseins in den zahlreichen Lebenssituationen und im Wandel der Erfahrungen und Lebensumstände ergaben sich vielmehr "innergemeindliche und für jeden Christen aktuelle Probleme"[24], an denen Paulus nicht vorbeigehen konnte. Indem er sich auf die Auseinandersetzung um diese Probleme einläßt und sich den vertretenen Positionen und Denkweisen stellt, kann er akzentuierend und abweisend, integrierend und weiterführend den Sinngehalt des Evangeliums im Blick auf konkrete Probleme neu profilieren. "Die Gegner sind so Anlaß zu bleibendem Gewinn geworden"[25].

---

23 Für K. Berger ist es "ein zu billiger Weg" der Problemlösung in der Frage der Gegner, in deren "Standpunkt eine böswillige, unlautere und exotische Verdrehung der »Wahrheit«" zu sehen. "Bis zum Erweis des Gegenteils" wäre vielmehr damit zu rechnen, "daß es sich bei den Gegnern um Christen handelte, die eine andere, aber eben christliche und als christlich zu rechtfertigende Position vertraten" (Die impliziten Gegner. Zur Methode des Erschließens von "Gegnern" in neutestamentlichen Texten, in: D. Lührmann/G. Strecker (Hrsg.), Kirche (FS Günter Bornkamm), Tübingen 1980, 373-400, hier 381f.).
24 Ebd., 382.
25 Ebd., 379.

d) Paulus zielt auf Verständigung. Dafür sprechen folgende Beobachtungen am Text von 1 Kor 1,10 – 4,21:

– Paulus hebt zunächst das Denken in Positionen auf, indem er ihre Berechtigung an den tatsächlichen Zusammenhängen zerstreut. Dadurch wird der Blick frei für den Sachgrund: das Kreuz Christi. Denn aus dieser Grundlage ergibt sich eine neue Sicht der Wirklichkeit.

– Paulus bewegt sich in die Begrifflichkeit und in die Erwartungen der korinthischen Position hinein und artikuliert sich auf dieser Ebene[26]. Er verwendet Stichworte der Gegner: "sophia", die Antithesen "psychikos – pneumatikos" ,"asthenės – ischyrós", "kauchâsthai", indem er sie einerseits negativ wertet, andererseits positiv für die Sache des Evangeliums beansprucht (vgl. 1,17c; 2,5.6.10b-16 u.ö.); so weist er auf ihre Vereinseitigung hin.

– Den rhetorisch interessierten Adressaten antwortet er in 1,18-25 mit deren Mitteln: "Offene und versteckte Gegensätze, die um das Begriffspaar Weisheit und Torheit herum angeordnet sind..., chiastische Verschränkungen, Parallelismen und rhetorische Fragen"[27].

– Dem Interesse der korinthischen Adressaten an Weisheit kommt Paulus mit logischen Beweisgängen entgegen (1,26-31; 2,1-5), greift philosophische Vorstellungen auf (1,28), aber weist ihnen gleichzeitig die Unstimmigkeit ihrer Logik im Blick auf die Wirklichkeit nach (1,14-16.26-29).

– Seine Reflexion auf den Sachgrund ist nicht theologische Spekulation, sondern Aktualisierung der Heilsgeschichte auf die konkrete Situation der Gemeinde hin: Was in Korinth geschieht, steht in einem inneren Konnex zur Botschaft des Kreuzes, auf die sich die Gemeinde eingefunden hat. Darum hebt Paulus auf die Stimmigkeit von Botschaft und Wirklichkeit ab.

– Paulus setzt bewußt Termini der Rhetorik ein und läßt die rhetorischen Begabungen gelten (1,5; 2,4f.). Aber "die Evidenz aus der Sache selbst, nach klassischer Lehre die stärkste Beweisführung, die es gibt, nimmt er auch für die Evangeliumsverkündigung in Anspruch"[28].

---

26 Walter Schmithals meint, die gnostisierenden Elemente in der Sprache des Paulus wären nicht rhetorischer Art, sondern dem aus der Begegnung mit jüdischem Gnostizismus erwachsenen Christentum, zu dem Paulus bekehrt wurde, eigen (Zur Herkunft der gnostischen Elemente in der Sprache des Paulus, in: B. Aland (Hrsg.), Gnosis (FS Hans Jonas), Göttingen 1978, 385-414). Diese These ist didaktisch interessant, insofern eine dem Christusbekenntnis der Jerusalemer Urgemeinde fremde Vorstellungswelt offenbar Elemente enthält, die sich in gewissen Grenzen für die Formulierung des Bekenntnisinhaltes eignen. Über die religionsschichtliche Herleitung dieser These kann hier nicht befunden werden. Daß weder die korinthische noch die paulinische Theologie gnostisch beeinflußt waren, vertritt Ulrich Wilckens (Zu 1 Kor 2, 1-16, in: C. Andresen/G. Klein (Hrsg.), Theologia crucis – signum crucis (FS Erich Dinkler), Tübingen 1979, 501-537).

27 H.-J. Klauck, 1. Korintherbrief, 24. Zur paulinischen Argumentationsform vgl. auch K. Berger, Hellenistische Gattungen im Neuen Testament, 1291-1294.

28 H.-J. Klauck, 1. Korintherbrief, 28.

- Bei aller Kritik will Paulus nicht verletzen, sondern bleibt kollegial (3,5-9) und exemplifiziert entscheidende Aspekte an der eigenen Person (1,14-16; 2,1-5; 4,1-16).
- Mit den rhetorischen Fragen (z.B. 3,5-9) veranlaßt er seine Adressaten zum Weiterdenken ihrer eigenen Position und des Dargelegten.

Auf diese Weise will Paulus die Gemeinde für die Einmütigkeit im Namen Jesu Christi (1,10) gewinnen, ohne daß die schon bestehende Kirche an Substanz verliert. Darum besteht er auf der Botschaft vom Kreuz als Kerninhalt des Evangeliums von Jesus Christus, aufgrund dessen das Wirklichkeitsverständnis der Christen eine andere Richtung bekommt als die korinthische Glaubenspraxis erkennen läßt. Aber auch seine eigene Kommunikation mit den Korinthern steht unter diesem Zeichen, weil nur mit ihnen, nicht gegen sie die Sinnhaftigkeit dieser Botschaft für das konkrete Leben plausibel wird. Sein Weg der Kommunikation zielt darauf ab, die Korinther von dem Wirklichkeitsverständnis und der Lebenspraxis zu überzeugen, die sich mit der Taufe auf den gekreuzigten und auferstandenen Christus verbindet und sich in der Gemeinde auswirken soll[29]. Bei dieser Überzeugungsarbeit bringt Paulus den Anspruch der Botschaft, die Auffassungen der Korinther und die konkrete Wirklichkeit in ein Wechselspiel zueinander. Das Ergebnis ist nicht nur ein neues Verständnis vom Kreuz, das über die tradierten Formeln ("für uns") hinausgeht: Indem Gott in die Torheit der Welt eingeht, unterläuft er deren Weisheit und Stärke; dieser Weg wird zur neuen Weisheit, die der Welt Rettung bringt. Der gekreuzigte Christus ist die weisere Weisheit Gottes[30]. Die soziale Wirklichkeit der Gemeinde erfährt auch eine neue Wertigkeit: Gerade den Niedrigen und Verachteten gilt die Wertschätzung Gottes. Und daraus erwächst für die Korinther und für Paulus selbst ein neues Selbstverständnis: Selbstruhm und Selbstmächtigkeit sind unnötig geworden. Im Kreuz Christi wird die Anerkennung der Kontingenz, der Schwachheit und Torheit zum Weg der Gerechtigkeit.

An zahlreichen anderen Stellen ergibt sich durch das Wechselspiel von Botschaft, Auffassung der Adressaten und Bezug auf die konkrete Wirklichkeit ebenfalls ein neues Verständnis wichtiger Sachverhalte: Schlichtung von Rechtshändeln (6,1-10), sexuelles Verhalten (5,1-13; 6,12-20), Freiheit (8,1-13), die neue Gemeinschaft in Christus (11,17-34), die Begabungen und ihre Bedeutung für die Gemeinschaft (12,1-31a) u.a. Darauf ist später (vgl. 5. Hauptabschnitt) einzugehen.

---

29 Vgl. auch K. Berger, Exegese des Neuen Testaments, Heidelberg 1977, 49f.

30 Vgl. H. Weder, Das Kreuz Jesu bei Paulus. Ein Versuch, über den Geschichtsbezug des christlichen Glaubens nachzudenken (FRLANT 125), Göttingen 1981, 121-173; H. Zirker, Religionskritik, Düsseldorf 1982, 22-26.

6.2 Argumentierend Überzeugen als Hilfe zur Mündigkeit

Schüler der gymnasialen Oberstufe entwickeln im Rahmen ihrer religiösen Sozialisation eigene Glaubens- und Lebensvorstellungen (vgl. 4.3). Sowohl im Blick auf ihr Wirklichkeitsverständnis als auch auf das Spezifikum der Glaubensüberlieferung stellt sich dem Religionsunterricht die Aufgabe des kritischen Durcharbeitens dieser Auffassungen. Er führt die Schüler "zu verantwortlichem Denken und Verhalten im Hinblick auf Religion und Glaube"[31]. Da es dabei auch um "Auslegung des Daseins"[32] geht, stehen die überlieferten Glaubensinhalte immer in Spannung zu den Erfahrungen und Auffassungen der Schüler. In situations- und schülerbezogener Auslegung wird darum der Religionsunterricht auf ein neues Verständnis von Bibeltexten hinarbeiten. Diese didaktische Situation ist vergleichbar mit der korinthischen Situation, die Paulus bearbeitete. Die Texte weisen interessante Züge der Kommunikation in Konfliktsituationen auf, die für das Gespräch mit Jugendlichen modellhaften Charakter haben.

6.2.1 Persuasive Kommunikation in den Korintherbriefen

Paulus wählte den Weg der überzeugenden Rede. Er will mit der Gemeinde "argumentativ einen Konsens... über ihre handlungsleitenden Normen erzielen"[33]. Nur wenn er sich selbst von der Absicht der Verständigung leiten läßt, kann er die Spaltung der Gemeinde verhindern. Dies läßt sich nur auf der Basis von Einheit in Freiheit erreichen, nicht durch erzwungene Gemeinsamkeit. Aus seiner Verantwortung für die Mündigkeit der Gemeinde verwendet er darum die Sprache nicht als Herrschaftsinstrument, sondern setzt die "Macht des Wortes" als "zwanglosen Zwang des besseren Arguments"[34] ein. Die Entscheidung für diesen Kommunikationsstil ist für die missionarische Praxis der Kirche bemerkenswert und hat selbst Gewicht für die Glaubensvermittlung. Für seinen Weg der persuasiven Kommunikation sind folgende Aspekte bedeutsam:

a) Paulus will die Christen von seiner Sicht der Problemlage überzeugen

31 Vgl. vornehmlich Abschnitt 2.5.1 des Beschlusses "Der Religionsunterricht in der Schule", in: Gemeinsame Synode der Bistümer in der Bundesrepublik Deutschland. Offizielle Gesamtausgabe I, Freiburg 1976, 113-152, hier 139f.

32 Ebd., 140.

33 J. Kopperschmidt, Allgemeine Rhetorik. Einführung in die Theorie der Persuasiven Kommunikation, Stuttgart 1973, 44; vgl. H. Lausberg, Handbuch der literarischen Rhetorik, München 1960, 140-144. Die Form paulinischer Rede läßt sich bei Beachtung bedeutsamer Unterschiede aus der Theorie der persuasiven Kommunikation betrachten.

34 J. Habermas, Theorie der Gesellschaft oder Sozialtechnologie, Frankfurt/M. 1971, 137.

und rechtfertigt daher die für das christliche Handeln leitenden Normen mit dem Aufweis von Gründen und Schlußfolgerungen aus dem Evangelium. Er unternimmt es, durch Argumentieren Einsicht in die entscheidenden Ziele zu erreichen, nicht durch blinden Gehorsam, "damit sie zur Grundlage gemeinsamen sozialen Handelns werden"[35] können. Ob er den Dissens aufheben und eine Änderung der Einstellungen und Verhaltensweisen erreichen kann, hängt von der Überzeugungskraft der Argumente ab, mit denen er seine Intention zu stützen versucht. Der argumentative Charakter hebt seine Art der Einflußnahme auf das Leben der Gemeinde ab von jeder Art von Konformitätsdruck, Herrschaftsausübung, Verfügungsmacht über entmündigte Subjekte, denen das Merkmal verantwortlichen Handelns fehlt.

Freilich setzt er sich damit auch der Möglichkeit des Mißerfolgs aus. Aber indem Paulus in der Argumentation seine Intentionen auf ihre Schlüssigkeit prüft, betont er die Notwendigkeit von Entscheidung und erhebt den Anspruch "verantwortlichen, weil über seine Gründe verfügenden Handelns"[36].

b) Überzeugungskraft besteht in der Schlüssigkeit der argumentativen Begründung im Bereich des konkreten Sachzusammenhangs. So müssen wir unterschieden: Die Argumentation des Paulus kann nicht auf Bekehrung und Glaubensakt ausgerichtet sein, weil sich der Glaube nicht positivistisch herbeiführen läßt. Es geht vielmehr um das Verhältnis von religiösen Erscheinungsformen und Verhaltensweisen zu der Grundlage, auf der diese gründen, d.h. die impliziten Kriterien und Normen des Handelns werden einer Kritik unterzogen, und zwar im Horizont ihrer Motivation, und dabei wird die Bedeutsamkeit der Glaubensgrundlage für konkretes Handeln näher geklärt. Der Geltungsanspruch konkreter Normen wird reflektiert und geprüft auf der Grundlage der nicht mehr weiter zu hinterfragenden Glaubensbotschaft von der Erlösung in Kreuz und Auferstehung Christi. Die Reflexion betrifft die Zielrichtung von Handlungsnormen und ihre Vereinbarkeit mit der maßgebenden Botschaft und ihrem Anspruch an die Lebensgestaltung aus dem Glauben, die rational abgewogen und beurteilt werden können. Dies ist kein deduktiv-nomistischer, sondern ein hermeneutischer Vorgang der Argumentation, in dem sich das bessere Argument ohne jede Art von Repression durchsetzen kann.

c) Konstitutiv für die Adäquatheit der persuasiven Kommunikation ist die Dialektik als Weg der Gewißheitsfindung. Paulus weist nicht ab, sondern wägt ab; er deduziert nicht von einem vorgegebenen Kanon von Wahrheiten, sondern reflektiert auf die Gültigkeit der Voraussetzungen seiner

[35] J. Kopperschmidt, Allgemeine Rhetorik, 18; vgl. G. Bornkamm, Paulus, Stuttgart 1969, 210f.

[36] J. Kopperschmidt, Allgemeine Rhetorik, 123.

Gegner[37]. Er fragt zurück nach dem, was sie selbst glauben, und prüft ihre Übereinstimmung mit dem Evangelium, das die Basis der Gemeinde darstellt, bzw. vermerkt die Nichtübereinstimmung als Bruch der Gemeinschaft. Der Bezug auf die Voraussetzungen ist der klarste Weg, miteinander zu argumentieren in Dingen, deren Evidenz nicht offen hervortritt, weil sie gleichzeitig der Vergewisserung auf die Grundlage der christlichen Gemeinschaft hin dient.
Entsprechend der antiken Rhetorik entfaltet Paulus in seinen Argumenten jedoch nicht alle für die Schlußfolgerungen notwendigen Voraussetzungen[38]. Mit der Rückführung der Ziele und Argumente auf die gemeinsame Grundlage der Gemeinde will er jedoch seine Auffassungen zustimmungsfähig machen. Die formale Struktur der Argumentation hat dabei wenig Bedeutung im Vergleich zur Gültigkeit des Inhalts der Voraussetzungen.

d) Werden die Voraussetzungen als gültig anerkannt, dann ist auch die Schlüssigkeit der Argumentation begründet. Das bedeutet auch, daß der Anspruch der Normen, die Paulus aus der grundlegenden Verkündigung erschließt, von den bereits normativen Voraussetzungen her begründet ist. Wären die Glaubensinhalte nicht selbst normativ, d.h. ohne Anspruch an die Glaubenden, könnten sie dem Handeln auch keine Orientierung geben. Aber es kommt alles darauf an, den Anspruch des Evangeliums auf konkrete Lebenssituationen hin in handlungsleitende Normen auszudifferenzieren. Die Kommunikation mit den Schülern wird sich ebenfalls in dieser Argumentationsstruktur bewegen, insofern der Religionsunterricht auf Plausibilität des christlichen Glaubens für die Sinnorientierung der Jugendlichen hinarbeitet. Dabei geht es ihm natürlich um den Bezug auf den heutigen Erfahrungs- und Denkhorizont. Zunächst gilt es jedoch, ein mögliches Mißverständnis von persuasiver Kommunikation über Glaubensinhalte zu bedenken.

6.2.2 Die spezifische Kontur theologischer Argumentation in persuasiver Kommunikation

Die vorangehenden Überlegungen könnten den Anschein erwecken, als ließe sich auf dem Weg der Verhandlung schlechthin ausmachen, was die

---

37 Dies wird deutlich erkennbar in 1 Kor 1,20; 6,12ff.; 8,1; 10,23.29.
38 Vgl. H. Lausberg, Handbuch der literarischen Rhetorik, 199f. Eine andere Form der überzeugenden Rede bei Paulus ist die Induktion (1 Kor 12). Aus einem bekannten Beispiel wird aufgrund seiner Verwandtschaft mit dem anstehenden Themenkomplex "ein allgemeines und damit auch für den gegenwärtigen Problemfall aktualisierbares Orientierungsmodell" (J. Kopperschmidt, Allgemeine Rhetorik, 128, im Anschluß an Aristoteles, Rhetorik 1356 b 12ff.) entwickelt, jedoch im bildhaften Sinn als Illustration eines Grundgedankens.

Wahrheit ist, auf der christliches Leben basiert. Es ist darum notwendig, näher auf die Besonderheit einer auf der Offenbarung basierenden Argumentation einzugehen.

a) Über Anspruch und Berechtigung der Offenbarung läßt sich nicht diskutieren. Die inhaltlichen Voraussetzungen für die Gültigkeit bestimmter Normen christlichen Lebens werden nicht im freien Diskurs erschlossen, "erfunden und festgesetzt" als "Vorschläge", die "hypothetisch zu akzeptieren" sind und damit diskutierbar und revidierbar bleiben, wie der Kritische Rationalismus die Kriterien des Wahrseins von Prämissen der Argumentation faßt[39]. Dieses Argumentationsmodell bleibt beschränkt auf faktisch Seiendes, das wissenschaftlich, rational und kritisch erfaßbar ist, und schließt von Anfang an die Möglichkeit des Unbedingten und Absoluten aus. Aber das methodisch-wissenschaftlich Erfaßbare ist nicht das Ganze[40].
Der Glaube geht aus von dem Unendlichen und Unbedingten, das nicht rational und kommunikativ ausgemacht wird, sondern das sich zeigt. "Er ruht freilich in seinen entscheidenden Momenten auf Einsichten, die niemanden zwingen"[41]. Das, was sich zeigt und sehen läßt, ist "keine menschliche Konstruktion", sondern "nimmt von sich her den Menschen immer schon, wenn auch im Verborgenen, in Anspruch"[42]. In der Offenbarung zeigt sich das Unendliche und Unbedingte so, "daß es in der Erscheinung unter die Bedingungen der Endlichkeit tritt"[43]; es erhält personale Gestalt als ein Du in einem lebendigen Geschehen in Raum und Zeit. Erfahrbar wird diese Wirklichkeit für den, der von Gott betroffen ist und sich in freier Entscheidung einläßt und engagieren läßt. Glauben ist darum "etwas qualitativ Anderes als das Wissen" und "als die Gewißheit des verifizierbaren Wissens"[44].

b) Offenbarung wird zum unhintergehbaren Grund des Daseins, auf den der Mensch sich einläßt. In ihr gründet der Geltungsanspruch von handlungsleitenden Normen für den, der sich auf Gott einläßt. Aber sie dispensiert nicht von der Notwendigkeit, ihre unendliche Bedeutsamkeit auf die konkreten Bedingungen der Endlichkeit hin zu bestimmen. Der Rückbezug jeder Argumentation auf diese Voraussetzungen zwingt darum erneut zur Entscheidung für oder gegen die Annahme von Offenbarung, aber auch zur Reflexion und Auslegung dieser Botschaft auf die Praxis und das Selbstbewußtsein des Christen hin.

---

39 H. Albert, Ethik und Meta-Ethik, in: H. Albert/E. Topitsch, Werturteilsstreit, Darmstadt 1971, 513.516.
40 Vgl. B. Welte, Religionsphilosophie, Freiburg [3]1980, 38-41.
41 Ebd., 67.
42 Ebd., 72f.
43 Ebd., 135.
44 Ebd., 169.

In den konkreten Konfliktfällen der korinthischen Gemeinde steht für Paulus darum nicht nur die Frage nach der Gültigkeit von Normen christlichen Handelns an, sondern die Basis der Gemeinschaft im Glauben, die Besinnung auf "das, was uns unbedingt angeht"[45], wird zur unabweisbaren Notwendigkeit. Sein Argumentieren stellt die Gemeinde vor die Entscheidung, hebt nicht auf die Klärung objektiver Sachverhalte ab. Wo Menschen sich gegen die Offenbarung entscheiden, entfällt die Voraussetzung für die Gemeinsamkeit im Normfindungsprozeß. Deshalb kann es Paulus nicht darum gehen, nur einen Konsens zu erzielen, sondern in den Fragen des konkreten Verhaltens und der Einstellungen das Fundament zu wahren, auf dem die Christen stehen. Die Argumentation des Paulus ist von daher gesehen nicht deduktiv, sondern dialektisch: es geht ihm um die Verantwortbarkeit christlichen Handelns im Licht der Offenbarung.

c) Paulus verweist darum in jeder Sachfrage auf das Heilsereignis von Tod und Auferstehung Christi und auf das, was er selbst empfangen hat, als den Grund christlichen Lebens (z.B. 1 Kor 8,11; 11,23-25; 2 Kor 1,9; 1,9; 13,4). Sie geben ihm das Muster (Vorbild) für das Handeln der Christen ab. Was in der Gemeinde strittig ist, kann nicht mit dem Hinweis auf die Meinungsvielfalt, also durch Anerkennung beliebiger Interpretationen, ausgesetzt, sondern muß von der Qualität der Offenbarung her beurteilt werden. Die Aufgabe besteht dann darin, einsichtig zu machen, welche Einstellungen und Verhaltensweisen den Voraussetzungen entsprechen oder widersprechen. Dies unternimmt Paulus in seiner Argumentation über das, was ihm aus Korinth mitgeteilt wird. Er begründet so die von ihm vorgestellten Handlungsnormen bzw. zieht aus der Offenbarung konkrete Schlußfolgerungen für das Handeln der Getauften. Er zielt nicht auf den Konsens um seiner selbst willen, sondern auf die Bewährung des Selbstverständnisses und des Handelns in der Berufung für das Heilswerk Gottes. Auf diesem Weg entstehen Interpretationen der Botschaft, die in stets neuer Verlebendigung den Ur-Grund des Glaubens auf konkrete Lebensentwürfe hin auslegen[46]. Gerade die Spannung tradierten Glaubens zu den jeweiligen Lebenssituationen und den Versuchen, Orientierung zu finden, führt zur Einsicht in neue Lebensperspektiven, die nicht nur aus dem Evangelium erwachsen, sondern auch wirklichkeitsgerechte Handlungsimpulse ergeben. Solches muß jedoch erst im Gegenüber von Glaubensüberlieferung und kon-

[45] P. Tillich, Die verlorene Dimension. Not und Hoffnung unserer Zeit, Hamburg 1962, 9. Vgl. W. Simon, Inhaltsstrukturen des Religionsunterrichts. Eine Untersuchung zum Problem der Inhalte religiösen Lehrens und Lernens (SPT 27), Zürich 1983, 314-331.

[46] Vgl. P. Neuenzeit, Zur Gegenwärtigkeit des Evangeliums, in: B. Jendorff/G. Schmalenberg (Hrsg.), Evangelium Jesu Christi heute verkündigen (FS Cornelius P. Mayer), Gießen 1989, 47-60.

kreter Erfahrungssituation einerseits, in der Kommunikaton mit anderen andererseits argumentativ ermittelt und erprobt werden.
Für Paulus war der Weg des Argumentierens und der überzeugenden Rede auch deshalb angebracht, weil er es mit Leuten zu tun hatte, denen Weisheit und Erkenntnis zum wichtigsten Mittel der Lebensgestaltung geworden sind.

d) Solche Kommunikation läßt für Paulus Rechthaberei und Selbstgerechtigkeit nicht zu (vgl. 1 Kor 4,1-5). Dennoch läßt er es nicht an selbstbewußtem Auftreten fehlen, wo ihm aus Sachgründen Widerspruch angebracht erscheint. Denn Verständigung impliziert auch Konflikte, weil es um das Recht der Sache, nicht um Positionen und persönliche Profile geht. Bei aller Zustimmung zur Eigenbewegung der Gemeinde weist er darum kritisch auf die damit gegebenen Gefahren einer Entwicklung hin, die sich von der Glaubensgrundlage entfernt (1 Kor 1–4). Zu den Argumenten seines Widerspruchs gehört:
– Die Korinther verkaufen sich an menschliche Autoritäten (1 Kor 3,21).
– Ihre Weisheit und Vollkommenheit hat das falsche Maß, wenn sie nur auf menschliche Erkenntnis setzen (1 Kor 2,6; 3,1ff.; 8,1).
– Sie erkennen nicht die Wege, die den Glaubenden über Positionen und Maßstäbe bisheriger Geschichte und gängigen Zusammenlebens hinausführen, indem sie den "Skandalon"-Charakter der Kreuzesbotschaft abschwächen und die Wahrheit des Geistes verkennen (1 Kor 7,17-24; 8; 12,1-3).
– Mit ihrem Handeln setzen sie die Wahrheit des Evangeliums aufs Spiel (1 Kor 3) und blenden seine Ansprüche für die Gegenwart aus (1 Kor 12).
– Die Kriterien ihres Lebens und Handelns führen von der Kreuzesbotschaft, dem entscheidenden Glaubensinhalt, weg (1 Kor 1–4; 2 Kor 5,8).
– Ihr Freiheitsverständnis verkehrt sich ins Gegenteil, wenn sie die Beweg-gründe des Christseins im Verhältnis zu sich selbst (1 Kor 6,15) und den Mitmenschen (1 Kor 8–10) mißachten.
– Sie leben in Illusionen, wenn sie die Vollendung bereits als gegenwärtigen Besitz ansehen und dadurch die Zeitlichkeit und Realität überspringen (1 Kor 15; 2 Kor 5,1-10).

Wo er das Entscheidende der Christusbotschaft, das nicht mehr hinterfragt werden kann, hervorhebt, schreibt Paulus in geschliffener, durchgeformter Antithese[47]. In 1 Kor 1,22-25 ist das Wort vom Kreuz als die unaufgebbare Mitte der Verkündigung Anlaß zu solcher Argumentation. Wo er das ganz Andere der christlichen Existenz nicht mehr weiter durch Unterscheidung charakterisieren kann, formuliert er antithetisch (1 Kor 4,9-13; 2 Kor 4,7-12; 5,17; 6,4-10). Mit solchen Gegensätzen fordert er

[47] Vgl. N. Schneider, Die rhetorische Eigenart der paulinischen Antithese, Tübingen 1970, durchgängig.

seine Hörer zur Entscheidung. Um der Gemeinsamkeit willen macht er sich andere Begriffe als die Bekenntnisformeln dienstbar; um der Wahrheit willen erhebt er Widerspruch, wo die Korinther den Weg des Evangeliums verlassen.

6.2.3 Personale Dimensionen paulinischer Kommunikation

Man wird den Korintherbriefen nur gerecht, wenn man die Kommunikation des Paulus auch unter personalen Kategorien betrachtet, zumal die Konflikte gerade durch die Kritik an seiner Person ausgelöst wurden. Anlässe waren sein schwaches rhetorisches Auftreten und sein Mangel an philosophischer Weisheit (1 Kor 2–4; 2 Kor 10,10; 11,6) sowie sein Verzicht auf das Unterhaltsrecht (1 Kor 9; 2 Kor 11,7-12; 12,13). Auch schnitt er in der Konkurrenz zu anderen Missionaren schlecht ab (1 Kor 3–4; 2 Kor 11,12; 13,3). Paulus machte daraus aber einen Streit um die Sache, ohne sich jedoch selbst herauszustehlen. Und er nahm diese Bälle der Kritik auf, um den Lebensentwurf des Christusglaubens an persönlichen und zwischenmenschlichen Erfahrungen, letztlich an sich selbst, zu explizieren. Bei aller Sachbezogenheit blieb Paulus nicht nur leidenschaftlich in die Auseinandersetzung um die Lebensqualität der Christusbotschaft verwickelt, sondern setzte auch durch sein vorwärtsdrängendes Fragen die Korinther in Unruhe. Leerer Friedseligkeit zog er die Spannung vor, wo es vom Evangelium her angebracht erschien (vgl. z.B. 2 Kor 7,8-10). Am Persönlichen war ihm alles gelegen (vgl. 3.2.2). Die Züge dieser personalen Dimension sind für die pädagogische Praxis bedeutsam.

a) In der Klärung einiger Probleme ist Paulus nicht recht vorangekommen. So hat er in verschiedenen Briefen immer wieder neue Aspekte aufgewiesen und alte bekräftigt: die Unterhaltsfrage (1 Kor 9; 2 Kor 11,7-12; 12,13), das Unzuchtproblem (1 Kor 5,1-8.9-13; 6,12-20), das Sich-Rühmen (1 Kor 1,31; 3,21; 2 Kor 5,12; 10,12–12,13), die Kollekte (1 Kor 16,1-4; 2 Kor 8–9) u.a.

b) Durch sein beharrliches Eintreten für den Lebensentwurf des Evangeliums erregte Paulus viel Widerstand; viele Argumentationen mißlangen. Schon der Tatbestand, daß er mehrere Briefe schreiben mußte, ist nicht nur ein Hinweis auf seinen unermüdlichen Einsatz, sondern auch auf die schwierigen Wege der Verständigung, die von Mißverständnissen und schwer aufzuarbeitenden Vorverständnissen belastet war.

c) Um den Glauben zu klären und zu stärken, blieb Paulus im ständigen Kontakt mit der Gemeinde, obwohl die Beziehungen schwieriger wurden. In seiner Leidenschaft für das Evangelium dürfte er sich nicht selten auch im Ton vergriffen und sich durch Polemik die Sache schwer gemacht haben (2 Kor 12,19-21). Immer wieder plante er Reisen nach Korinth (1 Kor 4,17-21; 16,5-7), setzte Reisepläne ab, weil er befürchtete, als Störenfried zu gelten (2 Kor 1,15 - 2,4), mußte das Mißlingen eines neuerlichen Besuches konstatieren (2 Kor 12,14-18), schrieb weiter Briefe und schickte an seiner Stelle Titus, um ja alles ins reine zu bringen (2 Kor 7,5-16). Mit einem Satz des Paulus läßt sich sein Engagement treffend charakterisieren: "Ich aber will sehr gern alles aufwenden und mich für euch aufreiben" (2 Kor 12,15a). Durch den ständigen persönlichen Einsatz und das energische Einfordern der Gemeinde kam es schließlich zur Versöhnung, durch die ihr Weiterwirken über die Grenzen hinaus möglich wurde (2 Kor 9,1-15; Röm 16,23).

d) Nicht in einer distanzierten, höheren Welt siedelte Paulus die Gabe des Geistes an. Auf die mühsame Bewährung in den konkreten Situationen des Alltags kommt es allein an. Denn die Bedingungen menschlichen Lebens gehören zu Christus, in den er sich und die Gemeinde eingebunden sieht. Die persönliche Bindung an Christus verwandelt das Leben (1 Kor 2,1-5; 2 Kor 4,7-18; 6,3-10). Dieser starke Einsatz seiner eigenen Erfahrung bleibt aber frei von jeder Selbstempfehlung.

e) Paulus läßt sich von der Sache ganz ausfüllen, daß man seine Argumentationen nicht nur als "eine »existentielle« Umformung des objektiven tradierten Bekenntnistextes"[48] ansehen kann, sondern daß seine Theologie ein persönliches, auf die eigene Biographie zugeschnittenes Profil bekommt. Die schwer zu vermittelnde Kreuzesbotschaft wird dadurch glaubwürdig, daß Paulus das eigene Scheitern, die Begrenztheit der eigenen Kräfte, die Erfahrung angstbesetzter Schwäche von Christus her begreift. Diese Erfahrungen und ihre Bedeutung im Horizont der Kreuzesbotschaft bekräftigten seine persönliche Gottesbeziehung (bes. 2 Kor 1,8-11)[49]. Da die Korinther durch ihren Widerstand am Offenbarwerden der Schwächen des Paulus selbst mitwirkten, Paulus selbst aber nicht von seinem Evangelium abließ, konnte er durch seine Deutung gerade die Lebensqualität der Kreuzesbotschaft unmittelbar plausibel machen: Im Glauben an Christus wächst Kraft aus der Schwachheit (2 Kor 11,16–12,13; 13,3f.). Da er dies ohne jede Koketterie explizierte, ja die Notwendigkeit paradoxen Redens in seiner Argumentation angesichts der Ungereimtheit der korinthischen Auffassungen ("Narrenrede") eigens betonte und gleichzeitig widerlegte, konnte er letztlich überzeugen.

Paulus ging es nicht um die Verteidigung einer Doktrin. Vielmehr ist die Erkenntnis Christi in sein Leben eingebrochen, die ihm den letztentscheidenden Sinn von Allem bedeutete. Den konkreten Inhalt und die Linien dieses Lebens konnte Paulus nur im Blick auf die unmittelbaren Erfahrungen mit der Gemeinde finden. Auf diese Spur bleibt auch die Bibeldidaktik verwiesen.

---

48 W. Trilling, Mit Paulus im Gespräch, Graz 1983, 105.

49 Eine Parallele zu diesem Gedanken findet sich bei Dietrich Bonhoeffer, Widerstand und Ergebung. Briefe und Aufzeichnungen aus der Haft, München/Hamburg [4]1967, 178.

6.3 Bibeldidaktische Konsequenzen aus der Kommunikationsform des Paulus

Im Blick auf vorangegangene Überlegungen (vgl. 5.3) geht es nunmehr darum, welche Impulse wir aus der Kommunikationsform des Paulus für die bisherigen Einsichten zur Bibeldidaktik hinzugewinnen können. Wir integrieren bisherige Gedanken in Thesenform zu den neu gewonnenen Aspekten.

1. Mit der Verkündigung des gekreuzigten und auferstandenen Christus hat Paulus kein abstraktes, d.h. von der Erfahrungswirklichkeit abzuspaltendes Wissen vermittelt. Deshalb vollzieht sich jede Verkündigung bzw. Aneignung der Christusbotschaft notwendig auf dem Weg der Auseinandersetzung mit den erlernten Lebenseinstellungen und Verhaltensweisen.

2. Dabei geht es keineswegs um das Abwägen von Meinungen und um das stärkere/bessere Argument. Der Sachgrund der Verkündigung wie der pädagogische Horizont der Bibelauslegung zielen auf Lebensorientierung und -bewältigung. Paulus explizierte die Christusbotschaft in den Korintherbriefen durchgehend auf dieser Ebene. Jede Bibelauslegungen bleibt deshalb unerläßlich auf die realen Erfahrungen und auf die Sinnkriterien, in denen wir den Herausforderungen des Lebens begegnen, bezogen.

3. Die korinthischen Christen suchten ihre Wirklichkeitserfahrungen im Horizont des Christusbekenntnisses zu verarbeiten. Die Botschaft erhielt auf diesem Weg nicht nur eine auf das Konkrete bezogene, lebendige Bedeutung, sondern auch eine eigene Färbung. Die konkrete Gestalt des Glaubens wurde zum einen an den Auswirkungen in der Lebenspraxis sichtbar (z.B. 1 Kor 1,11; 11,17), zum andern an den vertretenen Auffassungen erkennbar (z.B. 1 Kor 8,1; 15,12). Weil Paulus hierin Verschiebungen und Vereinseitigungen besonders der Kreuzesbotschaft konstatieren mußte, versuchte er den Denk- und Lebenshorizont, wie er sich in der Gemeinde entwickelt hatte, am Maßstab des Evangeliums zurechtzurükken. Seine argumentative Kommunikation hebt darum auf Klärung des Lernprozesses im Glauben ab. Damit wies Paulus der Bibeldidaktik einen unaufgebbaren Weg: Die eigene konkrete Bedeutungsbildung, die in unseren Lebensauffassungen und -formen steckt, bedarf der kritischen Rückfrage auf den Wahrheitsgrund, aus dem sie herauswächst. In diesen Vorgang verwickelt ist die Frage, welchen Gehalt und welche Gestalt die Christusbotschaft als Bedeutungs- und Motivationsperspektive dem Leben zu geben vermag.

4. So wenig Paulus die Interpretationen der Korinther vom Tisch fegte, so wenig kann der Religionsunterricht die eigenständige Bedeutungsbil-

dung der Jugendlichen herabsetzen. Die Bibeldidaktik kann sich auch nicht auf die Lehre eines Textes zurückziehen, sondern muß die eigenen Interpretationen der Jugendlichen, die produktive Ansätze enthalten, bekräftigen und weiterführen und auf die Sackgassen, Verdrehungen und Vereinseitigungen in ihrer Gedankenwelt aufmerksam machen – sowie das eine vom anderen unterscheiden. Dabei werden selbstverständlich die Kriterien aus der Bibel offengelegt und ihre Bedeutungsdimensionen auf die konkrete Wirklichkeitserfahrung hin ausgelegt. Die biblischen Impulse haben ja keinen apologetischen Charakter, sie wollen dem eigenen Lernprozeß der Jugendlichen vielmehr neue, unentdeckte Wege zeigen. Darin erweist Bibelauslegung erst ihr pädagogisches Profil, daß sie ihre Inhalte auf den Raum jugendlichen Nachdenkens ausrichtet und das Fragen wachhält.

5. Die lebendige, persönliche Auseinandersetzung um den Wirklichkeitsbezug und die Sinnhaftigkeit biblischer Lebensperspektiven bedingt einen Unterricht, der im Wachhalten der Fragen das persönliche Interesse am Leben und Lernen des Jugendlichen aufrechterhält.

6. Bibeldidaktik in der gymnasialen Oberstufe muß sich einlassen auf sachbezogenes Argumentieren mit den Jugendlichen, indem sie nach den Prämissen und Zielen unserer Lebensorientierung fragt, die Sinnkriterien des Glaubens in diesen Dialog einbringt und auf die Lebensgestaltung hin verarbeitet. Natürlich werden wir dabei je neu vor persönliche Entscheidungen gestellt, die weit über das unterrichtliche Geschehen hinausgehen. Die Aufgabe des Religionsunterrichts wird es sein, den Gehalt der Christusbotschaft im Dialog mit den Jugendlichen im Sinn einer persuasiven Kommunikation plausibel zu machen. Die Anstrengung des Begriffs motiviert und fördert das Leben- und Glaubenlernen der Schüler.

7. Wie die Korinther so stehen die Jugendlichen im lebendigen Wechselspiel mit ihrer soziokulturellen Umwelt, aus der sie Gesichtspunkte der persönlichen Lebensorientierung gewinnen und Muster konkreten Handelns ablesen. Die Aufarbeitung von Lernprozessen impliziert darum auch die kritische Auseinandersetzung mit der Mentalität der Zeit[50],

[50] Trotz inhaltlicher Unbestimmtheit eignet sich der Begriff "Mentalität" zur Kennzeichnung der Formen des Denkens und des Lebensgefühls mit seinen unbefragten Normen, die in den konkreten Alltag durchschlagen. (Den Begriff "Zeitgeist" vermeide ich wegen der apologetischen Komponenten im Sprachgebrauch). In jeder Zeitepoche gibt es eine bestimmte, kaum reflektierte Kontur von Welterfahrung, die das Alltagsbewußtsein prägt und sich durch Sozialisation überträgt. Die Didaktik religiöser Inhalte gerät in Konflikt mit den Mustern des Lebens, die gewissermaßen die "geheimen", aber wirklichen Ziele sind. Vgl. Ortega y Gasset, Ideen und Glaubensgewißheiten, in: ders., Vom Menschen als utopischem Wesen, Stuttgart 1951, 20; D. Rüschemeyer,

ihren Sinnkriterien und Handlungsmaßstäben. Auch hier geht es nicht um Ausgrenzung, sondern um Verständigung über sinnvolle und tragfähige Lebensziele.

8. Der Christusglaube läßt die Wirklichkeit und das Leben neu und schärfer sehen als der menschliche Verstand mit seinen Kategorien. Aus seiner Sensibilität für die Wahrheit des Evangeliums entdeckte Paulus Herausforderungen des Lebens, über die die Korinther hinwegsahen, z.B. Schwachsein, Scheitern. Die Didaktik der Korintherbriefe muß sich von solchem Spürsinn leiten lassen, indem sie die konkreten Herausforderungen zu erfassen sucht, deren Verarbeitung für Paulus Anlaß seines Insistierens im Dialog mit der Gemeinde war. Es ist zu prüfen, inwieweit sie sich mit entscheidenden Wirklichkeitserfahrungen der heutigen Zeit berühren.

9. Paulus hatte als schriftgelehrter Pharisäer ein tiefes Gespür für den unlösbaren Zusammenhang von Glauben und Alltagsleben[51]. Christus bekennen heißt für ihn wesentlich Durchformung des Lebens im Geiste des Herrn (vgl. 1 Kor 2,12f.; 12,1-3). Die Auslegung der Korintherbriefe bleibt darum nur ihrer Struktur gerecht, wenn sie den Duktus der paulinischen Argumentation wahrt, d.h. den Anspruch des Christusbekenntnisses auf die ambivalenten Erfahrungen des Alltags ernst nimmt, um seine bedeutungsbildende Kraft im Lebenskontext durchzubuchstabieren.

10. Ein Nichtausbalancieren der Botschaft mit den Erfahrungen und der Mentalität der Umwelt wird es sowohl bei Schülern als auch bei Lehrern geben. Manche Glaubensinhalte bleiben ungereimt und antithetisch zur Wirklichkeit stehen. Diese Erfahrung mußte jedenfalls Paulus machen. Glauben läßt sich eben nicht argumentativ herbeiführen. Aber wo wir die Herausforderungen des Glaubens wahrnehmen und durcharbeiten, kommt der Prozeß der Umkehr in Bewegung, in dem Glaubenlernen wurzelt. Die Praxis des Bibelunterrichts wird sich dem nicht entziehen können.

Die Auseinandersetzung mit den Lernerfahrungen der Jugendlichen und ihrem soziokulturellen Kontext ist nicht erst eine unliebsame Folgeerscheinung der gegenwärtigen religionspädagogischen Situation, sondern

---

Mentalität und Ideologie, in: R. König (Hrsg.), Das Fischer-Lexikon Soziologie, Frankfurt/M. 1967, 190-194; U. Raulff (Hrsg.), Mentalitäten-Geschichte. Zur historischen Rekonstruktion geistiger Prozesse, Berlin 1987. Alfred N. Whitehead spricht auch von "Färbung des Denkens" (Wissenschaft und MOderne Welt, Zürich 1949, 3).

51 Vgl. F. Mußner, Das Thoraleben im jüdischen Verständnis, in: K. Kertelge (Hrsg.), Das Gesetz im Neuen Testament (QD 108), Freiburg 1986, 28-45.

gehört von Anfang an, d.h. elementar zum Glaubenlernen und zur Verkündigung. Die Religionsdidaktik kommt nicht daran vorbei, die konkreten Bedingungen der Verständigung über Glaubensinhalte wahrzunehmen und auf dieser Ebene Möglichkeiten ihrer Vermittlung je neu auszuloten. Auf der Interpretation der angeführten Schülereinstellungen zum Auferstehungsglauben (vgl. 5.2) als Bezugsrahmen für die Didaktik beruht der Neuaufbau dieser Thematik anhand von 1 Kor 15 (vgl. 6. Hauptabschnitt).

Siebtes Kapitel

7.0 BEDEUTUNGSHORIZONT DER SCHÜLERAUFFASSUNGEN VOM CHRISTLICHEN AUFERSTEHUNGSGLAUBEN

Lebensbezogener Religionsunterricht will nicht nur die Auffassungen der Jugendlichen über Glaubensinhalte zur Kenntnis nehmen, vielmehr in Begegnung und Dialog Verständigung über die Lebensperspektiven des Glaubens anbahnen. Voraussetzung dafür ist eine möglichst breite Einsicht in den Verständnishorizont der Jugendlichen, in dem sich ihre Lebensorientierung bewegt – was nicht deutlich genug unterstrichen werden kann. Die religionspädagogische Fragestellung sieht darin ein Kernelement didaktischer Reflexion, das auch in die Frage nach der Inhaltsstruktur des Religionsunterrichts hineinspielt[1]. Denn die Bedingungen des Verstehens wirken sich auf den Verständigungsprozeß unmittelbar aus und erfahren ihrerseits durch den Dialog über die Sache im Unterricht entsprechende Veränderungen. Außerdem lassen sich bestimmte Lernansätze und die Grenzen der Glaubensvermittlung genauer klären. Um zu diesem Ziel zu kommen, wird die Übersicht der Schüleräußerungen (vgl. 5.2) in folgender Hinsicht untersucht:

- Inwieweit stellt sich überhaupt die Frage der persönlichen Auferstehung vom Tod?
- An welchen Erfahrungen und Einsichten der Jugendlichen kann der Auferstehungsglaube anknüpfen?
- Was stellt sich als Hindernis dar? Wo liegen die Bruchstellen zwischen dem Denken der Jugendlichen und den religiösen Deutekategorien?
- Was zählt für die Sinnbestimmung des Lebens bei Jugendlichen, was lehnen sie ab (Bedürfnisse, Ideale, Normen)?

Die Interpretation der Schüleräußerungen will nach diesen Kategorien den Bezugsrahmen einer Didaktik des Auferstehungsglaubens in der gymnasialen Oberstufe anhand einer solchen Pilotstudie anfanghaft abklären. Bei dieser Untersuchung werden vornehmlich sozialwissenschaftliche Erkenntnisse[2] veranschlagt, deren religionsdidaktische Bedeutung bereits im 4. Kapitel dargelegt ist.

---

[1] Vgl. W. Simon, Inhaltsstrukturen des Religionsunterrichts. Eine Untersuchung zum Problem der Inhalte religiösen Lehrens und Lernens (SPT 27), Zürich 1983, bes. 85-99.

[2] Die Erarbeitung verdankt sich Anregungen aus folgenden Publikationen: R. Döbert, Sinnstiftung ohne Sinnsysteme?, in: W. Fischer/W. Marhold (Hrsg.), Religionssoziologie als Wissenssoziologie, Stuttgart 1978, 52-72; F. Oser/P. Gmünder, Der Mensch - Stufen seiner religiösen Entwicklung. Ein strukturgenetischer Ansatz, Zürich 1984; K.E. Nipkow, Erwachsenwerden ohne Gott? Gotteserfahrungen im Lebenslauf, München 1987; ders., Gotteserfahrung im Jugendalter, in: U. Nembach (Hrsg.), Jugend und Religion in Europa, Frankfurt/M. 1987, 233-259.

7.1 Bedeutung der Frage nach der persönlichen Auferstehung bei Jugendlichen

Inwieweit stellt sich überhaupt die Frage nach der persönlichen Auferstehung? Das Interesse der Jugendlichen an dieser Frage wurde schon durch die Länge des Gesprächs deutlich: zwei volle Schulstunden bedachten sie miteinander verschiedene Aspekte. Auch in anderen thematischen Zusammenhängen ist zu beobachten, daß vornehmlich religiös motivierte Schüler dieses Alters den Gedanken des Weiterlebens nach dem Tod häufiger einbringen. Aber man sollte einen wichtigen Unterschied in der Sache nicht übersehen: Die Frage nach der Auferstehung haben die Schüler nicht selber aufgeworfen, sie wurden vielmehr mit dem Thema konfrontiert (vgl. 5.1). Dabei fällt zunächst einmal auf, daß sich das Gespräch und die Denkvorgänge der Jugendlichen weniger auf den Glauben an die Auferstehung bezogen (vgl. 5.2, Nr. 8 und 9). Wo die Auferstehungsfrage positiv aufgegriffen wurde, blieben die Schüler vielmehr bei allgemeinen Vorstellungen vom Weiterleben nach dem Tod: "Man klammert sich an den Gedanken, daß das Leben hier nicht alles sein kann, daß doch mehr Sinn drin sein muß, daß es vielleicht noch etwas, ein Leben nach dem Tod gibt, wo es besser ist als hier". Vereinzelt erscheinen nichtchristliche Vorstellungen (hier: Vulgärplatonismus) sogar plausibler als die Auferstehungsbotschaft. In starkem Maß wurden auch diese Gedanken überlagert von der Frage nach der Sinnhaftigkeit eines Jenseitsglaubens überhaupt und der Vereinbarkeit mit dem menschlichen Selbst.

An den Schüleräußerungen sind folgende Aspekte bedeutsam[3]:
a) Das kritische Thema, um das die Gedanken und Gefühle der Jugendlichen kreisen, ist die Beziehung zu ihrer persönlichen Zukunft: Was können wir hoffen? Es wird durch spezifische Erfahrungen von Enttäuschung provoziert. Der Akzent liegt eindeutig auf der individuellen Ebene.
b) Geprägt von der Mentalität unserer Zeit und zufälligen Erfahrungen haben die Jugendlichen ihre je eigenen Formen des Glaubens ausgebildet. Der christliche Auferstehungsglaube scheint darin nur in geringem Umfang auf. Von Jesus war überhaupt nicht die Rede. Ihre Hoffnung geht andere Wege.
c) Der traditionelle Verständnishorizont unterliegt einer kritischen Prüfung, die bis zur Grundfrage der Möglichkeit des Gottesglaubens reicht.
d) Bei den Jugendlichen hat sich ein intensives Gespür für die Brüchigkeit ihrer Alltagswelt entwickelt, das zum Aufbruch zu neuen Sinnentwürfen zwingt. Sie sind betroffen von der Auflösung der ordnenden Alltagsmechanismen, von zerbrochenen Beziehungen, von Rissen im Selbst-

---

3 Die Analysen von K.E. Nipkow zeigen ähnliche Tendenzen (vgl. Erwachsenwerden ohne Gott?, 64f.; Gotteserfahrung im Jugendalter, 240).

wertgefühl, von der Unklarheit des Lebensweges und von der Spannung zu den Normen des sozialen Umfeldes, die bis zum Zerreißen geht[4] (bes. Nr. 6). Das Selbstverständliche hat seine Bedeutung verloren[5]. Neue Sinnentwürfe zeichnen sich erst in schwachen Konturen ab; vereinzelt haben sie auch schon feste Formen angenommen (Nr. 3 und 4).

Zusammenfassend kann man festhalten: Der Auferstehungsglaube hat nur im Horizont ihrer Zukunftsgerichtetheit, die durch Erfahrungen der Brüchigkeit ihres Lebens problematisiert wird, eine Bedeutung. Die Distanz zu den übernommenen Glaubensinhalten zieht die Frage nach der Neukonstruktion des Lebenssinnes nach sich, in deren Rahmen sich der Jugendliche auch mit der Hoffnung, die dem Leben ein Ziel gibt, beschäftigt. Darum ist dieser Themenkreis nicht nur ein notwendiger Lerninhalt, sondern auch der adäquate Bezugsrahmen für die Vermittlung der christlichen Auferstehungsbotschaft.

7.2 Zugänge von Jugendlichen zum Auferstehungsglauben

Bei diesem Thema ist die Aufgabe des Religionsunterrichts äußerst schwierig: Wie kann bei den Jugendlichen die Überzeugung befördert werden, daß menschliche Existenz im Tod vom neuen Leben Christi ergriffen wird, und daß diese Perspektive für die eigene Existenz bejaht wird? Bevor mögliche Zugänge skizziert werden, sind zuerst die Gesprächsbeiträge der Jugendlichen selbst daraufhin zu untersuchen, welche für die Auferstehungsfrage relevanten Erfahrungen und Einsichten sich bei ihnen einstellten. Dabei muß nochmals daran erinnert werden, daß nicht der Auferstehungsgedanke, sondern das Weiterleben nach dem Tod ihr Interesse erregte.

1. Die Zukunftsgerichtetheit der Jugendlichen fragt danach: Habe ich Bestand? Der Tod, das Zerfallen von Lebenswertem und die Erfahrung von Vergeblichkeit werden ihnen voll bewußt. So drängt ihr Denken auf die Gestalt eines Lebens hin, das im Angesicht von Scheitern und Tod Sinn behält. "Vom Tode, von der Furcht des Todes, hebt alles Erkennen des All an"[6]. Die Denkbewegung greift jedoch nicht auf das Universelle aus, sondern der Blick richtet sich vorrangig auf das eigene Selbst. Hierin treffen zwei Entwicklungstendenzen der Spätadoleszenz zusammen:
a) Nach der Eroberung von eigenen Freiheitsspielräumen verlangt der Jugendliche nicht zuletzt aufgrund der Fähigkeit zu systematisierendem Denken nach einem ganzheitlichen Lebensentwurf, der die verschiedenen

---

4 Die Nummern beziehen sich auf die Schüleräußerungen in 5.2
5 Vgl. R. Döbert, Sinnstiftung ohne Sinnsysteme?, 58.
6 F. Rosenzweig, Der Stern der Erlösung, Den Haag 1976, 3.

Erfahrungen zu integrieren vermag[7]. Es ist das Bedürfnis, ganz zu sein und zu bleiben, obwohl außen und innen vieles wegbricht.
b) Der Aufbau der Identität, die zahlreiche lebensgeschichtliche Bedeutungen umschließt[8], ist die zentrale Aufgabe der Adoleszenz. Sie impliziе auch die Frage nach einem persönlichen, tragfähigen Sinnentwurf ("daß doch mehr Sinn drin sein muß", Nr. 1; "daß uns irgend etwas fehlt, worin man den Sinn für das Leben sehen kann", Nr. 2), daß das gewachsene Selbst anerkannt, respektiert wird ("Selbstwertgefühl", Nr. 1); daß es Ermutigung für den Jugendlichen selbst gibt, die das Ungereimte oder gar Absurde ertragen hilft. Infolge der Verunsicherungen verlangt das Selbst danach, die Balance zwischen den erworbenen Fähigkeiten und dem Gefühl von Ungewißheit zu finden. Die auf Identität und Ganzheit gerichteten Erwartungen werden für den Jugendlichen zum entscheidenden Kriterium in der Prüfung religiöser Vorstellungen.

2. Bemerkenswert ist auch folgende Beobachtung: Obgleich von der Zukunft her Verunsicherung in ihr Leben kommt, richtet sich die Aufmerksamkeit der Jugendlichen überwiegend auf die Gegenwart. Das Wie der Existenz nach dem Tod interessiert wenig bzw. wird von gängigen Denkkategorien her bestimmt (Nr. 8). Wenn die Rede auf konkrete Vorstellungsinhalte vom Jenseits kommt, legt sich den Jugendlichen vielmehr das Urteil "sinnlose Spekulation" nahe: "Die Auferstehung ist etwas, das man nicht fassen kann; sie hat mit der Wirklichkeit nichts zu tun". – "Auch eine konkrete Vorstellung von der Auferstehung würde nichts an meinem Leben ändern" (Nr. 2). Dagegen liegt in gegenwärtigen Erfahrungen des Glücks die Gewähr für das Gelingen des Lebens: Sie "bringen etwas" und sind deshalb erstrebenswert (Nr. 2); es kommt auch auf das bessere Gestalten des Lebens jetzt an (Nr. 3). Dieses Glück wird schon deutlich im Horizont zwischenmenschlicher Beziehungen verstanden, bleibt aber an das aktuelle, individuelle Wohlgefühl gebunden. Dazu gehört auch das Bedürfnis (und die Gewissensforderung) nach Anerkennung des Individuums (Nr. 4). Man könnte geradezu von einer präsentischen Eschatologie der Jugendlichen sprechen. Sie suchen ihr Gleichgewicht in dem, was ihnen gegenwärtig Bestand verspricht. Das ist im wesentlichen der Wunsch nach Anerkanntsein des eigenen Selbst. Das Problem liegt dabei darin, daß sie aus diesen Zielbestimmungen die Erfahrungen des Zerbrechens und des Sterbens ausklammern, obwohl diese Situationen ihre Sinnvorstellungen irritieren.

3. Obgleich die Jugendlichen ein Wissen vom Jenseits wenig interessiert, entwickeln sie anfanghaft Erwartungen, die die Bedrohung des Glücks,

7 Vgl. R. Döbert, Sinnstiftung ohne Sinnsysteme?, 61.
8 Vgl. J. Werbick, Glaube im Kontext. Prolegomena und Skizzen zu einer elementaren Theologie (SPT 26), Zürich 1983, 398-401.

die Brüchigkeit und Unvollkommenheit des eigenen Bemühens transzendieren auf einen weiten Horizont hin, der zwar unbestimmt bleibt, aber auf das Universale tendiert und eine starke Sogkraft ausübt:
– "Ich versuche halt, glücklich zu sein" (Nr. 2).
– Trotz Grenzen bleibt die Hoffnung, "noch etwas in einer bestimmten Richtung beeinflussen" zu können (Nr. 3).
– Durch einen "Schicksalsschlag" könnte man vielleicht "zum Glauben an die Auferstehung finden" (Nr. 4).
– Wenn ich "offen bin für andere", gibt es einen Sinn (Nr. 4).
– "Wenn das Leben als Ganzes anerkannt wird, gibt es keine Probleme mehr" (Nr. 4).
– "Meine Wünsche gehen immer weiter, sie sind unersättlich" (Nr. 5b).

Wenn die Schüler solche Erwartungen auch nur verhalten äußern, läßt sich darin dennoch ein Sich-Ausstrecken auf noch Ausstehendes erkennen, das im Blick auf die Zukunft nicht allein beim Vorhandenen beharrt. Ihr Drängen über den Status quo hinaus ist ein Ausdruck von Hoffnung, in der sich die Sehnsucht nach dem Guten für die menschliche Existenz regt[9]. Die Hoffnungen der Jugendlichen sind konkrete Formen jener Hoffnung, deren tiefste und umfassendste Form sich im Glauben an die Auferstehung ausdrückt. Wir können sie darum nicht des Unsinns verdächtigen. Von hier aus müssen wir weiterdenken, indem wir vornehmlich die Ausblendungen aufarbeiten.

4. Hoffnungspotential steckt vor allem im Willen der Jugendlichen, ihrem Leben selber eine gute Gestalt zu geben. Daß dies mit entschiedener Religionskritik einhergeht (Nr. 3), tut der Sache keinen Abbruch. In der Aktivierung des Individuums, das sich durch die Begrenztheit eigenen Könnens nicht in die Verdrossenheit treiben läßt, steckt die Bereitschaft, sich auf das Gutwerden der eigenen Existenz hin der ungewissen Zukunft zu stellen. Daß doch immer noch Möglichkeiten gesehen werden, ist aus einer im Inneren wirkenden, wohl unbewußten Strömung von Hoffnung verstehbar. Die Problematik dieser Einstellung liegt in der Unterschätzung existenzbeeinträchtigender Erfahrungen, die wohlstandsgesättigte Gymnasiasten oft nicht haben, und in der egozentrischen Überschätzung der eigenen Fähigkeiten. Ihr Hoffnungspotential bedarf daher der kritischen Prüfung an den Widerständen des Lebens, die der Religionsunterricht nur im Vorgriff auf allgemeine Lebenserfahrungen in den Reflexionsprozeß einbringen kann.

5. Obwohl ein starker Trend in dieser Lerngruppe die Auferstehungsbotschaft als nicht bedeutsam genug erscheinen ließ, führte das Gespräch über dieses Thema bei einigen doch zu bemerkenswerten Schlußfolge-

[9] Vgl. H. Middendorf, Über die Hoffnung. Diss. München 1937; Neudruck: Phänomenologie der Hoffnung, Amsterdam 1985.

rungen (Nr. 7). Man könnte darin Versuche der Jugendlichen sehen, den Glaubensinhalt in die neu ansetzende Beziehung ihres Selbst zum Transzendenten positiv zu integrieren.

- Aus dem Gedanken an Auferstehung erwachsen Vorbehalte gegenüber den Anstrengungen, dem Leben selbst einen letzten Sinn geben zu wollen ("Man ist dann nicht so verkrampft...").
- Vorsichtige Kritik an der Selbstüberschätzung des Menschen und seines Lebens erwächst auch aus dem Nachdenken über den Glauben ("Wir leben aber eigentlich so, als wäre das irdische Leben das ewige Leben").
- Es deutet sich ein Gespür für das Unverfügbare in der Welt an, das nicht in der Rationalität aufgeht ("Letzten Endes überwiegt das Sinnvolle").
- Es findet sich auch der bedächtige Versuch, das eigene Handeln an der Welt über die bedrohende Todesgrenze hinaus im Raum unverfügbarer Transzendenz festzumachen und daraus Sinn für das alltägliche Leben zu gewinnen ("Auferstehung ist ein Ziel des Lebens, das mir sagt: Mit dem, was du hier tust, rennst du nicht am Ende gegen eine Wand, sondern die Welt hat ein Ziel, sie wird vollendet in der Auferstehung").

Es bleibt aber zu bedenken, daß diese Gedanken beim Abwägen verschiedener Sichtweisen evoziert wurden, aber beständig dem religionskritischen Verdacht ausgesetzt blieben. Diese Aspekte dürften für die Vermittlung der Auferstehungsbotschaft bedeutsame Anknüpfungspunkte bilden (vgl. 6. Hauptabschnitt).

7.3 Hindernisse und Bruchstellen

Im Gespräch der Jugendlichen wurden große Unterschiede in der Beziehung zum Auferstehungsglauben deutlich. Skepsis, ja Ablehnung und Suchen nach neuen Lebensmodellen bestimmen jedoch das Bild ihrer Äußerungen. Was stellt sich für sie als Hindernis der Annahme des Glaubens dar? Wo liegen die Bruchstellen zwischen dem Denken der Jugendlichen und den religiösen Deutekategorien?

Überbetonung der Rationalität

Der Aufbau des formalen Denkens ist in dieser Lebensphase soweit vorangeschritten, daß der Jugendliche aus dem eigenen Bewußtsein heraus Hypothesen und Theorien aufstellt und in freier Aktivität Ideen artikuliert. Das Bewußtwerden der eigenen geistigen Kräfte, die er im Blick auf die Wirklichkeit erprobt, führt zu einer Überbetonung der Rationalität; ihr mißt er umfassenden Geltungsanspruch zu. Für Gymnasiasten, deren Lernprozeß sich überwiegend in abstrahierenden Operationen bewegt, ist das intellektuelle Beherrschen von Wirklichkeit oft geradezu der Weg der Identitätsbildung[10]. Dazu gehört auch, daß sie die unerschütterlichen Grundlagen einer Wahrheit, die bisher zu ihrer Sozialisation gehörte oder der sie auf der Suche nach einem integrierenden Lebenskonzept begegnen, strenger kritischer Prüfung nach der Maßgabe ihres Denkhorizontes unterziehen. Daraus erwachsen die Hindernisse, den Auferstehungsglauben mit dem rationalen System zu vereinbaren. Unter den Postulaten der sinnlichen Wahrnehmung und der nachvollziehbaren Funktionsbeziehung muß sich die Frage danach, wie man das Jenseits des Todes denken könne, erübrigen (Nr. 2).

Hierin werden natürlich auch Folgen schulischer Bildung deutlich, die das Wahrnehmungsfeld und die Erfahrungswege der Jugendlichen auf einen Ausschnitt von Wirklichkeit einengt:
a) Unter den Prinzipien kontrollierten Verfügens und Beherrschens von Sachverhalten entschwindet die personale Dimension von Wirklichkeit, in der allein Glaube einen Ort hat[11].
b) Die Festlegung von Bildung auf die diskursive Sprache verdrängt das Erfassen des »Unsagbaren«, d.h. dessen, was sich nicht der Ordnung der Begriffslogik fügt, sondern nur über die Sensitivität für die Tiefenstruktur im Symbolischen und Metaphorischen entdeckt wird[12]. Nur bei wenigen Schülern ist das positivistische Wirklichkeitsverständnis aufgebrochen auf die Möglichkeit einer existentiellen Interpretation des Auferstehungsglaubens (Nr. 7).
An diesen Beobachtungen wird jedenfalls deutlich, daß sich auf intellektueller Ebene allein kein Verständniszugang eröffnen läßt[13]. Die didaktische Erschließung dieses Glaubensinhalts bedarf in jedem Fall einer Verständigungsform im Sinne des Wortes von Blaise Pascal: "Das Herz hat seine Gründe, die die Vernunft nicht kennt..."[14].

Entwicklung des religiösen Urteils

Diese Entwicklung der Denkstruktur bestimmt auch das Verhältnis der Jugendlichen zu religiösen Aussagen. Zur genaueren Interpretation kön-

---

10 Jean Piaget spricht vom "intellektuellen Egozentrismus der Adoleszenz", der "sich im Glauben an die Allmacht der eigenen Überlegungen" äußert, "als ob die Welt sich den Systemen unterordnen müßte und nicht die Systeme der Welt" (Theorien und Methoden der modernen Erziehung, Wien 1972, 251).

11 Vgl. B. Welte, Religionsphilosophie, Freiburg ³1980, 168-175.

12 Ebd., 137-139.193-199; S.K. Langer, Philosophie auf neuem Wege. Das Symbol im Denken, im Ritus und in der Kunst, Frankfurt/M. 1984, 86-108.

13 Vgl. H. Kessler, Sucht den Lebenden nicht bei den Toten. Die Auferstehung Jesu Christi in biblischer, fundamentaltheologischer und systematischer Sicht, Düsseldorf 1985, 264.

14 Über die Religion und über einige andere Gegenstände (Pensées), Frg. 277, hrsg. von E. Wasmuth, Tübingen 1948, 143f.

nen wir auf bisherige Untersuchungen zur Entwicklung des religiösen Urteils zurückgreifen[15]. Sie bewegen sich zwar im Bereich der grundsätzlichen Frage nach der Beziehung zu einem »Letztgültigen» und »Transzendenten«, in der ein Mensch bestimmte Lebenssituationen begreift. Da aber mit der Auferstehungsfrage diese Grundbeziehung zur Sprache kommt, lassen sich mit den Urteilsstufen auch die Schüleräußerungen interpretieren. In dem vorliegenden Material treffen wir drei verschiedene Formen des religiösen Urteils an:

a) Nur noch wenige Jugendliche befinden sich nach den Kategorien von Fritz Oser[16] auf dem Übergang der Stufe 2, der Do-ut-des-Perspektive, zur Stufe 3, der Perspektive des Deismus (Nr. 9). Sie sind dabei, die Vorstellung von der Beeinflussung Gottes als unmöglich aufzugeben. Da noch kein neues Bezugssystem ausgebildet ist, befinden sie sich jedoch in ambivalenter Lage. Die Vermischung mit dem Gerichtsgedanken erschwert die Ablösung von Stufe 2. Die Vorstellung von Gottes Gericht ist noch weit vom Gedanken der Souveränität göttlichen Handelns entfernt ("Gott bestimmt"); jedoch wird Gott ein eigenständiges Verfügen zugestanden. Damit tendieren diese Äußerungen auf Stufe 3 hin.

b) Der größere Teil der Jugendlichen favorisiert eine Beziehung zum Auferstehungsglauben, die der "Perspektive des Deismus"[17] gleichkommt (Nr. 2 – 4). Sie taucht hier mit zwei Akzenten auf: Von der kindlichen Beziehung zu Gott befreit wollen sie im Bewußtsein der eigenen Kräfte das Leben selbstverantwortlich gestalten. In diesem Horizont wird die Auferstehung zu einer "Theorie, die nichts bringt". Die Behauptung der Ich-Autonomie geht einher mit dem Zweifel an bisher Geglaubtem, von dem man das Selbst abgrenzt. Der Auferstehungsglaube wird bei solcher Ich-Zentrierung zur Fiktion ("Sinnlose Spekulation"), die man jetzt durchschaut hat. In einem zweiten Akzent taucht der Auferstehungsglaube unter funktionaler Perspektive auf: als Opium "für Leute, die mit ihrem Leben hier nicht fertig werden" (Nr. 3). Für sich bestreiten die Verfechter dieser These seine psychologische Funktion, ja halten jenen Glauben für erledigt; sie spielen dagegen die Stärke eigener Reflexion und eigenen Handelns entschieden aus. Dazu zählt man auch als Negativposten das Desinteresse an der Weltgestaltung, der die Verlagerung der Lebensziele auf Anerkennung und Verständigung im Miteinander gegenübersteht.

---

15 Vgl. F. Oser/P. Gmünder, Der Mensch – Stufen seiner religiösen Entwicklung. Ein strukturgenetischer Ansatz, Zürich 1984. Dieser Forschungsansatz befindet sich jedoch noch in der Entwicklung. Vgl. Wachsen im Glauben, in: Religionspädagogische Beiträge 21/1988; N. Mette, Stufentheorien zur Glaubensentwicklung in der Diskussion, in: Katechetische Blätter 114 (1989) 123-132; A.A. Bucher/K.H. Reich (Hrsg.), Entwicklung von Religiosität. Grundlagen–Theorieprobleme –Praktische Anwendung, Freiburg Schweiz 1989.

16 F. Oser/P. Gmünder, Der Mensch – Stufen seiner religiösen Entwicklung, 93f.

17 Ebd., 94-96; K.E. Nipkow, Die Gottesfrage bei Jugendlichen, 240-244.

Diese Haltung geht mit dem Ausblenden von enttäuschter Hoffnung einher.

c) Durch das religionskritische Gespräch hindurch entwickelten sich bei einigen Jugendlichen Ansätze einer neuen Rezeption des Auferstehungsglaubens , die auf einen Übergang zu Stufe 4, der Perspektive der Korrelation und des Heilsplans, tendiert[18]. Sie zeigt sich zum einen im Gespür für die Zerbrechlichkeit des Glücks und der tragenden Lebenspfeiler als Aufbruch von Stufe 3 (Nr. 1), jedoch nicht auf Auferstehung hin (vgl. 7.1). Zum andern scheint bei einigen das Ich-Bewußtsein so weit gestärkt, daß eine Rückbindung der persönlichen Zukunftsgerichtetheit an Auferstehung vorsichtig angepeilt (Nr. 7a) oder sogar direkter als Perspektive für das autonome Handeln ins Auge gefaßt wird (Nr. 7b). Hier trifft die Charakterisierung von Fritz Oser zu: "Es geschieht ein Durchbruch dahingehend, daß die Gleichzeitigkeit transzendenter und immanenter Wirkkraft geahnt wird und langsam ein neues Modell der Vermittlung der beiden Dimensionen konstruiert wird"[19].

Zwar sind die Kriterien der Stufentheorie noch recht vage und ihre pädagogischen Implikationen und Konsequenzen bedürfen noch sorgfältiger Abklärung. Dennoch bieten sie erste Ansätze für die genauere Vermittlung bestimmter Bibeltexte und Glaubensformen mit der Denkstruktur und Identitätsentwicklung der Jugendlichen.

Unvereinbarkeit in der gesellschaftlichen Interaktion

Ein weiteres Hemmnis betrifft die soziale Ebene der jugendlichen Erfahrungswelt. Nachdem die Probleme der Ablösung von den primären und sekundären Bezugspersonen weitgehend geklärt sind, befindet sich der Jugendliche auf dem Wege, durch intensive Selbstreflexion seinen eigenen Lebensentwurf zu konstituieren. Aber die Entwicklung dieses Selbst-Standes gerät in eine Krise, wenn der Jugendliche durch seine Kontakte mit der unmittelbaren Umwelt erhebliche Differenzen zu dem erworbenen, auf persönlicher Grundlage akzeptierten Sinn- und Wertsystems entdeckt[20]. Die Koordinierung seiner Vorstellungen mit der Gesellschaft stellt ihn vor eine schwierige Aufgabe.

a) Diese Problematik wird in den folgenden Äußerungen deutlich:

- "Der Gedanke an die Auferstehung kommt manchmal im Zusammenhang mit dem Osterfest auf. Aber er verfliegt dann wieder, weil er im Leben und in der Gesellschaft im Wege steht" (Nr. 5a).
- "Wenn man versucht, nach den christlichen Maßstäben zu leben, ist man nicht konform mit der Gesellschaft, sondern lebt nach ganz anderen als den gängigen Maßstäben... Die Chancen, eine andere Lebens-

18 F. Oser/P. Gmünder, Der Mensch – Stufen seiner religiösen Entwicklung, 96f.

19 Ebd., 97.

20 Vgl., J. Piaget, Theorien und Methoden der modernen Erziehung, 252-258; R. Döbert, Sinnstiftung ohne Sinnsysteme?, 58ff.

weise als die gängige durchzusetzen, sind sehr gering: Du gehst vor die Hunde, wenn du das tust" (Nr. 6).

Der Jugendliche, der nach seinem Platz in der Gesellschaft sucht, wird aufgrund der religiösen Indifferenz der Umwelt in seinem Selbst-Stand hart herausgefordert. Sein Versuch einer realitätsbezogenen Koordination seines Glaubens mit der Mentalität der Umwelt droht an der Unvereinbarkeit der Sinnziele und Wertvorstellungen zu scheitern. Dabei geht es nicht um die Richtigkeit einer Idee, sondern um die soziale Anerkennung des Selbst und die Einpassung der eigenen Wertewelt in die soziale Realität.

b) Die Probleme der Jugendlichen sind mit ihrer Identitätsentwicklung gegeben; sie bestehen nach den Kategorien von Robert Kegan[21] darin:

– Die Bedeutung gesellschaftlicher Mechanismen für das Selbst wird sensibler wahrgenommen. Das vertraute Sinngefüge gerät in der religiös indifferenten Gesellschaft[22] in eine tiefe Krise. Nicht nur die Glaubwürdigkeit der bisher gelebten Normen steht in Frage, sondern auch das Gleichgewicht zwischen Selbst und sozialer Umwelt kann verlorengehen, bis zum "Gefühl eines negativen Selbstwertes". In der Betroffenheit der Jugendlichen, die aus dem Gespür der Differenz zu den gesellschaftlichen Erfahrungen entsteht, zeigt sich "Trauer über den Verlust einer Form der Bedeutungsbildung..., die das Selbst als seine eigene Identität zu schätzen gelernt hat"[23].
– Die Krise wird dadurch bewältigt, daß der Jugendliche sein persönliches Lebenskonzept mit der angeschärften Wahrnehmung der konkreten gesellschaftlichen Abläufe ausbalanciert. Der Jugendliche lernt in der Wahrnehmung konkreter Lebenssituationen und verschiedener Sinndeutungen dieser Realität die Grenzen seines eigenen abstrakten Systems kennen. Die Sensibilität für das Konkrete führt ihn zu einem offeneren Denken, in dem er nicht alles auf einen Nenner bringen muß, sondern als außerhalb des Selbst bestehende Realität gelten lassen kann, ohne daß er das eigene aufgeben muß.

Robert Kegan nennt dieses offenere Denken "dialektisch", insofern dazu "eine neue Haltung gegenüber Widersprüchen und Paradoxien" gehört. "Anstatt als existentielle Bedrohung für das System erlebt zu werden, oder um jeden Preis eine Lösung zu verlangen, wird der Widerspruch jetzt zunächst einmal als Widerspruch anerkannt; die Aufmerksamkeit gilt dann eher der Beziehung zwischen den Polen einer Paradoxie, als der Wahl zwischen ihnen"[24].

c) Wir dürfen jedoch nicht übersehen, daß das Ende des Prozesses offen

---

21 R. Kegan, Die Entwicklungsstufen des Selbst. Fortschritte und Krisen im menschlichen Selbst, München 1986, 290-330.

22 Vgl. F.-X. Kaufmann, Religiöser Indifferentismus, in: E. Paul/A. Stock (Hrsg.), Glauben ermöglichen (FS Günter Stachel), Mainz 1987, 115-127.

23 R. Kegan, Die Entwicklungsstufen des Selbst, 293.295.

24 Ebd., 299.

ist: es kann zum völligen Aufgeben bisheriger Sinnvorstellungen kommen oder zur Anpassung an jeweils gängige Verhaltensmuster. Wie der Jugendliche diese emotionale Spannung löst, hängt nach Robert Kegan "nicht nur von seiner Entwicklungsgeschichte ab..., sondern auch von der Bereitschaft seiner gegenwärtigen einbindenden Kultur, ihm bei der Ablösung zu helfen, sowie von der Verfügbarkeit einer künftigen Kultur, die das neue Gleichgewichtsverhältnis hält und anerkennt"[25]. Dazu braucht der Jugendliche einen Spielraum der Kommunikation, in dem er nicht nur von seiner idealisierenden Selbstbezogenheit zur Wahrnehmung der Realität geführt, sondern auch seiner Kompetenz zur Problemlösung einiges zugetraut wird[26].

d) Das Zwischenglied zwischen Selbst und Gesellschaft bilden für die Jugendlichen die Formen ihrer Subkultur und die Erlebnisse in der Clique[27]. Die "Jugendkultur" bezeichnet ein spezielles Sozial- und Orientierungssystem, in dem die Jugendlichen ihr Eigensein zelebrieren und den Nonkonformismus als Mittel zur Selbstdarstellung und zur Festigung des Selbstbewußtseins einsetzen. Hier besteht die Symmetrie der Beziehungen, in der sie unabhängig von der Erwachsenenwelt und ihren Normen ihren eigenen Lebensstil entwickeln. Die Jugendkultur ist ein unkontrollierter Raum, in dem sie in freier Wahl der Partner Beziehungen erproben und mit Lebensformen experimentieren. Für den einzelnen bringt sie allerdings zahlreiche Verunsicherungen, Euphorien und Repressionen mit sich, die durch Liebschaften, sexuelle "Experimente" und zerbrochene Beziehungen bestimmt sind. Die Erlebnisse in dieser Zeit und die Ambivalenz der Gefühle sind elementare Inhalte ihrer Persönlichkeitsentwicklung. Wenn wir sie ausblenden, bleibt vieles realitätsfern.

Für den Religionsunterricht ergeben sich daraus drei Aufgaben:

1. Entscheidend für das Durcharbeiten der Spannung ist ein Interaktionsstil, "bei dem nicht funktionsspezifische Merkmale, sondern solche der gegenseitigen Identitätswahrnehmung dominieren"[28]. Der Religionsunterricht könnte ein Raum personaler Begegnung sein, in dem die bewegenden Erfahrungen der Jugendlichen zur Sprache kommen und ihre Denkvorgänge Geltung erhalten.

---

25 Ebd., 316. Unter "einbindender Kultur" versteht R. Kegan die vom Selbst unabhängige Umwelt, die auf die Entwicklung des Individuums einwirkt; aus ihr werden wir "immer neu geboren... Sie muß festhalten, ... loslassen und...in der Nähe bleiben, damit sie reintegriert werden kann" (ebd., 165).

26 Vgl. J. Werbick, Glaube im Kontext, 405-408.

27 Vgl. Allerbeck/W. Hoag, Jugend ohne Zukunft? Einstellungen, Umwelt, Lebensperspektiven, München 1985, 34-52; Deutsches Jugendinstitut (Hrsg.), Immer diese Jugend! Ein zeitgeschichtliches Mosaik. 1945 bis heute, München 1985, 13-24.411-420.

28 F.-X. Kaufmann, Gesellschaftliche Bedingungen der Glaubensvermittlung, in: G. Stachel u.a. (Hrsg.), Sozialisation—Identitätsfindung—Glaubenserfahrung (SPT 18), Zürich 1979, 97.

2. In diesem Kommunikationsprozeß geht es um die Auseinandersetzung des Jugendlichen mit der Mentalität seiner Umwelt und mit den realen Bedingungen des Lebens. Seine Bereitschaft zum Aufbau eines tragfähigen Sinnkonzeptes wird auf das Hinterfragen der in der Gesellschaft vorfindlichen Werthaltungen und Sinnziele hingelenkt, um das Widersprüchliche in der sozialen Umwelt zu klären.
3. In diesem Kontext kann der Religionsunterricht die lebensbestimmende Qualität des Glaubens ausfalten, sofern er die Erfahrungssituation der Jugendlichen zum Zielpunkt der Betrachtung macht. Den Vergleich mit der Mentalität der Zeit braucht der Religionsunterricht nicht zu scheuen, sofern er ohne Apologie auf Verständigung über die tragfähigen Lebensperspektiven abhebt und dabei auch die Aporien der Gegenwartsmentalität kritisch herausarbeitet. Aber gerade beim Auferstehungsglauben geht die Verknüpfung mit den Hoffnungen der Menschen nicht auf. Die Antithese kann man weder logisch noch psychologisch aufheben. Um die lebensbestimmende Kraft dieses Glaubens zu erfahren, muß man erst in ihn hineinfinden[29]: durch Meditation und Glaubensreflexion. Das Nachdenken über das, was Menschen erhoffen, bildet jedoch einen notwendigen Motivationsansatz.

Allgegenwart von Religionskritik

Ein bedeutsames Merkmal der gegenwärtigen Mentalität ist die Allgegenwart von Religionskritik. Ein Schülerstatement (vgl. 5.2, Nr. 3) drückt auf den Begriff genau eine Qualifizierung von Religion aus, die sich seit dem 19. Jahrhundert häufig unter Intellektuellen findet: Religion kommt aus der Lebensangst. Menschen werden religiös, weil sie mit ihren Lebenskrisen nicht fertig werden[30]. Solche Auffassungen stehen sowohl im Zusammenhang mit der kognitiven Entwicklung als auch mit dem Prozeß der Sozialisation in einer religiös indifferenten Gesellschaft.
a) Der Aufbau eines persönlichen Lebenskonzeptes unterstellt alle Erfahrungen dem Kriterium der persönlichen Vergewisserung. Die Fähigkeit zu formaler Begriffsbildung stellt dafür eine Voraussetzung dar. Die unsichtbare Wirklichkeit Gottes und die Auferstehungshoffnung bilden in diesem Horizont eine unüberwindliche Denkschwierigkeit. Sofern die religiöse Erfahrung nicht durch tiefgreifende soziale Erfahrungen abgestützt ist, bekommen die Probleme des rationalen Begreifens die Oberhand. Für religiös sozialisierte Schüler ergibt sich die Möglichkeit, auf persönlicher Grundlage einen neuen Zugang zur Auferstehungsbot-

---

[29] Vgl. P. Stuhlmacher, Exegese und Erfahrung, in: E. Jüngel u.a. (Hrsg.), Verifikationen (FS Gerhard Ebeling), Tübingen 1982, 67-82, hier 77f.
[30] Die Beschäftigung mit moderner Literatur verstärkt diese Tendenz. In ihr kann man jedoch den "Niederschlag einer fatalen Wirkungsgeschichte des Religiösen im Raum der Literatur" sehen (K.-J. Kuschel, Dichtung und Religion in der Literatur unserer Zeit, in: Zeitwende 58 (1987) 161-181, hier 162.

schaft zu gewinnen (vgl. 7.2). Aber das Gespräch der Schüler bestätigte auch die Interpretation von Karl Ernst Nipkow: "Dicht neben der theologisch höchst angemessenen erfahrungsbezogenen Rede von Gottes Wirken im eigenen Leben liegt die theologisch abzuweisende erfahrungsabhängige Funktionalisierung der Wirklichkeit Gottes, durch die sie im Grunde dem Menschen völlig entgleitet, weil er in dieser Art Erfahrung nur sich selbst anschaut"[31]. Der rationalistische Zugriff läßt für Jugendliche nurmehr das funktionalistische Verständnis religiöser Inhalte zu, in dem die Frage nach der Existenz Gottes bedeutungslos wird. Darin zeigt sich ein für 18-19jährige Gymnasiasten typisches Phänomen[32].
b) Die religionskritische Auffassung der Schüler (Nr. 3) läßt sich nach den Kategorien des religiösen Urteils[33] in die "Perspektive des Deismus" (Stufe 3) einordnen. Das Bewußtwerden des Selbst grenzt das »Jenseitige« von dem persönlichen, autonomen Lebenshorizont ab. Da religiöse Ausdrucksformen aber zur wahrgenommenen Realität seiner Umwelt gehören, kann der Jugendliche ihnen lediglich eine funktionale Bedeutung zugestehen (s.o.), die er für sein Lebenskonzept jedoch ausschließt. Diese Selbst-Behauptung gegenüber einem »Höheren« ("Das ist eine Sache, die ich mir völlig selbst aussuchen kann", Nr. 4) stellt einen wesentlichen Schritt der Identitätsentwicklung dar. Die nachfolgenden Äußerungen ("Wenn ich sehe...", Nr. 3 und 4) zeigen denn auch die Ernsthaftigkeit des Interesses, mit der Verabschiedung der Auferstehungsbotschaft dem Leben selbst einen Sinn zu geben. An die Stelle religiöser Symbolsysteme treten ethische Ideale, auf die das Leben ausgerichtet wird: "Annahme und Anerkennung jedes Menschen" (Nr. 4)[34].
In Anbetracht dieser konstruktiven Lebensvorstellungen muß offenbleiben, inwieweit die energische Religionskritik der Jugendlichen nicht den Charakter einer persönlichen Antithese zur bisherigen (religiös gefärbten) Sozialisation hat, die der Jugendliche (vielleicht nur probeweise) als entwicklungsbedingte Form der Bekräftigung des Selbst aufbaut. Darin tritt die Notwendigkeit zum Vorschein, nach der Ablösung von den einbindenden Kulturen der Kindheit sein Leben auf neuer, eben autonomer Grundlage zu rekonstruieren[35]. Man wird dabei in höherem Maße, als dies bei Fritz Oser und Paul Gmünder geschieht, das Gewicht der Sozialisation beim Aufbau der "Perspektive des Deismus" veranschlagen müssen.
c) Religiöses Lernen hängt in erheblichem Maße vom Einfluß soziokultu-

---

31 Die Gottesfrage bei Jugendlichen, 242 (1. Unterstreichung von mir).
32 Ebd., 244, vgl. R. Preul, Religion–Bildung–Sozialisation, 111.
33 Vgl. F. Oser/P. Gmünder, Der Mensch – Stufen seiner religiösen Entwicklung, 94-96.115f.
34 Vgl. R. Döbert, Sinnstiftung ohne Sinnsysteme?, 67.
35 Vgl. K.E. Nipkow, Grundfragen der Religionspädagogik, Bd. 2, Gütersloh ³1984, 101-130.

reller Faktoren ab, die auf die Persönlichkeitsentwicklung nachhaltig einwirken[36]. In der gegenwärtigen Situation verfügen wir "nur noch recht begrenzt über gesellschaftlich gemeinsame Überzeugungsbestände"[37]. Die christliche Glaubenstradition gerät "in Wettbewerb und Konflikt zu anderen Sinnsystemen, die die Gesellschaft bietet"[38]. Die "Pluralität der Positionen" vermittelt den Jugendlichen den "Eindruck einer relativen Gleichwertigkeit der verschiedenen Möglichkeiten"[39]. Man kann darum mit Hans Zirker davon ausgehen, daß sich in den religionskritischen Auffassungen von Jugendlichen subjektive Widerstände und Abneigungen gegenüber der Religion, die aus der individuellen Lebensgeschichte erwachsen, mit gesellschaftlich nahegelegten Überzeugungen der neuzeitlichen Freiheitsgeschichte verbinden. Obgleich "rationale Gründe... oft sekundären Charakter haben", bietet dem zu formalem Denken befähigten Jugendlichen das Erkenntnisideal der empirischen Wissenschaft größere Gewähr in der persönlichen Vergewisserung als die gelernten Glaubensinhalte[40]. Der Maßstab des intersubjektiven Kontrollierens wird denn auch im Blick auf den Lebenssinn und das Zusammenleben höher angesetzt als die Auferstehungshoffnung (Nr. 3 und 4). Auch wenn sie mit dem Zentralbegriff marxistischer Religionskritik ("Opium des Volkes") umgehen, steht dahinter nicht unbedingt eine unmittelbare Abhängigkeit von dieser geistigen Strömung. Was sie in der sozialen Umwelt erfahren, wird vielmehr auf die eigene Lebensgeschichte hin instrumentalisiert. Ineins mit der Profilierung der ethischen Ideale des Humanismus verarbeiten sie damit "die Zweifel und Widerstände, die oft weniger reflektiert, aber unterschwellig recht wirksam das Bewußtsein und Handeln der Menschen im Verhältnis zur Religion bestimmen"[41]; sie gewinnen durch Ausgrenzung des Religiösen und durch Behauptung ihrer eigenen Entscheidungskompetenz[42] persönliche Prinzipien der Lebensorientierung.

Die Äußerungen der Jugendlichen sind darum nicht als Ausdruck von Ungläubigkeit, religiöser Gleichgültigkeit oder als bewußte Ablehnung christlicher Glaubensüberzeugung zu nehmen – auch wenn sie in diesem

---

36 Vgl. R. Ott, Sozialisation, in: G. Bitter/G. Miller (Hrsg.), Handbuch religionspädagogischer Grundbegriffe, Bd. 1, München 1986, 61-67.

37 H. Zirker, Religionskritik–Zweifel, in: W. Böcker u.a. (Hrsg.), Handbuch religiöser Erziehung, Bd. 2, Düsseldorf 1987, 533.

38 G. Milanesi, Glaubenserfahrung und Sozialisation, in: G. Stachel u.a. (Hrsg.), Sozialisation–Identitätsfindung–Glaubenserfahrung (SPT 18), Zürich 1979, 101-121. hier 119.

39 H. Zirker, Religionskritik–Zweifel, 533.

40 Ebd., 532-543.

41 Ebd., 534.

42 F. Oser/P. Gmünder, Der Mensch – Stufen seiner religiösen Entwicklung, 94. Ein an Idealen von Freiheit, Individualität, Gerechtigkeit und Solidarität orientiertes Sinnsystem folgt aus einer intensiven, gesellschaftlich unüblichen Beschäftigung mit Religion (R. Döbert, Sinnstiftung ohne Sinnsysteme?, 67).

Gewand daherkommen. Sie stellen vielmehr einen Versuch dar, in unserer religiös indifferenten Gesellschaft unter Absetzung von der bisherigen religiösen Sozialisation persönliche Verantwortung für das eigene Lebenskonzept zu entwickeln. Darauf sollten Jugendliche aber nicht festgelegt werden.

7.4 Notwendigkeit und Grundgestalt des Dialogs mit den Schülern

Die Religionsdidaktik muß diese Verstehenssituation der Jugendlichen und ihren soziokulturellen Kontext wahrnehmen, um einen neuen Dialog über die religiöse Deutung von Lebenserfahrungen anzubahnen[43]. Die Frage ist, wie wir den Dialog führen. Hier greifen wir zurück auf die Kategorien "Begegnung und Dialog" (vgl. 3.3), um sie aus der Perspektive der Jugendsituation neu zu bedenken. Am Widerhaken der Religionskritik kann die didaktische Reflexion nicht vorbeigehen. Denn zum einen wird nur eine Verständigungsbasis erreicht und ein Lernfortschritt angeregt, wenn Denkniveau und subjektive Sinndeutungen der Lernenden nicht überspielt werden[44]. Zum anderen können wir nicht hinter den geistigen Horizont der Aufklärung, der die Mentalität im Begegnungsfeld der Jugendlichen prägt, zurückgehen[45]. Gegensätzliche, kaum auszugleichende Positionen erschweren den Dialog. Die Sache so anzugehen, daß man gegen den anderen durch rhetorisches Geschick auf Sieg zu argumentieren versucht, ist auf den ersten Blick verlockend, baut aber mehr Widerstände auf, als Verständigung in der Sache[46] anzubahnen. Folgende Gesichtspunkte sind für diesen Dialog bedeutsam:

a) Im Glauben geht es um die persönliche Lebensorientierung, um Sinngebung im Alltag und um die Durchdringung der Kultur mit dem Geist Christi. Die Intention der Religionsdidaktik ist daraufhin ausgelegt, "die Zustimmung des Herzens" zu bewirken[47]. Der Weg dorthin bedarf des Dialogs, dessen Struktur von persönlicher Teilhabe und von Teilgeben an den grundlegenden Erfahrungen und Einsichten bestimmt ist. Die unterrichtliche Kommunikation wird weder die Auffassungen der Partner

---

[43] Der offene Dialog bleibt der entscheidende Didaktikansatz dieser Arbeit. Eine Bewertung ihres Denkens als "Glaubensschwierigkeit" oder "persönlicher Makel" wird den Jugendlichen nicht gerecht (vgl. H. Zirker, Religionskritik–Zweifel, 534). Das Stufenmodell religiöser Entwicklung verdeutlicht vielmehr, "daß alle Wissenseinheiten traditioneller..., kultischer und aktuell interpretierter Handlungen in jeder Entwicklungsstufe neu bearbeitet, integriert und externalisiert werden müssen" (F. Oser/P. Gmünder, Der Mensch – Stufen seiner religiösen Entwicklung, 264f.).

[45] Vgl. H. Zirker, Religionskritik–Zweifel, 530-534.

[46] Vgl. Zirker, Aufbau einer religiösen Verständigungsfähigkeit – die Aufgabe des Religionsunterrichts, in: Katechetische Blätter 101 (1976) 489-503. ders., Religionskritik-Zweifel, 538-541.

[47] Papst Paul VI., Enzyklika "Evangelii nuntiandi", Nr. 23.

aus dem Standpunkt der Überlegenheit überspringen noch unbedingt ihre Unsinnigkeit herausarbeiten; denn dieser Weg verstärkt die Gegnerschaft und verhindert Verständigung[48].

b) Das Maß des Dialogs ist die Vernünftigkeit, die sich auf die unterrichtliche Interaktion und die Sachfrage gleichermaßen bezieht. Zum Beziehungsaspekt gehört die Bereitschaft, mit und für den anderen zu denken, d.h. Solidarität gerade auch dort walten zu lassen, wo Gegensätze unüberbrückbar erscheinen. Solidarität in entscheidenden Lebensfragen zielt nicht auf Gleichheit der Überzeugungen, sondern auf die Hilfe zum Gewinnen einer eigenen tragfähigen Lebensperspektive. Der Schüler muß als Partner mitgehen können, weil der Lehrer das Gewicht seiner Auffassung erwägt und sogar "Gesagtes von der Sache her stärker zu machen weiß"[49].

c) Zur Vernünftigkeit des Dialogs gehört der Widerstand gegen Einfältigkeit, insofern man nicht bei Meinungen stehenbleibt, sondern den Schüler aus seiner Gedankenlosigkeit und Selbstverkennung zu reißen versucht. Dazu ist notwendig, daß der Unterricht die Meinung durch die Frage nach der Sache aufbricht. Durch das Fragen wird die Meinung in einen bestimmten Horizont gerückt und dadurch für neue Sinnmöglichkeiten geöffnet. Die Schüler (und der Lehrer!) werden sich ihrer selbst gewiß, indem sie in ein Verhältnis zur Sache gebracht werden, die vor ihnen steht. Im Dialog tauschen sie sich darüber aus, indem sie durch die sich aufdrängenden Fragen die Sache aufschließen.

d) Auf inhaltlicher Ebene geht es darum, hinter die Meinungen zurückzugehen auf die Frage, auf die die Schüler wirklich antworteten: Worin besteht die Frage, die den Menschen letztlich bewegt, welchen Standpunkt er auch immer bereits gewonnen zu haben scheint? In diesem Rekurs tritt eine Sache vor Augen, über die sich Schüler und Lehrer verständigen und auf das Gemeinsame hin verändern. Dieser Prozeß ist im Rahmen von Unterricht nicht abschließbar; er kommt nur zu einem Ende, das in der Regel kein Aufgehen in totale Gemeinsamkeit ist. Darin liegt jedoch die Chance, die Fraglichkeit der gewachsenen Auffassungen im Gegenüber zur Sache aufrechtzuerhalten. Das Gewissen der Beteiligten wird angeregt, in der Sache neue Sinndimensionen zu erkunden und die

48 Vgl. A. Exeler, Der Religionslehrer als Zeuge, in: Katechetische Blätter 106 (1981) 3-14, hier 4; R. Schlüter, Der Religinslehrer als Zeuge – Eine hilfreiche religionspädagogische Forderung?, in: Theologie und Glaube 74 (1984) 341-356, hier 347ff.

49 H.G. Gadamer, Wahrheit und Methode. Grundzüge einer philosophischen Hermeneutik, Tübingen [2]1965, 349.

Frage nach der Wahrheit des Lebens lebendig zu halten[50].

e) In diesem Prozeß ist die Glaubensüberlieferung (z.B. Bibeltexte) dann kein fremder Sachverhalt, wenn sie im Kontext konkreter Erfahrungen als Überzeugung vom heilvollen Wirken Gottes an uns zur Sprache kommt. Das ungeläufige Wort, die komplexe Interpretation bedarf der Grundierung mit der Frage, die uns eigentlich bewegt. Und der Dialog mit der Glaubensüberlieferung kommt nur durch die Spannung zu der Wirklichkeitserfahrung, die die Jugendlichen selbst haben, in Gang. In diesem Spannungsgefüge gibt es nicht nur Verzerrungen und Mißverständnisse des Glaubens aufzuklären, sondern mit den Jugendlichen auch zu "entdecken, welchen Beziehungsreichtum diese Wahrheit in ihrem Leben entfaltet"[51]. Die Tiefenschärfe der Glaubenserfahrung hilft das Einfältige und Ungereimte, die verdeckten Brüche und verstellten Türen in unserem alltäglichen, dem Glauben entfremdeten Lebensverständis freizulegen[52].

f) Manchmal sind Lebensvorstellungen in derart einschichtiger Gewohnheit festgefahren, daß nur die provokante Antithese etwas aufbrechen kann. In verhärteten Denkstrukturen kann nur das Paradoxe den Sinn des Menschen über das gängige Erwartungsfeld und die Zwänge des Selbstverständlichen hinaus aufschließen für eine neue Erfahrungsebene, die ihre eigene Logik hat[53]. Zum Paradoxon gehört das Unlogische, sofern wir nur von der Logik des Üblichen ausgehen. Es ficht diese Logik an, um das Hintergründige von Wirklichkeit entdecken zu können. Das Paradoxon führt so auf einen Lernweg, in dem wir neue Orientierungsmaßstäbe gewinnen. Es kann seinen Sinn dort entfalten, wo die bisherige Wirklichkeitsdeutung fraglich geworden ist.

50 H. Zirker formuliert als Ziel religiöser Erziehung, daß die jungen Menschen "zu einer derart kommunikationsfähigen Identität gelangen, in der sie gleichzeitig selbstsicher und korrekturfähig sein können" (Religionskritik–Zweifel, 539).

51 J. Werbick, Religionsdidaktik als "theologische Konkretionswissenschaft", in: Katechetische Blätter 113 (1988) 82-99, hier 87. In "prophetischer Konkretion" erweist die Didaktik die "Gültigkeit" der Glaubenswahrheit "an ihrer Konkretisierbarkeit und Bestimmbarkeit in jede einzelne Situation hinein" (96). Der Anspruch der Botschaft bleibt dabei für das wirkliche Lebensverständnis Anruf und Kritik zugleich.

52 "Erst wenn dem Betroffenen dämmert, worauf die Oberflächenerlebnisse und Alltagserfahrungen verweisen, setzt die tiefgreifende Aufmerksamkeit auf die Schicht der Grunderfahrungen ein. Und erst... die Probleme, die sich in einer Schicht darunter abgesetzt haben und unbewältigt geblieben sind, die mit dem Sinn des Ganzen zu tun haben ..., machen verständlich, wovon die Glaubenserfahrung spricht" (K.E. Nipkow, Grundfragen der Religionspädagogik, Bd. 3, 94).

53 Vgl. K. Schäfer, Paradox, in: H. Krings u.a. (Hrsg.), Handbuch philosophischer Grundbegriffe, Bd. 4, München 1973, 1051-1059; J. Macquarry, Gott-Rede. Eine Untersuchung der Sprache und Logik der Theologie, Würzburg 1974, 30-33.131f.

Für Paulus war die Paradoxie von der Torheit des Kreuzes der ausschlaggebende Weg zu einer neuen Weisheit, der "neue Weg"[54] zur Sinnerfüllung des Lebens (vgl. 3.3.2). Die Korintherbriefe geben jedenfalls ein vielfältiges Zeugnis für einen Neuansatz des Denkens und Handelns, der sein Maß am Kreuz Christi nimmt. Wie Paulus im Dialog mit der Gemeinde von Korinth anhand konkreter Lebenssituationen um die Neubestimmung des Lebens gerungen hat, so sollte auch der Religionsunterricht der Botschaft vom Kreuz im Kontext heutiger Lebenssituationen gerade als Anfechtung unserer Denkgewohnheiten Sprache verleihen[55]. Ihr "innovatorisches Potential"[56] vermag diese Botschaft nur dort zu entfalten, wo der Religionsunterricht auf konkreter Erfahrungsebene die Lebensvorstellungen der Schüler in ihrer Aporie herausarbeitet[57]. Da in der Religionskritik der Jugendlichen auch das Gottesbild in Frage steht, wird der Religionsunterricht gerade den Heilsweg des gekreuzigten und auferstandenen Christus, der nicht aus der Geschichte ableitbar ist, ihr aber ein neues Ziel gab, erschließen[58]. Hinsichtlich der Widerständigkeit dieses Lerninhaltes sollte man sich keinen Illusionen hingeben. Das Durcharbeiten unserer üblichen Erfahrungen und Denkgewohnheiten bleibt die conditio sine qua non, wenn wir eine Ahnung von der Weisheit, die im Paradoxon des Kreuzes verborgen ist, gewinnen wollen.

54 Apg 9,2;19,9;22,4;24,14.22 bezeichnet die Christen auch als "Anhänger des neuen, gottgewollten Heilsweges, in Abhebung von den Juden.
55 Vgl. K.E. Nipkow, Grundfragen der Religionspädagogik, Bd. 3, 215-218.
56 K. Schäfer, Paradox, 1055.
57 Der Bezug zur Wirklichkeit hat in der Didaktik Vorrang vor der Frage, "wie sich das Paradoxon von der Torheit des Kreuzes, welches die Weisheit der Welt zu schanden macht, zu den formal ähnlich strukturierten Sprachspielen der außerchristlichen Mystik verhält" (gegen H. Halbfas, Das Paradoxon, in: E. Paul/A. Stock (Hrsg.), Glauben ermöglichen (FS Günter Stachel), Mainz 1987, 368).
58 Es geht hier darum, die "Identität des Christlichen" in der veränderten Glaubenssituation festzumachen (J. Werbick, Religionsdidaktik als "theologische Konkretionswissenschaft", 98).

Achtes Kapitel

8.0 GRUNDLINIEN EINER DIALOGISCHEN BIBELDIDAKTIK. AUSWERTUNG DER BISHERIGEN REFLEXIONSGÄNGE

Im Fortgang der Arbeit ist es nunmehr angebracht, die bisherigen vielstrebigen Reflexionen auf eine erste Konzeptbildung hin zu bündeln. Die kritische Auswertung von zwei verschiedenen Unterrichtssequenzen zu den Korintherbriefen machte auf konkrete didaktische Probleme aufmerksam, denen die Auslegung dieser Bibeltexte im Unterricht der gymnasialen Oberstufe begegnet. Beide Untersuchungskomplexe legten auf je verschiedenen Wegen den Dialog als die notwendige Linie der Didaktik der Korintherbriefe nahe: Die Struktur der paulinischen Argumentation ist vom Dialog bestimmt, auch wenn wir die Dialogpartner des Paulus nicht genau kennen. Der dialogische Weg entspricht am nächsten einer Didaktik, die auf das Niveau der Identitätsentwicklung der Adoleszenten eingeht und deren eigene Sinndeutungen im Blick auf die Lebensperspektiven der biblischen Botschaft durcharbeitet.
Der Begriff des Dialogs darf nicht auf die Formen der Interaktion reduziert werden. Es geht um das Suchen nach der Wahrheit des Lebens, das im gemeinsamen Reflektieren sich auf die Erfahrungen und auf die Lebensdeutung des Evangeliums hinwendet, um Zukunftsperspektiven aus dem Glauben zu entwickeln[1]. Worin bestehen die entscheidenden Strukturmomente einer dialogischen Bibeldidaktik? Worauf kommt es in jenem Religionsunterricht an, in dem die Schüler in den Dialog mit Texten der Korintherbriefe eintreten?

8.1 Strukturmomente dialogischer Bibeldidaktik in der gymnasialen Oberstufe

Beide Unterrichtssequenzen ließen im Bereich der Motivation erhebliche Schwierigkeiten der Schüler erkennen, sich mit Texten und Themen der Glaubenstradition auseinanderzusetzen. Gleichzeitig ergaben sich auch in den Unterrichtstunden selbst weiterführende Beobachtungen, die im Blick auf den Unterrichtsinhalt und die Schülersituation gründlich analysiert wurden. Die ernüchternden Erfahrungen werden in dieser Arbeit also zum Ansatz für die ausgreifende Reflexion und für neues didaktisches Bemühen (vgl. 0.2). Um die Strukturmomente dieser Bibeldidaktik zu verdeutlichen, sollen die wichtigsten Ergebnisse in Thesenform zusammengefaßt werden. Sie bilden gleichzeitig Hypothesen und handlungsleitende Impulse für weitere Praxisversuche.

[1] Vgl. E. Feifel, Von der curricularen zur kommunikativen Didaktik. Zur Situation der Religionspädagogik, in: E. Paul/A. Stock (Hrsg.), Glauben ermöglichen (FS Günter Stachel), Mainz 1987, 21-32, bes. 30-32.

1. Selbständiges Auslegen biblischer Texte setzt bereits eine Motivation zur Beschäftigung mit der Bibel voraus, die in den meisten Fällen nicht vorhanden ist. Der Unterricht bedarf deshalb zahlreicher Lernschritte, in denen für die Jugendlichen ein Zusammenhang der Bibeltexte mit ihrer Erfahrungswelt und ihrem Problemhorizont faßbar wird.
2. Es ist einfach nüchtern zu konstatieren, ob in einer Schulklasse ein Thema akzeptiert oder rundweg abgelehnt wird. Das Blockieren kann durch desorientierende Lernerfahrungen oder durch die Schwierigkeit der Jugendlichen bedingt sein, überhaupt einen Zugang zu finden. Die Rückwendung zu diffiziler Apologie und Glaubenslehre führt nicht weiter, weil eine wichtige Voraussetzung des Verstehens fehlt: die Anerkennung transzendentaler Erfahrung und des analogen Redens über transzendente Wirklichkeit. Solche Unterrichtsbeobachtungen sollten einerseits zum Aufbau von Lernschritten über eine längere Strecke hin führen[2]. Zum andern ist ein Unterrichtsweg, der die Glaubenstradition auf dem Hintergrund existentieller Erfahrungen und im Suchen nach der Wahrheit des Lebens erschließt, unerläßlich.
3. Die Frage nach der Sinngebung und Zielsetzung des persönlichen Lebens der Jugendlichen, in deren Horizont sich die subjektive Aneignung biblischer Inhalte abspielt, ist demnach in die Struktur des Auslegungsprozesses eingelassen. Der Fragehorizont der Bibeldidaktik muß deshalb auf die Bedingungen der persönlichen Aneignung religiöser Inhalte ausgeweitet werden. Darin einbezogen ist die Aufmerksamkeit für die Sozialisation und die lebensgeschichtlichen Veränderungen im Selbst- und Weltbild des Jugendlichen. Das Niveau des erreichten Problembewußtseins darf dabei nicht unterschritten werden.
4. Ihr Autonomieanspruch, der von der Frage nach dem Selbstsein und der eigenen Zukunft motiviert ist und auf ernsthaftes Suchen nach Wegen der persönlichen Lebensgestaltung abhebt, verlangt dennoch nach Orientierungsmodellen. Darum wird die Frage bedeutsam, inwieweit ein biblischer Inhalt ihr Selbstbild und Wirklichkeitsverständnis bereichert. Die dialogische Struktur zielt dann auf ein Lernen mit der Bibel, nicht so sehr aus oder von ihr.
5. Dialogischer Unterricht registriert und bekräftigt auch ihre eigenen Zugänge zu biblischen Inhalten. Nur unter dieser Voraussetzung kann es zu einem aktiven Interpretationsprozeß kommen, in dem die Jugendlichen die Probleme, die sie mit ihrer Welt oder mit dem Anspruch der Bibel haben, selbständig erörtern. Er nimmt vielmehr das Denken, die Wertpräferenzen und Bedeutungsbildungen der Jugendlichen wahr und bringt die Spannung zu unserer Lebenswelt, die die Bibeltexte aufreißen, ins Spiel. Dieser Prozeß setzt ein persönliches Vertrautsein und partnerschaftliches Miteinander von Schülern und Lehrer voraus.

---

2 Vgl. R. Ott, Analoges Reden von Gott. Unterrichtsentwurf für das 11./12. Schuljahr, in: Katechetische Blätter 110 (1985) 381-384.

6.Auch wenn der Dialog auf Verständigung abzielt, können die eingebrachten Auffassungen in kritischer Spannung gehalten werden, ohne ihre Sinnspitzen abzuschleifen. Möglich wird dieser Dialog nicht durch Apologie und Rechthaberei, sondern "wo jeder Teilnehmer den oder die anderen in ihrem Dasein und Sosein wirklich meint und sich ihnen in der Intention zuwendet, daß lebendige Gegenseitigkeit sich zwischen ihm und ihnen stiftet"[3]. Er ermöglicht so eine Gefährtenschaft im Erkennen.
7. Den Dialog über den Anspruch biblischer Texte kann der Religionsunterricht sinnvoll nur dort führen, wo die Auslegung in ein kritisches Nachdenken über unsere Wirklichkeitserfahrungen eingebettet ist. Dieser Vorgang impliziert Lernschritte, in denen uns die persönliche Verarbeitung von Erfahrungen und Lebensorientierung fraglich wird. Der unterrichtliche Dialog bleibt dennoch bibelorientiert, wenn der Gegenstand des Dialogs von einem Text ausgeht oder auf ihn hinführt[4].
8. Damit es einen Dialog mit der Bibel geben kann, müssen an den Texten selbst analoge Fragen und Motive der Jugendlichen identifiziert werden, die sie selbst bewegen. Auf die Konkretheit der Unterrichtsthematik kommt es dabei wesentlich an. Deshalb scheidet auch eine fortlaufende Textlektüre als Strukturprinzip von Religionsunterricht aus. Es geht in der Auslegung darum, daß ein Text die Wirklichkeitserfahrung der Jugendlichen an bedeutsamen Knotenpunkten trifft.
9. Ein waches Gespür für ihre Lebenssituation kann die unterrichtliche Bibelauslegung nur erhalten, wenn sich die Bibeldidaktik nach dem Prinzip der »originalen Begegnung« aufbaut: im Rückgriff auf die Anfangsgründe des Bibeltextes, d.h. die konkreten Lebensfragen, existentiellen und sozialen Konflikte, werden Motive, Wünsche und Handlungsformen aufgedeckt. Je konkreter diese Verknüpfung in den Mechanismen, Motiven und Absichten des Handelns geortet wird, desto plausibler kann der Anspruch eines Bibeltextes entfaltet werden.
10. Originalität im Religiösen schließt die personale Ebene von Bibeltexten ein. Jedoch nicht das Idealbild, sondern gerade die biographischen Züge eines Menschen, der sich in eine Situation mit all ihren Höhen und Tiefen verwickeln läßt, weisen den Weg der Auslegung zum Konkreten. (Praxisbezug theologischen Denkens).
11. Für den Ansatz bei konkreten Lebenssituationen gibt es auch aus der Exegese gute Gründe. Von der redaktionskritischen Betrachtungsweise blendet jene immer wieder auf die Traditions- und Formgeschichte, vornehmlich auf die sozial- und religionsgeschichtlichen Zusammenhän-

[3] M. Buber, Das dialogische Prinzip, Heidelberg 1965, 166.
[4] Ein integrativer Bibelunterricht soll nach Fritz Oser die Gleichwertigkeit des Immanenz-Modells (Verstehen der Sache der biblischen Schriftsteller) und des applikativen Modells (Sinnstiftung in Bezug auf eine gemeinsame Erfahrung) realisieren (Grundformen biblischen Lernens, in: E. Paul/A. Stock (Hrsg.), Glauben ermöglichen, 213-246).

ge zurück, um die Bedeutung eines Textes aus dem geschichtlichen Lebenskontext konkret fassen zu können. Erst solche exegetische Abklärung des Textes läßt genügend konkrete Sachaspekte für eine Auslegung erkennen.

12. Die gemeinsame Reflexion auf die eigenen Vorstellungen von sinnvollem Leben und Handeln gelingt im Religionsunterricht nur auf dem Weg rückhaltloser Kommunikation von Lehrer und Schüler; sie stößt auch an den Widerständen auf den Kern der Sachfrage vor. In der Aufarbeitung von Alltagserfahrungen können Lehrer und Schüler zur Einsicht in die Aporie der eigenen Wertmuster und Sinnkonzepte gelangen. Auch der Dialog über Bibeltexte wird in diesen Prozeß einbezogen.

13. Die Diskrepanz zwischen den Denkmustern heutiger Welterfahrung und den wesentlichen Inhalten des christlichen Glaubens stellt den auslegenden Dialog vor eine unausweichliche Aporie: Wie lassen sich Glaubensinhalte erfahrungsorientiert erschließen, ohne als widersprüchlich und sinnlos abgestempelt zu werden? Hier wird die Grenze von erfahrungsorientierter Auslegung der Bibel deutlich: Auch wenn der Erfahrungsbezug didaktisch nicht glückt, können trotzdem nicht wesentliche Bestände der Glaubenstradition aufgegeben werden. Das Spannungsverhältnis veranlaßt zur besonderen Aufmerksamkeit für die Verstehenssituation der Jugendlichen.

14. Die erkannte Diskrepanz nimmt zuweilen die Gestalt der Paradoxie an. Die Verknüpfung mit dem bisherigen Denkschema der Jugendlichen mißlingt vollständig. Dies hängt auch von der lebensgeschichtlich bestimmten Urteilsstruktur ab[5]. Die schroffe Antithese aus der Christusbeziehung relativiert die gängigen Denkmuster. Solche Konflikte sind jedoch fruchtbar zum einen als Stimulans zur Auseinandersetzung über die Tragfähigkeit der eigenen Lebensorientierung, zum andern um widersprüchliche Wirklichkeitserfahrungen aushalten zu lernen. Erst in der mystischen Dimension des Glaubens verwächst das Widerstrebende zur Einheit. Seine Wahrheit bewährt sich allererst in der Praxis christlichen Lebens.

8.2 Wichtige Aspekte des unterrichtlichen Dialogs mit Texten der Korintherbriefe

Die bisherigen Hypothesen sind aus der Reflexion des Unterrichts mit den Korintherbriefen gewonnen, gelten aber für alle Bibeltexte. Die folgende Thesenreihe betont nur die didaktischen Aspekte, die in der Auslegung der Korintherbriefe hinzukommen.

15. Leben und Verkündigung des Paulus sind vom überlieferten Evangelium bestimmt (vgl. 1 Kor 9,23; 15,3 u.ö.). In den Korintherbriefen hat

5 Vgl. K.E. Nipkow, Religiöse Denkformen in Glaubenskrisen und kirchlichen Konflikten, in: Religionspädagogische Beiträge 21/1988, 95-114.

Paulus daraus kein abstrakt-spekulatives Gebilde gemacht, sondern die konkreten Fragen des Lebens im Kontext des Glaubens an den gekreuzigten und auferstandenen Christus durchbuchstabiert. Dadurch entfaltet er die Glaubensüberlieferung auf die Frage nach dem sinnvollen Leben und Handeln hin. Wenn wir die Ursprungssituation paulinischen Argumentierens konkret genug fassen können, gewinnen wir aus den Korintherbriefen produktive Impulse, die Fragen der heutigen Lebenswelt betreffen.

16. Die Auslegung der Korintherbriefe zielt darauf, unsere Vorstellungen sinnvollen Lebens auf dem Hintergrund des biblischen Gottesbildes zu korrigieren. Dorthin gelangt der Unterricht nur durch Lernprozesse, in denen die eigenen Denk- und Handlungsmuster in konkreten Erfahrungszusammenhängen fraglich geworden sind. Die Argumentation des Paulus bewegte sich jedoch in religiös-metaphysischen Formen, weil seine »Gegner« nicht Atheisten waren, sondern unter dem Einfluß religiöser Heilslehren der Umwelt standen. In der religiös indifferenten Gegenwartssituation ist diese Voraussetzung nicht mehr gegeben. Deshalb muß der Religionsunterricht die Verengungen und Ausblendungen, das Überwertige und Geringgeschätzte in unserer Lebensorientierung im unterrichtlichen Dialog rekonstruierend bewußt machen. Auf diesem Weg können wir auch nach Gemeinsamkeiten und weiterführenden Impulsen aus der Glaubenserfahrung suchen.

17. Der Dialog mit den Korintherbriefen steht im Kontext der Frage nach der Plausibilität der paulinischen Modelle des Lebens und Handelns, d.h. ihrer Kraft zur Sinngebung in der Konkurrenz zu anderen Sinnkonzepten und Wertvorstellungen. Die argumentative Auseinandersetzung mit den Erfahrungen und gewachsenen Interpretationen der Jugendlichen gehört darum zur Inhaltsstruktur des Unterrichts. Er kann und muß auf die kritische Reflexion dieser Einflüsse insistieren. Diesen Weg der Kommunikation finden wir auch in den Korintherbriefen.

18. Die kritische Aufarbeitung der Mentalität der Zeit legt den Weg der persuasiven Kommunikation (vgl. 6.2.1) nahe: Der Unterricht geht von konkreten Erfahrungen und faßbaren Deutungen der Jugendlichen aus; er weist auf Gründe und Schlußfolgerungen hin und wägt die aufgebotenen Argumente sorgfältig ab. Er prüft konkretes Handeln auf die Vereinbarkeit mit den Werten und Motiven, die wir hochhalten. In dieser Auseinandersetzung geht es um den Aufbau einer künftigen Kultur, die sich auf den Geist Christi hin ausformt.

19. Kreuz und Auferstehung waren nicht nur für die Gemeinde von Korinth schwer mit ihrem Selbst- und Lebensverständnis zu vereinbaren, sondern bilden auch zu den gegenwärtigen Vorstellungen von sinnvollem Leben eine unvermeidbare Paradoxie. Eine erfahrungsorientierte Auslegung kann sie nicht aufheben, weil sich ihr Anspruch erst in der

durchgehaltenen Lebenspraxis bewährt. Darum werden im Unterricht Spannungen zwischen der Botschaft und dem Lebensempfinden der Jugendlichen bleiben.

20. Wie das eigene Profil des Paulus seinen Glaubensdialog mit der Korinthergemeinde bestimmte, so können die Erfahrungen mit Christus auch in persönlichen Dimensionen entfaltet werden. Dazu kann der Religionsunterricht konkrete Lebenssituationen des Paulus selbst thematisieren. Hierzu gehörte, den Widerstand ernstzunehmen und Mißlingen einzugestehen. Solches kann auch zur Unterrichtserfahrung werden.

Diese handlungsleitenden Impulse bestimmen den neuerlichen Unterrichtsversuch, in dem die Auslegung der Korintherbriefe neu konstituiert wird.

DRITTER HAUPTABSCHNITT

Starksein und Schwachsein

Unterrichtlicher Neuansatz der Auslegung von Texten aus den Korintherbriefen

Die kritische Besprechung der bisherigen Unterrichtssequenzen zu den Korintherbriefen erbrachte zwei unaufgebbare Einsichten:
1. Im Religionsunterricht genügt es nicht, biblische Texte zu lesen und ihren immanenten (Wort-)Sinn zu erschließen. Der thematische Gang geht von Anfang an auf Auslegung aus, d.h. auf das Durcharbeiten von biblischer Texte auf ihre Bedeutung für die heutige Lebenswirklichkeit.
2. Bibelauslegung intendiert nicht Gedankenexperimente, sondern persönliche Aneignung ihres Sinngehaltes. Gerade Jugendliche lesen die Bibel aus ihrem Interesse an Lebensorientierung heraus. Damit geraten jene Texte in eine produktive Konfrontation mit der erlernten Welterfahrung der Jugendlichen. Die Lebensfremdheit überlieferter Glaubensaussagen ist freilich oft ein Hindernis; sie erweckt freilich den Eindruck geistiger Konstruktionen, die herzlich wenig mit den Konflikten und Fragen der Jugendlichen zu tun haben. Nur im Dialog der Schüler über ihre eigene Sinnorientierung und über die Lebensperspektiven biblischer Texte kann es gelingen, die kritischen und motivierenden Impulse der biblischen Botschaft erfahrbar werden zu lassen.

Diese Wege, die Bibel im Religionsunterricht auszulegen, sind wir nicht gewohnt. Denn erfahren wird Bibelauslegung meist als autoritative Interpretation in der Predigt oder in meditativen (Fremd-)Texten. Für die Aneignung der Bibel auf den persönlichen Erfahrungshorizont hin muß der Religionsunterricht erst sensibilisieren. Aufgrund dieser Einsichten muß die bibeldidaktische Reflexion weitere Schritte gehen. Das Auskundschaften und Erproben neuer Praxiswege macht die Struktur dieser Arbeit aus (vgl. 0.3). So geht es im folgenden Hauptabschnitt zunächst darum, die gewonnenen Einsichten auf den praktischen Unterricht hin auszulegen. Der Bericht über Unterrichtserfahrungen mit Texten aus dem 1. und 2. Korintherbrief soll den Ansatz einer dialogischen Bibeldidaktik zuerst auf der Ebene der Unterrichtspraxis in konkreten Unterrichtssequenzen aufzeigen.

Nach Abschluß der Unterrichtsreihe, die in einem zwölften Schuljahr durchgeführt und anschließend mehrfach erprobt wurde, hat sich der eingeschlagene Weg als überwiegend schülergerecht dargestellt.

Neuntes Kapitel

9.0 UNTERRICHTSERFAHRUNGEN MIT TEXTEN AUS DEM 1. UND 2. KORINTHERBRIEF

In die zwölfte Klasse ging ich mit der Vermutung, daß die Schüler zu der eben skizzierten Art von Umgang mit der Bibel nicht genügend Zugang haben. Sie könnten sich eine Theorie über die Textaussagen zusammenreimen, aber kaum Bezüge zum konkreten Leben herstellen oder die Bedeutung der Texte für heute erkunden. Gewissermaßen als Prüfstein legte ich ihnen darum eine Auslegung der Auferstehungsbotschaft vor, die auf die Kritik der gesellschaftlichen Verhältnisse abgestellt ist:

das könnte manchen herren so passen
wenn mit dem tode alles beglichen
die herrschaft der herren
die knechtschaft der knechte
bestätigt wäre für immer

das könnte manchen herren so passen
wenn sie in ewigkeit
herren blieben im teuren privatgrab
und ihre knechte
knechte in billigen reihengräbern

aber es kommt eine auferstehung
die anders ganz anders wird als wir dachten
es kommt eine auferstehung die ist
der aufstand gottes gegen die herren
und gegen den herrn aller herren: den tod

Kurt Marti[1]

9.1 Erste Unterrichtseinheit: Auferstehungsbotschaft heute
(2 Unterrichtsstunden)

In einem allgemeinen Vorgespräch hatten einige Schüler Zweifel daran geäußert, daß der christliche Glaube im Alltag der meisten Menschen überhaupt noch eine Rolle spiele. Deshalb sollte der Einstieg direkt diesen Punkt ansprechen: "Der Glaube an Christus muß praktische Auswirkungen haben – sonst bleibt er blind. Ein Dichter versucht die zentrale Wahrheit des christlichen Glaubens, die Botschaft von der Auferstehung, so zu entfalten, daß dies erkennbar wird: Kurt Marti (geb. 1921), evangelischer Pfarrer in Bern und anerkannter Lyriker".
Die ersten Äußerungen der Schüler nach dem Vortrag des Gedichtes liessen bereits starkes Befremden erkennen:

– Was hat Auferstehung mit Politik zu tun?
– Über die Auferstehung selbst sagt er uns gar nichts.
– Der redet ja von Revolution der Gesellschaft.

[1] Kurt Marti, Leichenreden, Darmstadt/Neuwied 1969.

Textanalyse

Die Vorstellungen der Schüler wurden nicht weiter befragt. Im Vordergrund stand zunächst das Erfassen der Textstruktur des Gedichtes.

a) Hier werden bestimmte Sachverhalte einander gegenübergestellt:
- Tod : Auferstehung;
- Herren : Knechte;
- bestätigt / beglichen / bleiben : anders / ganz anders als wir dachten / aufstand gegen...

b) Die Grundkontroverse besteht zwischen Tod und Auferstehung:
- Wirkung des Todes: Er schreibt die ungerechten Herrschaftsverhältnisse für immer fest, der Vorrang der einen vor den anderen bleibt unverändert. Die gesellschaftlichen Spannungen bleiben; auch Unausgeglichenes wird durch Belassen einfach beglichen. Das Nachdenken hört beim Tod einfach auf, bzw. weil es den Tod gibt, wird kritisches Nachdenken suspendiert. Der Tod bestätigt die Herrschaft der Herren und die Knechtschaft der Knechte.
- Verhältnis "einer auferstehung" zu dieser Situation: sie ist "aufstand" gegen die Herren, gegen das ewige Festschreiben der ungerechten Verhältnisse. Nichts zwingt uns dazu, die Dinge so zu lassen, wie sie sind. Sie richtet sich gegen den "Festschreiber" Tod.

c) Die Wiederholung "das könnte manchen herren so passen" bedeutet:
- Ausdruck des trotzigen Widerstandes eines Menschen, der mit den Zuständen und geltenden Maßstäben unzufrieden ist.
- Getrieben von der Sehnsucht: Es gibt etwas, das die Dinge nicht so sein läßt, wie sie sind, oder gar "in ewigkeit" so sein läßt.

d) Worin besteht dann die Bedeutung einer als zukünftige Wirklichkeit ("es kommt") geglaubten Auferstehung? Sie ist Ansage eines kommenden Geschehens:
- Sie ist Zukunft, aber zeitigt jetzt schon ihre Wirkung als ein Infragestellen der Verhältnisse.
- Sie ist Tat Gottes. Gott ist der Rebell. Aber sie wirkt sich aus als Aufheben der Gegensätze unter den Menschen.
- Eine Änderung des Bewußtseins und Handelns geht damit einher.
- Die Gleichungen gehen nicht mehr auf, wenn sie Gegensätze unter den Menschen festschreiben wollen.

Zusammenfassung der Textanalyse

Das Gedicht gibt eine bestimmte Sicht der Auferstehung zu erkennen:
- Eine neue Welt ragt wie ein Fragezeichen, ja wie die Ankündigung des sicheren Umsturzes in unser Leben hinein.
- Die Verheißung von Auferstehung ist das Grundmotiv für die Veränderung der ungerechten Verhältnisse, die auf Herrschaft beruhen.
- Gottes Wille ist nicht der Tod, der alles beim Alten läßt, sondern das Aufheben von Herrschaft bis in die tiefste Ebene menschlicher Exi-

stenz, die der Tod markiert.
– Eine positive Beschreibung des neuen Zustandes wird unterlassen.

Gespräch über die Sichtweise des Gedichtes

Wie hat eigentlich Kurt Marti die Auferstehungsbotschaft verstanden?
- Er verbindet die Botschaft mit der Erfahrung und Sehnsucht und mit dem Handeln heutiger Menschen.
- Die Botschaft kündet ein Geschehen in der Zukunft an, aber jenes ragt schon durch die Ankündigung selbst in die Gegenwart hinein und wirkt so als verändernde Kraft.
- Er legt die Botschaft als Kritik am menschlichen Handeln aus: "Wer an die Auferstehung glaubt, kann nicht mehr mitmachen bei...".

Bei der Interpretation selbst war schon zu merken, daß die Schüler sich diesem Verständnis der Botschaft schwer anschließen konnten. Deshalb sollte ihren Einwänden bzw. Reflexionen Raum gegeben werden mit der Frage: "Halten Sie eine solche Auslegung für gerechtfertigt? Ist hier etwas verdreht oder verstellt?" Die Mehrheit der Schüler drückte Enttäuschung aus: Politische Zusammenhänge müßten solche bleiben; Auferstehung ist eine religiöse Sache, die man nicht mit politischen Tatbeständen verknüpfen dürfte; sie ist eine Glaubenssache, eine persönliche Angelegenheit.
Das privatistisch-religiöse Verständnis von Glauben überwog also bei den Schülern, ebenso das der Kritik an der politischen Auslegung. Nur wenige Schüler begründeten, daß sie diese Auslegung interessant fänden. Solche Zusammenhänge hätten sie noch nicht gesehen; im einzelnen konnten sie ihr Interesse jedoch nicht ausführen.

Lehrervortrag: Was heißt "glauben"?

Meiner Absicht entsprechend führte ich alsdann folgendes aus[2]: Der Glaube ist keine auf sich gekehrte Theorie oder geistiger Überbau über der menschlichen Erfahrung und den objektiven Möglichkeiten. Glauben heißt vielmehr, auf dem Boden der Wirklichkeit zu stehen, sich aber im Faktenzusammenhang nicht einschließen zu lassen, sondern diese zu überschreiten (Transzendenz), um neue Perspektiven <u>für</u> das Leben zu gewinnen. Wer glaubt, ist von einer Sehnsucht geleitet, die nicht dazu verführt, der Wirklichkeit in illusionären Vorstellungen zu entfliehen, sondern um <u>in</u> ihr neue Akzente zu setzen. Wer glaubt, betet nicht einfach Sätze <u>nach</u>, sondern setzt den Glauben in Beziehung zu <u>Erfahrungen</u> der Zeit und des Lebens, die ebenso ernst zu nehmen sind wie die Botschaft selbst. Es kommt darauf an, in dieser Beziehung Gewicht und Tiefe des Glaubens neu zu durchdenken und auszuloten. Im Grunde ist es entscheidend, immer neu zuzusehen, was die Botschaft von Christus uns

[2] Grundlage ist die Pastoralkonstitution "Gaudium et spes" und der Synodenbeschluß "Unsere Hoffnung".

heute zu sagen hat – ohne daß wir unsere Erfahrungen ausblenden.
Es hat darum wenig Sinn, hier bekannte Sätze zu wiederholen – wir müssen ihren Gehalt je neu auf ihre aktuelle Bedeutung durchbuchstabieren. Es kommt darauf an, das Alte, Tradierte neu zum Sprechen zu bringen und für uns aus den Texten eine neue Sichtweise zu gewinnen. Die Subjektivität ist dabei eher ein Vorteil als ein Hemmnis, weil sie Betroffenheit zum Zug kommen läßt, statt in der Distanziertheit den Anspruch aufzuheben.
Den Glauben weiterzugeben heißt also, sich die Botschaft immer neu anzueignen und in unserem Lebenszusammenhang zu artikulieren. Dies hat Kurt Marti getan – ohne den Anspruch zu erheben, den gesamten Gehalt der Auferstehungsbotschaft auszuschöpfen. Kirchesein heißt gerade, die Botschaft so auszurichten, daß den Menschen »Augen und Ohren aufgehen«.

Aufgabenstellung der Unterrichtssequenz

Von diesem Grundgedanken aus erläuterte ich dann die Aufgabenstellung der Unterrichtssequenz: Die Getauften in Korinth standen in einer ganz anderen Situation als die Menschen, denen Jesus seine Botschaft verkündete: andere gesellschaftliche Verhältnisse, andere Sprache, Denkweise und Kultur; sie waren anderen geistigen Strömungen ausgesetzt und hatten andere religiöse Voraussetzungen. Ihnen plausibel zu machen, daß der Glaube an Jesus Heil bedeute, ihrem Leben Sinn gebe, war sehr schwer. Paulus mußte ihre »Herzen« treffen, und sie mußten einen langen Weg gehen, um dem Kern der Botschaft in ihrem Leben Ausdruck zu geben. Das brachte Schwierigkeiten und Konflikte im Bereich des Glaubensverständnisses sowie in der Praxis der konkreten Gemeinde mit sich. Diese Auseinandersetzungen sind für uns insofern wichtig, als dort ähnliche Probleme begegnen, die wir heute auch zu bewältigen haben. Wir wollen prüfen, was seine Einsichten und Argumente für uns heute bedeuten könnten. Dazu beschäftigen wir uns vor allem mit Themen und Problemen, die sich sowohl uns heute stellen als auch von Paulus angeschnitten wurden.

9.2 Zweite Unterrichtseinheit: Paulus in Korinth
(2 Unterrichtsstunden)

Die zweite Unterrichtseinheit zielte im wesentlichen auf die Klärung der historisch-sozialen Ausgangssituation der Verkündigung des Paulus in Korinth. Gerade die sozialen Faktoren, die mit der kulturellen und ökonomischen Situation der Stadt zu tun haben, waren nicht bloß äußere Rahmenbedingungen. Sie spielten vielmehr tief in das Leben der Christengemeinde hinein und wirkten sich in den praktischen und religiösen Konflikten aus. Zentrale Themen der Korintherbriefe bleiben unverständlich,

wenn die soziale Schichtung der korinthischen Christengemeinde und die unterschiedlichen Lebensstile und religiösen Auffassungen unbeachtet bleiben[3]: die Spannung zwischen den Schwachen und Starken, die unterschiedlichen Auslegungen der Kreuzesbotschaft, der Streit um die Geistesgaben u.a.
Vor der unterrichtlichen Auslegung konkreter Trexte mußten daher die Schüler mit der historisch-sozialen Situation der Christengemeinde im Grundriß vertraut gemacht werden. Es kam auf die entscheidenden Merkmale der Konfliktsituation an, in die die Verkündigung von Christus hineingeriet. Bereits hier kommt Auslegung von Bibel in Gang: Der »Sitz im Leben« ist konstitutiv für das Textverständnis und die Ebene der Aktualisierung des Textes. Prinzip der Auslegung ist die Strukturanalogie nicht nur auf der Text-, sondern auch auf der Erfahrungsebene, soweit sie sich eruieren läßt. Es ging also zunächst darum, die Kontaktaufnahme des Paulus mit Christen in Korinth und deren soziale Situation darzustellen. Auf dieser Grundlage konnte nach analogen Situationen heute gesucht werden.

Sachinformationen zu Paulus und zur Stadt Korinth

In einem Lehrervortrag (mit Stichworten an der Tafel) erhielten die Schüler historische und kulturgeschichtliche Informationen über den Weg des Paulus nach Korinth und über die Situation dieser Stadt.

1. Aufenthalt des Paulus in Korinth 50-52:

In der Zeit des Herbstes 50 kommt Paulus auf seiner zweiten Missionsreise in die Hafenstadt Korinth. Seit knapp 20 Jahren ist er Christ. Er erzählt, daß er ein entschiedener Gegner der Christen war und sie wegen ihrer Abweichung vom jüdischen Glauben als Pharisäer verfolgte. Aber es trat eine Wende ein, die von Christus selbst eingeleitet wurde, wie er sagt. Er schildert sie als Begegnung mit dem von den Toten auferwekkten Jesus, dessen Anhänger er verfolgt hat (Anfang der dreißiger Jahre). Er gehört damit zu den ersten Zeugen des Auferstandenen und wird durch die Taufe des Hananias nicht nur Christ, sondern aufgrund seiner Christusbegegnung von Damaskus auch Apostel, d.h. Gesandter im Auftrag und Dienste Jesu Christi.
Von Makedonien her kommt Paulus nach Athen, einem Mittelpunkt des geistigen Lebens der damaligen Welt. Dort hält er, nach der Darstellung des Lukas in der Apostelgeschichte, seine berühmte Rede auf dem Areopag, dem Treffpunkt der Philosophen. Aber es gelingt ihm nicht, in Athen eine Christengemeinde zu gründen; nur wenige lassen sich taufen. Athen war für ihn ein »schwerer Brocken«, der ihm viel zu schaffen machte. Er bricht auf und geht nach Korinth: "in Schwäche und in Furcht, zitternd und bebend" (1 Kor 2,3).
Korinth aber war ein noch »größerer Brocken« — das lag an der Besonderheit dieser Stadt. Hier wird es interessant — für uns. Die historisch-kulturelle Situation ist bemerkenswert.

---

3 Vgl. G. Theißen, Studien zur Soziologie des Urchristentums (WUNT 19), Tübingen 1979, 201-317; H.-J. Klauck, Hausgemeinde und Hauskirche im frühen Christentum (SBS 103), Stuttgart 1981, 40f.

2. Die Stadt Korinth = Weltstadt, Schmelztiegel von Kulturen und Religionen:

Korinth war damals Hauptstadt der römischen Provinz Achaia (=Mittel- und Südgriechenland) – eine moderne Weltstadt. Sie war im 3. punischen Krieg 146 v. Chr. von den Römern total zerstört worden. Im Jahre 44 v.Chr. wurde sie von Cäsar als römische Kolonie zur Ansiedlung von Veteranen neu gegründet. Seit 29 v.Chr. ist Korinth Sitz eines Prokonsuls, Verwaltungszentrum mit eindeutig römischer Prägung. Ihre Lage an zwei Meeren machte sie zum Umschlagplatz des Handels vom westlichen zum östlichen Mittelmeer. Dadurch wurde sie zur Weltstadt mit bunt gemischter Bevölkerung, ein Schmelztiegel unterschiedlichster kultureller Einflüsse; von einer einheitlichen Kultur und Zivilisation konnte nicht die Rede sein.
Die Lasterhaftigkeit der Stadt war sprichwörtlich (»korinthisch leben«). Nichts galt mehr als sittlicher Maßstab. Die religiösen Bräuche und Formen waren undurchsichtig, z.B. gab es über 1000 Hierodulen am Tempel der Aphrodite auf dem Burgberg. Ihr Tun war vermischt mit dem Fruchtbarkeitskult der Astarte. Die Gesellschaft setzte sich aus vielen Reichen, aber auch einem großen Heer von Armen zusammen, die des besseren Verdienstes wegen sich in die Stadt locken ließen, aber zum Großteil ein sklavisches Leben führten . Starke soziale Differenzen entstanden durch die Spannung zwischen der höheren und niederen Schicht.
Zur Veranschaulichung wurde den Schülern der vereinfachte Grundriß der Agora Korinths samt Umgebung vorgelegt[4] (vgl. nächste Seite).

3. Paulus in Korinth – Predigt und Gemeindegründung:

Paulus fand Unterkunft bei dem Ehepaar Aquila und Priscilla; dort konnte er sich den Lebensunterhalt als Zeltmacher verdienen. Aquila und Priscilla waren Christen, die aufgrund des Ediktes von Kaiser Claudius aus Rom vertrieben worden waren. Paulus war also nicht der erste Christ in der Stadt, aber es gab noch keine Gemeinde. Die alltägliche Kommunikation und die geschäftlichen Kontakte brachten viele Menschen mit Paulus zusammen. Er sprach mit den Menschen, die durchaus religiös aufgeschlossen waren, über Christus – zuerst mit den Juden, deren Synagoge er besuchte, dann auch mit den Heiden. Angesehene Leute schlossen sich ihm an (z.B. der Synagogenvorsteher Sosthenes). Deshalb gab es sogar Krach in Korinth (vgl. Apg 18,4-17).
Allmählich wuchs eine kleine Gemeinde heran: Ganze Familien und »Häuser« schlossen sich ihm an, Menschen aus allen Schichten – inmitten einer heidnischen Welt, die mit der Botschaft von Christus nichts anzufangen wußte. Paulus leitete die Gemeinde und vermittelte ihr die Überlieferung von Christus – vor allem die Botschaft von der Erlösung in Kreuz und Auferstehung Jesu. Die Gemeinde wurde allmählich größer. Paulus konnte seinen Beruf nicht mehr ausüben. Neue Mitarbeiter kamen aus Makedonien dazu, Silvanus und Timotheus, die die Gemeinde von dort her unterstützten.
Paulus blieb eineinhalb Jahre. Im Frühjahr 52 zog er weiter nach Ephesus in der heutigen Türkei. Die Gemeinde war jetzt auf sich gestellt: Sie mußten selbst sehen, wie sie ihr Christsein in dieser Umgebung erhalten konnten und als Christen mit ihrer Umgebung und mit sich selbst fertig werden konnten. Sie mußten sich stets die Frage stellen: Wie als Christen leben? Wie hilft die christliche Botschaft das Leben sinnvoll gestalten?

---

[4] Vgl. W. Elliger, Paulus in Griechenland. Philippi, Thessaloniki, Athen, Korinth (SBS 92/93), Stuttgart 1978, 212-225, Abb. 33.

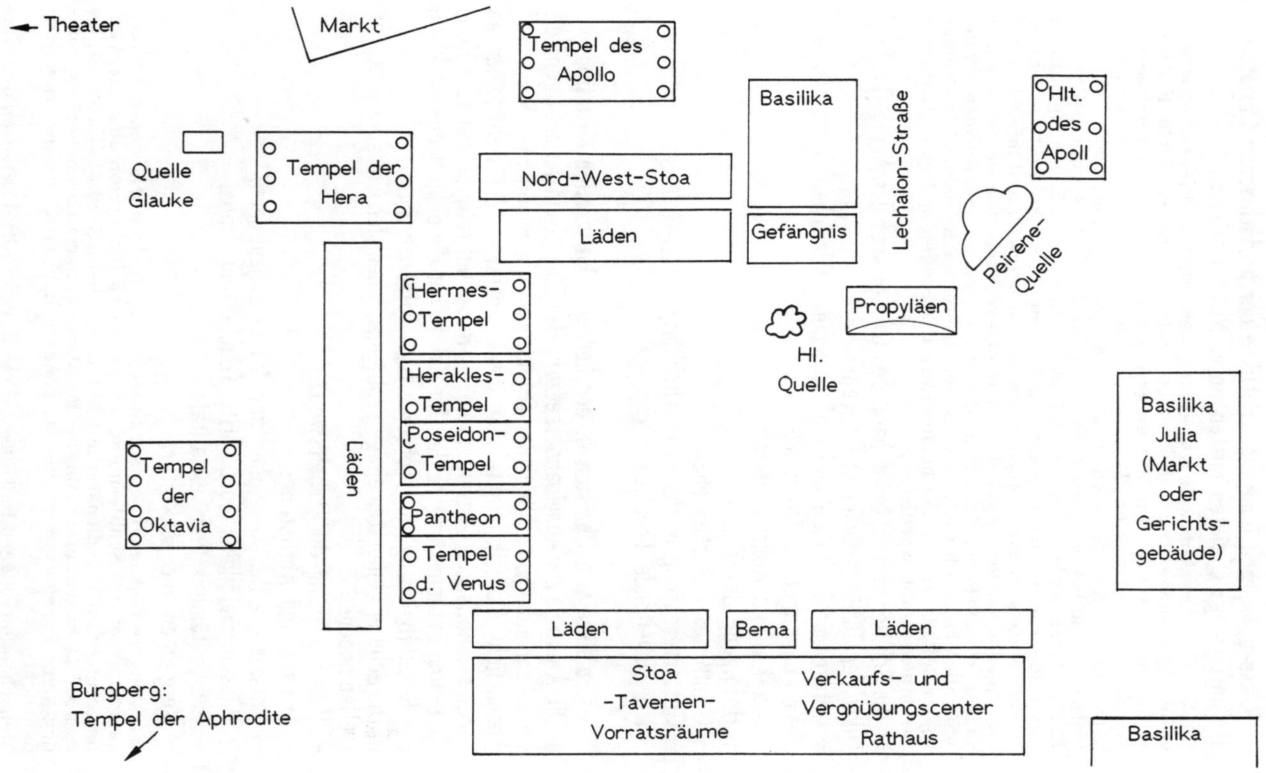
Theater
Markt
Tempel des Apollo
Basilika
Lechaion-Straße
Hlt. des Apoll
Quelle Glauke
Tempel der Hera
Nord-West-Stoa
Läden
Gefängnis
Peirene-Quelle
Propyläen
Hermes-Tempel
Herakles-Tempel
Poseidon-Tempel
Pantheon
Tempel d. Venus
Läden
Hl. Quelle
Tempel der Oktavia
Basilika Julia (Markt oder Gerichtsgebäude)
Läden
Bema
Läden
Stoa -Tavernen- Vorratsräume
Verkaufs- und Vergnügungscenter Rathaus
Basilika
Burgberg: Tempel der Aphrodite

Klassengespräch über die Konflikte der korinthischen Christen

a) Hinführung: Christen mitten unter Nicht-Christen

Die korinthische Gemeinde war geistig beweglich und lebendig, weil sie voller Spannungen war nach innen und nach außen. Viele Einflüsse strömten auf sie ein. Im Inneren gab es zahlreiche Auseinandersetzungen über den sinnvollen Weg des gemeindlichen und persönlichen Lebens. Ihrem Ansatz nach bestanden große Unterschiede zu ihrer Umwelt – ähnlich wie heute. Ihre Probleme trugen sie durch Boten an Paulus heran; andere Leute berichteten ihm von den Spannungen in der Gemeinde. Paulus ging in mehreren Briefen auf die konkreten Probleme ein: er setzte sich durch Argumente mit ihrer Praxis und ihren Vorstellungen auseinander; er gab ihnen Ratschläge, ermahnte sie, erinnerte sie an das Wesentliche, das bei ihnen zu kurz zu kommen schien. Wahrscheinlich hat Paulus mindestens vier Briefe geschrieben, die von einem späteren Redaktor zu den beiden Korintherbriefen im Neuen Testament zusammengefaßt wurden.

b) Die Schüler versuchten anhand des Grundrisses der Agora die Konflikte der Christen zu identifizieren:

- Gelage mit Freunden und Opfer in den zahlreichen Göttertempeln;
- Vergnügungen im Übermaß;
- Sex-Kult im Aphroditetempel;
- Huldigung des Kaisers;
- Genuß des Opferfleisches;
- Götterverehrung in der Öffentlichkeit;
- ausschweifende Theateraufführungen.

Konflikte von Christen in der heutigen kulturellen Situation

a) Die Analogie zur Auseinandersetzung der Christen in der heutigen Zeit wurde anhand eines allgemeinen Grundrisses einer modernen Stadt (auf wesentliche Konfliktpunkte abgestellt) entfaltet. Die Gebäudenamen haben symbolischen Charakter; sie verweisen auf religiös-ethische Konflikt- und Entscheidungsfelder. Die Skizze hat die didaktische Funktion der Sensibilisierung für Probleme (vgl. folgende Seite).

b) Die Schüler benannten einige Probleme, denen sich Christen heute zu stellen haben:

- Humanisierung der Arbeitswelt;
- Frieden und Abrüstung;
- Konkurrenz der Religionen und Weltanschauungen;
- Wissenschaftlicher Fortschritt, Glaube und Ethos;
- Eheverständnis und Sexualität;
- Vergnügen und Sexkultur.

Eine längere Diskussion entspann sich (aufgrund verschiedener Auffassungen unter den Schülern und der aktuellen Diskussion über die Verlängerung des Wehrdienstes auf 18 Monate) beim Symbol »Kaserne«. Da es noch nicht darauf ankam, die Probleme konkret durchzugehen, wurden keine Ergebnisse erarbeitet, sondern nur die Grundsituation verdeutlicht:

Menschen unterliegen Einflüssen ihrer Umwelt, die ihr Denken und Handeln prägen. Glauben heißt, sein Leben an Christus zu orientieren. Die Situation der Christen in einer pluralen Gesellschaft führt immer

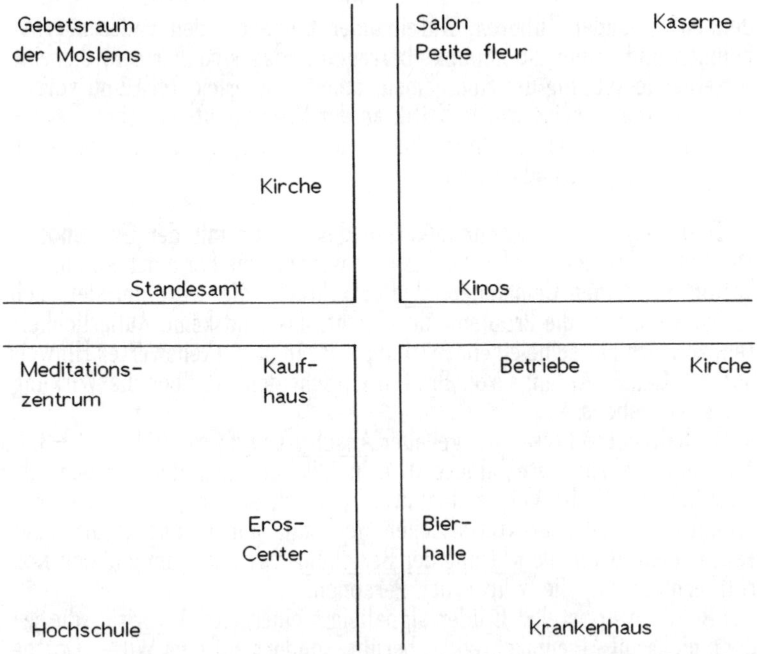

wieder zu Konflikten, die das Selbst- und Weltverständnis des Menschen betreffen. Was der überlieferte Glaube konkret in der Praxis bedeutet, muß stets neu geklärt werden: Vorstellungen und Lebenskonzepte, praktisches Handeln und grundlegende Entscheidungen müssen an der Botschaft von Christus als Maß überprüft werden. Es muß immer neu bedacht werden, was die Botschaft in der konkreten Lebenspraxis bedeutet und welchen Weg sie den Menschen vorschlägt. Ebenso kommt es darauf an zu unterscheiden, was für das Christsein förderlich und was hinderlich ist.

9.3 Dritte Unterrichtseinheit: Paulus und das Problem des Schwachseins (2 Unterrichtsstunden)

Nachdem bereits auf der Ebene äußerer Tatbestände eine Verbindung zwischen Korinth und der heutigen Situation hergestellt war, führte die dritte Unterrichtseinheit mitten in die Erfahrungswelt der Schüler, obwohl zunächst wiederum von Paulus die Rede war.

Einleitendes Gespräch über die Bedeutung persönlicher Beziehung

Paulus hat die Gemeinde gegründet, sie lag ihm am Herzen. Deshalb versuchte er mit der Gemeinde zu klären, was sich als Problem ergab. Die Art der Kommunikation hatte dabei ein großes Gewicht. Die Schüler versuchten aus ihrer Erfahrung darzustellen, weshalb dieser Aspekt ebenso wichtig ist wie die Inhalte: die persönliche Beziehung, das Mitdenken, Einander-Zuhören, Aufeinander-Eingehen, den anderen ernst nehmen und seinen Standpunkt befragen – das sind Formen, die eine Auseinandersetzung um eine gemeinsame Sache erleichtern und voranbringen. Ansatzweise wurde Kritik an der Kirche laut: sie höre eigentlich zu wenig auf andere Menschen, sondern gehe immer nur von ihren festgefahrenen Grundsätzen aus.

Textanalysen: Die Kommunikation des Paulus mit der Gemeinde

Das Briefschreiben war für Paulus eine wesentliche Form der Kommunikation mit seinen Gemeinden. Wie er schreibt, die Leute anredet, sich selbst einbringt, die Probleme durchgeht, das sind keine Äußerlichkeiten, sondern hat seine eigene Wirkung, ist ein bemerkenswerter Hinweis auf das Ganze. Anfänge von Briefen entscheiden oft über die Wirkung eines Vorhabens.

a) Deshalb betrachteten wir genauer Anschrift und Gruß in 1 Kor 1,1-3. Die Verknüpfung zu heute bildete (wie in 1.2) auch hier der ökumenische Ausblick (1,2c)[5]. Im Vergleich zum knappen Briefanfang 1 Thess 1,1 bestimmten wir die charakteristischen Merkmale seiner Kontaktaufnahme: Paulus geht es um die Klärung der Beziehung zwischen ihm und den Korinthern und um die Würde der Personen.

Die Relation Apostel – Brüder signalisiert einerseits Autorität, die jedoch nicht auf Eigenmächtigkeit beruht, sondern auf dem Willen Gottes, dem er im Tiefsten verbunden ist, andererseits Brüderlichkeit, die in der Bruderschaft Christi ihre Wurzel hat und alle Christen gleich in welcher Stellung miteinander verbindet. Wie zwei Pole einer Ellipse sind für Paulus Autorität und Brüderlichkeit die zusammengehörenden Grundkonstanten der Beziehung zwischen ihm und der Gemeinde. Die Polarität ist durch die Situation in der Gemeinde motiviert: die Betonung der Autorität richtet sich gegen die Zweifel an seinem Apostelamt und an der Geltung seiner Arbeit. Hintergrund der Betonung der Bruderliebe als Basis des christlichen Miteinander sind die Streitfälle und Spaltungen in der Gemeinde, die inhaltlich und praktisch die Substanz des Glaubens tangierten. (Nachträglich erscheint es ratsam, zum Verständnis des Apostelamtes mit den Schülern nochmals die Erfahrung der Damaskus-Vision zu interpretieren: von Christus herausgerufen, für Christus in Dienst genommen. Ebenso muß man deutlicher das Berufensein von Exklusivität abgrenzen und als Solidarität mit Christus, der mit den Menschen solidarisch wurde, bestimmen.)

b) Im nächsten Schritt wurde die Rolle des Paulus in der Beziehung zu seinen Kommunikationspartnern noch näher bestimmt, weil sie für Konfliktlösungen von besonderer Bedeutung ist.

---

5 Vgl. H.-J. Klauck, 1. Korintherbrief (NEB 7), Würzburg 1984, 17f.

Arbeitsauftrag: "Wie definiert Paulus selbst seine Rolle im Gegenüber zu den Christen von Korinth? Versucht sie anhand der folgenden Stellen zu charakterisieren!" In vier Gruppen versuchten die Schüler eine Charakteristik aufgrund der folgenden Bibelstellen:
1. Gruppe: 1,1; 1,10; 1,17; 2,1-5.
2. Gruppe: 2,4-5; 3,1; 3,9.
3. Gruppe: 4,1; 4,4; 4,6; 4,9-10; 4,15.
4. Gruppe: 9,18-19; 9,20-22; 10,33-11,1; 15,11.23.
Auf diesem Weg wurden die beiden Grundpole der paulinischen Rolle weiter differenziert. (Bei der näheren Charakteristik hatten die Schüler größere Schwierigkeiten, in eigenen Worten das auszudrücken, was dastand, bzw. sie gaben sich mit der Wiederholung der vorgefundenen Stichworte zufrieden. Dies war später Anlaß, bei der Behandlung konkreter Probleme nochmals auf die Beziehungssignale des Paulus näher einzugehen.)

Charakteristik paulinischer Kommunikation

Nach der Übersicht über die Textstellen wurde eine ähnliche Gesamtcharakteristik wie in 1.2 erstellt: Paulus geht es um die Auferbauung der Gemeinde Gottes in der Welt. Die Basis der Gemeinde ist das durch Paulus gelegte Fundament, und sie muß es immer bleiben[6]. Aber Paulus sieht seine Rolle als Dienst am Evangelium und als Nutzen für alle. Die Schicksalsverbundenheit mit der Gemeinde wird gleichsam zum Programm erhoben[7]. Sein Führungsstil ist nicht autoritär. Seine theologischen Reflexionen sollen der Gemeinde Hilfe sein und als Grundlage ihrer Entscheidungen dienen. Jedem Gemeindemitglied billigt er die Fähigkeit zum Aufbau der Gemeinde zu, ja fordert sie dazu heraus. Autorität begründet er auf den Dienst in der Gemeinde[8].

Problemstellung: Starksein und Schwachsein

Den Gruppen 1 und 3 sind einige Formulierungen besonders ins Auge gestochen, die ihnen "seltsam" vorkamen. Dies war Anlaß, gezielt das Problem von Schwachsein und Starksein anzugehen. Diese Entscheidung erwies sich als ungeheuer fruchtbar, weil sich hier ein entscheidender Weg des Lernens mit der Bibel beschreiten ließ: die Verknüpfung von eigenen Erfahrungen und Vorstellungen mit den Deuteperspektiven der Bibel durchzubuchstabieren.

---

6 H. Schlier, Über das Hauptanliegen des ersten Korintherbriefes, in: ders., Die Zeit der Kirche, Freiburg 1956, 147-159, hier 148f.; A. Schreiber, Die Gemeinde von Korinth. Versuch einer gruppendynamischen Betrachtung der Entwicklung der Gemeinde von Korinth auf der Basis des ersten Korintherbriefes (NTA NF 12), Münster 1977, 78.
7 A. Schreiber, Die Gemeinde von Korinth, 99.
8 Ebd., 103.

a) Um den Kern der Sache möglichst direkt in den Blick zu bekommen, wurde folgende pointierte Darstellung an der Tafel entwickelt:

1 Kor 2,1-5 4,6 4,9-16	Eingeständnis von Schwachheit und Unfähigkeit; sich selbst, seine Leistung nicht wichtig nehmen; Paulus nennt sich selbst einen Tor, schwach, verachtet, verstoßen, sieht sich auf dem letzten Platz, versteht sich als Abschaum

= "Vorbild"

?

b) Im direkten Blick auf diese Übersicht folgte im Unterricht die Frage: "Wie würdet Ihr einen solchen »Typ« nennen?"
Zunächst reagierten die Schüler mit Ablehnung: Solche Demut ist nicht vorstellbar, – vielleicht gespielt, – schon gar nicht vorbildlich; – das widerspricht jeder Erfahrung; – in unserer Zeit zählt nur Stärke; – wer schwach ist, wird untergebuttert.
Die Schüler belegten ihre Gedanken mit persönlichen Erfahrungen in der Schule und mit Vorgängen im Wirtschaftsleben. Andere Schüler zeigten sich beeindruckt von der Radikalität des Paulus, fanden seine Haltung aber dennoch nicht überzeugend. Der Austausch der Gedanken ließ zwei Schüler aber auch zu der Überlegung kommen: da muß doch mehr gewesen sein, wenn Paulus es fertigbringt, sich so zu präsentieren.
c) Im nächsten Schritt versuchte ich, das Problem noch anzuschärfen, um einerseits den konkreten Hintergrund in Korinth aufzuhellen, andererseits die Betroffenheit der Schüler zu steigern bzw. die Sache stärker an sie persönlich heranzuführen (Schüler neigen ja dazu, nur von dem zu reden, was außerhalb ihrer Lebenssphäre von ihnen beobachtet wird, und tun so, als hätte dies nichts mit ihnen zu tun). Methodisches Mittel war die Darstellung der korinthischen Situation im Jugendjargon[9].

Lehrervortrag: "Die Christen lebten inmitten zahlreicher Strömungen, die starken Einfluß auf ihre Lebensweise und Haltung hatten. Vieles war attraktiv, man hat es einfach nachgemacht und beibehalten. Attraktive Glücks- und Heilsvorstellungen machten sie an. Prediger aus aller Herren Länder traten auf, man fand sie echt schocking. Für die Konservativen galt eine andere Linie: Der Petrus schafft Ordnung. Bei Festen und in den Tempeln haben sie wirklich die Sau rausgelassen; das war echt knackig. Einige haben eine wirkliche show abgezogen, das war geil."

Die unerwartete und sich steigernde Sprache des Lehrers veranlaßte einen Schüler zu der Äußerung: "Ja, wo sind wir denn hier?"
Meine Spontanreaktion:

"Ja, hier sind wir, mitten bei uns, in unserer Zeit. Was damals war, geschieht doch heute noch genauso. Solche Leute wie die Korinther seid ihr doch auch: Ihr fahrt doch auch auf alles ab, was euch gerade besonders

[9] Vgl. C.P. Müller-Thurau, Lass uns mal 'ne Schnecke angraben. Sprache und Sprüche der Jugendszene, Düsseldorf ^{2}1983.

anmacht; den einen das schöne Wort »Liebe«, den anderen Jesus – ihr nennt ihn Jesus-Freak; den anderen kotzt das Christentum an und er macht nur noch auf Humanismus; oder er geht auf Ego-Trip; groß 'rauskommen will jeder, jeder hält sich für 'nen Riesen-Typ und hält das, was andere sagen, für Gelabere. Wenn einer galaktisch daherkommt oder aufs Blech haut, ist das die große Masche. Wenn's einer nicht so kann, dann stinkt der euch an – das is'n Hohler. Wer auf die Pauke haut, hat gewonnen."

Gespräch: "Schwachsein kann man sich nicht leisten"

Der direkte Zugriff machte die Schüler sehr nachdenklich. Es begann ein intensives Gespräch über unsere eigenen Verhaltensweisen einander gegenüber. Der Verlauf läßt sich deswegen schwer nachzeichnen, weil die Intensität der Kommunikation ein Aufzeichnen der Äußerungen nicht ermöglichte: Ich wollte das Gespräch aufmerksam mitverfolgen.

a) Stichwortartig einige Überlegungen der Schüler:

- Einen guten Eindruck hinterläßt nur,wer sich als stark zu geben weiß.
- Aber ist er wirklich stark? Viele überspielen ihre Schwächen und machen sich und den anderen etwas vor.
- Jeder will eine Rolle spielen, dazu darf er keine Schwächen zeigen. Der Starke hat eine Schicht in sich, die es ihm ermöglicht, sich trotz der ihm selbst bekannten Schwächen einzubringen.
- Was macht aber der, der nichts kann?
- Wer stark bleiben will, bringt möglichst wenig Persönliches ein. Sonst läuft er Gefahr, daß seine persönlichen Äußerungen mißbraucht werden; Gerüchte über ihn entstehen. Daraus entsteht große Angst.
- Man muß überall und unbedingt seine Fähigkeiten sichtbar machen.
- Man darf sich von niemandem abhängig machen, weil man sonst ausgenutzt wird.

b) Die Intensität des Gedankenaustausches, an dem alle Schüler aktiv beteiligt waren, ließ immer deutlicher die Unerträglichkeit dieses Zustandes spürbar werden. Es war unmittelbar greifbar, daß den Schülern dieses Thema unter die Haut ging: Bereits beim ersten Anklingen des Themas begannen die Augen eines sonst sehr bedrückt wirkenden, schweigsamen Schülers zu leuchten und wurden immer lebendiger – bis er auch den Mut aufbrachte, von Schwachsein zu sprechen, wenn auch in objektivierenden Worten, aber jeder konnte ihm anmerken, daß er von sich selbst sprach.

c) Die Schüler führten selbst den Gesprächsbogen weiter zu der Frage, was in dieser Situation eigentlich sinnvoll sei, wie jeder einzelne hier weiterkomme, wie man sich verhalten solle: Entscheidend sei die Anerkennung durch die Gruppe. Aber wenn sie versagt wird? Wir müssen unsere eigenen Schwächen wirklich anerkennen und zu ihnen stehen. Die Ehrlichkeit und die realistische Einschätzung gebieten das. Wir müssen unsere Schutzschicht abbauen. Die große Frage aber ist, wie uns das gelingen kann. Es war wirklich erstaunlich, daß die Schüler solche Fest-

stellungen (mehr war es nicht!) treffen konnten und man ihnen diese Meinung auch als ehrlich abnehmen konnte. Dazu trug die Offenheit und Breite des Gesprächs in der Klasse bei.
d) Die entscheidende Frage für den weiteren Unterricht stellte ein Schüler in der Form: "Wie kann es uns gelingen, Schwäche anzunehmen, ohne sie in Stärke umzumünzen?" (=wörtliches Zitat). Diese Formulierung, auf die ich noch öfter zurückkam, weil sie eine wirkliche Aporie aufwies, legte den Schluß nahe, daß ich mit den Schülern in der Tat das Problem von Starksein und Schwachsein erfahrungsnah durchsprechen konnte.

9.4 Vierte Unterrichtseinheit: Schwachsein eingestehen?
(1 Unterrichtsstunde)

In der folgenden Doppelstunde blieb ich mit der Thematik noch auf der Schülerebene, um das Problemverständnis zu vertiefen und einen hinreichenden persönlichen Hintergrund für die Aussagen der Korintherbriefe zu schaffen.

Neuer Problemansatz: Persönliches Gespräch in der Klasse?
Ich lobte die Schüler für ihre Offenheit. Das veranlaßte sie zu einiger (Selbst-)Kritik, mit der wir nochmals von einer anderen Seite her in das Problem hineinkamen.
a) Die Schüler waren gar nicht der Meinung, daß in der Klasse "offen" geredet worden wäre. Die meisten hätten sich hinter allgemeinen Sprüchen verbarrikadiert; jeder verspürte das Problem sehr viel drängender, als es im Religionsunterricht angesprochen worden wäre. Seine persönlichen Schwierigkeiten würde doch kaum einer herausreden, weil er Angst davor habe, in der Klasse unterzugehen. Einige meinten zwar, ihnen wäre es mit ihren Aussagen wirklich ernst gewesen, aber der allgemeine Eindruck der persönlichen Zurückhaltung wurde doch anerkannt.
b) Die Klasse führte dieses Problem zum einen auf das Nichtgewohntsein eines solchen Unterrichts zurück, mehr noch auf Gruppendruck und das Konkurrenzdenken, das gerade in der Oberstufe bestünde. Für jeden sei die Anerkennung durch die Gruppe extrem wichtig; deshalb könne man sich nicht durch das Eingeständnis von Schwachsein exponieren. Bei anderen ankommen könne man nur durch den augenscheinlichen Beweis von Fähigkeiten. Wem das nicht gelinge, der habe auch Schwierigkeiten, sich selbst zu akzeptieren. Damit er nicht als schwach aufalle, baue jeder eine Schutzschicht um sich herum.
c) Das Gespräch verlief auf dieser Ebene wiederum recht intensiv zwischen den Äusserungen der Schüler hin und her. Um den persönlichen Austausch für die Sache fruchtbar werden zu lassen (inneres Beteiligtsein), ließ ich das Gespräch ohne Steuerung laufen. Es wurde auch be-

tont, der Religionsunterricht könne diese Situation ein Stück weit auffangen; er könne zu einer Insel des Persönlichen werden, wenn alle die nötige Offenheit und Toleranz aufbringen.

Klärungsversuche im offenen Unterrichtsgespräch

Schließlich zielten wir doch eine weitere Frage an: Warum ist es so wenig möglich das Schwachsein offen gegenüber anderen einzugestehen? Der Effekt dieser Frage war typisch, weil sie auf Allgemeingültigkeit abhob und die üblichen Verdrängungsmechanismen provozierte:
Das ist überall so und wird immer so sein. – Ehrlichkeit gibt es in der Gesellschaft nicht, wer sie sich dennoch leistet, wird zerrissen. – Das ist ein spezifisches Problem unserer Zivilisation: Leistung, Geltungsdrang sind die Werte des Kapitalismus. – Die Gesellschaft ist auf Stärke angelegt, das ist ihr Ideal. – Bis in die Politik hinein gilt allein Stärke (z.B. Rüstung). – In der Natur ist es auch so, daß sich allein das Starke durchsetzt; es gibt die Regel "Fressen oder Gefressenwerden". – Sich Schwäche einzugestehen, gehört nicht zur Natur des Menschen. – Wir müssen immer unsere Schwächen bekämpfen. – Selbst der, der in der Öffentlichkeit Schwächen, Fehler eingesteht, tut es letztlich nur, wenn er sich damit als stark erweisen kann, sonst würde er schweigen.
Gerade die letzte Aussage markierte nochmals das gewachsene Problemempfinden der Schüler: das Problem der Glaubwürdigkeit und der Echtheit, vor allem der Akzeptanz durch die (Schüler-)Gruppe bzw. die Gesellschaft.

9.5 Fünfte Unterrichtseinheit: Unser Umgang mit dem Schwachsein (2 Unterrichtsstunden)

Mit der fünften Unterrichtseinheit sollten durch neues Nachdenken Wege der Bewältigung des Problems erkundet und kritisch befragt werden.

Problemformulierung: Schwäche nicht akzeptieren können?

Am Anfang stand die These von Horst Eberhard Richter, Psychotherapeut an der Universität Gießen: "Zu den noch am wenigsten gelösten Schlüsselproblemen unserer Zivilisation gehört der Umgang mit der Schwäche, mit der Zerbrechlichkeit, mit der Endlichkeit"[10]. Jeder einzelne hat dies bisher als sein persönliches Problem erkannt. H.E. Richter macht nun darauf aufmerksam, daß das Problem viel umfassender ist, es ist ein "Schlüsselproblem unserer Zivilisation". Die Schüler nannten Beispiele aus den Bereichen Wirtschaft, Soziales Leben und Politik, die sie als Beweis für die Richtigkeit dieser These verstanden.

---

[10] H.E. Richter, Der Gotteskomplex. Die Geburt und die Krise des Glaubens an die Allmacht des Menschen, Hamburg 1979, 129.

Deutungsversuche der Schüler im Unterrichtsgespräch

Der nächste Schritt bestand in einer Verhaltensanalyse und kritischen Bewertung der Formen des Umgangs mit der Erfahrung des Schwachseins. Auf die dahingehende Frage nannten die Schüler (z.T. mit kurzen Schilderungen belegt) Reaktionen, die sie an sich selbst und an anderen beobachteten (Tafelanschrift in Stichworten):
Kultivieren (Softy) – Überspielen durch Eindruckschinden – Bejahen ohne Wenn und Aber – Hilfe suchen – den anderen lächerlich machen – verkrampftes Suchen nach Stärke – Resignation/Depression – Verlagerung auf Gewaltanwendung – sich rechtfertigen durch Suchen nach (Fremd-)Ursachen = Sündenbock-Mechanismus – verdrängen – Stärke suggerieren – heroisches Ertragen – von sich ablenken.
Genauer debattiert wurde (weil es nicht jedem auf den ersten Blick einsichtig war) der Zusammenhang von Sündenbock-Mechanismus und eigener Unfähigkeit des Eingestehens von Schwäche.

Kritische Prüfung der Deutungen

Die Kritik der Reaktionen fragte nach ihrer Tragfähigkeit.
a) Am Ende blieben nur zwei Wege übrig: die Schwäche bejahen und Hilfe suchen. Hilfe finden, seine Schwäche bejahen, könne der Mensch nur im Glauben, indem er vor Gott sein Schwachsein bekenne; einige suchten ihr Heil auch in Sekten. Wir besprachen kurz das Problem der sog. Jugendsekten: Flucht aus der Wirklichkeit.
b) Sehr wichtig wurde ein heftig vorgetragener Einwand eines Schülers: "Die Frommen kommen immer gleich mit dem lieben Gott. Was bringt denn das? Das Problem wird nur verlagert". Von diesem Einwand fühlten sich mehrere angesprochen, so daß kaum Widerstand aufkam. Damit war ein neues Problem gegeben, das zu bearbeiten war.

Problemzuspitzung: Wie wirkliches Schwachsein verarbeiten?

Bevor wir den religionskritischen Einwand bearbeiteten, wollte ich die Frage des angemessenen Umgangs mit Schwachsein noch zuspitzen: "Wie kann ein Mensch, den man tagtäglich seine Schwachheit spüren läßt und der seine Erfolglosigkeit auch verspürt, die Erfahrung verarbeiten? Was soll er machen?"
Unwidersprochen blieb die Antwort eines Schülers – und sie machte in ihrer Stringenz alle betroffen: "Er muß zerbrechen". Nach dem religionskritischen Einwand ihres Mitschülers mochte keiner mehr auf den Glauben rekurrieren. Ich ließ die Aussage auch zunächst stehen, weil ich ebenfalls den Eindruck vermeiden wollte, den Schülern sofort einen religiösen Überbau anzupredigen, solange ihnen der Glaube als persönlicher Weg der Bewältigung von Schwachsein – ohne daraus wieder ein Starksein zu machen(!) – nicht im Erfahrungskontext eines Menschen deutlich wurde.

9.6 Sechste Unterrichtseinheit: Wie Paulus mit dem Schwachsein umgeht (2 Unterrichtsstunden)

In der nächsten Doppelstunde bedachten wir den Umgang des Paulus mit Schwäche und Unfähigkeit. Im Hinterkopf blieb – als kritischer Stachel – der religionskritische Einwand.

Situationsschilderung als Problemansatz

Den Ausgangspunkt bildete eine Situationsschilderung, in der die Schwierigkeiten des Paulus in Korinth und seine persönliche Befindlichkeit dargestellt wurden. Sie war notwendig, um die paulinische Interpretation verstehen zu können.

Lehrervortrag (mit Tafelanschrift der wichtigsten Stichworte):
Paulus war ein leidenschaftlicher Kämpfer für die Sache Jesu, an die er sein Herz hängte (Begeisterung). Er konnte in Korinth auch eine Gemeinde gründen. Aber die Verhältnisse entwickelten sich so, daß er persönlich schwersten Belastungen ausgesetzt war: Man hat ihm die Fähigkeit und Legitimation abgesprochen, als Apostel aufzutreten. Wegen seines schwächlichen Auftretens (keine Rhetorik, unbeholfen) machte man ihm Vorhaltungen. Gruppen haben sich gebildet, die sich gegen ihn stellten. Paulus saß zwischen den Stühlen, aber er sah dennoch seine Verantwortung für die Gemeinde. Er verspürte, daß in der Gemeinde ganz andere Interessen im Spiel waren als die Verwirklichung der verkündeten Botschaft. Sein manchmal energisches Auftreten haben einige nicht vertragen. Wegen seiner Lebensweise machte man ihm Vorwürfe: weil er nicht um Unterhalt bat (was üblich war), sondern als Zeltmacher arbeitete und sich seinen Lebensunterhalt selbst verdiente (Verzicht auf Rechte). Einige Leute rühmten sich ihrer Weisheit und Vollkommenheit, die nach seiner Ansicht nichts mit Christus zu tun hatten.
All dies führte zu emotionalen Spannungen, über eine lange Zeit hinweg gab es Eifersüchteleien, Zank und Streit. Paulus hatte darunter zu leiden. Es hat ihn fertig gemacht, daß er mit seiner Verkündigung und mit der Auferbauung der Gemeinde nicht recht vorankam, weil die Schwierigkeiten zu groß geworden waren. Paulus war leiblich- seelisch stark gefährdet. Daraus erwuchs das Problem: Wie sollte er mit der Schwäche umgehen? Wie kann er seiner Aufgabe gerecht werden und den Leuten begegnen?

Analyse eines Bibeltextes als Problemlösungsweg

Die Beobachtungen aus der dritten Unterrichtseinheit wurden kurz wiederholt: Bejahung und Eingeständnis der Schwäche, ohne sie zu überspielen oder sich in die Illusion von Stärke zu flüchten, sind der einzig gangbare Weg. Wodurch ist diese Haltung möglich?
a) Als Ansatz für die Problemlösung besprachen wir 2 Kor 1,8-11: Infolge des Aufstandes des Demetrius geriet Paulus in Ephesus in Lebensgefahr (Apg 19). Er schilderte in seinen Mitteilungen an die Gemeinde von Korinth nicht den Ablauf der Ereignisse; andere Erfahrungen waren ihm in der Begegnung mit den Korinthern wichtiger.
b) Folgende Aspekte wurden am Text erarbeitet:
Erfahrung: Paulus befand sich in so großer Not, daß bereits sein Selbstvertrauen zu zergehen drohte. Als er sich schon verloren glaubte, wurde

er gerettet.
Verhalten: Er bejahte von sich aus den Tod, der ihm unausweichlich schien, nachdem für ihn alle Möglichkeiten erschöpft waren. Diese Hinnahme besagt, daß er seine Situation als sinnvoll akzeptieren konnte.
Motivation: Paulus stellte sich ganz Gott anheim, gab sich preis an Gott, der die Toten lebendig macht = glauben. Für Paulus hat sich die Wahrheit des Glaubens bewährt: die als Geschenk erfahrene Rettung wurde zum Grund für neue Hoffnung.
Antwort: Dank für das Geschenk ist die einzige Antwort, die der Mensch geben kann.
Paulus hat sich Gott anheim gestellt und verdankte alles Gott – aus sich hat er nichts, vor allem da er sich bereits aufgeben hatte.

Transfer der Textbeobachtungen auf den religionskritischen Einwand
Nach diesem Textdurchgang griffen wir den religionskritischen Einwand wieder auf: Man kann auch Gott als Surrogat seiner eigenen Schwäche benutzen. Wann wird der Glaube nicht zur reinen Kompensation?
a) Auf dem Hintergrund der konkreten Erfahrungen des Paulus wurde den Schülern bewußt, daß der Glaube sehr wohl eine sinnvolle, vernunftgemäße Haltung sein kann.
- wenn ich mir meine eigene Schwäche bewußt mache,
- wenn ich die Errettung als wirkliches Geschenk erfahre,
- wenn ich mich selbst als begrenzt akzeptiere und dies nicht durch anderes überspiele,
- wenn ich mich wirklich beschenken lassen kann von anderen,
- wenn ich mich selbst nicht geringschätze.

b) Abschließend wurde die Überlegung des Skeptikers Odo Marquard[11] vorgetragen: "Gott ist für den Religiösen – der, der noch da ist, wenn niemand mehr da ist. Der Nichtreligiöse glaubt, daß das nicht ausreicht: kommunikativ scheint ihm der profane Spatz in der Hand besser als die Taube auf dem Dach, auch dann, wenn diese Taube den Heiligen Geist symbolisiert. Aber Menschen... sind seinsmäßig nicht so gestellt, daß sie es sich leisten könnten, auf solchen Trost leichtfertig zu verzichten. Denn zweifellos gibt es Einsamkeitssituationen, in denen die Taube auf dem Dach – sozusagen – der einzige Spatz ist, den man noch in der Hand hat". Warum verdächtigen wir den Glauben des Unsinns?

9.7 Siebte Unterrichtseinheit: Die Religionskritik Ludwig Feuerbachs
(2 Unterrichtsstunden)

Die religionskritische Argumentation trat bei den Schülern nach dem

[11] O. Marquard, Plädoyer für die Fähigkeit, einsam zu sein, in: Frankfurter Allgemeine Zeitung Nr. 79 vom 6. April 1983, 11.

Gespräch über 2 Kor 1,8-11 zwar zurück, war aber nicht erledigt. Überlegungen zur religiösen Sozialisation und Urteilsbildung der Jugendlichen (vgl. 7.3) ließen es geraten erscheinen, diesem Thema näher nachzugehen. So sollte sich die folgende Unterrichtseinheit mit dem Lebensgefühl der modernen Zeit, das den Glauben an Gott nicht mehr zuzulassen scheint, kritisch auseinandersetzen.

Kurzer Aufriß des geistesgeschichtlichen Zusammenhangs

Ein kurzer Rückblick auf die Veränderungen des Bewußtseins vom Mittelalter zur Neuzeit führte uns zu der Philosophie, die am entschiedensten Glauben und Religion der Kritik unterzog. Die Menschen des Mittelalters lebten im Bewußtsein der Geborgenheit in Gott: Gott und die von ihm geschaffene Welt waren die alles bestimmende Mitte der Wirklichkeit (Theozentrik). Die relativ geordnete Welt des Mittelalters bekräftigte diese Grunderfahrung. Als diese zerfiel und schwere Katastrophen die Menschen überfielen (13.-17. Jahrhundert), brach das einheitliche Weltbild auf und das Gefühl von Ohnmacht machte sich breit. Im Aufkommen der Naturwissenschaften entdeckte der Mensch die Kraft der eigenen Vernunft. Das Problem aber verschärfte sich: Wie kann der Mensch mit der Erfahrung der Endlichkeit, Schwäche und Begrenztheit fertig werden? Die Vernunft schien Sicherheit zu versprechen. Die Ungesichertheit des Glaubens verfiel harter Kritik.

Zentrale Gedanken der Religionskritik Ludwig Feuerbachs

Als Höhepunkt (und Beispiel) der Religionskritik lernten die Schüler den Ansatz von Ludwig Feuerbach, auf dessen Argumente heute wieder viele zurückgreifen, kennen.

a) Kurze Hinführung: Beeinflußt von Hegel streifte Feuerbach die Theologie ab wie "eine verwelkte schöne Blume, eine abgestreifte Puppenhülle, eine überstiegene Bildungsstufe". In seinen philosophischen Arbeiten kam er nach der Abkehr von Hegel zu einer scharfen Religionskritik. Werke: Das Wesen des Christentums – Das Wesen der Religion. Das Christentum hatte früher "seine klassischen Zeiten", heute dagegen gehört es "vor das Forum der Komik oder der Satiren"[12]. Anlaß seiner weitreichenden Kritik waren für ihn die bornierten Züge am konfessionellen Christentum.

b) Zur Erarbeitung der Feuerbachschen Religionskritik bekamen die Schüler den folgenden Abschnitt aus seiner Schrift "Das Wesen der Religion"[13] vorgelegt.

---

[12] L. Feuerbach, Das Wesen des Christentums, Stuttgart 1969, 9. Vgl. H Zirker, Religionskritik, Düsseldorf 1982, 69-94.

[13] L. Feuerbach, Das Wesen der Religion, Leipzig 1923, 338-341 (Auszug).

Religionskritik Ludwig Feuerbachs

"Der Theismus, der Gottesglaube... verneint die Natur, die Welt und Menschheit: vor Gott ist die Welt und der Mensch nichts, Gott ist und war ehe Welt und Menschen waren; er kann ohne sie sein; er ist das Nichts der Welt und des Menschen; Gott kann die Welt, so glaubt der strenge Gottesgläubige wenigstens, jeden Augenblick zu nichts machen; für den wahren Theisten gibt es keine Macht und Schönheit der Natur, keine Tugend des Menschen; alles nimmt der gottesgläubige Mensch dem Menschen und der Natur, nur um damit seinen Gott auszuschmükken und zu verherrlichen. »Nur Gott allein ist zu lieben«, sagt z.B. der heilige Augustin, »diese ganze Welt aber, d.h. alles Sinnliche ist zu verachten«. »Gott«, sagt Luther in einem lateinischen Briefe, »will entweder allein oder kein Freund sein«... Der Theismus ist daher »negativ und destruktiv«; nur auf die Nichtigkeit der Welt und des Menschen, d.h. des wirklichen Menschen baut er seinen Glauben. Nun ist aber Gott nichts anderes als das abgezogene, phantastische, durch die Einbildungskraft verselbständigte Wesen des Menschen und der Natur; der Theismus opfert daher das wirkliche Leben und Wesen der Dinge und Menschen einem bloßen Gedanken- und Phantasiewesen auf. Der Atheismus dagegen opfert das Gedanken- und Phantasiewesen dem wirklichen Leben und Wesen auf. Der Atheismus ist daher positiv, bejahend; er gibt der Natur und der Menschheit die Bedeutung, die Würde wieder, die ihr der Theismus genommen; er belebt die Natur und Menschheit, welchen der Theismus die besten Kräfte ausgesogen. Gott ist eifersüchtig auf die Natur, auf den Menschen, wie wir früher sahen; er allein will verehrt, geliebt, bedient sein; er allein will etwas, alles andere soll nichts sein, d.h. der Theismus ist neidisch auf den Menschen und die Welt, er gönnt ihnen nichts Gutes. Aber Neid, Mißgunst, Eifersucht sind zerstörende, verneinende Leidenschaften. Der Atheismus aber ist liberal, freigebig, freisinnig; er gönnt jedem Wesen seinen Willen und sein Talent; er erfreut sich von Herzen an der Schönheit der Natur und an der Tugend des Menschen. Aber die Freude, die Liebe zerstören nicht, sondern beleben, bejahen. Aber ebenso wie mit dem Atheismus ist es mit der von ihm unzertrennlichen Aufhebung des Jenseits...

Lassen wir... die Toten und kümmern uns nur um die Lebendigen! Wenn wir nicht mehr ein besseres Leben glauben, sondern wollen, aber nicht vereinzelt, sondern mit vereinigten Kräften wollen, so werden wir auch ein besseres Leben schaffen, so werden wir wenigstens die krassen, himmelschreienden, herzzerreißenden Ungerechtigkeiten und Übelstände, an denen bisher die Menschheit litt, beseitigen. Aber um dieses zu wollen und zu bewirken, müssen wir an die Stelle der Gottesliebe die Menschenliebe als die einzige wahre Religion setzen, an die Stelle des Gottesglaubens den Glauben des Menschen an sich, an seine Kraft, den Glauben, daß das Schicksal der Menschheit nicht von einem Wesen außer oder über ihr, sondern von ihr selbst abhängt, daß der einzige Teufel des Menschen der Mensch, der rohe, abergläubische, selbstsüchtige, böse Mensch, aber auch der einzige Gott des Menschen der Mensch selbst ist. Mit diesen Worten schließe ich diese Vorlesungen und wünsche nur, daß ich die mir in diesen Vorlesungen gestellte, in einer der ersten Stunden ausgesprochene Aufgabe nicht verfehlt habe, die Aufgabe nämlich Sie aus Gottesfreunden zu Menschenfreunden, aus Gläubigen zu Denkern, aus Betern zu Arbeitern, aus Kandidaten des Jenseits zu Studenten des Diesseits, aus Christen, welche ihrem eigenen Bekenntnis und Geständnis zufolge »halb Tier, halb Engel« sind, zu Menschen, zu ganzen Menschen zu machen".

c) Arbeitsaufgaben:

- Wie sieht Feuerbach das Verhältnis der Welt und des Menschen gegenüber Gott?
- Was ist für Feuerbach der Gottesglaube?

– Worauf baut Feuerbach letztlich alles?
d) Zusammenfassung der Ergebnisse: Der Gottesglaube ist Wunschdenken, falsche Vertröstung. Fortschritt gibt es nur durch den Glauben des Menschen an sich selbst: der Mensch ist sich selbst Gott, er muß seine Macht nur sehen. Grund dafür ist die Stärke der Vernunft.

Kritik der Religionstheorie Feuerbachs

Die kritische Auseinandersetzung mit Feuerbach begann mit der Frage: "Wie wird bei Feuerbach die Erfahrung von Endlichkeit verarbeitet"?
a) Das Gespräch mit den Schülern läßt sich auf folgende Aspekte konzentrieren: Gott wird auf Allmacht eingeschränkt und der Mensch auf Ohnmacht. Gott besitzt alle die Eigenschaften, die wir nicht haben. Dieses Denken ist "negativ und destruktiv". Da wir so nicht weiterkommen, schlägt das menschliche Denken ins Gegenteil um: Der Mensch flieht aus dem Bewußtsein der Ohnmacht in das Bewußtsein der eigenen Omnipotenz. Durch die Vernunft kann der Mensch alles; er braucht keinen Gott mehr, weil er selbst die Macht Gottes in sich hat. Er identifiziert sich mit der göttlichen Allwissenheit und Allmacht. Er will die unermeßliche Größe und Kraft Gottes für sich selbst okkupieren.
b) Als Beleg für die Vorstellung, die auch heute noch nachwirkt (trotz aller Krisen) legte ich den Schülern eine Werbung aus dem 19. Jahrhundert vor, die 1984 wieder vom Bundesverband der Pharmazeutischen Industrie[14] aufgegriffen wurde (vgl. folgende Seite).
Interpretation des Mediums: Erwartung des endgültigen Sieges über den Tod durch Wissenschaft und Technik = Ausdruck des Omnipotenzgefühls.

Weiterführende Überlegungen

Diese Beurteilung der Religion ist über weite Strecken verständlich. Aber entspricht die angegriffene Gottesvorstellung der Offenbarung und dem Glauben des Christentum?
Im Rückblick auf Paulus ergab sich das Problem: Welches Gottesbild hat Paulus in der Erfahrung und Bewältigung des Schwachseins? Ist es ein autoritärer Gott, dem sich die Menschen unterzuordnen haben?

9.8 Achte Unterrichtseinheit: "Meine Gnade genügt dir"
(2 Unterrichtsstunden)

Der religionskritische Einwand hat einerseits mit der Unfähigkeit zu tun, Schwäche und Endlichkeit anzunehmen (vgl. 9.5), andererseits mit dem Gottesbild und der Gottesbeziehung, aus der heraus produktive Bewältigung von Schwäche und Endlichkeit möglich ist. Nachdem beide Aspek-

---

14 Die doppelseitige Anzeige findet sich in: Frankfurter Allgemeine Magazin, Heft 181 (19.08.1983), 14–15 und Heft 207 (17.02.1984), 32–33.

Viele Krankheiten haben wir besiegt. Die meisten noch nicht.

Die Pocken sind weltweit ausgerottet. Die Pest ist praktisch verschwunden. Seuchen, die früher Millionen Menschenleben forderten, sind heute keine Gefahr mehr.

Noch immer aber kämpft die Medizin gegen viele Krankheiten vergeblich. Deshalb müssen wir weiterforschen, um neue Erfolge zu ermöglichen.

Das kostet viel Geld: bis zu 150 Millionen für die Entwicklung eines einzigen neuen Arzneimittels. Mehr als zwei Milliarden Mark hat die deutsche Pharma-Industrie allein 1982 für Forschung und Entwicklung ausgegeben. Sie finanziert ihre Forschung nahezu aus eigener Tasche. Im Gegensatz zu allen anderen Industriezweigen, die vom Staat unterstützt werden.

Bei der oft über ein Jahrzehnt dauernden Entwicklungs- und Erprobungszeit für ein neues Medikament ist das finanzielle Risiko für das jeweilige Unternehmen beträchtlich.

Die Arzneimittel, die heute verkauft werden, müssen daher diese Forschungskosten mittragen. Nur so kann die Forschung auch weiterhin im notwendigen Umfang fortgesetzt werden.

Von den etwa 30.000 bekannten Krankheiten können etwa 10.000 mit Arzneimitteln gelindert oder geheilt werden. Und solange es noch Krankheiten gibt, gegen die wir machtlos sind, haben wir nicht zu viele Arzneimittel, wie manche meinen, sondern zu wenige.

COUPON

IAZ 19

Bitte schicken Sie mir kostenlos Informationen über die Forschung, Entwicklung und Herstellung von Arzneimitteln.

Bundesverband der Pharmazeutischen Industrie e.V.

Karlstraße 21, 6000 Frankfurt/Main

Pharma-Forschung ist teuer. Aber ein Menschenleben ist unbezahlbar.

te im Unterricht angesprochen waren, sollte den Schülern der Weg des Glaubens in der Erfahrung von Schwachsein als sinnvolle Lebensperspektive anfanghaft plausibel werden. Mehr konnte schon deshalb nicht erwartet werden, weil ein solcher Lernprozeß der Bewährung in und durch eigene Bewältigung von Grenzerfahrungen bedarf. Die Verbindung von Selbst- und Gotteserfahrung im Annehmen von Schwachsein ist von Paulus am treffendsten in 2 Kor 12,8-10 formuliert worden. Die Interpretation dieses Textes verdeutlichte zunächst diesen Konnex, um von da aus näher nach der konkreten Gotteserfahrung des Paulus zu fragen.

Hinführung zu 2 Kor 12,8-10

Paulus spricht von einem schmerzhaften Leiden, das ihn immer wieder in Schwachheit stürzt. Er gibt keine genaue Diagnose. Vielmehr charakterisiert er die qualvollen Attacken, die ihm schwer zusetzen, mit mythischen Bildworten[15]: "ein Stachel ins Fleisch gestoßen", "ein Bote Satans". Er spürt, daß er davon nicht befreit, seine Schwachheit nicht aufgehoben wird.

Interpretation von 2 Kor 12,8-10

Paulus macht die überraschende Erfahrung, daß er nicht resigniert, sondern in aller Schwachheit und Begrenztheit vertrauensvoll in die Zukunft blicken kann. Die Gnade, das Geborgensein in Gott, ist für ihn alles geworden – mehr ist nicht notwendig. Paulus überspielt nicht seine Schwachheit, sondern behält sie im Bewußtsein. Gnade hebt die Schwachheit nicht auf, sie erweist sich vielmehr in der Schwachheit (nicht über sie hinweg) als mächtig. Die göttliche Gnade (das Zugetansein Gottes) gehört mit der Schwachheit des Menschen zusammen, ja sie vollendet sich gerade in der Schwachheit. Paulus wertet also seine Schwachheit positiv; er ist stark in der Schwäche, also nicht aus sich (weil er selbst keine Stärke besitzt), sondern aus dem Sichloslassen in die Gnade Gottes. Es ist für unsere Ohren überaus paradox, daß gerade das Leid der Ort der Gnade Gottes ist: mit den Kriterien menschlichen Denkens läßt sich dies nicht verrechnen. Das Leid wird nicht abgewertet oder abgeschwächt, nicht kaschiert oder als verdienstvolles Werk (als Voraussetzung für Gottes Gnade) angesehen, auch nicht als pädagogische Maßnahme, sondern in der Schwachhheit kommt die Liebe Gottes zum Vorschein für den, der sich von Gott beschenken läßt.
Diesen Text nahmen die Schüler mit Nachdenklichkeit auf. Es regte sich weder Widerstand noch begeisterte Zustimmung. Vielmehr ließen sie die paulinischen Gedanken in schweigendem Betrachten wirken.

Weiterführende Frage nach dem Gottesbild

An solche Reflexionen schloß sich die Frage an: Was ist das für ein Gott,

[15] Vgl. H.-J. Klauck, 2. Korintherbrief (NEB 8), Würzburg 1986, 93f.

für den nicht Stärke, sondern Schwachheit die Erfahrung seiner Wirklichkeit ist? Hier greift die Vorstellung vom »lieben Gott« (Wolfgang Borchert), vom Nothelfer-Gott, nicht mehr. Auch nicht die Vorstellung einer übernatürlichen Hilfe für den Menschen.
Zunächst betrachteten wir zwei Aussagen von Paulus, die er in seine Argumentation einstreute: 2 Kor 8,9 und 13,4. Was ist die hervorstechende Gotteserfahrung für Paulus?
Das »Für-uns« der Liebe Gottes, die im Kreuzestod Jesu konkrete Wirklichkeit wurde, besteht gerade in der Identifikation Gottes mit den Schwachen. Diese Solidarität Jesu macht das Heilswirken Gottes aus, das zuerst Jesus und mit ihm auch uns zum Leben führt. Aus dieser Gnade, die wir an Jesus Christus erkennen, lebt Paulus.
Dieser Gedankengang war zwar für die Schüler kognitiv nachvollziehbar. Aber es entzieht sich der Nachprüfung, inwieweit sie dieses Gottesverständnis bei sich selbst integrieren konnten.

Vertiefende Erläuterung des paulinischen Gottesbildes

Zur Vertiefung der Botschaft vom mitleidenden Gott lasen und besprachen wir eine theologische Meditation des indischen Jesuiten Sebastian Painadath[16]. Die Wahl dieses Textes brachte eine methodische Abwechslung: durch seinen starken Bezug auf den 1. Korintherbrief ersetzte er eine erneute Lektüre von Bibeltexten und bot gleichzeitig eine Auslegung.

"Der leidende Gott

'Ich lebe in Indien unter den Gläubigen anderer Religionen, und daher stelle ich mir immer wieder die Frage: Was ist das eigentlich Christliche in der Gotteserfahrung? Ich lebe auch unter Menschen, die sich ständig in der akuten Grenzsituation von Armut und Krankheit befinden. Und dies stellt mir die Frage: Wo erkenne ich das Gesicht Gottes in einer Welt des Leides?
Diese Fragen sind für mich keine akademisch-theologischen Fragen, sondern Fragen der christlichen Existenz in Indien. Und auf der Suche nach einer Antwort kann ich meinen Blick nur auf den Gekreuzigten werfen. Fragen wir uns ganz ehrlich: Wie sieht das Gottesbild aus, mit dem wir aufgewachsen sind? Das Gottesbild, mit dem wir heute noch leben? Das Gottesbild, das wir unseren Kindern vermitteln?
Wenn wir im Glaubensgespräch über Gott nachdenken, oder im Gebet zu Gott sprechen, neigen wir — bewußt oder unbewußt — oft dazu, nach oben zu blicken, in die Ferne der unbekannten Himmelshöhen, oder nach innen zu schauen, in die tiefen Schichten unseres Wesens, oder wir fixieren unseren Blick auf Bilder, Symbole und liturgische Handlungen. Der Gott, den wir verehren, ist der allmächtige Gott, der Schöpfer-Gott, der all-gegenwärtige, der all-wissende Gott, der Herr der Geschichte, der Gott, der eigentlich die Möglichkeit hat, die Not und das Elend dieser weithin zerbrochenen Welt durch ein Machtwort zu beseitigen. Und dieser Gott ist jenseits des Leidens, weil er in der himmlischen Herrlichkeit herrscht. Dieser Gott ist jenseits des Wachstums, weil er in sich die Fülle des Seins beinhaltet. Dieser Gott braucht eigentlich nichts für sich selbst. Er wohnt jenseits der Geschichte. Traditionelle Theologie nennt

[16] S. Painadath, Der leidende Gott. Das christliche Gottesbild aus der Sicht eines Inders, in: Missio-pastoral 1/1984, 49-51.

diesen Gott den unbeweglichen Beweger, das »Esse Ipsum«, das Sein selbst. Dieses starre Bild eines statischen Gottes ist irgendwie tief in unser Gottesbewußtsein hineingewachsen.
Dies ist eigentlich das Gottesbild der Philosophen, der Gott, den der menschliche Intellekt erreicht hat. Paulus würde sagen: Dies ist der Gott der Weisen und der Mächtigen dieser Welt (1. Kor 1,18). Alle Religionen, einschließlich die christliche Religion, versuchen, diesen Gott des Jenseits den suchenden Menschen nahezubringen. Fragen wir uns ehrlich: Ist nicht unser Gottesbild sehr stark geprägt von diesem allmächtigen und jenseitigen Gott?
Und gerade in unseren Notsituationen suchen wir bei diesem Gott Zuflucht. »Not lehrt den Menschen beten«.
Jetzt schauen wir auf das Kreuz: Was sehen wir da?
Da hängt ein Mensch zwischen Himmel und Erde, scheinbar nirgendwo zuhause, und schreit aus schrecklicher Einsamkeit und Schmerz: Mein Gott, mein Gott, warum hast Du mich verlassen? Wie viele von uns können auf diesen gestaltlosen, geschlagenen, gekreuzigten Menschen hinaufblicken und bekennen: »Dies ist mein Gott«? Und wenn wir das mit aller Ernsthaftigkeit und Ehrlichkeit sagen können, dann brechen alle unsere vertrauten Gottesbilder zusammen.
Das ist nämlich nicht das Bild eines all-mächtigen Gottes, sondern eines entmächtigten Gottes. Das ist nicht das Bild eines all-herrschenden Gottes, sondern des sich-entäußerten Gottes (Phil 2,7). Das ist nicht der Gott, der jenseits des menschlichen Leidens glückselig in-sich-ruht, sondern ein Gott, der sich seinen Weg durch das menschliche Leiden erkämpfen muß. Das ist nicht der Gott, der als Herrscher über das Haupt der Menschen regiert, sondern Gott, der als Knecht den Menschen die Füße wäscht. Das ist nicht der Gott, der das Leiden dieser Welt in einem Augenblick wegzaubern kann, sondern ein Gott, der selbst zum Opfer des Leidens geworden ist. Am Kreuz erfahren wir einen Gott, der leidensfähig ist, weil er liebesfähig ist, einen Gott, der wirklich leidet, weil er uns wirklich liebt. Ein leidender Gott!
— Unser Intellekt wird sofort protestieren und sagen: Nein, Gott kann nicht leiden. Zu diesem Problem gibt es nur eine einzige Antwort: »Gott beschloß, daß die Menschen durch ihre eigene Weisheit Gott nicht erkennen« (1.Kor 1,21). Durch das Kreuzesgeschehen hat Gott sich als einen leidenden Gott kundgetan, als einen mit den Menschen, durch den Menschen und in den Menschen leidenden Gott.
Das ersehen wir am deutlichsten in der eindrucksvollen Geschichte, die Jesus uns erzählt hat: der Geschichte des verlorenen Sohnes. Eigentlich ist sie nicht die Geschichte des verlorenen Sohnes, sondern die Geschichte des verwundeten Vaters. Als der Sohn das väterliche Haus verließ, ließ er eine Wunde im Herzen des Vaters zurück. Diese Wunde ist erst nach der Rückkehr des geliebten Sohnes geheilt. Bis dahin war der Vater ein aus der Liebe leidender Mensch. Und Jesus würde sagen: So ist Gott, der Vater, der im Leiden wartet auf die Rückkehr des letzten Menschen.
Also bis zu diesem Moment, in dem — wie Paulus sagt — »Gott alles in allem geworden ist«, bis zu dem endzeitlichen Zustand, wenn wir alle ins göttliche Vaterhaus als eine brüderliche Gemeinschaft heimgekommen sind, können wir nur von einem Gott dem Vater sprechen, der leidet und wartet. Der Glaube an diesen in Menschen und durch die Menschen leidenden Gott ist das Maßgebende in unserem christlichen Glauben. Darum konnte Jesus klarmachen, daß die entscheidende Frage, woran unser Heil bestimmt wird, ist: Habt ihr mich in dem leidenden Menschen erkannt?
Gott in Christus identifiziert sich mit leidenden Menschen und sagt: Ich war hungrig,... ich war durstig,... ich war fremd und obdachlos,... ich war nackt,... ich war krank,... ich war im Gefängnis,... In dem Augenblick, in dem wir als Christen fähig sind, in die Augen eines leidenden

Menschen tief hineinzublicken, sein Leiden auszuhalten, dort Gott zu erkennen und mit aller Ehrlichkeit zu sagen: Mein Herr und mein Gott (Joh. 20,28), in dem Augenblick erfahren wir, was es bedeutet, an den gekreuzigten Gott zu glauben.
Es ist leicht für uns, an einen all-mächtigen und jenseitigen Gott zu glauben. Es ist aber sehr hart, an den geschlagenen und gekreuzigten Gott zu glauben. Die Botschaft des Gekreuzigten ist »Unsinn« für die intelligenten Griechen, und »Torheit« für die frommen Juden. Aber für uns ist sie »Gottes Kraft und Gottes Weisheit«. Können wir heute noch diese Botschaft des Gekreuzigten glaubwürdig verkünden? Daran hängt die Zukunft der Kirche Jesu des Gekreuzigten.
Ich möchte noch ein Wort hinzufügen: Das Leiden Gottes hat eine Kehrseite. Das Kreuz Jesu war nicht die letzte Station des Lebensweges Jesu. Über den Kreuzestod hinaus brach ein neues Leben hervor. Die Auferstehung gibt uns neuen Mut und neue Hoffnung. Die Auferstehung Christi ist eigentlich die Manifestation der ständig Gestalt annehmenden Auferstehung des gesamten Kosmos, und der gesamten Menschheit. Das Kreuzesgeschehen enthüllt uns das Gesicht eines leidenden Gottes; die Auferstehung zeigt uns einen das Leiden dieser Welt beseitigenden und eine neue Welt schaffenden Gott.
Das Kreuz macht es klar, daß unsere Leidensgeschichte Gottes eigene Leidensgeschichte ist; die Auferstehung zeigt, daß unser Einsatz für die Erschaffung einer neuen Welt Gottes Werk ist. Die Auferstehung ist eine Herausforderung an uns, um unsere Kräfte in die Neugestaltung des gesellschaftlichen Lebens zu investieren. Trotz der vernichtenden Kräfte und der sozialen Konflikte, die unsere Zukunft bedrohen, gibt uns die Auferstehung die Garantie, daß am Ende Gottes Liebe diese zerbrochene Welt zu einer »neuen Erde und zu einem neuen Himmel« verändern wird. Daher können wir immer neuen Mut fassen, Mut, Ja zu sagen, Ja zu uns selbst, Ja zu den anderen, Ja zur Welt, Ja zur Zukunft.
Der Gott, der durch den gekreuzigten und auferstandenen Christus zum Durchbruch gekommen ist, ist der Gott, der unsere Geschichte zu seiner Geschichte gemacht hat, der Gott, der mit uns leidet und mit uns kämpft, das Leiden zu bewältigen. Faß Mut: Gott ist mit uns. Emmanuel!"

Die Schüler bearbeiteten den Text in arbeitsteiliger Gruppenarbeit anhand folgender Arbeitsaufgaben:

1. Welche Züge trägt das Gottesbild, das uns am nächsten liegt?
2. Die entscheidende Offenbarung Gottes geschieht in Christus. Worin besteht diese Gottesoffenbarung?
3. Welche Bedeutung hat dieser Gottesglaube für uns?

Kurze Zusammenfassung: Unser Gottesbild weist viele Gemeinsamkeiten mit dem von Feuerbach kritisierten auf: Gott ist fern von der Welt in tiefer Verborgenheit. In seiner Allmacht steht er jenseits des Leidens der Menschen; er genügt sich selbst als das Sein selbst. Dies ist ein Gott der Weisen und Mächtigen. – In Christus offenbart sich Gott als entmächtigter Gott, der sich entäußert und im Leiden mit uns geht als leidender Gott. Er ist leidens- und liebesfähig. Für das Christentum ist der Glaube an den Gott, der in Menschen und durch Menschen leidet, das maßgebende Gottesbild. – Wir können im Leidenden Gott erkennen, weil Gott sich mit den leidenden Menschen identifiziert. Unser Leid ist Gottes eigenes Leid, aber Gott läßt es nicht dabei. Durch das Kreuz hindurch gibt es neues Leben. In der Auferstehung Jesu besteht die Garantie für eine neue Welt, an der wir durch die Liebe jetzt schon mitbauen.

Die Identifikation Gottes mit den Leidenden, um Leid zu überwinden, ist der Weg des Heils und der Sinnerfüllung. Die entscheidende Glaubenspraxis besteht in der Solidarität mit den Leidenden.
Inwiefern ist dieses Gottesbild für Menschen, denen ihre Vernunft alles bedeutet, Unsinn? Nur ein allmächtiger Gott ist plausibel, weil nur Stärke und Macht zählen, Schwachheit und Leid aber verachtet werden. Dieser Gottesglaube ist keine Illusion, er entspricht vielmehr der Wirklichkeit: Das Schwache wird akzeptiert und nicht weginterpretiert. Das Schwachsein ist Anlaß zur Liebe, zur Identifikation und Solidarität mit denen, die sich selber nicht helfen können. Eine solche Einstellung setzt die Bereitschaft voraus, ehrlich zu sich selbst zu stehen. Das Mit-Leiden Gottes ist Grund zur Hoffnung, obwohl es nach unserem Denken mehr Gründe zur Verzweiflung gibt.

Didaktische Bewertung der Unterrichtseinheit

Die Kreuzesthematik liegt jenseits begrifflich faßbarer Erfahrungen. Ihr paradoxer Charakter (vgl. 3.3.2) ist Grund dafür, daß im didaktischen Kontext nicht weiter damit argumentiert werden kann. Mit dem Kreuz als Heilsweg Gottes wird vielmehr eine grundlegend andere Sinnerfahrung vorgestellt, die logisch nicht weiter aufgeklärt, jedoch in ihren Konsequenzen für das eigene Sinnverständnis aufgewiesen werden kann. Die Annäherung an die Kreuzesbotschaft kann nur auf einem meditativen Weg über den Zusammenhang von Kreuz und Leid der Menschen[17] gelingen oder aufgrund von biographischen Zeugnissen, in denen Menschen vom Glauben an die Erlösung im Kreuz als ihrem persönlichen Lebenskonzept erzählen. Die Aneignung selbst beruht allein auf der Entscheidung für diesen Gott.
Eine interessante Erfahrung konnte ich an dieser Stelle machen: Die Unterrichtseinheit wurde in der Woche vor den Osterferien durchgeführt. Ein evangelischer Schüler bekundete, daß ihn gerade diese Unterrichtseinheit über das Kreuz besonders angesprochen habe. Er äußerte die Absicht, die Karwoche in jenem Jahr intensiv mitfeiern zu wollen, weil er erkannt habe, daß sich ihm in der Beschäftigung mit der Kreuzesbotschaft eine neue Sicht des Glaubens und der liturgischen Feiern erschlossen habe.

---

17 Heinrich Rombach zur Wirkung des Bildes vom "Schmerzensmann": "So hat z.B. die Gestalt des »Schmerzensmannes« den Menschen in breitester Auswirkung einen »Blick« für den leidenden Menschen gegeben und ihn darin geschult, hinter dem Erscheinungsbild der getretenen, geschlagenen und entstellten Natur die unverletzte, ja erhöhte Person zu sehen. Das Ecce Homo, ein ikonographischer Haupttypus, hat für die Vermenschlichung der Erlebnisweisen mehr geleistet als alle Schulen und Moralen zusammen" (Phänomenologie des gegenwärtigen Bewußtseins, Freiburg/München 1980, 225).

9.9 Neunte Unterrichtseinheit: Das Kreuz und die »Weisheit« unserer Zeit
(4 Unterrichtsstunden)

Für Paulus war das "Wort vom Kreuz" (1 Kor 1,18) nicht nur zentraler Inhalt seiner Verkündigung in Korinth, sondern auch entscheidender Maßstab des Welt- und Lebensverständnisses. Einen Gipfelpunkt theologischer Argumentation erfährt dieses Thema in 1 Kor 1,18–2,16, wo Paulus in verwegenen Paradoxien die Spannung zwischen der Weisheit der Welt und der Weisheit Gottes ausfaltet. Die neunte Unterrichtseinheit sollte darauf abgestellt werden, diese Argumentation auf Spannungen im Denken unserer Zeit hin, besonders auf das Fortschrittsdenken und die Entfremdungsstrukturen hin auszulegen. Paulus hat nirgendwo die menschliche Vernunft der Sünde verdächtigt (vgl. im Gegenteil Röm 2,14f.; 1 Kor 8), die Unterscheidungslinie von göttlicher und menschlicher Weisheit verläuft anderswo. Darum sollte eine Auslegung tunlichst vermieden werden, die die Kreuzesbotschaft menschlicher Weisheit überhaupt entgegenstellt oder die Überlegenheit göttlicher Offenbarung über menschliches Denken schlechthin konstatiert. Es ging vielmehr um die Frage, ob und wie wir heute durch eine an wirtschaftlich-technischer Machtentfaltung orientierten Lebensweise "das Kreuz entleeren" (1 Kor 1,17), bzw. andersherum, in welcher Weise die Kreuzesbotschaft die Umwertung geltender Werte intendiert.

Provozierender Impuls: Religiöse Qualität des Fortschritts?

Ansatzpunkt des Gesprächs war eine Karikatur von Murschetz zur Frankfurter Automobilmesse von 1977[18] (vgl. folgende Seite). Allen war klar: Derartige Bilder überzeichnen, drücken aber einen markanten, vielfach verborgenen Zug unserer Mentalität aus. Die Bildelemente der Karikatur, deren Tiefenstruktur etwas über unser Verhältnis zum technischen Fortschritt, im Symbol Auto präsentiert, aussagt, legten wir auf die Mentalität unserer Zeit hin aus: Durch die Mittel von Wissenschaft und Technik haben wir uns Fortschritte erarbeitet, die unser eigenes Werk sind. Diese Erfahrung ließ Gefühl und Bewußtsein von menschlicher Macht erstarken. Der Mensch vergöttert den Fortschritt, den er aus eigener Kraft geschaffen hat, und damit im Grunde sich selbst. Diese Mentalität entwickelt sich zu einer religiösen Haltung; darauf baut der Mensch seine Zukunftshoffnung. "Das Auto bringt uns weiter" – ein suggestiver Slogan, der geheime Sehnsüchte des Menschen anspricht[19].

Problemvertiefung: Fortschrittsmentalität als Weisheit der Welt

Es gilt stets, Unterschiede sorgfältig im Auge zu behalten.

[18] Karikatur und Texte sind entnommen aus: Die Zeit vom 23.09.1977.
[19] Zur religiösen Qualität von Werbung vgl. H. Tremel (Hrsg.), Das Paradies im Angebot. Religiöse Elemente in der Werbung, Frankfurt/M. 1986.

Automobil-Messe

"Das Auto bringt uns weiter"
Motto der diesjährigen internationalen Automobil-Ausstellung

"Das Auto ist für viele zum Inbegriff der Freiheit geworden."
Ministerpräsident Holger Börner bei der Eröffnung der IAA

"Das Auto ist für viele Menschen zu einem Mittel für mehr Freizügigkeit, mehr Beweglichkeit und damit mehr Freiheitsraum geworden."
Bundestagspräsident Karl Carstens bei der Eröffnung der IAA

a) Der Fortschritt von Wissenschaft und Technik hat trotz aller Risiken, die er in sich birgt, den Charakter von Kreativität in sich, die dem Menschen in der Schöpfung zum Auftrag gegeben ist[20]. Auf die Maschinenstürmerei das »Killen« von Computern folgen zu lassen, wäre eine törichte Abwertung der menschlichen Leistungsfähigkeit. Dennoch kommt die zeitgenössische Technikkritik[21] nicht von ungefähr.

20 Vgl. K. Lehmann, Kreatürlichkeit des Menschen als Verantwortung für die Erde, in: Ph. Schmitz (Hrsg.), Macht euch die Erde untertan? Schöpfungsglaube und Umweltkrise, Würzburg 1981.
21 Vgl. C.F. von Weizsäcker, Bewußtseinswandel, München 1988, 124-143.

b) Um die Problematik der Fortschrittsmentalität besser zu greifen, gingen wir von der Diagnose der Zeitsituation durch Papst Johannes Paul II. aus[22]:

"Der Mensch von heute scheint immer wieder von dem bedroht zu sein, was er selbst produziert, das heißt vom Ergebnis der Arbeit seiner Hände und noch mehr vom Ergebnis der Arbeit seines Verstandes und seiner Willensentscheidung. Die Früchte dieser vielgestaltigen Aktivität des Menschen sind nicht nur Gegenstand von »Entfremdung«, weil sie demjenigen, der sie hervorgebracht hat, einfachhin genommen werden; allzu oft und nicht selten unvorhersehbar wenden sich diese Früchte, wenigstens teilweise, in einer konsequenten Folge von Wirkungen indirekt gegen den Menschen selbst."

In Analogie zur Enzyklika, die keinen Widerspruch fand, versuchten wir Tatbestände zu charakterisieren, die für die Entfremdung des Menschen durch seine eigenen Leistungen sprechen bzw. die sich gegen ihn selbst wenden, und diskutierten die verschiedenen Aspekte des wissenschaftlich-technischen Fortschritts. Da es nicht um eine abschließende Wertung, sondern um das Begreifen der Auswüchse menschlichen Machtbewußtseins ging, werden hier nur die Bereiche genannt, in denen die Ambivalenz des Fortschritts von den Schülern umrissen wurde:

- Ausbeutung der Erde und Zerstörung des ökologischen Gleichgewichts durch hemmungsloses Wirtschaften und Steigerung der Bedürfnisbefriedigung,
- Angst um das Überleben im Atomzeitalter,
- Arbeitslosigkeit durch kapitalistisches Streben nach Gewinnmaximierung,
- Waffen anstelle von Brot und Hilfe für die Armen,
- Nord-Süd-Gefälle in den Lebensbedingungen,
- medizinische Technik, besonders die Gentechnik.

Die Liste der Stichworte klingt wie das Mitsingen von Schlagworten der öffentlichen Diskussion. Man macht es sich aber zu leicht, wenn man die Äußerungen der Jugendlichen mit diesem Zusammenhang abtut: Ihr gewachsenes Problembewußtsein macht sie zwar sensibel für die Themen, die in der Öffentlichkeit behandelt werden, aber sie sind auch von der Problematik tiefer betroffen als manche Erwachsene.

c) Wissenschaft und Technik brachten für den, der sie entwickelte und handhabte, einen ungeheueren Machtzuwachs. Darüber darf die Ambivalenz ihrer Nebenwirkungen nicht vergessen werden. Denn das Bewußtsein der aus der Autonomie des Menschen entsprungenen Stärke droht sich einzuschränken auf Selbsterhöhung und auf den Drang, die Überlegenheit der eigenen Leistungskraft in der Konkurrenz ständig zu sichern. Diese Art von Autonomie produziert einen gemeinsamen Egoismus der Starken, durch den der Mensch sich letztlich selbst zerstört. Es mangelt an der Betroffenheit, die sich in der Aufmerksamkeit für die

[22] Johannes Paul II., Enzyklika "Redemptor hominis", hrsg. vom Sekretariat der Deutschen Bischofskonferenz, Bonn 1979, 29.

Auswirkungen menschlichen Handelns einstellt. Denn was tun die, die nicht mithalten können? Welchen Platz nehmen die ein, die die zerstörerischen Auswirkungen zu tragen haben? Was geschieht mit den »Opfern« dieser Machtsteigerung? Verstellt die »Weisheit« der technisch-wissenschaftlichen Machtansammlung nicht auf recht »törichte« Weise den Blick auf wesentliche Momente von Menschlichkeit – auf Liebe, Frieden, Würde, Kreativität, Solidarität?

d) Den Abschluß bildete ein Gedicht von Ulla Hahn[23]:

W i r

Wir versuchten die Welt zu heben
aus den Angeln jahrtausendelang
sie auf Trab zu bringen. Wir machten
zum Maß aller Dinge: uns. Und wir
sprangen über die Klingen und wir
lachten aus vollem Hals ließen
Formeln und Fakten singen zerstampften
die Erde beim Tanz mit Zahlen und
Figuren vergaßen das Zauberwort
jagten die Zeit mit Uhren
paarten das Leben mit Mord.
Und wir ließen die Welt verenden
ausbluten im Begriff versenkten
mit eigenen Händen Noahs Narrenschiff.

Auf diesem Weg kommen wir nicht weiter. Aber wie dann?

Hinführung zu 1 Kor 1,18 – 2,11

Mit der Diagnose unserer Zeitsituation wurde eine Brücke geschlagen, die das Verstehen der fremdartigen, in Paradoxien gestrickten Botschaft vom Kreuz in 1 Kor 1-2 ermöglicht.

a) Vorüberlegungen: Stützpfeiler der Verstehensbrücke ist die Analogie zwischen der »Weisheit« der Korinther und der »Weisheit« des Fortschrittsdenkens. Sie besteht in der Verzerrung des Heilsweges und des Weges zur Vollendung, die durch Erhöhung des Starken und Ausblendung des Schwachen entsteht. In einem groß angelegten Chiasmus verknüpft Paulus die Botschaft vom Kreuz als Gottes Kraft und Weisheit (1,18 -25; 2,6-11) mit konkreter Erfahrung (1,26-31; 2,1-5): die Weisheit der Welt, die auf Macht und Stärke des Geistes aufbaut, wird als Torheit entlarvt (1,20). Das Wechselspiel mit der Paradoxie von Weisheit und Torheit dient nicht nur dazu, die Täuschungen der Weltweisheit aufzudecken, sondern auch die Botschaft vom Kreuz als die wahre Kraft und Weisheit, die zum Heil führt, herauszustellen. Paulus argumentiert an dieser Stelle keineswegs mit theologischen Spekulationen, auch wenn die Redestruktur danach aussieht. Er betrachtet vielmehr die Botschaft vom Kreuz als wesentlichen Glaubensinhalt (1,17) im Horizont der konkreten Lebenssituation der Gemeinde, die mit dem Zeugnis von Christus ihren Weg gefunden hat (1,6). Die Betrachtung der Kreuzesbotschaft hat

23 Abgedruckt in: Frankfurter Allgemeine Zeitung vom 13/14.3.1982.

bei Paulus also einen deutlichen Erfahrungsbezug.

b) Um die schwierige Textpassage verstehen zu können, erhalten die Schüler als Hinführung zur Textarbeit folgende Situationsschilderung[24]:

Streit und Konflikte sind notwendig, um eine Sache besser zu klären, weil keiner die Weisheit für sich gepachtet hat. Aber wenn sie zu Spaltungen in einer Gemeinschaft ausarten, die vom Zentrum her auf Einmütigkeit angelegt ist, erreichen sie eine andere Qualität. Die Rückfrage nach dem, worum es eigentlich geht und was verdreht wird (revision de vie), wird notwendig.

Paulus hat gehört, daß es in der korinthischen Gemeinde soweit gekommen ist: Es bildeten sich gegeneinander arbeitende Parteien[25], die sich durch bestimmte Parolen (1,12) über andere erheben und so die Zerteilung der Gemeinde — und das bedeutet für Paulus die Zerteilung Christi (1,13) — provozieren.

Der Kernschaden dieser Entwicklung liegt darin, daß man einzelne Personen über andere heraushebt und sie gegeneinander ausspielt, daß man sich auf ihre Verkündigung und Taufe wie auf eine besondere Heilsbotschaft beruft und so dem Übertrumpfen des anderen mit höherem Heilswissen das Wort redet. Paulus verschweigt dabei keineswegs, daß auch er selbst in solche Machenschaften einbezogen wird (1,13-17), erkennt aber genau an dieser Stelle, was hier »falsch läuft«.

In solchem »Vereinfachen« wird nicht nur die Taufe falsch verstanden, sondern auch das Evangelium, für das Paulus eingetreten ist: das Kreuz Christi wird "um seine Kraft gebracht" (1,17), weil in der Gemeinde aus Konflikten trennende Gegensätze werden[26]. In diesem Geschehen liegt ein verkehrtes Verständnis von sinn- und heilvollem Leben vor. Ein Denken, Fühlen und Handeln ("Weisheit")[27], das die Menschen trennt statt zusammenführt, widerspricht — selbst wenn sich einer auf Christus beruft (1,12) — einem entscheidenden Moment des Evangeliums, dem Wort vom Kreuz. Leute in Korinth, die für diese Spaltungen verantwortlich sind, nehmen für ihren Weg Weisheit in Anspruch, d.h. zu wissen, wie man richtig denkt und handelt. Paulus kann mit diesem Begriff auch umgehen, aber es kommt ihm auf den entscheidenden Inhalt an: zur Weisheit Gottes gehört gerade, wenn man sie mit der Weisheit der Welt vergleicht, das Kreuz Christi. Ohne die Kreuzesbotschaft gibt es keine heilvolle Zukunft. Davon aber wollen viele nichts wissen. Paulus stellt darum in seinem Brief an die Korinther der "Weisheit der Welt", wie er die Einstellung der Korinther nennt, "Gottes Kraft und Gottes Weisheit" (1,24), die im Kreuz Christi liegt, gegenüber.

c) Problemformulierung: Was ist denn an der Botschaft vom Kreuz Christi so wichtig? Welche Weisheit erschließt uns das Wort vom Kreuz?

Texterschließung: Gottes Weisheit und Kraft (1 Kor 1,18 – 2,11)

Es ist schwierig, die paradoxale Struktur des Textes in einen leicht ver-

---

24 Vgl. R. Baumann, Mitte und Norm des Christlichen. Eine Auslegung von 1 Korinther 1,3-3,4 (NTA NF 5), Münster 1968; G. Theißen, Studien zur Soziologie des Urchristentums (WUNT 19), Tübingen 1979, 231-271; H.-J. Klauck, 1. Korintherbrief (NEB 7), Würzburg 1984, 5-9.

25 Auf das Problem der Parteienbildung gehen wir nicht ein; vgl. 6.1.1.

26 Weil die Taufe auf das Kreuzesgeschehen verweist, schließt Paulus jede Berufung auf einen Taufvater aus. Er will auch nicht die Taufe abwerten, sondern die Verkündigung als entscheidende Aufgabe, die Gegensätze zwischen Personen nicht zuläßt, betonen (vgl. R. Baumann, Mitte und Norm des Christlichen, 58).

27 Der Begriff meint nicht eine Theorie oder Spekulation, sondern die Mentalität, die Sinn- und Wertewelt des alltäglichen Lebens.

ständlichen Denkweg aufzuschlüsseln; ebensowenig kann man alle seine Aspekte didaktisch erschließen. Da Paulus hier Botschaft und Erfahrung verknüpft, könnte sich auch ein induktiver Weg nahelegen; dazu müßte jedoch die vorgegebene Textsequenz umgebaut werden: zuerst die situationsbezogenen Abschnitte (1,26-31; 2,1-5), dann die Deutung aus dem Wort vom Kreuz (1,18-25; 2,6-11). So erschlossen die Schüler die Texte anhand erarbeitender Leitfragen arbeitsteilig in jenen zwei Schritten.

1. Zuerst bedachten die Schüler die erfahrungsbezogenen Texte.
a) Die erste Gruppe erhielt folgende Arbeitsaufgaben zu 1,26-31:
- Was sind im landläufigen Sinn berufene und erwählte Menschen?
- Lest 1 Kor 1,26-31! Wer sind die Erwählten und Berufenen ?
- Welchen Schluß zieht Paulus aus den Beobachtungen?

b) Die zweite Gruppe bearbeitete den Abschnitt 2,1-5 in folgender Weise:
- Welches Bild gibt Paulus von sich selbst?
- Warum sagt er dies so ausdrücklich gegenüber den »gescheiten Leuten» von Korinth?
- Was macht ihnen Paulus an seiner eigenen Situation klar?

c) Zusammenfassendes Ergebnis: Was mit dem Etikett »töricht«, »schwach«, »unbedeutend«, »taugt nichts« versehen wird, das »bringt auch nichts«, kann vernachlässigt werden, fällt nicht ins Gewicht. Wir neigen dazu, solche Menschen abzuwerten und auszugrenzen. Wer dagegen groß auftritt und mit phantastischen Erkenntnissen die Leute zu beeindrucken versteht, gefällt sich leicht in seiner Macht und Stärke. Solche Selbsterhebung und -steigerung läßt andere klein und schwach erscheinen. Das erweckt Aggressionen – ist vielleicht selbst Ausdruck von Herrschsucht –, macht Angst und zerreißt so das Band der Gemeinschaft ("Spaltungen"). Denn wer nicht in Stärke mitspielen kann, wird nicht anerkannt und einbezogen: er gilt nichts und übernimmt oft auch diese Einschätzung für sich selbst.
Diesen Mechanismus kann Paulus nicht teilen: Gott läßt gerade die gelten, die nach menschlichen Maßstäben nichts gelten. Das ist einerseits an der Gemeinde zu erkennen: die Mehrzahl der "Berufenen" und "Erwählten" (= die etwas gelten) sind ebensolche Menschen; andererseits kann er an sich selbst und seinem Werk verdeutlichen, daß Gottes Heilsweg nicht auf der Mächtigkeit der Mächtigen beruht, sondern aus dem Glauben an Gott "Geist und Kraft" (2,5) gerade für den erwächst, der nichts hat. In der Beziehung zu Gott kann auch der "Schwache" diesen Zustand gelten lassen und sich selbst so annehmen, wie er ist (vgl. 1,30f.; 2,2.4), und muß nicht in den gleichen Mechanismus verfallen wie die Starken und Mächtigen. Er muß nicht Schwäche in Stärke "ummünzen" (vgl. 9.3.). So wird menschliches Leben gut. Diese Sichtweise ergibt sich aber nur aus der Verkündigung vom gekreuzigten Christus.

2. Der zweite Arbeitsgang erläuterte den Deutungshorizont des Paulus. Dabei griff das Gespräch auf die achte Unterrichtseinheit zurück.

a) Hinführung zu den nächsten Textabschnitten: Paulus will sich mit den »gescheiten Leuten« von Korinth, die Weisheit für ein gutes Leben hochschätzen, verständigen, gleichzeitig aber den entscheidenden Punkt des christlichen Gottesglaubens und Heilsweges verdeutlichen. Darum hebt er als das Entscheidende der Weisheit Gottes das Kreuz hervor. Damit stößt er aber bei ihnen auf Schwierigkeiten. Die Griechen können die Rede vom gekreuzigten Retter nur als Torheit (die Juden nur als Ärgernis) verstehen.

b) Erster Schritt der Textauslegung von 1 Kor 1,18-25 und 2,6-11: Der zentrale Begriff in der Argumentation des Paulus ist "Weisheit" und "Torheit". Sie werden in ein eigenartiges Verhältnis zueinander gesetzt: Weisheit der Welt – Torheit Gottes / Weisheit Gottes – Torheit der Welt. Die Korinther sahen in ihrer Weisheit den Weg zum Heil, andere Wege galten als Torheit. Zur Torheit gehörte offenbar auch die Kreuzesverkündigung des Paulus. Inwiefern mußten sie diese Rede von Gottes Heilswirken als Torheit ansehen? Warum konnte "kein Machthaber der Welt" (2,8) diesen Weg als sinnvoll erkennen? Die Schüler wurden an den Text "Der leidende Gott" erinnert (vgl. 9.8.):

Unter Gott stellt man sich ein all-mächtiges Wesen vor, einen absoluten Herrscher, der vielleicht auch mit Gewalt seinen Willen durchsetzt. Das ist auch das Ideal vieler Leute, selbst von dieser Macht etwas abzubekommen (vgl. Starkult!). Die alten griechischen Götter waren solche Wesen, die die Menschen beherrschten und ihre Ordnung mit dirigistischen Maßnahmen durchsetzten.

Der Gott Jesu Christi aber betont nicht seine Macht, sondern er läßt sich auf die Menschen ein, er kennt die Welt und lebt mit den Menschen. Der Sohn Gottes verdrängt nichts, was zum Menschen gehört, ja er identifiziert sich sogar mit uns im Leid und im Tod. Er stirbt am Kreuz, ist solidarisch bis zu dem Punkt, den wir am meisten verdrängen, den Tod. Er überspielt nicht das Schwache des Menschseins, obwohl er mächtig ist (vgl. Mk 15,29-32). Gott führt Jesus zum Leben: durch Leid und Tod hindurch; dadurch rettet er Jesus und uns. Dieses Handeln Gottes ist der entscheidende Inhalt der Frohen Botschaft.

c) Zweiter Schritt der Textauslegung: Diese Botschaft von Gott steht natürlich im Gegensatz zu den allgemein menschlichen Vorstellungen und Erwartungen (Paradoxie). Paulus sagt auch, daß sie nicht Ergebnis menschlicher Denkarbeit ist: "was kein Auge gesehen und kein Ohr gehört hat, was keinem Menschen in den Sinn gekommen ist" (2,9). Für Paulus aber ist gerade diese Botschaft die wahre Wahrheit, die zum Heil führt. Das verdeutlicht er durch sein Wechselspiel mit den Begriffen

"Weisheit" und "Torheit" (1,25). Dazu wurde den Schülern folgende Skizze[28] vorgelegt:

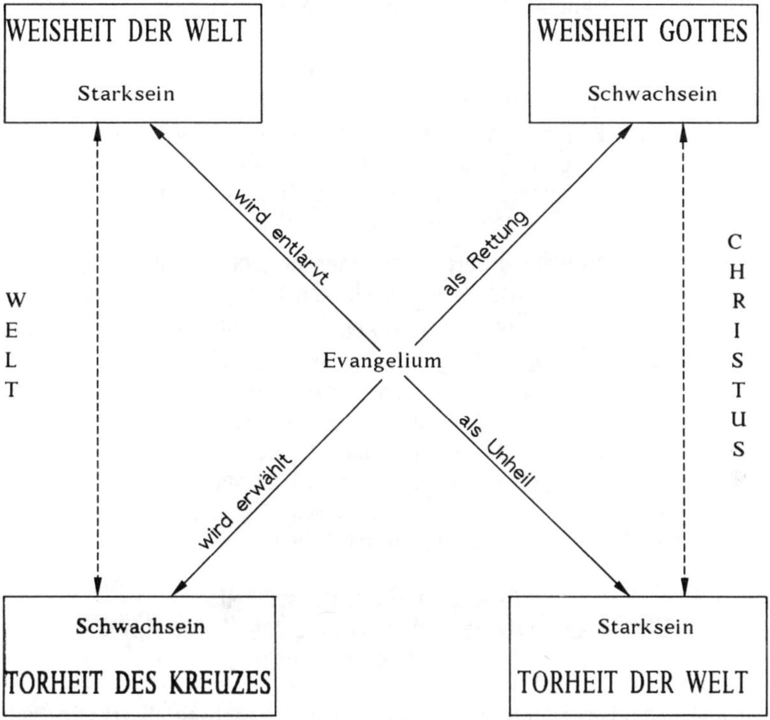

Menschliche Vorstellungen von gutem Leben (Heil) werden durch die Kreuzesbotschaft in ihrer Torheit erwiesen. Gottes Weg der Rettung ist nicht Macht und Stärke, sondern er gleicht sich den Schwachen an, wird selbst schwach. Daraus entsteht erst die eigentliche Stärke, daß er das Schwachsein an sich selbst zuläßt. Er rettet dadurch, daß er sich mit den Menschen in ihrem Schwachsein bis in den Kreuzestod solidarisiert (vgl. Phil 2,5-11).

---

28 Modifizierte Skizze aus: H. Zirker, Religionskritik (Leitfaden Theologie 5), Düsseldorf 1982, 24. Interessante Perspektiven ergeben sich auch aus der Betrachtung des Bildes "Die weiße Kreuzigung" von Marc Chagall. Vgl. G. Rombold/H. Schwebel, Christus in der Kunst des 20. Jahrhunderts, Freiburg 1983, 45; W. Haftmann, Marc Chagall, Köln [2]1977, 118f. Das Dia findet sich bei G.u.N. Weidinger, Gesten, Zeichen und Symbole im Gottesdienst, Dia Nr. 29, München 1981.

Bedeutungsübertragung durch eine kurze Meditation[29]

Manchmal vergißt der Mensch sich selbst.
Es treibt ihn die Angst, nichts zu gelten,
ohnmächtig, ausgeliefert, verloren zu sein.
Er vertreibt die Angst – denn er ist stark:
Wissen ist Macht –
und das Starke wird siegen.

Das Rennen um Macht bringt das große Vergessen:
daß wir schwach sind und begrenzt,
daß andere verdrängt und verletzt werden –
Menschen wie du und ich.

Manchmal vergißt der Mensch sich selbst.
Nur einer vergißt ihn nicht,
weil das Blut der Erschlagenen zu ihm schreit:

Gott fängt eine neue Welt an,
wo keiner sich selbst vergißt,
wo niemand vergessen wird.
In seiner Hand ist jeder
der, der er ist, und darf es sein.
Im Kreuz ist Heil,
im Kreuz ist Leben.

9.10 Zehnte Unterrichtseinheit: Glaube an Christus und soziales Leben (1 Kor 11,17-35)

(2 Unterrichtsstunden)

Bei einer früheren Unterrichtseinheit über Schwachsein/Starksein (vgl. 9.5) hatte ein Schüler darauf hingewiesen, daß das Bejahen von Schwäche auch Konsequenzen für die Beziehung zu anderen Menschen und für das Zusammenleben habe: Wer seine Schwäche eingesteht, verhält sich anders. In welcher Weise der Glaube an den gekreuzigten Christus mit dem sozialen Leben zu tun hat, war das Anschlußthema.

Anknüpfung an die Botschaft vom Kreuz und Problemstellung

Als Anknüpfung wiederholten wir nochmals die Kerngedanken der neunten Unterrichtseinheit: Christus ist das Bild des unsichtbaren Gottes. Worauf Gott aus ist, das erfahren wir am Leben und Handeln Jesu. In die Auseinandersetzung mit dem Gottesbegriff der (gnostisch beeinflußten) Korinther bringt Paulus die Grundzüge der christlichen Erlösungsbotschaft ein: Identifikation und Solidarität mit den leidenden Menschen bis in den Tod = Gott, der sich der Schwachen wegen ent-

29 Zur Bedeutung von Meditation zur Bewußtseinsänderung vgl. G. Stachel/D. Mieth, ethisch handeln lernen, Zürich 1978, 150-153 u.ö.

machten läßt; der Kreuzestod als Weg der Erlösung widerspricht den Vorstellungen des starken Gottes und dem Weg des Starkseins als einzigem Verhalten; Erwählung der "Törichten" und "Schwachen"; der Weg der Errettung geht durch die Schwachheit hindurch; Selbstlosigkeit Gottes (vgl. Phil 2,6-11). Das Geltenlassen von Schwachsein, das im Glauben an Christus den Gekreuzigten möglich wird, öffnet den Weg zu neuem Leben.
Von hier aus ist nun zu fragen, welche Bedeutung dieser Gottesglaube für das soziale Leben hat. Es geht dabei um die Echtheit christlicher Lebenspraxis: ob und wie der Glaube dem Handeln konkrete Gestalt zu geben vermag.

Ein sozialer Konflikt als Problem des Christusglaubens

In einer kurzen Situationsschilderung wurden die Schüler mit einem Konfliktfall in der korinthischen Gemeinde vertraut gemacht, der den Zusammenhang von Glauben und sozialem Handeln betraf.

Schilderung der Situation: Die Gemeinde ist aus Leuten aller sozialer Schichten zusammengesetzt: Menschen, die Besitz und Auskommen haben, Handwerker und Sklaven, die schwer arbeiten mußten und nicht viel hatten. Die Gemeinde versammelte sich am Sonntag gegen Abend in Privathäusern zur Feier des Herrenmahls, wie sie es nannten. Es war eine Einheit von Sättigungsmahl mit abschließender Eucharistie, wie sie Christus im Abendmahlssaal aufgetragen hat. Die Leute brachten dazu Speisen mit, die man untereinander teilte; die Christen war so zu einem gemeinsamen Mahl zusammen. Allmählich hat sich aber eine Praxis eingeschlichen, die den Charakter der Feier zerstörte und die Gemeinschaft zu zerreißen drohte. Paulus hörte davon. Für ihn war das aber kein Problem der äußeren Organisation, sondern der Einheit von Glauben und Lebenspraxis. Deshalb geht er in 1 Kor 11,17-35 genauer auf das Verhalten der Gemeinde und seine theologischen Implikationen ein.

Texterschließung von 1 Kor 11,17-22

a) Nach der Lektüre des Abschnittes 11,17-22 versuchten die Schüler die konkrete Situation aufgrund des Textes zu rekonstruieren:

Zu der Versammlung, an deren Anfang das Sättigungsmahl stand, konnten die Wohlhabenderen rechtzeitig kommen und genügend zu essen und zu trinken mitbringen. Sie hatten auch mit dem Mahl begonnen und warteten nicht auf die anderen. Dagegen mußten die Ärmeren, meist abhängige Lohnarbeiter und Sklaven, erst ihre Tagesarbeit erledigen – und das konnte bis in die späten Abendstunden gehen. Zum Essen konnten sie auch nur wenig oder gar nichts mitbringen. So entstand die Situation, die Paulus in V. 21 schildert. Außerdem kam es dadurch zu Gruppenbildungen in der Gemeinde (V. 18).

b) In Partnerarbeit beantworteten die Schüler die Arbeitsaufgaben: Wie beurteilt Paulus diese Situation? Worin besteht für ihn das Problem?

c) Ergebnisse: Das Urteil des Paulus ist hart: Da findet keine Feier des Herrenmahles statt (V. 20). Dieses Verhalten sieht nach Verachtung der Gemeinde aus (V. 22b). Die Ärmeren kommen zwar zur abschließenden Feier, die Jesus aufgetragen hat, rechtzeitig, aber an der lebendigen Gemeinschaft des Gesprächs und des Teilens können sie nicht teilhaben;

sie sind an den Rand gedrängt, in ihrer persönlichen Situation innerhalb der Gemeinde nicht ernstgenommen. »Wer nicht kommt zur rechten Zeit...«? Die Schüler versuchten selbst den inneren Zusammenhang von Bildung der Gemeinschaft und Herrenmahl zu bestimmen: Glaube und Praxis sind auseinandergefallen; was in der Eucharistie gefeiert wird, widerspricht dem tatsächlichen Geschehen in der Gemeinde.

d) Der Lehrer erläuterte, daß dies vielleicht mit einem falschen Verständnis des Sakramentes zusammenhängt: entscheidend sei nur, an der Feier der Eucharistie teilzunehmen, dadurch werden einem Gnaden Gottes zuteil; die Umstände seien unwesentlich, das Zusammenleben in der Gemeinde habe damit nichts zu tun (Bezug zu den Informationen über die Gegner des Paulus in der neunten Unterrichtseinheit). Für Paulus ergaben sich aber aus dem Vorbild und Auftrag Jesu ganz andere Konsequenzen. An dieser Stelle entdeckten die Schüler ein ähnliches Problem in der Gegenwart: das Auseinanderfallen von Frömmigkeit vieler Christen und ihrer Lieblosigkeit zu den Mitmenschen. "Sie laufen eifrig in die Kirche, zu Hause und im Beruf benehmen sie sich wie die unfreundlichsten Menschen" (= Problem der Glaubwürdigkeit der Christen — Friedrich Nietzsche: "Die Christen müßten mir erlöster aussehen").

e) Merkwürdig ist nun V. 19: Jede Situation zwingt zum Nachdenken gerade dann, wenn die Sache falsch gelagert ist. Abgewiesen werden mußte die Vorstellung einer schicksalhaften Notwendigkeit, durch die Menschen in Zwangslagen gebracht werden. Aus dem, was falsch läuft, lassen sich aber neue Wege und Handlungsweisen finden, sofern man sich die Sache angehen läßt.

Texterschließung von 1 Kor 11,23-26

a) Nach der Lektüre bedachten wir zunächst die Frage: Welche Funktion hat nun für die Auseinandersetzung der Abendmahlsbericht, in dem Paulus die Feier des Abendmahls Jesu erzählt?

– Paulus stellt der Gemeinde das Abendmahl Jesu vor Augen, damit sie seinen Sinn verstehen und ihre Praxis daran orientieren.
– Paulus begründet die richtige Form der Feier in dem Tun Jesu beim letzten Abendmahl; in dieser Tradition sollen sie bleiben und nicht etwas anderes daraus machen.

b) An die Funktionsbestimmung des Abendmahlsberichtes schloß sich die Erläuterung der zentralen theologischen Aspekte im Lehrgespräch an:

Traditionsformel: Paulus legt dar, daß er sich die Sache nicht selbst so zurechtgelegt habe, sondern sich auf den Herrn berufe, und zwar in historischer Rückbindung und im Blick auf die Gegenwart des auferstandenen und erhöhten Herrn bei der Feier des Herrenmahles selbst. Paulus beruft sich also gegen die Unordnung in der Gemeinde auf die Autorität Jesu.

Nacht des Verrats: Möglicherweise ein versteckter Hinweis auf die Korinther, die in ihrer Praxis die Tradition des Abendmahls Jesu verkennen und ihn damit ebenso verraten wie Judas[30]. Möglicherweise auch nur ein

---

[30] Diese Interpretation ist traditionsgeschichtlich nicht ausreichend zu belegen (vgl. P. Neuenzeit, Das Herrenmahl. Studien zur paulinischen Eucharistieauffassung (StANT 1), München 1960, 103-105.157-159; H.-J. Klauck, Herrenmahl und hellenistischer Kult. Eine religionsgeschichtliche Untersuchung zum ersten Korintherbrief (NTA NF 15), Münster 1982, 303f.). Die vorsichtigen Hinweise scheinen mir aber unter didak-

übernommenes Erzählstück, aber Paulus in dieser Situation durchaus willkommen.

Tischgemeinschaft: Brotteilen/Austeilen des Weins ist gemeinsames Mahl; mehr noch: Jesus macht die Gaben zu Zeichen seiner Person und seines Lebens. Das Teilen und Austeilen bedeutet Anteilhaben an ihm (symbolischer Gehalt des Vorgangs).

Für euch: Jesu liebende Hingabe in seinem Leben und Tod für die Menschen ist Ausdruck seiner tiefgreifenden und alles umfassenden Liebe (Identifikation und Solidarität im Kreuzestod): stellvertretender Sühnetod. Das Austeilen der Gaben stiftet die Verbindung der Teilnehmer mit dem Herrn, der für die Menschen da ist (vgl. Gottesname Jahwe).

Neuer Bund: Durch die Hingabe Jesu in den Zeichen von Brot und Wein, die die Menschen mit ihm und untereinander verbindet, entsteht eine Gottesbeziehung und in ihrer Folge die neue Gemeinschaft, in der Zerrissenheit und Spaltungen aufgehoben und die Menschen in Liebe miteinander verbunden werden. Die von Gott verheißene Heilsgemeinschaft wird in diesem Geschehen verwirklicht.

Wiederholungsbefehl: Was Jesus unter uns begonnen hat, soll die Gemeinde fortsetzen. Dabei kommt es auf die Intention Jesu wesentlich an: Sorge und Hingabe füreinander, Gemeinschaft-Stiften gerade mit den Schwachen, denen Jesus in besonderer Weise zugetan war.

Verkündigung: Durch die Praxis der Gemeinde wird die ganze Geschichte hindurch das aktualisiert, was mit Jesus in die Geschichte hineinkam: die Liebeshingabe im Kreuzestod. Es ist Auftrag der Gemeinde bis an das Ende der Zeiten, wenn der Herr selbst die Gemeinschaft vollenden wird – die Vollendung steht also noch aus. Das Feiern des Herrenmahls ist noch nicht alles.

Kurze Besprechung von 1 Kor 11,27-35

a) Besondere Erläuterungen brauchte noch V. 27: unwürdiges Essen. Einige Schüler dachten dabei an die persönlichen Sünden, die eine Teilnahme an der Eucharistie unmöglich machten. Aus dem Zusammenhang konnte leicht erschlossen werden, daß es um den Bruch der Gemeinschaft, um die Verletzung der Bruderliebe geht, die Paulus an der korinthischen Praxis anprangerte. Mit dem Begriff "Leib des Herrn" meint Paulus sowohl die eucharistischen Gaben, in denen wir den Herrn empfangen, als auch die Gemeinde, die er an anderer Stelle (1 Kor 12) als Leib Christi bezeichnet. So wie sich die Korinther zu ihrer Gemeinde verhielten, verachteten sie den Neuen Bund. Ihr Miteinander-Essen ist unwürdig, weil es Jesu Selbstteilgabe widerspricht.
b) Ein kurzer Blick auf 1 Kor 10,16-17 verstärkte nochmals den Zusammenhang von Empfangen des Leibes Christi und Gemeinschaft der feiernden Gemeinde, die durch ihre Praxis das Tun Jesu wiedergeben soll.
c) Vv. 31-32 wurden von den Schülern als Mahnung zur Prüfung des Gewissens (nicht als Drohung) verstanden. Auch der Rat des Paulus in Vv. 33-34 erschien ihnen plausibel.

---

tischer Rücksicht angebracht, um die Wucht des Arguments von V. 20 aufzunehmen und die Funktion des Abendmalsberichts auf der Sachebene zu verstärken.

Transfer in die Gegenwart

Nach der Textinterpretation versuchten wir einen Transfer in die Gegenwart. Dazu legte ich den Schülern zuerst die folgende Skizze[31] vor.

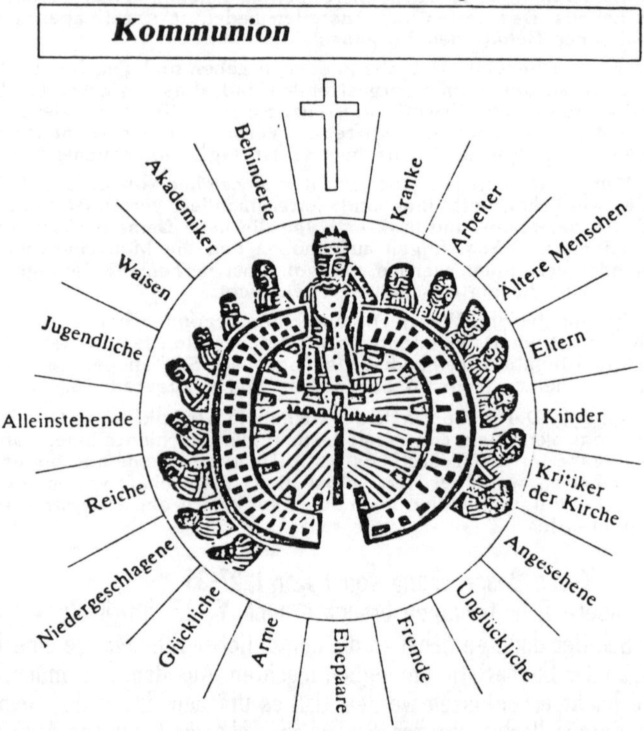

a) Interpretation: Eucharistie ist Verbindung Christi mit den Menschen, die trotz ihrer Unterschiede zu einer Tischgemeinschaft gerufen sind.
b) Die Schüler schrieben dann in einer Stillphase die Gedanken auf, zu denen sie die Skizze anregte. Beim anschließenden Vortragen ergab sich, daß die Schüler den kultischen Rahmen weit überschritten und Eucharistie als lebensgestaltende Kraft in zahlreichen praktischen Möglichkeiten (incl.gefaßte Pläne) darstellten: von der Gestaltung persönlicher Beziehungen in der Schule, zu den Freunden/-innen und Verwandten bis zu den Problemen der Dritten Welt.
c) Konkret besprachen wir dann die Konsequenzen, die sich aus der Eucharistie als Stiftung von Gemeinschaft über alle Grenzen hinweg ergeben: Sorge für die Benachteiligten bedeutet auch Verzicht auf eigene Wünsche des Konsums. Glaube muß sich in der Beziehung der Menschen zueinander aus-wirken.

31 Abgedruckt in: R. Ott, Buße und Eucharistie. Ein Buch für Eltern und Katecheten, München 1980, 93.

Zehntes Kapitel

10.0 DIDAKTISCHE KONTUREN DER PAULINISCHEN THEMATIK "STARKSEIN UND SCHWACHSEIN"

Die vorliegende Arbeit will nicht einfach nur Möglichkeiten der Auslegung der Korintherbriefe erkunden, sondern auf dem Weg praktischer Erfahrung im Religionsunterricht der gymnasialen Oberstufe herauszufinden, welche didaktische Struktur dieser Auslegung angemessen ist. Denn es gilt, den Bedeutungsgehalt der biblischen Texte im Horizont heutiger Lebenssituationen produktiv zu entfalten. Mit diesem Ziel wurden bisher konkrete Unterrichtssequenzen hinsichtlich ihrer hermeneutischen und religionsdidaktischen Probleme und Perspektiven ausgewertet.

10.1 Annäherung an ein neues Modell der Bibeldidaktik

Nachdem eine dritte Unterrichtssequenz entwickelt und praktisch durchgeführt ist (vgl. 9. Kapitel), geht es nunmehr darum, den Reflexionsbogen wieder auf die Frage der bibeldidaktischen Theorie auszurichten.

10.1.1 Einsichten aus den bisherigen Unterrichtserfahrungen

Aus der Kritik der ersten Unterrichtsversuche ergab sich die Notwendigkeit, Texte aus den Korintherbriefen so in den Dialog mit den Schülern einzubringen, daß in konkreten Themen ihres Lebens und Handelns die Sinnperspektive der paulinischen Verkündigung gleichsam aufklingen kann. Der Religionsunterricht könnte so die Motivation dafür stiften, daß die Jugendlichen in diesen Texten ihr Leben (wieder-)erkennen und deren Sinngehalt auf die persönliche Lebensorientierung hin transformieren. Der Zielkorridor kann nur in dieser bescheidenen Weise formuliert werden, weil religiöses Lernen im vollen Sinn des Wortes Lernerfahrungen umfaßt, die im Religionsunterricht allein kaum anzuregen sind[1]. Diese Überlegungen bildeten den Ansatz für einen neuerlichen Versuch, die Korintherbriefe im Dialog mit den Schülern auszulegen (vgl. 9. Kapitel). Der dabei beschrittene Weg unterscheidet sich in erheblichem Umfang von den bisherigen Unterrichtsversuchen. Die in dieser Weise entfaltete und dargestellte Unterrichtssequenz hat sich über weite Strecken in der Praxis bewährt. Dafür spricht,

[1] Vgl. F.-X. Kaufmann/G. Stachel, Religiöse Sozialisation, in: F. Böckle u.a. (Hrsg.), Christlicher Glaube in moderner Gesellschaft, Bd. 25, Freiburg 1980, 117-164, hier 145-148; E. Feifel, Religionsunterricht, in: G. Bitter/G. Miller (Hrsg.), Handbuch religionspädagogischer Grundbegriffe, Bd. 1, München 1986, 198-208.

a) daß die Schüler an vielen Stellen des Unterrichts über das gewöhnliche Maß hinaus miteinander ins Gespräch kamen,
b) daß sie – wenn auch in objektivierender Redeweise – das aussprachen, was sie bewegte, und sich nicht von Vorgaben des Stoffes und des Lehrers einengen ließen,
c) daß der Fortschritt der sachlichen Arbeit ohne Brüche vonstatten ging,
d) daß es möglich war, für schwierige Inhalte des Glaubens ein inneres Gespür zu wecken,
e) daß sich die Schüler, nachdem der Horizont ihrer Erfahrungswelt ausgelotet war, für die Lebensperspektiven paulinischer Verkündigung öffneten und sie anfanghaft auf ihre Lebenspläne bezogen.

Diese Unterrichtserfahrungen sind Anlaß, im Bereich religionsdidaktischer Theoriebildung auf ein neues Modell von Bibeldidaktik zuzugehen, das den Leitfaden für die Bibelauslegung in der gymnasialen Oberstufe abgibt. Darin soll die Auseinandersetzung mit der bisherigen Bibeldidaktik in die kritische Auswertung der Praxiserfahrungen integriert und auf theoretischer Ebene weitergeführt werden.

10.1.2 Berücksichtigung der Struktur der Lerninhalte

Um sich einem Didaktik-Modell zu nähern, ist es angebracht, in der kritischen Reflexion geplanter und entfalteter Praxis nach der Struktur der Lerninhalte zu fragen, die den Prozeß des Lehrens und Lernens bestimmt. Diese Fragestellung geht von den Inhalten aus, die im Kommunikationsprozeß des Unterrichts durchgearbeitet werden, und sucht die Zielperspektive für die Unterrichtsinhalte zu klären. Dabei geht es um das Ineinander von Sachstruktur, d.h. der Struktur des Gegenstands, und Auffassungsstruktur, in der sich die Verständigung über den Gegenstand bewegt[2]. Die didaktische Fragerichtung rückt so ausdrücklich von der Vorstellung ab, die Bibeldidaktik habe nur die Erkenntnisse der Bibelwissenschaft auf die Lernmöglichkeiten des Religionsunterrichts zu übersetzen[3]. Denn jene krankt bereits an der "Unfähigkeit, sich der tatsächlichen Probleme tatsächlich lebender Menschen anzunehmen"[4]. Zudem bleibt der Blick auf die Identitätsentwicklung und Sozialisation der

2 Vgl. R. Merkert/W. Simon, Didaktik und Fachdidaktik Religion. Didaktische Grundpositionen und ihre Rezeption durch die Religionspädagogik, Zürich-Köln 1979, bes. 59-66.214-243; W. Simon, Inhaltsstrukturen des Religionsunterrichts. Eine Untersuchung zum Problem der Inhalte religiösen Lehrens und Lernens (SPT 27), Zürich 1983, 92-99.262-270.

3 Zur Kritik solcher bibeldidaktischer Ansätze vgl. E. Paul, "Die Bibel unter heutigen Bedingungen verstehen", in: Religionspädagogische Beiträge 1/1978, 3-23; G. Stachel, Die "unerledigte Hermeneutik" – Bibelunterricht als Auslegung der Schrift unter heutigen Bedingungen, in: ebd., 24-58.

4 W. Wink, Bibelauslegung als Interaktion. Über die Grenzen historisch-kritischer Methode, Stuttgart 1976, 11.

Schüler auf der Ebene der Inhaltsstruktur ausgeblendet. Aus didaktischer Perspektive kann eine Bibelauslegung nur auf die Verknüpfung der überlieferten Glaubenserfahrung der biblischen Texte und der persönlichen und sozialen Lebenswelt der Schüler abheben.
Die didaktische Arbeit an den Korintherbriefen bietet den Vorteil, an bestimmten Themen und Texten den wirklichen Sachzusammenhang und die Inhaltsstruktur eines Auslegungsprozesses unter heutigen Bedingungen konkret genug zu erschließen. Das heißt, die bibeldidaktische Problematik wird nicht auf der allgemeinen Ebene erörtert, sondern am konkreten, inhaltsbezogenen Lernweg oder im näheren Hinschauen auf den wirklichen Sachverhalt der unterrichtlichen Auslegung. Die hermeneutischen Grundlinien und Postulate von Bibelauslegung müssen wir verdeutlichen oder kritisch reflektieren. Ihre Tragfähigkeit und ihre Grenzen können wir erst dort aufweisen, wo der konkrete Sinngehalt biblischer Texte im Kontext von Biographie und Sozialisation der Schüler durchbuchstabiert wird. Erst so läßt sich die Funktion der Bibel in der Lebensorientierung der Jugendlichen wirklich eruieren.
Die vorliegende Arbeit versteht sich darum als ein Versuch, aus der Inhaltsstruktur einer konkreten Unterrichtsthematik die entscheidenden Komponenten von Bibeldidaktik zu erarbeiten. Dabei darf der Blick auf das Ineinander von Sachstruktur und Auffassungsstruktur nicht verloren gehen (s.o.). Die folgende Analyse gliedert sich darum so auf, daß das Zueinander der beiden Dimensionen deutlich wird. Wenn die Reflexion der Auffassungsstruktur an den Anfang gestellt wird, soll ihr damit nicht ein sachlicher Vorrang in der Bibeldidaktik zugewiesen werden. Vielmehr geht es darum, im Unterschied zu bisheriger Bibeldidaktik[5] die vernachlässigte Schülerperspektive in besonderer Weise zu betonen und herauszuarbeiten. Die Rückblendung an die Sachstruktur, in der die bibelwissenschaftlichen Erkenntnisse zum Zug kommen, muß dann den inneren Zusammenhang der Schülerthematik mit den Erfahrungen und Deutungen, die in den Texten der Korintherbriefe aufgehoben sind, aufzeigen.
Diesen Anliegen dienen die beiden folgenden Abschnitte: Zuerst werden die didaktische Struktur der dargestellten Unterrichtssequenz kritisch reflektiert und ihre Konturen herausgearbeitet (vgl. 10.2-3).

10.2 Zugänge der Schüler zu den Texten der Korintherbriefe

Der Verlauf der dargestellten Unterrichtseinheiten (vgl. 9. Kapitel) ließ zum einen erneut die Probleme der Bibeldidaktik hervortreten, die be-

[5] Vgl. R. Ott, Wie mit der Bibel unterrichten? Kommentare zu bibeldidaktischen Büchern von 1980 bis 1984, in: Religionspädagogische Beiträge 17/1986, 79-90: sowie später K. Wegenast, Bibeldidaktik 1975-1985. Ein Überblick, in: Jahrbuch der Religionspädagogik, Bd. 3, Neukirchen-Vluyn 1987, 127-152.

reits in den vorausgehenden Kapiteln bearbeitet wurden. Zum andern öffneten sich aber auf eine überraschende Weise neue Zugänge zu den Texten der Korintherbriefe, die man vorab zwar erhoffen, aber so nicht vermuten konnte.

10.2.1 Verstehenshemmnisse

Die Erwartungen, die an die Besprechung des Gedichtes von Kurt Marti geknüpft waren, erfüllten sich nicht (vgl. 9.1.). Obwohl die Schüler begriffen haben, daß der Dichter die Auferstehungsbotschaft auf den gegenwärtigen Erfahrungshorizont der sozialen Lebenswelt hin auslegte, wollten sie dieser Vorgabe nicht einfachhin folgen. Obwohl sie diesen Zusammenhang interessant fanden, wurde die Distanz gegenüber der Botschaft durch eine ihnen ebenso fremde Auslegung nicht abgebaut. Das liegt weder am Gedicht noch an der Botschaft, sondern an den Bedingungen des Verstehens: trotz aller Vergegenwärtigung der Botschaft kam weder im Gedicht noch in der Besprechung eine Verknüpfung mit der persönlichen Erfahrungswelt der Schüler vor.
Daraus läßt sich folgern: Die Ahnung von Aktualität bringt den Aneignungsprozeß noch nicht in Gang, solange die Realität der Schülerwelt außerhalb des Verstehensprozesses bleibt. Beteuerungen helfen nicht. Denn die Empfindsamkeit der Schüler für den im Gedicht aufgewiesenen Bedeutungshorizont wurde nicht wachgerufen. Das didaktische Konzept einer Aktualisierung, die die Lebensthematik der Schüler ausklammert, bleibt auf der Ebene des Allgemeinen und regt nicht das Nachsinnen der Hörer über die Bedeutung der Botschaft in ihrem Lebenskontext an. Dieses Problem, das bereits im 1. und 2. Hauptabschnitt bearbeitet wurde, hat sich also erneut eingestellt.

10.2.2 Didaktischer Wert historischer Informationen

Kulturhistorische, topographische, literarische, religiöse u.a. Informationen sind häufig zum Verständnis eines Bibeltextes notwendig. Daß das Interesse an den Korintherbriefen in der zweiten Unterrichtseinheit nicht wiederum abflachte, ließ sich durch den Aufbau von Konfliktfeldern im Alltagshorizont der Schüler, deren Spannungen in eine Analogie zur Situation in Korinth gebracht wurden, verhindern (vgl. 9.2). Aber sonderlich produktiv war diese Auseinandersetzung auch nicht, weil der Unterricht wiederum kein konkretes Problem der Erfahrungswelt bearbeitete. Die Motivation, auf der die direkte Auseinandersetzung mit Bibeltexten möglich wird, war zwar angerissen, blieb aber ohne Konturen. Die Unterrichtserfahrung läßt darum den Schluß zu: Notwendige Informationen, die sich nicht aus dem konkreten Bibeltext gewinnen lassen, haben im unterrichtlichen Kontext eine rein funktionelle Bedeutung. Ihre didaktische Notwendigkeit und ihr methodischer Ort bestimmen sich allein aufgrund ihrer Funktion innerhalb des auslegenden Gesprächs der Schüler über den Anspruch des Textes oder über die biblische Sicht eines Problems. Allgemeine Sachinformationen exegetischer Art steigern nicht die Motivation zur Auseinandersetzung mit dem Inhalt der Bibel, auf den es ja letztlich ankommt[6].

10.2.3 Wachrufen von Erfahrungen der Schüler

Der Unterricht bekam erst »Schwung«, als die Schüler mit ihren eigenen Empfindungen und Vorstellungen unmittelbar in die Thematik der Texte hineingezogen wurden (vgl. 9.3). Ausgelöst wurde der intensive Dialog durch die Bibellektüre, der »Auslöser« selbst war das Wachrufen von Erfahrungen in der Lebenswelt der Schüler. Die Beschäftigung mit dem Präskript (1 Kor 1,1-3) hat bereits das Gespräch auf Erwartungen und Befürchtungen, die sich an persönliche Beziehungen knüpfen, hingelenkt (vgl. 9.3.). Der Durchbruch erfolgte, als die Schüler bei der unmittelbaren Applikation der Situation des Paulus in Korinth auf ihre Person ein Grundproblem ihrer jugendlichen Existenz wahrnahmen, das man so bestimmen kann: die häufige Erfahrung gefährdeter Identität, die sie sich als 18/19jährige durch die Entfaltung ihrer Kräfte bisher aufgebaut haben, und der Ambivalenz ihrer Abwehrreaktionen (vgl. 9.3.). Im direkten Bezug auf die Vorstellungen der Schüler von Mitmenschen wirkten die Paulustexte aufgrund des deutlichen Kontrastes zunächst nur provozierend. Da diese Provokation aber aufgenommen und (so) konkret (wie möglich) im Erfahrungsraum der Schüler durchgespielt wurde, konnten die Schüler die existentielle Problematik, die den Bedeutungszusammenhang der Texte konstituiert, als ihre eigene entdecken. Darin liegt der Schlüssel einer Bibelauslegung, in der Schülerorientierung nicht zum Additum oder zur methodischen Variablen, sondern zum integrativen Strukturmoment von Bibeldidaktik wird. Die Implikationen dieses Ansatzes sind noch weiter zu entfalten.

10.2.4 Analyse der Situation

Der Ablehnung des »Vorbildes« Paulus (1 Kor 4,16) folgte eine gemeinsame Analyse der Situation, in der sich die Jugendlichen selbst befinden

---

6 Dies erweitert die Kritik Günter Stachels an einer Bibeldidaktik, die exegetisch-wissenschaftliche Sachverhalte unmittelbar zum Lerngegenstand macht. Vgl. G. Stachel (Hrsg.), Bibelunterricht – dokumentiert und analysiert. Eine Untersuchung zur Praxis des Bibelunterrichts (SPT 11), Zürich 1976, 120-139. Ähnlich urteilt auch Josef Blank: "Neutestamentliche Themen im Zielfelderplan" für die Sekundarstufe I, in: R. Ott/G. Miller (Hrsg.), Zielfelderplan – Dialog mit den Wissenschaften, München 1976, 45-61.

(vgl. 9.3.). Nicht eine objektive Thematik, sondern die Betroffenheit im Subjektiven wird zum Anstoß, über Realität des Lebens und Orientierungsmaßstäbe im Urteilen und Handeln nachzudenken.
Die Erfahrungen von Mißlingen und Versagen lassen die Jugendlichen immer wieder in Konflikte geraten, in denen die Vorstellungen, die sie über ihr Leben und ihr Selbst haben, fragwürdig werden. Beim Aufbau eines persönlichen Lebenskonzeptes bedeuten solche Erfahrungen eine tiefgreifende Bedrohung, die bis an die Wurzeln des Lebens führt. In der Verschwommenheit des Selbst gilt es ein neues Verhältnis zu sich selbst zu gewinnen, das die Erfahrung des Schwachseins integriert. Diese Lernaufgabe der persönlichen Lebensorientierung hat mit einem Grunddatum menschlicher Existenz zu tun, der Endlichkeit und Begrenztheit des Lebens überhaupt. Der entscheidende Lernvorgang liegt bereits darin, daß die Jugendlichen ihre Erfahrungen aussprechen, nicht weiter verdrängen oder sich entlasten. Die Atmosphäre des Unterrichts ist dafür eine unersetzbare Voraussetzung. Auch im dargestellten Unterricht ist dies noch nicht im zufriedenstellenden Umfang gelungen.
Auch wenn in jenen Unterrichtsphasen nicht direkt über die Bibeltexte gesprochen wurde, ging es dennoch um eine Thematik, die die ausgewählten Texte konstituierte. Dieser Unterricht bleibt deshalb im Spannungskreis der Bibel, weil nicht nur die Impulse zum Nachdenken über die eigene Lebenssituation von solchen Texten ausgehen, sondern auch "der Botschaft durch die Situationsanalyse neue Dimensionen abgelauscht werden"[7]. Die Thematik des Unterrichts bewegt sich dann einmal mehr im Bereich der Schülersituation, ein andermal mehr in der Welt des Bibeltextes. Sofern das eine auf das andere verweist, geht es um Aus-legung der Bibel. Das persönliche Betroffenwerden durch eine Thematik, die den Jugendlichen an-geht, initiierte einen Dialog, der für die Sinndimension der Korintherbriefe sensibilisierte.

10.2.5 Lebensgeschichtliche Dimension der Thematik

Das Engagement der Jugendlichen erklärt sich gut, wenn wir die lebensgeschichtliche Dimension der Thematik (vgl. 4.3) bedenken. Es fällt auf, daß sie die persönlichen Erfahrungen sofort im Kontext ihrer sozialen Umwelt betrachteten. Mag hier auch die Tendenz zur Verdrängung mitschwingen, so wurde dennoch die Bereitschaft vorherrschend, sich mit den Wertgeltungen der umgebenden Kultur kritisch auseinanderzusetzen, und zwar nicht in wissenschaftlicher Distanz, sondern im Ernstnehmen des eigenen Betroffenseins (vgl. 9.3-5). Hier kommt eine be-

[7] Fritz Oser hält darum die Frage, "ob man vom Text oder vom Kind ausgeht", nicht mehr für relevant, "da beide oszillierend zueinander geführt werden" (Grundformen biblischen Lernens, in: E. Paul/A. Stock (Hrsg.), Glauben ermöglichen (FS Günter Stachel), Mainz 1987, 213-246, hier 238).

deutsame Entwicklungsaufgabe des Jugendalters ins Spiel: der "Aufbau eines Wertsystems und eines ethischen Bewußtseins als Richtschnur für eigenes Verhalten"[8]. Der Jugendliche entdeckt an sich Verhaltensmuster und Neigungen, die er aus Beobachtungen der sozialen Umwelt, durch Identifikation mit bedeutsamen Bezugspersonen und aus den die Emotionen berührenden Erzeugnissen der öffentlichen Medien übernommen hat, und er beginnt davon abzurücken, um "zum Aufbau einer eigenständigen »internalisierten« Struktur von Werten als Orientierung für das Handeln"[9] zu gelangen.

Das Gespräch schritt die persönlich bedeutsamen Erfahrungen von und die Formen des Umgehens mit Schwachsein ab. Darin zeigte sich vornehmlich, daß die Jugendlichen das Problempotential der üblichen Mechanismen weitgehend wahrzunehmen verstanden. Indem sie in konzentrierten Problemformulierungen die Aporie alltäglichen Denkens und Handelns herausarbeiteten, kam das Gespräch zu der provozierend-produktiven Frage: "Wie kann es gelingen, Schwäche anzunehmen, ohne sie in Stärke umzumünzen?" Dies ist der Schlüssel für den Zugang zu neuen Sinn- und Wertvorstellungen, der sich in der engagierten und besonnenen Auseinandersetzung mit den eigenen Gefühlen und den gesellschaftlichen Wertgeltungen fand[10].

10.2.6 Kritik der Mentalität unserer Zeit

Der Weg zu neuen Sinndimensionen konnte erst beschritten werden, nachdem wir Sinn- und Wertkonzepte der umgebenden Kultur in ihren Symbolen und Argumenten kritisch durchmessen hatten. In ihrer "normativen Identitätskrise"[11] hängt die Entwicklung neuer Haltungen davon ab, inwieweit Werte und Normen des sozialen Umfeldes auf den Prüfstand des gewachsenen Intellekts kommen, dort verworfen oder als eigenständige Orientierung übernommen, erweitert oder eingeschränkt, d.h. in ihrer Tragfähigkeit geklärt werden. Aus diesem Tatbestand ergibt sich die Notwendigkeit, mit den Jugendlichen die Mentalität der umgebenden Kultur konkret anzusprechen und im Blick auf ihre Sinnperspektiven für die Lebensgestaltung kritisch durchzuarbeiten. Dieser Lernprozeß muß nicht nur der Neuerschließung biblischer Texte vorausgehen, sondern ist möglicherweise an all den Stellen des Unterrichts

8 R. Oerter/L. Montada, Entwicklungspsychologie, München-Weinheim ²1987, 265-338, hier 276.

9 Ebd., 276.

10 Karl Ernst Nipkow wies darauf hin: "Kognitive Diskrepanzen und die Herstellung neuer Gleichgewichtszustände scheinen der wesentliche Motor in diesem Entwicklungsprozeß zu sein" (Elementarisierung biblischer Inhalte, in: I. Baldermann/ders./H. Stock, Bibel und Elementarisierung (RpH Bd. 1), Frankfurt/M. 1979, 35-73, hier 63.

11 E.H Erikson, Jugend und Krise. Die Psychodynamik im sozialen Wandel, Stuttgart 1970, 13.

gefordert, wo die Spannung zur Bibel auftritt. Denn die Jugendlichen sind in diese Mentalität ihrer Zeit »eingetaucht«, um sich nicht aus dem sozialen Lebensprozeß auszuschließen (vgl. 7.3).
Im dargestellten Unterricht waren solche Interventionen aus zwei Gründen notwendig. Die Unfähigkeit, Versagen und Mißlingen zu akzeptieren, stellte sich offensichtlich als eine Grundtendenz moderner Mentalität heraus (vgl. 9.5). Es galt, nicht nur die konkret zu beobachtenden Mechanismen kritisch aufzuarbeiten, sondern auch den geistesgeschichtlichen Zusammenhang in Grundzügen – mehr wäre zuviel gewesen – aufzuhellen. Desweiteren kennen und gebrauchen die Jugendlichen die religionskritischen Einwände der Neuzeit ("Die Frommen kommen immer gleich mit dem lieben Gott. Was bringt denn das? Das Problem wird nur verlagert."), um jeder autoritären Vorgabe zu entgehen (vgl. 7.3). Der Religionsunterricht kann sich diesen Argumenten nicht entziehen. Darum muß auch hier einerseits die Aporie der Lebenssituation deutlich werden. Andererseits ist nach den impliziten Motiven und Voraussetzungen ihrer Religionskritik selbst zu fragen (vgl. 9.7). Die gewonnenen Einsichten brauchen jedoch auch die kritische Bewährung in der Konfrontation von Bibel und Religionskritik (vgl. 9.6).

10.2.7 Zuschnitt der biblischen Thematik

Ein weiteres Strukturmoment besteht im Zuschnitt der biblischen Thematik. 2 Kor 1, 8-11 wurde nicht als objektiver Sachverhalt bearbeitet. Vielmehr hatte der Unterrichtsgang bereits die Ebene der persönlichen Erfahrung ausgebreitet: Es ist ein sinnvoller Weg, das eigene Schwachsein zu bejahen; dazu gibt es keine Alternative (vgl. 9.5). Durch die biographische Einordnung des Bibeltextes geriet die Auseinandersetzung der Schüler mit der von Paulus besprochenen Erfahrung (vgl. 9.6) in eine Analogie zu ihrem eigenen Wirklichkeitsverständnis. Sie verstanden also den Bibeltext existentiell und konnten sich dadurch in die Lebenssituation des Paulus hineinversetzen. Durch den existentiell-biographischen Zuschnitt der Bibelauslegung entstand ein Stück "Gleichzeitigkeit" mit Paulus, die "Teilhabe an der Mitteilung, die der Text uns macht"[12], ermöglicht. Der Dialog mit dem Paulustext bekam die Gestalt der »originalen Begegnung«, weil es für seine Mitteilung einen Widerhall in der Erfahrungswelt der Jugendlichen gab (vgl. 3.2.1).

10.2.8 Aporie im Suchprozeß und neues Sinnangebot

Gleichzeitig verband sich diese Analogie mit dem Suchprozeß der Jugendlichen: Wie können wir wirkliches Schwachsein verarbeiten? Der

[12] H.G. Gadamer, Wahrheit und Methode. Grundzüge einer philosophischen Hermeneutik, Tübingen [2]1965, 369.

religionskritische Einwand (vgl. 9.5.3) wirkte wie ein Widerhaken, der einerseits das Bewußtsein der Schüler auf dem Boden der Tatsachen festhielt, andererseits, konsequent weitergeführt, die Aporie jeglichen Aktionismus aufscheinen ließ. Da Paulus selbst sein Verzweifeltsein am Leben unumwunden und vor allem gegenüber Leuten, die ihm wegen seiner Schwäche am Zeug flickten, eingestand, konnten die Schüler die Mitteilung von 2 Kor 1,8-11 in der Analogie zu ihrer eigenen Erfahrungswelt als neues Sinnangebot aufgreifen. Der Text stieß nicht auf Ablehnung. Aus der unwidersprochenen Erarbeitung seiner Bedeutungsstruktur kann man aber nicht folgern, daß die Schüler seine Mitteilung auch schon für sich übernommen hätten. Die biographisch ausgelegte Glaubenserfahrung des Paulus "gab" freilich den Schülern "zu denken". Die von Paul Ricoeur geprägte Sentenz "Das Symbol gibt zu denken" trifft das unterrichtliche Geschehen, insofern für die Beteiligten mit dem paulinischen Text "alles bereits im Rätsel gesagt ist und... man dennoch immer alles in der Dimension des Denkens anfangen und wiederanfangen muß"[13]. Insofern bekam der Bibeltext die Funktion eines stimulierenden Impulses zur Neuorientierung, der sich zwar mit der Erfahrungswelt der Schüler verband, aber noch der Bewährung in der Lebenspraxis bedarf.

10.2.9 Rückblendung zur Vorstellungswelt der Schüler

Die erste Bewährung geschah in der Konfrontation mit der Religionskritik, – zwar intellektuell, aber von der Situation der Schüler aus notwendig. Über Formen und Tendenzen der Religionskritik kann der Religionsunterricht nur sinnvoll sprechen, wenn das Kritisierte und die Annahmen der Kritik an konkreten Erfahrungen im Lebenskontext zur Sprache kommen und beides von daher bedacht wird. Die Glaubenserfahrung des Paulus stand in dieser Unterrichtsreihe weitgehend mit der Realität der Lebenswelt der Schüler in Verbindung und erschien so nicht als abstrakter, d.h. realitätsfremder Überbau. So konnte sowohl die Gefahr der reinen Kompensationsfunktion von Glauben gesehen als auch die Möglichkeit produktiver Daseinsbewältigung im Glauben am Erfahrungsinhalt und an den Probleme der personalen Identität entwickelt werden (vgl. 9.6). Dieser Weg ist fruchtbringender als die Apologie des Glaubens, weil mit Argumenten schlecht zu fechten ist, wenn es um die subjektive Betroffenheit und die Tiefe der Existenz geht.
Gerade deshalb ist aber zu fragen, worauf Menschen ihre Lebensorientierung aufbauen. Und diese Frage richtet sich auch an die Mentalität der Zeit und ihre dominierenden Maßstäbe. In den Äußerungen der Schüler lagen religionskritische Momente, die auf Ludwig Feuerbach verweisen. Die Auseinandersetzung mit diesem Religionsverständnis ist bis zu dem Punkt vorgestoßen, wo die Differenz zur biblischen Botschaft deut-

13 P. Ricoeur, Hermeneutik und Psychoanalyse, München 1974, 163.

lich wird (vgl. 9.7). Die Nagelprobe ergab sich durch die Frage, wie die Erfahrung von Schwachsein, Versagen und Endlichkeit im Kontext der Feuerbachschen Theorie verarbeitet wird. Es stellte sich bald heraus, daß diese Erfahrung in ein Omnipotenzbewußtsein des Menschen umschlägt, das ebensowenig der Realität gerecht wird wie eine religiöse Kompensation. Diese Einsicht betraf auch Tendenzen einer Wissenschaftsgläubigkeit, die, auf der Stärke der Vernunft basierend, in den Köpfen der Jugendlichen oft geradezu die Qualität einer Ersatzreligion annimmt. In solchen Tendenzen stießen sie nochmals auf die Aporie der zeitgenössischen Mentalität.

10.2.10 Entdecken neuer Möglichkeiten

Auf diesem Hintergrund stellte sich ein Problem, das sowohl aus der existentiellen Erfahrung der Schüler als auch durch die Feuerbachsche Religionstheorie neue Schubkraft bekam: Inwiefern ist der Glaube an Christus ein realistischer, ja befreiender Weg der Verarbeitung von Versagen, Mißlingen, Scheitern? Biographisch akzentuierte Texte des 2. Korintherbriefes (vgl. 9.8) lenkten die Aufmerksamkeit auf die entscheidende Intention der Bibelauslegung: Der Glaube gibt dem Leben Gehalt und Gestalt, die Bestand verleihen und Leben auch dann gut werden lassen, wenn dem Augenschein nach alles dagegen spricht, sofern die Orientierung an der Gotteserfahrung in Jesus Christus als dem Zentrum der biblischen Überlieferung ansetzt.
Das Entdecken der Sinndimension des Glaubens ereignet sich über die Fraglichkeit unserer eigenen Denkkategorien. Darin wird ihre Enge aufgebrochen, aber auch ihr produktiver Gehalt im Horizont der Glaubenserfahrung auf-gehoben. Insofern die Schüler in 2 Kor 12,8-10 wiederum das Eingestehen von Schwachsein bei Paulus entdeckten, verknüpfte sich die Mitteilung des Textes mit ihrem gewachsenen Erfahrungshorizont. Da zudem die Anmaßung von Omnipotenz als Kehrseite von Religionskritik obsolet geworden ist (s.o.), erschien die paulinische Existenzdeutung als eine Sinnperspektive, die eine neue Möglichkeit eröffnete: Im Sich-loslassen auf die Gnade Gottes hin, in der der Mensch sein Schwachsein in vollem Umfang akzeptiert, erfährt er Heil für sein Leben. Lernweg und -inhalt gehen hier zusammen: Erst wenn wir das Sichversteifen auf die eigenen Kräfte aufgeben, vermögen sich unbekannte Möglichkeiten aufzutun. Im Aufbrechen der Denk- und Handlungsweisen, in denen wir die Realität des Versagens kompensieren, tat sich den Schülern eine neue Sicht ihrer Erfahrungen auf.

10.2.11 Erschließen der Glaubensbotschaft

Was sich hier eher auf der anthropologischen Ebene angebahnt hat, bedurfte einer Klärung durch die Rückfrage auf die Glaubensüberlieferung. Denn verbinden sich mit dem Gottesglauben nicht gerade wieder die Allmachtswünsche des Menschen, die die Realität überspringen? In dem aufgearbeiteten Erfahrungshorizont der Schüler konnte die Botschaft von einem Gott, der mit uns das Schwachsein zu-läßt und mit uns leidet, einen Ort finden. Für die Bedeutung dieser Botschaft war von der Erfahrung her der Zugang so weit bereitet, daß die Schüler keinen Widerstand entgegensetzten. Die Sache selbst ist das Geheimnis der Liebe Gottes, die wir nur erfahren, wenn wir uns ihr aussetzen. Damit dieses Gottesgeheimnis in das Innere des Menschen gelangt und seine Bedeutung für die menschliche Existenz entfalten kann, müssen weitere didaktische Schritte angesetzt werden: die meditative Auslegung der Glaubenserfahrung und die Applikation ihrer Sinnkategorien auf konkrete Lebenssituationen.

10.2.12 Paradoxie: Spannungen abschreiten

Aber die Spannung zu den üblichen Denkkategorien kann nicht unreflektiert stehenbleiben. Sie kann und soll jedoch auch nicht aufgehoben, sondern bewußt gemacht werden. Der Weg dazu ist die Paradoxie. Paulus selbst hat bereits häufig in dieser Form die Botschaft von Christus mitzuteilen versucht (vgl. 3.3.2). Wo der Dialog über die Bibel auf ein solches Spannungsgefüge stößt, können wir es nur über beide Pole abschreiten, um den neuen Sinnhorizont der Bibel im Kontrast zum gewachsenen Denkgefüge unserer Zeit hervortreten zu lassen (vgl. 9.9). Der Gegensatz gehört nicht nur semantisch zur Paradoxie, sondern ist auch didaktisch auszuarbeiten. Natürlich darf er nicht künstlich aufgebaut werden, sondern er muß aus der Interpretation der Erfahrungswelt der Schüler und aus der Struktur des biblischen Textes samt situativem Kontext erwachsen. Der Spannungspol auf der Erfahrungsebene war das Problem des Schwachseins und seine Kompensation durch Steigerung des Machtgefühls, auf der Bibeltextseite war es die Kreuzesbotschaft als Heilsweg. Der inhaltliche Spannungsbogen entstand durch die Analogie zwischen der damaligen Gemeindesituation in Korinth und der Erfahrungssituation der Schüler. Eine solche Paradoxie ist das Äußerste, was in einem schulischen Lernprozeß angegangen werden kann. Aber dazu bedarf es auch intensiver didaktischer Reflexion. Ob dies gelungen ist, muß dem Urteil anderer überlassen bleiben.

10.2.13 Handeln im sozialen Kontext

Was als grundlegend neue Sinnperspektive gewonnen ist, muß auf konkrete Konfliktsituationen im Zusammenleben mit anderen ausgelegt werden. In diesem Kontext gerät der erschlossene Sinngehalt nicht nur in eine neue Bewährungssituation, sondern ist auch auf das Handeln hin konkret auszufalten: Wie handelt ein Mensch, der nicht mehr auf Kompensation durch Machterweise baut, sondern bei sich selbst das Schwachsein als Wahrheit des Lebens wahrnimmt? Den sozialen Konflikt beim Herrenmahl in Korinth konnten die Schüler als eine solche Bewährungsprobe verstehen und in ersten Schritten die Bedeutung des die Stiftung Jesu vergegenwärtigenden Herrenmahles für das konkrete Handeln in der Bildung der Gemeinde erschließen (vgl. 9.10). Der Transfer in den persönlichen Lebensbereich müßte jedoch wiederum im Blick auf die konkrete Dynamik von Konfliktsituationen (Motive, Mechanismen, Ausdrucksformen u.a.) und auf die neue Handlungsperspektive, die mit der Eucharistie eröffnet wird, jeweils differenziert aufgeschlüsselt werden. Möglich wurde der Transfer, weil die Schüler im Dialog mit den Texten der Korintherbriefe verspürten: mea et nostra res agitur.

Zusammengefaßt läßt sich zur Auffassungsstruktur der Unterrichtsreihe festhalten: Die Auslegung der Bibeltexte war von vornherein in den Horizont der Schüler gebracht, indem ihre Erfahrungen immer wieder wachgerufen wurden. Dabei machten sie sich gerade Probleme ihrer persönlichen Identitätsbildung angesichts der Erfahrung von Schwäche und Irritation bewußt. Dazu gehörte auch die Einsicht in die Abhängigkeit ihrer Lebensvorstellungen von der sozialen Umwelt. Die kritische Auseinandersetzung mit ihrer Sozialisation und mit der Mentalität unserer Zeit öffnete ihr Interesse für neue Wege der Verarbeitung von Mißlingen und Versagen. Mit dem personalen Zuschnitt der Bibeltexte gab es Anknüpfungspunkte, die fragen ließen: Welchen Weg geht Paulus? Was ist die besondere Perspektive des Glaubens an Christus? Durch die Analogie zu ihren Erfahrungen konnten die Schüler die Dimensionen der paulinischen Verkündigung soweit erschließen, daß ihnen die Neuheit des Sinnhorizontes, den die Kreuzesbotschaft eröffnete, aufgehen konnte. Die Erarbeitung des Themas aus der Mitte der Christusbotschaft ermöglichte eine weitere Entfaltung auf konkrete Konfliktfelder des persönlichen und sozialen Lebens hin.
Im Blick auf die Auffassungsstruktur bleibt jedoch festzuhalten, daß Jugendliche die volle Dimension von Endlichkeit, Versagen und Mißlingen, und erst recht die konkrete Bedeutung der Kreuzesbotschaft für ihr Leben noch nicht erfassen können. Es gibt eine lebensgeschichtlich bedingte Grenze für die integrierende Aneignung der Akzeptanz von Endlichkeit und der Kreuzesbotschaft. Denn Erfahrungen des Versagens und Mißlingens stehen in der Adoleszenz noch ganz in der Spannung der Identitätsproblematik, in der der experimentelle Aufbau von Ich-Stärke in einem neuen sozialen Horizont gegen allerlei Erfahrungen der Diffusion zur eigentlichen Lebensaufgabe gehört[14]. Oder ist diese Situation

[14] E.H. Erikson, Identität und Lebenszyklus, Frankfurt/M. 1973, 106-114.

durch die Entwicklung unserer Kultur und Zivilisation bedingt? Darin hat jedenfalls auch die Schülerorientierung in der Auslegung der Bibel ihre Grenzen: Sie kann nicht zu einem derart zwingenden Kriterium werden, daß alle Inhalte, die sich nicht mit erlebten und bewußtzumachenden Lebenssituationen verknüpfen lassen, aus dem Lernprozeß auszuklammern bzw. bis zu dem Zeitpunkt aufzuschieben wären, da die Voraussetzungen zu einer lebensbezogenen Aneignung gegeben sind. Auch wenn die Integration der biblischen Botschaft in die aktuelle Lebensthematik nicht in hinreichendem Umfang gelingt, so kann der Religionsunterricht die Schüler doch auf eine Fährte setzen, auf der sie im Ablauf des Lebens sowohl die Erfahrungen von Versagen und Mißlingen bewußter wahrnehmen und reflektieren als auch die Richtung und das Ziel der biblischen Botschaft in deutlicheren Konturen erkennen. Es kommt darauf an, sowohl die Lebensthematik als auch das Verständnis der Bibel in der Gestalt eines Lernprozesses zu betrachten. Denn das Leben des Menschen hat eine größere Tiefe als wir sie mit unserem Bewußtsein ausloten können (vgl. B. Pascal, Pensees, frg. 277). Das Wort der Bibel ist in seiner Wahrheit uns immer voraus.

10.3 Schwachsein als Lebensthema und die Kreuzesbotschaft des Paulus. Zur Struktur des Lerngegenstandes

Mit dem Wie des Lernweges verschränkt sich die Frage nach dem Was[15]. Der zweite Schritt der Analyse des Unterrichts, der den didaktischen Reflexionsraum erweitert, fragt deshalb nach der Struktur des Lerngegenstandes (Sachlogik). Dabei geht es darum zu klären, worin der konkrete Sachgehalt der Auslegung der Korintherbriefe im unterrichtlichen Dialog besteht. Während bei der Analyse der Auffassungsstruktur der Verstehenshorizont der Schüler im Vordergrund steht, richtet die Analyse der Sachstruktur das Augenmerk auf die Thematik des Unterrichts und auf die Bedeutungskonstitution des Unterrichtsinhalts[16]. Ihre Relation zueinander verleiht dem Unterrichtsinhalt ein bestimmtes Profil. Zum Verständnis der Sachstruktur sind auch fachwissenschaftliche Erkenntnisse, in diesem Falle der Exegese der Korintherbriefe, zu veranschlagen. Der Fragehorizont bleibt jedoch von der didaktischen Zielperspektive bestimmt. Danach geht es im Religionsunterricht "um ein theologisches Verstehen menschlicher Phänomene"; denn "der Glaube soll im Kontext des Lebens vollziehbar, und das Leben soll im Licht des

---

15 Vgl. G. Stachel, Das Was und Wie religiöser Erziehung, in: G. Stachel/ W.G. Esser, Was ist Religionspädagogik?, Zürich 1971, 64-89.

16 Vgl. G. Stachel, Die Religionsstunde – beobachtet und analysiert. Eine Untersuchung zur Praxis des Religionsunterrichts, Zürich 1976, 49-63.

Glaubens verstehbar werden"[17]. Darum wird der Lerngegenstand des Religionsunterrichts nicht allein aus der relevanten Fachwissenschaft oder aus der Glaubenssystematik abgeleitet, sondern erwächst aus dem Zusammenspiel mehrerer curricularer Determinanten. Die Unterrichtsreihe zeigt jedenfalls, daß die Sachstruktur nicht einfach bibelwissenschaftliche Erkenntnisse über den Inhalt der Korintherbriefe abbildet, sondern Erfahrungen, Interpretationen und Wertgeltungen der Lebenswelt der Schüler in den Verständigungsprozeß eingegangen sind.

10.3.1 »Wer schwach ist, ist selbst schuld«. Schwachsein als Lebensthema der Jugendlichen

Im Gespräch der Schüler über die Selbstdarstellung des Paulus in 1 Kor 4,9-16 (vgl. 9.3) trat ein auffallendes Phänomen zutage: Schwachsein ist ihrer Auffassung nach ein defizienter Modus von Menschsein, für dessen Überwindung jeder selbst alles Erdenkliche aufzubringen hat; deshalb können auch schwache Menschen nicht akzeptiert werden. Daß Paulus sein Schwachsein und seine Erfahrungen von Niedrigkeit anderen als "Vorbild" (4,16) vorzustellen wagte, erschien den Schülern wie eine verquere Welt. Ein solches Vorbild konnten sie nur ablehnen, weil es ihrer eigenen Bewußtseinshaltung diametral entgegengesetzt war.
Diese Gegensätzlichkeit könnte die didaktische Schlußfolgerung nahelegen: Wenn mit so viel Widerstand zu rechnen ist, dann kann der Religionsunterricht solche Texte nicht aufgreifen; sie bewirken nur die weitere Ablehnung der Bibel als weltfremde Wirklichkeitsinterpretation. Gerade eine Thematisierung des Glaubens, die das, was Menschen ablehnen, als positive Leitlinie vorstellt, provoziert den Verdacht menschen- und lebensverachtender Vorstellungen im Christentum. Sollte der Religionsunterricht sich deshalb nicht lieber auf die Texte beschränken, die sich im Kontext produktiver, die Ich-Stärke bestätigender Lebensvorstellungen interpretieren lassen?
Die Unterrichtserfahrung zeigte jedoch, daß das angesprochene Thema des Schwachseins eine tiefgreifende Lebensthematik der jungen Menschen tangiert, die einer kritischen Auseinandersetzung bedarf. Als das Thema auf die Schüler selbst zukam, reagierten sie mit großer Gespanntheit (vgl. 9.3.5). Erfahrungen des Schwachseins machen betroffen und rufen so nach einer Deutung, die das Leben bestehen hilft. So wurde es notwendig, die Formen des Umgehens mit diesen Erfahrungen kritisch zu befragen (vgl. 9.4-5).

a) Identität bildet sich im Zusammenspiel mit verschiedenen sozialen

[17] Der Religionsunterricht in der Schule (2.4.2), in: Gemeinsame Synode der Bistümer in der Bundesrepublik Deutschland. Offizielle Gesamtausgabe I, Freiburg 1976, 136.

Gruppen und deren Identität. Darin geht es aber nicht nur um Rahmenbedingungen, die man von dem, was das persönliche Leben ist, abheben könnte. Dieses Geschehen bestimmt vielmehr auch die Themen des Lebens, mit denen sich jeder Mensch beschäftigt, ja es bringt sogar die Wirklichkeit erst hervor, in der wir uns einrichten. Die Jugendlichen nahmen in der Konfrontation mit dem als schwach erlebten Paulus wahr, daß sie im Kontext unserer Gesellschaft Identität nur gewinnen können, wenn ihre Lebensgestalt der Selbstdarstellung in Größe, Stärke und Macht als Norm entspricht (vgl. 9.4). Dieser Norm kann sich kaum einer entziehen kann. Man muß auch keine konkreten Beispiele aus der Erfahrung durchspielen, um die Realität dieser Norm zu erweisen, weil bereits das ganze Alltagsleben davon durchzogen ist. Wer sich mit seiner Lebensmelodie in das Klangspiel der Gesellschaft einreihen will, muß mit seinem Lebensthema die Töne der Stärke anschlagen. Nur selten wird uns die Befangenheit in die produzierte Wirklichkeit bewußt.

b) Wie stellt sich die Situation dar? Die Komplexität des Sachverhalts ist so hoch und so verschieden, daß eine genaue Abklärung nicht zu erwarten ist. Es hat sich ein ganzes Denksystem entwickelt, das sich unmerklich auf alle möglichen Belange ausdehnt und eskaliert. Die Aufsteigermentalität ließ das Bewußtsein erstarken: Ich bin für meine Position in der Welt allein verantwortlich; deshalb muß ich das aus mir machen, was in der Gesellschaft – oder in der ominösen, nicht definierbaren, aber offenkundig vom Medienmarkt bestimmten Öffentlichkeit[18] – als das Beste gilt. Erfolg oder Mißerfolg im Bestehen der Anforderungen, die die Gesellschaft stellt (von der Kleidung bis zur »Moral«), bildet das Maß für persönliche Stärke oder Schwäche. Da alles der Norm des Starken unterliegt, erfährt man sein Mitkommen nur im Streben nach und im Demonstrieren von Überlegenheit – schon im Vergleich zu imaginären Anderen, erst recht zu konkreten Anderen. Der Konkurrenzdruck zwingt zur Selbstbehauptung, die man wiederum nur aus eigenen Kräften glaubt aufbauen zu können. Versagen und Mißlingen hat sich jeder selbst zuzuschreiben – und meist auch »auszubaden« –, weil er dieser Norm nicht gerecht wird. In sozial brisanten Situationen Schwäche zu zeigen, treibt ein Schamgefühl hervor. Wie jeder sein Glück schmiedet, so gilt das Unglück – außer bei offenkundig fremdbestimmten Katastrophen, aber auch da manchmal – als Wirkung von Schwäche. Im erbarmungslosen Machtvergleich treten dann immer wieder Gefühle des Gekränktseins und der Empörung über angebliches Unrecht auf, die zu weiterem Machtkampf antreiben, obwohl kein Krieg ist. Letztlich laugt das Überlegenheitsstreben aus und zerstört gewachsene kulturelle Werte. Die Implikationen dieser Norm muß der Religionsunterricht öfter herausarbeiten.

18 Der ungeheuere Erfolg der »Rambo«-Serie im Kino ist ein bedeutsamer Beleg für eine solche Mentalität.

c) Bei der Sondierung der Situation können wir nicht haltmachen. Gerade die lebensgeschichtliche Dimension der Thematik (vgl. 9.3) ließ die Schüler nach der Tragfähigkeit dieser Norm fragen (vgl. 9.4)[19]. Sie wurden stutzig durch die Empfindsamkeit für das eigene Mißlingen. Die Selbstreflexion darauf, wie wir diese Situationen emotional und kognitiv verarbeiten, wurde im Unterricht zum Wegweiser für neue Lebensmöglichkeiten. Das Zu-sich-selber-Stehen ermöglicht den Aufbruch. Die verschiedenen Formen des Umgehens mit Schwäche (vgl.9.5) lassen sich auf einen elementaren Sachverhalt zurückführen: Was wir wahrnehmen, bildet unsere Realität. Was wir nicht wahrnehmen, verliert an Realität – und oft auch seine Existenz[20].

– Mißlingen, Versagen und Ohnmacht werden ständig überspielt, zuweilen in absurden Formen (vgl. 9.5)[21].
– Die Flucht in die "Kultur der Analgetika" (Leszek Kolakowski) und die vielfältigen Verdrängungsmechanismen sind ein Indiz dafür, daß viele Menschen es (angesichts der Norm) nicht mehr mit sich selbst aushalten.
– Wer um jeden Preis sich und anderen Stärke vormacht, blendet die Realität, seine eigene und die anderer, aus.

Das wirkliche Unglück besteht darin, daß sich das Gefühl des Verlassenseins und der Ungeborgenheit noch verstärkt, zumal Erfahrungen des Ermutigtwerdens durch konkrete Andere, die den Jugendlichen stärker machen könnten, auch weitgehend ausfallen. Wie sollte das auch geschehen, da jeder nur auf das eigene Starksein als Norm seiner Ich-Identität bedacht sein muß?

---

19 Hier stellen sich kritische Anfragen an das Modell von Erik H. Erikson zur Genese der Identität (Einsicht und Verantwortung. Die Rolle des Ethischen in der Psychoanalyse, Frankfurt/M. 1971, 95-140; Identität und Lebenszyklus, Frankfurt/M. 1973, 123-212): Inwieweit werden "menschliche Qualitäten der Stärke" gerade durch Ausklammern der Realität von Schwachsein gewonnen? Herrscht in diesem Identitätsmodell nicht ein Dualismus vor, insofern Erfahrungen des Schwachseins ausschließlich als Gegenbild von Identität im Sinn von Ich-Stärke vorkommen? Ist es realistisch, die Integration dessen, was vom Tod her das Leben bestimmt, erst dem reifen Erwachsenenalter ("Weisheit") zuzuweisen? Eriksons Identitätsmodell müßte auch auf seine Abhängigkeit von der amerikanischen Mentalität befragt werden (vgl. auch G. Stachel, Fixierung auf eine rationale Theorie: Das moralische Urteil in der Meßbarkeit von Stufen seiner Entwicklung, in: Religionspädagogische Beiträge 21/1988, 50-64, hier 55). In der Kritik an Eriksons Konzept betont Lothar Krappmann vor allem die Entwicklung der Ambiguitätstoleranz als Moment der Ich-Identität (Soziologische Dimensionen der Identität. Strukturelle Bedingungen für die Teilnahme an Interaktionsprozessen, Stuttgart ³1973, 89-96.150-167).

20 Die ökologische Situation liefert alltäglich beredte Beispiele für die Unfähigkeit zur Wahrnehmung der Realität.

21 Beim Gespräch über Leiden unserer Zeit drückte dies eine Berufsschülerin in typisch hessischem Dialekt treffend aus: "Es werd als so weiter gemacht".

d) Da wir in solche Mechanismen tief verstrickt sind, läßt sich der Kreislauf der Rechtfertigungen schwer aufbrechen. Es gibt keinen Lernfortschritt, wenn man sich auch didaktisch nur innerhalb dieses Kreislaufes bewegt. In dieser Unterrichtsreihe führte erst eine Aporie weiter, die den Schülern die Paradoxie der Machtmentalität bewußt machte: Wenn wir uns nur an der Mentalität des Starkseins orientieren, muß man am Ende zerbrechen (vgl. 9.5). Der Widerspruch führte dazu, daß den Schülern das Konzept des Starkseins, das ihnen zur Norm geworden war, blockiert wurde. Darin besteht auch die Funktion der Paradoxie. Das Aufbrechen des Denksystems führte die Schüler zum Suchen nach neuer Orientierung. Daß dabei dem religiösen Argument ein Riegel vorgeschoben wurde, erwies sich im ganzen als produktiver Schritt. Denn Religion kann in der Tat die Funktion einer Kompensation annehmen, in der Realität ebenso ausgeblendet wird wie in anderen Mechanismen. Dafür sind Jugendliche oft recht sensibel, wenn sie die Echtheit, d.h. den Realitätsbezug des Glaubens vermissen.
So entstand die Notwendigkeit, die Glaubenserfahrung im Horizont wirklicher Lebenssituationen verstehen zu lernen (vgl. 9.5). Dazu taten die Jugendlichen selber den ersten Schritt. Die Reflexion unserer Denk- und Verhaltensmuster führte sie durch die Aporie zu der Erkenntnis, daß der Realität menschlichen Daseins allein die Notwendigkeit entspricht, die eigene Schwäche rückhaltlos und unverstellt einzugestehen. Das Verdrängen der Wahrheit, daß der Mensch ein schwaches, irrendes Wesen ist, muß gerade im Alltagsleben erkannt werden. Wahrscheinlich bedarf es dazu stets der Paradoxie: auf der Ebene kognitiver Arbeit am eigenen Denken oder im Widerspruch realer Erfahrungen des eigenen Lebens.
e) Mit dieser Einsicht wurde im Unterrichtsgang ein Punkt erreicht, wo sich die Reflexion auf menschliche Realität mit der Erfahrung des Paulus verknüpfen ließ (vgl. 9.6). Gerade dieser Ansatz ist auf dem Hintergrund religionskritischer Argumente von besonderer Bedeutung, jedoch nicht als didaktische Rechtfertigung des Glaubens zu verstehen. Es geht vielmehr darum, das paulinische Modell der Existenzerhellung im Horizont der Wirklichkeitserfahrung behutsam aufzuschließen. Motivierende Funktion hatte die unausgesprochene, anderswo auch artikulierte Frage: Wie kann es gelingen, Versagen und Schwachsein einzugestehen?
Mit dem Bearbeiten der Texte aus den Korintherbriefen wollte der Religionsunterricht primär nicht die Einstimmung der Schüler in das paulinische Verstehensmodell erreichen. Denn dies kann sich nur im praktischen und persönlichen Durcharbeiten der Problematik im Horizont der Botschaft ergeben. Ziel ist vielmehr, die Plausibilität der Orientierung an der Kreuzesbotschaft auch für den heutigen Menschen verstehbar zu machen, d.h. daß die Schüler nicht vorab auf die Unvereinbarkeit der

Botschaft mit den Erfahrungen und dem Existenzverständnis des heutigen Menschen fixiert bleiben.

10.3.2 Die wissenschaftlich-technische Zivilisation als Horizont heutiger Machtmentalität

Der Religionsunterricht kann sich nicht damit begnügen, nur die unmittelbare Erlebniswelt der Jugendlichen zu artikulieren; er kann aber nicht davon absehen, wenn er die Schüler einbeziehen will. Der Aufbau neuer Sinn- und Wertvorstellungen geht nur einher mit dem Verständnis der geistigen Welt, ihrer Motive und Denkformen, aus der die prägende Mentalität der Gegenwart erwachsen ist. Sie findet ja auch Niederschlag in den Sinn- und Wertkonzepten der Jugendlichen. Gerade der Religionsunterricht der gymnasialen Oberstufe hat die Inhalte des Glaubens auch in Beziehung zu den kulturgeschichtlichen Entwicklungen, anthropologischen Fragen und gesellschaftlichen Dimensionen zu bringen[22]. Hier geht es darum, sich die Problematik der wissenschaftlich-technischen Zivilisation in ihren Grundanliegen, Motiven, Denkformen und Auswirkungen bewußt zu machen.

Jugendliche selbst sind wie Seismographen, die anzeigen, wie es um unsere Kultur und Zivilisation steht. Besonders am Verhalten und Denken von Oberstufenschülern läßt sich die Ambivalenz, in der die Mentalität unserer Zeitepoche steckt, beobachten; geradezu widersprüchliche Tendenzen liegen in einer Lerngruppe dicht beieinander, oft auch beim selben Schüler nacheinander. Auch wenn die folgenden Ausführungen nicht durch empirische Untersuchungen gedeckt sind, erscheinen sie mir als typische Merkmale der Situation unserer Schüler, auf die der Religionslehrer eingehen muß.

- Während die Schüler zur Steigerung ihrer Qualifikation angetreten sind, lauert die Angst, keinen Studien- oder Arbeitsplatz zu finden, der der angestrebten Qualifikation entspricht.
- Zeiten der Leistungsbereitschaft schlagen rasch um in Phasen der Verdrossenheit angesichts der Übermacht der Anforderungen aus Schule und Berufswelt.
- Dem Wunsch zur Selbstentfaltung sind harte Grenzen gesetzt durch den Zwang zur Leistungsoptimierung.
- Die Visionen der Wohlstandsgesellschaft verformen die Fähigkeit zur Gestaltung zwischenmenschlicher Beziehungen; darunter leiden die Jugendlichen zuerst.
- Das »Mithaltenmüssen« mit der Steigerung von Wirtschaftskraft und Konsum, die die Illusion unaufhörlicher Machbarkeit und Steuerbar-

---

22 Vgl. Der Religionsunterricht in der Schule (2.3), in: Gemeinsame Synode der Bistümer in der Bundesrepublik Deutschland. Offizielle Gesamtausgabe I, Freiburg 1976, 132-135.

keit mit sich führt, verträgt sich schwer mit den erkannten Grenzen der Steigerungsprozesse.

- Bei den Jugendlichen findet man starkes Erschrecken über das bedrohliche Ausmaß der Zerstörung der Natur (anhaltendes Waldsterben, Verlust der Ozonschicht, Zerstörung des ökologischen Gleichgewichts u.a.); die Hilflosigkeit, die das Erschrecken in Indifferenz verwandelt, ist größer als die Bereitschaft zur Veränderung des Lebensstils.
- Die Faszination über die Möglichkeiten wissenschaftlich-technischer Steuerung, die man als selbstverständlichen Weg zur Lösung aller Probleme betrachtet, versinkt in Pessimismus in Anbetracht der Probleme, die die Wissenschaftsmentalität selbst hervorbringt und deren sie nicht mehr Herr wird (Reaktorunfall von Tschernobyl, atomare Entsorgung, Gefahren der Gen- und Großtechnologie).
- Die wissenschaftlich-technischen Möglichkeiten, die die Jugendlichen selbst als Mittel zur Beherrschung der angstauslösenden Mächte der Natur und zum Aufbau von Sicherheit erfahren, stellen sich auf einmal als Prozesse heraus, deren Resultate Angst auslösen; die inneren Ängste der Jugendlichen hemmen zeitweise ihre Orientierungsfähigkeit.
- Das Gefühl der Ungeborgenheit in unserer Gesellschaft verstärkt sich aufgrund der Perspektiven der Informationstechnologie als Steuerungsmittel (Datenbanken, computerlesbarer Personalausweis u.a.).
- Hinter dem Rücken der rationalen und digital organisierten Zivilisation brechen nonrationale und irrationale Praktiken auf, die ab und an begeisterte Anhänger finden (New Age, Okkultismus, Spiritismus).

Mögen solche Phänomene und Situationen manchmal wie irreale Horrorvisionen aufgenommen werden, so kann man den Jugendlichen dennoch nicht die Betroffenheit absprechen, die sie angesichts der Widersprüche ihrer Lebenswelt erregt.

Religionspädagogik muß solche Erfahrungen ernst nehmen; denn sie weisen auf die Konstitution der Kultur hin, in der die Jugendlichen ihren Platz suchen und ihre Sinnorientierung finden müssen (Sozialisationsfeld). Diese Erfahrungen stellen insofern eine didaktische Aufgabe dar, als der Jugendliche in den Entstehungsprozeß der gegenwärtigen Mentalität Einsicht gewinnen sollte, um sich in der Etablierung seiner eigenen Weltsicht kritisch damit auseinandersetzen zu können. Es geht darum, die erfahrenen Phänomene als Konsequenz eines bestimmten Denkens zu begreifen. Deshalb zeigen die folgenden Ausführungen die geistesgeschichtlichen Zusammenhänge auf, die zur heutigen Problemsituation führten; sie dienen der Begründung und der Verständigung über den im Unterricht aufgezeigten Problemzusammenhang (vgl. 9.5; 9.7; 9.9).

Fortschrittsgläubigkeit als partikulares Denken

Die Entwicklung unserer Zivilisation hat zu einer Grundlagenkrise[23] geführt, deren Ausmaß uns noch nicht hinreichend bewußt ist.

Die Fortschrittsgläubigkeit, die sich im 19. und 20. Jahrhundert etablierte, ging von dem scheinbar selbstverständlichen Grundsatz aus, "daß alles, was sein kann, auch sein soll und ausschließlich auch sein wird"[24]. Da wir ständig von den Errungenschaften der Naturwissenschaft und Technik profitieren, fand dieser Grundsatz nicht nur seine Bestätigung, sondern bestimmte auch das Bewußtsein und die Lebenseinstellung der Menschen unserer Zeit. Die Sensibilität, mit der wir auf die ökologischen Krisensituationen reagieren, ist ein Anzeichen für das Bewußtwerden bisher ausgeblendeter Dimensionen dieser Entwicklung. Wir sind davon irritiert, daß wir "dem Resultat schöpferischer, wissenschaftlicher und technischer Bemühungen" auch preisgegeben sind[25], ja mit der Gefahr zu rechnen ist, "daß der Mensch selbst schließlich Opfer der unheilvollen Entwicklung wird"[26]. Der Zwiespalt in der Fortschrittsgläubigkeit und im Krisenbewußtsein gleichermaßen besteht aber darin, daß sich weder die Zukunftsvorstellungen und Zielsetzungen der Zivilisation, die geistige Verfassung der Menschen, den komplizierteren Bedingungen der Wirklichkeit angepaßt haben, noch die eingeübten Denkformen und die unbekümmert anspruchsvolle Lebenseinstellung sich zu ändern beginnen[27].

Die Problemstellung greift zu weit, wenn wir den Hebel der Kritik bei Ansatz und Arbeitsweise von Naturwissenschaft und Technik selbst ansetzen – obgleich auch ihre Dämonisierung ihr Gutes hat: hier treten die übersehenen oder verdrängten Seiten der Lebenswelt mit Vehemenz hervor. Es kann nicht darum gehen, die positiven Errungenschaften von Wissenschaft und Aufklärung, so unzulänglich und begrenzt auch immer sie sich heute darstellen, preiszugeben. Das Problem liegt vielmehr darin, daß das naturwissenschaftlich-technische Denken als ein partikulares, ausschnittartiges Denken "mit dem Anspruch auftritt, komplett zu sein, alles Notwendige autark leisten zu können"[28], und dieses Denken sich in

---

23 Vgl. R. Spaemann, Ende der Modernität?, in: P. Koslowski/R. Spaemann/R. Löw (Hrsg.), Moderne oder Postmoderne? Zur Signatur des gegenwärtigen Zeitalters, Weinheim 1986, 19-40: U. Beck, Risikogesellschaft. Auf dem Weg in eine andere Moderne, Frankfurt/M. 1980, 7-112; H.-J. Höhn, Krise der Moderne – Krise der Vernunft? Motive und Perspektiven der aktuellen Zivilisationskritik, in: Zeitschrift für katholische Theologie 109 (1987) 20-47.

24 A.M.K. Müller, Die präparierte Zeit. Der Mensch in der Krise seiner eigenen Zielsetzungen, Stuttgart [2]1973, 84.

25 Ebd., 25.

26 Verantwortung wahrnehmen für die Schöpfung. Gemeinsame Erklärung des Rates der Evangelischen Kirche in Deutschland und der Deutschen Bischofskonferenz, Köln 1985, 12.

27 Damit widerspreche ich dem ersten Satz der gemeinsamen Erklärung der beiden Kirchen (S. 11) teilweise.

28 A.M.K. Müller, Die präparierte Zeit, 33-36.

seinen eigenen Schöpfungen einhaust. Einhausung in sich selbst bedeutet: die Wahrheitssuche bleibt auf die Prinzipien dieses Denkens beschränkt, und das partikulare Denken entwickelt sich zu einer Mentalität, auf deren Horizont der Problemlösung sich die Mehrheit der Bevölkerung einspielt. Bereits 1925 wies Alfred North Whitehead auf die Färbung des modernen Geistes mit den Kategorien der Wissenschaft hin, die "die metaphysischen Voraussetzungen samt den Vorstellungsinhalten unseres Geistes gewandelt"[29] hat. Einen solchen Partikularismus sehe ich z.B. in der Beschränkung der Fragestellung im Umgang mit der Kernenergie, wie wir die Atomkraftwerke sicherer machen können, oder in der Zufriedenheit mit dem Unterschreiten der Becquerel-Grenzwerte. Die gewachsene Mentalität weist Merkmale auf, die in ihren Folgen weit über die ökologische Thematik hinaus reicht:

a) "In der physikalisch-technischen Welt gilt nur das als erkennbar, was sich objektivieren läßt. Das bedeutet zugleich, daß alles Seiende einem Prozeß der Umformung unterworfen werden muß, damit es sich in dem der Objektivierung entsprechenden Horizont zeigt, während alles, was nicht in diesen Horizont gehört, der Ausblendung verfällt... Anstatt nach dem Wesen der Dinge fragt man nun nach den Gesetzen, denen die Dinge unterworfen sind"[30]. Was sich in diesem Horizont als subjektiv erweisen läßt, verfällt dem Verdikt des Irrationalen.

b) Objektivität wird allein durch messendes und berechnendes Vorgehen erreicht. In der "Maßwissenschaft"[31] wird Wirklichkeit quantitativ erfaßt; die Buntheit und Mannigfaltigkeit der Dingwelt nach ihrer qualitativen Erscheinungsweise wird vernachlässigt bzw. in quantitative Kategorien übersetzt. Nur objektive Daten haben Wahrheitswert – und Autorität, nach der man sich allein richtet. Im Gefolge davon ging das Bewußtsein für den Symbolcharakter und die Innenseite der Welt verloren.

c) Mit der Objektivierung der Dingwelt, in die sich auch der Mensch einspannen läßt, entfaltete sich die Herrschaft der Logik. Ihre strenge Axiomatik negiert nicht nur die Vielfalt und Tiefe der Erfahrungen in der Lebenswelt, sondern auch den Wandel der Geschichte und die Bestimmtheit des Menschen durch seine Geschichte. Ihre Stringenz verträgt sich nicht mit der individuellen Besonderheit eines jeden Men-

29 A.N. Whitehead, Wissenschaft und moderne Welt, Zürich 1949, 3f.

30 G. Howe, Gott und die Technik. Die Verantwortung der Christenheit für die wissenschaftlich-technische Welt, Hamburg/Zürich 1971, 59f. Den technischen Charakter des Erkennens, das die Dinge auf Funktionsbeziehungen und Verfügbarkeit reduziert, finden wir erstmals bei Francis Bacon (Novum organum, hrsg. von M. Buhr, Berlin 1962, bes. 14.50.89.107.121.132f.135f.150); vgl. C. Merchant, Der Tod der Natur. Ökologie, Frauen und neuzeitliche Naturwissenschaft, München 1987.

31 J. Meurers, Das heutige Wissen über die Struktur des Universums und seine naturphilosophische Bedeutung, in: Tragweite und Grenze der wissenschaftlichen Methoden. Naturwissenschaft und Theologie, Heft 5, Freiburg 1962, 21.

schen; das Individuum ist vielmehr austauschbar[32]. Interessant ist dann nur der Mensch, der sich in der Logik der Apparate als Funktionsglied zu bewähren weiß. Darüber hinaus interessiert nichts an ihm. Dieses Denken fräst sich zunehmend auch in die Gestaltung der zwischenmenschlichen Beziehungen ein.

d) Objektivierung macht alles, was ist, zur Sache: zum herstellbaren Produkt, zur Ware. Ihre Brauchbarkeit für den Menschen (und sei es zum Zweck der Erholung) stellt ihren einzigen Wert dar. Technologie wird zu nehmend zu einer "Weltanschauung, nach der es lediglich auf technische Herstellbarkeit einer Ware, auf Machbarkeit eines Produktes ankommt"[33] und dies letztlich nur zum Zweck der Erüllung menschlicher Bedürfnisse. Daraus leiten wir nicht nur das Recht auf uneingeschränkte Verfügungsgewalt über die Natur ab, sondern erwarten von der Technologie auch die Schaffung menschenwürdiger Verhältnisse – obwohl die Frage nach dem Wesen und dem Sinn des Menschseins gerade ausgeklammert ist.

e) Die Frage nach den Grenzen von Wissenschaft und Technik wird kaum reflektiert, weil wir in den Genuß ihrer Produkte verstrickt sind. Der Blick in die Zukunft ist bestimmt von der Extrapolation heutiger Möglichkeiten auf das, was einst möglich sein wird. Dabei bleibt merkwürdigerweise das Bewußtsein gerade hinter dem zurück, wovon naturwissenschaftliche Forschung ausgeht.

– "Die Quantentheorie hat es uns... eindrucksvoll bestätigt, daß wir niemals alle Informationen beieinander haben können, die nötig wären, um eine exakte Vorhersage machen zu können"[34].
– Vorgänge im atomaren Bereich lassen sich nicht mit Sicherheit vorhersagen. Hier gibt es nur eine statistische Wahrscheinlichkeit. Aber wir kleben daran, daß das, was heute noch nicht möglich ist, mit Sicherheit einmal machbar sein wird.

f) Der Grundsatz der Profitmaximierung verhindert die Respektierung ihrer Nebenwirkungen. Die Kälte der betrieblichen und wirtschaftlichen Beziehungen ist die Kehrseite des Machtstrebens, das mit der rasanten Steigerung der Verfügungsgewalt des Menschen über die Dinge und mit der Verwandlung menschlicher Kräfte in Waren einhergeht. Die Interessen beißen sich in der unbedingten Präferenz des quantitativen Wachstums fest.

g) Zur Machtsteigerung gehört das erfolgreiche Abschneiden in der Lei-

---

32 O. Marquard, Über die Unvermeidlichkeit der Geisteswissenschaften, in: Sprache und Literatur in Wissenschaft und Unterricht 17 (1986) 72-75: "die Gleichförmigkeiten siegen".

33 M. Rock, Theologie der Natur und ihre anthropologisch-ethischen Konsequenzen, in: D. Birnbacher (Hrsg.), Ökologie und Ethik, Stuttgart 1980, 80.

34 G. Howe, Gott und die Technik, 223.

stungskonkurrenz. Darauf gründen viele Menschen ihre Ich-Identität. "Die Marketing-Orientierung beeinflußt Denken und Fühlen"[35] so weit, daß auch die Gestaltung der ausgegrenzten Lebensräume (z.B. Freizeit, Wohnung) noch davon besetzt sind. Wenn auch das Identitätsgefühl von den Maximen des Marketing bestimmt wird, zählt als Sinnkategorie nur der Erfolg[36].

Die Ambivalenz dieser Lebensorientierung zeigt sich

- in der ständigen Angst vor dem Versagen,
- in der Oberflächlichkeit zwischenmenschlicher Beziehungen[37],
- in der Unfähigkeit, sein Leben anders zu verstehen denn als Leistungsresultat,
- in der Unfähigkeit zum Vertrauen auf einen Gott, der mich bedingungslos annimmt.

Der Mensch rechtfertigt sich selbst; und wer das nicht schafft, ist ein Verlierer (loser).

h) Das Leistungsprinzip trägt Züge des Sozialdarwinismus[38], der bis ins Selbstwertgefühl durchschlagen kann. "Wer in der Arbeitswelt ersetzbar oder wo möglich überflüssig ist, erfährt auch an sich selbst nicht mehr, daß er »wer ist«"[39]. Eine Zivilisation, die sich am Ideal des Siegers orientiert, "verlangt nach der absoluten Selbstsicherheit als Rettung vor der verzweifelten Verlorenheit der Unterlegenen"[40]. In der Selbstbehauptung gegenüber den anderen geht die Aufmerksamkeit für die Opfer in der Umwelt und Mitwelt verloren. Als ein bestimmendes Moment gegenwärtiger Mentalität läßt sich also erkennen: Es besteht die ausgeprägte Neigung, das Komplexe gegenwärtiger Erfahrungen und gegebener Situationen auszublenden und die Schwäche, Begrenztheit und Ohnmacht auf einen gewünschten Vollkommenheitsanspruch hin zu überfliegen.

Weg in die Krise

Gerade der Theologie ist es aufgegeben, den Weg zu verstehen, der uns in die Krise geführt hat. Mit einer negativen Wertung des neuzeitlichen Denkens können wir der Situation nicht hinreichend begegnen. Wir müssen vielmehr die Nahtstelle ausfindig machen, an der das Denken umkippt in Entwicklungen, die uns in die Krise führen.

a) Den Ansatz des heutigen Problems finden wir in der rationalistischen Grundhaltung und dem mechanistischen Weltbild Descartes', das sich

35 E. Fromm, Psychoanalyse und Ethik. Bausteine zu einer humanistischen Charakterologie, München 1985, 66.
36 Vgl. J. Werbick, Glaube im Kontext. Prolegomena und Skizzen zu einer elementaren Theologie (SPT 26), Zürich 1983, 375.
37 Vgl. E. Fromm, Psychoanalyse und Ethik, 66.
38 Vgl. J. Werbick, Glaube im Kontext, 376-384.
39 H.-E. Bahr, Liebe, Glück – Zunehmende Verlassenheit-neue Solidarität, in: ders./R. Gronemeyer (Hrsg.), Anders leben – überleben, Frankfurt/M. 1978, 27-51; hier 30.
40 J. Werbick, Glaube im Kontext, 384.

aus seiner Trennung von res cogitans und res extensa ergibt. Sein Ziel "ist die mathematisch-physikalische Erklärung und die rationale Beherrschung des Wirklichen, das eben dadurch zum Objekt des Denkens degradiert wird"[41]. Der Kerngedanke der von Descartes postulierten Freiheit und des seiner selbst bewußten und nur in sich selbst Gewißheit findenden Subjekts liegt in der Herauslösung der Vernunft aus der Beziehung zum Weltschöpfer und zur Schöpfung, durch die alles Seiende "in den Horizont der Objektivation" gezwungen wird[42] und der Mensch sich selbst zum "Meister und Besitzer der Natur" (Descartes, Discours de la Methode VI, 2) macht[43]. Auf der Kehrseite der Vernunft, die zu einem Begriff des Ganzen nach der Methode der Naturwissenschaft vorzudringen sucht, zeigt sich "ein Machtwille ohnegleichen"[44].

b) In der Aufklärung wurde der Gedanke der Selbstmächtigkeit der Vernunft und ihrer Fähigkeit zur Perfektion um die geschichtliche Dimension erweitert. Christian Wolff setzte das Pathos des unendlichen Strebens um in den Gedanken vom "ungehinderten Fortschritt zu immer höheren Vollkommenheiten"[45]. In das Bewußtsein vom Menschen als Subjekt rationaler Naturbeherrschung und der Geschichte wurde dann auch die gesellschaftliche und politische Revolution als Fortschritt aus der Macht der Ratio einbezogen. Der Begriff eines allgemeinen und notwendigen Fortschritts hatte kein anderes Maß als sich selbst. Die Naturwissenschaft geriet in den Sog dieser Strömung, indem sie zur Agentur fortschreitender menschlicher Herrschaft über die Natur heranwuchs. Hinzu kamen vom 18. Jahrhundert an bis heute mit der Industrialisierung wirtschaftliche Entwicklungen, welche nichts anderes kannten, als die Nutzung der natürlichen Ressourcen zur Verbesserung der menschlichen Lebensbedingungen ausbeuterisch zu steigern (Kapitalismus und mit anderen Gründen auch Sozialismus des Ostblocks).

c) Dadurch ist eine solche Machtsteigerung für den Menschen "ein fast unwiderstehlicher Anreiz geworden, aus den Elementen dieser Säkulari-

---

41 J. Hoffmeister, Wörterbuch der philosophischen Begriffe, Hamburg ²1955, 134. Vgl. J. Schmitz, Offenbarung (Leitfaden Theologie 19), Düsseldorf 1988, 148-155; C. Merchant, Der Tod der Natur, 204-208 u.ö.

42 G. Howe, Gott und die Technik, 60.71.

43 Descartes erhebt die Perspektive der Naturwissenschaft zur Universalmethode: "Er macht aus der empirischen Forschungsmethode Galiläis, in der die Natur sich unabsehbar neu enthüllt in einer ständigen Wechselbeziehung zwischen möglicher Hypothese und experimenteller Verifikation, eine nur noch deduktive Methode, die die Prinzipien und das Ganze der Natur endgültig kennt. Aus einer Forschungsperspektive wird eine metaphysische Absolutheit. Die Welt ist wie geronnen, nicht das Meer des Seins, sondern das Sein in ein mechanisches Uhrwerk verwandelt" (K. Jaspers, Descartes und die Philosophie, Berlin ³1956, 85).

44 G. Howe, Gott und die Technik, 61.

45 Philosophia practica universalis, 1783, 1 § 374 (zitiert nach J. Ritter, Fortschritt, in: ders. (Hrsg.), Historisches Wörterbuch der Philosophie, Bd. 2, Darmstadt 1972, 1032-1059, hier 1042).

sierung eine neue pseudoreligiöse Religion zu machen"[46]. Aus diesem Ansatz bekam der Szientismus, der Glaube an die Wissenschaft "die Rolle der herrschenden Religion unserer Zeit"[47]. Der Wissenschaftsglaube hat sich versteift auf das Dogma: "Nichts ist real, was nicht in dem dreidimensional-unendlichen Weltraum geschieht, jedes Geschehen ist der lückenlosen Herrschaft der Naturgesetze unterworfen und durch die Extremalprinzipien der Physik, etwa durch das Prinzip der kleinsten Wirkung und des kleinsten Lichtweges, auf das Vollkommenste geordnet"[48].

d) Die philosophische Auseinandersetzung um das "Projekt der Moderne"[49] zeigt, daß Wissenschaft und Technik, die als entscheidende Garanten der Emanzipation gegenüber den angstauslösenden Mächten der Natur galten, in eine schwere Vertrauenskrise geraten sind. Die Mittel zur "Entzauberung" der Welt (Max Weber) stellen sich plötzlich als bedrohliche Mächte heraus. Der Ursprung dieser Entwicklung liegt in den Paradoxien[50], in die sich die neuzeitliche Rationalität verwickelte.

– Die Eingrenzung des Vernünftigen auf das Logische und Technische unterschlägt die Affekte und Gefühle als entscheidenden Wesenszug des Menschen; sie gelten vielmehr von Grund auf als der ständigen Kontrolle und Kanalisierung bedürftig. "Vernünftigkeit ist darum das Ergebnis einer Selbstzucht, einer Selbstzensur, die das niederhält, ausgrenzt oder verdrängt, was jenseits des Kognitiven liegt und das sich die Vernunft nicht zu eigen machen kann: Begierden, Träume, Ängste..."[51]. Der mit der Verdrängung der Affekte erkaufte Fortschritt wird von jenen eingeholt in Gestalt gestiegener Ängste, die lautstark ausbrechen oder (häufiger und schlimmer) sich im Inneren des Menschen zerstörerisch auswirken. Es hat sich als eine Illusion erwiesen, Rationalität ohne den Zusammenhang mit der Dynamik der Affekte und ihren Ausdrucksformen zu etablieren.
– Mit dem positivistischen Erkenntnisideal senkt sich nicht nur der Mensch selbst auf den Status eines bloßen Objektes; die funktionalistische Denkweise und die selbsterrichteten Sachzwänge blenden

---

46 G. Howe, Gott und die Technik, 35.

47 C.F. von Weizsäcker, Die Tragweite der Wissenschaft, Stuttgart 1966, 3.

48 G. Howe, Gott und die Technik, 61. An diesem Grundsatz hängt noch das Bewußtsein unserer Zeit, obwohl das Dogma der totalen Objektivierbarkeit durch die Physik (Quantentheorie von Niels Bohr und Werner Heisenberg) längst gestürzt ist.

49 Dieses Stichwort hat Jürgen Habermas in die Debatte geworfen (Die Moderne – ein unvollendetes Projekt, in: Kleine politische Schriften, Frankfurt/M. 1981, 444-461). Zur Kritik vgl. P. Koslowski/R. Spaemann/R. Löw (Hrsg.), Moderne oder Postmoderne? Zur Signatur des gegenwärtigen Zeitalters, Weinheim 1986.

50 Vgl. H.-J. Höhn, Krise der Moderne – Krise der Vernunft?, 21-28.

51 Ebd. 24.

auch den unbedingten Eigenanspruch von Dingen und Ereignissen aus. Mit dem zweckrationalen Umgang entschwindet auch das Verständnis für das vorgängige Verbundensein mit der Natur und für die intersubjektiven Bezüge. Der Prozeß der Instrumentalisierung und die Imperative der ökonomischen Wachstumssteigerung verformen die zwischenmenschlichen Beziehungen und zerstören die sozialen Lebenswelten.

e) In diese Entwicklung ist ein weiterer Komplex verflochten. Die Beschränkung des Denkens auf Objektivierbarkeit löste die Vieldimensionalität der Wirklichkeit auf und spannte alles in erklärbare und herstellbare Funktionskomplexe ein. Damit wurden andere Dimensionen abgeblendet: das Reich der Werte und der Anspruch der Verantwortung des Menschen für die Folgen seines Handelns. Eine "irrationale Zivilisationsdynamik"[52] bestimmte den Gang der Dinge. Die Wissenschaft wurde zur Triebkraft einer revolutionären Weltveränderung und zur Gestalterin unserer Zukunft. Dies führte zu der Paradoxie, "daß der Mensch, der die Welt von morgen schafft, sogleich zum Produkt der von ihm selbst gestalteten Welt wird"[53]. Das Problem liegt darin, daß die Wissenschaft einerseits zweckfreie Theorie, andererseits Mittel der Weltgestaltung geworden ist und damit die Lebenswelt rasant verändert. Wir sind in einer Situation, in der wir nichts mehr dem Spiel der Mächte überlassen können. Die Menschheit muß die Verantwortung für die von ihr ausgelösten Entwicklungen wahrnehmen und entschiedener nach dem Sinn des Geschehens und nach den Werten fragen. Das bedeutet, daß die Aufklärung sich über sich selbst aufklären muß, indem sie die Freiheit des rechten Gebrauchs der Vernunft, d.h. die Grenzen ihres Handelns zu erkennen trachtet[54]. Notwendig ist eine Umkehr der geistigen Verfassung, eine neue Mündigkeit, die auf eine Versöhnung der verschiedenen Perspektiven der Weltbetrachtung hinarbeitet. Der entscheidende Impuls liegt in der Erkenntnis, daß wir ständig Herrschaftsbeziehungen zu den Dingen und den Menschen herstellen wollen[55].

f) Letztendlich geriet im Strudel des machbaren Fortschritts ein Grundphänomen allen Lebens an den Rand des Bewußtseins: Endlichkeit und Tod. Wir leben nicht mehr "angesichts des Todes", es scheint uns vielmehr so, als würde uns der Tod nur noch in Situationen des Leistungsversagens einholen. Der Typus des "modernen westeuropäischen Menschen", für den die Welt "ein kalter Gegenstand der Berechnung und

---

52 C.F. von Weizsäcker, Die Tragweite der Wissenschaft, 195.

53 Ebd., 149.

54 Eine Unzahl von Phänomenen läßt den Glauben an die wertneutrale, rein instrumentale Wissenschaft ins Wanken geraten und erzwingt die ethische Fragestellung: in der Nähe des Todes, in irreversiblen Veränderungen der organischen Natur, in der Ökonomie.

55 Auf solche Zusammenhänge macht Simone Weil aufmerksam; vgl. Fabriktagebuch und andere Schriften zum Industriesystem, Frankfurt/M. 1978.

des Angriffs der Arbeit" geworden ist, wie schon Max Scheler diagnostizierte[56], verdrängte die "Idee des Todes" und ließ "die Illusion eines endlosen Fortgangs des Lebens zur unmittelbaren Grundhaltung seiner Existenz werden"[57]. Das Mächtigkeitsbewußtsein kann die Endlichkeit der menschlichen Existenz nicht rational anerkennen und integrieren; es muß den Tod als seinen eigentlichen Widerpart ignorieren[58], um sein Ideal aufrechterhalten zu können. Machtsteigerung und Sieg in der sozialen Konkurrenz verstellen sogar den Blick auf den Tod, den wir mit solchen Mitteln fördern. Der Mensch zerstört in seiner Kampfeshaltung die Kommunkation mit seiner Mitwelt und verliert obendrein, indem er seine Zerbrechlichkeit und Hinfälligkeit überspielt, jegliches Maß für sein Selbst, das er gerade glaubte erst gewinnen zu müssen[59]. Das Verhältnis zum Tod gehört zu den Grundkonflikten der Identitätsbildung während der Adoleszenz[60], an denen der Religionsunterricht nicht vorbeigehen kann.

10.3.3 Bezüge heutiger Lebensthematik zu den Korintherbriefen

Die Schwierigkeit des Dialogs mit der Bibel stellt sich ein mit der Frage: Wo und wie finde ich bei Paulus das Problemfeld der Jugendlichen wieder? Der beschrittene Weg läßt sich in folgender Weise charakterisieren: Die Auslegung der Korintherbriefe im Dialog mit den Jugendlichen geschah auf der Basis einer Analogie zwischen der Mentalität, die Paulus unter den Christen von Korinth vorfand, und der Mentalität unserer Zeit, in deren Horizont die Jugendlichen ihre Sinn- und Lebensorientierung aufbauen. Das Aufspüren von Analogien will nichts durch Vergleich erklären, sondern dient zur "Erläuterung unserer Erkenntnis"[61], d.h. es führt zu solchen Pfaden, auf denen wir die Bedeutung der Bibel für uns entdecken können. Das didaktische Problem besteht darin, jeweils die Ebene und den Kernpunkt zu treffen, der eine Ähnlichkeit zum ande-

---

56 M. Scheler, Tod und Fortleben, in: Gesammelte Werke, Bd. 10: Schriften aus dem Nachlaß, Bd. I: Zur Ethik und Erkenntnislehre, Bern ²1957,9-64, hier 29.

57 Ebd., 30.

58 In markanter Selbstcharakteristik läßt Max Frisch die Hauptfigur Walter Faber in "Homo faber" die fatalen Zufälle erklären: "Mein Irrtum: daß wir Techniker versuchen, ohne den Tod zu leben. Wörtlich: Du behandelst das Leben nicht als Gestalt, sondern als bloße Addition, daher kein Verhältnis zur Zeit, weil kein Verhältnis zum Tod" (Frankfurt/M. 1957, 212).

59 Vgl. auch H.E. Richter, Die Chance des Gewissens. Hamburg 1986, 90.234f.238f.

60 Vgl. K.E. Nipkow, Die Gottesfrage bei Jugendlichen — Auswertung einer empirischen Umfrage, in: U. Nembach (Hrsg.), Jugend und Religion in Europa, Frankfurt/M.-Bern 1987, 233-259, hier 239f.

61 W. Kluxen, Analogie, in: J. Ritter (Hrsg.), Historisches Wörterbuch der Philosophie, Bd. 1, Darmstadt 1971, 214-227, hier 226; vgl H.G. Gadamer, Wahrheit und Methode, 407.

ren Pol des Dialogs (Text bzw. Schüler) enthält. Denn der Unterricht muß eine begehbare Brücke vom einen zum anderen bauen. Daß dabei auch Unähnlichkeit besteht, macht einerseits die Frage nach dem Kern der Sache, andererseits ein genaueres Entfalten der jeweiligen Erfahrungssituation notwendig. Die Aufschlüsselung der Analogie ergab folgende Fragen und Zusammenhänge:

a) Ist es für die hermeneutische Didaktik der Korintherbriefe notwendig, die Glaubensauffassung der Gegner des Paulus in Korinth (vgl. 3.2.2 c) genauer zu bestimmen und geistesgeschichtlich einzuordnen? Die exegetische Diskussion zu den Korintherbriefen kreist immer wieder um die Frage, ob die Gegner des Paulus als Enthusiasten oder als Gnostiker zu bezeichnen sind, oder ob man sie gar nicht einer bestimmten religiös-philosophischen Strömung zuordnen kann. Weder auf dem religionsgeschichtlichen noch auf dem formgeschichtlichen Weg konnte bisher Klarheit und Eindeutigkeit erzielt werden. Wenn man dieser Frage nachgeht, begibt man sich darum auf ein unendliches Problemfeld, bei dem didaktisch nicht viel herausspringt. Außerdem läßt sich im didaktischen Zusammenhang nur schwer mit dieser oder jener exegetischen Position arbeiten. Wahrscheinlich sollte man ganz elementar ansetzen. Hier führt eine exegetische Lösung weiter, die Klaus Berger nach der kritischen Durchsicht der zahlreichen Kriterien zum Erschließen von "Gegnern" erhoben hat: Man sollte nicht nach festen religiösen Positionen fragen, sondern in genetischem Vorgehen zuerst auf die naheliegenden Rezeptionsschwierigkeiten achten, die Heidenchristen aufgrund von Milieu und bisheriger Lebensorientierung mit konkreten Inhalten der paulinischen Verkündigung hatten. Im Falle der Kreuzesbotschaft müsse man "eher mit der Rezeptionsschwierigkeit des Ärgernisses des Kreuzes rechnen als mit gnostischen Spekulationen"[62]. Diese Einsicht versetzt uns in die Lage, in der Hermeneutik der Korintherbriefe nicht auf die strenge Vergleichbarkeit der damaligen gegnerischen Positionen mit heutigen Weltanschauungen abzuheben, sondern auf der Ebene konkreter Rezeptionsschwierigkeiten damals und heute eine Verknüpfung herzustellen. Dabei bedürfen die jeweiligen Widerstände einer Erläuterung aus der jeweiligen religions- bzw. geistesgeschichtlichen Rezeptionsgrundlage der Empfänger der Botschaft. Dies betrifft in besonderer Weise die Charakteristik der heutigen Weltorientierung.

b) Worin bestand nun die Mentalität, der Paulus seine Verkündigung konfrontiert sah? In der Beantwortung dieser Frage wird auf wichtige

[62] K. Berger, Die impliziten Gegner. Zur Methode des Erschließens von "Gegnern" in neutestamentlichen Texten, in: D. Lührmann/G. Strecker (Hrsg.), Kirche (FS Günther Bornkamm), Tübingen 1980, 373-400, hier 394.

exegetische Untersuchungen zu den Korintherbriefen zurückgegriffen[63]. Die Botschaft vom Kreuz zeigte sich bei den Korinthern in vielfältiger Weise als ein Ärgernis (vgl. 6.1.1). Dies lag nach Paulus an dem, was sich bei ihnen unter dem Stichwort »Weisheit« an Sinnvorstellungen und Handlungsweisen angesammelt hatte und sich als Widerspruch zu ihrer Berufung (1 Kor 1,2.26) und zur Basis ihres Glaubens (1 Kor 15,1) herausstellte. Hier gab es Zusammenhänge, die in einer Analogie zur Mentalität unserer Zeit stehen.
Die Spaltung der Gemeinde war das äußere Phänomen, an dem Paulus einhakte. Für ihn bestand das Problem in der Verwechslung der Zugehörigkeit zum Leib Christi, die in der Taufe realisiert wird, mit der Profilierung von und der Zugehörigkeit zu einzelnen Verkündigern und deren Auftreten (1 Kor 1,12)[64]. Damit dominierte ein typisch menschliches Denksystem über den Sinngehalt der Botschaft: Das Ringen um Prestige, Ansehen und Geltung schafft Unterschiede in der Wertschätzung einzelner und provoziert den Zwang zur Selbstprofilierung und Geltungssteigerung auf dem Weg der Ausgrenzung anderer. Das Bedürfnis nach Selbstruhm entwickelt sich in Formen, die durch die immanente Wechselwirkung von Geltungsdrang und Ausgrenzung ein geschlossenes System aufbauen. Für Paulus war dies ein Indiz dafür, daß die Korinther die Weisheit Gottes, die im Wort vom Kreuz liegt, nicht verstanden haben. So geht aber das verloren, worauf sich jeder Christ durch die Taufe eingestellt hat, und die allen gemeinsame Grundlage ist: daß Christus zuerst und ohne jeden Rangunterschied auf die Seite der Korinther getreten ist ("für euch", 1 Kor 1,13b). Sie übergehen auch die Realität ihrer eigenen Gemeinde. Denn da gehören die, die als schwach, prestigelos, töricht gelten, als vollwertige Glieder zur Gemeinde (1 Kor 1,26); ihrer sind sogar mehr. In einem paradoxen Spiel mit den Begriffen »Weisheit« und »Torheit« macht Paulus die Gemeinde auf ihre Fehlentwicklung aufmerksam: "Hat Gott nicht die Weisheit der Welt als Torheit entlarvt? Denn da die Welt angesichts der Weisheit Gottes auf dem Weg ihrer Weisheit Gott nicht erkannte, beschloß Gott, alle, die glauben, durch die Torheit der Verkündigung (sprich: durch ein Handeln und eine Botschaft, die von der Welt als töricht angesehen wird) zu retten" (1 Kor 1,20b f.). In ihrem Denksystem wird durch Profilierung und Geltungsdrang (offenbar besonders im Streit um Apollos) "die geschichtliche Kontingenz eines jeweiligen Verkünders"[65] aufgehoben. Indem sie das Kreuz Christi

[63] Vgl. U. Wilckens, Weisheit und Torheit. Eine exegetisch-religionsgeschichtliche Untersuchung zu 1. Kor 1 und 2, Tübingen 1959; G. Theißen, Studien zur Soziologie des Urtchristentums (WUNT 19), Tübingen 1979, 201-317; H. Weder, Das Kreuz Jesu bei Paulus. Ein Versuch, über den Geschichtsbezug des christlichen Glaubens nachzudenken (FRLANT 125), Göttingen 1981.

[64] H. Weder, Das Kreuz Jesu bei Paulus, 121-125; vgl. H.-J. Klauck, 1. Korintherbrief, 22f.

[65] H. Weder, Das Kreuz Jesu bei Paulus, 125.

seiner geschichtlichen Bedeutung entleeren, und ihn "in den Rahmen eines allgemeinen mythologischen Systems" stellen"[66], übergehen sie die Wirklichkeit. Die Selbstmächtigkeit der eigenen Geisteserfahrung, die sich in Krafttaten und Zeichen selbst inszeniert[67], läßt sie die Vergänglichkeit und Ohnmacht des Menschen vergessen. Darum halten sie den Erlösungsweg Gottes im Kreuzestod Jesu für Unsinn, weil das Geltenlassen von Schwachheit und Ohnmacht ihrer selbstmächtigen »Weisheit« widerspricht. Da sie auf die selbstentwickelte "Fähigkeit stark zu sein gegenüber dem »Hinfälligen«"[68] setzen, haben sie sich bereits von der gegenwärtigen Wirklichkeit und ihren Problemen entfernt. Die Behauptung ihrer Vollkommenheit kraft eigener Erkenntnis und Weisheit läßt sie nicht nur die Verborgenheit des Heils im Kreuz Jesu völlig übersehen, sondern führt auch zur Ignoranz gegenüber ihrer eigenen Wirklichkeit, wie sie geworden ist: sie blenden an ihrer eigenen Identität das Schwache, Begrenzte, Vergängliche und die Erfahrungen von Ohnmacht aus. Im Bewußtsein der in ihrer Weisheit erreichten Fülle entziehen sie sich den Notwendigkeiten der Gegenwart. Dies äußert sich gerade auch in der Respektlosigkeit gegenüber den Schwachen in der Gemeinde (vgl. 1 Kor 8; 11,17-34), nicht zuletzt auch gegenüber Paulus selbst. Paulus stellt dem allen das Wort vom Kreuz entgegen: Zum Gottsein Gottes gehört die Erniedrigung und Solidarisierung Gottes mit der Welt und ihrer Geschichte bis in den Tod (2 Kor 4,5-6; Phil 2,5-11), der infolge der Selbstrechtfertigung der Menschen die Folge und das letztgültige Zeugnis dieser Solidarität Gottes werden mußte. Das Kreuz steht so gegen die Selbstmächtigkeit des Menschen: es ist das Symbol einer neuen Beziehung zur Welt. Mit dem Kreuz Jesu ist ein Lebensverständnis zu Ende gekommen, ja gescheitert, wonach der Mensch sich selbst, den Sinn seines Lebens, die Zukunft der Welt aus eigener Leistung selbst herstellt[69].

c) Das Ärgernis, das im Kreuz Jesu als Heilsweg liegt, tritt heute wahrscheinlich sogar verstärkt auf. Die Jugendlichen empfinden sich eingetaucht in eine Mentalität (vgl. 9.4) oder vertreten sie auch selbst (vgl. 7.3), die man so charakterisieren könnte: Der Fortschrittsglaube der Neuzeit, der mit den Kategorien von Wissenschaft und Technik die Sehnsucht nach Glückserfüllung aus eigenen Kräften stimulierte, hat eine Machtsteigerung und ein Allmachtsbewußtsein freigesetzt, in dem

---

66 Ebd., 133; vgl. H.-J. Klauck, 1. Korintherbrief, 23f.
67 H. Weder, Das Kreuz Jesu bei Paulus, 234.
68 U. Wilckens, Weisheit und Torheit, 229.
69 Hans Weder spricht vom Scheitern des weltlichen -Prinzips im Kreuzestod Jesu (Das Kreuz Jesu bei Paulus, 195.197.230).

wesentliche Züge von Wirklichkeit ausgeblendet werden[70]. Mit der Emanzipation von der religiös geprägten Universalordnung sind aber gewissermaßen Positionen der Orientierung vakant geworden[71], die von der sich selbst bewußten Vernunft besetzt wurden mit dem Anspruch, sich und der Welt allein die Gesetze geben zu können. Im Absolutheitsanspruch des Ich wird die Vergänglichkeit geleugnet. An die Stelle der Mitgeschöpflichkeit tritt das unbedingte Verfügenwollen über die Welt aus der Mächtigkeit des Ich, die im Kern eine Selbstvergötzung ist. "Nachdem die Gewißheit der Geborgenheit in Gott entfallen ist und das Ich nur noch in seiner Selbstgewißheit und in einer egozentrischen Naturbeherrschung Halt sucht, bleibt ihm nichts anderes übrig, als das illusionäre Moment dieser Selbstvergötterung zu verleugnen"[72]. Das Problem liegt wiederum nicht in der Machtsteigerung selbst. Vielmehr zeigt sich an ihren Auswirkungen, daß sie nur ihrem Selbstzweck dient und zur Grenzenlosigkeit tendiert[73]. Weil der Mensch sich aus dem Weltzusammenhang herauslöst und im Verfügen über die Welt alles der Erfüllung ständig wachsender und animierter Bedürfnisse dienstbar macht, zerreißt er das Gefüge der Weltordnung, zu deren Schutz und Bearbeitung er eigentlich bestellt ist. "Die Meinung, man müsse alles, was technisch machbar ist, auch wirklich machen, ist ein kindlicher Allmachtstraum, rührend bei einem Kind, verbrecherisch bei einem Erwachsenen... Alles Machbare zu machen ist Drogenmißbrauch, Mißbrauch der Droge Macht"[74].
Es ist der falsche Gott, zu dessen Bild der Mensch sich mit seiner herrscherlichen Weisheit entwickeln will: der Gott, zu dessen Wesen nicht Liebe und Solidarität gehört, sondern der Wunsch und das Gefühl des Triumpfes über seine Welt, die er sich gefügig macht.

d) Die kritische Auseinandersetzung mit der Technik und ihrer Denkform zielt nicht auf ihre Dämonisierung, sondern es geht darum, ihre Ambivalenz aufzudecken. Und die Einsicht in die Entfremdung des Menschen in dieser Zivilisation verfällt nur dann nicht in Defätismus oder

70 Vgl. H.E. Richter, Der Gotteskomplex. Die Geburt und die Krise des Glaubens an die Allmacht des Menschen, Reinbeck 1979, 19-31. Der Wille zur Macht wurde ein Zentralmotiv bei Friedrich Nietzsche; vgl. R. Löw, Nietzsche, Sophist und Erzieher. Philosophische Untersuchungen zum systematischen Ort von Friedrich Nietzsches Denken, Weinheim 1984, 111-119.

71 H. Blumenberg, Die Legitimität der Neuzeit, Frankfurt/M. 1966, 42.

72 H.E. Richter, Der Gotteskomplex, 30. Religionskritik und Fortschrittsmentalität des 19. Jh. entspringen nach J. Schmitz der Auffassung, daß der Mensch "gewissernmaßen zum Schöpfer der konstruierten Welt und seiner selbst" wird (Offenbarung, Düsseldorf 1988, 163).

73 Macht hat die Tendenz zu "luxurieren", wenn sie nicht auf "sinnvolle Funktionen" beschränkt wird (C.F. von Weizsäcker, Bewußtseinswandel, München 1988, 55).

74 Ebd., 142.

Resignation, wenn sie durch das Schreckenerregende hindurch von einer größeren Hoffnung getragen ist, die sich nicht allein an den Kräften des Menschen festmacht. Das Gespräch mit den Jugendlichen zielt darum einerseits auf die Einsicht in die Entfremdungsstrukturen unserer Zivilisation, andererseits auf den Aufweis der Lebensperspektiven der Botschaft für das Leben in dieser Zivilisation.

10.3.4 Die Botschaft der Korintherbriefe im Horizont der gegenwärtigen Erfahrung

Nachdem die inneren Bezüge der heutigen Menschen zu der Thematik der Korintherbriefe entfaltet sind, gilt es, die Impulse der Paulustexte für die heutige Situation zu entfalten. Der Ausgangspunkt ist genügend deutlich geworden (vgl. 10.3.1-2): Das Streben nach Starksein, das in unserer wissenschaftlich-technischen Zivilisation zum Allmachtsbewußtsein tendiert, garantiert nicht den Bestand des Lebens. Macht verzerrt die Wahrnehmungsfähigkeit, weil sie zum Verdrängen von Erfahrungen neigt, die nach ihren Erwartungen den Erfolg zu beeinträchtigen drohen[75] und deshalb nicht gelten dürfen. Wie aber kann es gelingen, sich von dem Zwang, alles aus eigener Macht bewerkstelligen zu müssen, zu befreien?
Nach der Kritik unserer Mentalität ging es in der dargestellten Unterrichtsreihe darum, das Lebensmodell des Paulus, soweit es um die Verarbeitung von Erfahrungen des Schwachseins ging, zu erschließen (vgl. 9.6 und 9.8). Die Kenntnis der historischen Situation, in der die Texte stehen, bildete den notwendigen Verstehensrahmen für den Transfer in die Erfahrungssituation der Schüler (vgl. 3.2 und 6.2.3). So wurde aus den Texten ein persönlich-biographisches Zeugnis, in dem die Schüler auch ihre persönliche Problematik wiederfanden. Was können sie aus der Beschäftigung mit den Korintherbriefen als neue Lebensperspektive gewinnen?

a) Die Glaubenserfahrung des Paulus artikuliert sich in einer Form, die sich nicht nur von jüdischen und stoischen Auffassungen unterscheidet, sondern auch von dem gegenwärtigen Bezugsrahmen. Paulus betont, daß er "Gottes Kraft gerade in der Schwachheit und das Leben gerade im Tode gefunden habe"[76]. Alle Formen der Kompensation, ob auf psychischer oder auf religiöser Ebene, weist Paulus ab. Die Realität wird nicht überspielt und Gott nicht in die Kompensationsfunktion einge-

[75] Vgl. C.F. von Weizsäcker, Bewußtseinswandel, 247.
[76] W. Schrage, Leid, Kreuz und Eschaton. Die Peristasenkataloge als Merkmale paulinischer theologia crucis und Eschatologie, in: Evangelische Theologie 34 (1974) 141-175, hier 146.

wiesen. Aufgrund der Untersuchungen von Wolfgang Schrage[77] lassen sich dafür folgende Hinweise finden:

– Paulus sieht das Schwachsein und das Leid in seiner vollen Dimension als Anfechtung des ganzen Menschen (vgl. 1 Kor 2,3; 2 Kor 5,7). Es gibt keine mentale Reservation, in der die Realität verleugnet oder verdrängt wird.
– Das Annehmen von Schwachheit schließt jeden "Fluchtweg in einen Innenbereich" und jede "Reflexion auf seine eigenen Kräfte" aus[78]. Nur dadurch ist auch jede Form von Selbstbeweis, Selbstdarstellung und Selbstverherrlichung, in der doch nur wieder das Schwache überspielt und obendrein schwache Menschen ausgespielt werden, ausgeschlossen (2 Kor 1,11).
– Die Angst vor dem Eingestehen der Schwachheit beruht nur darauf, daß der Mensch an seinem Selbstruhm um alles in der Welt festhält. Diesem festgefahrenen System ist mit »Logik« nicht beizukommen. Paulus dreht darum das Blatt andersherum, indem er die entscheidende, jedoch paradoxe Bedeutung des Schwachseins betont: Nur in der eingestandenen Schwachheit gibt es einen neuen Weg, auf dem sich der Mensch auf den lebendigmachenden Gott angewiesen weiß.
– Diese Haltung entbehrt jeder Art von passiver Schicksalsergebenheit. Vielmehr wird die Bereitschaft zur Geduld gerade in solchem Angewiesensein auf Gott dadurch unterstützt, daß dem Menschen die Fähigkeit zum Durchstehen des Leides geschenkt wird (1 Kor 4,12; 10,13; 2 Kor 6,4; 12,9; vgl. Röm 8,26f.)[79].
– Das Schwachsein betrachtet Paulus als Herausforderung zu neuer Mentalität und neuer sozialer Beziehung: Das Akzeptieren bei sich selbst öffnet den Blick für den leidenden Mitmenschen, mit dem wir im Leib Christi verbunden sind (1 Kor 12,26; 2 Kor 11,29; Röm 12,15). Durch diese Solidarität "ist der Leidende aus der Einsamkeit seines Leidens erlöst"[80].

b) Diese Haltung ist keine Verlegenheitslösung, sondern für Paulus der Weg zum Heil schlechthin, insofern der Mensch dadurch Bestand behält angesichts der bedrohenden Erfahrungen des Versagens und Mißlingens. Damit sind jedoch Erwartungen angesprochen, die konträr zu zahlreichen heutigen Vorstellungen von der Sinnerfüllung des Lebens stehen. So läßt sich der Horizont dieses Heilsweges nur im Zusammenhang mit der Gotteserfahrung verstehen, die den Grund des paulinischen Existenzverständnisses darstellt (vgl. 9.9). Seine Wertung des Schwachseins kann sich nur aus dem "Wort vom Kreuz" und im Glauben an die

77 Ebd., 150ff.
78 Ebd., 152.
79 Ebd., 154.
80 R. Bultmann, Theologie des Neuen Testaments, Tübingen 51965, 352.

Gnade Gottes, die uns in Christus geschenkt ist, entwickeln (vgl. 1 Kor 1,4.18). Der Kreuzestod Jesu ist nicht nur das Interpretationsmodell für konkrete Erfahrungen, insofern es im Vorgriff bereits alles Leid der Menschen umfaßt, sondern auch das entscheidende Moment christlicher Gotteserfahrung. Denn "der Glaube ist die Einstimmung darein, daß Gottes Macht in der Ohnmacht des Gekreuzigten sichtbar geworden und also die Weisheit der Welt an ihr Ende gekommen ist"[81].

– Das Widerfahrnis von Schwachsein und Leid entspricht dem Kreuzesgeschehen; jedes Leid und Elend dieser Welt hat im Kreuzestod Christi sein Urbild[82]. Jesu restloses Angewiesensein auf die Kraft Gottes ist das Modell des Glaubens, in dem dem Leidenden Kraft zuwächst, die nichts anderes ist als Geschenk Gottes (2 Kor 4,12; 13,4).
– Das Kreuz Christi ist darum die Paradoxie zu allen Heilsvorstellungen schlechthin (1 Kor 1,15ff.). Es erweist die Weisheit derer, die allein auf ihre (geistige) Macht bauen, als Torheit und weist der Torheit, die die Realität des Schwachseins wahrnimmt und darin sich selbst losläßt auf den liebenden Gott hin (vgl. 2 Kor 5,14), die Qualität höchster Weisheit zu. Denn Gott meidet nicht das Schwache, sondern identifiziert sich mit dem, der, in der Schwachheit gekreuzigt (2 Kor 13,4), sich mit den Schwachen identifiziert hatte. "Die Schwachheit Jesu ist zur Metapher für Gott geworden"[83]. Weil im Gekreuzigten Gottes Liebe offenbar wurde, darum liegt "im Wissen um das Einbezogensein in das Christusschicksal"[84] Trost und Kraft (2 Kor 4,12).
– Der Grund der paradoxen Weisheit des Kreuzes liegt in der lebendigmachenden, eschatologischen Tat Gottes an Jesus Christus (2 Kor 4, 14). Weil dieses Geschehen aber die Identifikation Gottes mit den Leidenden, die im Kreuz Christi als geschichtliche Wahrheit statthat, nicht aufhebt (= das Kreuz nicht entleert), darum "erscheint das Leben in dieser Weltzeit »unter der Maske des Todes», ist die Schwachheit der paradoxe Modus, in der die Christuskraft erscheint"[85].
– Weil die Erfahrung von Schwachsein schon von der Zukunft eingeholt ist, enthält es in einem paradoxen Sinne auch die Hoffnung auf ein neues Leben, die das Leid bestehen hilft. So "braucht der Christ gerade in der Hoffnung auf das Kommende, das übrigens nicht irgend etwas Unbekanntes, sondern das »Verschlungenwerden des Sterblichen vom Leben« bringt, den Blick vor der rauhen und harten Wirklichkeit des »bedrückten Seufzens« (2 Kor 5,4) nicht zu verschließen, ja gerade die Leiden halten die Frage nach der »Erlösung des Leibes« offen und schlagen alle innerweltlichen Hoffnungen aus der Hand"[86].

---

81 H. Weder, Das Kreuz bei Paulus, 150.
82 W. Schrage, Leid, Kreuz und Eschaton, 164.
83 H. Weder, Das Kreuz Jesu bei Paulus, 173.
84 W. Schrage, Leid, Kreuz und Eschaton, 165.
85 Ebd., 168 (mit Zitat von R. Bultmann).
86 Ebd., 174.

Die Schwierigkeiten der Schüler mit der religiösen Interpretation der Wirklichkeit machte die kritische Auseinandersetzung mit der Religionskritik notwendig (vgl. 9.7). Der Prüfstein ist die Interpretation von Wirklichkeit, die die Religionskritik selbst impliziert. Die Flucht in die Omnipotenz des Menschen kann eben dann nicht sinnvoll sein, wenn die Ausblendungen von Schwachsein und Begrenztheit als sinnlos erkannt sind. Dazu gehört dann auch die Aufklärung über das Gottesbild der »Aufgeklärten«. Vornehmlich kommt es darauf an den Widerspruch der Kreuzesbotschaft zur Mentalität machtbezogenen Denkens aufrechtzuerhalten.

c) Im Kreuz begegnen wir einer geschichtlichen Wirklichkeit, die einerseits die zerstörerischen Auswirkungen des Machtwillens stellvertretend erfahren läßt, andererseits die Solidarität Gottes mit der geschundenen und vernichteten Schöpfung bis in die extremen Formen sinnloser Zerstörung hinein konkret werden läßt. In der Folge der Ausbeutung von Mensch und Natur erkennen wir nicht nur die Partikularität unseres Denkens, sondern es tritt uns der mit der Welt solidarische Gott entgegen, den wir in der Selbstvergottung ausgeblendet haben. Der Physiker Günter Howe versuchte Geschichte und Offenbarung Gottes zusammenzudenken, wenn er formulierte: Jesus leidet auch und gerade heute in der Welt und an der Welt "überall dort, wo das Antlitz der Erde, sei es in friedlicher oder militärischer Absicht, entstellt und zerstört wird, und vor allem dort, wo das Antlitz des Menschen von Menschen geschändet wird"[87]. Daß das Drama selbstbezogener Machtentfaltung im Tod nicht zu einer end-gültigen Wirklichkeit wird, ist die Hoffnung, die der Schöpfer in der Auferstehung des so geschändeten Jesus Christus eröffnet hat. Kreuz und Auferstehung Jesu als die Weisheit Gottes weisen uns darum Wege zu einem neuen Verhältnis zur Welt. Diese Glaubenserfahrung gibt vielen Geplagten und Geschundenen und denen, die sich für sie einsetzen, die Kraft weiterzumachen selbst dann, wenn alles aussichtlos erscheint.
All dies könnte man als die neue Emanzipation bezeichnen, zu der wir uns des Lebens und der Welt willen durcharbeiten müssen. Weil sie jenseits der Selbstmächtigkeit der Vernunft liegt, können wir sagen, daß wir dazu vor allem durch den Glauben gelangen. Von denen, die als Nichtchristen ähnliches vertreten, müssen wir uns nicht abgrenzen, sondern ihre Ansätze im Licht der christlichen Botschaft vertiefen (vgl. Röm 2,15).

---

87 G. Howe, Gott und die Technik, 25.

10.3.5 Konturen einer neuen Mentalität und Lebenspraxis aus dem Glauben an Christus

Mit der zehnten Unterrichtseinheit (vgl. 9.10) stellte sich eine neue Dimension der Thematik "Starksein und Schwachsein" ein, die bereits vorher angeklungen war: Wer das Schwache bei sich selbst gelten läßt, ohne es zu überspielen oder zu kompensieren, kann auch das Schwache bei anderen Menschen akzeptieren und den Schwachen in sein Beziehungsfeld integrieren. Weil er bei sich selbst nichts verdrängt, muß er auch nicht den Schwächeren an den Rand drängen oder ausschalten. Eine veränderte Wahrnehmung von Wirklichkeit impliziert ein neues Handeln; darin besteht geradezu ein Wechselverhältnis. Denn menschliches Handeln schafft Wirkliches und wirkt so auf die Interpretation von Wirklichkeit zurück. Was der Unterricht in der Verknüpfung der Kreuzesbotschaft mit der Ohnmachtswerfahrung entfaltet hat, bedurfte einer weiteren Klärung auf der Ebene des Handelns.
Paulus selbst gab nicht nur Bekenntnisse weiter und interpretierte ihren Gehalt im Kontext der von ihm identifizierten Erfahrung der Korinther. Er aktualisierte die Kreuzesbotschaft auch im Blick auf konkrete Konfliktsituationen und die Lebenspraxis der Korinther, indem er die Handlungsimplikationen der Botschaft auf die Kritik und die Möglichkeiten konkreten Vorgehens hin auszog. Was bei den Schülern selbst bereits angeklungen war, brachte Paulus in den Korintherbriefen auf eine vergleichbare, aber noch viel tiefere Weise ins Spiel. In der ihm berichteten Spaltung der Gemeinde beim Herrenmahl (1 Kor 11,17-34) liegt ein solcher Konfliktfall vor, an dem mit den Schülern das Wechselverhältnis von Wirklichkeitsinterpretation und Handeln erschlossen werden kann. Es ist sicher möglich, mit den Schülern auch ohne einen neuen Bibeltext die Handlungsimplikationen der Kreuzesbotschaft auszufalten. In der Auslegung von 1 Kor 11,17-34 können die Schüler jedoch diesen inneren Zusammenhang als einen in der Bibel selbst angelegten Sachverhalt erkennen. Ein Ethos versteht sich nicht von selbst, sondern muß erst erarbeitet werden. Die Besprechung dieses Textes hat demnach sowohl auf der theologischen Ebene als auch in der didaktischen Intention Modellcharakter.
Wie Paulus die Feier des Herrenmahles als Handeln der Gemeinde auf ihr Gemeinschaftsleben bezieht, haben die Schüler sie anfanghaft auf ihr eigenes Handeln ausgefaltet. Was hier begonnen hat, muß in zahlreichen weiteren Lernschritten, die verschiedene Lebenssituationen ansprechen, differenziert werden. Weil sich, wie gesagt, das Ethos nicht von selbst ergibt und ein enger Zusammenhang zwischen Mentalität und Handeln besteht, kann sich eine erfahrungsorientierte Bibeldidaktik nicht auf den Weg der Erklärung theologischer Begrifflichkeit begeben, sondern muß die subjektive Lernerfahrung der Schüler voranbringen,

indem sie anhand von Lebenssituationen die Bezogenheit von Botschaft und Mentalität intensiv durcharbeitet und die Reflexion des Handelns einbezieht. Indem der Religionsunterricht konkrete Erfahrungen in diesem Horizont durcharbeitet, befähigt er noch nicht für ein neues Handeln, aber die Ergebnisse dieses Lernprozesses sind für den Aufbau neuer Handlungskonzepte relevant[88]. Auf dieses Ziel hin kann der Religionsunterricht allemal seine Lernschritte ausrichten. Im folgenden sollen darum einige Konturen der neuen Mentalität und Lebenspraxis entworfen werden, die mit der »Weisheit« der Kreuzesbotschaft in den Blick kommen.

a) Der entscheidende Ansatzpunkt, das sei nochmals betont, liegt darin, daß ich anstelle von Selbstflucht, die nur auf die Regression in die Machtgier hinausläuft, meine eigenen Schwächen und Grenzen anerkenne (vgl. 9.5). Darin steckt nicht nur Kraft zum Aufbau des Ich, sondern auch zum Verstehen und Lieben der Mitmenschen. Die Erfahrung von persönlichen Grenzen, von Versagen und Scheitern kann für ethisches Lernen von hoher Relevanz sein, sofern sie von jeder Normierung und Legitimierung freigehalten wird[89]. Das Geschehen und Wahrnehmen selbst steht im Zentrum. Der Mensch wird dadurch zu einem radikal fragenden Wesen. Denn zur Wirklichkeit gehört der Anblick des Vergänglichen, das nicht ohne Folgen verdrängt werden kann. Letztlich geht es um die Haltung der Gelassenheit, in der wir vor uns selbst, vor den Mitmenschen und vor den Dingen innehalten.
Die Kehrseite der Annahme von Schwäche und Begrenztheit kennzeichnet Wilhelm Weischedel so: Der Mensch "neigt dazu, mehr sein zu wollen oder zumindest als mehr erscheinen zu wollen, als er ist. Er will sich über die Mitmenschen erheben, er will Macht über sie gewinnen. Dies alles, weil er allzuviel von sich selber hält"[90]. Das Hauptthema ist also der nicht abgeschaffte "innere Herr".

b) Der entscheidende Blickwechsel, den wir in allen Bereichen zu vollziehen haben, ist die Aufhebung des herrschaftlichen Umgangs mit der Welt, indem wir uns von den Auswirkungen allen Geschehens betreffen lassen. Die Veränderung zum Sich-betreffen-lassen muß im Subjekt ge-

88 Wichtige Komponenten und Lernschritte zeigt das "Prozeßmodell ethischen Lernens von Günter Stachel; vgl. ders./D. Mieth, ethisch handeln lernen. Zu Konzeption und Inhalten ethischer Erziehung, Zürich 1978, bes. 124-140.

89 "Zwar muß einer nicht in alle Tiefen gestürzt sein, ehe er ethisch zu handeln vermag. Aber es gibt einen Zugang zum Guten, der (a posteriori, nämlich im Einklang mit der Erfahrung) über das Versagen kraftvoller beschritten wird, auch wenn sich daraus keine nachträglichen Normierungen ableiten lassen, und dem schon gar nicht Aussagen, die von vornherein (a priori) gelten, vorausliegen" (Bibelunterricht – dokumentiert und analysiert (SPT 11), Zürich 1976, 195f.).

90 W. Weischedel, Skeptische Ethik, Frankfurt/M. 1980, 210.

schehen und kann sich nur im Dialog mit den Mitmenschen und mit der Natur vollziehen. Die Voraussetzung dazu ist nicht die Steigerung des operationalen Denkens, sondern das Innehalten und die Aufmerksamkeit für die Grenzen von Vernunft und Wissenschaft sowie für die schlechten Aus-wirkungen, die sich durch unser Handeln einstellen. Wenn wir nur auf die Operationalität eingestellt sind, können wir die Aus-wirkungen unseres Handelns nicht wirklich überblicken, geschweige denn rückkoppeln mit unseren Motiven und Interessen und mit der Operationalisierung selbst. Es ist der Mangel an Aufmerksamkeit, der zu den ökologischen Krisen und zu den persönlichen und politischen Konflikten führt bzw. ihre Lösung verhindert. Die "Machtförmigkeit" (C.F. von Weizsäcker) des Umgangs mit der Natur und in den zwischenmenschlichen Beziehungen müssen wir umwandeln in "eine neue symbiotische Kultur und Zivilisation"[91], in der sich der Mensch mit allen seinen Fähigkeiten, dem Handeln und dem besinnlichen Innehalten, in den Dienst des geschaffenen Lebens und damit in die liebende Beziehung zum Schöpfer stellt.

c) Der Kern des neuen Verhältnisses zur Welt ist ein Zugewinn an Freiheit, obwohl der Mensch etwas, das einen hohen Rang in seinem Lebensgefühl einnimmt, aufgibt. Er besteht

- im Verzicht auf Herrschaft übereinander und über die Welt zugunsten des solidarischen, d.h. demütigen und ehrfurchtsvollen Umgangs mit der Welt,
- im Verzicht auf all das, was in seinen Aus-wirkungen Leben zerstört oder beeinträchtigt,
- im Verzicht darauf, sich als nicht belangbar anzusehen,
- im Verzicht auf das Behaftetsein an der unbedingten Erfüllung der Bedürfnisse,
- im Verzicht auf Leidfreiheit, wo die Solidarität mit den Geschöpfen dies erfordert.

d) Dieser Haltung liegt jede Schicksalsergebenheit fern. Sie impliziert vielmehr eine Art von Tapferkeit, die immer wieder neu an die Bearbeitung von Konflikten herangeht. Paulus plädiert nicht für die kämpferische Umgestaltung der sozialen Verhältnisse (vgl. Philemonbrief), aber er richtet seinen Blick auf die sozialen und religiös-kulturellen Zusammenhänge, in denen die Korinther stehen. Entsprechend der »Weisheit« der Kreuzesbotschaft bevorzugt er den Weg des Eintretens füreinander und der unterstützenden Solidarität (vgl. 1 Thess 3,7; Phil 4,14ff.; 1 Kor 12,9.30; 2 Kor 8-9). Er nennt Unrecht beim Namen, aber er baut auf die Wahrnehmung von Gegenseitigkeit. Diese Struktur der sozialen Beziehung kann der Religionsunterricht nur an konkreten Konfliktsituationen genauer klären.

91 G. Altner, Technisch-wissenschaftliche Welt und Schöpfung, in: F. Böckle u.a. (Hrsg.), Christlicher Glaube in moderner Gesellschaft, Bd. 20, Freiburg 1982, 85-118, hier 114.

VIERTER HAUPTABSCHNITT

Elemente zu einer Theorie biblischer Korrelationsdidaktik

Der Aufbau der Unterrichtssequenzen und der Aufweis ihrer didaktischen Struktur enthalten eine bestimmte Theorie von Bibelauslegung im Religionsunterricht der gymnasialen Oberstufe, deren Eigenart im religionspädagogischen Fragezusammenhang genauer aufzuschlüsseln und zu begründen ist. Dies geschieht im folgenden durch den Entwurf eines Modells von Bibeldidaktik, das die verschiedenen Komponenten des Lernens mit der Bibel in einer didaktischen Grundstruktur zu erfassen versucht, die auch zum didaktischen Konstruktionsinstrument für die Arbeit mit biblischen Texten werden kann. Das angezielte Modell geht von der unterrichtlichen Praxis mit Texten der Korintherbriefe und ihrer fachwissenschaftlichen und didaktischen Reflexion aus, versteht sich aber auch als Vorschlag für die didaktische Arbeit mit anderen Textkomplexen der Bibel.

Elftes Kapitel
11.0 DIALOGISCHE BIBELDIDAKTIK ALS KORRELATION VON ERFAHRUNG UND GLAUBE

Vor dem Entwurf eines Modells steht die Frage nach seiner religionspädagogischen Funktion, seinen Voraussetzungen, Absichten und Grenzen. Das folgende Kapitel knüpft darum an die religionspädagogische Diskussion um Grundfragen der Religionspädagogik an. Besonders die Frage der Korrelation von Erfahrung und Glaube muß im Blick auf das angezielte Modell bedacht werden. Im didaktischen Kontext verbindet sie sich mit dem methodologischen Problem der Modelle in der Religionspädagogik.

11.1 Die Funktion eines Modells der Bibeldidaktik

Von Modellen spricht man in der Religionspädagogik erst seit ihrer Öffnung für die Curriculumforschung[1]. Das Spektrum didaktischen Denkens hat sich seitdem auf die grundlegenden und konkreten Fragen der Unterrichtsplanung im Blick auf religiöses Lernen in der Schule ausgedehnt. Vornehmlich der Zusammenhang von Unterrichtspraxis und didaktischer Theorie hat seitdem einen bedeutsamen Stellenwert.

---

[1] Vgl. G. Stachel, Curriculum und Religionsunterricht, Zürich 1971; ders., Theorie und Praxis des Curriculum, in: E. Feifel u.a. (Hrsg.), Handbuch der Religionspädagogik, Bd. 2, Gütersloh/Zürich 1974, 34-72.

11.1.1 Modellbildung als Element der Curriculumtheorie

Mit der Curriculumforschung richtete sich das Interesse auf die Koordinierung der Determinanten des Lernprozesses und auf die Entscheidung über die Faktoren von Unterricht, um zu größerer Transparenz des Gesamtzusammenhangs von schulischem Lernen zu gelangen und die Effektivität von Unterricht im Hinblick auf die Bewältigung von Lebenssituationen als Aufgabe der Bildung zu verbessern[2]. Welch weitreichenden Gewinn das curriculare Denken für die Religionspädagogik brachte, kann hier nur angedeutet werden. Weder die Rückbindung des Religionsunterrichts an die Lebenssituationen der Lernenden, die "gegen theologische und katechetische Systematik abgesichert werden muß"[3], noch die Aufmerksamkeit für das Gesamt didaktischer Entscheidungen und organisierter Lernprozesse läßt sich aus der Religionsdidaktik wegdenken.

Vornehmlich die Diskussionen um geschlossene oder offene Curricula weckte die Aufmerksamkeit für die Eigendynamik der Unterrichtspraxis, die von der Warte der Planung und Konstruktion aus noch nicht zu erfassen ist. Die curriculare Perspektive, die dem Handeln und der Kommunikation im Unterricht neben dem Planungsaspekt das gleiche Recht läßt, integriert die persönlichen Lernerfahrungen des Schülers in den Prozeß der Aneignung neuer Lerninhalte ("Schülerorientierung"). Die Respektierung und Integration des Selbstwerdungsprozesses des Schülers führt den Unterricht weg von jedem Funktionalismus, sei es im Blick auf die theologische Systematik oder auf die Erstellung von Lernergebnissen. Unterricht bekommt vielmehr den Charakter einer Wechselbeziehung, die sich zum einen zwischen Personen als Dialog über Wirklichkeit[4], zum andern als Erschließung der Personen für eine Wirklichkeit und der Wirklichkeit für die personale Entwicklung entfaltet[5]. Dieses Verständnis von Unterricht ging als eine wesentliche Komponente in die religionspädagogische Theorie ein.

[2] Zur Rezeption der Curriculumtheorie in der Religionspädagogik vgl. R. Merkert/W. Simon, Didaktik und Fachdidaktik Religion. Didaktische Grundpositionen und ihre Rezeption durch die Religionspädagogik, Zürich 1979, 147-166; J. Hofmeier, Kleine Fachdidaktik Religion, München 1983, 51-56; H. Fox, Kompendium Didaktik Katholische Religion, München 1986, 99-104.

[3] G. Stachel, Theorie und Praxis des Curriculum, 55.

[4] Es ist bemerkenswert, daß im klassischen Latein des Marcus Tullius Cicero der Begriff »curriculum« das Dialogische und das Diskursive als Grundzüge des Lernens enthält und gegen technologische Manieren abgegrenzt wird: "Fateor me oratorem si modo sim aut etiam quicumque sim, non ex rhetorum officinis (= "Schmiede"!) sed ex Academiae spatiis exstitisse; illa enim sunt curricula multiplicium variorumque sermonum" (Orator 12).

[5] Damit schließt sich die Arbeit an die Theorie der kategorialen Bildung an; vgl. R. Preul, Kategoriale Bildung im Religionsunterricht, Heidelberg 1973; R. Merkert/W. Simon, Didaktik und Fachdidaktik Religion, 54-59.178-201.

Die Curriculumforschung gab den Impuls, diesen Gesamtzusammenhang und die Wechselbeziehung der verschiedenen Komponenten des religiösen Lehrens und Lernens in einer Theorie zu fassen, die zum Ausgangspunkt für weiterführende Klärungen der Sache und gegebenenfalls ihrer Revision wird. Ein Modell versucht nun, eine Theorie zu veranschaulichen[6], indem es die wechselseitige Bezogenheit ihrer Komponenten aufzeigt.

11.1.2 Absichten und Grenzen eines Modells der Bibeldidaktik

Mit dem Entwurf und der Veranschaulichung einer bibeldidaktischen Theorie geht es darum, die Reflexion der unterrichtspraktischen Auslegung der Korintherbriefe mit den religionspädagogischen und fachwissenschaftlichen Erkenntnissen in ein didaktisches Konzept von Bibelauslegung auf der gymnasialen Oberstufe zu integrieren (vgl. 0.3).
a) Das zu entwerfende Modell[7] faßt die bisherigen Ergebnisse der Praxisreflexion in einer theoretischen Konstruktion zusammen. Es soll den komplexen Vorgang einer auf Aneignung biblischer Lebensperspektiven ausgerichteten Auslegung durchsichtig machen, indem es die entscheidenden Aspekte vereinfachend hervorhebt. Die Offenlegung der bedeutsamen Bezüge dient dem Prozeß weiterer Erkenntnisfindung in den Fragen der Bibelauslegung im Horizont religiösen Lernens, d.h. ein solches Modell ist auf Kritik und Revision angelegt. Es hat nicht nur vorläufigen Charakter, sondern auch begrenzte Aussagekraft, weil es weder hinsichtlich der Bibel noch der Schüler alle Zusammenhänge und Qualitäten des Unterrichts erfassen und darstellen kann.
b) "Voraussetzungen zur Modellbildung sind die Gegebenheiten der Praxis und die Einsichten der Theorie"[8]. Dem wird in dieser Arbeit insoweit Rechnung getragen, als das bibeldidaktische Modell von verschiedenen Versuchen unterrichtlicher Praxis mit den Korintherbriefen ausgeht und die konkreten Erfahrungen auf dem Hintergrund bisheriger bibeldidaktischer und religionspädagogischer sowie bibelwissenschaftlicher Erkenntnisse auswertet. Es wird demnach nicht deduktiv verfahren, sondern sowohl auf praktischer Ebene als auch in der didaktischen Reflexion die Kooperation gesucht, im ersten Fall durch die Einbeziehung der Schüler in den Auslegungsprozeß, im zweiten Fall durch die Verknüpfung pädagogischer und fachwissenschaftlicher Einsichten. Dieses Geflecht soll sich im Modell niederschlagen.

---

[6] G. Stachel, Curriculum und Religionsunterricht, 164.
[7] Zum Modellbegriff vgl. H. Rothbucher, Modellbegriff und Modellkritik, in: E. Feifel u.a. (Hrsg.), Handbuch der Religionspädagogik, Bd. 2, Gütersloh/Zürich 1974, 271-286.
[8] G. Stachel, Religionspädagogische »Modelle«, in: E. Feifel u.a. (Hrsg.), Handbuch der Religionspädagogik, Bd. 2, Gütersloh/Zürich 1974, 220-230, hier 223.

c) Der Entwurf des Modells schließt sich damit an grundlegende Modelle der Religionspädagogik an. Mit "einer anthropologisch gewendeten Theologie"[9] öffnete sich der Blick für die Identifikation von Lebenssituationen und für ihre Beziehung zum christlichen Glauben, der dem Menschen in seinem Werdeprozeß sinnstiftende Orientierung zu geben vermag. Für die Religionsdidaktik sind darum die Erfahrungen der Schüler nicht »Vorfeld« ihrer Bemühungen, sondern der Wirklichkeitshorizont, in dem sich christliche Glaubenserfahrung als Sinnerfahrung des Lebens erschließt. Erfahrungsorientierung und Schülerorientierung sind die unaufgebbaren Prinzipien jeder Religionsdidaktik. Ihre Intention läßt sich programmatisch so formulieren: "Erfahrungsbezogenes Lernen will ... für den Schüler persönlich bedeutungsvolles Lernen werden, das Sinn als Gewißheit im biographischen Prozeß erschließt"[10]. Sie impliziert ein Didaktikkonzept, das auf dem Prinzip der Wechselwirkung basiert: Auslegung der überlieferten Glaubenserfahrung und Verständnis der konkreten Erfahrung können sich wechselseitig strukturieren[11], insofern der Religionsunterricht im Dialog von Lehrer und Schüler über unsere Erfahrungen die sinnstiftenden Momente des Glaubens zu erschließen versucht. Auf diesem Hintergrund wird im folgenden ein "Detailmodell"[12] zur Bibeldidaktik in der gymnasialen Oberstufe entworfen.

11.2 Korrelation von Glaube und Erfahrung als Horizont der Bibeldidaktik

Ohne die Vokabel zu gebrauchen, sind in dieser Untersuchung bisher zahlreiche Aspekte der Didaktik angesprochen worden, die sich in der Diskussion um das »Prinzip der Korrelation« als Leitbegriff der Religionspädagogik finden. Da das Modell der Bibeldidaktik das Konzept der Korrelationsdidaktik aufgreift und weiterführt, werden zunächst die wesentlichen Aspekte der Korrelation von Glaube und Erfahrung kritisch reflektiert.

11.2.1 Wurzeln der Korrelationsdidaktik

Der Begriff der Korrelation vereinigt in sich Bewegungen theologischen und religionspädagogischen Denkens, die als seine Wurzeln, d.h. die bleibenden Anfänge des Begriffs, aufgefaßt werden.

---

9 E. Feifel, Fragestellungen und Aufgaben gegenwärtiger Religionspädagogik, in: G. Stachel/W.G. Esser, Was ist Religionspädagogik?, Zürich 1971, 149-262, hier 162-165; ders., Von der curricularen zur kommunikativen Didaktik. Zur Situation der Religionspädagogik, in: E. Paul/A. Stock (Hrsg.), Glauben ermöglichen (FS Günter Stachel), Mainz 1987, 21-32.

10 E. Feifel, Von der curricularen zur kommunikativen Didaktik, 31.

11 Vgl. H. Rothbucher, Modellbegriff und Modellkritik, 282f.

12 Ebd., 283.

a) Der entscheidende Impuls liegt im Verständnis des Glaubens als Erfahrung[13]. Der Glaube ist nicht zuerst Lehre und Dogma, sondern eingelassen in die alltägliche Wirklichkeit er-fährt der Mensch sein Leben im Horizont göttlichen Handelns. Glauben ist kein Abgehobensein von der Realität des Lebens, sondern "erst in menschlichen Erfahrungen hier und jetzt kommen Menschen zu einer persönlichen christlichen Erfahrung"[14]. Folglich kann auch Glauben-lernen nur in der Verknüpfung seiner Inhalte mit der Erfahrungswelt geschehen. Wegen der semantischen Breite des Begriffes Erfahrung bleibt dieser Bezug immer schwer bestimmbar. Für die Religionsdidaktik sind aber folgende Merkmale von »Erfahrung« bedeutsam, um damit arbeiten zu können.

- "Erfahrung" bezeichnet "die Gesamtheit dessen, was dem Menschen im Leben seines Bewußtseins widerfährt"; flüchtige Phänomene bleiben ausgeklammert[15].
- Der Begriff umgreift nicht dumpfe Vorgänge im Äußeren oder Inneren des Menschen, sondern impliziert ein Erkennen, das "zuvörderst dem unmittelbaren Wahrnehmen eines Eindrucks oder eines Er-Lebnisses" entspringt[16].
- Das Bleibende besteht darin, daß vom Bewußtsein ergriffene Situationen und Ereignisse als gesammelte Erfahrung oder als Wissen sich mit anderen verknüpfen, die Persönlichkeit prägen und eine subjektive Gestalt erhalten. Erfahrung ist daher als Prozeß zu verstehen, der sich in raumzeitlichen Kategorien entfaltet.
- So ergriffene Erfahrung objektiviert sich in Symbolen, die in diskursiven oder präsentativen Formen[17] ihre Bedeutung ausdrücken bzw.

---

13 Zum Erfahrungsbegriff in der Theologie vgl. G Ebeling, Die Klage über das Erfahrungsdefizit in der Theologie als Frage nach der Sache, in: ders., Wort und Glaube, Bd. 3, Tübingen 1975, 3-28; D. Mieth, Nach einer Bestimmung des Begriffs »Erfahrung«: Was ist Erfahrung?, in: Concilium 14 (1978) 159-167; J. Werbick, Theologie aus Erfahrung? Die Lehre von der Dreifaltigkeit Gottes als Regulativ christlicher Glaubenserfahrung, in: Religionspädagogische Beiträge 2/1978, 31-65; E. Schillebeeckx, Erfahrung und Glaube, in: F. Böckle u.a. (Hrsg.), Christlicher Glaube in moderner Gesellschaft, Bd. 25, Freiburg 1980, 73-116. In der Religionspädagogik: E. Feifel, Die Bedeutung der Erfahrung für religiöse Bildung und Erziehung, in: ders. u.a. (Hrsg.), Handbuch der Religionspädagogik, Bd. 1, Gütersloh/Zürich 1973, 86-107; G. Biemer, Menschliche Grunderfahrungen und ihre religionspädagogische Vermittlung, in: E. Feifel (Hrsg.), Welterfahrung und christliche Hoffnung, Donauwörth 1977, 44-74.

14 E. Schillebeeckx, Erfahrung und Glaube, 81.

15 B. Quelquejeu/J.-B. Jossua, Erfahrung, in: P. Eicher (Hrsg.), Neues Handbuch theologischer Grundbegriffe, Bd. 1, München 1984, 230-241, hier 231.

16 Ebd., 232.

17 Diese Unterscheidung von Susanne K. Langer trägt dem Tatbestand Rechnung, "daß es in dieser physischen, raumzeitlichen Welt unserer Erfahrung Dinge gibt, die in das grammatikalische Aussdrucksschema nicht hineinpassen" und daß die Sprache "keinesfalls unsere einzige artikulierte Hervorbringung" ist (Philosophie auf neuem Wege. Das Symbol im Denken, im Ritus und in der Kunst, Frankfurt/M. 1984, 86-108, hier 95).

mitteilen. Jede Objektivierung bewirkt zwar einen Erfahrungsverlust, aber nur artikulierte Erfahrung kann mitgeteilt und interpretiert werden.

- In der Artikulation von Erfahrung schlägt sich stets der soziokulturelle Kontext, der die gesamte An-Sicht von Wirklichkeit bestimmt, nieder. Jede Erfahrung ist sozial bedingt, aber erhält durch die Integration in den individuellen Lebenslauf und -plan ihre persönliche Gestalt[18].

Jede Erfahrung ist "interpretierende Wahrnehmung"[19]. Was schon für die Alltagserfahrung gilt, trifft erst recht für den als Erfahrung verstandenen Glauben zu. Denn religiöse Erfahrungen macht der Mensch nur "im Licht und aufgrund der bestimmten religiösen Tradition, in der man steht und die als sinngebender Interpretationsrahmen dient"[20]. Erst die Vermittlung des Glaubens als eine das Leben interpretierende Erfahrung eröffnet eine Perspektive, in der die eigenen Erfahrungen auf eine neue Weise ergriffen werden können. Aber die Verknüpfung mit den gegenwärtigen Erfahrungen des Menschen ist die Bedingung für die Aneignung der religiösen Sinnwelt; denn Traditionen bleiben nur in solcher Verknüpfung lebendig. Das Problem besteht jedoch im Verhältnis der existentiellen Erfahrungen zu den Glaubenserfahrungen.
Doch zunächst eine weitere Wurzel der Korrelationsdidaktik.

b) Glaubenserfahrung, die den besonderen Gegenstandsbereich des Religionsunterrichts ausmacht, wird aber auf andere Weise konstituiert als die Alltagserfahrung. Das Unterscheidungsmoment ist der fundamentale Bezug zur Offenbarung Gottes. In diesem Feld der Theologie hat sich mit der dogmatischen Konstitution "Dei Verbum" des 2. Vatikanischen Konzils ein neuer Verstehensansatz entwickelt[21], der für das Profil der Religionsdidaktik in hohem Maße bedeutsam ist. Denn sie fragte nach dem Verbundensein des Religiösen mit der Erfahrungswelt der Menschen.
Danach ist Offenbarung "in erster Linie Anrede Gottes, Dialog und Begegnung Gottes mit den Menschen, darin zugleich Eröffnung der Wahr-

18 Vgl. W. Simon, Inhaltsstrukturen des Religionsunterrichts. Eine Untersuchung zum Problem der Inhalte religiösen Lehrens und Lernens (SPT 27), Zürich 1983, 338-352.

19 E. Schillebeeckx, Erfahrung und Glaube, 84.

20 Ebd., 81.

21 Vgl. P. Eicher, Das Offenbarungsgeschehen in seiner katechetischen Konsequenz, in: Katechetische Blätter 101 (1976) 289-305; ders., Offenbarung. Zur Präzisierung einer überstrapazierten Kategorie, in: G. Bitter/G. Miller (Hrsg.), Konturen heutiger Theologie, München 1976, 108-134; S. Wiedenhofer, Offenbarung, in: P. Eicher (Hrsg.), Neues Handbuch theologischer Grundbegriffe, Bd. 3, München 1985, 270-286; E. Rollinck, Offenbarung/Erfahrung, in: G. Bitter/G. Miller (Hrsg.), Handbuch religionspädagogischer Grundbegriffe, Bd. 2, München 1986, 654-661.

heit und Einladung zum Leben"[22]. Seinen Gehalt macht ein "intimes und spannungsreiches Verhältnis"[23] zwischen Gott und den Menschen aus, das den Bundesgedanken der Bibel neu artikuliert: Gott teilt sich dem Menschen mit, der sich in Freiheit und Vernunft seines Eingebettetseins in die Geschichte bewußt wird und darin die vielfältigen Erfahrungen von Wirklichkeit auf ein Telos hin zu verarbeiten und zu integrieren sucht. Dem Menschen begegnet in der Suche nach Wahrheit und Bestand seines Lebens die befreiende und richtende Wirklichkeit des geschichtlich "in Tat und Wort" handelnden Gottes, der durch Jesus Christus die Menschen "wie Freunde" anredet und mit ihnen verkehrt, "um sie in seine Gemeinschaft einzuladen und aufzunehmen"[24]. Dies ist ein geschichtliches Geschehen, das den Menschen in seinem Personsein umgreift.

Dieses Grundverhältnis kommt in der Bibel zur Sprache. Ihr Zeugnis der geschichtliche Erfahrungen von Jesus Christus ist nicht nur "einzigartige und unüberholbar" in dem Sinne, daß sich darin "Gott selbst endgültig geoffenbart hat als Ursprung der Welt und Ursprung allen Heils"[25]. Der biblische Text entfaltet auch "als historisches Zeugnis und in seiner »poetischen« Redeform seine »Sache« (das neue Sein, die Herrschaft Gottes) als »Weltentwurf«" und leitet "so ein neues menschliches »Sich-Verstehen-vor-dem-Text" in die Wege". Die Bibel insinuiert darum "sowohl einen inhaltlichen Anspruch und Zuspruch wie auch eine Änderung des Erfahrungs- und Denkhorizontes"[26]. Der Glaube bleibt also unersetzbar "auf die sogenannten apostolischen Erfahrungen mit Jesus angewiesen"[27], in denen von Anfang an allen Erfahrungen ein neuer Horizont aufgerissen ist.

Ihre Überlieferungen bringen das Angesprochenwerden von Gott so zur Sprache, daß darin eine Verwandlung menschlicher Erfahrungen aufscheint. Dieser Prozeß enthält zwei Momente, die ineinander verschlungen sind: Zu den Bedingungen der Glaubenserfahrung gehören immer schon das subjektive Betroffensein in konkreten Situationen und das Aufgehen der Wahrheit, die in den Zeugnissen vom Handeln Gottes entgegenkommt. Jede Erschließung des biblischen Offenbarungszeugnisses geschieht darum nur im Kontext bewußt gemachter Erfahrungen, in denen sich die Frage nach dem letzten Sinn des Daseins stellt. Zugleich bedarf jedes Aufbrechen menschlicher Erfahrungen der Perspektiven, die in der erzählten Gotteserfahrung aufscheinen.

---

22 S. Wiedenhofer, Offenbarung, 272.
23 P. Neuenzeit, Vorlesung Religionspädagogik IV, WS 1985/86, Arbeitsblatt 10 (ungedr. Ms.).
24 Dogmatische Konstitution über die göttliche Offenbarung (Dei Verbum), Nr. 2, in: Lexikon für Theologie und Kirche. Das Zweite Vatikanische Konzil. Bd. II, Freiburg 1967, 497-583, hier 507.
25 E. Rollinck, Offenbarung/Erfahrung, 657.
26 S. Wiedenhofer, Offenbarung, 285.
27 E. Schillebeeckx, Erfahrung und Glaube, 83.

Aufgrund der Geschichtlichkeit des Daseins kann diese Erschließung aber nicht in einem theologischen System aufgehoben werden[28], sondern muß sich stets neu auf die unzähligen Möglichkeiten der Welt hin entfalten. Diese Aufgabe ist nicht irgendwann in der Geschichte erledigt. Ihr Maß findet sie jedoch in der Grunderfahrung des biblischen Zeugnisses, die selbst in menschlichen Erfahrungen vermittelt ist (»Sitz im Leben«). Ziel religiöser Lernprozesse ist es darum, "Kinder und Erwachsene zu befähigen, mit der christlichen Erfahrungstradition eigene Erfahrungen zu machen, diese zur Sprache zu bringen und sich über sie zu verständigen"[29].

c) Das im 2. Vatikanum neu gewonnene Offenbarungsverständnis steht in Spannung zum Vernunftbegriff der Neuzeit und der Aufklärung[30], der das Denken unserer Zeit und den Bildungsbegriff bestimmt. Wie sich das Verhältnis zwischen Offenbarung und Vernunft gestaltet, ist religionspädagogisch von Bedeutung, weil jedes religiöse Lernen heute im Fluidum des Anspruchs der Vernunftautonomie geschieht.
An die Stelle absondernder Exklusivität tritt die biblische Forderung, jedem Fragenden Rechenschaft zu geben von der Hoffnung, die uns erfüllt (vgl. 1 Petr 3,15)[31]. Darin geht es nicht um den vernunftgerechten Nachweis der Glaubwürdigkeit von Offenbarung; den entscheidenden Ansatzpunkt bildet vielmehr der Dialog mit allen Menschen über Sinn und Ziel des Lebens. Denn in seiner Selbstmitteilung lädt Gott den freien Menschen zur Teilhabe an seiner Heilswirklichkeit ein, indem er in Jesus Christus den Menschen zu einem neuen Leben führt (Röm 6,4; 2 Kor 5,17). Die anthropologische Dimension spielt demnach unmittelbar in das Offenbarungsverständnis hinein. "Gottes heilschaffende Selbstmitteilung schaltet... den Menschen nicht aus; sie will ihn erneuern, indem sie an sein Eigenstes, seine Freiheit appelliert und Gemeinschaft mit ihm sucht und ihm in spezifischer Weise zu tun gibt"[32]. So bildet die Sinnfrage die Ebene der Begegnung von Offenbarungstradition und menschlicher Vernunft; denn beiden geht es letztlich um das Gelingen des Daseins.
Hier aber geraten beide so aneinander, daß sie sich gegenseitig in Frage stellen und so mehr Klarheit über ihre wirklichen Ziele erreichen. Aufklärung als Tätigkeit der Vernunft steht dann nicht im Widerspruch zur

28 Vgl. P. Eicher, Offenbarung, 125f.
29 E. Rollinck, Offenbarung/Erfahrung, 661.
30 Vgl. M. Seckler, Aufklärung und Offenbarung, in: F. Böckle u.a. (Hrsg.), Christlicher Glaube in moderner Gesellschaft, Bd. 21, Freiburg 1980, 5-78; J. Schmitz, Offenbarung (Leitfaden Theologie 19), Düsseldorf 1988, bes. 67-81.145-223.
31 Vgl. Synodenbeschluß "Unsere Hoffnung". Ein Bekenntnis zum Glauben in dieser Zeit, in: Gemeinsame Synode der Bistümer in der Bundesrepublik Deutschland. Offizielle Gesamtausgabe I, Freiburg 1976, 85.
32 J. Schmitz, Offenbarung, 217.

Offenbarung. Vielmehr impliziert die im Neuen Testament geforderte Rechenschaftsablage auch das Interesse des Glaubens, "Aufklärung über sich selbst zu gewinnen, nicht nur durch jene Selbstaufklärung von innen her, welche der Theologie aufgetragen ist, sondern auch von außen her"[33]. Die beiderseits gegebene Aufgabe der Selbstklärung bringt Offenbarung und Vernunft in ein "Verhältnis wechselseitiger Kritik"[34]. Diese Dialektik fragt vornehmlich nach der "Bewährung" von Lebensentwürfen im praktischen Lebensvollzug[35].
Insofern geht es in der Offenbarung niemals nur um Gott allein, sondern zuinnerst um das konkrete Menschsein, um die Wirklichkeit des Lebens und die Motive des Handelns, um die betroffenmachenden Erfahrungen und die geltende Sinnorientierung. Dies ist für die Religionsdidaktik insofern von Bedeutung, als ohne die auf das Konkrete gehende Thematisierung des Lebens auch die Weitergabe der Offenbarung ort- und geschichtslos wird. Darin darf jedoch das Spezifikum der Offenbarung nicht in eine allgemeine Plausibilität zerfließen, und die Spannung, unter die Lebensentwürfe aus der Vernunft und aus der Offenbarung gleichermaßen geraten, darf sich nicht in Einlinigkeit auflösen. Das Verhältnis wechselseitiger Kritik, das theologisches Denken leitet, bleibt darum auch für die Strukturierung religiöser Lerninhalte maßgebend.

d) Wie die Vermittlung zwischen Vernunft und Offenbarung geschehen kann, ist die drängende theologische Frage. Der kritische Punkt liegt, um es nochmals zu betonen, in der Frage: "Wie kann Gottes Wort vom Menschen gehört werden, ohne daß es seinen Charakter als Wort Gottes verliert?"[36] Die Religionspädagogik ließ sich in dieser Frage auf den Vermittlungsbegriff Paul Tillichs ein, der mit Hilfe der »Methode der Korrelation« "Botschaft und Situation" unter Wahrung ihrer Eigenständigkeit "zusammenzubringen" versuchte[37]. Der Begriff der Korrelation bereitet aber Schwierigkeiten wegen der Vielzahl von Bedeutungen, die er bereits bei Paul Tillich hat[38]. Folgende Aspekte der Korrelationsmethode bleiben für die didaktische Fragestellung wichtig:
– Der Mensch steht in einem vieldimensionalen Beziehungsgefüge zur Welt, das auf Wechselseitigkeit ausgelegt ist und gleichermaßen

33 M. Seckler, Aufklärung und Offenbarung, 66.
34 J. Schmitz, Offenbarung, 173.
35 Ebd., 198-221. Die Bedeutung des 1. Kapitels der Offenbarungskonstitution des 2. Vatikanums liegt für Josef Schmitz gerade auch darin, "daß die menschliche Erfahrung wieder für das Offenbarungsgeschehen selbst (n. 14) und für die Tradition (n. 8) relevant wird und die vollmenschliche Dimension bei der innerweltlichen Offenbarungsgestalt zum Zuge kommen kann" (ebd., 77).
36 Ebd., 106.
37 P. Tillich, Systematische Theologie, Bd. 1, Stuttgart 1955, 15.
38 Vgl. J.P. Clayton, Was heißt »Korrelation« bei Paul Tillich?, in: Neue Zeitschrift für systematische Theologie und Religionsphilosophie 20 (1978) 175-191.

Abhängigkeit wie Unabhängigkeit aussagt.

- Zwischen Gott und Welt besteht ebenso eine grundlegende Beziehung, die in der Schöpfung gründet. Die Heiligkeit Gottes bedingt jedoch eine erhebliche Differenz: Gott "ist selbst Grund und Sinn dieser Korrelation, nicht ein Element innerhalb derselben"[39].
- Diese ontologischen Beziehungen ermöglichen die Erkenntnis von Wirklichkeit. Die Erkenntnis Gottes hat auch mit der Wirklichkeit zu tun, übersteigt aber die Vernunft, insofern sie nach der Unbedingtheit alles Bedingten fragt, d.h. nach dem, "was uns unbedingt angeht"[40].
- Offenbarung Gottes ist auf die Frage nach dem Sinn des Lebens als grundlegend religiöse Frage bezogen. Aber sie kann ihre Kraft nur für diejenigen entfalten, "die an ihr teilhaben, die in die Offenbarungskorrelation eintreten"[41].
- Da zur christlichen Botschaft immer schon der Bezug auf die Situation gehört, gilt es, diese Korrelation stets neu zu explizieren, d.h. den Gehalt der Botschaft im Blick auf die Lebenssituation auszufalten und die Situation im Horizont der Botschaft zu deuten. Das Frage-Antwort-Verhältnis, das wechselseitig ausgerichtet ist, verändert beide Bezugsgrößen. Als heuristisches Instrument führt es zu neuem Verstehen der Wirklichkeit.

Die Methode der Korrelation stellt zwischen der Offenbarung und den Lebenssituationen eine Beziehung her, um der Frage nach dem, "was uns unbedingt angeht", die Möglichkeit einer Antwort zu eröffnen. Die Übersetzung der Offenbarung in die Situation hinein zielt auf den Wandel des Sinnverständnisses. Die Korrelation läuft freilich ins Leere, wenn sich die Einzigartigkeit der Offenbarung, die auf die unableitbare Selbstmitteilung Gottes zurückgeht, in Gleichartigkeit mit weltimmanenten Sinndeutungen verwandelt[42]. Offenbarung bewährt sich jedoch in dieser Korrelation, denn "sie bringt die besten Möglichkeiten des Menschen zur Entfaltung, ohne die Grenzen aus dem Auge zu verlieren"[43].

e) Korrelation setzt die Möglichkeit von Übertragung voraus. Was in einem früheren Lebenskontext Bedeutung hatte, soll in gewandelten Situationen neu Bedeutung entfalten können. Die Entdeckung des Sinnes von Offenbarung in neuen Erfahrungszusammenhängen impliziert jedoch komplizierte Denkvorgänge. Sie braucht nicht nur ein Relationsfundament, auf dem eine sachgerechte Zuordnung statthaben kann, sondern

---

39 P. Tilich, Systematische Theologie, Bd. 1, 319.
40 Ebd., 134f.
41 Ebd., 154.
42 Vgl. J. Schmitz, Offenbarung, 195.
43 Ebd., 220. Den Hinweis von Josef Schmitz, daß die Umsetzung der Botschaft in die Lebenspraxis den Charakter des Darstellens, nicht des Herstellens hat (ebd., 219), sollte die Religionspädagogik nicht übersehen.

auch die spirituelle Inspiration, um die Sache neu zur Sprache zu bringen. Hierin schließt die Korrelationsmethode an die Analogie als Weg der Wissenserweiterung an[44].

- Auf der Ebene der geschichtlichen Erfahrungen geht es darum, in Themen und Formen konkreten Lebens zwischen der Ursprungssituation des Glaubenssymbols und gegenwärtigen Erfahrungen die in der Sache gegründeten Ähnlichkeiten zu gewahren und auszudrücken. Wir entdecken das Gemeinsame in den unterschiedlichen Situationen und Phänomenen, indem wir die proportionale Entsprechung aufsuchen. Der Vergleich der Situationen läßt gerade die Besonderheit einer Erfahrung scharf hervortreten. Dadurch können wir einen Sachverhalt auf neue Situationen aufgrund des Entsprechungsverhältnisses übertragen. Bei diesem Vorgang erhalten die Begriffe, die wir gebrauchen, im jeweiligen Kontext eine je andere Bedeutung; die Frage nach dem »Sitz im Leben« ist deshalb für die Korrelation konstitutiv. Die Analogie verändert nicht die Sache der Offenbarung, läßt aber ihre Bedeutung in gewandelten Verhältnissen je neu entdecken. Insofern steckt in ihr eine produktive Kraft der Erkenntnis, die für das Sinnverständnis unersetzlich ist. Durch ihre Frage nach der Entsprechung in der Sache und durch die Anstrengung des Begriffs geht die Analogie weit über das zufällige Spiel der Assoziationen hinaus.
- Alle Glaubensaussagen basieren auf der Analogie (DS 806). Das Wirken Gottes können wir nicht in unmittelbar treffender Begrifflichkeit aussagen, sondern die Verkündigung bedarf der Prädikation, die sich menschlicher Begriffe bedient. Sie ist möglich durch die Teilhabe Gottes an der Erfahrungswelt; denn das Wort Gottes bleibt als heilschaffendes Wort immer mit der Welt verknüpft und verwandelt sie. Diese Grundbeziehung ist nach zwei Seiten zu betrachten: Aufgrund dieser Partizipation finden sich nicht nur in der Erfahrungswelt Modelle für die Aussage göttlichen Wirkens, sondern das Spezifikum von Gottes Handeln ist auch immer wieder neu auf die Erfahrungssituationen hin auszulegen und verleiht ihnen eine neue Bedeutung. Ande-

[44] G. Söhngen, Analogie, in: H. Fries (Hrsg.), Handbuch theologischer Grundbegriffe, Bd. I, München 1962, 49-61; ders., Die Weisheit der Theologie durch den Weg der Wissenschaft, in: J. Feiner/M. Löhrer (Hrsg.), Mysterium Salutis, Bd. I, Einsiedeln 1965, 905-980, hier 926-939; W. Kluxen, Analogie, in: J. Ritter (Hrsg.), Historisches Wörterbuch der Philosophie, Bd. 1, Darmstadt 1971, 214-227; H. Holz, Analogie, in: H. Krings u.a. (Hrsg.), Handbuch philosophischer Grundbegriffe. Studienausgabe Bd. 1, München 1973, 51-65; H.G. Gadamer, Wahrheit und Methode. Grundzüge einer philosophischen Hermeneutik, Tübingen ²1965, 404-408. W. Kluxen verdeutlicht, daß die Analogie nicht in den Bereich der Begriffsbestimmung, sondern der Prädikation gehört; sie stiftet sinnvolle Zusammenhänge, durch die sich unser Wissen erweitert (ebd., 223). Auch für Harald Holz behält die Analogie für die Wissenserweiterung ihre "bleibende Berechtigung", insofern sie auf »Scharniere« aufmerksam macht, in denen sich bestimmte Beziehungsgefüge überschneiden (ebd., 65).

rerseits gilt auch: Weil Gottes Wort die Entsprechung zwischen der Offenbarungstradition und der konkreten Situation immer auf das unendlich Vollkommene hin übersteigt (via eminentiae), muß die Auslegung den produktiven Anstoß der Botschaft in einer das Übliche überbietenden Deutung der Erfahrungen[45] aufzeigen.

Die Bedeutung der Analogie für die Entwicklung der Korrelationsmethode liegt vor allem in der Aufforderung, aus der Botschaft die befreienden, das Übliche übersteigenden Impulse für das Sinnverständnis und für die konkrete Lebenspraxis zu gewinnen. Bei aller Analogiebildung darf nicht übersehen werden, daß Gottes Heilswort in seiner Verborgenheit (1 Kor 2,7) allem Denken, auch der Theologie, stets voraus ist. In der Korrelation wird darum Gottes Geist nicht in die menschlichen Denkbahnen gepreßt, aber sein Windhauch vermag menschlichem Sinnverstehen, bildhaft gesprochen, Fahrt und Richtung zu geben – wenn wir die Segel dem Geist Gottes auszusetzen bereit sind. Das bedeutet für die Didaktik, daß es Inhalte der Glaubenstradition gibt, die nicht vollständig in der Korrelation zu Lebenssituationen aufgehen können, um ihrer Wahrheit willen auch über jede bestimmbare Korrelation hinaus einen Eigenwert behalten müssen.

f) Die Profilierung der Korrelation von Erfahrung und Glaube als Leitfragen der Religionsdidaktik hat zweifellos starke Wurzeln in der religionspädagogischen Diskussion der letzten zwanzig Jahre, soweit sie sich um das Selbstverständnis und die Inhaltsstruktur des Religionsunterrichts drehte. Schwerpunktartig sollen die wichtigsten Momente der Entwicklung[46] benannt werden:

- Der Ansatz des kerygmatischen Religionsunterrichts ließ sich unter den veränderten soziokulturellen Bedingungen der sechziger und siebziger Jahre nicht durchhalten. Vornehmlich schwand bei den Schülern die lebendige Beziehung zum christlich-kirchlichen Leben, so daß "der religiöse Erfahrungshorizont für eine Katechese und Glaubensverkündigung" fehlte[47].
- Die »aktualisierende Interpretation« als Kern der hermeneutischen Didaktik wollte die Bibel mit den Existenzfragen der Schüler verknüpfen, konnte aber wegen ihrer Traditionsverhaftung und "biblizistischen Engführung"[48] nicht den Erfahrungshorizont der Schüler erreichen.
- Die Frage der Zukunftsorientierung und der Gesellschaftskritik führte zur Klage über den Wirlichkeitsverlust der religiösen Sprache.

---

45 Vgl. J. Schmitz, Offenbarung, 195.

46 Vgl. G. Baudler, Korrelationsdidaktik: Leben durch Glauben erschliessen (UTB 1306), Paderborn 1984, 13-21; P. Neuenzeit, Vorlesung Religionspädagogik IV, WS 1985/86, Arbeitsblatt 2.10-18 (ungedr. Ms.).

47 G. Baudler, Der Religionsunterricht an der deutschen Schule. Eine erste Bilanz, München 1971, 42.

48 P. Neuenzeit, Bibel und Exegese im künftigen Religionsunterricht, in: Katechetische Blätter 95 (1970) 135-144, hier 140.

Dem könne die Glaubensverkündigung nur begegnen, indem sie das Heilswort vernehmen lasse "im Blick auf die Realität der Welt" und "die durch das Kerygma angebotenen gesellschaftskritischen Funktionen des Glaubens" erschließe[49]. Gerade Jugendliche fragten nach dem Beitrag des christlichen Glaubens zur Identitätsfindung und zur Gestaltung der Gesellschaft[50].

- Die pädagogische Betrachtung forcierte die Frage nach dem Lebensbezug des Religionsunterrichts, den Karl Ernst Nipkow als Angepaßtheit an die Problemstruktur der Gesellschaft und an den Erfahrungshorizont der Schüler und als "kritisch-konstruktives Gegenüber zur Realität" verstand[51]. Seine didaktische Struktur basiert danach auf der Konvergenz pädagogischer und theologischer Einsichten. Nach dem "Kontextmodell" sollten die "christliche Glaubenstradition und die gegenwärtige Wirklichkeit... gleichgewichtig, mit gleichem Ernst und mit gleicher Intensität angegangen und in Verbindung gebracht werden"[52].
- Der daraus erwachsene »problemorientierte Religionsunterricht« strukturierte das Lerngeschehen anhand von Lebensfragen und Erfahrungssituationen der Schüler. Hier drohte jedoch der Profilverlust des Faches, weil der Bezug auf den Anspruch der christlichen Glaubenstradition zurücktrat. Unklar blieb, wie das Verhältnis von Erfahrung und Glaube, von Anthropologie und Theologie zu bestimmen sei[53].
- Die Würzburger Synode[54] siedelte den Religionsunterricht nach dem Konvergenzmodell auf der "Schnittlinie von pädagogischen und theologischen Begründungen" an. Ihre Argumentation zielt darum auf die Konvergenz der pädagogischen Motive mit der Theologie und dem Auftrag der Kirche, d.h. auf "harmonisches Zusammenwirken verschiedener Wissenschaften"[55]. Indem dieses Programm den Religionsunterricht in eine grundsätzliche Beziehung zu den Lebenssituati-

---

[49] E. Feifel, Die Sprache des Religionsunterrichts in den Dimensionen von Zukunft und Hoffnung. Überlegungen zur gesellschaftskritischen Funktion des Religionsunterrichts, in: W.G. Esser (Hrsg.), Zum Religionsunterricht morgen I. Perspektiven künftiger Religionspädagogik, München/Wuppertal 1970, 43-58, hier 55.

[50] Vgl. K.E. Nipkow, Schule und Religionsunterricht im Wandel, Heidelberg/Düsseldorf 1971, 170.

[51] Ebd. 171. Unter dem Eindruck der Philosophie Theodor W. Adornos betonte er "eine Erziehung zu vertiefter Wirklichkeitserfahrung als einer gleichzeitigen Erziehung zur Fähigkeit, die Wirklichkeit zu verändern" (ebd., 172).

[52] Ebd., 271.

[53] Mir scheint jedoch, daß man die didaktische Differenzierung des "Kontextmodells" von Karl Ernst Nipkow (ebd., 273-275) in der Debatte um das Verhältnis von Glaube und Erfahrung nicht recht wahrgenommen hat.

[54] Vgl. Der Religionsunterricht in der Schule, in: Gemeinsame Synode der Bistümer in der Bundesrepublik Deutschland. Offizielle Gesamtausgabe I, Freiburg 1976, 123-152.

[55] P. Neuenzeit, Vorlesung Religionspädagogik IV, Arbeitsblatt 14.

onen der Schüler und der Gesellschaft stellte, ermöglichte es seine Legitimation im pädagogischen Gesamtgeschehen. Im Hinblick auf die didaktische Struktur dieses Unterrichts blieb jedoch vieles ungeklärt; manche Formulierungen scheinen sogar das Mißverständnis einer Funktionalisierung und Einschränkung zuzulassen.

– Mit dem Ansatz des Synodenbeschlusses war Neuland betreten, das genauer durchforscht und aufgeklärt werden mußte. Die treibende Frage blieb, wie denn im konkreten Unterrichtsgeschehen der tradierte Glaube auf die Erfahrung der Schüler beziehbar sei. Um Einseitigkeiten zu vermeiden, griff man den theologischen Begriff der Korrelation als didaktisches Strukturprinzip auf. Der Synodenbeschluß spricht noch nicht von Korrelation[56], der Sache nach bot sich dieser Begriff aber zur Lösung seines Didaktikproblems an. Erstmals bestimmte der Zielfelderplan für die Grundschule Korrelation als "Weg für die Vermittlung christlicher Botschaft" und erhob die "Wechselbeziehung von Offenbarung und Erfahrung" zum Programm einer "Didaktik der Korrelation", nach der der Lehrplan Ziele und Inhalte ausfaltete[57].

Seither gilt die Korrelationsmethode als didaktisches Prinzip im Religionsunterricht. Daß die Rezeption eines theologischen Begriffs in der Didaktik nicht ohne Probleme vonstatten geht, zeigt gerade die Diskussion der letzten zehn Jahre. Die Frage, wie die Wechselbeziehung von Erfahrung und Offenbarung didaktisch zu strukturieren ist, bleibt immer noch das Kernproblem.

11.2.2 Schwerpunkte der Korrelationsdidaktik

Die Idee, die Didaktik des Religionsunterrichts auf der Korrelation von Erfahrung und Glaube zu gründen, erwuchs aus der Kritik an der oftmals einseitig lebenskundlichen Ausrichtung des »problemorientierten Religionsunterrichts«. Dabei sollte jedoch der Erkenntnisgewinn dieses Unterrichtskonzeptes, "in dem die Glaubensaussagen eng mit dem konkreten Leben der Schüler in Verbindung gebracht werden, um so auch distanzierten Schülern Zugänge zum Glauben zu erschließen"[58], nicht ver-

[56] Die Beziehung von Leben und Glauben ist in Abschnitt 2.5.2 des Synodenbeschlusses eher konvergenzartig als korrelativ; vgl. P. Neuenzeit, Vorlesung Religionspädagogik IV, Arbeitsblatt 18. In der Religionspädagogik taucht der Begriff »Korrelation« erstmals bei Erich Feifel (Handbuch der Religinsädagogik Bd. 1, 40; Bd. 3, 1975, 355.357) und seinem Schüler Vito Di Chio (Die Korrelationsmethode in der religiösen Erwachsenenbildung der Gegenwart, Zürich 1975) auf.

[57] Zielfelderplan für den katholischen Religionsunterricht in der Grundschule. Grundlegung, hrsg. im Auftrag der Bischöflichen Kommission für Erziehung und Schule von der Zentralstelle für Bildung der Deutschen Bischofskonferenz, München 1977, 16-20.

[58] A. Exeler, Religionsunterricht – Anwalt des Menschen?, in: Katechetische Blätter 104 (1979) 21-35, hier 23f.

lorengehen. In der Frage nach dem Profil des Faches galt es, diese Forderung theologisch und didaktisch zu verteidigen gegen seine inhaltliche Bestimmung durch das weltlose und schülerdistanzierte Sprechen vom Glauben in Katechismen und durch eine binnenkirchliche Glaubenssystematik; denn sowohl die Heilsdimension der Offenbarung ("für uns und um unseres Heiles willen") als auch die Sendung der Kirche verweisen jede Glaubensunterweisung auf ihr Beteiligtsein an den Erfahrungen der Menschen. Adolf Exeler markierte das Problem so: "Es genügt einfach nicht, die Lehre der Kirche vollständig zu vermitteln oder zu bestimmten religiösen Praktiken anzuleiten, wenn man nicht den Glauben erschließt als Motivationsquelle, die Energien freisetzt, die Unternehmungsgeist bewirkt und die Stehvermögen vermittelt"[59]. In diesem Dilemma wurde die Korrelation von Erfahrung und Glaube als ein hermeneutisches Prinzip, dessen Qualität die Methodik von Theologie und Unterricht übersteigt, zur Weiche auf einen neuen Weg, der freilich erst noch zu vermessen war. Die Übernahme des Begriffs aus der Theologie in die Didaktik brachte und bringt Probleme mit sich, die sorgfältig zu bedenken sind.

a) Theologischer Ausgangspunkt der Korrelation[60] ist der Glaube, daß Gott sich durch menschliche Erfahrungen, letztlich in einer geschichtlichen Person, dem Menschensohn Jesus Christus, zu erkennen gibt. Offenbarung ist nicht übergestülpt, sondern integriert menschliche Erfahrungen, um den Interpretationsrahmen, in dem wir uns bewegen, auf das Heilsangebot Gottes hin aufzubrechen. Denn das Evangelium knüpft an der Suche nach dem Humanum, das ständig bedroht ist, an; dies liegt ihm als universales Vorverständnis voraus. Um am Zeugnis der Offenbarung teilhaben zu können, bleibt heutige Glaubenserfahrung auf die historische Vermittlung der Glaubenserfahrung der Urkirche angewiesen. Der Übersetzungsprozeß kann aber nicht glatt ablaufen, weil sich die Bedingungen, unter denen Menschen die Botschaft annehmen, umwälzend geändert haben. Für die Wirksamkeit der bezeugten Glaubenserfahrung konnte man damals ein für religiöse Erfahrungen offenes Lebensmilieu voraussetzen, das in einer religiös indifferenten Gesellschaft so nicht gegeben ist.
Trotz dieser Schwierigkeit bleibt die Erfahrungsebene ein unaufgebbarer Vermittlungsraum, wenn der christliche Glaube aus der Lebensfremdheit seiner Überlieferungsinhalte herauskommen will. Denn das wirkliche Betroffensein in der eigenen Lebenswelt ist die Bedingung für die Aneignung der Botschaft. Die Einsicht in ihre Bedeutung für unser heu-

59 Ebd., 30.
60 Vgl. E. Schillebeeckx, Glaubensinterpretation. Beiträge zu einer hermeneutischen und kritischen Theologie, Mainz 1971, 96-109; ders., Offenbarung, Glaube und Erfahrung, in: Katechetische Blätter 105 (1980) 84-95; ders., Erfahrung und Glaube, durchgängig.

tiges Wirklichkeitsverständnis muß jedoch hinzukommen. Die Brücke bildet die Konfrontation der Lebensentwürfe, die uns auf beiden Seiten begegnen. Die Verkündigung muß darum mit dem Erzählen der Glaubenstradition auf konkrete Lebenssituationen hin ihre Bedeutung in verständlicher Sprache aussagen[61]. Welche Probleme sich aus der Distanz unserer Lebenswelt zu religiös motivierten Erfahrungen ergeben, die de facto zwei getrennte Wirklichkeitsbereiche darstellen, ist hiermit noch nicht gesehen.

b) Die treibende Kraft der Korrelation ist die Sinnfrage, die in den Einzelerfahrungen nach dem Ganzen, nach der integrierenden Mitte des Lebens sucht. Diese Bewegung hat ihren Ort nicht in der Theorie, als ob man erst das, was Sinn »macht«, diskursiv entscheiden würde; sondern Sinn zeigt sich, und zwar im Alltagsleben. Die Gestalt des Alltagslebens präsentiert (symbolhaft) den Sinn, der wirklich im Leben waltet. Dies erfaßt aber nur das reflektierende Bewußtsein, insofern es die menschlichen Äußerungen kritisch analysiert, auf Verdrängungen hin untersucht, ihre Entstehungsbedingungen kritisch bedenkt und ihren soziokulturellen Kontext samt der Werthierarchie erschließt[62]. Aus dieser Reflexion ergibt sich, daß menschliche Lebensäußerungen im Denken und Handeln Modelle und Theorien von Wirklichkeit, gleichsam Sinnentwürfe enthalten, die auf die Erfahrungen zurückwirken. Korrelation impliziert darum die Kritik der Erfahrungen. Sie kann sich nicht an Oberflächenphänomenen aufhalten, sondern muß zum nervus rerum vordringen.
Solches Geschehen setzt aber die Nähe zum Konkreten voraus. Die Bestimmung anthropologischer Grunderfahrungen vermag die Sachklärung zu unterstützen, dient aber letztlich nur einer systematischen Orientierung. Es geht vielmehr darum, die Alltagserfahrung mit der gehörigen Tiefenschärfe wahrzunehmen[63] und die darin geltenden Sinngehalte zu erkennen. Die bewußte Besinnung auf Alltagssituationen ist ein notwendiger Schritt, der erst aus der Dumpfheit der Geschehnisse, in die wir verhaftet sind, herausführt.
Wenn in solche Erfahrungsreflexion eine im Glauben erfahrene Person Impulse aus dem christlichen Glauben einbringt, kann sich etwas in Bewegung setzen. Über-springen kann der Impuls aber nur, wo auch an der Glaubenserfahrung eine konkrete Lebensmöglichkeit spürbar

61 "Die kirchliche Verkündigung muß die Menschen wissen lassen, auf welchen Interpretationsrahmen sie sich im Glauben einlassen". Die "Vermittlung durch die Lebenspraxis" ist für die Korrelation immer wichtig (E. Schillebeeckx, Offenbarung, Glaube und Erfahrung, 87).
62 Vgl. ders., Erfahrung und Glaube, 86-91.
63 Vgl. H. Lang, Religiöse Dimensionen der Alltagserfahrung, in: Katechetische Blätter 107 (1982) 274-281. Hier kommt jedoch das kritische Element der Korrelation zu kurz.

wird, die zu konstruktivem Neubeginn motiviert. Letztlich geht es im Glauben nicht um eine Theorie, obwohl er in der Auseinandersetzung selbst theoretisch zu nehmen ist, sondern um ein Neuwerden des Menschen im konkreten Alltag. Ohne die Analyse der Alltagserfahrung und ohne den Aufweis des spezifisch Christlichen im Konkreten des Lebens kann Korrelation nicht gelingen.

c) Hier wird auch deutlich, daß eine Verständigung über den Sinn, den der Glaube dem Leben gibt, nur über die Reflexion konkreter Lebensformen möglich ist. Auch die Sinndeutung des Glaubens hängt an der Präsentation bzw. Erfahrung anschaulicher christlicher Lebenspraxis. In der pluralistischen Umwelt[64] ist aber jede Lebenspraxis nur eine Möglichkeit, ein Modell, das keine Exklusivität beanspruchen kann; Typisierungen sind nicht angebracht. Die analytische und kritische Sonde der Korrelation richtet sich darum auch auf unser konkretes Sprechen über Gott und auf das Handeln aus dem Glauben[65]. Das Unterwegssein der Glaubenden macht die Kritik der eingeschlagenen Wege notwendig, wo sich Realitätsferne und Fixierungen eingestellt haben. Nicht zuletzt macht sie auf die Grenzen religiöser Interpretation aufmerksam, wenn vernünftiges Handeln gefragt ist. Dies ist eigentlich für jemanden, der die Religionskritik ernsthaft wahrnimmt, keine Frage. Meist gestehen wir aber nur den Christen das Recht der Kritik an der Gesellschaft zu, übersehen dabei die Bedingtheit unserer eigenen Glaubensvorstellungen und Handlungsformen und den Anteil subjektiver Färbung, die die Annahme des Wortes Gottes immer bekommt.
Die Diskussion über die Korrelationsmethode hat bisher wenig erkennen lassen, worum es in diesem Aspekt konkret geht. Ist vielleicht Selbstbesinnung, ein mystischer Zug der Theologie, verlorengegangen oder das prophetische Element als innerkirchliche Kritik (vgl. Jes 1,10-17; Am 5,21-27) verdrängt worden? Für religiöse Lernprozesse ist die kritische Frage an konkrete religiöse Phänomene und Erfahrungen erforderlich. Der Bezug auf menschliche Erfahrungen kann so auch Verdrehungen und unrealistische Akzente der Gottesvorstellungen wahrnehmen und zu einer neuen Sicht der Glaubenserfahrung anregen. Eine solche Auseinandersetzung braucht vornehmlich, um es nochmals zu betonen, konkrete Modelle christlicher Lebenspraxis, an denen die Sinnorientierung, ihre

---

64 Vgl. H. Zirker, Der Glaube und die Erfahrungen der Christen. Belastungen in Familie und Öffentlichkeit, in: Theologische Quartalschrift 161 (1981) 115-130; E. Schillebeeckx, Erfahrung und Glaube, 112.

65 Edward Schillebeeckx betont immer wieder, "daß keineswegs »das Wort Gottes« der Kritik unserer Erfahrungen unterworfen wird, sondern unser Sprechen über das Wort Gottes ständiger Kritik und Prüfung bedarf". Denn die Offenbarung umfaßt "ein durch und durch menschliches, geschichtliches, sogar geographisch situiertes Geschehen, das jedoch sein tragendes Fundament keineswegs sich selbst verdankt" (Erfahrung und Glaube, 101).

Motivation und ihr befreiender Impuls aufleuchten, nicht abstrakte Gedankengänge.

d) Die analytisch-kritische Reflexion richtet sich also sowohl auf die menschliche Erfahrung als auch auf die Glaubensüberlieferung. Dabei nimmt nicht eine Seite gegenüber der anderen den Vorrang ein oder wird zum Anknüpfungspunkt der anderen Seite, sondern sie bleiben wie zwei Pole einer Ellipse in wechselseitiger Betrachtung aufeinander bezogen. Weil Erfahrung und Glaubensüberlieferung selbständige Größen bleiben, aber gegeneinander gehalten werden, entsteht eine Spannung, in der beide aufeinander einwirken und sich dadurch verändern. Glaube und Welterfahrung ändern darin nicht ihren Wesensgehalt, sondern die Bedeutung, die wir ihnen beimessen. Man kann dieses Geschehen »dialektisch« nennen, insofern der Widerspruch zum Antrieb für neue Bedeutungsbildung wird. Dabei geht es nicht um Sieg oder Niederlage, sondern um die "Herausarbeitung des gemeinsam Gemeinten"[66]. Damit arbeiten wir auch nicht auf den kleinsten gemeinsamen Nenner hin, in dem nur das Gewicht der Sache und die Spannung verloren ginge. Wir können vielmehr nur einen Schritt der Verständigung tun, indem wir das Sinn- und Wertvolle in bestimmten Lebenssituationen jeweils neu entdecken. Dadurch gewinnen Lehrer und Schüler ein Mehr an Erfahrung. Korrelation meint darum eine schöpferische Bewegung in Denken und Handeln, in der das wechselseitige Frage-Antwort-Spiel zwischen Glaube und Erfahrung lebendig bleibt. Diesen Prozeß kann man schwerlich in einem allgemeinen Raster erfassen; es könnte der Dynamik der Korrelation allzu hemmende Zügeln anlegen.
Bei dieser Auslegung von Korrelation dürfen wir aber das Ziel nicht aus dem Auge verlieren: Es geht nicht um den Austausch interessanter Anregungen, sondern um die Neuaneignung der Botschaft Christi als sinnstiftende Zusage des Heils. Insofern bleibt die Korrelation eine Methode, im Sinne von Weg der Neuaneignung. Als solche gehört sie elementar zum Glaubensverständnis selbst (= theologische Denkform), insofern wir aufgrund der Geschichtlichkeit allen Verstehens den Sinn der Botschaft, die uns immer voraus ist, nur in zeitbedingter Gestalt ergreifen und weitergeben können. In veränderten Lebenssituationen ist die Neuaneignung im Blick auf die Glaubensüberlieferung und ihre Wirkungsgeschichte unablässig gefordert. Eine Fixierung der Botschaft in zeitlosen Sätzen würde nur den Bedeutungsverlust befördern. Das treibende Moment des Verstehens ist die Frage, welche Bedeutung das »Wort Gottes« in der Glaubensberlieferung hier und heute konkreten Erfahrungen zu geben vermag. Darauf muß Korrelation vorstoßen.
e) Wenn wir kein methodisches Raster der Korrelation skizzieren können, so bleibt doch zu fragen, ob sich nicht einige Formen dieser Wechselbe-

[66] H.G. Gadamer, Wahrheit und Methode, 350.

ziehung beschreiben lassen. Jeder derartige Versuch hat zu beachten, daß das »Voraus« der Botschaft nicht auf das Frageniveau unserer Reflexion eingeebnet wird[67]. Denn damit würde sich nicht nur die Korrelation als beständiges Spannungsgefüge auflösen, sondern der transzendentale Charakter der Offenbarung selbst aus dem Bewußtsein schwinden. Wie ist aber dann Korrelation überhaupt möglich? Aufgrund des Erfahrungsbezuges im Glauben selbst bleibt sie möglich, aber ihre Grenze ist nicht zu übersehen. Sie zeigt sich an zwei Seiten:

- Alle konkreten Glaubensaussagen haben ihre fundierende Verankerung im undurchdringlichen Geheimnis der Liebe Gottes, an die sie selbst nicht hinreichen. Der christliche Glaube »weiß« darum nicht nur von der Unergründlichkeit des göttlichen Heilswillens, sondern auch vom unableitbaren Handeln Gottes, das Menschen widerfährt und im eigentlichen Sinne als unerhörte Botschaft gilt. Dazu gibt es keine Entsprechung in menschlicher Erfahrung[68]. Zwar verändert solche Offenbarung Menschen, aber das Geschehen selbst bleibt unfaßbar.
- Der Verstehende bleibt in seiner unableitbaren Personhaftigkeit gegenüber dem »Wort Gottes« frei; dies ist eine Grundkoordinate des Verhältnisses von Gott und Mensch. Eine wirkliche Korrelation von Glaube und Erfahrung in der Person ist darum selbst auch ein Geschenk Gottes, d.h. es bleibt vernunftgemäßer Analyse verschlossen.

Nicht zuletzt dieser Grenzlinien wegen ist es bisher nicht gelungen, Formen der Wechselbeziehung zwischen Erfahrung und Glaubensüberlieferung zu bestimmen. Das Frage-Antwort-Schema in all seinen Varianten enthält zu wenig Konturen. Der Hinweis auf die stimulierende, integrierende und kritisierende Funktion, die Erfahrung und Glaubensüberlieferung füreinander haben[69], steht offen im Raum, ist aber nicht genauer gefaßt.

Natürlich besteht die Gefahr, mit einer Bestimmung der Wechselbeziehung die Wege der Korrelation zu kanalisieren und dadurch die Dynamik einzuschränken. Aber wenn die Grenzlinien der Korrelation offen bleiben für die Bewegungen, die aus der Widerfahrnis der Gnade Gottes und aus der Spontaneität des menschlichen Geistes kommen, müssen sich Strukturierung und Dynamik nicht widersprechen. Für didaktische Prozesse ist das Ausziehen solcher Strukturlinien angebracht, um der Korrelation ein Gesicht zu geben und ihre Bewährung in der Praxis klären zu können. Das Postulat der Korrelation macht den Religionsunterricht noch nicht sach- und schülergerechter, solange ihre Formen nicht auf didaktischer Ebene im Durchgang durch die Unterrichtspraxis ge-

67 Vgl. G. Fuchs, Glaubhaft ist nur Liebe, in: Katechetische Blätter 102 (1977) 371-377, hier 376.
68 Vgl. F.-J. Nocke, Korrelation. Stichwort zur Orientierung, in: Katechetische Blätter 105 (1980) 131.
69 Vgl. G. Lange, Zwischenbilanz zum Korrelationsprinzip, in: Katechetische Blätter 105 (1980) 151-155, hier 155.

prüft sind. Dazu gehört allererst die Realisierung in konkreten Inhalten. Erst so können wir ersehen, welche konkreten Fragen und didaktischen Entscheidungen in einer korrelativen Auslegung der Botschaft anstehen.

f) Die Frage, wie wir Korrelation didaktisch realisieren, hat sich in der Religionspädagogik nicht erst mit dem Auftauchen dieses Begriffes gestellt. So helfen auch frühere Überlegungen das Verständnis von Korrelation klären.
Bereits 1973 zeigte Eugen Paul[70] Aspekte auf, die für die Ausgestaltung einer Korrelationsdidaktik wesentlich sind.

- Der Glaube hat von Grund auf mit spezifischen Lebenssituationen zu tun; darum geht er mit Erfahrungen einher. Wenn wir Zugang zu seinem Gehalt schaffen wollen, müssen wir ihn auf Erfahrungen beziehen.
- Heutige Erfahrungen können wir nicht direkt einem Bibeltext bzw. Glaubensinhalt konfrontieren, sondern nur einer damaligen Lebenssituation, "aus der er kommt und in die er spricht". Erst diese Konfrontation "liefert die grundlegenden Anhaltspunkte für Vermittlungsmöglichkeiten".
- In der ursprünglichen Situation widerspricht der Bibeltext der Erfahrung seiner Adressaten, will sie aufbrechen und zu neuen Erfahrungen aus dem Glauben einladen und ermuntern.
- Der Glaube stellt die Welt und unsere Glaubenserfahrung in Frage. Dies betrifft auch den Lebenssinn und den Umgang mit Menschen und Dingen, die die jeweilige Glaubenserfahrung widerspiegeln. Aber er will auch "zu immer neuen Erfahrungen ermutigen". Das ist nur möglich, wenn der Glaube den Adressaten auf dem Boden seiner Erfahrungen anredet.
- Die Bedeutung eines Bibeltextes kann sich nur entfalten, wenn Schüler die "fremde »Lebenssituation« mit einer vertrauten »Lebenssituation«" verknüpfen können. Dabei kommt es aber darauf an, "den jeweiligen Erfahrungshorizont angesichts einer spezifischen Glaubenserfahrung ... konkret beschreiben" zu können.
- Die Erfahrungsmöglichkeiten der Adressaten können wir nur im Blick auf ihre Sozialisation und Persönlichkeitsentwicklung, die den Erfahrungshorizont und die Verstehensstruktur prägen, bestimmen. Sie hängen auch "von der (zunächst) schon vorliegenden Deutung des Lebenssinnes" und von Grunderfahrungen ab.
- Das Akzeptieren einer neuen Erfahrung hängt vom Betroffensein durch ähnliche Erfahrungen und von der Bereitschaft zu Neuem ab.
- Das entscheidend Neue müssen die Adressaten an der Glaubenserfah-

70 E. Paul, Wie ist Glaube auf Erfahrung beziehbar?, in: Katechetische Blätter 98 (1973) 699-703. Jene Überlegungen wurden in der Diskussion zur Korrelationsdidaktik nicht rezipiert.

rung selbst entdecken, da es ja um ihre eigene Erfahrung geht, die in Frage steht. Aus diesem und eben angeführten Aspekten heraus läßt sich der Weg, den die Auslegung geht, nicht festlegen[71].

g) Die Korrelation bezieht primär nicht objektive Sachverhalte aufeinander, sondern konkrete Personen stehen im Dialog über das Gelingen des Lebens und über das, was uns die Botschaft Jesu Christi zu sagen hat. Weil es um die Neuformierung der persönlichen Erfahrungen geht, kann Korrelation nicht vom Individuell-Biographischen und vom konkreten Sozialisationsfeld absehen. Dieser Sachverhalt betrifft Schüler wie Lehrer. Wirkliche Lernprozesse geschehen auch nur dort, wo sich die Didaktik ernstlich auf die Lebensentwürfe einläßt und nicht Theorien traktiert. Sie muß allerdings zumeist die Adressaten erst herausfordern, das Übliche kritisch auszuleuchten.
Damit dieser Prozeß vorangehen kann, muß jeder Lehrer auf sein persönliches Leben hin die Korrelation von Glaube und Erfahrung vollziehen[72]. Das Modell seiner Glaubenserfahrung wird dann, wenn auch die Schüler ihre Lebensmodelle kundtun, befragbar. Jedes Zureden und Aufdrängen konkreter Verknüpfungen fördert nicht den eigenen Korrelationsprozeß. Im Dialog über die Glaubensüberlieferung und die persönlichen Erfahrungen können beide neue Schritte der Korrelation tun. Besonders für den Lehrer ist Offenheit[73] nach beiden Seiten notwendig. Bisher hat man noch nicht genügend gesehen, daß der so geartete Dialog auch der Zweck der Korrelation ist. Daß er nicht abschließbar ist, spricht nicht dagegen, sofern er auf ein Resultat hin, das entsprechend den Voraussetzungen durchaus auch zwiespältig sein kann, strukturiert wird. Überlieferte Glaubenserfahrung und gegenwärtige Erfahrungen sind jedenfalls, sofern sie aufeinander bezogen bleiben, notwendiger Gegenstand religiösen Lernens.

11.2.3 Probleme der Korrelation im didaktischen Fragezusammenhang

Das Korrelationsprinzip geht mit dem Auftrag des Religionsunterrichts zusammen, der das Ziel hat, die Wahrheit des Glaubens im Gespräch mit den Jugendlichen als Wahrheit unseres Lebens zu erschliessen. Der Streit darüber, ob der Religionsunterricht in der Behandlung von Themen des Lebens nicht seine Identität verliert, ist in dem Moment müßig, als er seine Thematik in ständiger Verknüpfung mit der Heilsbotschaft

71 Ebd., 699.702 (dreimal).700.701 (=Reihenfolge der Zitation).
72 Die Notwendigkeit der "Selbstkorrelation" betonen Paul Neuenzeit (Vorlesung Religionspädagogik IV, Arbeitsblatt 19) und Jürgen Werbick (Religionsdidaktik als "theologische Konkretionswissenschaft", in: Katechetische Blätter 113 (1988) 82-99, hier 92).
73 Vgl. G. Lange, Zwischenbilanz zum Korrelationsprinzip, 155.

der christlichen Religion und ihren Lebensperspektiven bearbeitet. Mit dem Maßnehmen des Unterrichts an einer "Hierarchie der Wahrheiten"[74] beantwortet sich andererseits noch nicht die Frage nach den gegenwärtigen Erfahrungen, deren Horizont unsere Beziehung zu dieser Botschaft bestimmt. Im Religionsunterricht kommt es vielmehr immer darauf an, "daß die notvollen und heilbringenden Erfahrungen, die »damals« z.B. in Bekenntnisaussagen gesammelt und bewahrt wurden, so zur Sprache gebracht werden, daß heutige notvolle und erlösende Erfahrungen durch diese infragegestellt und widerlegt, aber auch bestätigt und vertieft werden"[75]. Wenn der Religionsunterricht die Klärung heutiger Erfahrungen nur als Vorspann oder Anwendungsbereich der Glaubensüberlieferung ansieht, kann er den Glauben nicht plausibel machen.

Worüber in der Religionspädagogik eine breite Übereinstimmung besteht, das enthält noch zahlreiche didaktische Probleme, die den Sachverhalt wesentlich komplizierter machen als er erscheint. Sie liegen sowohl auf der Seite der Schüler als auch der Glaubensüberlieferung, erst recht im Bereich der Verknüpfung selbst. Sie stellen sich gerade erst in der Konkretisierung der Korrelation und müssen dort auch gelöst werden.

a) Korrelation läßt sich im Lernvorgang nur auf der Ebene des Konkreten realisieren. Aber die historische Kluft zwischen »damals« und »heute« erschwert es, die konkrete Situation der Israeliten bzw. der Urkirche zu erfassen, auf die die überlieferte Glaubenserfahrung antwortete. So stehen wir vor dem Problem: Was ist an der Bestimmung der Ursprungssituation das Wesentliche?

b) Eine wechselseitige Beziehung kann man nur knüpfen, wenn die der Glaubensüberlieferung zugrunde liegende Lebenserfahrung wirklich mit heutigen Erfahrungen vergleichbar ist. Darum gilt es zu klären, an welchem Sachzusammenhang des Glaubens eine Verbindung zur Gegenwart und umgekehrt anzusetzen ist. Im Blick auf die Einmaligkeit geschichtlicher Situationen muß man fragen: Wo liegen die Grenzen der Analogie?

c) Aufgrund des kulturellen Wandels stellen sich heute in der Lebensgestaltung konkrete Aufgaben und Probleme, für deren Klärung wir nicht einfach auf überlieferte Lebensmodelle aus dem Glauben zurückgreifen können. Wie läßt sich dennoch eine Beziehung zur Glaubenserfahrung herstellen?

d) Korrelation setzt an den wirklichen Erfahrungen der Schüler an und arbeitet sie auf; eine assoziative Verknüpfung trifft möglicherweise da-

---

74 Die Didaktik müßte hier den deduzierenden oder abbildenden Weg vom Abstrakt-Allgemeinen zum Konkret-Lebendigen gehen. Auf dem Weg von der konkreten Glaubenserfahrung zum abstrakten theologischen Begriff und Lehrgebäude ist aber bereits die Lebensnähe und Erfahrungstiefe verloren gegangen.

75 G. Fuchs, Glaubhaft ist nur Liebe, 375.

neben. Wie aber ist die Erfahrungswelt der Schüler beschaffen, denen wir die Botschaft als Impuls ihrer Sinnorientierung darstellen? Wie kann sie der Religionsunterricht präsentieren und so mit Glaubensinhalten verknüpfen?

e) Für die Korrelation ist es wichtig, den Knotenpunkt der Erfahrung zu treffen, um den sich das Problemempfinden der Schüler dreht. Darum müssen wir nicht nur gegenwärtige Erfahrungen genauer analysieren, sondern auch den Punkt treffen, wo sich die Frage nach der Orientierung in entscheidender Weise stellt. Mit der Bewegung zum Produktiven hin stellt sich die Frage: Was kann der jeweilige Impuls sein, um das eine im Licht des anderen zu betrachten?

f) Ein besonderes Problem liegt auch in der Ansprechbarkeit der Schüler. Wie können junge Menschen, die die Tiefendimension von Erfahrungen zwar ahnen, aber nicht ermessen können, einen lebendigen Zugang zu einer Überlieferung bekommen, deren Wahrheit in tiefgreifenden Erfahrungen erlitten und erstritten, intuitiv aufgebrochen und geduldig reflektiert ist – und dazu noch von Erwachsenen? Diese Problematik verschärft sich noch aufgrund der Lebensgewohnheiten der meisten Jugendlichen. Was muß geschehen, damit junge Menschen, die in der Dumpfheit des Alltags die Besinnung verlieren, sich überhaupt der wirklichen Vorgänge in ihrer Welt bewußt werden und über ihre Erlebnisse und Widerfahrnisse nachdenken?

g) Psychologische Aspekte kommen ins Spiel, wenn wir die Möglichkeiten und Grenzen der Aneignung der Botschaft reflektieren. Was können die Schüler aufgrund ihrer Entwicklung wahrnehmen? Wie verarbeiten sie das Erlebte und das Fremde? Welche Vorstellungen und Verstehenshindernisse treten bei ihnen in der Begegnung mit dem Glaubensinhalt auf?

h) Religiöse Erfahrungen sind ganzheitlich, betreffen die Sinne und das Innere des Menschen. Welche Erfahrungsebene der Schüler muß der Religionsunterricht ansprechen, damit er Gotteserfahrung erschließen kann? Welche Rolle spielt darin die Subjektivität von Lehrer und Schüler? Welche Bedeutung kommt der emotionalen Dynamik dieser Personen zu?

i) Religiöses Lernen ist ein vieldimensionaler Vorgang, der nicht auf eine Linie zu bringen ist. Welche Inhalte und welche Lernformen werden der Korrelation gerecht? Behalten auch Lerninhalte und -formen, die nicht im strengen Sinne korrelativ angelegt sind, ihr Recht?

k) Korrelation zeigt erst Konturen, wenn wir sie in einem didaktischen Prozeß auslegen. Wie können wir die Arbeitssschritte des Unterrichts strukturieren, daß wirklich eine wechselseitige Beziehung von Erfahrung und Glaube zustande kommt, die am Kern der Sache bleibt? Bedeutet eine Akzentuierung der einen oder der anderen Seite bereits das Verlassen des korrelativen Spiels?

Zusammenfassung: Korrelation meint einen komplexen Sachverhalt, der sowohl die Inhalte der Glaubensüberlieferung aus der Selbstverständlichkeit des Zeugnisses herausholt als auch die Struktur der gegenwärtigen Erfahrungswelt fraglich werden läßt. Diese Denkform kommt der originären Aufgabe der Religionspädagogik entgegen. Fruchtbar wird sie jedoch nur, wenn theologisches Denken auch »herabsteigt« in die konkrete Erfahrungswelt der Menschen und ihre Auslegung an entscheidenden Lebenssituationen entlang betreibt. Für die Religionspädagogik jedenfalls ist dieser Bezug unverzichtbar. So geht es vorab um die Frage der Realisierbarkeit einer am Korrelationsprinzip orientierten Didaktik, die mit der Klärung seiner Intentionen noch nicht erledigt ist. Die Rezeption des Korrelationsprinzips im religionspädagogischen Fragezusammenhang hängt davon ab, inwieweit sich die Dimensionen didaktischer Praxis mit dem Suchspiel der Korrelation vereinbaren lassen. Didaktik ist dabei nicht etwas Zweites, in dem eine auf anderer Ebene vollzogene Korrelation nur zur Anwendung käme.
Es kommt demnach darauf an zu fragen, wie eine am Korrelationsprinzip orientierte Didaktik strukturiert sein müßte. Der Suchprozeß, auf den das Korrelationsprinzip abhebt, wird mit dem Lernprozeß von Kindern und Jugendlichen verflochten. Ein spannender Vorgang! Denn auf beiden Ebenen geht es darum, sich produktiv mit Fragekreisen auseinanderzusetzen, die sowohl ihren Ort im Lebenszusammenhang haben als auch den Fortschritt der Sinnorientierung im Aneignen von überlieferten Einsichten, Einstellungen und Handlungsweise suchen. Eine solche Didaktik geht aber nicht ohne die Orientierung des Lehr- und Lernprozesses an den ausdrücklichen oder unausgedrückten Fragestellungen der gegenwärtigen Lebenssituation, an den bereits ausgeprägten Einstellungen, am Entwicklungsstand und am Sinnverständnis der Schüler[76].
Mit dem bisherigen Problemaufriß ist die Grundlage geschaffen, um den Entwurf eines Modells der Bibeldidaktik, die die Auslegung der Bibel als eine am Schüler orientierte Korrelation von Glaube und Erfahrung intendiert, zu wagen[77].

---

[76] Vgl. W. Klafki, Neue Studien zur Bildungstheorie und Didaktik. Beiträge zur kritisch-konstruktiven Didaktik, Weinheim 1985.

[77] Die intendierte Schülerorientierung ist bisher nur ein Postulat; vgl. R. Ott, Wie mit der Bibel unterrichten?, in: Religionspädagogische Beiträge 17/1986, 79-90; sowie später K. Wegenast, Bibeldidaktik 1975 -1985, in: Jahrbuch der Religionspädagogik, Bd. 3, Neukirchen-Vluyn 1987, 127-152, hier 146-150.

Zwölftes Kapitel

12.0 ENTWURF EINES MODELLS DIALOGISCHER BIBELDIDAKTIK

Nach dem Aufweis des religionspädagogischen Fragezusammenhangs ist es nunmehr angebracht, das intendierte Modell dialogischer Bibeldidaktik zu entwerfen. Es soll die verschiedenen Dimensionen didaktischer Entscheidungen und Handlungen als ein Strukturgebilde aufzeigen, das deren jeweiliges Eigengewicht und ihre Bezüge deutlich macht. So laufen hier die Fäden, die diese Arbeit bereits gestrickt hat und dann fallen ließ, in das Gefüge des Modellentwurfs zusammen.
Der Modellentwurf soll das konkrete Aufgabenspektrum der Bibeldidaktik sichtbar machen, in dem sich der Religionsunterricht bewegen muß. Es ist das Spezifikum dieser Arbeit, das Korrelationsprinzip nicht nur in seinen theoretischen Aspekten, sondern im Bereich der Bibeldidaktik exemplarisch und praxisbezogen durchzuspielen. Am intendierten Konzept kann man sowohl die Sinnhaftigkeit und Tragfähigkeit der Didaktik der Korrelation als auch Ziele und Wege der Bibelauslegung näher prüfen. In diesem Vorhaben geht die Arbeit schrittweise vor: Zunächst stellt sie die Grundstruktur, in der sich alle unterrichtlichen Vorgänge abspielen, dar, dann erschließt sie nach und nach die Komponenten in ihrem Bezug zum Ganzen.
Zur Darstellung des Modellentwurfs eignet sich die Kombination von Ellipsen am besten[1]. Jede Illustration eines Modells steht aber in der Gefahr, eine Sache auf feste Punkte zu fixieren. Im Falle des Korrelationsprinzips könnte die intendierte Struktur durch eine solche Darstellung sogar verfälscht werden, wenn die Dynamik auf einmal in einem Schema erstarrte. Die Ellipse als Form der planetarischen Bahnen legt aber vorab die Vorstellung von Dynamik und Wechsel des Geschehens, von unterschiedlichen Perspektiven der Sache und sich verändernden Standorten nahe. Um Starrheit zu verhindern, bedarf es darüberhinaus der Erläuterung möglicher Bewegungen, in deren Spektrum sich die unterschiedlichen Formen von Korrelation entwickeln können. Die dargestellte Unterrichtssequenz (vgl. 9. Kapitel), von der der Modellentwurf ausgeht, versteht sich auch nur als eine Möglichkeit von dialogischer Bibeldidaktik; sie ist weder Muster noch unzulängliches Exempel des theoretischen Modells. Die Veranschaulichung ersetzt auch nicht die begriffliche Vorgangsbestimmung, sondern illustriert das Gesamtgeflecht auf vereinfachende Weise. Das Spiel der Ellipsen ließe sich in weitere Bereiche fortführen bzw. noch in kleinere Einheiten aufgliedern.

[1] Nach verschiedenen eigenen Versuchen schien der Vorschlag von Paul Neuenzeit der Sache am nächsten zu kommen (vgl. Vorlesung Religionspädagogik IV, Wintersemester 1985/86, Arbeitsblatt 9, ungedr. Ms.), so daß ich mich auch dieser geometrischen Figur bediene.

Die Arbeit beschränkt sich aber auf die Entscheidungen und Handlungen, die sich im Rahmen des Notwendigen halten.

12.1 Der Dialog zwischen Schülern und Bibeltext als didaktische Grundstruktur

Jeder Entwurf von Bibeldidaktik hat von dem Tatbestand auszugehen: Wenn der Religionsunterricht sich mit der Bibel befaßt, dann kommt es zu einer Begegnung der konkreten Schüler der Lerngruppe und des Lehrers mit einem Bibeltext. Diese Begegnung steht unter der Intention des Lehrens und des Lernens, d.h. unter der Perspektive der Didaktik. Auf diesen Rahmen hin sind die verschiedenen Sachverhalte, die in diese Begegnung hineinspielen, zu klären und zu bestimmen.

12.1.1 Glaubenserfahrung des Bibeltextes

Auf der einen Seite steht eine abgegrenzte Texteinheit; die Entscheidung über den Umfang des Textkomplexes ist in der Rückfrage an die Exegese zu treffen (vgl. 0.3, Nr. 5)[2]. Die Lektüre einer Ganzschrift verbietet sich aus inhaltlichen und motivationellen Gründen. Das didaktische Prinzip des Exemplarischen wirkt hier insofern mit, als alle Sachverhalte nur an konkreten Themen, d.h. hier an Texten, die sich auf einen (einheitlichen) thematischen Kern beziehen, zu klären sind. Grund und Ziel der Beschäftigung mit einer Texteinheit ist die darin ausgedrückte Glaubenserfahrung. Bereits die Auswahl des Textes erfolgt aus zwei didaktischen Überlegungen:

– Der Text soll von sich aus Fragen, emotionale Reaktionen, Denkanstöße auslösen, die beim Schüler etwas bewegen.
– Der Text ist Gegenstand der Auseinandersetzung der Schüler im Horizont einer angesprochenen Lebenssituation.

Die Frage der Funktionalisierung des Bibeltextes wird dann nicht brisant, wenn der Unterricht für dessen Eigenabsichten offen bleibt. In der Regel wird der Lehrer in eigener meditativ-spiritueller Betrachtung Zielrichtung und Bedeutungskonstitution des Textes zu verstehen suchen, ehe er die Schüler damit konfrontiert (vgl. 13.1.2). Denn was man selbst gelernt hat, kann man auch andere lehren[3].
Die direkte Begegnung mit dem Text ist erforderlich, damit Schüler und Lehrer sich mit dem überlieferten Glauben selbst auseinandersetzen und einen selbständigen Zugang zur Wahrheit der Bibel finden lernen. Der Grund liegt in der unersetzbaren und unüberholbaren Bedeutung, die die Bibel als Hl. Schrift für die christliche Religion schlechthin hat und be-

[2] Die Kommentarwerke bieten dazu hinreichende Anhaltspunkte.
[3] Vgl. G. Stachel, Biblische Spiritualität, in: Religionspädagogische Beiträge 16/985, 2-34.

halten wird[4]. Sie ist das grundlegende Zeugnis gläubiger Existenz und maßgebende Bezugsgröße der Glaubenstradierung. Sie ist ein sprachliches Zeugnis von der Wirklichkeit Jahwe/Jesus, in dem Situationen des menschlichen Lebens und der Geschichte im Lichte der befreienden und lebendigmachenden Botschaft und Erfahrung gesehen und gedeutet werden. Die Bibel redet stets in einem Lebenskontext und auf dem Hintergrund geschichtlicher Erfahrungen; sie bezeugt ein Handeln Gottes mit den Menschen und für die Menschen und ein Sprechen Gottes zu den Menschen in menschlicher Sprache[5]. Christliches Leben basiert darum auf der Erinnerung der biblischen Heilsgeschichte, an den Indikativ der Frohen Botschaft, aus der heraus christliche Praxis allererst Gehalt und Gestalt gewinnt. Die Erinnerungsarbeit läßt uns "den biblischen Gott, der uns barmherzig und gütig ist", wahrnehmen und die Wirklichkeit dieses Gottes in ihrer Vielgestaltigkeit auf uns beziehen. "Die in den Texten erzählte Kommunikation zwischen Gott und Mensch bzw. Mensch und Gott gilt es in das Leben der Gläubigen hinein als gegenwärtig erlebte Begegnung zu revitalisieren"[6]. Die Beschäftigung mit der Heiligen Schrift lädt den Schüler dazu ein, ihre Botschaft zu vernehmen und sein eigenes Leben in der Beziehung zu ihrem Wort neu zu verstehen. Das Interesse an biblischen Texten hat von Grund auf mit der Frage zu tun, welches Licht der Glaube der menschlichen Existenz in all ihren Dimensionen gibt. Die Wahrheit Gottes, von der die Heilige Schrift in allen Teilen lebt, müssen wir uns sagen lassen.

12.1.2 Denk- und Verhaltensstruktur der Schüler

Die andere Seite des Begegnungsgeschehens bilden die Schüler der Lerngruppe – sowie der Lehrer, insofern seine Auseinandersetzung mit dem Bibeltext nicht abgeschlossen ist, und durch das unterrichtliche Geschehen eine neue Klärung erfährt. Das Gegenüber des Bibeltextes sind nicht Objekte der Verkündigung und des Unterrichts, sondern lebendige Personen: Menschen, die in konkreten Situationen des Alltags ihrem Leben Gehalt und Gestalt geben. Es sind Menschen, die Erfahrung sammeln, indem sie mit den Widerfahrnissen des Alltags produktiv umzugehen, d.h. sie zu deuten versuchen. Ihre Erfahrung macht beides aus: das objektiv Gegebene, das uns widerfährt, und seine Deutung im Horizont eines Sinnzusammenhangs, der sich über die Jahre im Innern des Menschen gebildet hat.

4 Vgl. Dogmatische Konstitution über die göttliche Offenbarung, in: Lexikon für Theologie und Kirche. Das Zweite Vatikanische Konzil, Bd. II, Freiburg 1967, 497-583.

5 Vgl. G. Stachel, Die "unerledigte Hermeneutik" – Bibelunterricht als Auslegung der Schrift unter heutigen Menschen, in: Religionspädagogische Beiträge 1/1978, 24-58.

6 O. Fuchs, Von Gott predigen, Gütersloh 1984, 9.36.

Mit der Verarbeitung der diffusen Erfahrungen entwickeln sich Wertvorstellungen und Verhaltensmuster, mit deren Hilfe jeder Mensch seinem Leben Ordnung zu geben versucht. Diese bilden die Akzente der Bedeutung, in der das Selbst die Beziehung zwischen Subjekt und Objekt, zwischen Außen und Innen im Gleichgewicht zu halten sucht. In diesem Geschehen wirken Gefühle und Einsichten, Emotion und Kognition zusammen; sie verbinden sich zur Struktur der Denkweisen und Handlungsmuster, in der jeder Mensch seine Erfahrungen reguliert. Was sich in der Biographie eines jeden angesammelt hat, das macht den Verstehenshorizont aus, der in der Begegnung mit neuen Sachverhalten wirksam ist. Die lernende Aneignung der biblischen Botschaft hängt demnach von der gewachsenen Struktur der Gefühle und Dispositionen der Schüler (und Lehrer) ab, von den Werten, die sie in sich haben, und von den Regulationsformen, nach denen sie alltäglich Lebenssituationen verarbeiten. Jene Dynamik ist die Voraussetzung des Aneignungsprozesses.

Schüler und Lehrer sind also keine »unbeschriebenen Blätter«, sondern haben eine Lebens- und Lerngeschichte, in der sie Erfahrungen des Gelingens und Mißlingens gemacht haben und machen. Gerade Jugendliche besitzen bereits ein gerütteltes Maß bewährter Lebensstrategien und Vorstellungen, wie sie mit Erfahrungen umgehen können. Ihre aktive Bedeutungsbildung gehört zu den Bedingungen, die die Bibeldidaktik wahrzunehmen und zu intergrieren hat. Der eigene, aktive Verarbeitungsprozeß, in dem der Jugendliche sich die Wirklichkeit erschließt und die Wirklichkeit sich ihm aufschließt, weist ein offenes Subjekt-Objekt-Verhältnis auf. Diese Offenheit bildet das Basiselement für den Zugang zu den Sinnperspektiven der Bibel. Wo eine Jugendlichen angemessene Verknüpfung mit ihrem Lebenshorizont geschieht, können sich jene auch entfalten. Religiöse Lernprozesse spielen sich nicht auf der Ebene einer Vergewisserung über objektive Tatbestände ab, sondern haben mit der Denkweise und den Werthaltungen der Jugendlichen und ihrer Veränderung zu tun. Im unterrichtlichen Geschehen selbst, d.h. auch an den Reaktionen in der Begegnung mit Bibeltexten, gilt es wahrzunehmen, nach welchen Sinnkategorien (z.B. Leistung und Erfolg) und Wertmaßstäben (z.B. "Nur Härte bringt dich weiter!") die Schüler Wirklichkeit interpretieren und ihr Leben einrichten.

Der Bezug auf die persönliche Sinnorientierung der Jugendlichen ist für die Bibeldidaktik unerläßlich. Dies ist in doppelter Weise zu verstehen:

- Die Erfahrungen, die gegenwärtig zur Lebenswelt der Jugendlichen gehören, bilden die Ausgangsbedingung, an denen die Initiation von Lernprozessen anknüpfen muß. Darum hat die Bibeldidaktik auch die Alltagswelt der Jugendlichen so, wie sie wirklich ist, in den Lernweg der Textauslegung zu integrieren; jede Art von Vorgaben hat keine Berechtigung.

– Die Zielrichtung der Didaktik ist vornehmlich an der Zukunft der jungen Menschen interessiert: Welche Orientierungshilfen brauchen sie, damit sie die divergierenden Lebenssituationen zu bestehen vermögen?

Diese Perspektive wirkt darum auch als Kriterium für die Auswahl der Bibeltexte und für das thematische Interesse an ihrer Auslegung mit. Es ist jedoch wichtig zu betonen: Konkrete Lebenssituationen und die Deutung der Schüler bilden die didaktische Perspektive, in der die Glaubenserfahrung des Bibeltextes zur Sprache kommen muß. Je konkreter die Schüler ihre eigene Erfahrungswelt in den Unterricht einbringen, desto konkreter kann sich auch die Bedeutung der biblischen Überlieferung entfalten. Die Erfahrungen der Jugendlichen sind darum in keiner Weise bloß Voraussetzungen und Beispiele, an denen eine »höhere« Wahrheit illustriert, demonstriert oder kontrastiert wird. Die Sinnfrage stellt sich nicht auf abstrakter Ebene, sondern hat elementar mit dem zu tun, wovon wir alltäglich betroffen sind und was wir von Tag zu Tag betreiben, verfolgen und erreichen. Darum muß der Religionsunterricht auch wieder auf die Ebene der Alltagserfahrung zurückkehren, und zwar in zweifachem Sinne.

– Die Botschaft soll kein Randphänomen bleiben, sondern dem konkreten Denken, Fühlen und Handeln Gehalt und Gestalt geben. Darum kommt es auf ihre Auslegung auf konkrete Modelle christlichen Lebens hin an.
– Die Stufe der konkreten Erfahrung ist die Voraussetzung für alle »höheren« Verarbeitungsstufen. Sie behält ihre Bedeutung für produktive Lernprozesse auch dann, wenn abstrakte Begriffe und theoretische Argumentationen die Verständigung ermöglichen können[7].

Religiöse Erziehung und Bildung kann nur Verständigung erreichen, wenn sie immer wieder mit-fühlend, mit-denkend und mit-handelnd in das, was Menschen bewegt, »hinabsteigt«. Hindernisse und Widerstände von seiten der Schüler sind dafür kein hinreichendes Gegenargument, sondern Anlaß, den Bezug der Bibel auf das Konkrete des Lebens differenzierend durchzubuchstabieren und mit den Schülern durchzuarbeiten[8]. So können wir festhalten: Die Basismomente einer dialogischen Bibeldi-

7 Die Differenzierung der drei Repräsentationsweisen von Wirklichkeit nach J.S. Bruner behält ihre Gültigkeit (Entwurf einer Unterrichtstheorie, Berlin-Düsseldorf 1974, 48-52): der handelnde Umgang (enaktive Repräsentation), der sinnliche Ausdruck in Bildern und Erzählungen (ikonische Repräsentation) und die Transformation in Begriffen und gedanklichen Operationen (symbolische Repräsentation). Auch die erste und zweite Stufe behalten "bis ins Erwachsenenalter"hinein für viele produktive, verstehene bzw. entdeckende Lernprozesse größte Bedeutung; ein zu früher und ausschließlicher Ansatz auf der abstrakt-symbolischen Stufe verhindert "verstehendes/entdeckendes Lernen" (W. Klafki, Neue Studien zur Bildungstheorie und Didaktik, Weinheim-Basel 1985, 105).

8 Vgl. J. Werbick, Religionsdidaktik als "theologische Konkretionswissenschaft", in: Katechetische Blätter 113 (1988) 82-99.

daktik sind die Glaubenserfahrung des Bibeltextes und die Denk- und Verhaltensstruktur der Schüler; sie stoßen im Unterrichtsgeschehen aufeinander und bilden so ein Spannungsverhältnis.

Denk- und Ver- Glaubenserfahrung
haltens- des
struktur der Schüler Bibeltextes

Welche Bewegung vollzieht sich in diesem Spannungsverhältnis? Wie kann sich diese Begegnung entwickeln?

12.1.3 Kriterien des Dialogs

Wenn zwei Fremde, die noch dazu verschiedene Sprachen sprechen, in einer verbindlichen Lebenssituation aufeinander treffen, entsteht ein eigenartiges Spannungsfeld von Nähe und Distanz, Unsicherheit und Interesse. Es wird nicht allein durch die äußeren Bedingungen gestiftet, vielmehr füllen die Partner, sofern sie den Kontakt nicht einfach abbrechen, das undefinierte Areal mit tastenden Beziehungsversuchen im Hin und Her der Blicke, Gesten und Worte aus; sie knüpfen nicht nur Verbindungsfäden, sondern erschließen einander auch ihre Erfahrungswelt. Je intensiver sich jeder einbringt, desto spannungsvoller wird das Begegnungsfeld; es zeigen sich Gemeinsamkeiten, Unterschiede und offene Fragen. Vielleicht werden die äußeren Bedingungen zu eng, um den Prozeß der Begegnung in dieser Situation voranzubringen, und sie suchen nach passenderen Räumen, um das Begonnene zu intensivieren. In jedem Falle verlassen beide in einer nicht planbaren Weise des Anteilhabens und der Einstellungsänderung das Spannungsfeld, um mit der neu gewonnenen Sicht der Dinge an die Aufgaben des Alltags zu gehen. Mit einer solchen Metapher läßt sich vielleicht eine Annäherung an das Geschehen versuchen, das sich in der Begegnung von Schülern mit einem Bibeltext abspielt. Fremd sind sie sich beide nicht allein durch die geschichtliche Spanne und die soziokulturelle Kluft, mehr noch aufgrund weitgehend divergierender Erfahrung von Wirklichkeit, Sinndeutung und Weite des Horizonts. Dennoch ist es möglich, daß die beiden Positionen in Bewegung geraten und ein Spannungsfeld zueinander aufbauen, sofern sie das Spiel des Hin und Her in Gang bringen. Die Möglichkeiten dieses Prozesses hat die Bibeldidaktik aufzuspüren.
Die Glaubenserfahrung der Bibel ist jedenfalls darauf angelegt, in die Beziehung zu den Lebenserfahrungen einzutreten; sie hat "die Strukturform begegnenden Handelns"[9], insofern sie sich im Kontext menschli-

[9] O. Fuchs, Die Praktische Theologie im Paradigma biblisch-kritischer Handlungswissenschaft zur Praxis der Befreiung, in: ders. (Hrsg.), Theologie und Handeln, Düsseldorf 1984, 209-244, hier 212.

cher Erfahrungen der Freiheit und Sehnsucht, des Zerrissenseins und der Schuld, des Scheiterns und der Sterblichkeit konkret entfaltet. Die Konkretheit ist ihre signifikante Qualität; sie greift gerade das Einzelne und Begrenzte, das Alltägliche und Betroffenmachende des Lebens auf. Paulus geht es nicht um abstrakte Weisheit und intellektuelle Höhenflüge, sondern darum, daß die Botschaft die Korinther ergreift, sich ihnen als Wahrheit ihres Lebens enthüllt (1 Kor 2,4.10). Sie hat ihren Ort in der Nähe der konkreten Menschen und ihrer Lebenswelt, und sie wird nur verstanden, wenn sich der Verkünder die Erfahrungen seiner Adressaten zu eigen macht (1 Kor 9,19-23). Darin zeigt sich die korrelative Grundstruktur jeder christlichen Verkündigung. Es ist nun Sache der Didaktik, den Dialog zu eröffnen und kritisch zu begleiten. Einige Kriterien dieses Dialogs skizziert der folgende Abschnitt.

1. Der Dialog mit der Bibel wird nur fruchtbar in der Selbstbesinnung von Schülern und Lehrer, im Aufmerken auf und im Durchschauen der gegenwärtigen, konkreten Lebenswelt. Emotionen sollen Ausdruck finden, und Zusammenhänge kognitiv erschlossen werden. Der Unterricht muß Gelegenheit geben zu besprechen, wie wir fühlen und mit unseren Gefühlen umgehen, wie wir handeln und welche Überzeugungen uns beseelen. Die Unterrichtsplanung ist darum auf das Provozieren von Schülererfahrungen ausgerichtet und bleibt für die Dynamik ihrer Reflexion offen, sofern sie auf Erkenntnisfortschritt in der Besinnung auf die Wirklichkeit ausgeht. Den Schülern müssen ihre eigenen Denk- und Verhaltensmuster auf ihre Konsequenzen für das Selbst, die mitmenschliche Beziehung und die Kultur auch selbst bewußt werden. Der Unterricht ist auf diese Weise auf das Mithandeln der Schüler angewiesen.

2. Der Dialog bringt konkrete Situationen der Alltagswelt der Schüler zur Sprache, die emotional bedeutsam sind und das Fühlen und Denken der Schüler an eigene Erfahrungen erinnern. In der persönlichen Distanz kann kein Sachverhalt zu denken geben; nachdenklich werden wir nur in der Erfahrung selbst. Von den konkreten Erfahrungen, die die Schüler in ihrer Welt machen, muß sich der Religionsunterricht herausfordern lassen. Er darf aber nicht an der Kenntnisnahme von Fakten und Meinungen hängenbleiben, wenngleich sie notwendig sind, sondern muß zur Besinnung über die Sinnvorstellungen vorstoßen. Die Repräsentation von betroffenmachender Wirklichkeit ist darum eine wichtige Aufgabe der Methodik des Unterrichts.

3. Der Dialog bleibt an der subjektiven Perspektive der Schüler interessiert: was sie in einer Sache gedacht, gefühlt und getan haben oder gegenwärtig in ihnen vorgeht. Die Korrelation mit der Glaubenserfahrung liegt in der Frage, wie die Jugendlichen in der Welt stehen und leben.

Der Dialog wird sich darum nicht selten mehr auf der Seite der Erfahrungswelt der Schüler bewegen als in der Lektüre biblischer Texte. Die bewußte Anknüpfung an den Entwicklungsstand der Jugendlichen ermöglicht überhaupt erst eine Verbindungslinie zur biblischen Botschaft. Dem Lehrer wird es nicht erspart bleiben, sich zu vergewissern, "wie die alltägliche Erfahrungswelt seiner Schüler beschaffen ist und wie ihre entwicklungsgemässen Wahrnehmungs-, Denk-, Verstehens- und Erlebnisweisen aussehen, um im Verein damit nach den möglichen Grunderfahrungen fragen zu können, auf die bezogen die Gotteserfahrungen, die in der Tradition und in der Gegenwart sichtbar werden, erschlossen werden können"[10].

4. Ob Schüler das Gewicht der Fragen auch erfassen, hängt vom Wachwerden bestimmter Erfahrungen in der Lebenswelt ab. Gerade in Phasen des dumpfen Dahinlebens ist es didaktisch notwendig, die Schüler – evtl. sogar provokativ – auf die Verstrickungen und Widersprüche unserer Wirklichkeit hinzustoßen. Ohne daß die Schüler in der Langeweile ihres Konsumentenalltags, dem sie trotz aller Ablösungstendenzen ausgeliefert sind, stutzig über sich selbst werden, wird es keine neuen Lernschritte geben.

5. Die Fähigkeit zur Kritik des Erlebten ist nicht nur eine entwicklungsmäßige Voraussetzung bei den Jugendlichen, sondern ein notwendiger Vorgang der Bedeutungsbildung in dieser Lebensphase. Durch die kritische Auseinandersetzung mit den Strukturen von Wirklichkeitsdeutung und den konkreten Werthaltungen, wie wir sie bei den Jugendlichen vorfinden, hilft der Religionsunterricht gerade ihrem Gewissen zu differenziertem Urteilen. Es muß kritisch gefragt werden, welche Motive in unserem Denken und Handeln wirksam sind, wohin die Interpretation von Erfahrungen und ihre verfestigten Strukturen führen und welche Werte, die für menschliches Leben unerläßlich sind, wir ausblenden. Denn in den Motiven und Denkstrukturen der Jugendlichen stecken bestimmte Auffassungen über den Sinn menschlichen Lebens. Zu dieser kritischen Analyse kann der Religionsunterricht Erkenntnisse der Humanwissenschaften heranziehen. Bei der Kritik kommen selbstverständlich Sinnkategorien und Wertmaßstäbe zur Geltung, die dem Denken und Empfinden der Jugendlichen zuwiderlaufen oder sie bestätigen. Diese müssen offengelegt und von ihrer Bedeutung her begründet werden.

6. Zur Relativierung festgefahrener Denk- und Empfindungsmuster ist nicht selten die Paradoxie der einzig mögliche Ansatzpunkt. Paulus hat von der Kommunikation in Paradoxien häufig Gebrauch gemacht, wie wir

[10] K.E. Nipkow, Das Problem der Elementarisierung der Inhalte des Religionsunterrichts, in: G. Biemer/D. Knab (Hrsg.), Lehrplanarbeit im Prozeß, Freiburg 1982, 73-95, hier 92f.

sahen (vgl. 3.3.2). Sie war für ihn aber im Kern kein rhetorisches Mittel, sondern betraf die grundsätzliche Spannung zwischen der Christusbotschaft und der Weisheit der Welt.

7. Die imaginäre Achse des Dialogs mit der Bibel bildet das Fragen nach Sinn in all den Erfahrungen, die der Mensch zu bewältigen hat. Die Fülle der Einzelerfahrungen deuten wir immer wieder auf einen Bezugspunkt oder -system hin, das dem Leben Bestimmtheit und Orientierung gibt. Wir suchen auf diese Weise Sinn, d.h. eine Leitlinie oder eine Kraft, um lebensfähig zu sein. Jugendliche haben selbst schon viele Antworten auf konkrete Lebensfragen gefunden, die sich auch bewährt haben. Der Unterricht kann sie darin bestärken. Aber das Fragen nach Sinn muß mobil bleiben, damit nicht einfältige Kategorien das Verstehen des Ganzen bestimmen. Nur das Aufbrechen des Verstehenshorizontes, auf den jeder sich festzulegen geneigt ist, und die Frage nach der Tragfähigkeit der Sinnkonzepte öffnet den Blick für neue Sichtweisen, zu denen auch die biblische Glaubenserfahrung gehört[11].

8. Den Stellenwert der Glaubensüberlieferung in diesem Dialog können wir nicht auf die Funktion der Antwort reduzieren. Der Glaube gibt von sich aus Fragen an uns auf, in denen uns Widersprüche, Einseitigkeiten und Verdrehungen unserer Lebensziele bewußt werden können. Wir nehmen sie jedoch überhaupt erst wahr, wenn wir zur Besinnung auf uns selbst bereit sind. Dazu muß der Dialog mit den Schülern aber erst hingelangen.

9. Das Gespräch der Schüler über die eigenen Welterfahrungen muß die Grunderfahrungen[12] deutlich werden lassen, die in den einzelnen Lebenssituationen und Erlebnissen stecken. Das betrifft die Dimension des Unbedingten, an dem der Mensch sich ständig reibt und das für Menschsein konstitutiv ist (z.B. Schuld und Liebe). Der Abstraktheit wegen muß die Didaktik darauf bestehen, daß der Bezug des Religionsunterrichts zu den Widerfahrnissen des Alltags und dem Geflecht der Lebensbedingungen ständig im Blick bleibt. Es geht darum, daß man das Allgemeine am speziellen Beispiel besser sehen, aber das Konkrete durch die Reflexion auf das Allgemeine besser verstehen lernt.

10. Grunderfahrungen sind auch das Bindeglied zur biblischen Bot-

[11] Imaginär nenne ich diese Achse, weil der Religionsunterricht die Sinnfrage nicht direkt intendieren kann; sie ist ein Motor der Be-sinnung.

[12] Vgl. G. Biemer, Menschliche Grunderfahrungen und ihre religionspädagogische Vermittlung, in: E. Feifel (Hrsg.), Welterfahrung und christliche Hoffnung, Donauwörth 1977, 49-52; W. Klafki, Studien zur Bildungstheorie und Didaktik, Weinheim [10]1975; R. Preul, Kategoriale Bildung im Religionsunterricht, Heidelberg 1973.

schaft[13], die fundamentale Situationen des Menschseins in der Beziehung zu Gott erschließt und als Situationen der Heilserfahrung verkündet. Bei der Entscheidung für die Auswahl biblischer Texte ist deshalb auch nach der menschlichen Grunderfahrung zu fragen, die die Bibel selbst als bedeutsam für Menschsein thematisiert. Die Glaubenserfahrung, von der der einzelne Text spricht, ist unmittelbar in solche menschliche Grunderfahrungen verwoben. Dieser Zusammenhang bildet den Ort, in dem die Bibel den Bezug göttlichen Heilswirkens artikuliert bzw. die Erfahrungen im Horizont des Heilswirkens interpretiert[14].

11. Erst wenn der Dialog mit den Schülern die Ebene erreicht, auf der uns die offenkundigen und versteckten Sinnkategorien und Wertvorstellungen bewußt werden, ergibt sich die Möglichkeit einer Verknüpfung mit der christlichen Botschaft. Wo Text und Schülerwelt einander nicht finden, lassen sich keine Ansätze einer produktiven Neuorientierung des Lebens aus dem Glauben artikulieren. Der Erfahrungshorizont der Glaubenstradition kann auch nicht beliebig als Hilfe zur Neuorientierung eingebracht werden. Erst die Analogie der menschlichen Grunderfahrung gibt die Möglichkeit zur Verknüpfung eines Bibeltextes mit der Lebenswelt der Schüler. Wo Vergleichbares thematisiert wird, kann sich das Bewußtsein der Schüler für die Erfahrungsdimension des Glaubens erschließen (vgl. 12.3).

12. Hinter der didaktischen Frage, welcher Orientierungen, Erkenntnisse und Fähigkeiten der Heranwachsende bedarf[15], stehen zahlreiche berechtigte Motive. Sie allein wird aber der Weite und Tiefe der Wirklichkeit nicht gerecht, verzweckt möglicherweise bestimmte Inhalte für ein vordefiniertes Erziehungsziel und engt ihre Eigenqualität und -dynamik ein. Bibeldidaktik kann darum niemals so verfahren, daß sie allein mit der Sonde existentieller Grundfragen an überlieferte Glaubenserfahrungen herangeht und deren Wert an der Ergiebigkeit ihrer Aussagen mißt. Das Hören auf das Wort der Heiligen Schrift hat genauso seine Berechtigung, weil seine Bedeutung unser Leben aufgreift, aber auch über unsere Begriffe hinausgreift. Wer aufmerksam zuhört, dem können aus der Tiefe der Worte Signale aufscheinen, die ihm ein neues Licht der Sinnorientierung aufstecken – und sei es auch nur für einen Augenblick. Der Text soll zu uns sprechen können. Dafür schafft der Religionsunterricht Raum in der Meditation des Wortes Gottes.

---

13 Vgl. G. Biemer, Menschliche Grunderfahrungen und ihre religionspädagogische Vermittlung, 52-58.

14 Vgl. ebd., 58-61. Der Bezug auf Grunderfahrungen dürfte auf die Forderung W. Klafkis hinauslaufen, daß "Schlüsselprobleme" unserer Existenz die Themen des Lehrens und Lernens bilden (Neue Studien zur Bildungstheorie und Didaktik, 100.113). Dabei ist jeweils die konkrete Situation der Jugendlichen abzuklären.

15 W. Klafki, Neue Studien zur Bildungstheorie und Didaktik, 69.

13. Damit die Schüler die »Lebensqualität« der biblischen Botschaft verstehen können, muß der Religionsunterricht auch die thematisierten Grunderfahrungen so reflektieren, wie sie sich bei den Schülern darstellen. Bei der Auswahl und Einordnung biblischer Texte ist dieser Zusammenhang näher abzuklären. Dieses Prinzip fordert aber keineswegs die Induktion als Lernweg dergestalt, daß stets zuerst Erfahrungen der Schüler bearbeitet und durch die Bibelbetrachtung gedeutet werden. Es muß zumindest auch ein Zurück von dem biblischen Gehalt zur Erfahrung der Schüler geben, weil die Bewährung seiner Sinnantwort in ihrer konkreten Lebenspraxis ansteht. Besser wird man von einem Wechselspiel zwischen Bibel und Erfahrungswelt der Schüler sprechen, in dem sich die Sinnvorstellungen im jeweiligen Gegenüber spiegeln können. Denn die Bibel teilt uns in dem Sinne keine Lösungen mit, daß wir unmittelbar danach unser Leben einrichten könnten; wir müssen sie vielmehr in concreto erst selbst finden. Dafür muß der Religionsunterricht Phantasie und Kreativität wecken. Ziel der Korrelation ist in jedem Falle, im Gespräch mit den Jugendlichen neue Wege des Denkens und Handelns für die Bewältigung von Lebenssituationen zu erkunden, die sich aus der Besinnung auf das Wort Gottes ergeben (Aktualisierung).

14. Der Religionsunterricht muß die Eigenstruktur des Bibeltextes erfassen, soweit es geht. Korrelation birgt die Gefahr in sich, daß der Unterricht den biblischen Gehalt nur in oberflächlicher oder funktionalistischer Weise wahrnimmt. Jede Perikope hat schon aufgrund der Sprachgestalt ihre spezifische semantische Struktur, in der sie die entscheidenden Momente der Glaubenserfahrung ausdrückt. Die Bearbeitung des einzelnen Textes schafft im Unterricht erst die Voraussetzung für das Entdecken neuer Impulse der Sinnorientierung(vgl. 12.2).

15. Die Begegnung mit dem Bibeltext ist keineswegs ein einliniger Weg der Verständigung, weil die Verhaftetheit in den eigenen Denkkategorien und die Distanz des Textes zur aktuellen Erfahrung auch dann noch Einvernehmlichkeit erschwert, wenn ein vertieftes Bewußtsein erreicht ist. Die Begegnung mit der Bibel führt immer dazu, daß sich die Geister scheiden und verständigen[16]. Das Spiel des Dialogs muß darum alle

[16] Im Blick auf das Mysterium der Sprache, in der Gottes Wort und Geheimnis zur Sprache kommt, die aber ähnlich dem Zungenreden (1 Kor 14,11) zur Fremdsprache werden kann, schreibt Gottlieb Söhngen: "In dem so wichtigen Punkt der Sprache begegnen sich das Wort Gottes und das Wort des Menschen, das Wort des Glaubens und das Wort des Wissens, so verschieden auch immer beiderlei Sprache lauten mag, in dem, was und wie sie es sagt. Am Wort scheiden und verständigen sich die Geister; und das Wort wahrer Scheidung ist auch Wort der Verständigung, und das Wort wahrer Verständigung ist auch Wort der Scheidung" (Die Weisheit der Theologie durch den Weg der Wissenschaft, in: J. Feiner/M. Löhrer (Hrsg.), Mysterium Salutis I, Einsiedeln 1965, 905-980, hier 927).

Konvergenzen und Divergenzen zwischen Schüler und Bibeltext, die sich auftun, durchgehen. Da muß nichts glatt aufgehen. Da muß der Religionsunterricht nicht zu einem eindeutigen, von allen akzeptierten Resultat kommen; aber er darf den Problemen auch nicht ausweichen.

16. Die Aktualisierung der biblischen Botschaft ist darum keine Vereinnahmung für den gegenwärtigen Problemhorizont der Schüler. Die Wechselbeziehung zum Schüler und Lehrer bleibt gespannt; sie nimmt unterschiedliche Formen an, die auch nicht aufgelöst werden sollen. Im wesentlichen läßt sich die Bedeutung, die die biblische Glaubenserfahrung im Dialog über die Sinnorientierung der Schüler hat, in vier Kategorien fassen[17]:
a) Bildungsarbeit baut sich nicht aus der Apologie auf, sondern begleitet die Entwicklung der Jugendlichen in den anstehenden Themen des Lebens. Welche sinntragenden Einstellungen und Haltungen Jugendliche selbst schon ausgeprägt haben, kann der Dialog mit der Bibel in die Linie ihrer Botschaft integrieren; im Horizont der bezeugten Glaubenserfahrung kann dem Jugendlichen die Verbindung zum Heilswirken Gottes, wie es die Schrift bezeugt, aufgehen. Scheidung der Geister ist notwendig, insofern die Hermeneutik nur Gestalten der geschichtlich gewordenen Lebenswelt in den biblischen Zusammenhang integrieren kann, "soweit sie gut sind"[18].
b) Was unsere Begriffe übersteigt, muß der Religionsunterricht in seiner Bedeutung für menschliche Erfahrung auszudrücken versuchen. Denn die Hoffnung, die die biblische Glaubenserfahrung vermittelt, vermag den Jugendlichen zur ständig neuen Orientierung seiner Sinnvorstellungen zu stimulieren. Durch die Verknüpfung mit den konkreten Lebenssituationen kann der Dialog mit der Bibel eine neue Sichtweise oder weiterreichende Motive der bewußten Lebensgestaltung eröffnen.
c) Jugendliche setzen sich gerne ihrer Autonomie wegen auf erreichten Positionen fest. Aus den im Glauben gedeuteten Grunderfahrungen sich kritisieren zu lassen, gehört zu der dynamischen Beziehung zur Wirklichkeit, die die Bildung im Blick hat. Das kritische Potential der Bibel ist für die Entwicklung des menschlichen Existenzverständnisses produktiv, wenn wir im Konkreten die allgemeine Grunderfahrung zu erkennen vermögen.
d) Das Eingebautsein in Selbstbezug und Selbstbild macht den Menschen häufig unfähig, vom »System« seiner Weltinterpretation Abstand zu

---

17 Vgl. A. Auer, Autonome Moral und christlicher Glaube, Düsseldorf ²1984, 185-197.

18 Dogmatische Konstitution über die Kirche, Nr. 13, in: Lexikon für Theologie und Kirche. Das Zweite Vatikanische Konzil, Bd. I, Freiburg 1967, 137-359, hier 193. Paulus bekräftigt mehrmals den Eigenweg der Korinther, soweit er richtige Aspekte aufweist; vgl. 1 Kor 1,15; 2,6; 8,1.4; 14,2; 15,1b; 2 Kor 1,14; 3,2f. u.ö.

nehmen und sich zu ändern; die Kräfte des Beharren-Wollens halten die kognitiven Konstruktionen der Wirklichkeit fest. Sie lassen sich nur durch Widerstände aufbrechen, die "unser Vertrauen in die Folgerichtigkeit unserer Welt erschüttern"[19]. Solches leisten in der Kommunikation Paradoxien: sie machen stutzig und veranlassen dazu, aus der ständig aktivierten Denk- und Verhaltensstruktur herauszutreten, um der Widersprüchlichkeit des eigenen Handelns und Lebens zu entgehen.
Diese vier Kategorien lassen sich auch von der Seite der Schüler auf die Überlieferung zurückspiegeln: Die Schüler können sich nicht auf einmal den Gesamtzusammenhang des Glaubens aneignen; die Integration der Glaubenserfahrung kann nur in den Schritten erfolgen, die ihrem eigenen Erfahrungshorizont entsprechen. Die Tiefe und Breite der Glaubenserfahrung ist selbst in einer langen Geschichte der Bewährung im Leben gewachsen; die Jugendlichen können in den Mantel dieser Wahrheit nicht auf einmal hineinschlüpfen[20]. – Ihr eigener Weg der Orientierung enthält tragfähige Momente, die Bestätigung brauchen. Ja, unter den Jugendlichen gibt es zahlreiche produktive Einfälle und Einsichten, die zu bedachter Lebensgestaltung stimulieren und neuen Elan in die Bewältigung von Problemen bringen, wenn wir ihnen Raum lassen. – Die kritische Sensibilität der Schüler kann für die Erweiterung des Erfahrungshorizontes, in dem sich der überlieferte Glaube artikuliert, fruchtbar werden. – Das Widersprüchliche an der Botschaft selbst führt uns in Aporien, in denen das Unhaltbare ihrer Aussage zum Anstoß werden kann, das eigene »System« zu revidieren, sofern wir uns ihrem Anspruch nicht entziehen.
Aufgrund dieses Wechselspiels verläuft die innere Bewegung des Dialogs nicht einseitig linear. Es impliziert vielmehr die Notwendigkeit, daß der Religionsunterricht sich mal mehr auf der Ebene der Schülererfahrungen, mal mehr im Bereich der Bibel bewegt, damit das lebendige Hin und Her die verschiedenen Aspekte ausleuchten kann. Außerdem gehen die Linien der Korrelation im Unterricht vielfältig ineinander über.

17. Das didaktische Prinzip der Schülerorientierung impliziert auch die Aufmerksamkeit für die Entwicklung der religiösen Vorstellungen. Jeder Schüler hat eine eigene Biographie, in der die überkommenen oder selbstgefundenen Denk- und Verhaltensmuster ihre je eigene Gestalt bekommen hat. Es setzen sich in jedem Menschen Vorstellungen fest, die sich als ein Amalgam aus religiöser Unterweisung, Erfahrung mit der Kirche, Formen persönlicher Konfliktbewältigung, eigener Denkarbeit u.a. gebildet haben. Weil Religion so tief mit dem Lebensgefühl

---

19 P. Watzlawick/J.H. Beavin/D.D. Jackson, Menschliche Kommunikation. Formen, Störungen, Perspektiven, Bern [4]1974, 171.
20 Mit solch didaktischem Feingefühl begegnet Paulus gerade der Gemeinde von Korinth; vgl. 1 Kor 3,1-4.

verflochten ist, machen wir uns auch unsere eigenen Glaubensvorstellungen und Interpretationen der Glaubensüberlieferung zurecht. Korrelation impliziert dann immer auch die Aufgabe, das Gelernte und Mitgebrachte am Maß der Glaubensüberlieferung zu prüfen und aufzuarbeiten. Zum Religionsunterricht gehört darum auch das Durcharbeiten der konkreten Religiosität, damit eine tragfähige Beziehung angebahnt wird bzw. eine gewachsene Beziehung auch für die Zukunft tragfähig bleibt.

18. Die Didaktik fragt auch nach den Lernformen im Dialog zwischen Schüler und Bibel. Es mag bisher den Anschein haben, als ob der Unterricht sich nur im rationalen Diskurs, im fragend-antwortenden Lehrer-Schüler- Gespräch entwickelt, um die Korrelation durchzubuchstabieren. Die kognitive Ausfaltung der Wechselbeziehung ist sicher eine vorherrschende Arbeitsform für Jugendliche, deren Intellekt gerade am Aufbau ihrer persönlichen Lebenswelt arbeitet. Deshalb sollte der Religionsunterricht auch nicht unter das Niveau der Reflexionsfähigkeit der Schüler sinken. Aber der übertriebene Intellektualismus, meist mit dem Postulat der Wissenschaftsorientierung begründet, geht am Schüler vollständig vorbei[21]. Gerade das Korrelationsprinzip geht auf die persönliche, erfahrungsbezogene Aneignung der Bibel aus; sie bedarf daher all der Lernformen, in denen die Gefühle und Sinne, die Fähigkeit der Besinnung und des kreativen Ausdrucks, das Handeln und die Symbolwelt zum Zuge kommen. Auch auf der Inhaltsebene kann es nicht darum gehen, Themen ausschließlich auf dem begrifflichen Weg abzuhandeln. Modelle der Lebenspraxis, Erzählungen, Musik, bildende Kunst u.a. vermögen ebenso mit wichtigen Erfahrungen vertraut zu machen und auf ihren Gehalt "einzustimmen"[22]. Der aus dem akademischen Bereich transferierte Intellektualismus läßt jede Orientierung des Unterrichts am Schüler vermissen. Zudem repräsentiert die Wissenschaft nur einen Ausschnitt der menschlichen Erfahrungswege.
Eine so verstandene Korrelation, die sich im Dialog zwischen Schüler und Bibeltext vollzieht, kann nur als Prozeß verstanden werden. Zusammenfassend könnte man den Kern der dialogischen Bibeldidaktik in folgender Skizze darstellen; sie stellt die Grundstruktur eines korrelationsdidaktischen Unterrichts mit der Bibel dar (vgl. folgende Seite).
Modellbeschreibung: Der Unterricht mit biblischen Texten verläuft in der Spannung zwischen der Denk- und Verhaltensstruktur der Schüler (1) und der Glaubenserfahrung des Bibeltextes (2). Ihre Verknüpfung geschieht aufgrund des Gemeinsamen, das sind die menschlichen Grunderfahrungen (3), die der Bibeltext im Horizont des Gottglaubens thematisiert und deutet und die die Jugendlichen auf ihre Weise verarbeiten. Die

21 Vgl. W. Klafki, Neue Studien zur Bildungstheorie und Didaktik, 108-118.
22 Vgl. R. Ott. Grundschuldidaktik für Lehrer weiterführender Schulen, in: Religionsunterricht an höheren Schulen 24 (1981) 127-139.

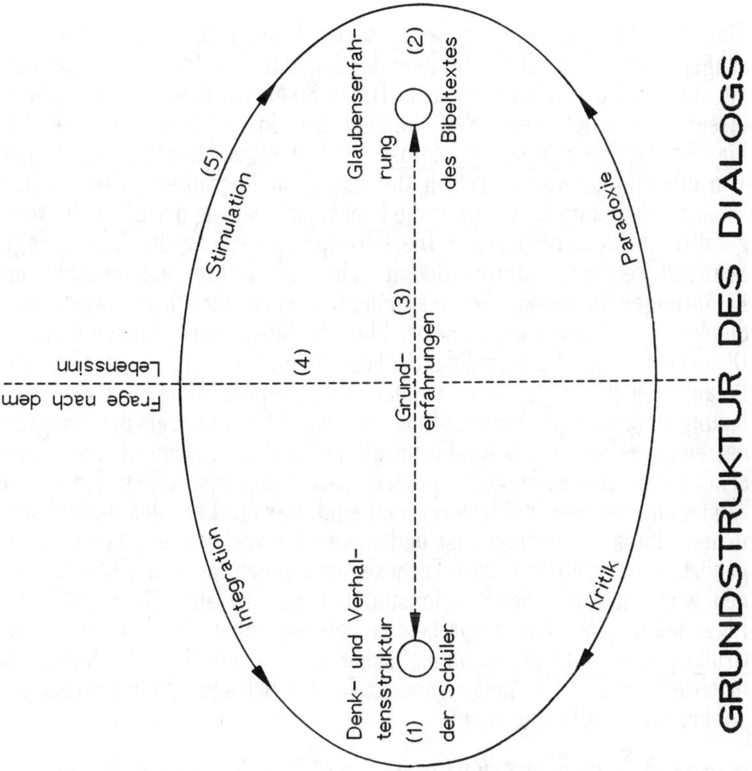

imaginäre Achse dieser Beziehung ist die Frage nach dem Lebenssinn (4). Der Unterricht ist ein lebendiger Dialog zwischen Schüler und Bibeltext, in dem beide Seiten in der Spannung zueinander stehen; die Auseinandersetzung mit der Sache, die in beiden ihre eigene Form hat, verläuft in einem vielstrebigen Prozeß. Für die Veranschaulichung des Hin und Her zwischen Erfahrung der Schüler und Bibel eignet sich am besten die Ellipse (5), die den Unterricht als Bahn des Dialogs um die beiden Pole (1) und (2) interpretiert, in dem wechselseitig das eine auf das andere bezogen und miteinander verbunden wird. Die Arten des wechselseitigen Bezuges können sein: Integration, Stimulation, Kritik oder Paradoxie.

Diese Grundstruktur dialogischer Bibeldidaktik ist zur Bibel und zum Schüler hin näher zu klären.

12.2 Wahrnehmung der Glaubenserfahrung im Bibeltext

Eine Didaktik, die nach den bedeutsamen Erkenntnissen und Orientierungsperspektiven für die Bildung der Jugendlichen fragt, kann die Begegnung mit der Bibel nicht dem freien Spiel der Assoziationen überlassen; sie findet ihren Weg vielmehr erst in der Wahrnehmung der Eigenstruktur der Bibeltexte selbst. Die bisherigen Überlegungen haben Warnungen laut werden lassen, die man nicht überhören sollte: In der Didaktik der Korrelation droht die Funktionalisierung der Bibel für vorgefaßte Problemkomplexe. – Die Mittelpunktstellung der Bibel bringt Schwierigkeiten der Motivation mit sich. – Ohne Bezug auf menschliche Erfahrungen bleiben die Texte stumm. Darum ist danach zu fragen, was didaktisch zu leisten ist, damit wirklich die Bibel zum Sprechen kommt. Diese Dimension des bibeldidaktischen Modells berührt unmittelbar die Belange der Exegese. Auch die didaktische Fragestellung kann die Auslegung nur in enger Verknüpfung mit den Erkenntnissen der Exegese betreiben. Aber es ist im Einzelfall zu prüfen, inwieweit ihre Forschungsergebnisse, Frageperspektiven, Methoden und Kategorien für die Auslegung mit den Schülern relevant sind, was direkt in den unterrichtlichen Dialog einzubringen ist und was in die Vorbereitung des Lehrers gehört. Weder Didaktik noch Fachexegese können für sich allein festlegen, was zum Inhalt des Religionsunterrichts wird, aber die getroffenen Entscheidungen müssen vor beiden Bestand haben. So läßt sich eine Grundlinie der Interpretation biblischer Texte ausmachen, die didaktisch motiviert ist und als Ausgangspunkt für die Befragung der Exegese zu konkreten Bibeltexten dient.

12.2.1 Grundlinie der didaktischen Interpretation von Bibeltexten

Die kerygmatische Bibelkatechese machte darauf aufmerksam, daß der Religionsunterricht die Ausrichtung seiner Ziele und Inhalte an der christlichen Glaubensüberlieferung braucht; d.h. er soll erkennen lassen, was aus dem Glauben zu unseren Erfahrungen zu sagen ist und wozu uns der Glaube motiviert. Indem wir den Text der Bibel selbst studieren, entdecken wir die Botschaft Gottes, die den Erfahrungen unseres Lebens einen positiven Sinn zeigen. Die Thematisierung von Bibeltexten zielt darum auf das Verständnis ihres Gehalts. Die Begegnung mit dem Text soll die eigene Auslegungsarbeit der Schüler aktivieren.

a) Wesentlich für das Verständnis ist die konkrete Glaubenserfahrung, die der Text in seiner jeweiligen Sprachform artikuliert. Der Lernprozeß zielt auf das Verständnis des Zeugnisses, das davon spricht, wie Gott zur Welt steht, um das eigene Leben in diesem Horizont neu verstehen zu können. Innerster Kern des Glaubens ist die Erfahrung der Liebe Gottes, der sich in die Geschichte der Menschen einmischt, um sie aus aller Verkehrtheit und Entfremdung zu befreien zum "Leben in Fülle" (Joh 10, 10). Das biblische Zeugnis buchstabiert unter den Begriffen Bund, κοινωνία, Rechtfertigung u.a. konkrete Beziehungserfahrungen mit Gott, deren Grundlinie sich in gedrängter Form so formulieren läßt: Gott begegnet den zur Freiheit berufenen, aber sich oft selbst gefährdenden Menschen und nimmt sie trotz aller Abwehr und Selbstbehauptung unbedingt an. Er teilt mit den Menschen das Leben, um alle Feindschaft zu überwinden. Er eröffnet ihnen selbst durch alle Widerstände hindurch den Weg der Versöhnung und lädt sie ein, mit ihm das Haus der Menschheit zu bauen, das schließlich er vollenden wird. Sein Angebot läßt die Menschen hoffen, so daß sie allem Zerstörenden zu widerstehen und für Frieden zu sorgen vermögen.

b) Solche Aussagen kommen einem Bekenntnis gleich, das die Offenbarung und Beziehung Gottes zur Welt in Aussagen faßt[23]. Aber es spricht auch ein neues Wirklichkeitsverständnis aus, insofern sich Erfahrungen mit Gott auf Leben und Handeln auswirken[24]. Der Glaube ist auch die Antwort auf konkrete Erfahrungen des Lebens und der Geschichte, indem er sie "auf eine höchste Beziehungserfahrung – die Beziehung mit dem lebendigen Gott – »bezieht«"[25]. Er hat sich immer schon im Kontext von Lebensbewältigung und -deutung artikuliert. Diesen Lebensbezug aller Glaubenssymbole und biblischen Texte muß der Religionsunterricht verdeutlichen, um seine Sache plausibel zu machen.

c) Ohne einen konkreten Erfahrungsbezug bleiben alle religiösen Mitteilungen abstrakt. Mit der Exegese erfassen wir den Sinngehalt eines Bibeltextes im Horizont konkreter Erfahrungen. Das didaktische Prinzip der »originalen Begegnung« erfordert den Rückgriff auf die Anfangsgründe des Bibeltextes, d.h. auf die konkreten Lebenssituationen und Konflikte, auf die Motive und Handlungsformen, die die Bedeutungsstruktur des Textes mitkonstituieren. Die Frage nach dem »Sitz im Leben« ist darum in doppeltem Sinn didaktisch bedeutsam:

– Die Methoden der historisch-kritischen Exegese, vornehmlich die form-, sozial- und religionsgeschichtliche Interpretation, eröffnen das Verständnis für die Erfahrungen, in deren Kontext der Glaube eine Antwort gibt.

[23] Vgl. H. Fries, Bekenntnis/Konfession, in: P. Eicher (Hrsg.), Neues handbuch theologischer Grundbegriffe, Bd. 1, München 1984, 109-118.
[24] Vgl. J. Schmitz, Offenbarung, Düsseldorf 1988, 16-44.
[25] J. Werbick, Glaube im Kontext. Prolegomena und Skizzen zu einer elementaren Theologie (SPT 26), Zürich 1983, 181.

– Der unterrichtliche Dialog mit der Bibel kommt nur in Gang, wenn die Schüler sich ein Stück im Text wiederfinden können; dazu muß ihnen der historische Horizont der Texte, soweit möglich, erschlossen werden. Personen und ihr Handeln spielen darin eine vorrangige Rolle.

Der »Sitz im Leben« ist darum mit der Glaubenserfahrung des Bibeltextes der andere Pol der Ellipse, auf die hin sich der Unterricht ausweiten muß, um die Bibel wirklich zur Sprache zu bringen. Der Bezug von Glaubenserfahrung und »Sitz im Leben« begründet und ortet auch die Notwendigkeit historischen und religiösen Sachwissens. Dieser Unterricht muß sich also an den Ergebnissen der Bibelforschung orientieren, nicht dagegen ihre Methoden zum Unterrichtsgegenstand machen.

d) Die Unterschiedlichkeit heutiger Lebensthemen und der Situationen der biblischen Zeit erschwert eine wirksame Interpretation des alten Textes. Man kann sich in historischen und soziokulturellen Randphänomenen verlieren oder sich auf die religiöse Aussage zurückziehen. Die Vorbereitung des Lehrers wie der unterrichtliche Dialog bedürfen darum der Konzentration auf die Grunderfahrungen, die im jeweiligen Text thematisiert sind. Um die Korrelation zu ermöglichen, ist aus didaktischen Gründen ein Kernmoment des Textes auszuwählen; es muß sich jedoch um eine zentrale Bedeutungsschicht im Text handeln. Das Aufdecken einer Grunderfahrung im Bibeltext (vgl. 12.1.3) hat mit der früheren Skopus-Methode nichts zu tun. Außerdem kann der Unterricht einen Text auch nicht voll ausloten.

e) Wie wir gesehen haben, kann der Aufbau eines biblischen Buches kein didaktisches Kriterium abgeben. Im Einzelfall ist es zwar wichtig, als Redaktion einzustufende Mitteilungen in ihrer Bedeutung für das Aussagengefüge zu prüfen und den engeren oder weiteren Kontext einer Perikope zu berücksichtigen, aber als Gegenstand des Unterrichts kommt nur eine geschlossene, durch ein Thema bestimmte Einzelperikope, deren Umfang exegetisch abzuklären ist, in Betracht. Die didaktische Reflexion muß das Prinzip des Exemplarischen, das auch die Verstehensvoraussetzungen der Schüler einkalkuliert, im Auge behalten und nach einer Perikope fragen, welche der Struktur des thematisierten Problems und dem Problemhorizont der Adressaten am besten entspricht, bzw. auf welche Problematik ein interessanter Text bei den Adressaten trifft. Die Ganzschriftlektüre ist nur in solchen Lerngruppen möglich, die mit hoher Motivation das theologische Gefüge eines neutestamentlichen Buches erschließen wollen; diese Möglichkeit ist sehr selten gegeben und läßt sich auch schwerlich durchhalten[26].

f) Die Auswahl der Perikope wirft Probleme auf, die sich nur im Kontext der korrelationsdidaktischen Grundstruktur lösen lassen (vgl. 12.1): Welche Perikope thematisiert die Grunderfahrung, auf die sich das Unterrichtsgespräch bezieht? Auf dem Weg der Analogie verknüpft bzw. konfrontiert die didaktische Reflexion Erfahrungen und Modelle des Handelns mit Bibeltexten, die eine ähnliche Erfahrung und/oder Lebenssituation im Glaubenshorizont thematisieren und deuten (z.B. Schuldigwerden und Vergebung, Machtstreben und helfende Nähe). Aber auch die umgekehrte Bewegung ist möglich: die Textstruktur der Perikope »sucht« ein Analogon in der Erfahrungswelt der Schüler, sei es im Sinne der Stimulation, der Integration, der Kritik oder der Paradoxie, um das Gewicht des biblischen Kerygmas für die heutige Erfahrungswelt aufzuschließen. Es geht dann um die Frage, worin das Deutepotential besteht, das der Bibeltext in die Erfahrungssituation einbringt und wo seine Grenzen liegen. Diese Orientierung an der Schülersituation will den Text keineswegs für fremde Interessen vereinnahmen, sondern zielt darauf, "die lebensgeschichtlich und damit immer auch gesellschaftlich bedingten, subjektiven Horizontbegrenzungen aufzuklären und aufzulockern und Anregungen zur Horizonterweiterung zu geben"[27].

Die Glaubenserfahrung des Bibeltextes hat in jener Horizontbildung nicht den Charakter eines fertigen Produkts, vielmehr kann der Religionsunterricht stets neu die Möglichkeiten göttlicher Liebe für uns entdecken, indem er konkrete Lebenserfahrungen in all ihrer Ambivalenz auf konkret gefaßte Glaubenserfahrungen bezieht und diese Korrelation durchspielt und durcherzählt. "Der Glaube wird dem Menschen in dem Maße hilfreich, als er ihm die grundlegenden Beziehungserfahrungen als Verheißungen aufschließt, ohne sie dadurch in ihrem Eigenwert zu schmälern; er wird ihm hilfreich, wenn es zutrifft, daß die – im mitmenschlichen Bereich immer ambivalent bleibenden – Beziehungserfahrungen gerade dadurch zu sich selbst aufgeschlossen werden"[28]. Im Detail ist darum genauer zu klären, welche Beziehungserfahrungen, die sich in den Erzähl-, Symbol- und Handlungsformen des Glaubens verdichten und ausdrücken, dem Leben des Menschen weiterhelfen.

---

26 Diese Überlegungen beziehen sich auf die gymnasiale Oberstufe. Es wird nicht ausgeschlossen, daß die Untersuchung anderer lebensgeschichtlicher Zusammenhänge gerade den didaktischen Ausgang von größeren Textkomplexen nahelegt, z.B. im 3.-6. Schuljahr.
27 W. Klafki, Neue Studien zur Bildungstheorie und Didaktik, 113.
28 J. Werbick, Glaube im Kontext, 181.

12.2.2 Der Bibeltext in der Spannung von Lebenlernen und Glaubenlernen

Es ist didaktisch nicht damit getan, Glaubensaussagen und ihren Ort in der Praxis der Urkirche zu klären; die Schüler müssen vielmehr in den lebendigen Erschließungsprozeß konkreter Erfahrungen, der das Bedeutungsgefüge des Bibeltextes konstituiert, Einsicht gewinnen. Da deutlich werden soll, wie der Glaube in konkreten Lebenssituationen Motive des Lebens und der Hoffnung vermittelt, muß der Religionsunterricht die Dynamik des Lernprozesses, der sich in der Bibel niedergeschlagen hat, anschaulich machen (Prinzip der »originalen Begegnung«). Wir haben zwar in den Texten nur das vor uns, was in der christlichen Glaubensgemeinschaft Bedeutung behielt, aber die historisch-kritische Bibelforschung erschließt dem Didaktiker zahlreiche Zusammenhänge, durch die sich der geronnene Text ein gutes Stück in das Spannungsfeld damaliger Erfahrungen zurück-übersetzen läßt. Dabei geht es nicht allein um die Klärung historischer und soziokultureller Bedingungen, unter denen Christen ihren Glauben formulierten. Didaktisch entscheidend ist gerade die Entdeckung, wie in der Verarbeitung konkreter Lebenssituationen das Evangelium als sinntragende Perspektive hervortrat und als lebensgestaltende Kraft wirksam wurde. Die Profilierung dieser Dynamik gelingt dem Didaktiker, wenn er die Daten der Geschichte in die lebendige Kommunikation von Menschen in ihrer Umwelt transformiert. Der Religionsunterricht muß zu Wort kommen lassen,
- was die Herzen der Menschen damals bewegt hat,
- woran sie sich gerieben haben,
- wovon sie sich haben begeistern lassen,
- wie sie miteinander umgegangen sind.

Die Aufhellung des lebendigen Erfahrungszusammenhangs ist primär nicht am Äußeren interessiert, sondern sucht darin das Innere des Lebensvollzugs zu verstehen. Für den Lernprozeß der Schüler ergibt sich in derartiger Konfrontation die Möglichkeit, exemplarisch die Deutung einer elementaren Erfahrung im Gottes- und Christusglauben mitzuerleben; sie kann zum Modell der eigenen Sinndeutung werden.

Für die Realisierung des Prinzips der »originalen Begegnung« im unterrichtlichen Dialog sind folgende Kriterien für den Umgang mit der Bibel wichtig:

a) Zum Gespräch mit der Bibel kann es dort kommen, wo das Subjektive nicht hinter objektivierenden Inhaltsanalysen verschwindet. Die Bibel gibt das Glaubenszeugnis konkreter Menschen wieder. Es hat zwar in der Gemeinde eine überindividuelle Geltung erfahren, behält aber dennoch seinen Ursprung in der Lebensgeschichte konkreter Menschen. Der Aufweis persönlicher Erfahrungen gibt dem Thema nicht nur Farbe und

Spannung, sondern läßt auch am konkreten Modell den Zusammenhang von Leben und Glauben deutlich werden. In den Korintherbriefen scheint diese personale Dimension trotz allen Argumentationsaufwands noch durch, in den Evangelien können die genannten Personen oder fiktive Personen des Gemeindelebens diese Rolle einnehmen. Je plastischer die Dynamik einer Persönlichkeit den Schülern vor Augen tritt, desto lebensnäher kann der Religionsunterricht das Thema fassen.

b) Von hoher Bedeutung sind dann die konkreten Konfliktsituationen, in denen sich die Gemeinde befand und ihr Leben im Blick auf die Überlieferung von Jesus Christus zu gestalten versuchte. Sie hatte mit bestimmten Personen, geschichtlichen Bewegungen und Alltagsereignissen zu tun; immer stand die Bewährung des Glaubens an und forderte zu konkreten Entscheidungen heraus. Historische Details sind hier insofern wichtig, als an ihnen die Problemhaltigkeit der Situation und das Spannungsverhältnis zur Glaubensüberlieferung zu erkennen sind. Vornehmlich die sozial- und religionsgeschichtlichen Erkenntnisse der Exegese, insoweit sie etwas zum Verständnis des konkreten Falles beitragen, gehören dann auch zum Gegenstandsbereich des Religionsunterrichts. Die Auswahl der Informationen muß strikt vom Thema her erfolgen; umschweifige historische Längsschnitte und breit angelegte Detailinformationen (z.B. in Schülerreferaten) sind wenig ergiebig für die Sachdebatte. Das Unterrichtsgespräch muß vornehmlich die menschliche Grunderfahrung herausstellen, auf die der Text abhebt.

c) In konkreten Lebenssituationen geht es nicht nur um die äußeren Konstellationen, in denen sich Menschen vorfinden, sondern auch um die Mentalität, in der man sich den Phänomenen stellt. Die Texte sprechen auch von den Wegen, die der Glaube in der Auseinandersetzung mit der Vorstellungswelt seiner Zeit gegangen ist. Die Besprechung der Texte muß daher die Erwartungen der Personen und die Welt ihrer Werte genauer zu fassen versuchen, um den Dialog zu ermöglichen[29]. Denn hier dürften sich die deutlichsten Analogien zur gegenwärtigen Erfahrungswelt ergeben.

d) Die eigentliche Spannung bestand immer zur Einzigartigkeit der Glaubensüberlieferung, auf die sich die Menschen der frühen Kirche eingelassen haben. Für Paulus war die Traditionsbindung das entscheidende Moment seiner Verkündigung – jedoch um der Durchdringung des Lebens mit der Botschaft von Christus und um der Rückbindung der Lebenspraxis an das Evangelium willen (Orthopraxie). Jede neue Situation war darum eine Herausforderung, den Sinn des Evangeliums je neu

29 Wichtige Orientierungshilfen gibt Hans Zirker, Zugänge zu biblischen Texten. Eine Lesehilfe zur Bibel für die Grundschule. Neues Testament. Düsseldorf 1980, 17-28.

zu buchstabieren. Lebenlernen bedeutete immer auch, neu glauben zu lernen. Diesen Prozeß der Aneignung und Interpretation der Glaubenstradition mitzuvollziehen, ist eine wichtige Voraussetzung für die Neuaneignung der Heiligen Schrift im gegenwärtigen Erfahrungshorizont. Die Dynamik im Verhältnis von Glaubensüberlieferung und Suchen nach Lösungswegen können wir wohl ebenso in den Kategorien der Stimulation, Integration, Kritik und Paradoxie fassen (z.B. 1 Kor 8).

e) Die Auseinandersetzung in der frühen Kirche lief immer auf Erkenntnisse im Glauben und konkreten Handlungsanweisungen hinaus. Ihre Motive, Begriffe und konkreten Handlungsformen gilt es im Religionsunterricht nicht nur zu eruieren, sondern auch durch innerbiblische Bezüge abzuklären, damit sie nicht als punktuelle Interpretionen erscheinen. Der Aufweis solcher Beziehungen hilft auch, die Lebensgestalt des Glaubens zu profilieren. Nicht zuletzt sind sie der Ansatzpunkt für die Frage ihrer Plausibilität: Sind solcher Glaube und solches Handeln sinnvoll? Enthalten sie Grundmuster, die uns auch in der veränderten Erfahrungswelt heute leiten können? Wie durchbricht der Glaube unsere Erfahrungswelt, um uns heilbringende Sinnperspektiven zu eröffnen?

f) Bibeltexte wollen etwas mitteilen; jedem Text ist darum auch eine bestimmte kommunikative Situation und eine bestimmte Art der Kommunikation eigen: Welche Situation liegt ihm zugrunde und wie und woraufhin spricht er die Hörer an? Dieser Aspekt gehört grundlegend zum Verständnis der Absichten des Textes. Für das Verständnis von Paulustexten sind darum alle Kommunikationssignale, Redeformen und Argumentationsstrukturen in der Textinterpretation zu veranschlagen. Sie gehören zu der Dynamik im Spannungsfeld von Glaubensüberlieferung und Auseinandersetzung mit konkreten Problemen, aus der die Glaubenserfahrung des Textes herausgewachsen ist. Die eben angesprochenen Dimensionen der Bibelauslegung, die den innerbiblischen Zusammenhang zwischen Glaubensüberlieferung und Erfahrungsbezug ausmachen, können wir nunmehr in die Illustration des bibeldidaktischen Modells eintragen (vgl. folgende Seite).
Modellbeschreibung: Die Skizze erweitert die o.a. Grundstruktur der dialogischen Bibeldidaktik (vgl. 12.1); die Beschreibung knüpft dort an. Der Religionsunterricht thematisiert die Glaubenserfahrung eines Bibeltextes (2), in dem er eine Analogie zu Grunderfahrungen der Schüler (6) entdeckt. Dieser Zusammenhang muß sich aber exegetisch legitimieren lassen, damit der Bezug auf die Erfahrung auch plausibel wird. Deshalb muß auch der Bibeltext auf die in ihm zur Sprache kommenden Grunderfahrungen (7) untersucht werden. Die Glaubenserfahrung des Bibeltextes wird dazu auf ihren »Sitz im Leben« (8) befragt; hier kommen die Ergebnisse der exegetischen Forschung in Betracht. Die exegetische

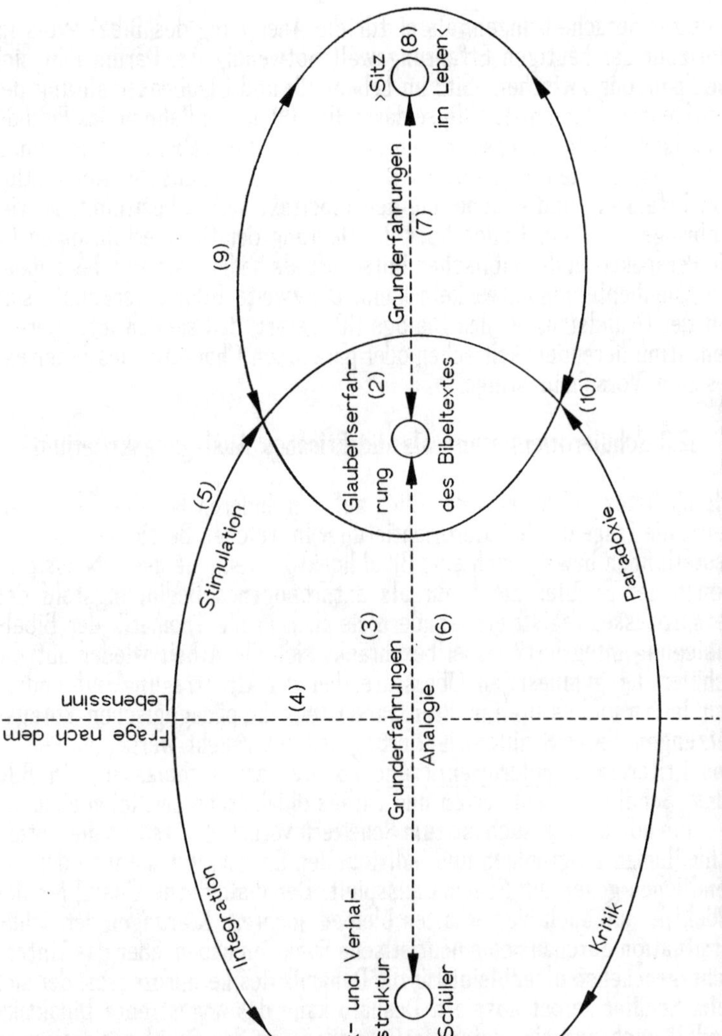

GRUNDSTRUKTUR DES DIALOGS

Untersuchung betrachtet den überlieferten Text vornehmlich aus der Spannung zwischen Erfahrungen der Urkirche (8) und der Glaubenserfahrung, die in ihm laut wird (2). Diese Spannung schlägt sich in einem Prozeß des Leben- und Glaubenlernens nieder (9), dem selbst eine ähnliche Auseinandersetzung entspricht, wie sie der Religionsunterricht zu leisten hat. Diesen Prozeß muß der Religionsunterricht wenigstens so weit zur Sprache bringen, als er für die Aneignung des Bibeltextes im Horizont der heutigen Erfahrungswelt notwendig ist. Darum läßt sich die Spannung zwischen »Sitz im Leben« (8) und Glaubenserfahrung des Bibeltextes (2) auch als Ellipse darstellen (9), deren Bahn in das Feld des schulischen Lernprozesses hineinreicht (10), mit ihm aber nicht deckungsgleich ist. In jedem Fall soll der Religionsunterricht aus der Korrelation von Erfahrung und Glaube, die den Bibeltext selbst bestimmt, so viel einbringen, daß der Dialog über die Deutung der Grunderfahrungen (5) die Perspektiven der biblischen Botschaft als bedeutsam für das Leben- und Glaubenlernen entwickeln kann. Die zweite Ellipse verknüpft sich mit der Grundstruktur des Dialogs (10) derart, daß sie den integrierenden, stimulierenden, kritischen oder paradoxen Charakter des Bibeltextes zum Vorschein bringt.

12.3 Schülerorientierung als didaktisches Auslegungskriterium

Als nächstes richtet sich der Blick auf den anderen Pol des Grundmodells, die Frage der Schülerorientierung. In welchen Bereichen und Fragestellungen bewegt sich eine Bibeldidaktik, wenn sie die Lebenssituationen der Schüler nicht nur als anthropogenes Bedingungsfeld des Lernprozesses registriert, sondern sie auch in die Thematik der Bibelauslegung integriert? Dabei beschränkt sich die Arbeit wieder auf die Schüler der gymnasialen Oberstufe; bei der Übertragung auf andere Schularten und -stufen müßten mindestens die pädagogischen Voraussetzungen dieser Schülerorientierung neu untersucht werden.
Das Kriterium Schülerorientierung könnte dazu veranlassen, ein Bild »des« Schülers zu entwerfen und daraus didaktische Leitlinien abzuleiten. Ein solcher Versuch ist zum Scheitern verurteilt, weil er die unterschiedlichen Biographien und individuellen Entwicklungsstände der Jugendlichen gegen ein Schema ausspielt. Der dialogische Charakter der Didaktik muß auch hier erhalten bleiben, insofern Klärungen der Schülersituation durchaus eine heuristische Funktion haben, aber das Unterrichtsgeschehen offenbleibt für die Dynamik des Lernprozesses, der sich beim Schüler selbst abspielt. Deshalb kann das angestrebte Didaktikmodell auch nur ein einfaches Grundkonzept der Schülerorientierung aufzeigen, das didaktisch praktikabel ist. In diesem Bereich bleibt die Didaktik immer auf entwicklungspsychologische und soziologische Forschungsergebnisse angewiesen. Was jene Wissenschaften der Bibeldidaktik zu sagen haben, muß diese in ein Strukturkonzept ihres eigenen Arbeitsprozesses einordnen können. Ebenso wie beim anderen Pol der Ellipse ist auch das Grundkonzept der Schülerorientierung didaktisch motiviert und versteht sich als Ausgangs- und Integrationspunkt für die Befragung der Humanwissenschaften.

12.3.1 Grundkonzept der Schülerorientierung

Der Religionsunterricht ist nicht einfach Stoffvermittlung, noch steht er lediglich vor der Frage der angemessenen Unterrichtsmethode; er schließt vielmehr an einen Lernprozeß an, der bereits beim einzelnen Mitglied der Lerngruppe eine bestimmte Gestalt angenommen hat. Wie der Schüler geworden ist und sich verhält und denkt, so trifft er auf den Bibeltext. Diesen Sachverhalt gilt es in aller Entschiedenheit wahrzunehmen, wenn wir nach der Möglichkeit der Aneignung biblischer Glaubenserfahrungen fragen.

a) Das Prinzip der Schülerorientierung stellt sich in der unterrichtlichen Praxis in der Weise dar, daß Schüler zu einem Thema das ausdrücken bzw. in die Auseinandersetzung einbringen, wonach ihnen im Moment der Verhandlung der Sinn steht: ihre Assoziationen, Erlebnisse, Urteile. Sie liegen weder offen da noch sind sie in der Regel festgeschrieben. Sie müssen aber ins Spiel kommen, damit der Unterricht überhaupt etwas ausrichten kann. Die Teilnahme an der Perspektive, die die Schüler selbst auf eine Thematik haben, ist die Grundlage des Dialogs mit der Bibel. Das Gegenüber des Bibeltextes ist nicht die unmittelbare Lebenswelt der Jugendlichen, sondern wie sie damit umgehen, also: Lebenswelt im Medium ihrer Interpretation.

b) Durch die Äußerungen der Jugendlichen scheinen die Lebenssituationen durch, die sie bewegen und betroffen machen. Unter Lebenssituationen werden hier Ereignisse und Widerfahrnisse verstanden, die den jungen Menschen zur persönlichen Stellungnahme herausfordern. Die besondere Erfahrung erhält nicht nur als Exempel eines Allgemeinen im Dialog seinen Platz, mehr noch, um der persönlichen Teilhabe der Schüler mit ihrem eigenen Leben am Unterricht Raum zu geben. Ein Sachverhalt hat auch nur dadurch Bedeutung, daß ich solches erlebe, mit meiner persönlichen Lebensgeschichte involviert bin und mit vertrauten Personen zu tun habe. Davon können Schüler berichten und erzählen[30]. Der Gang des Unterrichts muß sich auf solche Erfahrungen beziehen.

c) Was der Unterricht verhandelt, erhält durch die Lebensthematik der Schüler, die sie ausdrücken, seinen besonderen Zuschnitt; sie konstituiert den Horizont des Verstehens mit, in dem sich die Bedeutung des Bibeltextes entfaltet. Das Gespräch der Schüler untereinander und das fragende Nachgehen nach dem, was ihre Interpretation der Geschehnisse und Beobachtungen ausmacht, schafft den sachlichen und sozialen Kontext der biblischen Thematik. Es kristallisiert sich gleichsam zwi-

30 Hier bedarf es großer Geduld, weil gerade Gymnasiasten häufig nicht von sich selbst bzw. objektivierend sprechen.

schen denen, die über ihre Erfahrungen kommunizieren, heraus, welche Sinnvorstellungen ihre Lebensweise konstituieren, mit welchen Schwierigkeiten sie sich herumschlagen und welche Fragen wach werden. Das Registrieren der Lebenswelt bringt noch keinen Lernfortschritt. Darum müssen die Aporien, auf die die gemeinsame Reflexion stößt, deutlich hervortreten.

d) Die Reflexion der eigenen Lebenswelt muß auf den Punkt gebracht werden: die Grunderfahrung, die in diesen oder anderen Lebenssituationen offenbar wird (z.B. Scheitern und Versagen, ungeborgen sein, sich verdanken). An solchen Schlüsselproblemen kann erst die Korrelation zur Bibel greifen, wie wir bereits sahen. Im Blick auf Grunderfahrungen geht es darum, die Sensibilität für den ontologischen Reichtum der Wirklichkeit und ihre Seins- und Wertstruktur wachzuhalten. An der Alltagswelt sollen Schüler und Lehrer die Grunderfahrungen erfassen, die menschliches Leben ausmachen.

e) Mit der Schülerorientierung richtet sich die Aufmerksamkeit auch auf die Zukunft der jungen Menschen. Die Deutung der Erfahrungen will erkunden, welche Möglichkeiten der Sinnorientierung und der Lebensgestaltung ihnen offenstehen. Die Frage nach der persönlichen Lebensphilosophie, auf die man sich einrichten kann, läßt dem Verstand des Jugendlichen keine Ruhe. Dem Experimentieren und kritischen Prüfen von Alternativen sollte der Religionsunterricht darum Raum geben. Dieser Aspekt führt zu einem weiteren Sachverhalt, der dem Prinzip der Schülerorientierung im bibeldidaktischen Modell Geltung verleiht.

12.3.2 Der Lebenslernprozeß der Schüler als Bezug des Dialogs mit der Bibel

Was Jugendliche sich im Dialog mit der Bibel aneignen, hängt von ihren Voraussetzungen ab. Diese betreffen nicht nur ihre allgemeinen Fähigkeiten, sondern auch die Frage, wie sich ihre »Lebensphilosophie« strukturiert hat, wie sie sich selbst, ihre Mitmenschen und die umgebende Kultur betrachten und ihr Leben gestalten. Der jeweilige Stand, den die Jugendlichen erreicht haben, ist das Resultat eines Lernprozesses, in dem sie ihren Erfahrungen eine bestimmte, individuell unterschiedliche Bedeutung geben. Eine schülerorientierte Bibeldidaktik wird darum Struktur und Inhalt jenes Lebenslernprozesses berücksichtigen, wenn sie nach der Bedeutung von Bibeltexten für die Sinnorientierung der Jugendlichen fragt. Was Jugendliche wahrnehmen, fühlen und denken, läßt sich didaktisch im unterrichtlichen Dialog verstehen (vgl. 12.3.1). Es geht dabei wiederum nicht nur um die Klärung von Rahmenbedingungen. Der Religionsunterricht hat das Gelernte auch bewußt zu machen.

Schüler und Lehrer sollen verstehen, "was sie eigentlich tun, worüber und unter welchen historischen Bedingungen sie entscheiden und handeln, was eigentlich in ihren und hinter ihren Entscheidungen, Überlegungen, Handlungen steckt"[31]. In der gymnasialen Oberstufe ist die Anleitung zur Selbstreflexion eine notwendige Konmponente der Bildungsarbeit.

a) Was Jugendliche sich aneignen, ist durch die sozialen Beziehungen beeinflußt, die sie tangieren. Unter dem Begriff Sozialisation können wir die direkten und indirekten erzieherischen Einwirkungen und die Prozesse der soziokulturellen Assimilation zusammenfassen, die den Deutehorizont der Jugendlichen konstituieren[32]. Die Identifikationsprozesse und Erfahrungen im sozialen Kontext wirken sich strukturell und inhaltlich auf ihre Motivbildung aus. Der Dialog mit den Schülern nimmt wahr, was in ihnen steckt, und bearbeitet es in kritischer Reflexion. Das Zugehen auf den Bibeltext kann eine neue Perspektive eröffnen.

b) Die Didaktik führt den Jugendlichen dahin, Realität wahrzunehmen, um urteils- und handlungsfähig zu werden. Ihr Erfahrungshorizont hat sich auch aufgrund der Bildung in der Regel so geweitet, daß sie tiefere Zusammenhänge der historisch-gesellschaftlichen Wirklichkeit zu entdecken vermögen. Sich mit ihnen über leitende Sinnkategorien und Wertmaßstäbe zu verständigen, setzt die Reflexion auf die Mentalität voraus, die den Denk- und Deutehorizont der Zeitepoche ausmacht. Niemand kann sich der Einflußsphäre der Mentalität, in deren gesellschaftlichem Umfeld er steht, entziehen. Die unterrichtliche Reflexion intendiert darum vornehmlich die Einsicht in das Maß der Verflechtung der eigenen Realität in diese Mentalität. Bildung wird auf diesem Hintergrund gerade auch ihr geschichtliches Gewordensein und die Merkmale ihrer konkreten Ausprägung verständlich zu machen versuchen.

c) Lernprozesse können nicht allein als exogen determinierte Vorgänge gesehen werden. Besonders im Jugendalter tendiert die Entwicklung darauf, Identität zu gewinnen und zu präsentieren. Die Besonderheit des Individuums ist nicht ein Resultat von Identifikationen, sondern der junge Mensch muß auch "als erkennendes und selbstreflektierendes Wesen aufgefaßt" werden, "das ein Bild von sich und seiner Umwelt hat und beides im Zuge der Auswertung neuer und vorausgehender Erfahrungen modifiziert"[33]. Jugendliche treffen sehr wohl eigene Entscheidungen und bilden sich persönliche Urteile über die Vorgänge, Verhaltenswei-

31 W. Klafki, Neue Studien zur Bildungstheorie und Didaktik, 48.
32 Vgl. R. Ott, Sozialisation, in: G. Bitter/G. Miller (Hrsg.), Handbuch religionspädagogischer Grundbegriffe, Bd. 1, München 1986, 61-67.
33 R. Oerter/L. Montada, Entwicklungspsychologie, München ²1987, 77.

sen und Werthaltungen der soziokulturellen Umwelt. Das Potential des eigenständigen Urteilens und Handelns kann der Religionsunterricht auch dadurch unterstützen, daß er zu kritischer Verarbeitung der eigenen Erfahrungen anleitet.

d) Von besonderer Bedeutung sind in diesem Kontext die Merkmale der religiösen Entwicklung, die das Verhältnis der Jugendlichen zu Inhalten des Glaubens prägen; sie stehen teilweise auch in Zusammenhang mit der Mentalität der Zeitepoche. Einsichten in die lebensgeschichtliche Dimension religiösen Lernens haben hier ihren didaktischen Ort (vgl. 7. Kapitel).

- Die Jugendlichen lassen Inhalte des Glaubens nur im Horizont ihrer persönlichen Lebensperspektiven an sich heran.
- Nicht das Tradiertsein, sondern der Zusammenhang mit menschlichen Grund- und Alltagserfahrungen entscheidet über die Wahrheit des Glaubens.
- Im Empfinden und Erkennen menschlicher Grundsituationen, die sich an Alltagserfahrungen zeigen, kann der Sinn für das Übersteigende aufbrechen.
- Die Überbetonung der Rationalität erschwert den Zugang zu Erfahrungen, die ihren Ursprung und Ort in der Tiefenstruktur von Wirklichkeit haben.
- Die Entwicklung des religiösen Urteils gibt Auskunft darüber, in welcher Weise der Jugendliche Glaube und Erfahrung miteinander verknüpft.
- Wegen der Spannung zur gesellschaftlichen Umwelt, in die der Jugendliche bei der Ausformung seiner Sinnorientierung gerät, bedarf er der persönlichen Annahme, des kritischen Befragens der Mentalität und der Verknüpfung des Glaubens mit seiner Erfahrung.
- Religionskritische Einwände haben ihren Grund im Zweifel und in Widerständen gegen ein System von Wahrheiten, an dem die Jugendlichen Behinderungen in der Identitätsentwicklung wittern.

Diese Merkmale bilden erste Kriterien für die Schülerorientierung, auf die sich die Bibeldidaktik einzustellen hat. Selbstverständlich bedarf es im einzelnen genauerer Klärungen, bei denen wir auf entwicklungs-, sozial- und lernpsychologische Erkenntnisse angewiesen sind.
Mit diesen Überlegungen findet der Entwurf des Modells einer dialogischen Bibeldidaktik seine abschließende Entfaltung und Abrundung. Nachdem die zuletzt aufgewiesenen Kriterien der Schülerorientierung in das Schaubild eingetragen sind, ergibt sich folgende Gesamtansicht des Modells (vgl. folgende Seite).
Modellbeschreibung: Die Pfeile wollen die Dynamik eines in der Aufzeichnung nur in statischer Form erscheinenden Modells herausstellen. Die mittlere Ellipse (5) bezeichnet das Unterrichtsgeschehen, das Kor-

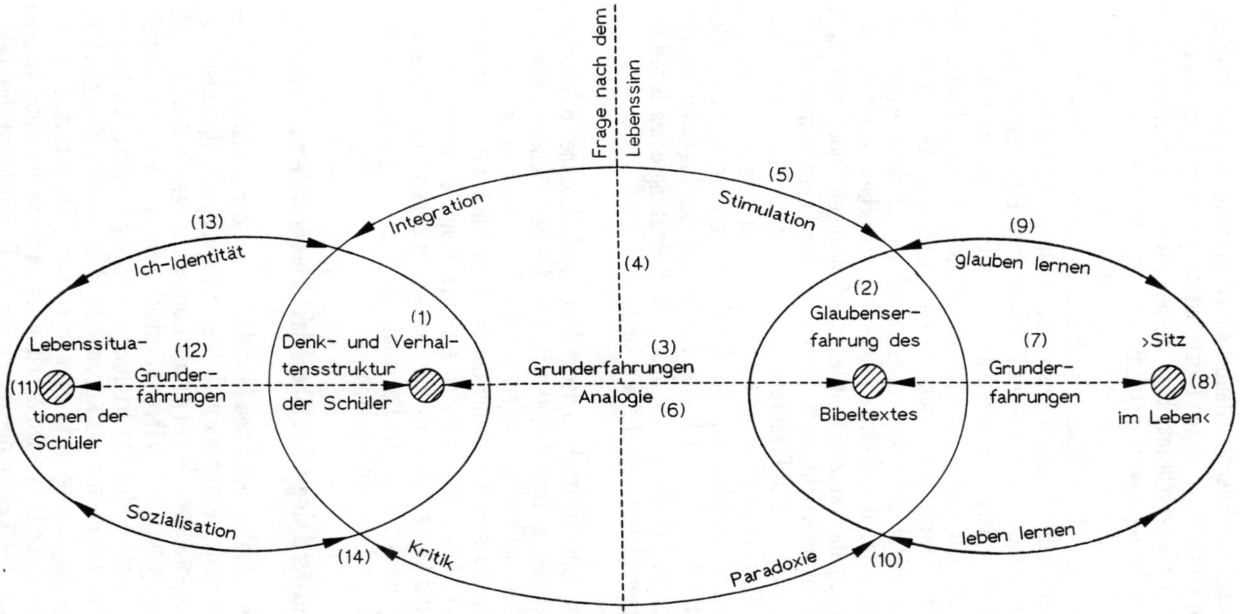

Grundstruktur des Dialogs zwischen

Schüler und Bibeltext

MODELL DIALOGISCHER BIBELDIDAKTIK

relationen zwischen biblischer Glaubensüberlieferung und den Schülern zu entwickeln versucht. In diesen Prozeß ist die jeweilige Dynamik zweier weiterer Ellipsen verschränkt bzw. diese sollen auf den unterrichtlichen Prozeß hin bezogen werden: die Bedeutungskonstitution des biblischen Textes (9) und die Dimensionen des Lebenlernens der Jugendlichen (13), die am Dialog mit der Bibel teilnehmen. Die letzteren Dimensionen kommen zu dem bisher beschriebenen Modell hinzu: Die Schüler bringen in die Auseinandersetzung um einen Bibeltext ihre Erfahrungen so ein, wie sie sie interpretieren und ausdrücken (1). Darin kommen ihre Lebenssituationen, mit denen sie sich auseinanderzusetzen haben, zur Sprache (11). Der Religionsunterricht ist auch der Ort des Gesprächs über diese Erfahrungen (5). Dabei kommt es darauf an, daß das Gespräch auf die bedeutsamen Grunderfahrungen menschlichen Lebens stößt (12). Der Prozeß der Auseinandersetzung mit jenen Erfahrungen findet aber nicht erst im Religionsunterricht statt. Ihr Prozeß des Lebenlernens (13) ist durch Identifikationen und Erfahrungen im sozialen Kontext (Sozialisation) beeinflußt, aber zunehmend gewinnen sie durch eigenes Urteilen und Handeln ihre Ich-Identität. Im Religionsunterricht trifft die Beschäftigung mit der Bibel auf diesen Lernprozeß der Jugendlichen (14) und sucht nach Verknüpfungen, in denen die Bedeutung eines Bibeltextes für die Jugendlichen aufscheinen kann.

Es läßt sich für eine solche dialogische Bibeldidaktik keine vollkommene Gestalt darstellen. Das Modell will nur die Beziehungen zwischen biblischer Glaubensüberlieferungen und der Lernsituation der Schüler beschreiben, in der sich Auslegung der Bibel im Blick auf die lernende Aneignung ihrer Lebensperspektiven ereignen kann. Es macht auf die Dimensionen des Lerngeschehens aufmerksam, in denen junge Menschen im Lernprozeß ihres Lebens die Botschaft der Bibel aufnehmen, verarbeiten und in ihr Leben integrieren.

12.4 Das Modell der dialogischen Bibeldidaktik in der Unterrichtsplanung

Das Gefüge des bibeldidaktischen Modells ist aus der kritischen Reflexion von Unterrichtssequenzen und ihrer religionspädagogischen Diskussion herausgewachsen. Was hier als Konzept ausgearbeitet ist, muß sich in der Praxis weiter bewähren. Deshalb geht der Weg der Arbeit wieder in den Bereich, der unmittelbar die Praxis betrifft. Es kommt nun darauf an zu zeigen, wie das Konzept der dialogischen Bibeldidaktik in der Unterrichtsplanung wirksam werden kann. Dazu bedarf es der Umsetzung des Modells in einen Arbeitsgang im Sinne der »didaktischen Analyse«, in der der Lehrer die verschiedenen Dimensionen des Lehr- und Lernprozesses aufschlüsselt, um Möglichkeiten des Lernens mit der

Bibel zu erkunden. Die Arbeit setzt hier an den Forschungsergebnissen von Wolfgang Klafki[34] und an der Rezeption des ersten Konzeptes der didaktischen Analyse bei Adolf Exeler[35] an und differenziert das Aufgabenfeld auf der Grundlage des Modells der dialogischen Bibeldidaktik. Jede Unterrichtsplanung braucht Kriterien, mit deren Hilfe der Lehrer entscheidet, was er mit den Schülern bearbeitet, welche Aspekte eines Themas in den Lehr- und Lernprozeß gehören und wie sich die Schüler eine Sache aneignen können. In den Entscheidungen, die auf das Lernen mit der Bibel ausgerichtet sind, verflechten sich exegetische, lernpsychologische und didaktisch-methodische Probleme. Da man nicht alles auf einmal klären kann, aber das eine mit dem anderen verschränkt bleiben muß, müssen die Kriterien dem didaktischen Reflexionsprozeß möglichst nahe kommen; ausgreifende wissenschaftliche Fragen müssen einen bestimmten Ort in diesem Gesamtfeld haben. Die Abfolge der Kriterien weist zwar eine bestimmte Linie aus, versteht sich aber nicht als Arbeitsschema. Wichtig ist vielmehr die innere Dependenz der Kriterien; die Arbeitsschritte können in beliebiger Folge vollzogen werden. Die Unterrichtsplanung ist in sieben Hauptfragen aufgegliedert, die jeweils in Teilfragen differenziert werden.

12.4.1 Themenfindung

Die Unterrichtsplanung kann von einem Bibeltext oder von den Schülern ausgehen. Jeder Startpunkt weist seine Besonderheit auf, muß sich aber im Gang der Reflexion auf den anderen beziehen. Bibeltext und Schüler können jeweils füreinander die Funktion der Frage erhalten. Was fragwürdig ist, bedarf des dem Grund der Sache nachgehenden Denkens. Darauf richtet sich das Hauptaugenmerk des Didaktikers.
Neben der Skizzierung der ersten Hauptfrage geht es im Abschnitt über die Themenfindung noch um einige grundsätzliche Probleme.

Problem der Themenfindung

Die erste Hauptfrage der didaktischen Reflexion kann zwar an verschiedenen Stellen ansetzen, will aber auf die vorläufige, allgemeine Entscheidung zusteuern:
In welchen Themen zeigt sich eine Möglichkeit der Verknüpfung von Erfahrungen und biblischer Überlieferung?

---

[34] Studien zur Bildungstheorie und Didaktik, Weinheim [10]1975, 135-143; Neue Studien zur Bildungstheorie und Didaktik. Beiträge zur kritisch-konstruktiven Didaktik, Weinheim 1985, 194-227.

[35] Inhalte des Religionsunterrichts, in: E. Feifel u.a. (Hrsg.), Handbuch der Religionspädagogik, Bd. 2, Gütersloh/Zürich 1974, bes. 98-103; vgl. K.E. Nipkow, Entwicklungspsychologie und Religionsdidaktik, in: Zeitschrift für Pädagogik 33 (1987) 149-165.

Auf folgenden Wegen (= Teilkriterien) können wir uns vortasten. Es kommt nämlich darauf an zu entdecken:

a) Welche Fragen stellen sich im gegenwärtigen Lebensbereich der Schüler, d.h. im Verhältnis der Jugendlichen zu sich selbst, zu den Mitmenschen, zur Natur und Kultur?

Der weite und aufmerksame Blick des Didaktikers auf unsere Lebenswelt kann durch kein Arbeitsprogramm ersetzt werden. Das offene Hinhören und Hinschauen auf die Schüler, ihr Verhalten und Reden, ihre Symbole und Gedankengänge ist eine durchgängige Aufgabe jedes Lehrers. Dabei geht es nicht um ein Beschreiben aus der Distanz, sondern um die Wahrnehmung ihrer Gedanken, Gefühle und Handlungen im direkten Dialog. An dem, was das Leben seiner Schüler ausmacht, auch kann der Lehrer am ehesten die Grunderfahrungen entdecken, die ihren derzeitigen Lebenshorizont bestimmen. Meist wird man zwischen den Zeilen lesen müssen. Unter den Äußerungen der Jugendlichen finden sich zahlreiche Fragen, die auch dann Gewicht haben, wenn sie nicht der erwarteten Sprachform entsprechen. Diesem Kriterium steht eine zweite Teilfrage gleichberechtigt zur Seite:

b) Welche Frage stellt ein Bibeltext an unser gegenwärtiges Lebensverständnis, d.h. an unser Verhältnis zu uns selbst, zu den Mitmenschen, zur Natur und Kultur?

Das aufmerksame Lesen der Heiligen Schrift öffnet dem Didaktiker den Blick für den Anspruch an unser Lebensverständnis, das in den verschiedenen Texten laut wird. Es bedarf der Sammlung, damit das Innere des Menschen offenbleibt für das Evozierende der Schrift und daß das Selbst einen neuen Horizont gewinnt, in dem die Dinge des Lebens einen neuen Stellenwert erhalten[36].

Solche Überlegungen muß die Didaktik immer wieder anstellen, um nicht im Netz der selbstgestellten Fragen hängenzubleiben. Was hier zunächst diffus erfaßt wird, bedarf der genaueren wissenschaftlichen Klärung, damit wir keine vorschnellen Urteile fällen. Eine erste didaktische Form erhalten die gewonnenen Erkenntnisse, wenn wir in vorläufiger Weise ein Problem formulieren, dem sich der Religionsunterricht stellen sollte. Die dritte Teilfrage lautet daher:

c) Welche Grunderfahrung des Menschen im Verhältnis zu sich selbst, zu den Mitmenschen, zur Natur und Kultur läßt sich im Bibeltext bzw. in den Einstellungen und Verhaltensweisen der Schüler erkennen?

Wie die Verknüpfung zwischen Bibeltext und Schülererfahrung herzustellen ist, das intendieren die folgenden Kriterien.

---

36 Vgl. G. Stachel, Biblische Spiritualität, in: Religionspädagogische Beiträge 16/1985, 2-34, bes. 30.34.

Eigenwert der Bibel

Obwohl dieses didaktische Modell biblische Überlieferung und Erfahrungen in eine Wechselbeziehung bringt, wird das Prinzip der Korrelation dem Eigenwert der Bibel nicht vollständig gerecht. Gerade die spirituelle Beschäftigung mit der Bibel läßt uns immer wieder den Reichtum und die Tiefe ihrer Weltdeutung aus der Gottesbeziehung (Bund Gottes mit den Menschen) erfahren. Ihr »Vorrat» an Sinn übertrifft alle anderen Deutesysteme, obgleich für viele Fragen in der Bibel nicht einfach Antworten parat liegen, sondern erst in der spannungsvollen Begegnung mit ihrer lebensbezogenen Glaubenstradition gefunden werden müssen. Die Erfahrung des Bibellesens zeigt, daß wir im geistvollen Aufmerken auf das Wort Gottes letztentscheidende Motive und Lebensformen entdecken können. Damit werden andere Weltanschauungen nicht ausgespielt, sondern eine tiefe, letztlich verstandesmäßig nicht zu rechtfertigende, sich in der Lebenspraxis jedoch immer wieder bewährende Überzeugung ausgedrückt.

Frage nach dem Gegenstandsbereich des Religionsunterrichts

Hinzu kommt als weiterer Aspekt die Frage nach dem spezifischen Gegenstandsbereich des Religionsunterrichts. Die grundsätzliche Frage läßt sich hier nicht klären, aber eine Entscheidung ist als Ausgangspunkt für das didaktische Vorgehen notwendig. Lerngegenstand des Religionsunterrichts ist die konkrete Religion in ihrer historisch gewachsenen Erscheinungsform; in seinen Inhalten bleibt der Religionsunterricht an deren grundlegenden religiösen Zeugnissen, deren Symbolen und Bekenntnissen, deren kommunikativer Praxis und Ethik in der geschichtlichen und gegenwärtigen Ausformung orientiert.

Das Christentum, näherhin die katholische Kirche, ist primär gelebter Glaube in historisch gewachsener Gestalt. Der Religionsunterricht behält sein Profil, wenn er sich ständig zu den entscheidenden Dimensionen und Inhalten der gläubigen Weltsicht und zur religiösen Lebenspraxis der Kirche in Beziehung setzt. Der Bezug zur konkreten Religion ist als Fundament dieses Faches notwendig. Denn ein abstrakter Religionsbegriff ohne unmittelbare Rückbindung auf die geschichtlich bestimmte und vermittelte Religion bleibt leer und ist für die didaktische Vermittlung unbrauchbar, weil er sich nicht operationalisieren bzw. beliebig auslegen läßt. Werner Simon wies nach, "daß der in der religionspädagogischen Diskussion aufgegriffene Religionsbegriff Paul Tillichs keineswegs jene inhaltliche Offenheit und Unverbindlichkeit zeigt, die ihm als Paradigma eines weiten Religionsbegriffs unterlegt wurde"[37]. Tillichs Religionsbegriff wurzelt in den Inhalten der jüdisch- christlichen

37 W. Simon, Inhaltsstrukturen des Religionsunterrichts. Einer Untersuchung zum Problem der Inhalte religiösen Lehrens und Lernens (SPT 27), Zürich 1983, 323-33, hier 327.

Glaubenstradition, und diese selbst ist für das Christentum als konkrete Religion "letztgültig und normgebend"[38].

Diese Rückbindung ist primär nicht institutionalistisch zu verstehen oder als Ausschluß kritischer Reflexion. Gerade die Spannung von Verheißung und Anspruch, von Botschaft und Umkehrforderung, die zur Grundstruktur der christlichen Religion gehört, impliziert die Notwendigkeit von Kritik. Es geht vielmehr darum, die Sache des Christentums so klar wie möglich erfahrbar werden zu lassen und abzuheben von allem, was verdunkelnd wirkt und Mißverständnisse erzeugt. Im Lernprozeß soll eine Beziehung gestiftet werden zu der konkreten Religion und ihren Erscheinungsformen, in denen der Glaube anschaubar, vernehmbar und im konkreten Handeln mitvollziehbar wird.

Die Korrelation bleibt darum im letzten einseitig, insofern der Religionsunterricht in der Entscheidung, womit er die Schüler befaßt, das Schwergewicht auf die Glaubensüberzeugungen der Kirche legt. Insofern aber dieser Glaube das Gespräch über menschliches Leben und seine Sinnrichtung wesenhaft impliziert, ist die didaktische Analyse niemals vom Nachdenken über die Wechselbeziehung des Glaubens mit dem konkreten Leben der Adressaten entbunden. Die Vor-Gabe des Wortes Gottes bleibt immer unsere Auf-Gabe; wir können sie nur in der Wechselbeziehung zu konkreten menschlichen Erfahrungen ein-holen.

12.4.2 Untersuchung der Sachstruktur des Bibeltextes

Das Interesse der Bibeldidaktik richtet sich primär auf die Frage der persönlichen Aneignung biblischer Inhalte. Deshalb ist als heuristischer Schritt die erste Hauptfrage (wie das Vorzeichen vor der Klammer in einer mathematischen Aufgabe) vorgeschaltet, d.h. sie bleibt auch für die folgenden Reflexionsgänge virulent. Im Rahmen der Korrelation von Glaube und Erfahrung ist darum nach der Sachstruktur des Bibeltextes zu fragen, den der Religionsunterricht in den religiösen Lernprozeß einbringen will. Was die Didaktik hier zu entscheiden hat, kann sie nur im Gespräch mit der Exegese angehen; die Einleitungswissenschaft und die Textexegese müssen sich auf die didaktische Perspektive einlassen bzw. von ihr befragt werden.

Die zweite Hauptfrage der didaktischen Analyse versteht die Sache des Textes von der Fragestellung her, die die Adressaten aus ihrem Verständnishorizont heraus stellen:
Welche bewegenden Erfahrungen und Deutungen der Lebenswelt bringt der Bibeltext in unser Existenzverständnis ein?

Biblische Texte müssen also näher darauf untersucht werden, wie in ih-

[38] P. Tillich, Systematische Theologie, Bd. 1, Stuttgart 1955, 161.

nen Leben und Glauben ineinander gefügt sind. Dazu muß die didaktisch interessierte Exegese vom Äußeren zum Inneren voranschreiten. Folgende Teilkriterien dürften dabei ein Rolle spielen, wenn auch mit ganz unterschiedlichem Gewicht:

a) Womit beginnt und endet die Texteinheit, mit der wir uns befassen? In welchem Kontext steht sie bzw. welche Elemente des Kontextes sind für das Verständnis wichtig?

b) In welcher Sprachform (literarische Gattung, Redeformen u.a.) spricht der Text den ursprünglichen Leser an? Welche Erwartungen oder Barrieren ruft sie beim heutigen Leser hervor?

c) Welche Glaubenserfahrung ist für den Bedeutungszusammenhang des Bibeltextes konstitutiv?
   - In welche Abschnitte können wir den Text gliedern?
   - Was macht die thematische Struktur der einzelnen Abschnitte aus?
   - Welches sind die inhaltlichen Schwerpunkte des Textes?
   - Worin besteht der innere Zusammenhang der Abschnitte und der Wandel von Anfang zum Ende der Texteinheit?
   - Welchen inhaltlichen Anspruch erhebt der Text an den Leser?

d) Welcher konkrete Erfahrungshorizont bestimmt den Text (»Sitz im Leben«)?
   - Welche Probleme seiner Adressaten (Konflikte, historische Situation, Lebenserfahrung) spricht der Text an?
   - Welche menschliche Grunderfahrung, die den Alltag der Adressaten bestimmt, thematisiert er?
   - Welche religiösen Vorstellungen und Lebensformen bestimmen die Adressaten?
   - Worin bestehen Analogien zur heutigen Lebenswelt?

e) Welche Intentionen hinsichtlich der Lebenspraxis verfolgt der Text?
   - Wie spricht der Text seine Adressaten an?
   - In welcher Weise bzw. mit welchen Argumenten will der Text seine Adressaten bewegen?
   - Welche Momente der Glaubensüberlieferung bilden das Schwergewicht des Textes (innerbiblische Bezüge)?
   - Welche Wirkung will der Text erzielen?

Was den Didaktiker an einem Bibeltext interessiert, muß nicht mit dem Interesse der Schüler zusammenfallen. Die Unterrichtsplanung sollte sich darum für die Akzente der Schüler offenhalten, damit es zu einem wirklichen Dialog kommen kann.

f) Wie lesen die Schüler den Text?
   - Woran stoßen sie sich?
   - Welche Aussagen erregen ihr besonderes Interesse?
   - Wie begründen die Schüler ihre Einschätzung des Textes?
   - Welche Mißverständnisse muß der Unterricht aufklären?

Die Schwierigkeiten und Verknüpfungen, die die Schüler selbst bemerken bzw. herstellen, sind gerade didaktisch bedeutsame Gesichtspunkte für die Korrelation mit ihrer Erfahrungswelt. Darauf gehen die weiteren Überlegungen näher ein.

12.4.3 Bezug des Bibeltextes zum Erfahrungshorizont der Schüler

Was am Bibeltext erkannt ist, muß der Religionsunterricht mit der Erfahrung der Schüler vernetzen, insoweit es ihren Voraussetzungen entspricht. Die Unterrichtsplanung muß solche Verbindungslinien in grundsätzlicher, wenn auch vorläufiger Form entwickeln.
Mit der dritten Hauptfrage richtet sich die Didaktik der Korrelation auf die Lebenssituation der Schüler aus, um mit ihnen die Dimensionen ihrer Sinnorientierung zu ergründen.
Welche Bedeutung hat das Thema des Bibeltextes in den Erfahrungen, die die Alltagswelt der Jugendlichen ausmachen?
Wir fragen nach konkreten Situationen des Alltagsleben, in denen die Jugendlichen bestimmte Sinnerfahrungen machen und ihrem Leben eine bestimmte Bedeutung geben. Dabei kommen auch die Sozialisationsbedingungen unserer Gesellschaft, die die Einstellungen, Vorurteile, Interessen der Schüler beeinflussen, in den Blick. Die Frage richtet sich also auf das Bewußtmachen der Perspektive, in der wir, d.h. Schüler und Lehrer, unsere Wirklichkeit tatsächlich und scheinbar selbstverständlich wahrnehmen, beurteilen, be-handeln. In diesem Kontext fragen wir nach der Bedeutung, die das Thema des Bibeltextes in der Erfahrung der Schüler bereits hat.
Man kann diesen Fragekreis in folgende Teilkriterien aufgliedern:

a) Auf welche konkreten Lebenssituationen der Schüler bezieht sich das Thema?
b) An welchen konkreten Sachverhalten des Lebens der Schüler kann der Unterricht anknüpfen bzw. Interesse wecken?
c) Welche Auffassungen und Verhaltensformen sind in den Lebenssituationen und Konflikten wirksam?
d) Welche Elemente epochaler Mentalität schlagen sich in der Vorstellungswelt der Schüler nieder?
e) Welche Bedeutung hat das Thema des Bibeltexts bereits im geistigen Leben der Schüler, ihren Einstellungen und Vorstellungen?
f) Welche Eigentümlichkeiten des Themas werden den Schülern das Verständnis des Bibeltextes vermutlich erschweren?

12.4.4 Bedeutung des Bibeltextes für die Zukunft der Jugendlichen

Die Begegnung mit dem Bibeltext soll einen Lernprozeß initiieren. Die gegebenen Perspektiven von Wirklichkeit gilt es darum aufzuarbeiten und zu verändern oder auch zu bekräftigen, sowie zu erweitern, mit den

Schülern höhere Erkenntnisse zu gewinnen und neue, bewußtere und differenziertere Handlungsmöglichkeiten zu erschließen. Deshalb geht es hier um die differenzierte Darstellung der Impulse, die das Thema in die Entwicklung des Denkens, Fühlens und Handelns der Jugendlichen einbringen soll. Auf diese Weise wollen wir zu realistischen Lernzielen kommen, die sowohl Lernfortschritte ermöglichen als auch Motivation aufbauen.
Mit der vierten Hauptfrage will daher die Didaktik zu klären versuchen: Welche Bedeutung hat der Bibeltext für die Zukunft, d.h. für die weitere Entwicklung und Sinnorientierung der Jugendlichen?

Dieser Fragekreis läßt sich in folgende Aspekte unterteilen:

a) Welche Interessen und Erwartungen der Jugendlichen für ihre persönliche Zukunft und/oder für die Gesellschaft spricht der Text an?
b) Welche besondere Welt- und Lebensperspektive entwirft der Bibeltext für die Deutung der konkreten Lebenssituationen?
c) In welcher Beziehung steht der Anspruch des Bibeltextes zu den geltenden Sinn- und Wertvorstellungen der Schüler und der Mentalität ihrer Zeitepoche?
d) Wo ist bei den Schülern mit Ansätzen zu Motivation und Fragebereitschaft zu rechnen?
e) Was sind die entscheidenden Sachverhalte, die verstanden und als Wissensbesitz behalten werden sollten? (Lerninhalte)

12.4.5 Einordnung des Themas in das Gesamt religiösen Lernens

Wir müssen ein Unterrichtsthema so konkret wie möglich fassen, um die Erfahrungswelt der Schüler zu treffen. Aber es steht nur als Exempel für allgemeine Zusammenhänge, Strukturen, Widersprüche, Handlungsmöglichkeiten, die es zu erarbeiten gilt. Darum ist das Thema auf solche allgemeinen Ziele hin auszulegen, die der Religionsunterricht anstrebt[39]. Außerdem ist zu klären, worin die Vorzüge des Bibeltextes bestehen, die ihn als Exempel in dieser Altersstufe geeignet erscheinen lassen.
Die fünfte Hauptfrage wird deshalb so zu stellen sein:
Was sind die allgemeinen Lernziele, die wir anhand des exemplarischen Unterrichtsthemas anstreben können?

Mögliche Teilkriterien sind:

a) In welchen größeren Zusammenhang religiösen Lernens läßt sich die Beschäftigung mit dem Bibeltext einordnen?
b) Welche Aspekte können dabei gefördert werden?

[39] Zur Zielfrage religiöser Erziehung und Bildung vgl. U. Hemel, Ziele religiöser Erziehung. Beiträge zu einer integrativen Theorie, Frankfurt/M.-Bern 1988, bes. 672-690.

c) Welche Möglichkeiten der Horizonterweiterung bietet die Beschäftigung gerade mit diesem Bibeltext?

Diese Überlegungen heben auf eine erste allgemeine Formulierung von Lernzielen (Grobzielen) ab, die auf der inhaltlichen und methodischen Ebene weiter zu differenzieren sind.

12.4.6 Thematische Strukturierung und Zugänglichkeit des Themas

Mit den bisher angeführten Kriterien wurde der Horizont abgesteckt, in dem sich der Unterricht bewegen kann. Die unmittelbare Vorbereitung der Unterrichtsstunden entscheidet auf dieser Grundlage über die konkreten Inhalte, Arbeitsformen und Lernkontrollen. Es geht darum, ein Unterrichtsthema genauer zu bestimmen und seine Inhalte in Form von Teilthemen zu konkretisieren. Außerdem sind die Lernformen zu klären, die für die Aneignung der Inhalte in dieser Altersstufe geeignet sind.

Am Ende dieser Überlegungen steht die Formulierung von Teillernzielen, die das Grobziel in Inhaltselemente und Lernschritte aufgliedern. Sie geben auch die Übersicht über die konkrete Unterrichtsarbeit, indem sie die entscheidenden Inhalts- und Lernakzente aufzeigen; im Unterrichtsverlauf dienen sie als Orientierungsmarken. Die Lernfortschritte des Unterrichts müssen zudem dem Erfahrungshorizont, der Sozialisation und dem Erfassungsvermögen der Schüler entsprechen. Dazu sind ein an-sprechender Einstieg und passende Arbeitsformen zu erkunden. Schwierigkeiten und mögliche Störfaktoren sind mitzubedenken.

Die sechste Hauptfrage wird darum so formuliert:

Worin bestehen die elementaren Inhalte des Unterrichtsthemas?

Als Teilkriterien sind zu beachten:

a) Wo liegt der Knotenpunkt im Verhältnis von Bibeltext und Schülersituation?

b) Welche Momente aus der Perspektive der Schüler und des Bibeltextes sind für die unterrichtliche Bearbeitung des Themas unerläßlich?

c) Enthält das Thema verschiedene Ebenen, die für das Verstehen des Ganzen wichtig sind?

d) Wie hängen die ermittelten Momente miteinander zusammen?

e) Welches sind die notwendigen Voraussetzungen für die Auseinandersetzung mit dem Thema?

f) Auf welche Weise können die Schüler einen (erfahrungsbezogenen) Zugang zum Thema gewinnen?

g) Welche Repräsentationsformen (handelnd, bildhaft, symbolisch, diskursiv) und Lerninhalte sind dem Verstehenshorizont der Schüler angemessen? (methodische Überlegungen)

h) An welchen Fähigkeiten, Erkenntnissen und Handlungsformen soll sich zeigen, daß die Lernschritte erfolgreich waren?

Bei dieser Hauptfrage geht es auch um die Durchführbarkeit des Themas im schulischen Unterricht.

12.4.7 Methodische Artikulation der Unterrichtssequenz

An Ende der Unterrichtsvorbereitung steht ein zielorientiertes Unterrichtskonzept, in dem die einzelnen Planungselemente wechselseitig aufeinander bezogen werden. Es zeigt die methodische Struktur auf, die die Unterrichtsschritte als Ganzes erfaßt und die einzelnen Phasen der unterrichtlichen Arbeit darstellt. Der Aufbau kann Spielraum für Alternativen vorsehen. Eine große Rolle spielen dabei die Interaktionsformen. Vor allem muß der Lehrer offenbleiben für das Geschehen des Unterrichts; er muß die Mitsteuerung des Unterrichts durch die Schüler zulassen. Deshalb hat eine methodische Artikulation immer vorläufigen Charakter.
Die siebte Hauptfrage hebt also auf die konkrete Unterrichtsplanung ab: Wie lassen sich die ermittelten Momente des Themas in eine Abfolge des Lehr- und Lernprozesses bringen?

Die Lernschritte der Schüler bilden den Kern der Feinplanung, weil Unterricht auf den Aneignungsprozeß der Lernenden ausgerichtet ist. Die Handlungsaspekte der Schüler (Inhalt und Arbeitsform) gliedern das Lerngeschehen und zeigen eine geordnete, auf ein Ziel ausgerichtete Abfolge der Sachentwicklung im Unterricht. Ihre konkrete Gestalt muß unter lernpsychologischen Gesichtspunkten bedacht werden. Die einzelnen Lernschritte der Schüler können nur in der Interdependenz zu anderen Planungselementen, den Vermittlungshilfen des Lehrers, den Sozialformen und den Medien näher bestimmt werden.
So können wir diese Hauptfrage in folgende Teilkriterien aufgliedern:

a) Welche spannungs- und interesseweckende Anfangssituation entspricht Inhalt, Ziel und Lerngruppe?
b) In welche Arbeitsschritte, die dem Inhalt und den Fähigkeiten der Schüler entsprechen, kann man das Thema aufgliedern?
c) Welche Aktionsformen des Lehrers und der Schüler sind erforderlich? mit welchen Inhalt? in welcher Form? in welchem Unfang? in welchem rhythmischen Wechsel?
d) Welche Medien und Arbeitsmittel sind sinnvoll und notwendig? Wie werden sie zweckmäßig verwendet?

Die genannten Kriterien sind Hilfsinstrumente, um dem Dialog mit der Bibel im Unterricht eine Struktur zu geben. Sie haben deshalb nur funktionellen Wert, insofern sie den Dialog zwischen Schüler und Bibeltext vorbereiten. Ein lebendiger Dialog kommt erst dort zustande, wo sich der Unterricht selbst in unmittelbarer Weise sowohl den bewegenden

Einsichten, die uns aus der Bibel entgegenkommen, als auch den Erfahrungen und Deuteversuchen der Schüler selbst stellt.
Mit diesem Konzept der Unterrichtsplanung schließt die Diskussion über die Theorie biblischer Korrelationsdidaktik.
Der Modellentwurf zeigt, daß die Korrelationsdidaktik ein angemessener Weg ist, um den Schülern die Botschaft der Heiligen Schrift als eine für ihr Leben und ihr Sinnverständnis bedeutsame Orientierungsgröße zu vermitteln. Dabei geht keineswegs das Eigengewicht der Bibel verloren, wenn ihr nicht nur eine sorgfältige Textauslegung zugrunde liegt, sondern auch die entscheidene theologische Intention in den Dialog über die menschlichen Erfahrungen eingebracht werden. Die verschiedenen Dimensionen des Modells versuchen einerseits die Funktionalisierung der Bibel zu vermeiden, andererseits ihre Botschaft mit der Sinnorientierung in Grunderfahrungen des Lebens der Jugendlichen zu verknüpfen. Mit dem Konzept sind keineswegs alle Probleme abgeklärt, sondern nur entscheidende Koordinaten didaktischen Handelns aufgewiesen. In der Praxis selbst stellen sich meist noch Probleme, die sich nicht mit allgemeinen Kriterien lösen lassen. Dennoch verdeutlicht das Modell solche Kriterien bibeldidaktischer Reflexion, auf die sich der unterrichtliche Dialog über Texte der Bibel einzustellen hat.

FÜNFTER HAUPTABSCHNITT

Das Modell der dialogischen Bibeldidaktik in der Praxis

Ausgewählte Perikopen der Korintherbriefe im Religionsunterricht der gymnasialen Oberstufe

Die Schwierigkeiten der Unterrichtspraxis haben dazu veranlaßt, Ansatz und Zielsetzung der Bibelauslegung im Religionsunterricht der gymnasialen Oberstufe neu zu bestimmen. Nachdem das Gesamtkonzept in seinen verschiedenen Aspekten dargestellt und begründet ist, sind Rahmen und Kriterien für eine neue Praxis gewonnen. Damit müssen wir jetzt wieder zur unterrichtlichen Auslegung der Korintherbriefe zurückkehren, um das Modell der Bibelauslegung an konkreten Themen durchzuspielen.
Die folgenden Kapitel stellen darum konkrete Unterrichtsbeispiele dar, die auf der Grundlage des Modells dialogischer Bibeldidaktik in der Praxis durchgeführt wurden. Die didaktische Entfaltung geschieht anhand der Kriterien für die Unterrichtsplanung (vgl. 12.4), die das Bindeglied zwischen dem Theoriemodell und der praktischen Lehrtätigkeit bilden. Es ist aus räumlichen Gründen weder möglich, den gesamten Textbestand der zwei Korintherbriefe didaktisch aufzuschlüsseln, noch können die einzelnen Themen nach allen Seiten hin abgeklärt werden. Die Arbeit geht in diesem Dilemma einen mittleren Weg: Zunächst verschaffen wir uns einen vorläufigen Überblick über mögliche Themen für den Religionsunterricht der gymnasialen Oberstufe, d.h. wir stellen die erste Hauptfrage der didaktischen Analyse an die Paulusbriefe (vgl. 12.4.1). Aus dieser Übersicht werden dann fünf Themen didaktisch aufgeschlüsselt.

Dreizehntes Kapitel

13.0 THEMEN AUS DEN KORINTHERBRIEFEN FÜR EINEN DIALOGISCHEN RELIGIONSUNTERRICHT

Die Themenfindung im Religionsunterricht kann sowohl bei der Schülersituation als auch beim Bibeltext ansetzen (vgl. 12.4.1). Da es Absicht dieser Arbeit ist, Möglichkeiten der Auslegung der Korintherbriefe zu erkunden, wird der Zugang von der Bibel her gewählt. Die erste Hauptfrage der didaktischen Analyse zielt jedoch auch auf den Lebensbereich der Schüler; diese Dimension darf nicht verlorengehen. Der Weg vom Schüler her setzt seinerseits die Kenntnis der Bibeltexte beim Didaktiker voraus. Dennoch bleibt die Frage: Wie können wir vorgehen, um den korrelativen Ansatz der Bibelauslegung in Gang setzen zu können? Bevor wir konkrete Themen eruieren, ist die Vorgehensweise der Themenfindung darzulegen.

13.1 Zur Vorgehensweise der Themenfindung

Vom Bibeltext zu konkreten Unterrichtsthemen zu gelangen, ist ein schwieriges Unterfangen. Eine nahtlose Verknüpfung der alten Texte mit dem gegenwärtigen Lebenshorizont ist nicht unmittelbar möglich. Aufgrund des didaktischen Modells ist auch nicht so zu verfahren, daß zuerst eine exegetisch-bibeltheologische Interpretation erfolgt. Die historisch-kritische Fragestellung ist zwar ebenso wie die Religionspädagogik von der Perspektive heutiger Weltsicht inspiriert, zielt aber im Kern ihrer Forschung nicht auf die lernende Aneignung der Bibel[1]. Insofern die Exegese durch ihre historische und sprachwissensschaftliche Forschung den Lebenskontext und die Glaubenserfahrung der Texte zu erschließen sucht, unterstützt und fundiert sie jedoch den Prozeß der Applikation der Bibel auf das heutige Sinnverständnis hin. Wir können von der Exegese darum nur die Klärung solcher Probleme erwarten, die die Sachstruktur der Texte betreffen (vgl. 12.4.2). Da es nicht um ein direktes Transferieren exegetischer Erkenntnisse in den Religionsunterricht geht, muß die Frageperspektive bereits didaktisch inspiriert sein. In diesem Falle gilt es, sich nicht nur des eigenen Vorverständnisses zu vergewissern, sondern den Standpunkt der subjektiven Interessen und der Gegenwart bewußt einzunehmen, um überhaupt das eine mit dem anderen vermitteln zu können[2]. Doch wie können wir dabei vorgehen, da noch alles offen ist?

Voraussetzungen der Themenfindung

Die Frage der Vorgehensweise ist in einer offenen Erkenntnissituation, wie sie religionsdidaktische Problemfelder häufig darstellen, nicht mit einem Methodenaufriß zu beantworten; der Weg ist vielmehr erst noch im Interesse an der Sache ausfindig zu machen. Im Modell der dialogischen Bibeldidaktik richtet sich das Interesse auf die Bibel und die Schüler gleichermaßen und mit gleichem Recht. Um Themen des Lernprozesses bestimmen zu können, bedarf es zweier Voraussetzungen.

a) Die persönliche Wertschätzung der Bibel, in unserem Falle besonders der Paulusbriefe, eröffnet erst die Möglichkeit, ihren Inhalt anderen

[1] So in aller Deutlichkeit K. Müller, Exegese/Bibelwissenschaft, in: P. Eicher (Hrsg.), Neues Handbuch theologischer Grundbegriffe, Bd. 1, München 1984, 332-353, hier 333f.

[2] H.G. Gadamer sieht das Erkenntnisideal in den Geisteswissenschaften "durch die jeweilige Gegenwart und ihre Interessen in besonderer Weise motivert" (Wahrheit und Methode. Grundzüge einer philosophischen Hermeneutik, Tübingen ^{2}1965, 269).

Menschen erschließen zu können. Hier ist nicht eine Vorliebe für die Bibel oder ihre Altehrwürdigkeit gemeint, sondern die Anerkennung ihrer Wahrheit. Die Bibel erhält normativen Charakter gerade dadurch, daß sie sich im Sich-Einlassen auf ihre Welt immer wieder neu als wahr erweist. Bedeutung erhält sie nur für den, der sich auf den fortwährenden Prozeß des Wieder-Lesens einläßt. Wer das Lesen der Bibel er-fahren hat, vermag ihr Wort so zu verstehen, als sei es eigens für unsere gegenwärtige Welt gesagt[3]. Theologisch basiert die Autorität der Bibel auf der Offenbarung des Wortes Gottes, das auf vielerlei Weise der ganzen Welt den unhintergehbaren Heilswillen Gottes bekundet. Die Kirche sieht darum in ihr "die höchste Richtschnur ihres Glaubens, weil sie, von Gott eingegeben und ein für alle Male niedergeschrieben, das Wort Gottes selbst unwandelbar" vermittelt "und in den Worten der Propheten und der Apostel die Stimme des Heiligen Geistes vernehmen" läßt[4]. Von der Bibel kann darum nur der sprechen, der sie gründlich studiert und ihr "innerer Hörer"[5] wird. Der Religionslehrer muß sich demnach in persönlichem Lesen mit dem Gehalt der Bibel vertraut machen, indem er sein Leben, sein Fühlen und Denken immer wieder im Lichte ihrer Wahrheit bedenkt.

b) Der Bezug der Bibeltexte auf die Schülersituation setzt voraus, daß bereits vorgängig reflektierte Erfahrungen mit der Lebenswelt der Jugendlichen vorhanden sind. Die Alltagsgeschäfte des Schulbetriebs verstricken den Lehrer freilich so in die Abwicklung der zu erledigenden Aufgaben, daß wenig Distanz und Zeit zu ruhiger und bedächtiger Besinnung auf die tatsächliche Situation seiner Schüler bleibt. Einen solchen Standort der »Ruhe im Sturm« muß er aber gewinnen, um die Mentalität der Schüler wahrnehmen zu können. Hiermit ist schon angedeutet, daß bei dieser Voraussetzung die Rezeption der Jugendforschung nicht an der ersten Stelle der didaktischen Arbeit steht; ihre Ergebnisse dienen dazu, die eigenen Beobachtungen auf das Allgemeine und Repräsentative zu beziehen[6]. Ein Lehrer unterrichtet nicht die Jugend, sondern eine bestimmte Anzahl von Individuen, von denen jeder seinen spe-

---

3 Mit ähnlichen Worten umreißt H.G. Gadamer den Begriff des "Klassischen"; vgl. ebd., 276.

4 Vgl. Dogmatische Konstitution über die göttliche Offenbarung, Nr. 7.11.21, in: Lexikon für Theologie und Kirche. Das Zweite Vatikanische Konzil, Bd. II, Freiburg 1967, 497-583, hier 571f.

5 Ebd., 579 (Nr. 25) als Wort von Augustinus zitiert.

6 Vgl. K.R. Allerbeck/W.J. Hoag, Jugend ohne Zukunft? Einstellungen, Umwelt, Lebensperspektiven, München 1985; H. Bertram, Jugend heute. Die Einstellungen der Jugend zu Familie, Beruf und Gesellschaft, München 1987; Emnid Institut, Zur geistigen Situation der Jugend unter Berücksichtigung bildungsrelevanter Aspekte, Bielefeld 1985; Jugendwerk der Deutschen Shell (Hrsg.), Jugendliche und Erwachsene '85, Hamburg 1985.

zifisch gefärbten Charakter, seine je eigene Lebensgeschichte und seinen persönlichen Horizont besitzt. Es gilt darum, zu allererst unvoreingenommen und in aufmerksamer Distanz das wahrzunehmen, was in dieser konkreten Lerngruppe vorhanden ist; der Lehrer begleitet und unterstützt ja den Lebenslernprozeß dieser Individuen. Schließlich ist der individuelle Standort der Jugendlichen auch das Vorverständnis, an dem die Unterrichtsthematik anknüpfen muß.
Einsicht gewinnt der Lehrer über gezielte Befragungen. Diese treffen aber meist nur grobe Einstellungen oder querschnittartige Ansichten; die Dynamik, die im Denken und Fühlen der Schüler wirksam ist, wird erst im Kontext konkreter Problemstellungen und Themen deutlich. Es geht vielmehr um eine Grundhaltung des Lehrers, die man so charakterisieren könnte:

- hinhören auf die Argumentationsweise der Jugendlichen,
- hinsehen auf ihre Gesten und Körperhaltungen,
- sich ohne Apologie auf ihre Vorstellungen einlassen,
- sich ihre Empfindungen wirklich an-gehen lassen.

Im Dialog entdeckt der, der gleichzeitig zu sich selbst Distanz gewinnt, die Spuren, auf denen sich der Partner bewegt, am besten. Zugleich verspürt er auch die Spannung, die zwischen den unterschiedlichen Verstehenshorizonten besteht. Solches gehört in die normale Religionsstunde, bedarf also nicht besonderer Untersuchungen.

Themenfindung durch Schriftmeditation

Der Frageansatz bestimmt in der Regel auch die Richtung, in die sich die Wahrnehmung von Sachverhalten wendet. Da in einer korrelativen Didaktik die beiden Pole der biblischen Glaubenserfahrung und der Schülersituation von Anfang an aufeinander bezogen werden, müssen beim Lesen der Bibel beide Pole im Blick bleiben. Bei der Themenfindung spielt darum die dritte Teilfrage der ersten Hauptfrage eine große Rolle: "Welche Grunderfahrungen des Menschen im Verhältnis zu sich selbst, zu den Mitmenschen, zur Natur und Kultur lassen sich im Bibeltext bzw. in den Einstellungen und Verhaltensweisen der Schüler erkennen?"
Das subjektbezogene Interesse an Grunderfahrungen dürfte für die Themenfindung zunächst produktiver sein als die objektivierende Bestimmung allgemeiner Existentialien[7], wenn es für die Weite des Anspruchs,

[7] Eine Inhaltsbestimmung anhand eines didaktischen Strukturgitters, das zentrale Begriffe theologischer Fachdisziplinen auf (phänomenologisch aufgewiesene) Koexistentialien bezieht, legten Günter Biemer und Albert Biesinger vor (vgl. diess., Theologie im Religionsunterricht. Zur Begründung der Inhalte des Religionsunterrichts aus der Theologie, München 1976, 108-116; G. Biemer, Elemente zu einer curricularen Strategie für den Religionsunterricht in der Sekundarstufe II, in: Pädagogische Rundschau 27 (1973) 798-822). Eine solche systematische Übersicht hat "orientierende Funktion" für das Ganze des Religionsunterrichts (Theologie im Religionsunterricht, 109), für das Auffinden einer lebens- und adressatennahen Thematik ist sie weniger nützlich.

den die Bibel intendiert, und für die Unterschiedlichkeit konkreter Lebenssituationen offen bleibt. Jeder Lehrer kann seinen Standort, den er in der Bibellektüre für sich gewonnen hat, zu größerer Situationsangemessenheit verändern, sofern er sich im Dialog die Erfahrungen anderer Menschen angehen läßt und sie verarbeitet. Aber er muß zuerst selbst einen Standort haben. Das Subjektive muß sich dann öffnen für das, was andere erleben und wie andere ihr Leben gestalten, aber auch für neue Erkenntnisse aus der Heiligen Schrift. Die Reflexion über die Mentalität der Zeitepoche, in deren Fluidum auch der Religionslehrer steht, gehört dadurch schon zum Anfang der didaktischen Analyse. Die persönliche Meditation der Schrifttexte erwies sich für diese Arbeit als fruchtbarer Weg, um die Dimensionen der biblischen Aussagen allmählich zu erschließen. Die Frage nach den Grunderfahrungen bildet darin den roten Faden.

Auf dem Hintergrund dieser Überlegungen lassen sich folgende Schritte der Themenfindung identifizieren, in denen sich das Meditieren und Durcharbeiten der Korintherbriefe vollzog:

a) Ich habe den gesamten Text der beiden Korintherbriefe als den einen Part eines längeren Dialogs des Apostels Paulus mit der Gemeinde in Korinth in Abschnitten gelesen. Im Vordergrund des Interesses standen nicht die Lehre und die Glaubensinhalte, die sich herausfiltern ließen, sondern der Mensch Paulus, der seine gesamte rhetorische Kunst darauf verwendet, die Korinther vom Falschen abzubringen und den eigentlichen Gehalt seines Evangeliums in die Lebenspraxis zu übersetzen. Es war für mich beeindruckend, wie er sich selbst vom Evangelium ergreifen ließ, und welche Gedankengänge er durchspielte. Wer sich so engagiert, dem sind das Leben der Menschen, ihre Fragen und Konflikte nicht gleichgültig.

b) An zahlreichen Stellen wurde mir deutlich, daß Paulus offenbar Vorfälle, Tendenzen und Äußerungen aus der Gemeinde, an denen eine bestimmte Mentalität der Korinther deutlich wurde, zu denken gaben. Er hat die Auseinandersetzung aufgenommen und vornehmlich das Wort vom Kreuz im Kontext dieser Geschehnisse durchmeditiert. Indirekt wurden so auch langsam die Auffassungen seiner Dialogpartner deutlich, deren Überlegungen er teilweise widersprach, teilweise zustimmte (ganz deutlich in 1 Kor 8). Daraus konnten erste, grobe Themenkomplexe bestimmt werden. Einiges mußte auch ausscheiden, weil es kaum in bestimmten Situationen zu orten war oder weniger ergiebig erschien (z.B. 2 Kor 6,14-7,1; 12,14-21); anderes war schwer verständlich (z.B. 2 Kor 3,4-4,6). Bedeutsam blieb, welche Oppositionen Paulus selbst in diesem Dialog aufdeckte, z.B. Weisheit der Welt und Torheit Gottes, sich rühmen und schwach sein, Rechtsstreit und Unrecht leiden, Freiheit und Verzicht.

c) Es wurde bald klar, daß es Paulus nicht um die Reinheit der Lehre, sondern um die Sinnrichtung des Lebens ging. Einige Worte des Paulus ließen mich nachdenklich werden über mein eigenes Leben und die Vorstellungen von einem guten Leben, die in mir und rings um mich sind. Der Widerspruch zu meinen Erfahrungen bewirkte zunächst einen Schock (z.B. 1 Kor 3,18). Das Paradoxe fiel besonders auf: Damit konnte sich kein Sinn auftun! Diese starke emotionale Hürde konnte ich erst überwinden, als mir bemerkenswerte Analogien zu unseren Lebensauffassungen auffielen, deren Unsinn mir schon lange zu schaffen machte: "Wir machen es doch genauso wie die Leute in Korinth!"

d) Die Spannung zwischen den Motiven des Paulus und unseren Lebensformen war der Auslöser, um über die Lebensqualität der paulinischen Argumentation nachzudenken: Wohin führen uns die Mechanismen der Stärke, die jeder gegenüber sich selbst und den Mitmenschen ständig praktiziert? Was nützt das Anerkennen von Schwäche? Das Gespräch mit den Schülern (vgl. 9.3-6) hat die Brisanz der paulinischen Paradoxien angeschärft. Die kritische Reflexion unserer eigenen Erfahrungen ließ erst langsam das Symbol des Kreuzes in seiner Aussagekraft für die konkreten Erfahrungen des Schwachseins hervortreten. Diese Dynamik wurde dann zum Anstoß dafür, in weiteren Texten nach Denk- und Verhaltensmustern zu fragen, die Paulus durcharbeitete.

e) Die Rückkehr zum Text war durch diese Erfahrung neu motiviert, um neue Spuren zu suchen: Wie denken und verhalten sich offenbar die Leute, denen Paulus schrieb? Gibt es in unserem Alltag ähnliche Vorgänge und Handlungsweisen, obwohl der Kontext anders ist? Die konkrete Situation trat etwas zurück gegenüber jener Dialogebene, auf der Paulus seine Überlegungen und Mahnungen entfaltete; später mußte sie wieder herangeholt werden, um die Dinge anschaulich zu machen.

f) Nun kamen bald die Beobachtungen an den Jugendlichen hinzu. Denn in dieser Altersphase können die Texte nicht durch ihr eigenes Gewicht wirken; es bedarf der Anbindung an ähnlich bedeutsame Denk- und Verhaltensweisen der Schüler. Gerade das Gespräch über Starksein und Schwachsein zeigte, daß sich die Schüler auch für das Nachdenken über tiefere Lebenszusammenhänge anregen ließen, die nicht offen zutage traten bzw. erst auf dem Wege der Selbstreflexion deutlichere Konturen annehmen. Es wurde auch klar, daß die Gegensätzlichkeit zu den paulinischen Auffassungen eine solche Schärfe besitzt, daß der Unterricht kaum mit positiven Anknüpfungspunkten rechnen kann, sondern in den meisten Fällen zunächst auf der Erfahrungsebene der Schüler zu tieferer Selbstbesinnung kommen muß.

g) Hier stellte sich auch die Frage, ob ein Thema deswegen durch die Ritzen eines solchen didaktischen Filters rutschen müßte, wenn es keine faßbaren Anknüpfungspunkte in der Erfahrungswelt der Jugendlichen gibt. Dazu gehört mit Sicherheit das Thema "Auferstehung der Toten" (vgl. 5. Kapitel). Im Grunde zeigt sich Ähnliches bei der Kreuzesthematik. Für die paulinische Verkündigung ist die Auferstehungsbotschaft in gleicher Weise unverzichtbar wie das Wort vom Kreuz, so daß die Didaktik an solchen Stellen gründlicher suchen muß. Wenn die Korrelation versagt, dürfte zwar schwerlich Plausibilität eines Inhalts zu erreichen sein, aber der Verkündigungsinhalt kann nicht entfallen (vgl. 11.2.2; 12.4). Die Einsicht in bestimmte Grunderfahrungen, die der Text anspricht und die für den Jugendlichen bedeutsam sind, führte schließlich zur Formulierung von Themen für den Dialog der Schüler mit den Korintherbriefen. Die genauere Durcharbeitung in der Praxis geschah nicht in allen Fällen. Einige Themen entsprechen auch bereits vorgestellten Unterrichtssequenzen (vgl. 9. Kapitel).

13.2 Kurzcharakteristik möglicher Themen aus den Korintherbriefen

Die Meditation der Heiligen Schrift ist ein Prozeß, der den Religionslehrer sein Leben lang beschäftigt. Da gibt es Schwerpunkte und Peripheres; manche Texte sprechen unterschiedlich an, andere erweisen immer wieder ihre Gültigkeit. Mit den Schülern müssen wir aber erst einen Zugang aufbauen, der ihre emotionale Befindlichkeit, ihren Denkhorizont und ihre soziokulturelle Welt ernst nimmt. Die Erarbeitung konkreter Unterrichtsthemen in der Praxis und ihre didaktische Kritik dürfte der notwendige Weg sein, um die inhaltlichen Linien differenziert erfassen zu können.

Dieser Abschnitt will darum exemplarisch die auf dem eben dargestellten Weg gefundenen Themen aus den Korintherbriefen kurz charakterisieren. Sie sind das Ergebnis didaktischer Reflexion, in der ein Religionslehrer in langfristiger Vorbereitung seine Unterrichtsthematik zu klären versucht. Drei der erarbeiteten Themen sind bereits im neunten Kapitel unterrichtspraktisch ausdifferenziert. Die übrigen Themen und ihre Bezugstexte aus den Korintherbriefen werden in ihrem didaktischen Ansatz umrissen. Die nachfolgenden Kapitel entfalten daraus fünf Themen auf ihre unterrichtspraktische Struktur und Verlaufsgestalt hin.

1. "Wer schwach ist, ist selbst schuld": 1 Kor 2,1-5; 4,9-16; 2 Kor 1,8-11; 12,8-10. Vgl. 9.3; 9.6; 9.8; 10. Zum Verständnis der dortigen Thematik ist der Erarbeitungskontext zu beachten, besonders 9.4 und 9.5.

2. Sehnsucht nach Stärke – die Weisheit der Menschen und die Weisheit Gottes: 1 Kor 1,18 - 2,16. Vgl. 9.7; 9.8.4f.; 9.9. Auch hier ist der thematische Kontext in der Schülererfahrung zu bedenken.

3. Die »Macher«: Leistung und Erfolg als Gradmesser des Lebens: 1 Kor 3,1-23; 4,1-16; 2 Kor 10,12-17; 11.

Das Nachdenken über die Beziehungsstrukturen und die Mentalität der

Korinther, an denen sich Paulus reibt, läßt erstaunliche Analogien zur heutigen Situation erkennen: Ansehen durch aufsehenerregende Leistungen gilt als Gradmesser der Sinnerfüllung. Selbsteinschätzung und Anziehungskraft anderer Menschen leiten sich daraus ab, wie die Leistung, die man vollbringt, von Erfolg gekrönt ist, d.h. an-kommt. Wie sich die Sache für Paulus darstellt und wie er die Situation beurteilt, das erfahren wir aus mehreren Abschnitten der beiden Korintherbriefe. Besonders interessant und didaktisch ergiebig dürften o.a. Texte sein. Die Thematik ist im Blick auf die gegenwärtige Lebensorientierung der Jugendlichen von so großer Bedeutung, daß sie näher aufgeschlüsselt werden muß (vgl. 14. Kapitel).

4. »How to be successful«: Du mußt nur etwas aus dir machen – 1 Kor 12
Das Modell von Leistung und Erfolg besteht in dem Grundsatz, daß wir sind, was wir aus uns machen. Dies hat erhebliche Auswirkungen auf die Gestalt der mitmenschlichen Beziehungen. Vergleichbare Zusammenhänge konnte wohl auch Paulus in Korinth beobachten; Anlaß war das Auftreten der Leute, die mit der hochgeschätzten Geistesgabe der ekstatischen Zungenrede (Glossolalie) und der Prophetie ausgestattet waren. Paulus entwirft in 1 Kor 12 das Modell einer neuen Gemeinschaft, das von der Breite der unterschiedlichen Begabungen ausgeht und auf Einheit in der Pluralität hinstrebt. Es steht nicht nur in deutlichem Kontrast zur Mentalität der »Leistungsgesellschaft«, sondern zeichnet auch ein utopisches Bild vom menschlichen Zusammenleben. Im Vordergrund einer didaktischen Bearbeitung steht nicht die Frage nach den Strukturen der Kirche, sondern es geht um die sozialen Impulse, die die Gabe des Geistes, in die Welt hineinwirkend, aus sich zu entfalten vermag. Sowohl aus der Sicht der paulinischen Theologie als auch im Blick auf gegenwärtige Erfahrungen ist diese Thematik bedeutungsvoll genug, daß sie didaktisch genauer bedacht werden sollte (vgl. 15. Kapitel).

5. Rivalität und Konkurrenzdruck – 2 Kor 11,1-15
Leben spielt sich in Alltagssituationen ab, deren Dynamik uns oft nicht bewußt wird. An den Vorgängen in Korinth läßt sich ablesen, wie das Alltägliche auch den Glauben zu überlagern drohte. Die Lektüre von 2 Kor 11,1-15 läßt jedenfalls an eine Erfahrung erinnern, die jeder in seinem Lebensbereich macht.

a) An bestimmte Zustände haben wir uns so gewöhnt, daß sie uns schon gar nicht mehr auffallen, geschweige denn zu einem ernstzunehmenden Problem werden. Dazu gehört auch die Erfahrung, daß man sich auf einmal in einer Rivalität und Konkurrenzsituation befindet, die die Gefühle und Gedanken beschlagnahmt, aber sich rational nur schwer erfassen läßt. Der Umgang mit solchen Situationen ist je nach Temperament und emotionaler Belastbarkeit unterschiedlich. Meist spielen wir die Vorgänge herunter auf die Ebene des Allzumenschlichen, solange daraus kein offener Machtkampf wird. Aber wir sehen nicht, wie das Eiferertum, das im Drang nach Überlegenheit steckt, wesentliche Sachverhalte verdeckt und zwischenmenschliche Beziehungen verdreht. In der Dauerrivalität verliert auch das Sensorium für den Spannungsgrad seine Empfindlichkeit, so daß wir die Unsinnigkeit vieler Feindschaften, die viel Unglück bringen, gar nicht mehr wahrnehmen. Es geht hier um ein allgemeines Phänomen, das sich auch in einer Schulklasse gut beobachten läßt, sei es im Kampf um die Leistungsbewertung oder um die Meinungsführung u.a. Ein gesunder Wettbewerb steigert die Leistungsbereitschaft, sagen wir; wer weiß, wann er in Rivalität und Konkurrenzdruck umkippt? Es ist angebracht, Gefühle als Realität ernster zu nehmen, als wir es gewöhnlich tun; denn ihre Dynamik bestimmt den Alltag mindestens ebenso wie das rationale Urteil. Verdrängte Gefühle aber drängen zu Handlungen, in denen wir nicht wissen, was wir tun. Das Herunterspielen einer unklaren Situation ist so wenig realistisch wie der Rivalitätskampf um jeden Preis. Es ist eine heikle Aufgabe, das Gewirr von Rivalität zu entflechten, besonders wenn Gefühle verletzt wurden. Aber wir können die Dinge nicht sich selbst überlassen, wenn es um produktive Lebensgestaltung geht. Wie wäre jedoch das Problem anzupacken?

b) Bei der Lektüre von 2 Kor 11,1-15 merkt man deutlich, daß Paulus sich in Rivalität und unter Konkurrenzdruck befindet, in dem er zu verlieren droht. Sein Ehrgeiz ist enorm angestachelt. Denn er sieht sich aufgrund seiner hingebungsvollen Arbeit für die Gemeinde auf einmal wie in einem Dreiecksverhältnis: Paulus – Gemeinde – fremde Missionare. Wie in einer bräutlichen Beziehung befällt ihn Eifersucht, jedenfalls tritt er so der Gemeinde gegenüber (V. 2). Die Missionare haben offenbar anders als Paulus, der kein großartiges Auftreten hatte (V. 6) und sich von der Gemeinde nicht umsorgen ließ (Vv. 7-9), Eindruck gemacht, und die Korinther haben sich dabei von Paulus und seiner Predigt abbringen lassen. Wir erfahren in diesem Text keine konkreten Vorgänge, aber Paulus ist sensibel für die Rivalität, die das Verhältnis zu Gemeinde zu bestimmen droht; schließlich ist er direkt betroffen. Die Frage ist: Wie geht er damit um? In welche Rolle begibt er sich?
Die paulinische Situation erscheint ambivalent: Er ist wirklich eifersüchtig (V. 2), aber er gewinnt auch (persönliche) Distanz: denn er bittet gewissermaßen die Gemeinde, ihn doch das Spiel der Eifersucht spielen zu lassen (V. 1), um sie aus ihrer Gedankenlosigkeit herauszureißen (V. 3). Paulus verdrängt weder seine Gefühle noch deckt er die Absichten seiner Gegner zu (V. 12), aber er läßt sich nicht in einen Kampf um seine persönliche Überlegenheit drängen. Dennoch weicht er der Rivalität nicht aus, indem er die Sache, den Glauben an Jesus Christus, den Zeit-

läuften überließe; denn bei den fremden Missionaren vermißt er Wesentliches, vermutlich das Bekenntnis des Gekreuzigten (vgl. 2 Kor 4,5). Eine Täuschung ist es, die die Rivalität hat entstehen lassen (V. 2); vor Betrug gilt es die Korinther zu bewahren – Konkurrenz hin, Konkurrenz her. Weil er den Glauben der Korinther gefährdet sieht, läßt er sich nicht unterkriegen. Aber er setzt auf die Konkurrenz nicht noch eins drauf, sondern anerkennt ihren Vorwurf, kein guter Redner zu sein (V. 6); jedes Protzen mit dem Eigenen würde die Rivalität nur steigern. Seine Mitteilungen über sich selbst und über den Inhalt seiner Predigt lassen sich vielleicht nicht haarscharf trennen, aber der Akzent seiner Argumentation liegt auf der Sorge um den Glauben der Korinther. Darum spart Paulus auch nicht mit Kritik; schließlich wurde er von ihnen auch kritisiert, daß er im Auftreten und im Verweigern des Lebensunterhalts aus dem Rahmen der Erwartungen an einen Apostel falle. Es klingt viel Ironie mit, wenn er darum die Missionare als "Überapostel" oder "Superapostel" (V. 5) bezeichnet; damit spiegelt er nur ihre Arroganz zurück, in der sie von ihm reden. In der Sache läßt er nicht locker. Maßstab sind weder er selbst noch die anderen (vgl. 2 Kor 10,12), sondern allein das Evangelium, der empfangene Geist (V. 4), die Erkenntnis (V. 6), die er weitergegeben hat. Es ist ihm einfach wichtig, daß die Korinther nicht auf jeden hereinfallen, sondern den Zusammenhang mit dem Evangelium beachten, auf das sie sich eingelassen haben. In verlegener Ironie drängt er die Korinther, in diesem Kontext über den Sinn seines Unterhaltsverzichts nachzudenken (Vv. 7-10). Paulus spricht auch die Rivalität der fremden Missionare an (V. 12): sie sind eifersüchtig auf sein Ansehen fixiert; sie wollen eigentlich nur das gleiche erreichen, indem sie ihm ihr Modell aufzwingen, um am Ende selbst groß dazustehen. Paulus entzieht sich ihren Anmutungen; denn es geht nicht um jemandes Vorrang. Stattdessen entlarvt er sie um der Wahrheit willen als falsche Apostel (V. 13). Dabei geht er nicht zimperlich mit ihnen um: Selbstbewußt tritt er für die Maßstäbe ein, die sich aus dem Evangelium und der "Erkenntnis" ergeben. Mit seinem entschiedenen Auftreten ruft er die Korinther wach und stellt sie vor die Entscheidung, welchen Maßstäben sie anhangen wollen (Vv. 13-15).
Paulus gibt nicht das Idealbild des gelassenen Verkündigers ab; seine Leidenschaft ist nicht frei von Wut und Trotz. Mißverständlich werden seine Worte aber erst, wenn man V. 1 unbeachtet läßt: Paulus weiß um das "Unverständige" seiner Rede, aber um der Sache willen muß er angesichts der Rivalität solches Auftreten riskieren. Die Vorwürfe nur einzustecken, würde nichts und niemandem dienen.

c) Rivalität und Konkurrenz belasten das Zusammenspiel der Menschen mehr als uns oft bewußt ist. Diese Grunderfahrung sitzt tief im menschlichen Empfinden und macht uns oft ratlos. Es bleibt darum immer eine

Frage, wie wir mit Situationen, die die Leidenschaften herausfordern, sinnvoll umgehen. Es geht um das Ineinander der subjektiv-emotionalen Dynamik, des gegenseitigen Wahrnehmens und der Sachfragen. Diesen Problemzusammenhang gilt es als Lebensthema aus der Verdrängung herauszuholen, um Selbstbesinnung anzuregen und Möglichkeiten der Selbstkorrektur zu erkunden. Er ist deswegen auch ein Thema religiöser Bildung. Das Modell Paulus ist dafür nicht unbedingt ein Vorbild, jedoch ein passendes Beispiel mit bedeutsamen Akzenten, an dem die Problematik deutlich wird und sich die Form der Problembearbeitung besprechen läßt. Denn Paulus ringt – zwischen Gekränktsein und Autoritätsanspruch, Aufgebrachtsein und Sorge um den Glauben – selbst noch um die passende Form, diese Rivalität zu bearbeiten. Seine Härte geht dabei auf das Konto des mittelbaren Dialogs - auch dieser Aspekt gehört zum Verständnis der Thematik; in der Direktbegegnung, die Paulus nicht möglich ist, müssen andere Formen zum Zug kommen.

6. Glauben macht frei – 2 Kor 3,12–4,6

Die Paulusbriefe enthalten eine Reihe schwieriger Abschnitte, zu deren Verständnis bibeltheologische Erläuterungen notwendig sind, weil sich Paulus in seiner Argumentationsweise eng an religiöse Traditionen seiner Zeit anlehnt und in Metaphern redet. Dazu gehört der ganze Abschnitt 2 Kor 2,14-7,4, in dem Paulus seinen Aposteldienst gegen judenchristliche Missionare verteidigt[8]. Wenn wir uns von der apologetischen Absicht dieses Abschnittes lösen und nach den Grunderfahrungen fragen, auf die sich Paulus bezieht, ergeben sich auch Verknüpfungen mit heutigen Denkweisen. Eine solche Möglichkeit der Korrelation zeigt sich in dem Argumentationsstrang von 2 Kor 3,12-4,6, wobei die Begründung seiner Eignung in 3,4-6 und der Midrasch in 3,7-11 sich aufgrund der Verstehensschwierigkeiten im Unterricht kaum behandeln lassen. Wegen der theologischen Ausrichtung des Gedankengangs gehen wir zunächst vom Bibeltext aus und fragen daraufhin erst nach dem Bezug zur Gegenwart.

a) Gegenüber den Tendenzen der judenchristlichen Missionare, die man gegen Paulus ausgespielt hat, versucht er das Unterscheidende des Glaubens an Christus herauszuarbeiten. Im Vergleich mit den Merkmalen des Alten Bundes umreißt Paulus in 2 Kor 3,12-4,6 die Lebenslinien des Neuen Bundes, die ein neues Selbst- und Sinnverständnis mit sich

---

[8] Die häufigen Verweise auf das Alte Testament und die Argumentation mit Schriftworten fallen hier besonders auf (ausgenommen 2 Kor 5). Auch deshalb dürfte sich die Herkunft der Gegner aus dem judenchristlichen Bereich nahelegen; vgl. H.-J. Klauck, 2. Korintherbrief (NEB 8), Würzburg 1986, 10-12; F Lang, Die Briefe an die Korinther (NTB 7), Göttingen 1986, 12.

bringen. Zum wiederholten Mal betont er den Grundtenor seines Lebens: Was ich bin, bin ich durch Gottes Gnade (3,5f.; 1,9f.; 1 Kor 15,10)[9]. Von Gott geht auch der Neue Bund aus, der Mensch kann darin nur "Diener" sein, d.h. er baut nicht auf das Eigene und stellt sich nicht selbst heraus, sondern lebt vom Entgegenkommen Gottes. Diese Lebensbeziehung hängt nicht am Erbringen von Gesetzesleistungen, sondern ist von der lebendigmachenden Kraft des Geistes getragen und bewegt. Damit besteht eine völlig neue Grundlage für seine Existenz, die sich von der des Alten Bundes entscheidend abhebt. In einem christlichen Midrasch zu Ex 34,29-35[10] entwickelt Paulus die Überlegenheit des Dienstes im Neuen Bund, der nicht vergeht. Der Vergleich mit dem verhüllten Mose erlaubt es ihm, die Qualitäten herauszuarbeiten, die der Glaube an Christus mit sich bringt.

Die "Herrlichkeit des Bleibenden" (3,11b) schenkt eine Hoffnung, in der der Mensch zu Offenheit und Freiheit hinsichtlich aller Tatbestände des Lebens gelangt: Freies und kühnes Auftreten gegenüber Gott und den Mitmenschen[11] ist das entscheidende Merkmal der Christusbeziehung. Es steht im Gegensatz zu Verschlossenheit und Herzensverhärtung, die Paulus an den Juden (und Heiden) feststellt: Sie versperren sich beim Vorlesen der Schriften des Alten Bundes dem Geist und können so Christus nicht erkennen. Es kann auch nicht anders sein. Denn erst die Zuwendung zu Christus (3,16) bedeutet freien Blick und verständiges Herz sowohl hinsichtlich der Offenbarung Gottes als auch hinsichtlich der Selbsteinschätzung und Lebensgestaltung. Das Sich-Öffnen für Christus, das für Paulus konstitutiv geworden ist, ist es, das Freiheit schenkt und den Glaubenden in ein neues Leben verwandelt (3,17f.). In diesem Lebens- und Zukunftshorizont steht Paulus und die ganze Gemeinde ("wir alle").

Dadurch geraten auch alle persönlichen Probleme, die es zwischen der Gemeinde und ihm gibt, in ein neues Licht. Das Erbarmen Gottes läßt ihn Mut fassen (4,1), nachdem er sich in eigener Prüfung von den Vorwürfen der arglistigen Täuschung und Wahrheitsverfälschung freimachen konnte. Die Redlichkeit seines Tuns hält jedem Urteil stand (4,2). Sein offenes Eintreten für die Wahrheit trotz aller Vorwürfe ist ein Resultat der geschenkten Freiheit und seiner Verbindung mit Christus. Die

---

[9] Die Wir-Formen in 2 Kor 3,4ff. dürften der Intention des Paulus entsprechen, "die Allgemeingültigkeit von Aussagen, die ihn betreffen, hervorzuheben" und damit "in seinem individuellen Dasein allgemeine Merkmale des Apostolischen und des Christlichen" zu zeigen (H.-J. Klauck, 2. Korintherbrief, 13).

[10] Ebd., 37f. Paulus argumentiert mit dem Schluß a minori ad maius, der auf Antithesen beruht.

[11] F. Lang verweist auf diesen Akzent der Bedeutung von παρρησία, den dieser Begriff als griechisches Lehnwort im Aramäischen hatte (Die Briefe an die Korinther, 274).

Schwierigkeiten haben nichts mit seiner Art der Verkündigung zu tun, sondern mit der Verschlossenheit und Verblendung der Ungläubigen, Juden und Heiden. Sie hängen wohl mit dem Inhalt der Verkündigung zusammen. Es liegt offenbar "im Wesen des Wortes vom Kreuz, daß es nur durch den Geist Gottes erkannt und aufgenommen werden kann"[12]. Das Versessensein auf die üblichen (engen) Denkkategorien läßt aber nicht das Gespür für den "Glanz der Heilsbotschaft" (4,4) zu. Paulus beschränkt sich nicht auf seine eigenen Denkleistungen und auf die Struktur seiner Fähigkeiten, sondern er stellt sich Christus zur Verfügung. Allein diese Entscheidung verwandelt den Menschen: Indem wir uns auf Christus einlassen, d.h. glauben, bricht die Erkenntnis der Wahrheit in uns auf, wie ein Licht mitten in der Finsternis die Dunkelheit aufhebt. Es ist eine Erfahrung, die Paulus im Herzen getroffen und verwandelt hat, nämlich in der Damaskusvision. Es geht an keiner Stelle zuerst und allein um menschliches Können, ob dieses wert- oder geringgeschätzt wird, sondern um dieses Licht, das Christus selbst ist. Allein aus diesem "Überwältigtsein von einer Überfülle inneren Lichts"[13] ist Paulus dazu gekommen, sich für die Botschaft von Christus, dem Gekreuzigten und Auferstandenen in Dienst nehmen zu lassen, um andere auf die Erkenntnis dieser Wahrheit aufmerksam zu machen. Seine Verkündigung hat nichts mit großartigen geistigen Fähigkeiten eines Menschen zu tun, sondern beruht allein auf dem Aufleuchten des inneren Lichtes Christi, das ihn in allem trägt und leitet. Mit dieser Darlegung des Glaubensgrundes gibt Paulus seinen Gegnern zu verstehen, was es mit seiner Verkündigung auf sich hat.

b) Paulus konnte eine Schlußfolgerung a minori ad maius vollziehen, weil dem Alten und dem Neuen Bund die Beziehung zum transzendenten Gott gemeinsam war. Der Kontrast stellt sich heute jedoch völlig anders dar: Die Lebenslinien gegenwärtiger Mentalität, die von den Mechanismen der ökonomischen Güter- und Konsumsteigerung bestimmt sind, verblenden unser Denken[14]. Ihr Glanz blendet, indem sie ein gesteigertes Lebensgefühl vermitteln, aber sie machen auch blind und zerstören das Sensorium der inneren Erfahrung. Sich an die Dynamik des Marktes anzulehnen, bringt Zwänge mit sich, die den Menschen zu ständiger Selbstbehauptung treiben. Dadurch entsteht eine Verstehensbarriere, die den Menschen nicht mehr über diesen Horizont hinausschauen läßt. So bleibt auch der Blick auf Christus versperrt, und das Licht seiner Wahrheit kann nicht in unseren Herzen aufleuchten. Das ökonomische Stre-

[12] Ebd., 277.
[13] H.-J. Klauck, 2. Korintherbrief, 44.
[14] Die Auslegung setzt bewußt bei 2 Kor 4,4 an. Eine Analogie zwischen jüdischem Glauben und Denken und dem Ökonomismus entbehrt jeglicher Grundlage.

ben (Wirtschaftswachstum um jeden Preis) verspricht Freiheit, aber wir müssen lernen, daß die Blendkraft seiner Ziele zerstörerisch wirkt, sobald das Mittel zum Zweck wird[15]. Es liegt nicht an der Steigerung des Know-how, der Produktivität und am Genuß der Güter selbst, sondern am Ausdörren der Kraft zur Liebe und Kreativität, am verengten Welt- und Interessenshorizont und am Verlust des Inneren, d.h. an wesentlichen Qualitäten des Menschseins; die Begehrlichkeit nach materiellen Gütern »deckt« sie »zu«. Es bedarf wie bei den Korinthern einer Entscheidung für einen anderen Weg, nämlich für die ausdrückliche Zuwendung zu Christus (2 Kor 3,16). Sie schenkt die Freiheit von den Zwängen endlicher Güter. Sie öffnet den Blick für bisher nicht Gesehenes und für das, was der Mensch seinem Wesen nach ist: Ebenbild Gottes und berufen für das Unendliche. In der Beziehung zu Christus gewinnen wir den Geschmack des Lebens, der Dynamik und weiten Horizont verheißt. Denn die Maßstäbe der Existenzgewinnung verlieren ihren absoluten Geltungsanspruch, wo in der Christusbeziehung Zuversicht und Hoffnung geschenkt werden, die ihn zu neuem Freimut gegenüber der Mentalität seiner Umwelt bereit machen. Die Entscheidung enthält die Bereitschaft zur Distanz von den blendenden Objekten der Zivilisation, um im Hören auf Christus die Spuren der Lebenserfüllung zu entdecken. Dies läßt sich nicht argumentativ erschließen, wenn es im Inneren des Menschen dafür keinen Zugang gibt, sondern es läßt sich nur zeigen. Dazu gibt es nur den Weg des persönlichen Zeugnisses des Lehrers, der in leisen Worten für diese Freiheit gegenüber den irdischen Gütern und gegenüber der Jagd nach materieller Selbstsicherung einsteht.

c) Paulus thematisiert in diesem Abschnitt eine Grunderfahrung, die heute noch die gleiche Bedeutung hat wie damals: Wer sich in seinen religiösen Erfahrungen oder in den immanenten Vernunftwahrheiten "einhüllt", hängt auch davon ab und findet nicht die weite Zuversicht und Hoffnung des Geistes. Paulus wertet nichts an religiösen Auffassungen ab (vgl. 2 Kor 3,7-11), aber er hebt die besondere Qualität der Christuserfahrung davon ab; sie befreit von aller Beschränktheit anderer Lebensformen durch das innere Licht des Geistes. Alle gängigen Maßstäbe anerkannten Lebens und Handelns erweisen sich als unzureichend und verlieren ihr Gewicht, "sobald sich einer dem Herrn zuwendet" (3,16). Hier mag religiöse Konkurrenz ins Spiel kommen, Paulus setzt aber nicht andere Menschen herab, sondern bezieht sich auf das Geschenk der Gnade, das er nicht aus sich hat. Was er an sich selbst und der Gemeinde demonstriert,

[15] Die Theologie hat sich bisher zu wenig den anthropologischen, ethischen und religiösen Implikationen des Ökonomismus gestellt. Ansätze finden sich bei Emil Küng, Ökonomie und Moral, in: F. Böckle (Hrsg.), Christlicher Glaube in moderner Gesellschaft, Bd. 17, Freiburg 1981, 123-162.

gilt allgemein: Der Geist des Herrn schenkt Freimut, Hoffnung und Kraft auch dann, wenn die äußeren Bedingungen und die Erwartungen der Menschen dagegen sprechen. Dies ist aber nicht das Resultat der geistigen Macht des Menschen, aus der man eine innerweltliche Besonderheit ableiten könnte, sondern originäres Schöpfungswerk Gottes, das den Menschen in »Dienst« nimmt. Darauf kann sich der verlassen, der sich auf Christus ein-läßt.

7. Leid annehmen ? – 2 Kor 4,7-18

Gespräche über den Glauben laufen häufig auf das Theodizeeproblem zu und beißen sich daran fest, bei Erwachsenen noch mehr als bei Jugendlichen. Wie Christen mit den Leiderfahrungen umgehen, wird zum Prüfstein ihrer Glaubwürdigkeit. Es ist zwar prinzipiell unmöglich, intellektuell abzuklären, was nur in der existentiellen Erfahrung selbst durchgearbeitet werden kann, aber die Problemstellung können wir nicht an den Rand drängen, sondern müssen die Erfahrungen und Überlegungen der Menschen, die aus mittelbarem oder unmittelbarem Betroffensein erwachsen, im Horizont der Glaubensbotschaft durchbuchstabieren. Jugendlichen der Sekundarstufe II kann und muß zugemutet werden, sich mit den verschiedenen Problemebenen des Themas zu befassen, wenn sie sich auch nicht dazu disponiert fühlen. Es geht ja um eine Menschheitsfrage, denn "Ijob ist allüberall"[16]. Sich der Frage zu entziehen, ist wohl auch ein Indiz für die Vermeidung von Leid, auf die man sich gerne aus verengter Wirklichkeitssicht einfindet – solange es gut geht.

Das Thema ist schwierig sowohl in der Konstruktion eines klaren Lernweges als auch im Verständnis der Existenzfrage selbst. Im Gespräch mit Schülern wird darum notwendigerweise vieles offen bleiben. Aber bereits das Ansprechen der Konflikte, das Weiterdenken und die Beschäftigung mit (wenn auch unzulänglichen) Deuteperspektiven eröffnet Horizonte, in denen der einzelne selbst einen Weg suchen kann. Jedenfalls ist es angebracht, den Horizont des Glaubens, in dem Leiderfahrungen in einem neuen Licht erscheinen, direkt auf die Leidenswege und die Verzweiflung der Menschen zu beziehen; jede Abstraktion geht am Thema vorbei. Die Problemebene ist das Betroffensein von Leid und die Frage seiner Bewältigung. Darum steht eine Analyse von Leidenssituationen und ihren Ursachen nicht im Vordergrund. Demgegenüber rückt die Unterscheidung von aufhebbarem und unaufhebbarem Leid in den Mittelpunkt der Sachfrage. In der Frage nach Wegen der Bewältigung von Leid sind die verschiedenen Formen jedoch wieder zu beachten. Im Unterricht sollte für die Schüler durchgängig erfahrbar bleiben, daß es im Ringen um das Problem keine stichhaltigen Antworten gibt und alles

16 J.B. Brantschen, Warum läßt der gute Gott uns leiden?, Freiburg 1980, 20.

davon abhängt, in welchen Horizont der einzelne sich selbst grundsätzlich und immer wieder hineinstellt. Didaktisch sind folgende Aspekte wichtig:

a) Das Gespräch über die Bewältigung von Leid, die Paulus in 2 Kor 4, 7-18 in die Auseinandersetzung mit den Korinthern einbringt, läßt sich nur in einem breiteren didaktischen Kontext bearbeiten. Der Bibeltext wird als Zumutung verstanden, solange wir nicht die verschiedenen Dimensionen der Leiderfahrung im Blick behalten.
Jedes Leid ist ein harter Eingriff in das Leben. Nicht das Verletztwerden oder die Zerstörung des geordneten Ablaufs ist das Problem, sondern im Leid wird der Mensch in seiner Identität attackiert und verwirrt; das seelische Gleichgewicht geht verloren, und der Mensch findet sich in seinem Bewußtsein gestört und im Innersten der Person ohnmächtig. Diese Erfahrung ist die eigentliche Last, die für den Menschen zum Rätsel wird. Denn er droht in seinem Menschsein zu zerbrechen oder in seinem Gram über die verlorenen Möglichkeiten, wie Niobe in der griechischen Sage, zu versteinern. Es gibt auf die Frage nach dem Leid ein Vielerlei an Deutungen und Reaktionen. Aber die Schrecklichkeit des Leids kann so gewaltig sein, daß es sich jeder Sinndeutung entzieht. Die Frage, warum Gott das Leid zuläßt, wird immer wieder gestellt, aber sie bleibt auf der Ebene des menschlichen Denkens unbeantwortbar. Jeder Antwortversuch mag zunächst die intellektuelle Neugier ein wenig befriedigen. Für den, der in den Abgrund von Leid und Tod fällt, sind sie nicht einmal Trost. Angesichts von Leid und Tod hört alle Rationalität auf.

b) Die christliche Perspektive kann nur im Ernst der tiefgreifenden Existenzproblematik angegangen werden und setzt die Klärung wichtiger Deutungen des Leids voraus. Folgende Schritte sind angebracht:
- Die Schüler sollen für die Tiefe des Getroffenseins von Leiderfahrungen aufgeschlossen werden, sofern keine aktuelle Situation in ihrem Erlebnisbereich ansteht. Dabei geht es auch um das Verständnis für die Frage, warum das Betroffensein von Leid Anklage gegen Gott und Ablehnung des Gottesglaubens hervorruft.
- Die Deutungen von Leid als Strafe (Ijob 4,3-9; 8,8-20; 22,1-11) und als Zuchtmittel Gottes (Ijob 5,17f.; 33,14-30; 36,15-21) weist das Ijob-Buch selbst bereits als Skandal und Lieblosigkeit zurück (12,1-6; 16,1-5; 19,1-5; 42,7-9). Die Zeugnisse vom Handeln Jesu (z.B. Joh 9,1-12; Mk 1,21-34; Mt 11,2-6) sprechen die gegenteilige Sprache: Widerstand gegen das Elend der Menschen.
- Sehr bald ist die Unterscheidung von Leid, an dem wir Verantwortung tragen, und unaufhebbarem Leid notwendig. Im Blick auf Gen 3 könnte die Ambivalenz der Freiheit deutlich werden, die im Drang nach ab-

soluter Macht das Gute in der Welt zu verzerren droht[17].

- Das größere Problem ist der Umgang mit dem unaufhebbaren Leid. Wir müssen Verständnis dafür gewinnen, daß Menschen vor solchem Leid verstummen oder in Wut ausbrechen. Aber auch auf die Formen der Vermeidung von Leid im gesellschaftlichen Leben gilt es aufmerksam zu werden. Denn es läßt sich häufig beobachten: Wer leidet, zählt nicht zu den Menschen, die in den Alltagsablauf integriert werden. Das Ideal der Leidfreiheit wird der Wirklichkeit nicht gerecht. Es führt kein Weg daran vorbei, das Nichtwissen des Menschen angesichts unaufhebbaren Leids anzuerkennen[18].
- Untätigkeit in Anbetracht des Leids ist nicht nur unvernünftig, sondern stimmt auch nicht mit der Liebe und Solidarität zusammen, die Christus praktizierte und lehrte. Der Glaube schließt jede Passivität gegenüber dem Leid aus[19].
- Die Erwartung, wir könnten alles Leid durch Solidarität beseitigen, ist trügerisch. Es gibt Situationen, in denen es nichts mehr zu lindern und zu überwinden gibt, weil das Leid ein Maß annimmt, das die Kräfte des Menschen übersteigt. Welchen Weg können Menschen in der Situation solcher Ausweglosigkeit gehen? Trotziger Widerstand unter Aufbietung aller Kräfte, Bitterkeit, totale Resignation, Haß und Aggressionen sind verständliche Reaktionen.
- Es gibt Menschen, die die Erfahrung ihrer Ohnmacht akzeptieren und durch die aktive Verarbeitung der Widerwärtigkeiten reif werden. Woher aber nimmt der Mensch die Kraft, sein Leid zu bestehen? Niemand kann ihn vertreten. Um jedoch das Leid annehmen zu können, muß sich in uns selbst etwas ändern, damit sich ein neuer Weg auftut. Wie kann Ergebung in das Leid zu einer konstruktiven Haltung werden? Wie kann der Mensch ohne Bitterkeit und Passivität durch das Leid hindurch zu Lebenskraft gelangen?

c) Paulus erklärt der Gemeinde in 2 Kor 4,7-18, welche Erfahrungen er in der Bedrücktheit seines Lebens immer wieder machen konnte.

---

17 Hier taucht manchmal das Problem auf: Warum hindert Gott nicht die Menschen, Unheil anzurichten? Die Legende vom Großinquisitor in F.M. Dostojewskijs Roman "Die Brüder Karamasow (Bd. 1, Frankfurt/M. 1984, 431-441) entwickelt dazu die Spannung zwischen der Liebe Gottes und der menschlichen Freiheit.

18 Erklärungen des Leids im Kontext der Evolutionstheorie lassen aus der für Schüler oft dominanten Perspektive der Naturwissenschaft das existentielle Problem in verschärfter Form hervortreten. P. Teilhard de Chardin z.B. faßt die Unglücksfälle als "Nebenprodukte, von der Noogenese während ihres Wirkens erzeugt", auf (Der Mensch im Kosmos, München [6]1959, 308-311, hier 310). Zur Kritik vgl. G. Greshake, Der Preis der Liebe. Besinnung über das Leid, Freiburg [2]1979, 39-48.

19 Vgl. Johannes Paul II., Apostolisches Schreiben Salvifici doloris über den Sinn des menschlichen Leidens, hrsg. vom Sekretariat der Deutschen Bischofskonferenz, Bonn 1984, 36f.39f.

Schlimme Situationen annehmen und durchhalten zu müssen, setzt eine Kraft voraus, die menschliche Möglichkeiten übersteigt. Der Blick auf Christus und sein Kreuzesleiden verbindet Paulus persönlich mit dem Geschehen, das Gott in Christus gewirkt hat. Daß es dennoch Leben, Mut, Hoffnung gibt, ist ein Geschenk aus der Teilhabe an Christi Auferstehung. Im Glauben an Christus, der unser Schicksal geteilt hat, schwingt sich Paulus in die Gegenwart des mitgehenden Gottes ein. Das Leid ist nicht aufgehoben, aber der Mensch weiß sich in der Verzweiflung von den Händen Gottes gehalten. Paulus bezieht diese Erfahrung auf seinen Verkündigungsdienst für Christus, aber der Zusammenhang von Leid und Hoffnung wirkt sich in jedem Glaubenden aus und verwandelt ihn (vgl. 14.4.3.4).

8. Die Freiheit der Christen – 1 Kor 8 (9,19-23; 10,23-33)
Im Ideal der Freiheit drücken sich faszinierende Erwartungen aus. Die Neuzeit zielt darin eine Lebensform an, in der die Selbstbestimmung und -verwirklichung des Individuums zur Geltung kommt. Für den Jugendlichen ist Freiheit das erstrebenswerte Gut schlechthin, um die festhaltenden Bindungen seiner Kindheit abwerfen zu können. Die Ambivalenz des Freiheitsbegriffs und -strebens kommt dabei selten in den Blick. Der Streit in Korinth um das Essen von Götzenopferfleisch (8,1) läßt interessante, für die Gegenwart relevante Dimensionen des Problems aufscheinen. Die Argumentation des Paulus legt im Horizont der Christusbotschaft eine adäquate Haltung dar, deren Ausrichtung in zahlreichen Konflikten zur produktiven Leitlinie werden kann. Diese Thematik wird später genauer entfaltet (vgl. 16. Kapitel).

9. Glaube an Christus und soziales Leben – 1 Kor 11,17-34
Vgl. 9.10. Dort steht das Thema im Kontext der Kreuzesbotschaft, deren soziale Dimension gerade im Konflikt um das Herrenmahl eine besondere Zuspitzung erfuhr.

10. Menschen sind wie Steine – Wider die Unwiderruflichkeit unserer Handlungen – 2 Kor 5,14-21
Menschliches Handeln hat seinen Grund in der Freiheit, aber in das, was der Mensch freisetzt, bleibt er auch verstrickt; es gehört zu seiner Geschichte. Denn zum menschlichen Handeln gehört der Tatbestand, daß es Folgen hat.

a) Das Problem dieses banalen Tatbestandes besteht darin, daß "niemand die Folgen der eigenen Tat je voll übersehen kann"[20]. Wenn dabei Unrecht geschieht, wird die Beziehung zwischen Menschen gestört oder gar zerrissen; wir sind gegeneinander aufgebracht, und das Band des

[20] H. Arendt, Vita activa oder Vom tätigen Leben, München ^{2}1981, 184.

Gemeinsamen wird unmerklich dünner. Wir können zwar einige Konsequenzen des Geschehenen errechnen, aber nicht alles überblicken oder korrigieren, was wir durch eine Tat ausgelöst haben. Denn jede Tat leitet Prozesse ein, die man nicht rückgängig machen kann; ihre Folgen sind unwiderruflich, und ihr Resultat ist unabsehbar. Dies gilt gerade für die Handlungen, bei denen man nicht wußte und nicht wissen konnte, was man tat. Wer den Weg des Vergessens oder Verdrängens geht, wird insgeheim von der Geschichte selbst eingeholt.
Das einzige Heilmittel gegen die Unwiderruflichkeit menschlichen Handelns liegt in der Fähigkeit zu vergeben[21]. Was heißt »vergeben«? Ereignisse der Vergangenheit kann niemand ungeschehen machen. Wir können sie zwar vergessen, aber nicht auslöschen; sie gehören zur individuellen oder sozialen Geschichte, aus der wir uns nicht hinausstehlen können. Aber wir können uns gegenseitig von den Folgen unserer Taten entbinden. Könnten wir dies nicht, so würden uns die Folgen einer Tat im Guten wie im Bösen bis an unser Lebensende im wahrsten Sinne des Wortes ver-folgen. Das Vergeben ist ein Akt der Freiheit, der uns von jeder Fesselung an die Folgen unserer Taten losbindet und einen neuen Anfang setzt. Möglich ist die Versöhnung aber nur im wirklichen Dialog mit den anderen Menschen, die in das Geschehen verstrickt sind. Schuld, die Vergebung nötig macht, ist dann kein Anlaß mehr, Differenzen zwischen den Menschen fortzuschreiben, sondern wird zum Anfang, sich der Verbundenheit in der gemeinsamen Geschichte neu zu vergewissern. Vergebung ist ein notwendiger Weg in die Zukunft. Das menschliche Leben könnte gar nicht weitergehen, wenn Menschen sich nicht gegenseitig von den Folgen dessen befreien würden, was sie getan haben (ohne zu wissen, was sie tun). Nur dadurch können Menschen frei bleiben und das Vermögen der Freiheit auf eine neue Zukunft hin realisieren.

b) Die Einsicht in die Notwendigkeit und den Begriff von Vergebung ist im Gespräch mit Jugendlichen erreichbar. Das Problem liegt jedoch in der Motivation des Handelns: Die Angst, in der Vergebung sich etwas zu vergeben, d.h. möglicherweise eigene Rechte verloren zu geben, erschwert die Versöhnung oder macht sie von Ersatzleistungen abhängig. Wie soll es gelingen, den "Dienst der Versöhnung" auszurichten, den Gott uns aufgetragen hat (2 Kor 5,18)? Denn die Aufgabe, die nach Paulus der Gemeinde gestellt ist, geht darauf aus, die starke Dynamik der üblichen Wertstrukturen (Rache, Strafe, Wiedergutmachung für geschehenes Unrecht) zu durchbrechen[22].
Mit den Argumenten der üblichen Logik gibt es kein Weiterkommen. Dazu muß vielmehr der Mensch ein anderer werden: "neue Schöpfung" (V. 17). In den rivalitätsgeladenen Strukturen der Welt kann der für Versöhnung sorgen, der "in Christus" ist. Damit meint Paulus ein neues

Sein, eine neue existentielle Haltung[23], die ein neues Verhältnis zu den Mitmenschen stiftet. Die Grundlage dazu hat nicht der Mensch geschaffen. Paulus erläutert in 2 Kor 5,18f. die Basis, auf der der Glaubende steht. Das neue Sein hat seinen Grund im stellvertretenden Sühnetod Christi; in dessen Heilswirkungen wird der Glaubende einbezogen. Das göttliche Versöhnungsgeschehen wirkt sich auf ihn aus: Er "nimmt Mensch und Welt ganz anders wahr, er wird in jedem Menschen den Bruder/die Schwester sehen, für den/für die Christus starb"[24]. Das Eigeninteresse ("für sich leben", V. 15) kann ohne Schaden zurücktreten, weil Christus für uns – bis in den Tod – eingetreten ist. Damit sind völlig neue Relationen hergestellt: Selbstbehauptung und unbedingtes Durchsetzen von Rechtsansprüchen sind für den Glaubenden irrelevant, weil er sich durch die Gerechtigkeit Gottes im Kreuzestod Christi bereits getragen weiß. Er hat Feindschaft und Um-sich-schlagen nicht mehr nötig, weil er in der Liebe Gottes geborgen ist.
Man könnte diese neue Grundsituation auch so charakterisieren: Du vergibst dir nichts, wenn du vergibst – denn durch Gottes Initiative gibt es eine neue Gemeinschaft, in der Frieden herrscht; dort wird nichts aufgerechnet (V. 19b), sondern wir können Gräben zuschütten und Mauern abbauen, weil niemand Angst um sein Leben und seine Zukunft zu haben braucht, obwohl ihm Unrecht geschehen ist. Das Wort der Versöhnung auszurichten und für diesen Weg der "All-Versöhnung"[25] einzutreten, dazu sind die Apostel und die Gemeinde berufen und beauftragt. "Als dankbare Empfänger des Geschenks der Versöhnung mit Gott sollen die Glaubenden ihrerseits als »Friedensstifter« wirken (Mt 5,9)"[26]. Versöhnung geschieht nicht von selbst (z.B. wenn sich die Emotionen abgekühlt haben), sondern einer muß den ersten Schritt auf den anderen hin tun. Der Glaubende kann den Mut dazu aufbringen, weil sein Leben in der Liebe Gottes geborgen ist, der Rechtfertigung durch Genugtuungsleistungen nicht mehr bedarf.

c) Versöhnung ist ein schwieriger Vorgang, weil in erlittenem Unrecht nicht nur Emotionen erregt werden, sondern die Angst um die eigene Zukunft die Handlungsdynamik zu bestimmen droht. Rasch wird ledig-

---

21 Vgl. ebd., 231-238.
22 Die Auslegung von 2 Kor 5,14-21 geht von der Mitwirkung des Menschen an der Versöhnung der Welt mit Gott aus. Die Sorge für Versöhnung, wo Konflikte die Einheit der Menschen zu zerreißen drohen, hat ihren Grund im "Wort" vom göttlichen Versöhnungsgeschehen. Dieses Wort gilt es nicht nur auszurichten, die Botschaft zielt vielmehr auf eine grundlegend neue Einstellung.
23 Vgl. H.-J. Klauck, 2. Korintherbrief, 54; F. Lang, Die Briefe an die Korinther, 300.
24 H.-J. Klauck, ebd., 54.
25 Ebd., 55.
26 F. Lang, Die Briefe an die Korinther, 302.

lich ein Unrecht durch ein anderes kompensiert, und die Unrechtsspirale setzt sich fort. Paulus sieht sehr deutlich, daß der Glaubende dies nicht nötig hat; er kann sich aus seiner verkrampften Angst lösen und sich in die Liebe Gottes, die uns entgegenkommt, loslassen. Durch die Liebe Gottes mit sich selbst versöhnt, kann er auf andere offen zugehen, um eine gemeinsame Zukunft zu finden. Die von Gott geschenkte Versöhnung ist der Grund dafür, daß wir uns nicht weiter behaupten müssen, sondern uns in das Versöhnungsangebot einlassen können. Weil gerade nichts mehr aufgerechnet werden muß, kann wirkliche Versöhnung geschehen. Und nur auf diesem Weg kommt wirkliche Versöhnung überhaupt zustande.

11. Miteinander Konflikte austragen können – 1 Kor 6,1-11

Es scheint so, daß wir immer weniger miteinander strittige Angelegenheiten des Alltagslebens abzuklären in der Lage sind. Stattdessen werden in steigender Anzahl die Gerichte bemüht und Streitfälle bis in die höchsten Instanzen durchgefochten. An der Notwendigkeit eines geordneten Rechtswesens kann es keine Zweifel geben, weil nur Sachkundige schwierige Sachverhalte entscheiden können; und die Neigung zur Selbstgerechtigkeit einzelner oder von Gruppen führt ohne Rechtsentscheide zur Beliebigkeit und zur Unterdrückung der Schwächeren. Ebensowenig kann es Gerechtigkeit ohne die rechtsverbindliche Klärung von Verhaltensnormen geben oder versagtes Recht einfach fallengelassen werden. Aber für unsere gesellschaftliche Situation markant ist allemal, daß Streit zunehmend auf gerichtlichem Wege geschlichtet werden muß.

a) Streit wird und muß es immer wieder geben; die Unterschiedlichkeit der Charaktere, Ansprüche und Lebenssituationen läßt keine vorgegebene Harmonie unter den Menschen zu. Streit vermeiden zu wollen, führt letztlich zu falscher Gewichtung in den zwischenmenschlichen Beziehungen und zur Beeinträchtigung des Selbstwertgefühls; denn niemand kann die Folgen solchen Handelns überblicken. Es ist auch eine gerechte Sache, sich in unüberblickbaren Konflikten zu schützen und gegen ungerechtfertigte Angriffe zu verteidigen. Angetanes Unrecht wortlos einzustecken, das bringt die Emotionen in Bedrängnis. Die Realität der Emotionsdynamik muß sorgfältig hinsichtlich der Echtheit und der möglichen Entschädigungsversuche bedacht werden. Es ist produktiver, Konflikte untereinander auszutragen, statt sie zu umgehen oder zu verleugnen.
Die Situation ist jedoch vielerorts verschärft durch eine Mentalität, die Odo Marquard als "Übertribunalisierung der menschlichen Lebenswirk-

lichkeit"[27] bezeichnet. Mißlingen und Übel der Welt sind Anlaß zu ständiger Anklage und Selbstrechtfertigung. Die Suche nach einem Täter, dem man einen negativen Ausgang anlasten kann, treibt den inneren Sinn und entlastet so von der eigenen Verstrickung in eine Sache und von der Frage nach Ausblendung von Realität. Der Druck durch Anklage stärkt die Selbstbehauptung, hinter der sich nur die Unfähigkeit zur realistischen Weltsicht verbirgt.
Rechte und Bedürfnisbefriedigung unbedingt einzufordern, kann aber zu schwerer Belastung der Kommunikation werden. Im Kern handelt es sich aber um einen Mangel an Ich-Identität. "Ein Individuum, das Ich-Identität behaupten will, muß auch widersprüchliche Rollenbeteiligungen und einander widerstrebende Motivationsstrukturen interpretierend nebeneinander dulden"[28]. Diese Fähigkeit der Ambiguitätstoleranz ist nicht nur die Voraussetzung für das Austragen von Konflikten, sondern stärkt auch den Realitätssinn und die Fähigkeiten zur Verarbeitung von Spannungen; denn Konflikte sind Chancen zu neugestalteter Kommunikation. Folgende Aspekte gehören in diesen Zusammenhang:

- Die Kultur des Gesprächs, die gerade auch der Religionsunterricht entwickeln sollte, legt Wert darauf, daß die Partner "ihre Ich-Identität entfalten können"[29].
- Sensibilität und Einfühlungsvermögen setzen die Fähigkeit voraus, sich zurücknehmen zu können.
- Die Haltung der Aufmerksamkeit basiert darauf, daß ich den anderen Menschen mit seinen spezifischen Bedürfnissen und Erwartungen wahrnehme als den, der meinesgleichen ist.

Es ist meist die Angst, die uns daran hindert, offen auf den anderen zuzugehen und Konflikte weder zu verdrängen noch zu vermeiden.

b) Die Vermeidung von Selbstgerechtigkeit ist für Paulus ein Sachverhalt, dessen Bedeutung noch jenseits ethischer Kategorien liegt. Die Händelsucht und das Durchsetzenwollen des eigenen Rechts, so berechtigt es in der Sache sein mag, ist nicht frei von Eigensucht; sie orientiert sich am abstrakten Recht und blendet die Bedürfnisse und Erwartungen des anderen aus. Wahrscheinlich ein Streitfall um Erbe oder Vermögen[30] unter korinthischen Christen veranlaßt Paulus, auf die Unnötigkeit der Anrufung weltlicher Gerichte hinzuweisen.

---

27 Abschied vom Prinzipiellen, Stuttgart 1981, 39-66. Odo Marquard entwickelt die geistesgeschichtlichen Zusammenhänge einer Mentalität, die man allenthalben in Politik und Alltagsgeschehen beobachtet.

28 L. Krappmann, Soziologische Dimensionen der Identität, Stuttgart ³1973, 155.

29 Ebd., 151.

30 H.-J. Klauck, 1. Korintherbrief (NEB 7), Würzburg 1984, 44; H. Conzelmann, Der erste Brief an die Korinther (KEK 5), Göttingen 1981, 133f., F. Lang, Die Briefe an die Korinther, 76f.

Daraus spricht nicht Abwertung des Nicht-Christlichen[31], sondern die Ermutigung, sich der neuen Seinsweise zu besinnen und andere Wege zu gehen. Mit dem Geschenk der Freiheit verträgt sich nicht, daß man in Konfliktfällen die Entscheidung anderen überläßt. "Sollte in einer Gemeinde, die so stolz ist auf ihre Weisheit und ihren Reichtum an Geistesgaben, wirklich kein Weiser mit Sachverstand und gerechtem Urteilsvermögen da sein, der interne Streitfälle entscheiden könnte?!"[32] Jeder Konflikt bedarf der Regelung; dazu ist Mut und Gespür für die gerechte Sache erforderlich, aber auch Einsicht in die Dynamik der Gefühle. Gesetze und fremde Institutionen verhindern nur größeres Unrecht. Damit Brüder Brüder bleiben, bedarf es besonderer Inspirationen zum friedlichen Ausgleich.

Gerade der Streit unter Brüdern offenbart viel Eigensucht und Habgier, die den Nächsten, der auf einmal zum Gegner geworden ist, ausblendet. Als dem Christsein gemäßer und als Gegengewicht zur Selbstgerechtigkeit empfiehlt Paulus den Verzicht auf die Durchsetzung des Rechtsanspruchs[33]. In Christus gerechtfertigt hat der Christ es nicht mehr nötig, seine Identität von der Erfüllung materieller oder sozialer Ansprüche abhängig zu machen. Er ist frei – von der Angst vor dem Selbstwertverlust für eine neue Brüderlichkeit, die die Realität von Konflikten ernst nimmt. Denn die Sinnerfüllung des Lebens hängt nicht mehr an der Erfüllung bestimmter Ansprüche.

c) Konfliktfähigkeit ist eine wichtige Grundhaltung in der demokratischen Gesellschaft. Sie setzt die Fähigkeit zur Selbstdistanz und zur Empathie voraus und legt die Geschichte nicht auf das Geschehene fest. Die Freiheit, in die uns Christus berufen hat, findet ihren Ausdruck gerade in solchen Handlungen, die den Weg für eine gemeinsame Zukunft öffnen. Alltägliche Konflikte sind nicht Grund zur Entlastung in der gegenseitigen Anklage, sondern Anlaß zum Knüpfen festerer Bande. Nur Freunde können einander die Wahrheit sagen. Aber Freund ist man nicht, sondern Freund wird man, indem wir die Angst voreinander verlieren. Da uns Gott zu seinen Freunden gemacht hat, verlieren wir nichts, wenn wir Rechte hergeben, um mehr Freundschaft untereinander zu gewinnen.

12. Aufbruch zur Einheit der Menschen – 2 Kor 8-9

Die Idee der einen Welt scheint eine Illusion zu sein. Die Sehnsucht da-

---

31 Das Futur in 1 Kor 6,2-3 entzieht jeder Überheblichkeit gegenüber den Heiden und den juristischen Institutionen den Boden. Die Invektive trifft im Gegenteil die Christen, weil sie sich als unfähig zum Schlichten von Streit erweisen.

32 F. Lang, Die Briefe an die Korinther, 78.

33 Die Parallele im Dialog Gorgias von Platon (Besser Unrecht leiden als Unrecht tun, 509c) hebt diesen Grundsatz als vernunftgemäß hervor, weil er Gemeinschaft aufbaut.

nach bleibt aber lebendig, obwohl geknüpfte Bande sehr oft wieder zerreißen. Die Botschaft von der Universalität des Reiches Gottes, das Paulus eine »Neue Schöpfung« nennt (vgl. 2 Kor 3,17; Röm 8,18-21), bestimmt das Leben schon jetzt in kleinen Dimensionen und kurzen Augenblicken. Sie bewegt zu ersten Schritten – schwer zu vollziehen, solange wir an den Wertstrukturen des Üblichen festhalten; notwendig, wenn die Gemeinde wirklich die neue Welt repräsentieren will. Die Bedeutung der ersten Schritte, auf denen wir den Weg zur Einheit der Menschen gehen, entfaltet Paulus in seinen Aufrufen zur Sammlung für Jerusalem (1 Kor 16,1; 2 Kor 8-9). Wegen des Sinngehaltes, den diese Kapitel gerade auch für die heutige Zeit enthalten, obgleich die aktuelle Thematik dieser Äußerungen von Paulus nicht ansteht, sollen 2 Kor 8-9 didaktisch näher aufgeschlüsselt werden (vgl. 17. Kapitel).

13. Liebe – ohne die nichts Bestand hat – 1 Kor 13
Liebe ist das große Wort für die Sehnsucht, die jeder in sich trägt. Diffuse Assoziationen und der weite Spielraum von Objekten, an die sich die Liebe heftet, verwirren das Verständnis. Bei Jugendlichen läuft ihr Sinngehalt stracks auf die erotische Beziehung zu und verquickt sich mit Wünschen und Gefühlen, die ihr eine erregende Farbenfülle verleihen. Es führt nicht weiter, diese psychischen Regungen ins Unrecht zu setzen, sie gehören zu der Dynamik menschlicher Alltagswirklichkeit, in der sich das Wesentliche ständig mit dem Akzidentellen vermischt. Im Lernprozeß des Lebens kommt es jedoch darauf an, die Grundrichtung freizulegen, in die sich die tragenden Erfahrungen des Lebens ausstrekken. Der Religionsunterricht hat die Aufgabe, im Kontext der Erfahrungen die Jugendlichen zum Nachdenken über die Liebe anzuregen, um die Ungestümheit der Empfindungen in die Reflektiertheit des Lebens hineinnehmen zu lernen. Dafür lassen sich Jugendliche von siebzehn Jahren an motivieren, sofern die Gespräche von überzogenen ethischen Ansprüchen frei bleiben. Der paulinische Hymnus von 1 Kor 13 könnte das Nachdenken über die "Zivilisation der Liebe" (Johannes Paul II.) vertiefen, wenn die Akzente didaktisch richtig gesetzt werden.

a) Lieben lernt der Mensch, indem er geliebt wird. Diese Beziehung gilt für das kleine Kind, das, angewiesen auf die Zuwendung und Sorge von Erwachsenen, sich die Erfahrung der Liebe nicht selbst verschaffen kann. Mit dem Heranwachsen entwickelt sich die Fähigkeit, sich in eigenständiger und aktiver Weise einem anderen Menschen zuzuwenden und ihn um seinetwillen zu lieben. Dieser Weg durchläuft viele Stadien und wird von zahlreichen Bedürfnissen und Erwartungen besetzt, die das Reifen der Liebe aufhalten können. Reife Liebe kommt nicht von selbst, sondern man muß sie in der Auseinandersetzung mit seinen eigenen Empfindungen und mit den Werten der Umwelt bilden. Im Gespräch mit den Jugendlichen kann der Religionsunterricht die Schichten der Mentalität, die die Liebe als "Ineinander von Mit-sein und Sein-für"[34] überlagern, abheben, um Zug für Zug die tragenden Kategorien herauszuarbeiten.

- Liebe ist ein Geschenk, frei und unverdient; andere Motive sind nicht tragfähig und bringen Unglück in die Beziehungen der Menschen.
- Liebende suchen den anderen zu stärken, statt um Anerkennung zu kämpfen; diese kommt lediglich als »Zugabe« hinzu.
- Liebe ist ein Phänomen der Aufmerksamkeit, die sich als "eine warme, jasagende Teilnahme an einem anderen Sein um seiner selbst willen"[35] zeigt.
- "Lieben ist eine aktive Kraft im Menschen"[36]. Damit sie sich entwickeln kann, ist ein hohes Maß an Selbsterziehung erforderlich.
- Liebe hat es nicht nötig, etwas vorzuweisen; sie besteht allein in der alltäglichen Fürsorge und Verantwortung.
- Erst durch die Liebe vollendet sich die Person in dem, was sie in sich selbst ist (Selbstverwirklichung)[37].
- Liebe verbindet die Menschen über Räume und Zeiten, weil sie über alle Hindernisse hinweg das Gemeinsame aufrecht erhält.

Die besonderen Akzente von Eros und Agape und ihr Ineinander[38] geben dem Verständnis von Liebe ein Profil, an dem der junge Mensch für seinen Weg Orientierung erfährt. Es ist jedoch notwendig, mit ihm die verschiedenen Gefühlsaspekte und Formen des Liebens durchzuarbeiten.

b) Es muß eine besondere Bewandtnis haben, daß Paulus in 1 Kor 13 die Form des Lehrgedichtes wählt, um den Rang der Liebe herauszustreichen. Von der Liebe läßt sich offenbar nur in poetisch geformter Sprache adäquat reden; sie übersteigt das menschliche Erfassungsvermögen, obgleich sie die menschliche Existenz tief bewegt. Der argumentative Austausch und die rhetorischen Formen können sie nicht ausfalten. Es geht um eine Wahrheit, ohne die nichts Bestand hat. Paulus meditiert darum auf dem Hintergrund seiner Erfahrungen mit der Mentalität in Korinth über die Liebe; er regt zum Nachdenken über dieses wesentliche Geheimnis an. Die Meditation hat nicht den Charakter von Handlungsimpulsen, sondern entwirft ein Modell, das wichtige Qualitäten christlichen Lebens zu verstehen gibt.
In Vv .1-3 führt Paulus großartige Gaben und imposante religiös-morali-

34 F.J. Nocke, Liebe, Tod und Auferstehung. Über die Mitte des Glaubens, München 1978, 40-42, hier 41.
35 J. Ortega y Gasset, Über die Liebe, München ²1986, 113. Mit dem Akzent der Leiderfahrung betont den Zusammenhang von Liebe und Aufmerksamkeit auch Simone Weil (Das Unglück und die Gottesliebe, München ²1961, 95-109).
36 E. Fromm, Die Kunst des Liebens, Berlin 1980, 31.
37 F.-J. Nocke, Liebe Tod und Auferstehung, 46-92.
38 Ebd., 26-40.

sche Leistungen an. So ernst sie gemeint sind, ebensosehr können sie durch Selbstsucht oder Selbstverneinung motiviert sein. Sie sind bedeutungslos, wenn die Liebe fehlt. Erst die Liebe als der übersteigende "Weg" (12,31) verleiht dem menschlichen Handeln den ausschlaggebenden Wert. Die paulinische Unterscheidung besagt auch, daß die Liebe keine Leistung ist. Der Ausdruck "Liebe haben" spricht von einer Größe, die dem Leben des Menschen ein bestimmtes Gepräge gibt. Im Kontext der paulinischen Rede kann damit weder ein abstraktes Gefühl oder Ideal noch ein ethischer Anspruch gemeint sein, sondern das Geschehen der Liebe, in das Gott den Glaubenden hineinnimmt. Diese Liebe ist das "Kennzeichen der neuen Existenz"[39]; erst von daher erhalten alle Fähigkeiten und Leistungen des Menschen ihre Triebkraft und ihr Ziel. Wie sich das Wirken der Liebe vollzieht, umreißt Paulus in fünfzehn Handlungsverben (Vv. 4-7), wovon die acht Negationen falsche Tendenzen, die Paulus in der Gemeinde beobachtet, ausgrenzen. Die dargestellten Phänomene sind von so grundsätzlicher Bedeutung, daß sie zum Leitfaden der Meditation für zahlreiche Alltagserfahrungen werden können. Jeder Aussagesatz läßt sich mit zahlreichen Worten der Alltagssprache oder durch das Gegenteil umschreiben[40]. Auf diese Liebe läßt sich der Glaubende ein; sie durchformt sein Leben und Handeln. Die Liebe ist die <u>Praxis des Glaubens</u>; sie verbindet die Gegenwart mit der verheißenen Zukunft (V. 8). Dort wird alles, was jetzt nur Fragment sein kann, in der Gemeinschaft mit Gott die Fülle erreichen.

c) Die Grunderfahrung der Liebe ist, wie gesagt, ein schwer zu fassendes Geheimnis, oft besetzt mit Erwartungen, die der Realität nicht gerecht werden und sie verformen. Paulus entwirft ihre Gestalt so, wie sie sich aus der Beziehung zu Christus ergibt. Inmitten der Depravierungstendenzen, die jede Selbstüberheblichkeit erzeugt, gibt allein die Liebe, die aus dem Christusglauben erwächst, den <u>Weg zum Heil</u> ab. Sie ist auf das Konstruktive ausgelegt, kommt aber nur weiter, wo sie den Üblichkeiten ausweicht. Der Grund ihrer Möglichkeit liegt darin, daß wir "durch und durch erkannt" sind (1 Kor 13,12).

14. <u>Verheißung der Auferstehung: verwandelnde Kraft</u> – 1 Kor 15

Die Auferstehungsbotschaft steht in fundamentalem Konflikt mit einer Lebensorientierung, in der das rational-wissenschaftliche Ergründen von Funktionszusammenhängen vorherrscht. Dies wurde in der konkreten Unterrichtspraxis eines 13. Schuljahres in vollem Umfang deutlich (vgl.

39 G. Bornkamm, Paulus, Stuttgart 1969, 223.

40 Beispiel: "Die Liebe ist langmütig" – ins Gegenteil gewendet: Ich halte es nicht lange mit anderen Menschen aus; ich will stets wissen, warum etwas geschieht; ich bin rasch abgesättigt und gehe weiter zum nächsten; ich bin gehetzt und lasse mich durch Mißerfolge rasch vom Ziel abbringen. Ich treibe den anderen Menschen voller Ehrgeiz; ich will stets das Perfekte und verabscheue das Unvollkommene.

5. Kapitel). Die eminente Bedeutsamkeit, die der Glaube an die Auferstehung der Toten für das Christsein hat und für den Jugendlichen haben kann, macht es notwendig, konkrete didaktische Wege zu erkunden. Davon handelt der 6. Hauptabschnitt.

15. Hoffnung, die das Leben wertvoll macht – 2 Kor 5,1-10

Für einen Menschen, der sich ganz auf das Spiel von Leistung und Erfolg eingestellt hat, wird der Gedanke an die Zukunft stark bestimmt von der Hoffnung auf Lohn für die Anstrengungen, ja von diesem Lohn als Ergebnis seiner Leistungen macht er das Glück seines Lebens abhängig. Da gibt es immer wieder auch Erfolgserlebnisse, die eine Steigerung des wirtschaftlichen Status anzeigen. Damit wird eine bestimmte Haltung noch verstärkt. Denn die Erwartung des Lohns gibt ihm die Sicherheit, auf die er für die Zukunft allein baut. Eine solche Erwartung ist aber nicht einlösbar und höhlt letztlich die Grundkraft der Hoffnung im Menschen aus. "Mit dem Tod ist alles aus". Diese Auffassung legt sich in dieser Tendenz des Lebensverständnisses wie von selbst nahe. Manche übertragen dieses Verständnis auch auf den Glauben und sehen in der Auferstehung einen Lohn für ein gutes Leben nach christlichen Regeln. Äußerungen von Schülern lassen jedenfalls vermuten, daß sie solche Denkkategorien auf die Glaubensinhalte übertragen (vgl. 5.2). Tradierte theologische Vorstellungen liegen oft auf der gleichen Linie bzw. werden von Christen in gleicher Weise verstanden.

a) Es ist nicht zu leugnen, daß auch Paulus dem Gedanken an einen Lohn im Jenseits verhaftet ist. Aber der Unterschied zwischen seinem Lohngedanken und den Vorstellungen, die sich in der heutigen Zeit einstellen, ist erheblich. Die Hoffnung des Paulus spricht von einem anderen Zukunftsbild als dem von der eigenen Leistung Erwarteten; die Perspektiven der Zukunft unterliegen anderen Kategorien als dem menschlichen Kalkül. Dadurch erhält auch der Lohngedanke eine andere Bedeutung als in den alltäglichen Verhältnissen. Diese Differenz muß deutlich werden, damit sich die Grundlinien christlicher Existenz nicht in der Amalgamierung mit sachfremden Interpretationen verwischen. Den Glaubenszusammenhang, in dem Paulus das menschliche Lebens sieht, legt er in 2 Kor 5,1-10 genauer dar. Seinen Gedankengang können wir in folgenden Schritten erschließen[41]:

– Viele Menschen sagen, mit dem Tod sei alles aus. Welche Zukunftsperspektiven aus dem Glauben entwirft Paulus mit seinen Bildworten in 2 Kor 5,1-5? (Worterklärung: nackt/entkleidet sein = tot sein)

[41] Die Kontroverse um die Leiblichkeit der Auferstandenen in diesem Abschnitt können wir übergehen. Vgl. W. Schmithals, Die Gnosis in Korinth. Eine Untersuchung zu den Korintherbriefen (FRLANT 66), Göttingen [2]1965, 246-261. Wir beschränken uns auf die bildhaften Aussagen über die christliche Hoffnung.

– Welchen Charakter hat demnach das irdische Leben?
– Worin liegt der Grund seiner Zuversicht? Was wird ausgeschlossen?
– Zuversicht kann rasch zur Sicherheit werden, auf der der Mensch sich ausruht. Von welchen Mißverständnissen dieser Zuversicht will Paulus in 2 Kor 5,6-10 die Christen bewahren?
– Welche Absicht verfolgt er mit dem Hinweis auf Gericht und Lohn für das Gute und Böse?
– Ist demnach das Verhältnis von Leistung und Lohn auf die Auferstehungsbotschaft anwendbar?

b) Am Ende des Lebens steht nicht die totale Vernichtung. Mit den Bildern von der Wohnung, dem Ewigen Haus, vom Bekleidet- und Überkleidetwerden, vom Verschlungenwerden des Sterblichen drückt Paulus die Hoffnung aus, daß der ganze Mensch in ein neues Leben verwandelt wird. Dieses Leben ist unabhängig von menschlichen Leistungen, es ist allein Tat und Geschenk Gottes. Es ist ewiges Leben, das nicht mehr der Vergänglichkeit unterliegt. Weil es vollkommener ist als das jetzige Leben, treibt den Christen auch die Sehnsucht nach dieser "himmlischen Wohnung". Im Vergleich dazu ist das jetzige Leben vergänglich, nur vorläufig. Diese Sehnsucht gibt es nur, weil wir das Haus des neuen Lebens erwarten können.
Der Grund der Zuversicht liegt im Geschenk des Geistes, das der Glaubende jetzt schon erhalten hat. Diese Gabe ist ganz und gar freies Geschenk Gottes und gewissermaßen eine »Anzahlung« des ewigen Lebens an den, der sich im Glauben auf die Zusage Gottes einläßt. Nicht eigene Leistungen oder Empfehlungen sind der Grund für das neue Leben, sondern allein das Gnadengeschenk Gottes.
Das Glaubensbewußtsein unterliegt aber der Gefahr, sich jetzt bereits in der Vollkommenheit zu »wiegen« und sich der Zukunft sicher zu sein – als ergäbe sich aus dem Glauben notwendig die Konsequenz, man könnte nun tun und lassen, was man will, die Zukunft wäre ja gesichert. Der Glaube würde so zu einer Leistung, die in sich bereits das ewige Leben als Lohn verspricht. Damit würde der Mensch aber die zeitliche Bedingtheit oder Vorläufigkeit, in der er sich jetzt noch befindet, überspringen und die Vollendung vorwegnehmen. Dieser Überheblichkeit setzt Paulus entgegen, daß wir noch auf dem Weg zu Christus und noch nicht vollendet sind.
Was wir im Leben tun, ist deshalb keineswegs gleichgültig. Wir haben uns vielmehr vor Christus als dem Richter zu verantworten, d.h. wir sollen uns ständig bemühen, unser Leben auf ihn auszurichten. Das Gericht am Ende der Geschichte ist eine wichtige Mahnung des Paulus, sich jetzt und unbedingt am Leben Christi zu orientieren. Die Auferstehung bleibt dennoch ein freies Geschenk Gottes: sie läßt sich nicht aus den menschlichen Leistungen errechnen und als Lohn beanspruchen. Der

Hinweis auf den Lohn für das Gute oder Böse ist Ansporn zum Leben nach dem Willen Gottes. Auferstehung ergibt sich daraus nicht als errechenbarer und von menschlichen Leistungen abhängiger Lohn, weil Gott im Schenken seiner Gnade frei ist; darüber kann der Mensch auf keine Weise verfügen. Wäre der Lohn von menschlichen Leistungen abhängig, würde der Mensch sich selbst als Maßstab seines Lebens nehmen. Der Glaubende aber läßt sich allein auf die Gnade Gottes ein. So steht sein Leben auch unter dem Maßstab dieser Gnade. Den Glaubenden versetzt dies nicht in Angst, sondern befreit ihn von der Angst, den Sinn seines Lebens selbst schaffen zu müssen, weil der Richter auch der Schöpfer des Lebens ist. Der Glaube an die Auferstehung versetzt uns in eine Hoffnung, die das Leben wertvoll macht, weil es nicht vom Nichts umgriffen wird.

c) Mit der Auferstehungsbotschaft kommen viele Grunderfahrungen zur Sprache. Denn sie provoziert und setzt Lebensperspektiven frei, die außerhalb dieses Horizontes nicht in den Blick kämen. Die Botschaft liegt jenseits des Denkbaren; sie kommt auf die menschliche Vernunft zu, um sie aus ihren Strukturen zu befreien. In 2 Kor 5,1-10 geht es um die Hoffnung, die trotz der Absurdität des Todes, der auch den glücklichsten Situationen die Vollkommenheit nimmt, das Leben wertvoll macht. Im Tod enden alle Leistungen und Erfolge, durch die er sich Zukunft zu verschaffen glaubt. Solche Hoffnung erweist sich als trügerisch, weil sich nichts in die Zukunft hinein durchhält. Die Auferstehungsbotschaft öffnet den Horizont des Lebens für die Gemeinschaft mit Gott ("ewiges Haus im Himmel"), in die der Mensch so, wie er geworden ist, aufgenommen wird, jedoch verwandelt/"überkleidet" von der Liebe Gottes. "Es gibt eine von Gott geschenkte Kontinuität. Sie gewährleistet die Identität der Person hier und dort in der Verschiedenheit der jeweiligen Leiblichkeit"[42]. Der Tod bedeutet nicht Bruch des Lebens, sondern Übergang in die Fülle des Lebens, das von Gott geschenkt wird. Diese Hoffnung kann den Menschen durch alle Unbill der Zeit tragen; denn sie hält die Sehnsucht aufrecht, ja steigert sie zu einer Zuversicht, die alles Gefälle zum Absurden hin überwindet.

Es war die Absicht dieses Kapitels, Unterichtsthemen aus den Korintherbriefen zu eruieren und im Rahmen der Grundlinien des Modells der dialogischen Bibeldidaktik aufzuschlüsseln. Die Skizzen zeigen nur Möglichkeiten der Korrelation auf einer allgemeinen Ebene; sie wäre didaktisch noch weiter zu konkretisieren – dies würde aber den Rahmen dieser Arbeit sprengen. Sie lassen deutlich erkennen, in welch elementarer Weise Paulus konkrete Inhalte des Glaubens auf die menschliche

42 H.-J. Klauck, 2. Korintherbrief, 50.

Existenz hin durchbuchstabiert und dabei Lebensdimensionen zur Sprache bringt, die auch unsere heutige Situation treffen.
Die Korintherbriefe sind religionsdidaktisch deswegen so bedeutsam, weil Paulus den Kern der Glaubenstradition so konkretisiert, daß er "für den jeweiligen geschichtlichen Kontext aussagekräftig wird"[43]. An diese Hermeneutik kann der Religionsunterricht sich in der Weise anschließen, daß er das Sozialisationsfeld der Jugendlichen und ihre Wege der Identitätsfindung in das Spannungsverhältnis zu der Botschaft bringt. Erste Reflexionen auf diesen Dialog hin sollte die Kurzcharakteristik möglicher Unterrichtsthemen vorstellen.

[43] J.C. Beker, Der Sieg Gottes. Eine Untersuchung zur Struktur des paulinischen Denkens (SBS 132), Stuttgart 1988, 21f.

Vierzehntes Kapitel

14.0 DIE »MACHER«: LEISTUNG UND ERFOLG ALS GRADMESSER DES LEBENS

(1 Kor 3,1–23; 4,1–16; 15,8–11; 2 Kor 4,7–15; 6,1–10; 10,12–17)

Das Gespräch mit den Jugendlichen wird nur dann für ihre Persönlichkeitsentwicklung und für die Ausbildung ihres geistigen Horizontes fruchtbar, wenn es markante Probleme des Alltags und Formen des Welterlebens thematisiert. Die Erörterung theoretischer Probleme eines Fachgebietes wird dagegen nur in dem Maße sinnvoll, als sie das Verstehen und die Orientierung in der Lebenswelt fördert. Diesen Zusammenhang hat diese Arbeit mehrfach herausgestellt und daraufhin das bibeldidaktische Modell entworfen. Nach der Kurzcharakteristik von Unterrichtsthemen werden in den folgenden Kapiteln fünf Problemkreise auf der Grundlage des bibeldidaktischen Modells genauer entfaltet. Als erstes geht es um den Problemkreis des Leistungsdenkens im Bereich des individuellen Lebens.

14.1 Leistung und Erfolg als zentraler Lebensinhalt der gegenwärtigen Zivilisation

Bei den Schüleräußerungen war aufgefallen, daß im Bewußtsein einiger Schüler der Gedanke der Auferstehung mit den Kategorien von Leistung und Erfolg assoziiert ist (vgl. 5.2). Darin ist sicherlich eine gelernte Auslegung des Jenseitsglaubens wirksam, in der das Gottesverhältnis des Menschen unter dem Prinzip »do, ut des« gesehen wird. Im Blick auf die Sozialisation und Weltbeziehung achtzehnjähriger Schüler spricht aber nichts dafür, diese Einstellung allein als Wirkung einer niedrigeren Stufe der Religiosität anzusehen. Vielmehr dürfte diese selbst Ausdruck eines Lebensentwurfes sein, der das Bewußtsein unserer Zeit bestimmt und in das (rudimentär vorhandene) Gottesverhältnis hineinspielt. In anderen Schüleräußerungen zeigte sich sogar, daß die Kategorien von Leistung, Lohn und Erfolg so dominant sind, daß sie den Gedanken an eine Auferstehung nahezu ausschließen.
In der Adoleszenz verflechten sich Erfahrungen und religiöse Vorstellungen zu einem persönlichen Lebenskonzept. Das Gottesverhältnis wird persönlicher und zwar dergestalt, daß die Inhalte des Glaubens "im engen Bezug zu den eigenen Bedürfnissen" erscheinen[1]. Von daher ist es wohl möglich, daß das Leistungs- und Lohndenken als unbefragtes Strukturmoment der Identität sich mit dem Gottesbild verknüpft.

---

[1] K.E. Nipkow, Grundfragen der Religionspädagogik, Bd. 3, Gütersloh 1982, 69.

Leistungs- und Erfolgsdenken als Sozialisationsinhalt

Die Orientierung von Schülern an Kategorien der Leistung und des Erfolgs verweist auf einen Sozialisationsprozeß, der für unsere Gesellschaft typisch ist. Diese Kategorien prägen das Bewußtsein bis in die Sinnorientierung des Lebens hinein. Sinn- und Wertkategorien sind lebensgeschichtlich bedingt, insofern der Einzelne ihnen in seiner Umwelt als Interpretationsmuster immer wieder begegnet und sie in der Identitätsentwicklung internalisiert.

Ein besonderer Zusammenhang von Leistungsstreben und Identitätsentwicklung entsteht in der Lebensphase, in der die Motivation zur Leistung herausgefordert wird; das ist das frühe Schulalter. Besonders die Erfahrung, nach der Leistung bewertet und durch Leistung Anerkennung erworben wird, gibt der Persönlichkeitsentwicklung ein besonderes Gepräge. Das Interesse an der Leistung und die Steigerung der Leistungsfähigkeit[2] verknüpft sich eng mit der Selbsteinschätzung und der Entwicklung der zukünftigen Lebensperspektiven[3]. Dadurch entstehen Situationen, in denen das Gefühl des Könnens zu "einem exzessiven Bewußtsein der Wettbewerbshaltung"[4] oder auch in das Gefühl der Minderwertigkeit umschlagen kann[5]. Erfahrungen in der Schule und Informationen über Lebensschicksale verstärken diese Kategorisierung und wirken sich auf das Selbstgefühl aus. "Stabilisiert der Heranwachsende sein Selbstgefühl mehr oder weniger ausschließlich durch sein Abschneiden in der Leistungskonkurrenz, so wird er dazu neigen, die abstrakte Arbeitsleistung als Parameter seiner im Wettbewerb erwiesenen Leistungsfähigkeit absolut zu setzen"[6].

Diese Orientierung läßt ein Bild des Lebens entstehen, das sich auf dem Zusammenhang von Leistung, Erfolg und Lohn aufbaut. Dieses Interpretationsmuster kann die Identität so stark bestimmen, daß jede Erfahrung von den Jugendlichen mindestens probeweise dahingehend beurteilt wird. Auf diesem Weg entwickelt sich letztlich ein Lebensverständnis, in dem die Befriedigung der entscheidenden Bedürfnisse des Menschen "nach der Maßgabe seiner Vorleistung"[7] eingeschätzt und durch das Postulat von »Lohn für Verdienst« bestimmt wird. Auf die Fragwürdigkeit dieses »bürgerlichen« Prinzips im Alltag kann an dieser

---

2 Auf den Zusammenhang eines starken Ich mit dem Gefühl des Könnens macht E.H. Erikson aufmerksam in: Einsicht und Verantwortung. Die Rolle des Ethischen in der Psychoanalyse, Frankfurt/M. 1971, 106ff.

3 Vgl. Th. Lidz, Das menschliche Leben. Die Entwicklung der Persönlichkeit im Lebenszyklus, Frankfurt/M. 1970, 418.

4 E.H. Erikson, Jugend und Krise. Die Psychodynamik im sozialen Wandel, Stuttgart 1970, 176.

5 Vgl. Th. Lidz, Das menschliche Leben, 377.

6 J. Werbick, Glaube im Kontext. Prolegomena und Skizzen zu einer elementaren Theologie (SPT 26), Zürich 1983, 359.

7 Ebd., 365.

Stelle nur kurz eingegangen werden[8]. Seine Parallelität zu den Kategorien des Berechnens und der Effektivität, die durch das naturwissenschaftliche Denken der Neuzeit mitbestimmt ist, müssen wir aber im Auge behalten.

Zur Ambivalenz der gegenwärtigen Orientierung an Leistung und Erfolg

Die herrschenden Verhaltensmaximen von Leistenmüssen und Erfolghaben, von meßbarer Effizienz und Konkurrenzvorteil bilden in unserer Zeit ein anthropologisches Strukturmoment, durch das menschliche Existenz als ganze bestimmt und zentrale Lebensbereiche darin einbezogen werden. Was der Mensch durch eigene Leistung zustande bringt, das wird am Maßstab der Effizienz in Gestalt des Erfolgs oder der adäquaten Gegenleistung beurteilt. In dieser berechenbaren Relation erschöpft sich der Sinn menschlichen Könnens und Handelns (»Was bringt's?«). Durch die Internalisierung des Leistungsprinzips gerät die Identitätsentwicklung in die Spannung von Leistung und Erfolgserwartung. Der Mensch baut allein auf das von ihm selbst Geleistete und Zu-Leistende und auf die Berechenbarkeit des Erfolgs, der ihm zusteht. Insofern ihm Leistung Erfolg verspricht oder das Anrecht auf Gegenleistung sichert, wird das Leben durch ihn selbst kontrollierbar – und so der Ungewißheit enthoben. So bestimmt das Leistungsprinzip das Verhältnis des Menschen zu sich selbst und zum Sinn seiner Existenz: Der Mensch "wird sich selbst zum Instrument, zum Produktionsmittel und zugleich zum Produkt seiner selbst"[9].
Der positive Wert von Leistung und Erfahrung von Erfolg für die menschliche Existenz ist unbestritten. Das Problem liegt vielmehr in der Einordnung dieser Kategorien in die Sinnbestimmung menschlicher Existenz. Das Leistungs-/Effizienzmodell besteht in dem Grundsatz, daß wir sind, was wir aus uns machen und was wir verdienen. "Die zugrunde liegende Idee ist die Vorstellung, das Leben sei ein Unternehmen, das einen Gewinn aufweisen müsse"[10]. Damit verstrickt der Mensch sich selbst in die Dynamik der von Menschen aufgebauten Konventionen. Die Abhängigkeit des Selbst von sekundären Faktoren führt zur Entfremdung, insofern eine Teilerscheinung des Lebens grundsätzlichen Wert bekommt und sich zum Selbstzweck erhebt. Der Mensch unterwirft sich Sachzwängen, die seinen wirklichen Bedürfnissen nicht entsprechen. Die

---

[8] Vgl. A. Gehlen u.a., Sinn und Unsinn des Leistungsprinzips, München 1974; W. Blankenburg, Leistungsprinzip, in: G. Ritter/K. Gründer (Hrsg.), Historisches Wörterbuch der Philosophie, Bd. 5, Darmstadt 1980, 220–224; K.E. Nipkow, Leistung, in: W. Böcker u.a. (Hrsg.), Handbuch religiöser Erziehung, Bd. 1, Düsseldorf 1987, 163–176; J. Werbick, Glaube im Kontext, 361–365.

[9] W. Blankenburg, Leistungsprinzip, 222.

[10] E. Fromm, Entfremdung – Vom Alten Tstament bis zur Gegenwart, in: H.-H. Schrey (Hrsg.), Entfremdung, Darmstadt 1975, 89.

Existenzbestimmung aus der Leistung läßt den Menschen ausschließlich an seinen eigenen physisch-psychischen Fähigkeiten festhalten und führt ihn auf dem Weg der totalen Selbstbegründung und Selbstzentriertheit letztlich zur Ablösung von Gott. Er verschließt sich der Möglichkeit von Erfahrungen, die auf ihn zu-kommen und ihm geschenkt werden. Menschliches Leben ist nicht auf Leistung und Erfolg zu reduzieren. Wie oft macht gerade der Augenblick der Liebe, die Freude an einem neuen Tag oder die Erfahrung schöpferischer Imagination das Leben viel heller als die glänzende Leistung. Daran wird eine Dimension des Lebens deutlich, die die Theologie als Präsenz von Gnade zu begreifen sucht[11].

14.2 Das »ganz andere« Lebenskonzept des Paulus

In der Hafenstadt Korinth fand Paulus eine ähnliche Problemstruktur vor. Sie ergab sich einerseits aus der Beurteilung seines apostolischen Wirkens (1 Kor 4), andererseits als Störfaktor in der Gemeindebildung (1 Kor 12). Seine Sensibilität für Werthaltungen als inhärente Norm des alltäglichen Handelns veranlaßte Paulus mehrfach zu kritischer Auseinandersetzung mit den vorgefundenen Verhaltensweisen und zur Interpretation des Glaubens in Korrelation zu den erkannten Wertvorstellungen. Im folgenden ist daher näher zu prüfen, in welchem Kontext das Problem des Leistungs- und Lohndenkens in Korinth auftrat, und wie Paulus den konkreten Sachverhalt aus der Christusbotschaft heraus interpretiert. Daraus ergeben sich Kriterien für die Reflexion heutiger Wertorientierung und das Glaubensgespräch mit den Jugendlichen.

»Leistung« und »Lohn« im paulinischen Kontext

Daß der Mensch etwas »leisten« muß und für sein Tun »Lohn« erhält, diese Kategorien haben im Vokabular des Paulus durchaus einen Platz. Aber es ist notwendig, den Bedeutungskontext, in dem diese Sachverhalte eine Rolle spielen, zu beachten.

a) Geringschätzung menschlicher Leistung ist Paulus völlig fremd. Er legt im Gegenteil ausdrücklich Wert auf das Erbringen eigener Leistung und auf die Notwendigkeit, sich durch die Arbeit seiner Hände das Brot zu verdienen (1 Kor 4,12; 9,1ff.; 1 Thess 4,11f.; 2,9; 2 Thess 3,6ff.). Die Gemeinde von Korinth ist sein Werk (1 Kor 9,1; 2 Kor 3,1ff.). Aus seiner Leistung erwächst auch das Recht auf Lohn im Sinne des Unterhalts. Im Stil der Diatribe behauptet er die Selbstverständlichkeit von Leistung und Lohn (1 Kor 9,7-19): Jeder befindet sich in einem bestimmten Stand und soll dort seine Arbeit tun, wie die Belange es erfordern, und dafür auch seinen Lohn erhalten.

b) Paulus akzeptiert auch die pharisäische Vorstellung vom Endgericht,

[11] Vgl. L. Boff, Erfahrung von Gnade. Entwurf einer Gnadenlehre, Düsseldorf 1978, 133-157.

in dem "jeder seinen Lohn empfängt für das Gute und Böse, das er im irdischen Leben getan hat" (2 Kor 5,10). Er redet sehr wohl vom Gericht nach den Werken, das auch für den Christen gilt (vgl. 1 Kor 1,8; 3,13-15; 4,4f.; 1 Thess 3,13; 5,23; Röm 2,5ff.; 14,10). Zur Rede von der Parusie und von der Auferstehung der Toten gehört untrennbar die Predigt vom Gericht Gottes. Sie wird für Paulus "zum wesentlichen Motiv paränetischer Ermahnung"[12], zum Ruf in die Verantwortung für das Leben in dieser Welt. Jeder wird beurteilt "dem entsprechend, was er mit sich selbst angefangen, aus sich selbst gemacht hat"[13]. Menschliche Existenz ist Zeit der Bewährung, nicht der Vollendung. Sie bleibt in der Verantwortung vor Gott; niemand ist darüber erhaben. Was im irdischen Leben geschieht, ist darum nicht gleichgültig. Vielmehr wird in der endzeitlichen Begegnung mit dem Richter Christus offenbar, inwieweit der Mensch sich auf die Wirklichkeit Gottes eingelassen hat. Er verschafft sich nicht durch eigene vorweisbare Leistungen die Gerechtigkeit Gottes, sondern diese geht allem voraus; sie ist das Angebot Gottes. Im Gericht kann der bestehen, der sich hat einladen lassen, sein Leben an Gottes Gerechtigkeit auszurichten statt am eigenmächtigen Streben, das aus den Maßstäben menschlicher Größe Ruhm ableitet (1 Kor 4,7). In diesem Sinn ist es Paulus wichtig, "ihm zu gefallen" (2 Kor 5,9), d.h. durch alle Erfahrungen des Lebens hindurch nur auf die Gnade Gottes zu setzen.

Im Glauben hat der Mensch jetzt schon Anteil an der Gerechtigkeit Gottes (Röm 5,1), aber nicht als ein aus seinem Tun abgeleiteter Anspruch, sondern als Geschenk Gottes, der den Menschen in die Wahrheit seines Daseins führt. Daraus erwächst auch die Zuversicht des Paulus, daß das Leben nicht ins Leere verläuft. Er ist vielmehr getragen von der Hoffnung, daß "das Sterbliche vom Leben verschlungen werde" (2 Kor 5,4). Damit verschwindet die Todesfurcht, aber "als Glaubende gehen wir unseren Weg, nicht als Schauende" (5,7). Die Auferstehungshoffnung bleibt darum von der Erwartung des Gerichts durchdrungen, die als Anspruch an die menschliche Lebensorientierung wirksam wird, die Gerechtigkeit Gottes an die erste Stelle zu setzen. "In der Auferweckung des sterblichen Leibes wird endgültig und offenbar verwirklicht, daß der

---

[12] P. Neuenzeit, Das Herrenmahl. Studien zur paulinischen Eucharistieauffassung (StANT 1), München 1960, 226; vgl. R. Bultmann, Theologie des Neuen Testaments, Tübingen ^{5}1965, 78ff.263.

[13] R. Bultmann, Der zweite Brief an die Korinther, hrsg. von E. Dinkler (KEK Sonderband), Göttingen 1976, 145; Anm. 132; vgl. H.-J. Klauck, 2. Korintherbrief (NEB 8), Würzburg 1986,52. Davon spricht auch die chassidische Erzählung "Die Frage der Fragen": "Vor dem Ende sprach Rabbi Sussja: »In der kommenden Welt wird man mich nicht fragen: 'Warum bist du nicht Mose gewesen?' Man wird mich fragen: 'Warum bist du nicht Sussja gewesen?'«" (M. Buber, Die Erzählungen der Chassidim, Zürich ^{9}1984, 394).

Glaubende in allem, was er ist und tut, allein aus Gottes gnädigem Freispruch lebt"[14].
Der selbstverständliche Gebrauch der Begriffe »Leistung« und »Lohn« deutet darauf hin, daß Paulus diesen Kategorien eine bestimmte Funktion innerhalb seines Lebensverständnisses eingeräumt hat. Sie nehmen jedoch einen anderen Rang ein als im Denken unserer Zeit. Denn Paulus hat einen grundsätzlich anderen Verständnisrahmen, in dem er sein menschliches Dasein interpretiert.

Die Zuwendung Gottes als Verständnisrahmen von Existenz und Verkündigung des Paulus

Menschliches Sein steht immer in einer Beziehungsstruktur, die das Bewußtsein bestimmt. Die Alltagswelt besteht aus Beziehungen zur gesellschaftlichen Wirklichkeit, zu vergangenen Erfahrungen und zu Zukunftserwartungen. Im unbewußten Wirkenlassen und in der bewußten Übernahme dieser Beziehung konstituiert sich das Selbst des Menschen und gewinnt seine konkrete Gestalt. Dies alles aber umgreift die Frage nach der Grundbeziehung, auf die der Mensch letztlich sein Leben gründet: auf sich selbst, auf die menschliche Leistung oder auf den entgegenkommenden, lebenschenkenden Gott.
Als Schlüssel seiner Entscheidung formuliert Paulus: "Nicht meine eigene Gerechtigkeit suche ich, die aus dem Gesetz hervorgeht, sondern jene, die durch den Glauben an Christus kommt, die Gerechtigkeit, die Gott aufgrund des Glaubens schenkt" (Phil 3,5). Paulus setzt sich ab von dem Lebensmodell, in dem der Mensch seine Erfüllung durch die eigene Leistung sucht und den meßbaren Erfolg (Verdienst) zum Kriterium des Handelns erhebt. Er bestreitet, daß der Mensch aus dem Eigenen, der Leistung und dem Lohn, die Wahrheit des Lebens schaffen kann. In einem solchen Lebensmodell vertraut der Mensch nur auf sich selbst, macht sich zum Grund seines Lebens und erhebt das ständige Streben nach Erfolg zum absoluten Maßstab von Gerechtigkeit. Aber das, was ihm Leben verspricht, führt ihn nur in den Tod. Der hingegen für Paulus geltende Verständnisrahmen wird besonders deutlich in 1 Kor 4,6-8; 15,8-10; 2 Kor 4,7-15; 6,1-10.

a) Welcher Art diese grundlegende Existenzbeziehung ist, spricht Paulus in der Auseinandersetzung mit dem Selbstverständnis seiner enthusiastischen Gegner in Korinth an. Sie spielten Paulus und Apollos gegeneinander aus (1 Kor 3,3f.). Das Auftreten des Paulus war in ihren Augen nicht kraftvoll genug (1 Kor 2,3); ihre Kritik an ihm wurde offenbar immer schärfer. Paulus kann es aber auch des Apollos wegen nicht akzeptieren, daß man ihre Gemeinsamkeit in der Verkündigung als "Mitarbei-

[14] F. Froitzheim, Christologie und Eschatologie bei Paulus (FzB 35), Würzburg 1979, 237f.

ter Gottes" zu hintertreiben sucht (1 Kor 3,5-9). In ihren herben Urteilen maßen sie sich vielmehr ein Recht an, das nur Gott zusteht (4,5). Dies – nicht seine oder des Apollos Fähigkeiten oder Schwächen – stellt das eigentliche Problem dar, auf das einzugehen Paulus sich genötigt fühlt (1 Kor 4,6-8).

Die Überheblichkeit der Korinther ist in keiner Weise ein moralisches Mißverständnis. Es geht vielmehr um die Haltung des Glaubens, die sich in der Selbsteinschätzung des Christen und in der mitmenschlichen Beziehung zeigt. Paulus geht im dialogischen Stil der Diatribe mit V. 7 direkt das Selbstbewußtsein der gnostisch beeinflußten Enthusiasten an: τίς γάρ σε διακρίνει;. Die Korinther betrachten sich in ihrer Erkenntnis und aufgrund ihrer Geistesgaben als von anderen unterschieden[15]. Sie rühmten sich der Sicherheit, das Heil bereits in vollkommenem Umfang zu besitzen, und blickten deshalb von oben auf andere herab, die nach ihrer Einschätzung »weniger« vorweisen konnten. Ihre Haltung entspricht dem gnostischen Selbstbewußtsein, wonach der Pneumatiker eine unverlierbare göttliche Substanz besitzt, durch die er bereits erlöst ist, und deshalb von niemandem mehr etwas zu erwarten braucht. "Seine »Leistung« besteht demgemäß in der theoretischen und (oft ekstatischen) praktischen Erkenntnis seines eigentlichen Selbst als eines göttlichen Selbst"[16]. Darauf basiert ihr Bewußtsein des Unterschiedenseins von den Nichtpneumatikern. Mit der Frage V. 7a bestreitet aber Paulus die Berechtigung dieser Auffassung[17]. Die Grundbeziehung, aus der der Christ lebt, ist gerade umgekehrt: "Was hast du, das du nicht empfangen hättest? Wenn du es aber empfangen hast, warum rühmst du dich, als hättest du es nicht empfangen?" Der Glaubende ist Empfangender und Beschenkter, er lebt aus der Gnade Gottes – aus nichts sonst (vgl. 2 Kor 12,9). Die Rechenschaftsablage im Endgericht (2 Kor 5,10) bezieht sich gerade darauf, inwieweit der Mensch in seiner aktiven Lebensgestaltung an diesem Gnadengeschenk Maß nimmt. Man kann nicht so tun, als könnte man auf das Eigene bauen, und daraus absolute Sicherheit des Heils ableiten. Der Glaube schreibt den Menschen in eine Beziehungsstruktur ein, die in der Liebe Gottes ihren Grund hat und seine ganze Existenz umgreift; im Bewußtsein der Begrenztheit des Eigenen und in der Haltung des Annehmens gründet der Mensch seine Existenz auf der entgegenkommmenden Gerechtigkeit Gottes. Die Vorzüge, die der Glaubende hat, bestehen im Bewußtsein des Empfangens als ele-

[15] Es ist Stil des Paulus, den Korinthern ihre Standortbestimmung zu belassen und nicht vorab madig zu machen (vgl. 1 Kor 8,1). Mit Fragen aber veranlaßt er sie darüber nachzudenken; vgl. J. Weiß, Der erste Korintherbrief (1910), Neudruck Göttingen 1977, 105f.

[16] A.H.J. Gunneweg/W. Schmithals, Leistung, Stuttgart 1978, 111.

[17] Bereits in 1 Kor 3,3f. hat Paulus ihnen zu denken gegeben, daß ihre tatsächliche Haltung gar nicht göttlich sei, sondern zutiefst menschlich, obwohl sie die Erkenntnis haben. Denn woher sonst käme ihre Neigung zu Eifersucht und Streit?

mentarer Beziehung der Existenz auf das göttliche Gnadengeschenk. Was ihn zu dem macht, das er ist, ist nicht Ergebnis der eigenen Leistung, sondern Wertzumessung aus der Zuwendung Gottes, die in Jesus Christus – nach den korporativen Grundgedanken der Bibel (vgl. Röm 5,12-21; 1 Kor 15,22) – allen Menschen eröffnet ist.
Aus dieser Perspektive kritisiert Paulus die Zuversicht der Korinther, die sich so geben, als hätten sie jetzt schon die absolute Wahrheit in Händen (V. 8), und ihre Existenz stünde ganz selbstverständlich und unverlierbar in der Beziehung zu Gott. Die Ironie in seiner Reaktion geht allerdings so weit, daß "er aus dem höhnischen Anerkennen, wie herrlich weit sie es gebracht haben, in die Rolle des ehrfürchtig staunenden und gar bescheidenen Bewunderers übergeht: ach, wenn es doch wirklich wahr wäre!"[18]
In Anbetracht der tatsächlichen Situation kann aber von "Sattsein", "Reichsein" und "Königsein" nicht die Rede sein[19]. Die Existenz des Gläubigen steht vielmehr unter dem eschatologischen Vorbehalt: die jetzigen Erfahrungen des Heils sind noch vorläufig, brüchig und gefährdet; die Hoffnung des Christen ist noch keine Sicherheit, sondern steht in der Bewährung (vgl. Phil 3,12). Davon aber wissen die Korinther nichts. "Zwischen die Gegenwart und das »Ziel« schiebt sich die Parusie und das Gericht – das sie in ihrem spiritualen Selbstbewußtsein hinter sich zu haben glauben"[20]. Diese Selbsteinschätzung erwächst so nicht mehr aus der Verantwortung vor Gott, sondern macht die Wahrheit der Existenz an einem vermeintlich erreichten Vollendungszustand fest.

b) Seine persönliche Existenz kann Paulus nur vom Gnadengeschenk Gottes her verstehen. Dies bezeugt er im Anschluß an die urkirchliche Überlieferung von der Auferstehung Christi (1 Kor 15,8-11). Denn seine Ostererfahrung fällt gewissermaßen aus dem Rahmen: ὡσπερεὶ τῷ ἐκτρώματι. Im Unterschied zu den anderen Aposteln hat er auf ungewöhnliche Weise den Weg zu Christus gefunden als einer, von dem man es nicht erwartet hatte und nicht erwarten konnte (ὡσπερεί). Sein Christwerden lag nicht eben auf der Linie seiner Biographie. Rückblickend versteht er sich selbst in der Zeit bis zu der Erscheinung des Auferstandenen als "Mißgeburt" oder "Fehlgeburt", als unreifen, zur Unzeit geborenen Menschen, aus dem eigentlich nichts werden konnte. Aber gerade ihn, der gar keine Voraussetzungen für die Christusbegegnung mitbrachte, weil er Chri-

18 J. Weiss, Der erste Korintherbrief, 108.
19 Mit den Begriffen κορέννυμι, πλουτεῖν und βασιλεύειν greift Paulus Motive auf, in denen die jüdische Apokalyptik und die griechische Popularphilosophie das zukünftige vollendete Leben charakterisieren; vgl. J. Weiss, Der erste Korinherbrief, 106f.; H.-J. Klauck, 1. Korintherbrief (NEB 7), Würzburg 1984, 38.
20 H. Conzelmann, Der erste Brief an die Korinther (KEK 5), Göttingen ^{2}1981, 115.

stus nicht kannte, ja seine Anhänger sogar verfolgte, wurde die Offenbarung zuteil. Paulus unterstreicht damit das Überraschende und Unableitbare seiner Christuserfahrung[21]. Mit dieser Selbstbezeichnung bekennt er sich in Demut zum Handeln Gottes, das ihn unverdientermassen erst zu dem gemacht hat, was er ist. Seine Sendung macht ihn aber nicht stolz, so daß er seine Biographie und die verwandelnde Kraft des auferstandenen Christus vergäße.

Paulus kann aufgrund der Ostererfahrung die gleiche Autorität beanspruchen wie die anderen Apostel. Das ist für ihn aber kein Anlaß, sich herauszustellen (vgl. 1 Kor 3,5). Zeitlich und den Umständen nach kann er sich selbst (betontes ἐγώ, V. 9) nur auf der untersten Stufe einordnen (vgl. Eph 3,8), als der "geringste von den Aposteln". Diese Bescheidenheit ist nicht Koketterie, auch nicht Ausdruck von Selbsterniedrigung[22]. So, wie das alles gekommen ist, kann er seine Biographie gar nicht anders qualifizieren. Seine Vergangenheit als Verfolger der Kirche Gottes schließt die Berufung zum Apostel nach menschlichen Maßstäben vollkommen aus (vgl. Gal 1,11-17). Wenn er die Sache von sich selbst her betrachtet, kann er von einer Tauglichkeit für das Apostelamt überhaupt nicht sprechen (vgl. 2 Kor 2,16b; 3,5-6). Vor diesem Hintergrund tritt vielmehr der Kern der Sache erst richtig hervor: Was ich bin, das bin ich allein aus der Gnade Gottes. Seine Wandlung vom Verfolger zum Apostel ist ein Zeugnis für die Wirksamkeit göttlichen Handelns, auf das es letztlich ankommt. An die freie Tat Gottes ist alles gebunden: die Christuserscheinung und die Bekehrung, das Evangelium und die Existenz des Verkünders. Aufgrund der eigenen Erfahrung kann er nur das freie und souverände Handeln Gottes als absolute Bezugsgröße für das ganze Heilsgeschehen anerkennen.

Sein Aposteldienst selbst läßt nochmals die Wirksamkeit des Gnadengeschehens erkennen. Die Christuserscheinung hat Paulus nicht zu einem passiven Objekt gemacht, sondern sie hat ihn zur Verkündigung des Geoffenbarten angespornt; ja "mehr als sie habe ich mich abgemüht" (V. 10). Aber das ist für ihn nicht das Entscheidende; die Mühe hätte auch vergeblich sein können. Daß seine Missionstätigkeit erfolgreich war, das kann er wiederum nur als Wirkung der Gnade Gottes erkennen. Paulus überläßt nicht alles göttlichem Handeln; Gottes Gnade ist kein

---

21 Diese Bedeutung von τῷ ἐκτρώματι scheint mir die passende zu sein. Sie entspricht durchaus dem Kontext des paulinischen Gedankengangs, in dem es um die Begründung seiner Verkündigung in der Gnade Gottes geht. Andere Deutungen scheinen mir zu stark von der Frage der Legitimation zum Apostelamt bestimmt zu sein, um die es hier nicht geht. Daß Paulus möglicherweise ein Schimpfwort aufnimmt (H.-J. Klauck, 1. Korintherbrief, 111), steht dem nicht entgegen.

22 H. Conzelmann sieht in solchen Äußerungen zwar auch einen Reflex der psychischen Veranlagung des Paulus (Der erste Brief an die Korinther, 316f.), aber insgesamt lassen sie sich nicht mit psychologischen Kategorien allein fassen.

Automatismus, der Mensch muß mitwirken (σὺν ἐμοί, V. 10). Letztlich hebt die Gnade Gottes die Freiheit und Verantwortung des Menschen nicht auf. Aber an der wirksamen Macht Gottes hängt doch alles.

c) Die entscheidende Grunderfahrung christlicher Existenz artikuliert Paulus in 2 Kor 4,7-15: So vieles in unserem Leben ist zerbrechlich, beängstigend, niederschmetternd, sieht nach Mißerfolg aus und ist kaum zu verkraften. So tragen die Apostel sogar das Evangelium, den wertvollen Schatz, in zerbrechlichen Gefäßen (V. 1). Während die Gegner die Verkündigung in schwächlicher Gestalt für verächtlich halten, erkennt Paulus gerade darin einen bedeutsamen Zusammenhang: Die Kraft, die dennoch (ἀλλ') das Durchstehen von Leiderfahrungen ermöglicht, kommt nicht aus uns selbst, aus der eigenen Leistung, an die sich die Pneumatiker halten, sondern ist Gnade Gottes (vgl. Phil 4,13). Gerade die Erkenntnis der Schwachheit führt uns zum wahren Grund unserer Existenz. Das Leid wird so nicht beseitigt, aber der Mensch in seiner Identität geht daran nicht zugrunde, weil die Gnade Gottes ihn stark macht.
Zugang zu dieser Erkenntnis gewinnt Paulus dadurch, daß er seine Existenz bewußt in die Beziehung zur ζωὴ τοῦ Ἰησοῦ stellt[23]: Der Glaube verwandelt den Menschen, so daß das Leid ihn nicht niederdrückt. Aufgrund des Glaubens hat er mit seinem Leid Anteil am Todesleiden Jesu, das in das Leben führt (V. 10). Das Leiden, das zu diesem Leben gehört, ist darum für Paulus ermutigend – so eigenartig dies in unseren Ohren klingen mag –: nur dadurch kann die Gnade Gottes, die im Leben wirksam war, offenbar werden. Der Grund liegt darin, "daß der, welcher Jesus, den Herrn, auferweckt hat, auch uns mit Jesus auferwecken wird" (V. 14). In der Glaubensbeziehung wirkt das Leben Jesu in die menschliche Existenz hinein und verwandelt schon jetzt den Menschen. Die Erfahrung von Rettung und neu gewonnenem Lebensmut ist also für Paulus schon hier und jetzt eine Auferstehungserfahrung, obwohl die Macht des Todes noch wirksam ist (V. 10). Daraus wird wiederum deutlich, daß erst diese Beziehung, nicht die Selbstbezogenheit, in die Wahrheit des Lebens führt.

Der Glaube an Christus als Sinnantwort

Worin besteht in diesem Verstehenshorizont der Sinn des Lebens? Die Erfahrungen des Glaubenden sind denen aller anderen Menschen gleich, die sich für eine Sache engagieren: die Spannung von Gelingen und Versagen, von Bedrängnis und Freude, von Anerkennung und von Mißachtung. Wo das Leistenmüssen das Leben bestimmt, rennt der Mensch immer seinem Glück hinterher. Er wird getrieben vom Wunsch, mit Hilfe

[23] Paulus verwendet im ganzen Abschnitt nur den Namen "Jesus", was bei ihm selten geschieht. Damit beabsichtigt er wohl, die Identität des auferstandenen Christus und des leidenden Jesus zu akzentuieren.

der Leistung das gesteckte Ziel zu erreichen. Weil er es infolge der Endlichkeitssituation immer nur in der Ferne sieht, davon aber in Bann geschlagen ist, verliert er den Blick für die Gegenwart: Er ist immer hinter dem her, was ihm gleichzeitig immer wieder entschwindet. Dieser Spannung können wir nicht entfliehen – schon gar nicht in der industrialisierten Gesellschaft mit ihren geplanten und auf Effekt abgestellten Abläufen. Aber der Mensch kann frei werden vom Druck der Zeit, die ihn unter den Zwang der Leistung setzt und so entfremdet. Es hängt vom Verständnisrahmen ab, in dem der Mensch an seine Aufgaben herangeht. Als "Mitarbeiter Gottes" sieht Paulus sich und die Korinther in einer Situation, die zur Rückbesinnung auf und zur Neuorientierung an dem Grundgefüge christlicher Existenz veranlaßt. In 2 Kor 6,1-10 geht es Paulus um die Lebenseinstellung, die es möglich macht, das eigene Tun in wirklichkeitsgerechten Dimensionen zu begreifen. Paulus zeichnet gewissermaßen ein Modell des Lebens, das die Leistung und ihre Ambivalenz nicht übergeht oder ausspielt, sondern in einer grundsätzlich neuen Haltung integriert.

Die Mitteilungen des Paulus lassen folgende Züge erkennen:
a) Des Menschen Leben steht nicht mehr auf den eigenen Leistungen, sondern auf der Vor-Leistung Gottes: durch den stellvertretenden Tod Jesu Christi sind wir in eine neue Welt gestellt (2 Kor 5,21), haben wir seine Gnade empfangen und leben aus der Gnade. Mit diesem Geschehen sind die alten Verhältnisse abgetan (2 Kor 5,17). Der Weg der Freiheit steht uns zu neuem Leben offen. Die Anerkennung dieser Gnade muß immer neu vollzogen werden, damit sie wirksam wird (2 Kor 5,20; 6,1).
b) Unter dieser Voraussetzung muß der Mensch als Ziel seines Lebens nicht immer in die (unerreichbare) Zukunft verlagern: "Jetzt ist sie da, die Zeit der Gnade; jetzt ist er da, der Tag der Rettung" (2 Kor 6,2). Anstelle des ruhelosen Hastens kommt es darauf an, den Augenblick mit seinen Ansprüchen und Erfahrungen auszuschöpfen. Die Gegenwart stellt dem Menschen die Aufgaben, die dem Leben Erfüllung geben. "Wer aus der Gnade Gottes lebt, legt die Last seiner Vergangenheit und die Sorge um seine Zukunft in Gottes Hand und kann darum augenblicklich leben... Jede Stunde ist gleich unmittelbar zur Ewigkeit, vor der unsere Leistungen keinen Bestand mehr haben"[24].
c) Gerade die Spannungen, die das Leben des Paulus durchziehen, sind ein Hinweis auf den Dienst für Gott, weil sie dem Evangelium entsprechen (2 Kor 6,3-10). In antithetischer Komposition[25] charakterisiert Paulus seine "Mitarbeit" so, wie sie einem "Diener Gottes" zukommt: Dazu gehört die Standhaftigkeit in schwierigen Lebenslagen (Vv. 4-5), aber auch die großartigen Fähigkeiten, die in der Gnade begründet sind

24 A.H.J. Gunneweg/W. Schmithals, Leistung, 120.
25 R. Bultmann, Der zweite Brief an die Korinther, 170.

und in ihr wirksam werden (Vv. 6-7).
d) Beide Seiten verflicht Paulus ineinander in der Paradoxie eines Lebens, das durch Situationen des Verkanntwerdens und des Leidens hindurch sich im Leben Gottes geborgen weiß und nur von daher die Erfahrungen interpretiert. Leid wird nicht kompensiert. Es ist gerade der Ort, wo die Gnade Gottes als das eigentliche Fundament aller menschlichen Leistungen offenbar wird. Das Bestehen des Lebens, das eher auf Sinnlosigkeit als auf Erfüllung tendiert, entspringt dem Freisein von allen fremdbestimmten Maßstäben von Leistung und Erfolg. Die neue Qualität des Lebens zeigt sich darin, daß der Mensch "nichts hat", worauf er bauen könnte, aber gerade als Empfangender "alles hat" (2 Kor 6,10). Im Vertrauen auf die göttliche »Vor-Leistung» kann der Mensch der sein, der er ist, und das tun, was seine Aufgabe ist. Paulus war ungeheuer fleißig und engagiert. Er konnte dies umso mehr, da ihn nicht die Sorge besetzte, sein Leben wäre erst durch glanzvolle Leistungen wertvoll. Von der Sorge um den Sinn seiner Existenz befreit konnte er seiner Aufgabe erst kraftvoll nachgehen. Ja, das Geschenk der Gnade ist Ansporn für ihn, die in ihm liegenden Kräfte mit Wucht zur Entfaltung zu bringen. Die Effizienz seiner »Leistung« als Apostel ist dafür kein primärer Gradmesser; sein Handeln ist schon gar nicht davon abhängig. Indem er sich von der Gnade Gottes in Anspruch nehmen läßt, wird er auch trotz aller Widrigkeiten und störenden Erfahrungen des Lebens in ungebrochener Identität er selbst bleiben können.

14.3 Leistung und Erfolg als Lebensthema der Schüler

Das didaktische Problem wird durch die Art des Inhalts bestimmt: Der Leistungs- und Lohngedanke handelt nicht von objektiven Sachverhalten. Vielmehr ist jeder Schüler mit seiner Biographie in das Thema involviert, und sein Verständnis von Leistung ist durch eigene Erfahrungen des Gelingens und/oder Mißlingens und durch entsprechende Erwartungen gefüllt. Auch wenn – lebensgeschichtlich betrachtet – der Zusammenhang von Identität und Leistung schon früher als Problem auftritt[26] – und entschieden wird? –, bleibt er für die Jugendlichen und Erwachsenen ein Thema ihres persönlichen Lebensentwurfes. Die Bibeldidaktik hat Wege zu bedenken, wie das Problem von Leistung als Lebensentwurf und die Korrelation zum Glauben an Christus durchgearbeitet werden können. Zuerst geht es aber darum, die Thematik von der Erfahrungswelt der Schüler her zu erschließen.

Kritik gelernter Einstellungen als didaktische Aufgabe

Bildung ist ein Vorgang, in dem es um das Aufarbeiten von Sachverhal-

26 J. Werbick, Glaube im Kontext, 357-388.

ten geht, daß der Lernende sich darin seiner selbst gewiß wird. Der Mensch ist ein Wesen, das sich zu seinem Leben zu verhalten vermag. Bildung geschieht darum nicht in der Rezeption von Sachverhalten als fertige Wissensbestände und als unaufhebbare Fakten, vielmehr muß der Lernende selbst in seinem Bewußtsein in eine Sache hineingezogen werden. Erst wenn die Innerlichkeit des Selbst beteiligt ist im Sinne des Betroffenseins, kann Lernen geschehen. Dieser Prozeß entfaltet sich aber nicht im luftleeren Raum, sondern im Kontext seiner Wirklichkeit. In dem Verhältnis, das der Mensch zu den Dingen aufbaut, vermag er erst seine Möglichkeiten zu verwirklichen. Ziel der Bildung ist es, ein Wissen zu gewinnen, aus dem sich gut leben läßt. Dazu ist eine Bewegung des Denkens notwendig, die vom Scheinwissen, d.h. von dem, worin wir uns eingenistet haben, wegführt und das Suchen nach dem Sinnvollen vorantreibt. Dieses Denken geht von dem Verständnis der Dinge aus, die das Innere des Menschen ausfüllen, um in der Auseinandersetzung mit den Sachverhalten und mit der Vielfalt der Dinge und Zusammenhänge den Bewußtseinshorizont zu erweitern. "Alle Erziehung geschieht im Element einer Lebensbesinnung, eines vernünftigen Nachdenkens über das, was zu tun und zu lassen ist"[27].
Lernen hebt an mit der Frage. Es wird gerade nicht vom gesicherten Wissen ausgegangen, sondern vom Infragestellen gesicherten Wissens. In der Frage gerät das Bewußtsein in kritische Distanz zu sich selbst. Dem entspricht die Unruhe und Neugierde der Adoleszenten, die "für sich selbst Sinn gewinnen wollen. Sie begnügen sich nicht mehr mit der Einstimmung in eine so oder so vorgefundene Welt. Sie wollen die im geläufigen Wissen verborgene ursprüngliche Fraglichkeit wieder aufdecken, auf die jenes Wissen im Akt seiner Ermittlung Antwort zu geben suchte"[28]. Es ist darum angebracht, mit den Schülern in kritisch prüfender Haltung die gelernten (in ihrer Wirkung auf das Selbst noch unbekannten) Einstellungen und die Verhaltensmuster der umgebenden Welt zu verarbeiten, um ihren Eigenstand in der Welt zu fördern[29].

Selbstreflexion: Leistung und Erfolg als eigener Verständnisrahmen?
Die Übertragung dieser Grundgedanken von Bildung hat für unser Thema folgende Konsequenzen: Der erste Schritt des Religionsunterrichts besteht in der Anregung zur Selbstreflexion. Den Schülern sollte bewußt werden, wie ihre Selbsteinschätzung und ihre Beziehung zu den Mitschülern von Leistungskategorien geprägt sind. In der Schule

---

27 E. Fink, Metaphysik der Erziehung im Weltverständnis von Plato und Aristoteles, Frankfurt/M. 1970, 198.
28 J. Derbolav, Pestalozzis systematisches Vermächtnis, in: Pädagogische Rundschau 31 (1977) 940-949, hier 946.
29 Diese Bildungsaufgabe ist gegenüber der Wissenschaftsorientierung zu bekräftigen; vgl. C. Menze, Wissenschaftsorientierung als Problem der Schule, in: Pädagogische Rundschau 35 (1981) 147-165.

geht es nur selten um das Drängen nach Höchstleistungen, sondern um die psycho-sozialen Implikationen des Leistungsstrebens und des Versagens im Konkurrenzkampf.

Der Religionsunterricht kann folgende Beobachtungen zum Anlaß kritischen Nachdenkens nehmen:
- Nicht selten verweigern Schüler der Oberstufe einander jede Hilfe bei der Erledigung schulischer Aufgaben.
- Das Vergleichen von Noten bestimmt die Beziehungen der Schüler und das Interesse an näheren Kontakten mehr als gemeinsame Aufgaben.
- Die Zersplitterung der Schulklasse und die geringe soziale Kohärenz durch den ständigen Wechsel der Lerngruppe schließt ein Zusammenwachsen als sozialer Verband zusätzlich aus.
- Wer neu in eine Lerngruppe kommt und nicht mit glänzenden Leistungen oder bemerkenswerten Aktionen brillieren kann, hat es schwer, die Anerkennung der anderen zu gewinnen.
- Leistungsschwächere Schüler kompensieren manchmal ihre Angst vor geringerer Geltung durch auffälliges Verhalten, durch das sie das Interesse der anderen auf sich zu lenken versuchen.
- Die »Punktejagd« verstärkt das Wettbewerbsstreben: Das Abschneiden im Leistungsvergleich bestimmt das Alltagsleben und die Gefühle der Schüler stärker als andere Aspekte schulischen Lebens.
- Das Arbeitsverhalten der Schüler ist motiviert von dem Leitgedanken: Nur der Einsatz, der in der Punktesammlung etwas bewirkt, lohnt sich; an der Bewertung der Leistung liegt mehr als am Interesse für einen Sachverhalt.
- Nicht selten äußern Schüler ihre Stärke, indem sie auf Mitschüler, die sich weniger trefflich in Szene zu setzen vestehen, mit mitleidigem Lächeln oder Spott herabschauen; sie leiten am deutlichsten ihre Identität aus ihrer Leistungsfähigkeit ab, auf Kosten anderer.

Das Klima der Wettbewerbskonkurrenz fordert nicht selten auch seine »Opfer«: Schüler entwickeln starke Minderwertigkeitsgefühle, weil sie keinen Erfolg haben, aber auch nicht ermutigt werden. Oder: Die Einstellung auf meßbare Leistungen schlägt um in anödende Frustration, weil ständig nur ein enges Spektrum der Persönlichkeit gefordert ist. Oder: Leistungsverweigerung hat oft ihre Wurzel in Tätigkeiten, die nur unter dem Maßstab des Erfolgs durchgeführt werden; oftmals ist sich der Jugendliche dessen gar nicht bewußt. – Solche Beobachtungen bieten im Religionsunterricht Gelegenheit für die Schüler, ihre bedrückenden Erfahrungen einbringen und durchzuarbeiten. Das Lernen an Erfahrungen ist die Bedingung für einen lebensbegleitenden Unterricht[30]. Das Gespräch mit den Schülern kann nicht dabei stehenbleiben, die ob-

30 Vgl. K.E. Nipkow, Grundfragen der Religionspädagogik, Bd. 1, 96-102; Bd. 2, 120-130.

jektiven Wirkzusammenhänge für solche Einstellungen (z.B. Numerus clausus) herauszufiltern. Wir müssen vielmehr nach der Wurzel in der Mentalität unserer Zivilisation fragen, die von Grund auf das Verhältnis zur Leistung bestimmt. Dabei ist auch nach dem guten Sinn von Leistung zu fragen.

Kritische Beurteilung der Leistungsmentalität im Sozialisationsfeld der Jugendlichen

In einem zweiten Schritt ist mit den Schülern die Ambivalenz des Leistungsdenkens zu bedenken: Welche Probleme birgt sie in sich? In welcher Grundstruktur des Denkens hat sie ihre Wurzel?[31]

a) Mit der Kritik am Leistungsprinzip unserer Gesellschaft wird man die Stimmen der Schüler bald auf seiner Seite haben. Rasch bestätigt sich die Auffassung, daß Jugendliche lediglich ein funktionales Verhältnis zur Arbeit haben und sich stärker auf den privaten und Freizeitsektor konzentrieren[32]. Das Wort vom Leistungsverdruß und der Leistungsverweigerung der Schüler macht die Runde. Im Umgang mit groben Charakterisierungen ist jedoch Vorsicht geboten. Leicht übersieht man die Eigendynamik von Stichworten, die eine bestimmte Gefühlslage und Alltagssituation treffen, und hebt die provozierte Reaktion ins Grundsätzliche. Die soziologische Untersuchung von Klaus Allerbeck und Wendy Hoag über die Einstellungen von Jugendlichen zur Bedeutung der Arbeit läßt erkennen, daß der Vorwurf fehlender Leistungsbereitschaft in dieser krassen Form nicht zu halten ist. Vielmehr dürfte die Diagnose realistisch sein: "Daß Jugendliche manchmal keine Lust zu arbeiten haben, ist an sich nicht neu und schon gar kein Weltereignis; neu ist, daß es möglich geworden ist, die Lustlosigkeit ganz unverblümt in Worte zu kleiden. Dies ist eine Veränderung der Normen, kein Wertewandel"[33]. Von daher kann man sich mit den Schülern darüber verständigen, daß der Leistungswille und das Erbringen von Leistungen entsprechend der eigenen Fähigkeiten und konkreten Lebensbedingungen zur Entwicklung der Persönlichkeit gehört.

b) Positive Aspekte ergeben sich aus dem anthropologischen Sinn der menschlichen Arbeit:

- Lernen ist ein Strukturmoment der menschlichen Entwicklung. Der Mensch will sich die Welt aneignen und das Gelernte in Handlungen umsetzen, durch die er sich selbst und seine Weltaneignung bestätigt.

---

31 Vgl. H. Rombach, Leistung und Muße, in: F. Böckle u.a. (Hrsg.), Christlicher Glaube in moderner Gesellschaft, Bd. 8, Freiburg 1980, 39-69.

32 K.E. Nipkow. Grundfragen der Religionspädagogik, Bd. 3, 165.

33 K. Allerbeck/W. Hoag, Jugend ohne Zukunft? Einstellungen, Umwelt, Perspektiven, München 1985, 71.

- Das Ich des Menschen bedarf eines immerwährenden Anspruchs an seine Kräfte, damit es nicht in Selbstgenügsamkeit erstarrt oder sich selbst aufgibt. Zum Selbstgefühl gehört ein Wirklichkeitssinn, in dem sich der Mensch erreichbare Ziele setzt und sich an die Arbeit macht. Mit dem Ins-Spiel-Bringen der Fähigkeiten bildet sich der "Sinn für die Leistung" aus, "ohne den es kein »starkes Ich« gibt. Ohne ihn fühlt sich der Mensch minderwertig in seiner Ausstattung und in seiner Fähigkeit, einem beständig wachsenden Radius bewältigbarer Wirklichkeit mit seinen Fähigkeiten gerecht zu werden"[34]. Durch die eigene Leistung erfährt das Ich Bestätigung seiner Initiativkraft.
- Der Heranwachsende will eine aktive Rolle in der Gesellschaft spielen. Dies bleibt immer abhängig von den Beiträgen, die er durch eigene Tätigkeiten (im Beruf, in den Sozialbeziehungen, im kulturellen oder religiösen Bereich) erbringt. Die Erwartungen der sozialen Umwelt fordern die Kräfte des einzelnen heraus. Er erreicht Selbständigkeit im Maße der Aktivierung seiner persönlichen Fähigkeiten.
- In der Leistung eignet sich der Mensch zunehmend die Werte der Kultur an, in der er lebt. Er verschafft sich dadurch Selbstbestätigung im Umkreis der Gesellschaft, daß er "zu einem eifrigen und völlig beteiligten Mitwirkenden in einer produktiven Situation"[35] wird. Schon im spielenden Lernen identifiziert sich das Kind "mit den Menschen, die Dinge wissen, und die wissen, wie man Dinge tut"[36]. Die Förderung der Leistungsfähigkeit in der Ausführung ernsthafter Aufgaben wirkt dem Minderwertigkeitsgefühl entgegen.
- Leistungserwartungen sind ein Anreiz zur Entwicklung der Persönlichkeit. Von der Außenwelt kommen Vorstellungen an den einzelnen heran, die das Entdecken neuer Möglichkeiten anstoßen. "Der Mensch weiß nun einmal nur insofern, wer er ist, als er sich an einem Bilde bestimmt"[37]. Zum Problem wird die Leistungserwartung erst durch die Internalisierung fremdbestimmter Normen.
- In einem tieferen Verständnis geschieht Leistung in der Hingabe an eine Sache, die zur Entfaltung und Wirkung gebracht wird. Menschliche Arbeit hat Anteil am schöpferischen Ringen um die Gestalt der Welt; sie ist "ein Mitschaffendes am Ganzen"[38]. Diese Interpretation steht jedoch dem modernen Anthropozentrismus entgegen, der "den Menschen aus der Natur entfernte und ihn dem Ganzen »gegenüber«-stellte"[39].

---

34 E.H. Erikson, Einsicht und Verantwortung, 107.
35 ders., Jugend und Krise, 126.
36 Ebd., 127.
37 M.J. Langeveld, Studien zur Anthropologie des Kindes, Tübingen 1956, 26.
38 H. Rombach, Leistung und Muße, 61.
39 Ebd., 61.

c) Dieses Verständnis von Leistung klammert freilich die Erfahrungen, die der einzelne mit seiner Leistung in der gesellschaftlichen Umwelt macht, und ihre Rückwirkungen auf sein Selbstgefühl aus. Die Problematik von Leistung beginnt dort, wo die Effizienz zum allesbeherrschenden Prinzip von Leistung erhoben wird[40]. Dies wirkt sich in der modernen Industriegesellschaft bis in die Beurteilung einfachster Handlungen aus.
Das Alltagsbewußtsein ist in hohem Maße von wissenschaftlich-technischen Kategorien bestimmt, in denen Leistungsbegriffe dieser Art eine große Rolle spielen. Trotz der Vieldeutigkeit des Begriffs und trotz der Unklarheit über die Herkunft dieser Bedeutungsprägung herrscht in den meisten Arbeitsbereichen das Interesse vor, "Leistungen der unterschiedlichsten Art und unterschiedlichster Systeme einer übergreifenden Norm zu unterwerfen, der Norm der Effektivität oder des geringsten Verhältnisses von Aufwand und Ergebnis, ermöglicht durch die technische Beherrschung der jeweiligen Prozesse"[41]. Durch die Quantifizierung der Leistung gerät das Handeln des Individuums in den Strudel fremdbestimmter Normen: der Wert des einzelnen wird aus seiner Leistung, dh. aus der meßbaren Funktion für die Gesellschaft abgeleitet. Die gesellschaftlich anerkannte Leistung bringt Verdienst in Gestalt bestimmter Statuszuweisung (Allokationsfunktion). Einerseits ergibt sich aus der Leistung der Anspruch auf entsprechende Gegenleistung, die sich in die Beziehung zu anderen auswirkt (Lohn), andererseits wird durch die Fremdorientierung auf dem »Markt« der Leistungen die Konkurrenz zu bestimmenden Norm zwischenmenschlicher Beziehungen. Erfolgssuche aus der eigenen Leistung und der Drang nach Überlegenheit im Kampf um den größeren Lohn werden zum Richtmaß des Lebens[42]. In diesem Gefüge wird nach Heinrich Rombach der krankmachende Streß zur Grundstruktur der Industriegesellschaft[43].
d) Die Abhängigkeit der gesellschaftlichen Anerkennung von der Effizienz der individuellen Leistung absorbiert alle Kräfte des einzelnen. Seine Lebensinteressen richten sich zunehmend auf ein gutes Abschneiden im Konkurrenzkampf und auf das berechnende Abwägen von Leistung und Effekt. Das Selbstgefühl wird dadurch vom Effekt der Leistung abhängig. Das Problem liegt darin, daß der Mensch die Wahrheit seines Lebens von dem Prinzip ableitet: »Ich bin, was ich aus mir mache«. Das Glück seines Lebens und die Gesetze seines Handelns bestimmen sich nach Leistung und Effizienz als entscheidendem Mittel der Selbstverwirklichung und Selbsteinschätzung. Die Folgen dieser Mentalität zeigen sich im Umgang mit der Zeit und mit dem Mißlingen.

40 W. Blankenburg, Leistungsprinzip, 220.
41 B. Joerges, Leistung, in: ebd., 216.
42 Vgl. J. Werbick, Glaube im Kontext, 361-366.372-379.385-388.
43 Leistung und Muße, 52

e) Der Leistungsdruck drängt den Menschen dazu, alles selbst erbringen zu sollen. Obwohl vieles erbracht und Etappenziele erreicht werden, bleibt die eigentlich gewünschte Erfüllung des Lebens immer noch aus. Die Leistung aber ist weiterhin das einzige Mittel in der Hoffnung auf eine vollkommene Welt, solange keine anderen Bezüge zur Wirklichkeit gelten. In diesem ständigen Sich-Ausstrecken nach der selbst herzustellenden heilen Welt bestimmt das ängstliche Besorgtsein um die Veränderung zum Besseren das Bewußtsein. Vornehmlich dieser Zukunft gilt das Interesse. Die Vergangenheit gerät dabei leicht in den Geruch des Minderwertigen, von der der Mensch sich in jeder Hinsicht absetzen zu müssen glaubt. Die Gegenwart bleibt in den engen Bahnen der Anstrengung, zu der es nur die Alternative der Entlastung in Freizeit und Vergnügen gibt bzw. die Flucht vor der Wirklichkeit in verschiedene Formen der Trance[44]. Sie "wird nicht Zeit des Lebens, sondern ist die Zeit der Vorbereitung auf das Leben"[45]. In der Hetze geht nicht nur jedes Gespür für andere Dimensionen der Wirklichkeit verloren, sondern in der Tat auch die Zeit, Zugang zu ihnen zu finden.

f) So bleibt auch keine Zeit, Erfahrungen des Mißlingens zu verarbeiten. Frustrationen bleiben in der menschlichen Tätigkeit nicht aus, weil der Mensch ein endliches Wesen ist. Der augenscheinliche Erweis des Mißlingens aber verunsichert den leistungsorientierten Menschen. Frustrationen wirken sich umso nachhaltiger aus, weil ein anderer Weg des Lebens als die eigene Konstruktion einer heilen Welt keine Geltung erhält. Sie führen zu einschneidenden Konflikten, die das gesamte System der Selbstverwirklichung in Frage stellen. Ohne andere Beziehungen, die ihn tragen, bleibt er in seinem Scheitern allein.

Religionspädagogische Bedeutung der Reflexionen auf die Lebenswelt der Schüler

Gerade weil die Jugendlichen sich auf ihre gesellschaftliche Rolle vorbereiten, ist die Reflexion der erkennbaren Zusammenhänge, aus der nichts ausgeklammert wird, unerläßlich[46]. Schließlich geht es darum, daß die

[44] Unter der Ägide der Leistungsmentalität verkommt der Begriff der Muße zur »Freizeit«. Ihre Legitimation erhält sie durch das "Bedürfnis nach Erholung", wie Friedrich Nietzsche in seiner Kritik der modernen Arbeitsideologie anmerkte. "Denn das Leben auf der Jagd nach Gewinn zwingt fortwährend dazu, seinen Geist bis zur Erschöpfung auszugeben, im beständigen Sich-Verstellen oder Überlisten oder Zuvorkommen: die eigentliche Tugend ist jetzt, etwas in weniger Zeit zu tun als ein anderer... Die Arbeit bekommt immer alles gute Gewissen auf ihre Seite: Der Hang zur Freude nennt sich bereits »Bedürfnis nach Erholung« und fängt an sich vor sich selber zu schämen" (Die fröhliche Wissenschaft, in: Werke in drei Bänden, hrsg. von K. Schlechta, Darmstadt 1966, Bd. 2, 191).

[45] A.H.J. Gunneweg/W. Schmithals, Leistung, 117.

[46] Vgl. K.E. Nipkow, Grundfragen der Religionspädagogik, Bd. 3, 170f.

Jugendlichen mit den Gegebenheiten auskommen müssen[47]. Kritisch nachzudenken über die Tragfähigkeit der geltenden Werte, über die Bedeutung von Leistung für die Entwicklung der Persönlichkeit und über die Auswirkungen des Leistungsprinzips auf Identitätsbildung und Zusammenleben. Diese Reflexion bleibt realistisch, wenn dabei die konkreten Zusammenhänge (z.B. der Berufswelt) als situative Bedingungen des Handelns im Blick bleiben. Die kritische Sicht wird produktiv für den Jugendlichen, sofern sie sich auf die Verantwortung für seine Folgen richtet. Wichtige Aspekte zu dieser Reflexion wurden in den vorangehenden Abschnitten entfaltet. Das Vorstoßen zu den Grundlagen ist aus sachlichen und aus psychologischen Gründen notwendig. Im Leistungs- und Lohndenken der Gegenwart ist jedoch eine Dynamik wirksam, die die gesamte Struktur des Lebens betrifft[48].
Die Suche des Jugendlichen nach seinem Ich-Ideal beschränkt sich nicht nur auf die Verständigung über die Grundlinien menschlichen Lebens, auf die hin er sein Leben entwerfen kann. Die Umbruchsphase der Adoleszenz drängt zur Neuorganisation des Sinn- und Wertgefüges seines Lebens, das die Verwirrung in der Wahrnehmung der Mentalität der Umwelt zu bewältigen hilft. Jean Piaget spricht von der Adoleszenz als dem "metaphysischen Alter par excellence"[49], in dem der Jugendliche sich auf geistiger Ebene seine Welt aufzubauen sucht. Die Ambivalenz dieser Situation zeigt sich aber im Suchen "nach Menschen und Ideen, an die er glauben kann" und gleichzeitig in der Furcht "vor einer törichten, allzu vertrauensseligen Hingabe"[50]. Die erfahrungsnahe Deutung im christlichen Glauben impliziert lebenermöglichende Perspektiven, deren ermutigende und orientierende Qualitäten im Kontext ihrer Lebensgeschichte entfaltet werden sollten.

14.4 Leistungsmentalität und paulinisches Existenzverständnis in der korrelationsdidaktischen Unterrichtsplanung

Die kritische Analyse der gegenwärtigen Leistungsmentalität[51] hat Verzerrungen deutlich werden lassen, die zur Neubesinnung zwingen: "So können wir nicht weitermachen, wenn wir uns nicht durch den Überbietungszwang zugrunde richten wollen". Es geht darum, den Verständ-

[47] Vgl. K. Allerbeck/W. Hoag, Jugend ohne Zukunft?, 50-52.
[48] Vgl. H. Rombach, Leistung und Muße, 44.
[49] J. Piaget, Theorien und Methoden der modernen Erziehung, Wien 1972, 251.
[50] E.H. Erikson, Jugend und Krise, 131; ders., Identität und Lebenszyklus, Frankfurt/M. 1973, 181. Erikson entwickelt hier die psychologische Bedeutung von Weltanschauungen für die Identitätsfindung; vgl. auch K.E. Nipkow, Grundfragen der Religonspädagogik, Bd. 2, 109-114.
[51] Für das Schülergespräch eignet sich eine Zusammenfassung von "Der »Marktcharakter« und die »kybernetische Religion«" aus: E. Fromm, Haben oder Sein, Stuttgart 1976, 144-150.

nisrahmen, innerhalb dessen wir uns im Denken und Handeln bewegen, in Frage zu stellen und neu aufzubauen. Im Aufweis des Negativen liegt die Chance des Umdenkens, werden aber keine Lösungswege erkennbar, die den Bedingungen der modernen Lebenswelt gerecht werden. Die Reflexion zielt darauf ab, die befreienden Impulse und das neue Lebensverständnis, das der Glaube in das Dasein bringt, als Alternative zu den Sinn- und Wertvorstellungen der Gegenwart aufzuzeigen. Die Analyse der gegenwärtigen Erfahrungen hat darin eine hermeneutische Funktion, d.h. sie bildet den Horizont der Auslegung innerhalb dessen die produktive Kraft der Glaubensüberlieferung aufzuweisen ist. Erst im Kontext unserer Erfahrungen in und an dieser Welt und ihren Strukturen werden Erfahrungen mit dem Glauben möglich. Für den Christen gibt es eine Alternative, die ihn nicht zum »Aussteiger« macht, sondern die vita activa der Industriegesellschaft mit dem Lebensentwurf des Glaubens verbindet und den Sinn für das Mögliche stärkt.

14.4.1 Didaktische Vorüberlegungen

Der folgende Abschnitt umreißt die notwendigen Elemente inhaltlicher Unterrichtsplanung, die das Problem heutiger Leistungsmentalität im Gegenüber zum paulinischen Existenzverständnis der Korintherbriefe thematisiert, noch nicht die Feinplanung des Ablaufs. Es hat sich gezeigt, daß die Unterrichtsgespräche mit den Schülern ganz unterschiedliche Akzente hatten; mal bezogen sie sich auf das schulische, mal auf das persönliche, mal auf das gesellschaftliche Leben. Die Offenheit des Unterrichts muß dort, wo es um die Erfahrungen der Schüler geht, sowohl beim Gespräch über unseren Alltag als auch im Transfer der biblischen Aussagen gewahrt sein. Die folgenden didaktischen Elemente wollen leitende Inhaltsaspekte klären. Vorher sind noch zwei didaktische Probleme allgemeiner Art abzuklären.

a) Zunächst ist auf die Schwierigkeit der Auslegung aufmerksam zu machen. Wir finden bei Paulus nicht die gleiche Problemkonstellation vor wie in unserer Zeit. Deshalb werden wir der Situation nicht gerecht, wenn wir Modelle christlichen Lebens, wie sie die Bibel aufzeigt, zur Lösung der Leistungsproblematik der modernen Gesellschaft verwenden. Die Bibel liefert uns kein Problemlösungspotential, das unmittelbar übetragbar wäre. Wenn wir biblische Texte in den Religionsunterricht einbeziehen, stellt sich die Frage der Ebene des Verstehens, auf der die Vermittlung der Erfahrungen vollzogen werden kann. Heinrich Rombach weist darauf hin, daß eine Veränderung des Denkrahmens "nicht in den Denkbahnen der Leistungsgesellschaft, ja nicht einmal in den Schienen einer jahrtausendelangen Tradition gesucht werden darf...

Vielmehr wird es notwendig sein, in den Grund der Daseinsstruktur hinunterzudenken, um den Punkt aufzufinden, der möglicherweise irgendwann als Wendepunkt wirksam werden könnte"[52]. Es geht um die Frage: Wie versteht der Mensch sich selbst, sein Leben und seine Beziehung zu den Mitmenschen?
Den Blick auf die biblischen Texte veranlaßt die Frage nach dem Modell gelingenden Lebens, in dem menschliches Leistungsstreben einen angemessenen Platz finden kann. Als Christen gehen wir davon aus, daß die Bibel Motive und Leitlinien artikuliert, mit denen wir auf die gegenwärtigen Beziehungsfelder menschlichen Daseins zu schließen vermögen. Dabei sind wir auf die Erfahrungen der Glaubenden angewiesen, die ihr Leben in der lebendigen Erinnerung an Jesus Christus und in der Spannung auf die eschatologische Zukunft interpretieren. "In der lebendigen Geschichte aus dem Neuen Testament, in Höhen und Tiefen veranschaulicht in dem, was wir zu Recht die jüdisch-christliche Erfahrungstradition nennen, können wir eine kritische Erinnerung vernehmen, die sich deutlich von der kritischen Erinnerung an die Freiheitsgeschichte, welche die Aufklärung ins Leben gerufen hat, unterscheidet"[53]. Diesen Weg gehen wir mit den Glaubenserfahrungen des Apostels Paulus.

b) Bei dem anstehenden Problemfeld geht es um die Kritik der Zielsetzung menschlichen Denkens und Handelns und um das Menschenbild. Nach dem Konzept der "autonomen Moral im christlichen Kontext" (Alfons Auer) kann eine christliche Interpretation der Lebenspraxis auch an Einsichten der Wissenschaften und der philosophischen Deutung des menschlichen Daseins anknüpfen, wo sich Gemeinsamkeiten in der Sicht der Zusammenhänge ergeben. Im Blick auf die Rezeption stoischer und volkstümlicher Ethik und jüdischen Glaubensgutes in den paulinischen Schriften formuliert Alfons Auer: "Das christliche Ethos setzt sich solch humaner Ethik keineswegs entgegen"[54]. Diese Linie setzt Dietmar Mieth im Blick auf gegenwärtige Modelle humanistischer Ethik fort: "Warum sollte nicht ein humanistisches Weltethos, in dem – wie Meister Eckhart einmal sagt –, die Heiden besonders stark sind, weil die Heiden die Tugenden bis aufs einzelne scharfsinnig erkennen, während wir Christen darin ungenau sind, weil wir immer Gott und Welt zugleich im Blick haben – warum sollten wir nicht aus dieser Scharfsinnigkeit im Hinblick auf die inneren Differenzen der Welt etwas lernen können"[55]. Gleichzeitig bleibt auch die Notwendigkeit der »Unterscheidung der Geister«, in der das Konzept außerchristlicher Weltinterpretation "unter das Gericht

52 H. Rombach, Leistung und Muße, 52.
53 E. Schillebeeckx, Erfahrung und Glaube, in: F. Böckle u.a. (Hrsg.), Christlicher Glaube in moderner Gesellschaft, Bd. 25, Freiburg 1980, 98.
54 Autonome Moral und christlicher Glaube, Düsseldorf ^{2}1984, 107.
55 Gotteserfahrung und Weltverantwortung, München 1982, 45.

des Wortes Gottes zu stellen" ist[56]. Denn aus der Auslegung der Heiligen Schrift ergeben sich schöpferische Impulse für die Menschlichkeit des Menschen, die die Kategorien weltimmanenter Daseinsdeutung übersteigen[57]. Man wird mit Schülern zwar eher Einverständnis erreichen, wenn man mit ihnen Vorstellungen einer humanistischen Weltdeutung bespricht, als durch ein dezidiert religiös-christlich motiviertes Konzept[58]. Ein solcher methodisch zu legitimierender Ansatz befreit aber nicht von der Notwendigkeit, das christliche Proprium auch dort zu artikulieren, wo nicht mit der Zustimmung der Schüler zu rechnen ist.

14.4.2 Inhaltliche Akzente der Unterrichtsplanung

Aufgrunde der bisherigen Überlegungen können wir nunmehr die inhaltlichen Akzente des Unterrichtsthemas näher bestimmen.

Alltagserfahrungen der Schüler

Das Gespräch wird eingeleitet mit dem provozierenden Impuls: »Ich bin, was ich leiste« (Tafelanschrift). Hier soll es noch nicht um die grundlegende Lebensthematik gehen, obwohl der Impuls dies nahelegt, sondern um das Empfinden und die Beurteilung der Alltagserfahrungen. Das breit abgelegte, zunächst unstrukturierte Gespräch gibt den Schülern Zeit und Raum, ihre persönlichen Beobachtungen und Gefühle frei zu artikulieren. Es geht darum festzustellen, was ist. Nicht die objektive Klärung angeblich »wirklicher« Sachverhalte führt hier weiter, sondern das Artikulieren der Wirklichkeit, wie sie sich im Empfinden und Denken der Schüler darstellt. Es ist auch nicht so wichtig, ob schulische oder außerschulische Erfahrungen zur Sprache kommen; sie zeugen lediglich davon, was das Bewußtsein der einzelnen beschäftigt. Es ist zu erwarten, daß die in den vorangehenden Abschnitten dargelegten Aspekte in der Aussprache auftauchen (vgl. 14.1 und 14.3). Das Gespräch zielt sowohl auf die positiven Aspekte von Leistung als auch auf die Erfahrungen, in denen das Prinzip überzogen wird und seine Folgen auf individueller und sozialer Ebene deutlich werden. Es ist nicht zu erwarten, daß die Schüler die Bedeutungstiefe der konkreten Erfahrungen erfassen, infolgedessen auch keine neuen Orientierungsperspektiven gewinnen können. Deshalb ist ein zweiter Schritt notwendig.

Kritik der Leistungsmentalität unserer Zeit

Die Ebene, auf der wir mit den Schülern Konturen eines neuen Lebens-

---

56 A. Auer, Autonome Moral und christlicher Glaube, 194.
57 Ebd., 172.
58 Gesprächsansätze finden sich auch in: Papst Johannes Paul II., Redemptor hominis, Nr. 15-16, hrsg. vom Sekretariat der Deutschen Bischofskonferenz, Bonn 1979.

stils zu zeichnen beginnen, benötigt zunächst eine kritische Charakteristik von Zielsetzung und Selbstverständnis, von dem sich Menschen unserer Zeit leiten lassen. Dem konfrontieren wir im Vergleich den Daseinsentwurf, den Paulus in der Interpretation seiner Erfahrungen aus dem Glauben an Jesus Christus gewonnen hat; dazu ziehen wir die Texte aus den Korintherbriefen mit einer analogen Problematik heran. Intention dieses Vergleiches ist es, die Motive des Denkens und Handelns zu klären und zu begründen sowie die Wege des Menschseins aus dem Glauben zu verstehen.

Für den ersten Pol des Vergleiches gibt es zwei Möglichkeiten:

a) Wir erarbeiten die Grundlinien der Daseinsstruktur, wie sie Erich Fromm unter dem Stichwort "Marktorientierung" als Charakteristik des Beziehungsfeldes in der modernen Gesellschaft entworfen hat[59]. Aus der Perspektive der humanistischen Psychologie untersucht er die Denkschemata unserer Zeit und weist auf ihre Folgen für die Sinnerfahrungen und zwischenmenschlichen Beziehungen hin. Die Zuspitzung seiner Analyse auf den Gedanken der Selbstvergöttlichung des Menschen im Fortschrittsdenken bildet einen entscheidenden Kontrapunkt zu den paulinischen Texten. Wir dürfen aber nicht übersehen, daß Erich Fromm nirgends für eine Rückkehr zur Religion plädiert, sondern den Weg des humanistischen Protestes beschreitet.

b) Alternative ist die Bearbeitung des folgenden Textes, in dem die Ambivalenz der modernen Leistungsmentalität verdeutlicht wird. Der Text stellt eine Zusammenfassung der bisher angeführten Überlegungen dar.

Die moderne Gesellschaft baut auf dem Prinzip der Leistung auf; ihr technischer und wirtschaftlicher Fortschritt hängt von der Leistungsfähigkeit möglichst vieler Menschen in den unterschiedlichen Funktionen ab. Der Mensch entfaltet sich selbst in dem, was er hervorbringt und vollbringt. Etwas leisten zu können und durch die eigene sichtbare Leistung zur Entwicklung der Gesellschaft beizutragen, verschafft jedem Menschen Befriedigung.

Der technische und wirtschaftliche Fortschritt hat jedoch Folgen, die tief in das Leben des Individuums und in das Zusammenleben eingreifen und unser Denken und Handeln bestimmen. Die Prinzipien dieses Fortschritts, Effektivität und Erfolg, stammen aus der Technik und aus der Wirtschaft; sie haben dort einen guten Sinn, wenn sie auf Arbeitsverfahren und Funktionen bezogen werden. Da wir in diesen Prozeß in weitem Umfang eingebunden sind, bekamen diese Prinzipien auch Einfluß auf das Denken und Fühlen der Menschen in anderen Bereichen des Lebens, bis in die Persönlichkeitsbildung und die alltägliche Lebensgestaltung hinein. Menschen orientieren sich an diesen technologischen Idealen. Es zählt allein der Effekt und der Erfolg, der aus der eigenen Leistung kommt. Der äußere Effekt der Leistung ist ihr Sinn. Nur die Erfolgstüchtigkeit erregt die Aufmerksamkeit anderer. Nur der Sieger im Konkurrenzkampf zählt und kann mit Anerkennung rechnen. Die öffentlichen Medien präsentieren in aller Breite das Bild des erfolgreichen

59 E. Fromm, Haben oder Sein, 144-150; Psychoanalyse und Ethik, Zürich 1954, 82-97.

Menschen, der sich durch seine Leistungen »durchzusetzen« weiß. Die Fernsehserien »Dallas« und »Denver Clan«, die auf der ganzen Linie nach solchen Mustern gestrickt sind, finden deswegen auffallendes Interesse. Auf den einzelnen Menschen wirkt sich dies so aus: Das eigene Handeln wird vollständig dem Kriterium des Erfolgs und des äußeren Effektes unterstellt. Es kommt nur darauf an, seine Persönlichkeit so einzubringen, wie die Mode oder das Bild des Erfolgsmenschen es für die jeweilige Situation vorzeichnet. Der Mensch versteht zunehmend sich selber nur noch von diesen Normen her. Sein Selbstwertgefühl wird vom Abschneiden in der Leistungskonkurrenz abhängig. Der Einzelne lebt in der ständigen Angst, zu versagen und so aus dem Wettbewerb um die besten Plätze ausgesondert zu werden. Wer ausgesondert ist, weiß nur noch den Weg der Resignation, die sich als Minderwertigkeitsgefühl niederschlägt.

Die Prinzipien der Effektivität und des Erfolgs wirken sich auch auf die zwischenmenschlichen Beziehungen aus: Der Andere erregt nur Aufmerksamkeit, sofern er dem eigenen Erfolg nützlich sein kann. In der erbarmungslosen Jagd nach Erfolg wird der auf die Seite geschoben, ja ausgeschaltet, der nicht mitkommt. Das Recht der Stärkeren ist der Leitwert der Beziehung. Der Schwächere hat sich seine Schwäche selbst zuzuschreiben. An den eigenen und einmaligen Werten und Haltungen, die der andere Mensch verkörpert, besteht kein Interesse.

Diese Tendenzen haben ihr Motiv in einem Daseinsverständnis, das so zu charakterisieren wäre: Leistung und Erfolg haben einen nahezu absoluten Wert für den Sinn des Lebens. Der Mensch macht sich selbst und sein Leben von Leistung und Erfolg abhängig: »Ich bin, was ich aus mir mache«. Der Mensch, der nur aus seinen eigenen Werken lebt, sieht sein Menschsein nur als Ergebnis eigener Leistungen. Er lebt von der Idee, sich selbst leisten zu müssen oder geleistet zu haben. Die Utopie der Machbarkeit bezieht sich nicht nur auf den technischen und wirtschaftlichen Fortschritt, sondern auf das menschliche Leben selbst auf allen Ebenen.

Auswahl und Hinführung zu den Texteinheiten der Korintherbriefe

Dieser Charakteristik der gegenwärtigen Mentalität konfrontieren wir die Sicht der Wirklichkeit und des menschlichen Lebens, die wir in solchen Texteinheiten der Korintherbriefe des Paulus entdecken, in denen sich die Frage von Leistung, Erfolg, Lohn in der Gemeinde von Korinth und in seinem eigenen Leben als Problem stellten. Dabei sollen mit den Schülern die Konturen des neuen Lebensstils und ihr Begründungszusammenhang herausgearbeitet werden.

a) Folgende Themenkreise und Texte eignen sich dazu, die Konturen des neuen Lebensstils zu erarbeiten.

- Selbstverständlichkeit von Leistung und Lohn für erbrachte Leistungen (1 Kor 9,3-18);
- »Superstar« und »Verlierertyp« (1 Kor 2,1-5; 3,5-9; 4,6-8; 2 Kor 3,4-6a; 10,12-18);
- Die Kraft der »Erfolgslosen« und »Zurückgebliebenen« (2 Kor 4,7-15; 1 Kor 15,8-11);
- Identität im Scheitern (2 Kor 6,1-10).

b) Für die Bearbeitung der Texte müssen den Schülern nicht nur Analysehilfen gegeben werden, sondern auch didaktische Stützelemente, die ihnen den Rückblick von der Gegenwart in die Situation des Paulus und

der korinthischen Gemeinde ermöglichen. Nicht nur die Sprache und die Lebenswelt der Schüler und der Bibel unterscheiden sich voneinander, sondern auch der Handlungs- und Problemkontext des Themas. Eine Übertragung der Lebens- und Handlungsimpulse der Bibel in die gegenwärtige Situation gelingt nur, wenn eine gemeinsame Vergleichsebene von Lebenserfahrungen und Wertkonstellation hergestellt wird. Solche Stützelemente sind einmal eine allgemeine Situationsschilderung, die den Erkenntnisse der historisch-kritischen Exegese entsprechen muß, zum andern konkrete Hinweise zu den einzelnen Analyseaufgaben.
c) Den Schülern wird also zunächst folgende Situationsschilderung vorgelegt[60]:

Paulus war ein kleiner Mann, seiner äußeren Statur nach nicht sonderlich auffallend, in seiner körperlichen Konstitution anfällig für Krankheiten – aber voll innerer Energie und Entschiedenheit und mit einer unbändigen Kraft und Leidenschaft ausgestattet. Seine Erfahrungen führten ihn zu neuer Gotteserkenntnis und in die Gemeinde der Christen. Mit Leib und Seele engagierte er sich für das Evangelium; er brachte sich voll ein und stritt mit den Menschen, denen er begegnete und die Botschaft von Jesus Christus brachte, in großem Eifer um den richtigen Weg des Lebens.
Paulus machte sich auf den Weg nach Kleinasien (heute: Türkei) und Griechenland mit der Absicht, den Menschen die Botschaft zu verkünden, die ihnen die Wahrheit des Lebens erschließt. Seinen Lebensunterhalt verschaffte er sich durch die Ausübung des Handwerks eines Zeltmachers; er wollte niemandem zur Last fallen. Auf seiner zweiten Missionsreise (49-52) kam er auch nach Korinth. Im Hause des christlichen Ehepaares Aquila und Prisca fand er Arbeit und Wohnung. Er gründete eine christliche Gemeinde und blieb dort eineinhalb Jahre. Der Kontakt zu dieser Gemeinde ist nie abgebrochen. So erhielt er auch Nachrichten über die Ereignisse in der korinthische Gemeinde und versuchte die auftauchenden Probleme zu klären.
Nach Paulus kam auch Apollos nach Korinth. Ein begabter und redegewandter Mann, ein Mann mit »personality«, würde man heute sagen. Dadurch hob er sich von Paulus entscheidend ab. Die Korinther bewunderten seine Predigt und seine Ausstrahlung, und sie sahen in ihm einen Helden, der mit den großartigen Geistesgaben ausgestattet war, denen sie selbst nachstrebten. Einige gingen sogar dazu über, die Predigt des Apollos für die einzig wahre zu halten, und behandelten den schwächlichen Paulus geringschätzig. Einige wollten Paulus deswegen sogar das Recht streitig machen, sich Apostel Jesu Christi zu nennen. Das brachte Unruhe und Streitigkeiten, die Paulus zu beheben suchte.
Großartiges Auftreten und besondere Begabungen (z.B. das Zungenreden, ein erregtes Sprechen unverständlicher Worte in der Ekstase) galten bei vielen Christen in Korinth als Ausweis von religiöser Vollkommenheit. Was als besondere Leistung hervorstach und die Bewunderung anderer erregte, wurde auch als Zeichen wirklicher Größe und persönlicher Kraft betrachtet. Einige versuchten hier mitzuhalten, andere blie-

[60] Vgl. W. Trilling, Mit Paulus im Gespräch. Das Lebenswerk des grossen Völkerapostels – Eine Hinführung, Graz 1983; K.H. Schelkle, Paulus. Leben-Briefe-Theologie, Darmstadt 1981; W. Elliger, Paulus in Griechenland. Philippi, Thessaloniki, Athen, Korinth (SBS 92/93), Stuttgart 1978.

ben zurück. Es entstand so eine Kluft mitten in der Gemeinde. Gleichzeitig kamen die Christen in Korinth, einem Schmelztiegel von Kulturen und Religionen, mit anderen geistigen Strömungen in Kontakt, die manche mit dem Glauben an Christus verbinden wollten. Dazu gehörten auch enthusiastische Bewegungen und Mysterienreligionen. Darin wurden ebenfalls solche auffallenden Geistesgaben als Beweis für die wahre Erkenntnis, die dem Menschen Erlösung bringt, gewertet. Der Leib galt als Gefängnis der Seele und als Hindernis der Erlösung. Den Leib in der Ekstase und Frömmigkeit hinter sich zu lassen, d.h. freizuwerden durch die Erkenntnis, war das Ziel ihres Glaubens. Wer diese Fähigkeiten demonstrieren konnte, galt als stark, erfolgreich und überlegen und wurde als wahrer Zeuge der himmlischen Welt angesehen. Diese Auffassungen haben sich in der Gemeinde in auffallender Weise breitgemacht. Paulus sah darin jedoch einen falschen Weg und versuchte an bestimmten Stellen, wo der Konflikt auftrat, den Sinn der Botschaft von Jesus Christus neu zu erklären.

14.4.3 Erschließung von Texteinheiten der Korintherbriefe

Die Unterrichtsplanung sieht die Bearbeitung verschiedener Texteinheiten (evtl. alternativ) aus den Korintherbriefen vor. Der Erschließung der Bibeltexte dienen die jeweils angeführten Arbeitsaufgaben und inhaltlichen Erläuterungen.

Selbstverständlichkeit von Leistung und von Lohn

Wir ziehen dazu die Stellungnahme des Paulus zum Unterhaltsrecht des Missionars und seine eigene Entscheidung zum Verzicht heran (1 Kor 9,3-18)[61].

a) Analyseaufgaben:

1. In der christlichen Kirche war es von Anfang an ein Gewohnheitsrecht, daß Missionare nicht für ihren Lebensunterhalt (z.B. als Handwerker) arbeiten mußten, sondern von der Gemeinde versorgt wurden. Der Lebensunterhalt war der Lohn für ihre missionarische Arbeit. Wie beurteilt Paulus dieses Recht und andere Rechte der Missionare? Lesen Sie dazu 1 Kor 9,3-18!
2. Wie Paulus zu den Arbeitsleistungen des Menschen steht, erfahren wir auch in Thess 2,9-10; 4,11-12; 2 Thess 3,6-12. (Auf das heutige Problem der Arbeitslosigkeit können wir seine Aussage nicht beziehen.)
3. Welche Entscheidung hat Paulus für sich selbst getroffen?
4. Was sind für Paulus die entscheidenden Argumente für seine Lebensform?
5. Im hellenistischen Raum gab es zahlreiche Wanderphilosophen, die sich ihr Auftreten bezahlen ließen. Worin liegt für Paulus der Unterschied zu diesen Leuten?

b) Die Auslegung ist letztlich nicht an der praktischen Handhabung des

[61] Den Vorwurf der Illegitimität des Apostelamtes lassen wir hier unbeachtet, obwohl darin wohl der eigentliche Grund der Apologie liegt; vgl. G. Theißen, Studien zur Soziologie des Urchristentums (WUNT 19), Tübingen 1979, 214-226.

Unterhaltsrechts und des Verhältnisses von Leistung und Lohn interessiert, sondern an der Lebensform des Paulus und ihrer Bedeutung. Ergebnis der Textarbeit in idealtypischer Form:

Paulus begründet den Lohn für jeden, der Leistungen erbringt; also stünde auch ihm und Barnabas das Unterhaltsrecht zu, weil sie hart arbeiten. Was im alltäglichen Leben (der Bauern, Winzer, Hirten, Soldaten und Tempelpriester) gilt und nach der Thora sogar für Arbeitstiere beansprucht wird, steht auch dem Missionar für seine Arbeit zu. Jeder Mensch soll durch seine Arbeit etwas leisten und belohnt werden. Paulus selbst aber verzichtet auf die Entlohnung seiner missionarischen Arbeit und verschafft sich seinen Lebensunterhalt durch sein Handwerk. Durch seinen Verzicht will er sich weder dem Verdacht aussetzen, das Evangelium zu »verhökern«, noch sich zu bereichern. Das Pochen auf den gerechten Lohn für seine Leistungen und die soziale Anerkennung sind für Paulus keine Maßstäbe seiner Entscheidung, sich vom Unterhalt der Gemeinde unabhängig zu machen. Er hat eine andere Beziehung zu dem, was er tut, und ihr ordnet er alles unter: das Evangelium ist der entscheidende Inhalt seines Lebens und in der Hingabe an diese Sache liegt auch der Lohn für seine Leistungen; darüber hinaus zählt nichts. Der »Lohn« des Evangeliums besteht darin, daß er nicht mehr auf die Erfüllung von Ansprüchen angewiesen ist. Sein Lohnverzicht ist Ausdruck der Freiheit, die er sich nicht selbst erobert hat, sie stellt vielmehr gerade das Geschenk des Evangeliums dar. Der Unterhaltsverzicht hat für Paulus mit der Glaubwürdigkeit seines Engagements zu tun, die allein am Inhalt des Evangeliums hängt und weit entfernt ist von allen äußeren Effekten.

An dieser Stelle wird bereits erkennbar, daß für Paulus "die negativen Motivationen... gegenüber den positiven eine auffallend geringe Rolle" spielen[62]. Dies wird in den folgenden Themen noch deutlicher.

»Superstar« und »Verlierertyp«

Zwischen Paulus und Apollos selbst gab es wohl keine Rivalität. In der Gemeinde entstand jedoch ein Konkurrenzkampf darum, wer die größeren Fähigkeiten besaß und großartigere Leistungen vorweisen konnte, und worauf die Größe eines Menschen beruhte. In den Urteilen und in dem Selbstverständnis von Gemeindemitgliedern wurden Auffassungen gnostischer Art wirksam, in denen das Bewußtsein der eigenen Stärke und die vorzeigbaren Leistungen und Fähigkeiten zum Ausweis des Perfekten erhoben wurden. In antithetischer Argumentation setzt sich Paulus mit ihrem Wirklichlichkeitsverständnis auseinander und zeichnet Konturen eines wirklichkeitsgerechten Lebensstils. Die Textarbeit bezieht sich auf das Konkurrenzgerangel um Apollos und auf das Aufgeblasensein einiger Christen: 1 Kor 2,1-5; 3,5-9; 4,6-8; 2 Kor 3,4-6a; 10,12-18.

a) Analyseaufgaben:

1. In Korinth gab es Christen, die den redegewandten Apollos gegen Paulus ausspielten. In Apollos sahen sie einen religiösen »Superstar«.

62 A. Auer, Autonome Moral und christlicher Glaube, 118.

Er stellte für sie ein Leitbild für das dar, was ihnen selbst als das Wichtigste erschien. Im Vergleich dazu war Paulus für sie ein »Verlierertyp« (loser), der nichts darstellte. Wie betrachtet Paulus sich selbst und sein Verhältnis zu Apollos? Lesen Sie dazu 1 Kor 3,5-9 und 2,1-5!

2. Was ist danach für Paulus der ausschlaggebende Maßstab ihres Handelns?

3. In 1 Kor 4,6-8 hinterfragt Paulus mit energischen Worten die Haltung seiner Gegner, die ihm Kraftlosigkeit vorhalten.

a) Wie beurteilt er ihre Auffassungen?

b) Charakterisieren Sie aus seinen Argumenten die Haltung, die ihm angemessen erscheint!

4. Paulus greift manchmal die Denkweise seiner Gegener auf, um eine grundlegend andere Einstellung zu favorisieren. Er trifft ihre »Wellenlänge«, wenn er von Leistungsvergleichen, vom Sich-Empfehlen und vom Ruhm spricht. In 2 Kor 10,12-18 möchte er damit aber die Maßstäbe zurechtrücken.

a) Weshalb kann Paulus ihnen nicht zustimmen?

b) Was ist und worin zeigt sich für ihn der Maßstab anerkannten Lebens? Vergleichen Sie dazu auch 2 Kor 3,4-6!

b) Ergebnis der Textarbeit in idealtypischer Form:

Beeindruckende Fähigkeiten sind für Paulus kein Grund, den einen gegen den anderen auszuspielen. Von sich selbst weiß er und anerkennt er, daß er großartiges Auftreten und Überredungskunst nicht besitzt. Er klagt darüber nicht, sondern läßt die Unterschiede gelten. Der entscheidende Ausgangs- und Zielpunkt für ihn und Apollos darf aber nicht in Vergessenheit geraten: Beide sind Mitarbeiter Gottes, auf ihre je verschiedene Weise sind sie Diener am Werk Gottes. Keiner gilt darin mehr als der andere. Auf das Engagement für den Glauben der Gemeinde kommt es allein an; jede Art von Konkurrenz ist von vornherein ausgeschlossen. Als Mitarbeiter Gottes steht jeder in der Verantwortung gegenüber Gott, von dem her jeder Lohn zu sehen ist.

Darum kann sich keiner hochmütig geben und sich bereits in Vollkommenheit sonnen. Eine solche Haltung kommt einer Selbstvergötterung gleich. Seine Gegner vergessen, daß sie von Grund auf in einer Beziehung zu Gott bleiben, dem sie für ihr Tun Rechenschaft schulden. Sie bauen aber nur noch auf sich selbst, obwohl sie wissen müßten, daß sie Beschenkte und Empfangende sind. In ihrer Anmaßung übersehen sie, daß sich jeder Mensch in seinem Leben bewähren muß. Sie haben sich selbst, ihre vorzeigbaren Leistungen und Fähigkeiten, zum Maßstab für ihr Leben gesetzt. In ihrem Selbstruhm kreisen sie nur um sich selbst. Wirkliche Anerkennung gibt es nur von Gott her, von dem das Maß des menschlichen Tuns gesetzt, und an das der Mensch gebunden ist. Paulus sieht den Maßstab Gottes darin wirksam, daß er den Korinthern das Evangelium bringen durfte, und hegt die Hoffnung, auch anderen predigen zu können. Das beruht aber nicht auf den eigenen Leistungen, sondern darauf, daß er sein Handeln am Maßstab Gottes orientierte. Nur darin zeigt sich Bewährung und Anerkennung, die jede Maßlosigkeit und Überheblichkeit durch das eigene Tun ausschließt.

Die Kraft des »Erfolglosen« und »Zurückgebliebenen«

Gerade für den, der keinen Erfolg vorweisen kann und ständig seine

Schwäche verspürt, wird es schwer, sich selbst zu akzeptieren und unverdrossen auf seinem Weg weiterzugehen. Die Frustrationen wirken umso nachhaltiger auf das Identitätsgefühl, als sich der Mensch nur in seinen eigenen Leistungen festmacht und sein Selbstsein am äußeren Effekt seines Tuns mißt. In diesem Horizont sind die Gefühle des Versagens kein Anlaß zur Neubesinnung über die grundlegende Orientierung des Selbst, obwohl die Chance dazu bestünde. Das Selbstwertgefühl kippt vielmehr um in Resignation. An der Interpretation seiner eigenen Biographie, an der eigene Leistungen wahrhaftig nicht zu rühmen waren, zeigt Paulus die Dimensionen des neuen Lebensverständnisses auf (2 Kor 4,7-15; 1 Kor 15,8-11).

a) Analyseaufgaben:

Erfolglosigkeit des Bemühens sind Erfahrungen, die Menschen immer wieder niederdrücken. Für Paulus war dies eine ständige Begleiterscheinung seiner Missionstätigkeit. Er fand mit seiner Botschaft nicht viel Anklang, wurde verfolgt, ja ins Gefängnis geworfen. Bei seiner schwachen körperlichen Konstitution hatte dies oft schlimme Folgen. Besonders belastend wurde für ihn noch dazu die Erfahrung, daß man ihm seine Schwäche und Erfolglosigkeit auch noch vorhielt und ihm deswegen den Boden unter den Füßen wegzuziehen suchte.

1. Zeigen Sie anhand von 2 Kor 4,7-15, welchen Erfahrungen sich Paulus in seinem Leben ausgesetzt sah!
2. Welche Haltung nimmt Paulus dazu ein? Worin liegt der Unterschied zu unserer üblichen Reaktion auf bedrängendes Leid?[63]
3. Wodurch gelangt Paulus zu dieser Haltung?
4. Worin sieht er in diesem Gedankengang und in 1 Kor 15,8-11 die Basis für sein Leben und für jeden, der ähnliche Erfahrungen macht?

b) Ergebnis der Textarbeit in idealtypischer Form:

Das Leben des Paulus verläuft nicht in »Glanz und Gloria« oder im Gefühl ständig wachsenden Erfolges. Er erfährt sich selbst als ein schwacher Bote ("zerbrechliches Gefäß") für die großartige Botschaft, es geht ihm wie vielen anderen Menschen: Er fühlt sich oft an den Rand des Todes gedrängt, gerät in Verzweiflung wegen des Mißerfolges und neigt zur Selbstaufgabe angesichts der Aussichtslosigkeit seines Tuns. Es erscheint uns paradox, daß gerade in den extremen Situationen, in die er hineingerät, ein neuer Lebensmut erwacht, und er an der Verzweiflung nicht zugrunde geht. Er kapselt sich nicht gegen das Leid ab, bäumt sich nicht dagegen auf, verdrängt es nicht, wertet es nicht als vorübergehend oder bedeutungslos ab, sondern übernimmt auch das Unbegreifliche. Denn das Leid, das sich in seinem Leben einstellt, führt ihn zu der Erkenntnis, worauf sein Leben wirklich beruht: auf dem Tod und der Auferstehung Jesu Christi. Durch die Taufe ist der Christ eingebunden in Jesus Christus. Weil Christus aber durch den Tod nicht vernichtet wurde, sondern ihm neues Leben von Gott geschenkt wurde, sind auch dem Leidenden neue Dimensionen erschlossen. Im Glauben an das Geschenk des Lebens gewinnt der Mensch neuen Lebensmut, der ihn das Leid bestehen läßt. Gerade ihm, der nichts zu bieten und vorzuweisen hatte, hat sich die Gnade Gottes als der letzte Grund seiner Existenz

[63] Bei entsprechenden Bildungsvoraussetzungen könnte man damit auch Ep. 41 von Seneca vergleichen (Seneca. Philosophische Schriften, Bd. 3, hrsg. von M. Rosenbach, Darmstadt [2]1980).

gezeigt. Sein Lebensmut, der allen Erfahrungen zuwiderläuft, ist für Paulus jetzt schon eine Auferstehungserfahrung. An die freie Tat Gottes in Jesus Christus ist sein Leben gebunden. Aus der Gnade Gottes erwächst Zuversicht, die den Menschen trägt. Durch seine Verkündigung haben auch andere Menschen teil an dieser Gnade. So wird Gottes Ehre vergrößert.
Im Glauben an Jesus Christus kann der Mensch auch die Situationen bestehen, die ihn an den Rand seiner Fähigkeiten und seiner Existenz bringen, weil er sich selbst als Gabe versteht und annimmt.

Identität im Scheitern

Die Sehnsucht des Menschen richtet sich darauf, daß er mit seinem Mühen zu einem sinnerfüllten Leben gelangt. Erfahrungen des Mißlingens drängen ihn aber immer wieder über die Gegenwart hinaus: "Es muß doch einmal anders werden!" Dadurch wird er gehetzt und läuft ständig seinem Glück hinterher. Dabei übersieht er jedoch die Chancen, die die Erfahrung des Scheiterns in sich birgt. Paulus hatte in seiner apostolischen Tätigkeit sehr häufig die Erfahrung zu machen, daß ihm »die Felle davonschwimmen« und die Bedrängnisse ihn zugrunde richten. Auf seine eigene Stärke konnte er sich nicht mehr beziehen – dennoch kann er er selbst bleiben. Diese Paradoxie entfaltet er in 2 Kor 6,1-10[64].
Gerade bei diesem Text wird man nicht direkt mit dem Einverständnis der Schüler rechnen können. Denn daß im Scheitern produktive Momente liegen, läßt sich für sie nicht erkennen; zudem spricht die gesamte Mentalität unserer Epoche dagegen. Die Unsicherheit in der Identitätsentwicklung widerstrebt bereits einem Ansinnen, das auf die positive Geltung von Scheitern hinausläuft. Aber es ist gut, den Schülern die Gedanken des Paulus mit auf den Weg zu geben. Ihrer Wahrheit wird sich jeder Mensch erst in Situationen des Scheiterns selbst öffnen können.

a) Analyseaufgaben:

Paulus lebt aus der festen Überzeugung, daß uns durch den Tod und die Auferstehung Jesu ein neues Leben eröffnet ist: ein Leben in der Gnade Gottes. Wer glaubt, hat diese Gnade empfangen und lebt in dieser Gnade. Die Anerkennung der Gnade wird konkret gerade in Situationen des Scheiterns.

1. Wie reagieren Menschen, wenn sie erfahren, daß ihnen »die Felle davonschwimmen«?
2. Paulus mußte oft ähnliche Erfahrungen machen. Lesen Sie seine Interpretation in 2 Kor 6,1-10!
3. Der Glaube an die Gnade Gottes veranlaßt Paulus zu einer ganz anderen Sicht des Lebens, vor allem der Situationen, in denen ihn das Leid »kaputt zu machen« droht. Wie zeigt Paulus auf, daß gerade darin ("jetzt") die Zeit der Gnade da ist?
4. Können wir sagen, daß Paulus seine Leiderfahrungen verdrängt oder kompensiert?

---

64 Solche Paradoxien, wie sie Paulus formuliert, beflügeln auch heute die Phantasie. Ohne darauf einzugehen, sei notiert, daß Ulla Hahn ihrem Lyrikbändchen "Freudenfeuer" (Stuttgart 1985) die Sätze aus 2 Kor 6,9-10 voranstellt: "Als die Sterbenden, und siehe, wir leben... als die Traurigen, aber allezeit fröhlich".

b) Ergebnis der Textarbeit in idealtypischer Form:

Auf Erfahrungen des Scheiterns reagieren wir oft mit Resignation oder mit der Verlagerung unserer Wünsche in die Zukunft. Es gelingt nur selten, Ja zu sagen und das Scheitern zu akzeptieren. Das Eingeständnis des Scheiterns setzen wir oft dem Sich-Aufgeben gleich. Paulus mußte ähnliche Erfahrungen machen: Er wurde mißhandelt, war in Unruhe, konnte nicht schlafen, wurde geschmäht und fühlte sich verkannt. Er hatte gar nichts mehr in Händen. Manchmal fühlte er sich sogar auf der Straße des Todes. Aber er legte sein Leben in Gottes Hand. Er verdrängte nicht die Vergangenheit und flüchtete nicht in Träume von einem besseren Leben. Er fixierte sich auch nicht auf das Leid und ließ sich nicht passiv davontreiben.

Für unsere Ohren klingt es paradox: Gerade im Leid erkannte er, wie er getragen ist – von der Gnade Gottes. Mitten im Leid erwuchsen ihm durch die Gnade Gottes Kraft und Leben, Freude und Glück. Keine Spur von Verdrossenheit, Angst und Sich-Aufgeben, weil er sich für die Gnade Gottes öffnete, die er empfangen hat durch den Tod und die Auferstehung Jesu Christi, und für die er als Apostel wirkte: "Wir sind wie Sterbende, und seht: wir leben. Wir haben nichts und haben doch alles". Das Scheitern ist für Paulus eine Chance zu neuem Leben. Seine Tapferkeit ist nicht Ausdruck einer heroischen Haltung, sondern Geschenk aus der Liebe Gottes. Und daran kann er andere teilhaben lassen, die sich mit ihm auf diese Gnade einlassen.

14.4.4 Didaktische Elemente zum Erkunden eines neuen Lebensstils

Bibelauslegung zielt auf einen neuen Verständnisrahmen des Lebens. Wirksam wird solche Textarbeit erst, wenn wir ihren Inhalt nicht nur nach-denken, sondern auch weiter-denken in unser Leben hinein. Wenn wir Paulus richtig verstehen, dann hat er es nie mit der Kritik der Auffassungen und Handlungen bewenden lassen – beim Negativen hat er sich kaum aufgehalten. Seine Gedanken zielten vielmehr darauf ab, den Christen Konturen eines neuen Lebensstils, der aus dem Glauben an Christus kommt, vorzustellen.

Schwierigkeiten der Übertragung biblischer Motive in die Gegenwart

Eine solche Umsetzung steht vor zwei Schwierigkeiten:

a) Sie kann sich in Klischees reiner Erbauung verlieren, in der allzu glatt eine heile Welt vorgespielt wird. Die Widerständigkeit der konkreten Erfahrung verschwindet dann hinter dem Nebel von Begriffen, denen die Echtheit abgeht. Besonders Jugendliche reagieren darauf mit Befremden. Denn zuweilen befallen sie wirklich nihilistische Anflüge und bei manchem regen sie sich sogar zu einer Haltung aus, wenn etwa die Sinnlosigkeit von allem geradezu kultiviert wird. Der Religionsunterricht verliert nicht an seiner Christlichkeit, wenn er mit den Jugendlichen solche Auffassungen ohne jede Ironie oder Diffamierung der betreffenden Schüler redlich durchspielt – nicht um das Bessere des christlichen Sinnangebotes herauszustellen, sondern um zur Aporie der nihilistischen Position vorzustoßen. Ihr Ernstnehmen im Religionsunterricht wirkt als eine Paradoxie, aber sie macht die Schüler hellhörig, weil sie vermeintlich fertige Konzepte aufbricht. Denn glaubwürdig wird ein Modell des Lebens nur in dem Maße, wie es die inneren Widersprüche gegenwärtiger Welterfahrung erfaßt. Es geht um "eine aktuelle Beziehung auf die Komplexität unserer Wirklichkeit, und nicht auf ihre schon spirituell vorgefertigte Reduktion"[65].

b) Es ist kaum möglich, die Spannungseinheit der paulinischen Erfahrungen in eine entsprechende zeitgemäße Form umzugießen. Paulus ist selbst einen weiten Weg gegangen, auf dem seine Einsichten reiften, und er wollte die Gemeinde in Korinth auf ihrem eigenen Weg intensiv begleiten, damit in ihnen ebenso der Glaube wachse (vgl. 2 Kor 12,14-21; 13,1ff. u.ö.).

Der Prozeß aktualisierender Interpretation kann sich selbst nur in solcher Wegbereitung und Wegbegleitung vollziehen. Er setzt weder beim abgerundeten Modell christlichen Lebens an noch zielt er darauf ab. Es geht vielmehr darum, daß der Religionsunterricht sich auf konkrete Konflikte der Existenz einläßt und die Mentalität, die unser Leben bestimmt, von innen her auf die Perspektiven des Glaubens hin aufbricht. Es mag bescheiden sein, aber es ist realistisch, mit den Schülern kritisch nach den anderen Seiten des Lebens zu suchen, die wir selten oder nie aufschlagen. Der weite Weg zu einem neuen Lebensstil beginnt mit der Unterbrechung der scheinbar festgefügten Denk- und Vorstellungsmechanismen, in denen Hoffnung nicht wachsen kann. Es geht um das Aufspüren von Erfahrungen, in denen das Wort »Gnade« Wirklichkeit zu werden beginnt. Auf diesem Weg unterstützen uns Jugendliche selbst, die miteinander Erfahrungen austauschen, und Dichter, die hellhörig sind für die Zeichen der Hoffnung im Trümmerfeld der modernen Zivilisation. Dazu bieten sich folgende methodische Ansätze an.

Autobiographische Zeugnisse

Autobiographische Zeugnisse (Briefe, Tagebucheinträge u.a.) schildern nicht nur Situationen, sondern lassen auch die Tiefen des Selbstverständnisses durchscheinen, die den jungen Menschen im Innersten umtreiben. Manchmal zeigen sich dabei auch Fährten für neue Wege, die Anstöße zu produktivem Nachdenken geben. Zwei Mitteilungen von Jugendlichen, die in Metaphern sowohl Erfahrungen aussprechen als auch Fährten legen, können Ansatz für das Schülergespräch sein[66].

---

65 D. Mieth, Die christliche Spiritualität der Weltverantwortung, in: ders., Gotteserfahrung und Weltverantwortung, 36f.

66 Quelle der beiden folgenden Texte: E. Kappeler, Es schreit in mir. Briefdokumente junger Menschen, München 1980, 336 (Hammer oder Amboß?), 202 (Ich wünsche Dir einen Sonnenaufgang).

a) "Hammer oder Amboss?

Ich weiss, es wird mir nie gelingen, meine Gedanken klar zu formulieren. Das hängt wohl mit meiner Jugend zusammen. Bald sind wir überquellend vor Lebensfreude, dann wieder verzweifelt und mutlos. Nie wieder in unserem Leben werden wir die schönen und verzweifelten Augenblicke so intensiv erleben wie im Frühling unseres Lebens. Doch auch für mich wollen die dunklen Tage oft nicht weichen. Fragen stehen brennend vor meinen Augen. Oft glaube ich, die Antwort gefunden zu haben, dann weiche ich wieder erschreckt zurück.

Das alles steht im folgenden Gedicht, das mich fasziniert und beängstigt zugleich.

»Auf des Glückes grosser Waage
stellt die Zunge selten ein.
Du musst steigen oder sinken,
du musst herrschen und gewinnen
oder dienen und verlieren,
leiden oder triumphieren,
Amboss oder Hammer sein.«

Amboss oder Hammer? Gibt es nur diese zwei Möglichkeiten? Müssen wir die andern beherrschen und unterdrücken, um nicht Geschundene zu werden? Muß das immer so weitergehen? Wir Jungen hätten eigentlich die Änderung in der Hand. Wir brauchen nicht auf den Sockel der Herrscher zu steigen, wir können uns niederbeugen zu den Getretenen, Hilflosen. Und wenn wir selber einmal die Hilfsbedürftigen sind, dürfen wir nicht verbittern. Wir müssen unsere Liebe trotzdem aussäen und hoffen, dass sie in offene Herzen fällt. Dort wird sie vielleicht einmal vom schwachen Sämling zum starken Baum mit tiefen Wurzeln. Wer weiss?

(Vre 17)."

Die Schüler verbinden den Brief zunächst mit eigenen Erfahrungen aus dem schulischen Leben oder mit Beobachtungen von Vorkommnissen ihrer Umwelt. Damit werden nochmals die Gespräche vor der Arbeit an den Paulstexten aufgegriffen. Vre sucht einen neuen Weg. Welche Erwartung bewegt sie? Worauf baut sie? Die Gemeinsamkeit mit Paulus zeigt sich vor allem darin, daß Vre die erstarrten Mechanismen nicht fortschreiben will, sich nicht an sich selbst festkrallt, nicht den imposanten Erfolg zum Maßstab macht und den Mut zum «Trotzdem« aufbringt. In der Ungewißheit steckt die Hoffnung, daß etwas Neues eintritt, das nicht einfach aus dem Bisherigen abgeleitet ist. Diese Haltung kommt dem Glauben des Paulus sehr nahe, der in der Zwickmühle von Schwachheit und Erfolglosigkeit Wege sieht, die nicht nur darüber hinausführen, sondern auch die Angst vor dem Verlorensein aufheben.

b) "Ich wünsche Dir einen Sonnenaufgang

Ich weiss nicht, an wen ich diesen Brief schreibe. Aber vielleicht kennen Sie einen jungen oder alten Menschen, dem ich ein wenig helfen kann.

Ich kenne Dich nicht, an den ich schreibe. Und doch weiss ich einiges von Dir. Du bist ein Mensch, der sich abmüht, der sucht, der kämpft. Das genügt mir, um Dich gernzuhaben.

Draussen bläst der Sturm. Ich höre den Wind. Oft heult er laut, dann wieder wispert er nur leise.

Vielleicht wirst Du gerade jetzt von einem Sturm durchfegt. Einem Sturm von innen, der an Dir zerrt und Dich zerreissen will, wie er draussen den Bäumen die Blätter raubt und die Blumenkelche zerzaust. Ein Sturm, der schwarze Wolken bringt, welche die Sonne verfinstern und mitten am Tag Nacht werden lassen.

Oft dauert es nur Stunden, manchmal Tage, bis sich solche Stürme legen. Aber einmal werden sie weichen. Die Nacht wird dem Licht Platz machen. Glaube daran! Verzweifle nicht in der Dunkelheit. Blikke zum Himmel. Vielleicht blinkt schon ein einsamer Stern zwischen den Wolken hervor.

Ich weiss, es ist schwer, mitten in der Finsternis an die Sonne zu glauben. Aber der Morgen wird kommen. Die Sonne wird mit ihren Strahlen auch Deine Welt mit Gold überfluten. Jetzt ist es noch Nacht. Aber es dämmert doch schon ein wenig. Spürst Du es nicht?

Ich wünsche Dir, lieber unbekannter Mensch, einen baldigen Sonnenaufgang.

(Margret 16)"

Margrets Brief verstärkt die Tendenz von Vre, ohne über die Bedrängnisse hinwegzusehen. Sie spricht nicht von Jesus, aber kommt in ihrer Sonnenmetaphorik nicht das Urvertrauen zum Ausdruck, das auch Paulus in seinem Glauben getragen hat? Der Mensch braucht einen festen Grund, auf dem er stehen und sich durchhalten kann, wenn er von innen oder außen hin und her gezerrt wird. Im Religionsunterricht sollen wir noch einen Schritt weitergehen und diese «Sonne« mit dem Glaubensinhalt ausfüllen: Gott nimmt in seiner lebenschaffenden Liebe auch den an, der sich selbst nicht zu einer vollkommenen Gestalt des Menschseins entfalten kann. Die Erinnerung an das Geschehen von Kreuz und Auferstehung Jesu Christi befreit uns von der Sorge, nicht weiterzukommen und es zu nichts zu bringen, zu einer Hoffnung, die mitten in den Stürmen des Lebens von der Zuversicht lebt, daß etwas anfängt.

Poetische Impulse

a) Die Abkehr von der Leistungs- und Lohnmentalität ist die Triebfeder des Gedichtes von Eva Zeller[67]:

67 Eva Zeller, Sage und schreibe, Stuttgart 1971, 24.

»Postscriptum
Was ich noch sagen wollte
Wenn ich Dir
einen Tip geben darf
Ich meine
Ich bitte Dich
um alles in der Welt
und wider besseres Wissen:
Halte Dich nicht schadlos
Zieh den Kürzeren
Laß Dir etwas
entgehen«

Nur zögernd wagt die Dichterin, ihre Bitte dem Leser vorzutragen, obwohl sie etwas unendlich Wichtiges mitzuteilen hat. Wie ein Nachsatz, nicht resignativ, aber besonnen weiterdenkend nach erbrachter Leistung, erfolgreicher Anstrengung und errungenem Sieg in der Konkurrenz folgt die gewichtige Einsicht: Mit dir kann es auch so gehen – einmal oder überhaupt –, daß es keinen Leidtragenden des Erfolgs gibt, daß nicht alles auf Vorrang und Übertrumpfen abgestellt ist, daß das Rennen nach Profil und Geltung bei anderen nicht der einzige Lebenssinn sein kann. Ein solches Denken paßt offenbar nicht in unsere Zeit, weil keiner so denkt – und wer möchte schon gegen den Strom schwimmen? Man traut sich kaum, einen solchen Gedanken zu äußern: die Angst, als Verlierer dazustehen, sitzt jedem im Nacken. Es ist schier unmöglich, solche Kategorien in sein Denken und Handeln einzubauen. Wem die Konkurrenz ständig zu schaffen macht und wer erlebt, wie Schwächere regelrecht weggespült werden, kann hier schwerlich mitgehen. Er kann sich nur vorstellen, endlich auch einmal auf der Straße der Sieger zu marschieren. Aber ihm sind diese Worte auch nicht gesagt! Eva Zeller redet nicht von der Demut des Gedemütigten, sondern von der Umkehr des Starken, dem das Schicksal das Glück zugespielt hat. Ihm gilt der Vers in der Mitte des Gedichtes ("um alles in der Welt"): Aus Leistung und Sieg über den anderen kann die Welt nicht bestehen, darauf kann der Sinn der Welt und des Lebens nicht hinauslaufen. Wir können uns darin so verrennen, daß wir die ganze Welt aufs Spiel setzen. Es kann nur anders werden, wenn wir uns nicht an uns selbst festkrampfen, sondern gleichzeitig den anderen Mitmenschen gelten lassen und ihm Lebensräume eröffnen und uns freimachen für anderes, das nicht mit den Kriterien der Leistung und des Marktes zu ermessen ist. Doch wie kann dieses Andere aussehen? Sicher nicht als Geringschätzung oder Vernachlässigung der eigenen Person und Fähigkeiten, sondern indem ich den Kontakt mit anderen suche, meine Kraft in den Dienst anderer stelle, dem Schwächeren Raum gebe zur Entfaltung seiner Fähigkeiten – frei von jeder Überheblichkeit.

Im Gespräch mit Schülern können wir dies im Blick auf den Leistungsbetrieb der Schule konkret entfalten. Wer sich selbst als Empfangender versteht, kann andere Wege gehen. Die Kreativität der Schüler kann konkret werden, wenn sie daran gehen, aus der Unterrichtseinheit heraus einen Brief zu schreiben an einen Menschen, der in seinem Schaffen und Kalkulieren ständig seinem Glück nachrennt. Es geht um die Ambivalenz des Sprichwortes: "Jeder ist seines Glückes Schmied".

b) Die Schwierigkeiten einer Alternative zu den geläufigen Denkkategorien spielt Luise Rinser in ihrer Geschichte "Bruder Feuer" durch[68]. Hier kommen die Motive und konkreten Vorstellungen zur Sprache, die eine alternative Gruppe aus franziskanischer Spiritualität zu realisieren versucht. Die Einwände aus dem »realistischen« Denken schwingen ständig mit. Unverhohlen macht Luise Rinser deutlich, daß die Wahrheit des Lebens nach dem Evangelium nur der erfährt, der »mitlebt«, daß aber auch die Neigung zur Überheblichkeit durch Exklusivität auch hier mitschwingen kann. Utopien wie diese muß man mit den Schülern diskutieren, d.h. ihre berechtigten Ansprüche aus der Erfahrung belegen, die Einsicht in das Unabänderliche befördern und zwischen beiden unterscheiden, ohne die Hände in den Schoß zu legen.

[68] Ein eindrucksvoller Abschnitt findet sich bei: K.-J. Kuschel (Hrsg), Der andere Jesus. Ein Lesebuch moderner literarischer Texte, Zürich/ Gütersloh 1983, 117-123. Wegen seiner Länge wird er hier nicht abgedruckt.

Fünfzehntes Kapitel

15.0 HOW TO BE SUCCESSFUL: DU MUSST NUR ETWAS AUS DIR MACHEN (1 KOR 12)

So wichtig Leistungen für die Entwicklung der Persönlichkeit sind, so leicht können sie das Selbst einem entfremdenden Maßstab unterwerfen. Von dieser Ambivalenz des Leistungsprinzips im individuellen Bereich handelte das vorangehende Kapitel. Die Leistungsmentalität hat aber auch Auswirkungen auf die Gestalt der zwischenmenschlichen Beziehungen; darauf liegt der Schwerpunkt des folgenden Kapitels.
Die soziale Dimension der Leistungsthematik reicht in den großen Fragekreis der menschlichen Aggressivität und des Narzißmus. Es ist weder möglich noch didaktisch sinnvoll, diese Gesamtproblematik aufzurollen. Die Arbeit beschränkt sich darum auf die Analyse des Problems, welche sozialen Auswirkungen die Leistungsthematik annehmen kann, und entwickelt die Lebensperspektiven paulinischer Verkündigung.
Die Überschrift dieses Kapitels ist nicht frei erfunden, sondern greift die Leitidee der Werbung für ein Produkt auf[1]; aus der Optik von Werbepsychologen lassen sich Konsumenten offenbar besonders gut auf das Abstechen von anderen durch das Bewußtsein von Leistung und Erfolg, Ansehen und Besonderheit ansprechen. Dieses Motiv wird niemand des Unsinns verdächtigen, aber es gilt, die sozialen Auswirkungen eines solchen Lebensstils, der für unsere Mentalität charakteristisch ist, im Blick auf die Entwicklung der Jugendlichen genauer zu bedenken.

15.1 Gesellschaftliche Auswirkungen der Leistungsmentalität

Der Mensch ist weder gut noch böse; ebensowenig können wir menschliche Verhaltensformen einfachhin in ein solches Raster einordnen. Aber bestimmte verbreitete und eingefleischte Handlungsweisen können entarten unter bestimmten individuellen und gesellschaftlichen Bedingungen und sich destruktiv auswirken.

Abgezweckte zwischenmenschliche Beziehungen

In der Leistungsgesellschaft wird der einzelne Mensch überwiegend durch die Rolle, den Status und die Funktion in einem Maße definiert, daß auch Auswahl und Charakter der sozialen Beziehungen davon mitbestimmt werden. Die überwertige Bedeutung des Erfolgsimages läßt den konstruktiven Sinn von Leistung zurücktreten.
a) Der Wetteifer um den gleichen Anteil am wirtschaftlichen Fortschritt führt zu Abgrenzungen und weitet sich zur Feindschaft aus, wenn der Preis nur auf Kosten der anderen zu gewinnen ist. Es kommt darauf an,

1 Der gemeinte Werbetext für ein Schweizer Uhrenfabrikat, der auf Frauen als Käuferinnen zielt, findet sich im Zeitmagazin vom 14. 11.1986.

Überlegenheit zu erreichen, die andere rangniedriger erscheinen läßt. Jenem Ziel dienen die Formen von Imponiergehabe, die Prestige verschaffen[2]. Das Erfolgsstreben überblendet die Realität und strukturiert sowohl die persönliche Identitätsbildung als auch die Beziehung zu anderen. Dies zeigt sich zum Beispiel anhand soziologischer Untersuchungen in den USA, deren Ergebnisse sich nicht wesentlich von Beobachtungen der bundesrepublikanischen Gesellschaft unterscheiden dürften. Sich daran orientierend, skizziert Christopher Lasch den neuen Typ des Managers als einen Menschen, der "anstatt sich an einer Sachaufgabe zu messen oder einem Problem zu stellen, das gelöst werden müßte", sich "im Kampf mit Kollegen" sieht, "und zwar durch seinen Drang nach Macht über andere"[3]. Das Erfolgsideal dieser Mentalität zielt auf den Eindruck, nicht auf die Arbeit an einer Sache. Mitmenschliche Beziehungen werden darin zur bloßen Funktion der Leistung. Mit wem man sich einläßt und inwieweit man es tut, hängt vom Gewinn für den eigenen Status ab, der von einer Beziehung erwartet wird. Publicity und die Angst, jene wieder zu verlieren, bestimmen das Bewußtsein nachhaltiger als die Wertschätzung der konkreten sachlichen Leistung; denn das Image hebt den Marktwert (sic!)[4].

b) Unter dem wachsenden Konkurrenzdruck herrscht das Bedürfnis nach Anschluß an die Angesehenen, Mächtigen und an die, denen das Interesse der Öffentlichkeit gilt. Zur Siegermentalität im Kampf um Konkurrenzvorteile gehört der Drang, solchen »Auserlesenen« zugezählt zu werden[5]. Darum bestimmt auch der »Marktwert« des anderen und der Nutzen, den der eine vom anderen ziehen kann, Umfang und Art der Beziehung. Es geht nicht mehr darum, als Mensch seinen Mitmenschen zu begegnen; die Beziehung ist vielmehr abgezweckt. Solche Kategorien wirken sich nach Erich Fromm[6] bis in den privaten Umgang aus: "Jedermann ist ein Gebrauchsgegenstand für irgendwen; jeder ist mit einer gewissen Freundlichkeit zu behandeln, denn auch wenn er uns heute noch zu nichts nütze ist, so kann er es später einmal werden..., aber unter der Haut sitzt Distanz und Gleichgültigkeit".

Umgekehrt glaubt man es sich nicht mehr leisten zu können, solchen Menschen Zeit zu widmen, deren Nutzen für den eigenen Erfolg nicht unmittelbar einsichtig ist. Diese Mentalität führt zum Vermeiden von Kontakten mit all denen, die »nicht zu mir passen«. Dieses »Zu-mir-passen« als Kriterium der Gesellung ist aber abhängig von der Zugehö-

---

2 Vgl. I. Eibl-Eibesfeldt, Krieg und Frieden aus der Sicht der Verhaltensforschung (Neuausgabe), München ^{3}1986, 101-107.

3 Ch. Lasch, Das Zeitalter des Narzißmus, München 1986, 62.

4 Nach Ch. Lasch zählt weniger, "was ein Mensch tut" als "die Tatsache, daß er es »geschafft« hat", d.h. die Aufmerksamkeit des Publikums gewinnt (ebd., 79).

5 Ebd., 104-106.

6 Entfremdung – Vom Alten Testament bis zur Gegenwart, in: H.-H. Schrey (Hrsg.), Entfremdung, Darmstadt 1975, 60-91, hier 79.

rigkeit zu einer sozialen Schicht, durch die der bisherige Status abgesichert zu sein scheint. Auch die Jugendkultur spiegelt diesen versteckten Mechanismus wieder. Sowohl in den informellen Gruppen als auch in den Organisationen werden nach den Untersuchungen von Klaus Allerbeck und Wendy Hoag "die sozialen Klassen reproduziert"[7]. Hinter diesen Zusammenhängen steht das Leistungsdenken wie ein "Verkehrsregelungsgrundsatz"[8]. Es korrumpiert die menschliche Beziehung, weil der persönliche und individuelle Wert des einzelnen übersehen wird. An diesem Tatbestand sind zwei Aspekte von Bedeutung:

- Zu wirklicher Beziehung fehlen die Voraussetzungen: Menschen dieses Typs nehmen den anderen nicht in seinem Eigensein wahr, sondern "als erweiterten Teil ihres Selbst"[9].
- Die vom Erfolgsstreben bestimmten Interessen verstellen den Blick auf die Realität der Außenwelt bzw. legen sie nur im Spiegel des eigenen Selbst zurecht[10].

Ausgrenzung des Schwachen

Seine Sache zu behaupten, indem man sie gegen andere absteckt, ist notwendig für die Sicherung der Lebensgrundlage. Darin kommen Mechanismen zum Vorschein, die den Kampf ums Dasein widerspiegeln, auch wenn sie kulturell überformt sind. Daß sich in diesem Prozeß Stärkere herausbilden, erweist sich dann als Vorteil, wenn sie aufgrund ihrer Begabungen Aufgaben übernehmen, die für den Bestand des Ganzen notwendig sind[11]. Von daher kann auf das Stärkersein kein Verdacht fallen.

Das Problem liegt darin, daß wir in einer Kultur leben, "in der Größe, Macht und Stärke als Ideale einer erfolgreichen Selbstverwirklichung verherrlicht werden. Aber zugleich wird von uns als permanente Anpassungsleistung eine mühsame Zügelung dieses Strebens verlangt"[12]. Dadurch entsteht ein Zwiespalt, der zu Verdrängungsprozessen führt.

a) Der Starke muß, ohne sich in seinem Erfolgsglauben irritieren zu lassen, "Beweise für seine unzerstörbare Vitalität" sammeln[13]. Dabei geht ihm das Bewußtsein für seine eigene Schwäche verloren. Die schwachen Seiten des Selbst geraten aus dem Blick, er will Schwäche auch nicht aushalten. Alle Schwächen bedeuten "eigentlich Niederlagen, die zu un-

---

7 Jugend ohne Zukunft? Einstellungen, Umwelt, Lebensperspektiven, München 1985, 43.

8 H. Rombach, Leistung und Muße, in: F. Böckle u.a. (Hrsg.), Christlicher Glaube in moderner Gesellschaft, Bd. 8, Freiburg 1980, 49.

9 Ch. Lasch, Das Zeitalter des Narzißmus, 106.

10 Ebd., 110-115. Diese Verlustphänomene sind Kennzeichen des Narzißmus, dem wir in unserer Zivilisation ständig begegnen.

11 Vgl. I. Eibl-Eibesfeldt, Krieg und Frieden aus der Sicht der Verhaltensforschung, 106.

12 H.E Richter, Zur Psychologie des Friedens, Reinbeck 1984, 49.

13 Ebd., 68.

serem durch Größenideen geprägten Selbstverständnis nicht passen"[14].
b) Ein gutes Stück seines Selbst verleugnend, kann er in seinem Selbst-Beweis keine Sensibilität oder gar Solidarität mit den Schwachen entwickeln. "Wer selbst etwas »gelten« will, ist nicht geneigt, für andere zu leben"[15].
c) Der Konkurrenzdruck führt zur Abspaltung der Empfindungen für den anderen in den privaten Sektor oder in den Bereich politischer Sozialleistungen. Das Prinzip der Chancengleichheit, das der modernen westlichen Gesellschaft zugrund liegt, maskiert nur den Aufstiegs- und Überbietungszwang. "Es ist nur seiner eigenen Leistung bzw. seinem eigenen Leistungsversagen zuzuschreiben, wenn er weniger »ist« als andere oder nicht den Punkt erreicht, an dem er sich entfalten kann"[16]. Dieser Kampf aber macht hartherzig. Die Angst davor, im Spiel von Leistung und Gegenleistung selbst ausgesondert und weggeworfen zu werden, ist noch als Motiv dafür wirksam, sich am anderen schadlos zu halten, wo es nur geht. Wo der Geist der Konkurrenz nahezu alle Lebensbereiche erfaßt[17], wird umgekehrt derjenige, der aus welchen Gründen auch immer nicht mitkommt oder versagt, nicht nur als geringerwertig angesehen, er fühlt sich auch selbst schlechter und fällt immer weiter zurück[18]. Wer sich einmal auf der »Verliererstraße« befindet, verliert auch die Sympathie der anderen und sein »Sozialprestige«. Der soziale Ausschluß des Schwächeren reicht auch hier bis zur Kontaktvermeidung. Und die Erfahrung, daß ein anderer, dem man sich bisher in der gesellschaftlichen Stellung ebenbürtig fühlte, »davonzieht«, ruft Neid und Eifersucht hervor. In einer solchen Mentalität denkt man nur gegeneinander, statt aufeinander zu. Während der Starke sich gegen das Schwache in sich und außerhalb seiner abschirmt, flüchtet sich der Schwache in Stärkephantasien, die ebensowenig der Realität gerecht werden.
Die Wahrnehmung der Realität in ihrer vollen Breite und Tiefe ist aber der ausschlaggebende Ansatz einer Veränderung.

15.2 Auf der Suche nach Alternativen

Schüler der gymnasialen Oberstufe befinden sich gegenüber den Vorgängen ihrer sozialen Umwelt in einer ambivalenten Situation. Sie spü-

14 Ebd., 72.
15 Zitat von Eduard Spranger, in: ebd., 142.
16 H. Rombach, Leistung und Muße, 55.
17 Vgl. E. Küng, Ökonomie und Moral, in: F. Böckle u.a. (Hrsg.), Christlicher Glaube in moderner Gesellschaft, Bd. 17, Freiburg 1981, 144ff.
18 Die Zunahme der Selbstmorde sieht Erich Fromm auch in der Deutung des Lebens als eines Unternehmens, das gelingen oder fehlschlagen kann, begründet: "Man begeht Selbstmord genauso, wie ein Geschäftsmann den Bakrott erklärt, wenn die Verluste die Gewinne übersteigen und keine Aussicht mehr ist, sie auszugleichen" (Entfremdung, 91).

ren, wie »es überall läuft«, sind von der Diskrepanz zum Bild ihrer eigenen Zukunft sehr betroffen, aber stehen der Frage, wie es anders gehen könnte, ratlos gegenüber. Es ist schwierig, eine eigene Identitätsform zu finden und dabei seinen Platz in der Gesellschaft einzunehmen. Die Kultur hält auch eine Fülle von Mechanismen bereit, die die Reflexion auf die Sinnhaftigkeit der Lebensformen vermeiden helfen. Gerade das Erfolgsdenken vermag die gesamte Biographie in einer Weise zu strukturieren, daß jede Frage nach den Folgen für das Ganze unterbleibt[19]. Sich einzupendeln auf den Rhythmus der gesellschaftlich vorfindbaren Abläufe, gewährleistet wenigstens die Lösung des Problems der sozialen Plazierung. Daß auf diesem Weg ganze Dimensionen der menschlichen Realität abgespalten werden, gehört zu dieser Vermeidungsstrategie notwendig dazu. Dem kann man nur entgehen, "wenn man gelernt hat, auch auf sich selbst zu blicken"[20]. Dazu besteht die Chance in der Zeit der Adoleszenz, in der die Jugendlichen für die Grenzerfahrungen und das Brüchige der Realität sensibler werden[21].
Dabei wächst bei den Jugendlichen auch die Empfindsamkeit für die Beziehungsprobleme, die sich in den konkrete Organisationsformen auftun. Wie wir miteinander umgehen, wird von ihnen häufiger thematisiert und zu klären versucht als unter Erwachsenen. Die Sensibilität für die Belastungen, die ein karriere- und statusbezogenes Leistungsdenken mit sich bringen, läßt sie nach den Werten einer menschlicheren Zukunft fragen. Oft befällt sie dabei aber auch Resignation, oder sie weichen in ihre Freizeitwelt aus und neigen zur Verweigerung, weil sich das Angebot der Erwachsenenwelt als unbrauchbar erweist[22]. Dieser Prozeß kann nicht gestoppt werden, wenn man die Jugendlichen untätig ihrer Selbstregulation überläßt. In der Zeit der Adoleszenz brauchen sie vielmehr das Gespräch, in dem sie Chancen der Verbesserung erspüren können.

a) Ein solcher Gesprächsraum kann der Religionsunterricht dann sein, wenn er, bei den Erfahrungen und Deutungen der Schüler ansetzend, die sinnentleerenden Mechanismen des gesellschaftlichen Spiels auf den Begriff zu bringen versucht. Die kognitive Analyse, die den Empfindungen der Schüler entlang geht, will auf diesem Weg zur Aporie führen. Die Spannung zwischen dem Ersehnten und dem tatsächlichen Verhalten bewußt zu machen (vgl. Röm 7,19), ist bereits der Anfang eines neuen Weges. Davon hängt auch ab, inwieweit der Religionsunterricht für Ka-

[19] Vgl. R. Döbert, Sinnstiftung ohne Sinnsysteme?, in: W. Fischer/W. Marhold (Hrsg.), Religionssoziologie als Wissenssoziologie, Stuttgart 1978, 52-72, hier 65f.
[20] Ebd., 61.
[21] Ebd., 61.
[22] Vgl. W. Hornstein, Erwachsenwerden im Spannungsfeld politischer, sozialer und ökonomischer Anforderungen und Widersprüche, in: M. Fuhrian (Hrsg.), Gefährdete Jugend. Zwischen Zweifel, Resignation und Hoffnung, Heidelberg 1980, 13-55; K.E. Nipkow, Grundfragen der Religionspädagogik, Bd. 3, Gütersloh 1982, 167.

tegorien paulinischer Theologie einen Ansatzpunkt findet, d.h. die Ellipsenbewegung des Dialogs in seinen konkreten Funktionen (vgl. 12.1) in Gang bringt.

b) Folgende Aspekte könnten die Reflexion über die Erfahrungen weiterführen (vgl. 9.4f.; 14.3f.):
- Wer sich gegenüber anderen durch einen »Vorteil« unterscheidet, ist immer dem Neid ausgesetzt. Es kommt einem falschen Harmoniebedürfnis gleich, dies nicht gegen Angriffe verteidigen zu wollen. Wenn es darum geht, den selbst entwickelten Lebensraum zu wahren und dem Selbst berechtigte Spielräume zu erhalten, solange sie nicht auf Kosten anderer zustande kommen, ist der Konflikt sogar notwendig. Der Rivalität auszuweichen, erleichtert keineswegs die Klärung der Beziehung[23].
- Mißerfolg zu haben, kann ich dann ertragen, wenn ich zu mir selbst stehe; im Drängen nach Erfolg äußert sich meist ein Mangel an Selbstbejahung,
- Der Erfolgsdrang ist die Kehrseite der Verleugnung des Schwachen in mir selbst.
- Im Akzeptieren des Mißerfolgs, der Niederlage, des Hintanstehens liegt eine Kraft, insofern die Realität zugelassen wird und die Wahrheit in Trauer und Schmerz ausgehalten wird[24].
- Das unbedingte Erfolgsdenken kommt einer Isolierung von den Mitmenschen gleich; das Gespür für die Abhängigkeit eines jeden im Miteinander der verschiedenen Rollen schwindet.
- Die Realität der eigenen Situation zu verleugnen, erschwert die Beziehung zu anderen; sie werden unvermittelt zu Feinden, die die Möglichkeit des Erfolgs verhindern könnten. "Wer nicht leiden will, muß hassen"![25]
- Auch wer sich in ungünstiger Position befindet, bringt einen Gewinn für sich selbst und das Ganze ein; er tut etwas, was andere nicht zustande bringen oder nicht können. Das Vertrauen auf die eigenen Kräfte ist bereits das Ziel. Das unbedingte Erfolgsstreben hat dann sein Motiv verloren.

Hautnah erleben Schüler Konflikte solcher Art, wenn sie die Differenzen des Erfolgs in ihrer Lerngruppe feststellen. Dort kann der Religionsunterricht auch ansetzen.

c) Darüber hinaus wird der Unterricht auch <u>konstruktive Lebensformen</u> erschließen, die der alltäglichen Problemsituation gerecht werden.

---

[23] Vgl. I. Eibl-Eibesfeldt, Krieg und Frieden aus der Sicht der Verhaltensforschung, 104-108.
[24] H.E. Richter, Zur Psychologie des Friedens, 72-77.
[25] Ebd., 67. Leiden bedeutet hier: die Angst, Schwäche auszuhalten.

- Das offene Gespräch über Situationen des Erfolgsdranges, die zur Erlebniswelt der Schüler gehören, ist bereits das Ziel. Gerade wo Gräben aufgerissen sind, kommt das "dialogische Prinzip" (Martin Buber) erst zur Geltung. "Überall wo Menschen und Gruppen sich mühen, einander gründlich und ehrlich kennenzulernen, kommt es zum Gefühl von Verwandtschaft, zum Schrumpfen von Mißtrauen, zum Schwinden von Vorurteilen"[26]. Das Bewußtsein von Gemeinsamkeit entfaltet sich von selbst.
- Es muß der Sinn für die sozialen Bedingungen gestiftet werden, die jedem Menschen Geltung verschaffen in dem, was er ist, und Spielraum geben für seine Selbstverwirklichung. Die selbstlose Hingabe für den Schwachen könnte sich als Kompensation der eigenen, nicht akzeptierten Schwäche herausstellen, solange sie nicht auf die Selbstentfaltung des anderen abzielt; solcher Einsatz ist auch nur in der Situation völliger Hilflosigkeit gefordert (vgl. Lk 10,25-37). Gleichmacherei verwischt ebenso die Interessen an der Verwirklichung des Selbst.
- In Bezug auf eine Gemeinschaft kommt es nicht primär auf die Ordnungsregeln an, die für alle gelten. Die wesentliche Erfahrung, die die Integration des einzelnen ermöglicht, liegt im Gebrauchtwerden. Das Gefühl, geduldet zu werden, ist ein langsam wirkender Sprengsatz einer Gemeinschaft. Darum kommt alles darauf an, daß die Mitglieder einer Gemeinschaft sich gegenseitig freundlich zu stimmen suchen; dies gilt vornehmlich, wenn es Unterschiede gibt.
- Beziehungen kommen nicht von selbst, sondern bedürfen der gezielten Pflege. Die produktive Phantasie steigert sowohl das Verbundensein als auch das Selbstwertgefühl, wo sie die Aufmerksamkeit für den anderen in seinem Sosein befruchtet.
- Der entscheidende Punkt jeder Beziehung ist die Anerkennung der Unterschiede, das Geltenlassen des anderen in seinem Anderssein. Dies gelingt nur dann, wenn der einzelne sich selbst in seinem je eigenen Sosein annimmt, ohne daß die Schwächen und Grenzen ausgeklammert werden. Der Weg zur Verbundenheit der Menschen geht von der Gleichheit aus, aber nicht im Sinne der Gleichmacherei, sondern der Wertschätzung der Vielfalt unterschiedlicher Begabungen.

Mit der Aktivierung der eigenen Problemlösungspotenz erreicht der Religionsunterricht die Ebene, auf der die Schüler Impulse der biblischen Botschaft aufnehmen können. Auf diesem Weg könnte sich auch zeigen, daß die Bibel nicht hohe ethische Ideale vorstellt, sondern den Blick für die Realität öffnet, den wir mit kurzschlüssigen Interessen verstellen. Auf solche Perspektiven weist der folgende Abschnitt hin.

---

26 Ebd., 157.

15.3 Glückende zwischenmenschliche Beziehungen – ein paulinisches Modell (1 Kor 12)

Gibt es für die Bearbeitung der angesprochenen Probleme weiterführende Perspektiven aus der paulinischen Theologie? Unsere heutige Problematik hat ihre eigene Struktur; deshalb kann es keine unmittelbare Problemlösung aus der Bibel geben. Aber insoweit Denk- und Verhaltensweisen von heutigen und damaligen Menschen angesprochen werden, können wir nach analogen Erfahrungen fragen, die eine ähnliche Problemlösungskomplexion aufweisen.

Problemebene von 1 Kor 12

Paulus beabsichtigt in 1 Kor 12 primär nicht kirchliche Ordnungsstrukturen zu erklären. Er scheint auch nicht von einem vorgegebenen Leib-Christi-Konzept für die Kirche auszugehen, sondern erläutert der Gemeinde anhand des Leib-Christi-Gedankens erst den Weg, auf den sie sich im Christusglauben eingelassen hat[27]. Unsicherheiten und Mißverständnisse in der Gemeinde sind der Anlaß (vgl. 1 Kor 12,1).

a) Ausgangspunkt seiner Darlegungen ist "nicht die Christologie, sondern die christliche Existenz"[28]. Mit der in Taufe und Eucharistie gestifteten κοινωνία ist dem Christen eine neue Identität geschenkt. Der Leib-Christi-Gedanke interpretiert die christliche Existenz[29], insofern er die damit intendierte neue Qualität des Miteinander unterschiedlich begabter Menschen erläutert. Paulus verweist die Gemeinde auf die Realisierung der von Christus geschenkten κοινωνία.

b) Seiner Skizze des Modells einer neuen Gemeinschaft gehen andere Überlegungen voraus, die sich Paulus in der Reflexion der Christuszugehörigkeit bereits erschlossen hatte[30]:

– Die in Christus neu gewonnene Identität hebt Unterschiede, die Menschen voneinander trennen, auf (Gal 3,26-28).
– Das In-Christus-Sein erhält seine Bestimmtheit vom Kreuz her. Deshalb kann man mit Christus nicht nach eigenem Gutdünken umgehen (1 Kor 1,13).
– Das Herrenmahl schafft eine exlusive und unteilbare κοινωνία mit Christus; diese Einheit ist "Ein-Leib-Sein" (1 Kor 10,16f.).

c) Für die Korinther blieb die Frage, wie diese Einheit der Gemeinde

[27] Vgl. H. Merklein, Entstehung und Gehalt des paulinischen Leib-Christi-Gedankens, in: ders. Studien zu Jesus und Paulus (WUNT 43), Tübingen 1987, 319-344. Nach der Auffassung von Paul Neuenzeit überwiegen die Optionen für Vorgaben (Das Herrenmahl. Studien zur paulinischen Eucharistieauffassung (StANT 1), München 1960, 207f.). Unabhängig von dieser Differenz bleibt seine Leitfunktion für christliches Leben bestehen.

[28] H. Merklein, Entstehung und Gehalt des paulinischen Leib-Christi-Gedankens, 340.

[29] Ebd., 342f.

[30] Vgl. ebd., 324-327.332-335.

zu verstehen sei. Konkrete Schwierigkeiten der Gemeindebildung wurden für Paulus zum Anlaß, das Konzept eines neuen Miteinanders zu entwerfen, in dem die Barrieren auf dem Weg zur Einheit der Menschen überwunden werden. Die Problemgestalt von 1 Kor 12 ist derart, daß nicht bloß spezifisch theologische Probleme zur Sprache kommen, sondern sich in der Sachdarstellung die übliche Dynamik zwischenmenschlicher Beziehungen selbst entdecken läßt. Was Paulus hierzu konkret zu sagen hat, führt aber nicht von der Realität weg auf ein Ideal hin, sondern holt übersehene Aspekte herein, um das Verständnis der wirklichen Zusammenhänge zu vertiefen. Darum ist die Beschäftigung mit diesem Text auf der Sachebene auch für den sinnvoll, der nicht die religiösen Voraussetzungen des Paulus teilt.

Begabungen des einzelnen im Miteinander

Die Interpretation der Botschaft von Kreuz und Auferstehung Christi, die Paulus seinen Gemeinden vorgetragen hatte, taten offenbar ihre Wirkung – aber im negativen Sinn, als wären alle schon ganz im neuen Sein. Der Gedanke, daß in der Christuszugehörigkeit alle Unterschiede aufgehoben sind (Gal 3,26-28), dürfte als Tradition auch in Korinth Interesse gefunden haben. Dort traf er allerdings auf eine andere Situation als bei den Galatern. So entwickelten sich gerade daraus neue Probleme: Ekstatische Phänomene wie das Zungenreden wurden in der Gemeinde besonders geschätzt und galten als ausgezeichnete Gaben des Geistes. Der Besitz dieser Charismen war für die Korinther der Ausweis besonderen Christseins und Garantie des Heils. Das Außergewöhnliche und Aufsehenerregende verlieh dem Enthusiasmus das Etikett »erfolgreich«; demgegenüber fielen die anderen Charismen ab. Dadurch kam es wohl auch zu Wertungen und zur Klassenbildung innerhalb der Gemeinde. Denn alle glaubten, so sein zu sollen wie die Enthusiasten, um mithalten zu können. Für die Gemeindebildung wurden die außerordentlichen Fähigkeiten und Leistungen dadurch zu einem Problem, daß man "die Uniformität enthusiastischer Individualisten" zum Ideal hochstilisierte[31]. Paulus befand sich darum in der Situation, die Tradition neu erläutern zu müssen. So nahm er in seinem Antwortbrief (1 Kor 12) dazu Stellung, worin das Kriterium der Geistesgaben[32] besteht, und wie jene sich zueinander verhalten.

a) Bei den Aufzählungen der Geistesgaben fällt auf, daß Paulus das beeindruckende Zungenreden, das ein besonders hohes Image besaß, stets erst an letzter Stelle anführt (12,10.28.30). Er schließt dieses Charisma also keineswegs von den Geistesgaben aus, sondern stellt es einfach nur auf die gleiche Ebene mit den anderen. Für sich kommt dem Zungenre-

31 Ebd., 336f.

32 Der thematische Kontext legt nahe, τῶν πνευματικῶν (12,1) als Neutrum zu lesen.

den kein Vorrang zu. Paulus bekräftigt auch die Unterschiedlichkeit und Pluralität der Charismen (sowie anderer Qualitäten). Ihre Gleichheit besteht darin, daß alle bewirkt τὸ ἓν καὶ τὸ αὐτὸ πνεῦμα (12,11). Deshalb gibt es auch keine Unterschiede des Ansehens und des Ranges (12,14-27). Alle Gemeindemitglieder sind durch die Taufe "mit dem einen Geist getränkt" (12,13). Jeder besitzt seine besondere Gabe. Die entscheidende Qualität der Charismen liegt nicht in den Phänomenen selbst, sondern darin, daß sie vom Geist bewirkt (12,6) und jedem Individuum vom Geist zugeteilt sind (12,11). Dadurch ist der eine Geist in jedem Getauften auf je verschiedene Weise wirksam (vgl. 1 Kor 3,16). Diese Einordnung gilt auch heute für jede Fähigkeit, die einer hat. Jeder von uns hat sein eigenes Charisma und seine eigene Funktion in der Gemeinde[33], und zwar nicht erst bei besonderen Gelegenheiten, sondern schon im alltäglichen Umgang.

b) Paulus aber kommt es auf den Geschenkcharakter einer jeden Geistesgabe an: "»Gnadengaben« heißen sie, weil niemand durch eigenes Wollen sie erreichen kann, sondern weil sie Unterpfänder der das ganze Christenleben tragenden und erfüllenden Gnade Gottes (15,10) sind"[34]. Durch diese grundlegende Bindung verbietet sich jede Profilsucht und Selbsterhöhung, die auf beeindruckende Demonstrationen eigener Kraft und Stärke bauen möchte: In den Charismen zeigt sich der Geist, nicht die eigene Leistung.

c) Dieser vertikalen Dimension der Geistesgaben stellt Paulus die horizontale an die Seite. Von diesem einen Geist ist auch die Intention aller Geistesgaben bestimmt: πρὸς τὸ συμφέρον (12,7). Dem einzelnen wurde seine Gnade nicht für ihn selbst geschenkt, etwa als eine ihn gegenüber anderen erhöhende Privatoffenbarung, sondern zum Auferbauen der Gemeinde. Diesen Zusammenhang erläutert Paulus mit dem Bildwort vom Leib und seinen Gliedern (12,14-27). Kerngedanke ist die Einheit bei Wahrung und Bekräftigung der zahlreichen unterschiedlichen Artikulationen des Geistes. Die Beziehung der einzelnen Charismen zueinander erklärt Paulus anhand der analogen Struktur des einen Leibes. Vergleichspunkte sind jeweils ἓν πνεῦμα und ἓν σῶμα sowie διαιρέσεις χαρισμάτων und μέλη πολλά. Die Brücke bildet das paulinische Gemeindeverständnis von σῶμα Χριστοῦ, das dem gesamten Gedankengang bereits zugrunde liegt, sich nicht erst aus dem Vergleich ergibt[35]. So ist auch der »Leib Christi«

33 Vgl. H.-J. Klauck, Die Autorität des Charismas, in: E. Klinger/R. Zerfaß (Hrsg.), Die Kirche der Laien. Eine Weichenstellung des Konzils, Würzburg 1987, 25-37, hier 28-32.

34 J. Weiß, Der erste Korintherbrief (1910), Neudruck Göttingen 1977, 298; vgl. H.-J. Klauck, Die Autorität des Charismas, 28.

35 Paul Neuenzeit weist nach, daß der Terminus σῶμα in 1 Kor 10,16f., auf die Gemeinde angewandt, nicht nur eine Bildwirklichkeit meint, sondern von der Konstitution der Gemeinde durch die Gemeinschaft

eine der Gemeinde vorgegebene Größe, deren Struktur durch das Bildwort erläutert wird[36]. Das Bildwort veranschaulicht das Verhältnis zwischen der Gemeinde als Leib Christi und den einzelnen Christen und bestimmt auf diesem Weg die Einordnung der Charismen in die Gemeinde.

d) Der Zusammenhang von Christus, Gemeinde, Geistwirken und den einzelnen Menschen wird durch die Taufe gestiftet (12,13). Das einheitsstiftende Wirken des einen Geistes ermöglicht die Eingliederung von Menschen unterschiedlichster Herkunft in eine einzige Gemeinschaft (vgl. Gal 3,26-28). Durch die Einheit des Geistes, der diese Gemeinschaft in der Taufe begründet, sind Statuszuweisungen, Rangunterschiede, Herkunft und Klassengegensätze als entscheidende Kriterien des Zusammenspiels in der neuen Gesellschaft des Leibes Christi überwunden. Unterscheidungen, wie Menschen sie treffen, sind aufgehoben[37]. Dennoch gibt es Unterschiede, aber sie wirken nicht mehr trennend, weil ihre eigentliche Qualität von dem einen Geist bestimmt wird (12,13).

e) Von diesem Grundgedanken her erläutert Paulus dann anhand des Bildes vom Körper die Stellung der einzelnen Charismen zueinander (12, 14-26). Als Ziel des Bildwortes, das seinen Argumentationen von Anfang an zugrunde liegt, formuliert Paulus: "Ihr seid der Leib Christi, und jeder einzelne ist ein Glied an ihm" (12,27). Im Blick steht eine Gemeinschaft, in der die Bindung an das Ganze und die Differenzierung der Charismen gleichermaßen gelten. Für den einzelnen Menschen bedeutet diese Struktur, daß jeder gebraucht ist, nicht nur geduldet.

f) Anhand konkreter Beispiele verdeutlicht Paulus die Beziehungsstruktur innerhalb dieses Leibes: Die Lebendigkeit des Leibes hängt an der praktizierten Solidarität aller seiner Glieder. In der ersten Argumentationsreihe (12,14-20)[38] schließt Paulus Unterschiede des Ansehens und

---

mit Christus in der Eucharistie bestimmt ist: "Im Herrenmahl gewährt er sich immer neu seiner Gemeinde und läßt sie ihre Einheit als ein Leib mit ihm und untereinander neu erfahren und realisieren"(Das Herrenmahl, 218). Vgl. H.-J. Klauck, 1. Korintherbrief (NEB 7), Würzburg 1984, 90f.; H Merklein, Entstehung und Gehalt des paulinischen Leib-Christi-Gedankens, 332-335.

36 Vgl. H. Conzelmann, Der erste Brief an die Korinther (KEK 5), Göttingen ²1981, 258; H.-J. Klauck, 1. Korintherbrief, 89.

37 Paulus zitiert in 1 Kor 12,13 mehr oder weniger frei die Tradition von Gal 3,28, jedoch ohne das Gegensatzpaar Mann-Frau. Der Grund dieser Ausklammerung ist nicht hinreichend geklärt; vgl. H.-J. Klauck, 1. Korintherbrief, 89; H. Merklein, Entstehung und Gehalt des paulinischen Leib-Christi-Gedankens, 324f.

38 Bei der Wahl der Beispiele geht Paulus offenbar von gängigen griechischen Auffassungen aus, nach denen Hand und Auge bzw. Auge und Kopf höher bewertet werden als andere Körperteile; vgl. H. Conzelmann, Der erste Brief an die Korinther, 260; H.-J. Klauck, 1. Korintherbrief, 89f.

Wertes als Kriterium aus. Er denkt hier offenbar daran, daß Menschen, die sich aufgrund ihrer Stellung innerhalb des Beziehungsgefüges anderen unterlegen fühlen, in der Konkurrenz zu anderen keine Chance sehen und dann aus dem Ganzen ausscheren. Damit würden aber sowohl die Unterschiedlichkeit der Glieder und deren je eigener Beitrag negiert (12, 17), als auch das Ganze und seine Vollständigkeit in Frage gestellt (12, 19). Letztlich ist die Frage der Einstufung nach Ansehen und Rang deswegen einfach sinnlos, weil keinem Glied irgendein Vorrang vor anderen eigen ist, sondern "Gott jedes Glied so in den Leib eingefügt hat, wie es seiner Absicht entsprach" (12,18). Von daher ist jede Statuszuweisung und jedes Konkurrenzdenken unsinnig.

g) Die zweite Argumentationsreihe (12,21-26) geht vom umgekehrten Fall aus: Menschen, die sich anderen überlegen fühlen, ziehen sich auf ihre eigene Stärke zurück und schließen die Schwächeren aus, indem sie ihnen ihre Nutzlosigkeit zu verstehen geben. Paulus dreht die Werteskala um: gerade den Schwächeren gebührt ein höheres Maß an Ehre. Nicht die Überlegenheit einiger gewährleistet die Solidarität, sondern die Geltung der sogenannten Schwachen ist das Kriterium dafür, ob in diesem Leib Eintracht herrscht. Ihre Unentbehrlichkeit besteht darin, daß die Starken in der Beziehung zu den Schwachen erst beweisen, ob und inwieweit sie sich in das Ganze integrieren. Die Eintracht dieses Leibes schließt jede Gruppenbildung nach den Maßstäben des Höher- und Minderwertigen aus. Der Grund für diese »Umwertung der Werte« liegt wiederum im Handeln Gottes, dessen besondere Sorge gerade den Schwachen gilt (vgl. 1 Kor 8,11; Ex 3,7ff.)[39]. Hierin unterscheiden sich die christlichen Charismen von menschlichen Begabungen.

Zusammenfassend läßt sich die Auffassung des Paulus in 1 Kor 12 so formulieren: Solidarität gibt es also nur, wo weder das Bewußtsein von Unterlegenheit oder Überlegenheit vorherrscht noch das Durchsetzen von Ansprüchen das Handeln bestimmt, sondern wo sich jeder mit seinen Möglichkeiten einbringen kann und seine eigenen Fähigkeiten und Leistungen ausschließlich auf das Gelingen des Ganzen hin auslegt. "Damit kann jedem seine Funktion als sinnvoll und notwendig gezeigt werden, also die Chance und die Norm seiner Arbeit – als οἰκοδομή"[40]. Paulus hebt darum nicht auf eine Gemeinschaft ab, die die Unterschiede zugunsten einer Uniformität verwischt und das Mitkommen in den als erfolgreich angesehenen Fähigkeiten als maßgebende Lebenspraxis favorisiert, sondern auf eine Einheit, "die gerade... in der Funktionalität

[39] Die eigenen Vorzüge nicht zu seinen Gunsten, sondern für andere zu gebrauchen, kennzeichnet in der aristotelischen Ethik den besten Charakter (Nikomachische Ethik 1130a). Paulus geht darüber hinaus, indem er die Solidarität mit den Schwachen und ihre Integration zum entscheidenden Kriterium des Handelns erhebt.

[40] H. Conzelmann, Der erste Brief an die Korinther, 262.

der Unterschiede zu sich selbst kommt"[41]. Darin besteht das weiterführende Konzept des Miteinander, das Paulus in 1 Kor 12 entwirft. Das Charisma jedes einzelnen wird anerkannt, aber es "scheidet nicht innerhalb der Gemeinde zwischen solchen, die es haben, und solchen, die es nicht haben, sondern es unterscheidet die Gemeinde von der Welt"[42]. Ob diese Gemeinschaft auch gelingt, zeigt sich an der unbeschränkten Geltung der Schwachen im faktischen Zusammenleben[43]. Die Überwindung der tatsächlich geltenden Wertmaßstäbe dürfte nur im Blick auf das Handeln Gottes möglich sein. Diesen Zusammenhang bringt Paulus jedenfalls immer wieder ins Spiel (12,18.24).

15.4 Die Bedeutung des paulinischen Konzeptes für die heutige gesellschaftlich-kulturelle Situation

Die Impulse des Paulus können dazu veranlassen, unseren Begriff des Erfolgstrebens und Erfolghabens zu überprüfen. Das von Paulus verwendete Organismusmodell hat häufiger für die Begründung sozialer und kosmischer Ordnungsstrukturen hergehalten[44]. Seine Interpretation dieses Modells enthält aber bemerkenswerte Züge, die das geläufige Bild einer vorgegebenen Größe verändern.

a) Eine differenzierte Funktionalität (versus Uniformität) fordert die besonderen Fähigkeiten und Begabungen heraus; das eine bedingt das andere. Eine egalitäre Linie läßt alle Talente verkümmern bis auf diejenigen, die für die Gleichheit aller zu sorgen haben (Funktionäre). Jeder Art von Einheitskultur verleugnet die Qualität anderer Eignungen und Neigungen außer der, die bestimmend wird; der Reichtum unterschiedlicher Erfahrungen geht dadurch verloren, daß ihnen keine Geltung zugestanden wird. Dies läuft darauf hinaus, daß die Einzigartigkeit jedes Individuums, die sich in seinen je eigenen Fähigkeiten zeigt, aus dem Bewußtsein verschwindet[45].

b) Die Unterschiede der Begabungen bedeuten für das Ganze einen Gewinn, wenn jeder einzelne in dem, was er kann, Anerkennung erfährt. Dies ist dann gegeben, wenn "jedem die Möglichkeit eingeräumt wird, das Seine beizutragen/mit der ihm geschenkten Gabe des Geistes an der Gestaltung des Zusammenlebens mitzuwirken"[46]. Es kommt demnach

41 H. Merklein, Entstehung und Gehalt des paulinischen Leib- Christi-Gedankens, 338.
42 H.-J. Klauck, Die Autorität des Charismas, 30.
43 Die Frage der Ämter kann hier nicht behandelt werden.
44 Vgl. J. Weiß, Der erste Korintherbrief, 302, Anm. 2; H. Merklein, Entstehung und Gehalt des paulinischen Leib-Christi-Gedankens, 328-331.
45 Vgl. auch: H. Mohr, Natur und Moral. Ethik in der Biologie (Dimensionen der modernen Biologie 4), Darmstadt 1987, 106-120.
46 J. Werbick, Glaube im Kontext. Prolegomena und Skizzen zu einer elementaren Theologie (SPT 26), Zürich 1983, 383.

darauf an, nicht nur auf die eigenen Fähigkeiten und Leistungen zu sehen, sondern auch den anderen in dem ihm Eigenen Geltung zu verschaffen, besonders dem, der weniger Geltung besitzt. Dies heißt keineswegs, das Eigene aufzugeben, sondern das Andere ebenso zu schätzen und sich nicht aus dieser Bindung herauszuhalten.

c) Jeder Erfolg hat nicht nur «viele Väter», sondern bedeutet wirklich einen Fortschritt, wenn viele daran teilhaben. Die weitere Steigerung des eigenen Ansehens durch Förderung anderer zu zügeln, dämmt nicht nur die Selbstsucht ein, sondern stärkt auch den Gemeinsinn und dient damit dem Gemeinwohl, denn die Freude über den Erfolg anderer läßt die Verbundenheit wachsen. Diese Haltung will nicht den Gemeinnutz gegen den Eigennutz ausspielen und zum Verkümmern der Fähigkeiten veranlassen, sondern die anderen in den Erfolg hinein mitnehmen; der Erfolg wird so nicht auf Kosten von Verlierern erreicht. Dies erweckt neue Chancen für die weniger Erfolgreichen und stimuliert zu weiterer Differenzierung.

d) Ein besonderes Kriterium für das Zusammenwirken der verschiedenen Begabungen ist die Stellung derer, die nach dem Urteil der Erfolgreichen wenig können. Der Erfolg auf Kosten dieser Schwachen sprengt die Gemeinschaft. Die Solidarität der Starken besteht gerade darin, daß sie ihre Mittel und Möglichkeiten dafür ins Spiel bringen, daß die Schwachen die Chance haben, die eigene Leistung zu steigern. Der Dienst der Starken für die Schwachen ist dann möglich, wenn sie sich nicht in ihrem eigenen Erfolgsdenken abkapseln, sondern sensibel bleiben für das Eigene der anderen, besonders der Schwachen. Die Wertschätzung des anderen in seinem Anderssein anstelle des Konformismus öffnet den Blick für die unterschiedlichen Qualitäten des Lebens und für die Vielfalt der Möglichkeiten. Die Aufmerksamkeit für den Schwachen trocknet den trennenden Eigensinn aus und knüpft Bande, wo Grenzpflöcke eingerammt sind. Die Solidarität im Mitleiden war für die ersten Christen eine Lebensform, in der die Verkündigung des Gekreuzigten und Auferstandenen konkret wird: Im Leib Christi sind alle trennenden Unterschiede überholt. Was ein Glied dieses Leibes trifft, das trifft auch alle anderen Glieder. "Wenn ein Glied leidet, so leiden alle Glieder mit" (1 Kor 12,26). Das Leid des einzelnen ist nie nur seine persönliche Angelegenheit, sondern bedeutet immer zugleich Leiden der Gemeinschaft. Diese Solidarität weitet Paulus an anderer Stelle auch auf die Feinde aus: "Wenn dein Feind Hunger hat, gib ihm zu essen, wenn er Durst hat, gib ihm zu trinken" (Röm 12,20). Diese Grenzüberschreitung enthält für uns heute auch die weltumspannende Solidarität mit den leidenden Menschen in anderen Erdteilen.

e) Trotz jener Akzente des paulinischen Modells besteht kein Anlaß, die Exklusivität christlicher Werte besonders herauszuheben. Im modernen Sozialstaat (wenigstens in unseren Breiten) sind durch die Sozialverbindlichkeit bereits in vielen Lebensbereichen solche Grundsätze selbstverständlich geworden und rechtlich verankert. Humanistische Denker wie Erich Fromm oder Hans Jonas haben ähnliche Vorstellungen wie Paulus. Schülern, die sich mit dem christlichen Ansatz schwertun, erscheint die humanistische Begründung plausibler, weil sie sich ausschließlich auf der Ebene anthropologischer Argumente bewegt; sie fragen sich auch, wozu sie die theologischen Motive brauchen. In dieser Situation ist es didaktisch nicht hilfreich, die Überlegungen der Schüler wegzudiskutieren, vielmehr dient dem Lernprozeß gerade die Offenheit für ihre Position; sie ermöglicht Anknüpfungen, wo die Apologie des Christlichen nur zur Versteifung auf den eigenen Horizont führen würde. Dennoch sollte der Religionsunterricht das spezifisch christliche Profil herausarbeiten. Es liegt in Bezug auf die Sozialstaatlichkeit in der Akzentuierung der persönlichen Verantwortung für die Gestaltung der zwischenmenschlichen Beziehungen; denn die Institutionalisierung sichert nur Ansprüche, aber gewährleistet noch nicht die persönliche Nähe und Akzeptanz der unterschiedlichen Menschen. Auf der Ebene der Motivation ist der paulinische Argumentationsstrang schlüssiger als humanistische Positionen, insofern die Christusbeziehung auf eine uneingeschränkte Wertschätzung der Schwachen abhebt, die sich auf alle Lebensbereiche erstreckt und allen Formen und Motiven zu deren Desintegration widersteht. Es gibt für Paulus nicht die Kultivierung des Sozialen, das neben anders gerichteten privaten Bedürfnissen Platz hat, aber auch nicht den sich aufopfernden Altruismus, weil er zugleich die Grenzen eines jeden Gliedes im Leib Christi im Auge behält. Totalobsessionen bleiben fern, weil der Christusglaube die Selbstrechtfertigung erübrigt und zugleich zu bewußtem Aufbau der Gemeinschaft aus den individuellen Begabungen motiviert. Identität und Sozialität der menschlichen Existenz gilt es soweit zu versöhnen, daß sie sich gegenseitig fördern: die individuellen Begabungen behalten ihre Geltung, aber lassen sich zugleich in den Dienst des Geistes Gottes stellen. Wie das geschehen könnte, läßt sich kaum prinzipiell bestimmen.

Was Paulus entwirft, ist mehr Programm als Realität, obgleich sich zahlreiche beeindruckende Beispiele im christlichen und außerchristlichen Umfeld finden lassen. Sein Reden von Gemeinde bezieht sich auch nicht auf eine fertige Größe, sondern immer auf die Aufgabe ihrer Auferbauung. Im Kern zielt sein Modell darauf, in allen Situationen des Zusammenlebens die Dynamik, die sich aufgrund der Unterschiedlichkeit der Begabungen ergibt, aufmerksam zu registrieren, um die Einheit des Ganzen zu fördern, in dem seinerseits jeder beheimatet sein kann. Diese Dialektik erfordert hohe Wachsamkeit für die konkrete Realität.

15.5 Skizze einer Unterrichtseinheit im 12./13. Schuljahr

Die didaktischen Reflexionen münden in das Konzept einer Unterrichtseinheit für das 12./13. Schuljahr ein. Der Unterricht soll die Mentalität des Erfolgsdenkens und ihre Konsequenzen für das Zusammenleben bewußt machen. Die Phantasie der Jugendlichen ist auf der Suche nach einem Modell des Zusammenwirkens, in dem weder individuelle Unterschiede eingeebnet noch versteckte Trennwände errichtet werden. Das gelingt nur auf der Grundlage neuer Wertmaßstäbe. Eine solche Sehnsucht hat viel mit der Identitätsbildung im sozialen Kontext zu tun. Darum kann mit einer Motivation für dieses Thema gerechnet werden, sofern die Erfahrungen der Schüler wirklich zur Sprache kommen und die Funktion des paulinischen Modells von 1 Kor 12 klar hervortritt. Folgende Unterrichtsschritte haben sich in der Praxis bewährt:

a) Die Schüler erkunden, wen wir heute als Erfolgstyp ansehen, und wie es zum Ansehen dieser Personen kommt. Die Aufzählung reicht möglicherweise vom Staranwalt über den Popstar zur Heldin der Nächstenliebe. Mit konkreten Beispielen wird genauer charakterisiert, was den Wert dieser geschätzten Personen ausmacht, und wie ihr Image zustande kommt.

b) Die kritische Besprechung der Vorstellungen setzt mit Vorbehalten ein, die wir gegen diese Erfolgstypen vorbringen können: Nutzt dies wirklich den Menschen? Wird nur der Star herausgestellt oder ist dies ein wirklicher Dienst für die Gemeinschaft? Das Gespräch soll die Qualitäten der jeweiligen Begabung herausarbeiten und die Selbstverwirklichung betonen. Die negativen Nebenwirkungen des Starkults sind manchen Schülern bereits bekannt. Stutzig macht dagegen die Frage: "Wie machen eigentlich Sie sich daneben aus?"

c) Die Konfrontation eines Starfotos mit dem Foto eines Nichtseßhaften (»Penner«, »Stadtstreicher«) verwundert die Schüler, weil sie hier eine vermeintliche Unvereinbarkeit wahrnehmen. Worin bestehen die Unterschiede der beiden Personen? Gibt es auch Gemeinsames? Wo hat der eine und der andere seinen Platz? Welche Vorzüge hat der eine und der andere? Wie kommt es, daß man den einen leichter einschätzen kann als den anderen? Das moralische Gespür, das hier auftaucht, müssen wir eindämmen, um zu fragen, ob es für die beiden auch ein anerkennendes Nebeneinander geben kann und wie weit dies reicht. Was hindert, was fördert ihre Solidarität?

d) Der Unterricht führt von diesen Gesprächen zur Arbeit am Bibeltext: Wenn einer Großartiges vorzeigen kann, steigt er in der Achtung der anderen. Solche Anerkennung treibt manchen auch in die Profilsucht. In der Gemeinde von Korinth waren solche Tendenzen geradezu ein Sprengsatz für die Gemeinschaft der Christen. Von der Gabe der Zungenrede und anderen geistigen Fähigkeiten ging eine solche Faszination aus, daß die so Begabten sich über andere erhoben und die weniger Begabten sich an den Rand gedrängt fühlten. Durch die Rangunterschiede drohte die Gemeinschaft zu zerfallen. Dem setzt Paulus positive Motivationen entgegen, durch die Menschen sich zusammenfinden können, ohne daß die individuellen Unterschiede nivelliert werden.

Arbeitsaufgaben:

1. Wie charakterisiert Paulus in 1 Kor 12,4-11 die unterschiedlichen Fähigkeiten der Menschen? Gibt es eine Fähigkeit, die über den anderen steht?
2. Übertragen Sie diese Charakteristik in unsere gegenwärtige Situation und suchen Sie Parallelen!
3. Die Kirche soll als "Leib Christi" eine neue Gemeinschaft sein, in der jeder so, wie er ist, seinen Platz hat. Welches Verhältnis haben darin die verschiedenen Geistesgaben zueinander? Interpretieren Sie das Bild vom Leib und seinen Gliedern in 1 Kor 12,12-27!
4. Es gibt Unterschiede zwischen den einzelnen Menschen. Wodurch wird verhindert, daß sie zum Ansatz für die Auflösung der Gemeinschaft werden? Betrachten Sie besonders die Verse 14 bis 20!
5. Letztlich wird der Zusammenhang, der durch Konkurrenz und Profilsucht gefährdet ist, durch ein Kriterium gewährleistet. Betrachten Sie besonders die Verse 21 bis 26!

e) Ergebnis der Textarbeit in idealtypischer Form:

Unter den Menschen gibt es viele verschiedene Fähigkeiten, und jeder besitzt besondere Gaben, die ihn von anderen unterscheiden. Dafür, daß sie unterschiedlich geschätzt werden, gibt es eigentlich keinen Grund. Denn es besteht zwischen den einzelnen Gaben kein grundsätzlicher Unterschied; auch das Zungenreden ist nur eine der Gaben unter anderen. Alle sind von ein und demselben Geist geschenkt, und in jeder Gabe zeigt sich der eine Geist Gottes. Niemand kann sich deshalb durch eine besondere Gabe vor den anderen herausstellen. Was ihm geschenkt ist, dient nicht seiner Selbsterhöhung, sondern dem Nutzen anderer.
Auch die Fähigkeiten und Leistungen in Wissenschaft, Handwerk, Medien, Politik oder Vereinsführung sind nicht Zeugnisse eigener Größe, die den einzelnen über andere erheben, sondern Geschenk des einen Geistes. Zweck ihrer Leistungen ist der Nutzen für andere.
Die Fähigkeiten jeden Individuums haben als Wirkung des einen Geistes ihren je eigenen Wert. Sie sprengen dann nicht die Gemeinschaft, wenn sich jeder mit seiner je eigenen Fähigkeit und Tätigkeit der ganzen Gesellschaft nicht als Untertan, sondern als einmaliges Wesen verbunden fühlt; sein Tun ist ja als Werk des Geistes anerkannt. Jede Tätigkeit hat im ganzen eine bestimmte Bedeutung für das Ganze. Nicht die Gleichmacherei, sondern die unterschiedlichen Fähigkeiten und das solidarische Zusammenspiel aller läßt eine Gemeinschaft lebendig werden und wahrt ihre Vollständigkeit.
Gerade die Menschen, die gemeinhin als schwächer eingestuft werden, haben eine besondere Funktion für das Ganze: An ihrer Integration, d.h. an der Anerkennung und unbeschränkten Geltung ihrer Individualität in einer Gemeinschaft hängt der Zusammenhalt und die Eintracht. Wenn man schon werten muß, dann kommt den Schwächeren innerhalb der Gemeinschaft deshalb ein höherer Wert zu. Die Fürsorge, die Mitfreude und das Mitleiden stiften Gemeinschaft, weil sie alle trennenden Wände niederreißen. Darin kommt die Absicht Gottes für die menschliche Gemeinschaft zum Ausdruck.

f) Das kritische Gespräch über 1 Kor 12 führt meist zu einer positiven Einschätzung des paulinischen Modells. Dem stellen die Schüler aber Einwände entgegen, die sich auf dessen Realisierung beziehen.

– Der Ehrgeiz der meisten Menschen ist so stark, daß ein solches Miteinander nicht zustande kommen kann;
– zu solcher Uneigennützigkeit ist kaum einer in der Lage;
– der Stolz auf sich selber und der Wunsch nach Bestätigung der eigenen Person verhindert ein solches Miteinander.

Das Gespräch ist daher auf das Verhältnis der »natürlichen« Begabungen zu den Charismen zu lenken. In den Leistungen, die aus den Begabungen kommen, entfaltet sich der einzelne selbst und findet darin ein gutes Stück Erfüllung. Das Problem bilden die anderen Motive, die dabei ins Spiel kommen. Paulus fragt nach der sozialen Zielsetzung der Begabungen. Zu Charismen, d.h. Gaben des Geistes Gottes, werden sie in dem Maße, wie sie in den Dienst der Auferbauung der Gemeinschaft treten. In dieser Grundrelation gibt es keine höheren oder niederen Fähigkeiten, ihr Maß ist vielmehr der wirkliche Bezug auf die anderen Menschen. Deshalb erhält jede Begabung, auch die der sogenannten Schwachen, gleichrangigen Wert, sofern sie der Auferbauung der Gemeinschaft dienen. Die Gemeinschaft ihrerseits entspricht ihrer Aufgabe vornehmlich dadurch, daß sie auch den Schwachen in vollem Umfang integriert. Man wird dies auch so verstehen können, daß die Integration nicht nur den einzelnen schwachen Menschen und seine spezifischen Begabungen betrifft, sondern auch die Anerkennung des Unfertigen, Begrenzten und Unvollkommenen, das zu jedem Menschen gehört. Insofern bezieht sich das paulinische Modell auch auf die individuellen Erfahrungen von Schwachsein, die in der Gemeinde Christi genauso anerkannt werden wie die großartigen Fähigkeiten. Dies kann selbstverständlich nur in dem Maße gelingen, wie sich alle Mitglieder der Gemeinschaft auf das Ziel des Geistes Gottes einlassen.

Die Einwände der Schüler enthalten die Frage nach dem Grund der Möglichkeit einer solchen Lebensform in Anbetracht der heutigen Mentalität. Beispiele gelebter Praxis (Karlheinz Böhm, Ruth Pfau u.a.) wollen nicht zu unmittelbarer Nachfolge ansprechen, sondern dazu anregen, die kleinen Schritte im persönlichen Kontext anzugehen. Letztlich führt das Gespräch zu der Frage: Wie erfahre ich die Geltung, die es mir erlaubt, auf die Geltung bei anderen auch verzichten zu können?

15.6 Die theologische Leitlinie der Arbeit an den Paulustexten

Zusammenfassend sei nochmals die theologische Leitlinie herausgestellt, die für das Gespräch über Leistung und Erfolg als Wertmaßstäbe des Lebens bedeutsam ist.

a) Die Struktur menschlichen Daseins, die Paulus in der Auseinandersetzung mit seinen Gegnern in Korinth immer wieder ins Spiel bringt, steht im Kontrast zur Mentalität unserer Zeit. Dem Menschen, der seine Identität und Existenz auf der eigenen Leistung und dem Erfolg in der Konkurrenz als Glück seines Lebens gründet, steht der Glaubende gegenüber: Er versteht sich selbst als Gabe Gottes und vermag sich auch dann noch anzunehmen, wenn alle Sicherheiten weggebrochen sind. Seine Identität sucht er nicht im Erfolgszwang und im äußeren Effekt, nicht in der Selbst-Leistung seines Lebens; die Gnade Gottes setzt ihn vielmehr frei für eine vorbehaltlose Hingabe an den Aufbau der Welt im Sinne der Schöpfung Gottes und zum Angehen der nächsten Schritte. Das Geschenk der Gnade enthebt ihn auch nicht der Verantwortung, sondern sein Tun bleibt unter dem Anspruch des Evangeliums. Die Erfahrung der Vergänglichkeit und des Scheiterns muß er nicht verdrängen, indem er sich in den Strudel der Geschäftigkeit wirft und sich so weiterhin in sich selbst verkrallt oder indem er in Resignation verfällt. Versagen und Scheitern sind nicht das Ende der Identitätsfindung, sondern Chance zu neuem Lebensmut auf anderen Wegen und zu besonnenem Engagement.

b) Der Glaubende fühlt sich einbezogen in die Liebesbeziehung Gottes mit der Welt und kann sich darin selbst annehmen und durchhalten. Indem er sich unendlich angenommen weiß, kann er unbesorgt die Möglichkeiten produktiven Menschseins, die sich ihm auftun, verwirklichen; er ist nicht mehr gefesselt von der Sorge, seinem Leben erst durch Leistung und Erfolg Geltung verschaffen zu müssen. Dies macht ihn auch frei und offen für den anderen Menschen als Sohn des gleichen Vaters, dessen Anerkanntsein auch für ihn der Grund der Solidarität ist. Jede Art von Rivalität und Selbstbehauptung erübrigt sich. Er wird gerade aufmerksam für die Leiden derer, die zu Opfern des Konkurrenzdruckes werden[47]. In seiner Zuwendung zu dem, der unter den Bedingungen der gegenwärtigen Situation leidet, tut er je nach seinen Fähigkeiten und Möglichkeiten das, was er selbst empfangen hat. Seine Leistungen stehen unter einem anderen Vorzeichen: sie sind Mitwirken an der schöpferischen Liebe Gottes, die in Jesus Christus und im Wirken des Geistes konkrete Gestalt in der Geschichte angenommen hat.

[47] Vgl. J. Werbick, Glaube im Kontext, 385-388.

Sechzehntes Kapitel

16.0 DIE FREIHEIT DER CHRISTEN (1 KOR 8)

Wes Geistes Kind Menschen sind, das zeigt sich weniger an ihren Worten als an ihren Taten. Es gibt Schlagworte, die jeder begrüßt, weil sie für sich sprechen. Etwas anderes jedoch ist ihr konkreter Sinn, wenn es um das Handeln in bestimmten Situationen geht. Eigentlich zeigt sich erst dort, was wirklich gemeint ist.
Einer der schwierigsten und schillerndsten Leitbegriffe unserer Zeit ist der Begriff der Freiheit. Er prägte mindestens zwei Jahrhunderte der Geistesgeschichte und wurde zum Leitstern sozialer und politischer Revolutionen[1]. Obgleich er in unzähligen Variationen vorkommt und viele Erfahrungen nicht abdeckt, avanciert er bei Jugendlichen zu einem "Identitätsanker"[2] im Entwurf ihrer Lebensideale. Angestiftet durch Ideen des sozialen Umfeldes füllt sich das Verständnis von Freiheit mit den unterschiedlichsten Inhalten, und es ändert sich je nach Situation.
Gerade weil der Begriff so verwirrend erscheint, ist es religionspädagogisch angebracht, sich häufiger damit zu befassen. Es ist aber didaktisch weder sinnvoll noch möglich, mit Schülern die Begriffsgeschichte aufzurollen. Dabei geriete nämlich gerade das aus dem Blick, was der Religionsunterricht unbedingt zu leisten hat: das Freiheitsverständnis an den realen Gegebenheiten und im Horizont des Menschenbildes aufzuarbeiten. Daß dazu die Korintherbriefe Erhebliches beizutragen haben, soll dieses Kapitel näher aufzeigen[3].

16.1 Paulus und das Freiheitsverständnis der Korinther

Wenn Paulus über das Leben des Christen spricht, gebraucht er häufig den Begriff der Freiheit (vgl. Röm 7,6; 8,21; 1 Kor 7,22; 8,9; 2 Kor 3,17; Gal 2,4; 5,1 u.ö.). So wenig wie in der gesamten Bibel ist die Freiheit für Paulus ein philosophisches Thema, über das zu spekulieren wäre. Ebensowenig vermag er sich in eine Idee der Freiheit enthusiastisch hineinzusteigern. Als Jude fragt er nicht danach, wieviel Freiheit den Menschen zuzurechnen wäre. Er betrachtet vielmehr das Menschsein

---

[1] Vgl. H. Schlier, Über das vollkommene Gesetz der Freiheit, in: ders., Die Zeit der Kirche, Freiburg 1956, 193-206; W. Warnach/O.H. Pesch/R. Spaemann, Freiheit, in: J. Ritter (Hrsg.), Historisches Wörterbuch der Philosophie, Bd. 2, Darmstadt 1972, 1064-1098; Th. Pröpper, Freiheit, in: P. Eicher (Hrsg.), Neues Handbuch theologischer Grundbegriffe, Bd. 1, München 1984, 374-403.

[2] R. Döbert, Sinnstiftung ohne Sinnsysteme?, in: W. Fischer/W. Marhold (Hrsg.), Religionssoziologie als Wissenssoziologie, Stuttgart 1978, 52-72, hier 67.

[3] Den ersten didaktischen Versuch in der Arbeit mit 1 Kor 8 unter dem Thema Freiheit habe ich vorgelegt in: R. Ott/A. Schlereth, Politik – Mächte und Ideologien. Lehrerkommentar (Alternativen 7), München 1973, 14-26.

von der grundlegenden Beziehung her, die Gott mit den Menschen aufgenommen hat: Die Befreiung Israels aus ägyptischer und babylonischer Knechtschaft, die als Tat Gottes bezeugt wird, bildet die geschichtliche Grundlage und den geistigen Rahmen, in dem alle Erfahrungen und Situationen menschlichen Daseins interpretiert werden. In Jesus Christus vollendet sich das Heilshandeln Gottes.
Freiheit meint demnach primär keine Wesensbestimmung des Menschen, sondern ein Geschenk Gottes, das in dem, der es im Glauben annimmt, wirksam wird. Sie hat zugleich eschatologischen Charakter, insofern sie in Jesus Christus zwar eigentlich gegeben ist (Gal 5,1), aber für den Menschen eine Berufung bedeutet (Gal 5,13). Es kommt Paulus darauf an, daß die geschenkte Freiheit in allen Situationen des Lebens realisiert und konkretisiert wird. Die Bindung an den sittlichen Imperativ[4] läßt ihn die Freiheit sachlich verstehen, d.h. er läßt sich nicht von einem Freiheitsenthusiasmus davontragen, sondern fragt in der Realität nach der angemessenen Gestalt. Denn Freiheit ist immer konkret.
Wie das Geschenk der Freiheit zu verwirklichen ist, darüber gab es in Korinth unterschiedliche Auffassungen. Ein Konflikt hatte sich um die Frage angebahnt, ob Christen Opferfleisch aus den Tempeln der griechischen Götter essen dürfen oder nicht. Die Argumente, die Paulus zur Klärung der Frage aufführt, sind aufschlußreich; sie gehen in ihrer Bedeutung weit über den konkreten Fall hinaus und geben auch noch auf heute bezogen Kriterien für das Freiheitsverständnis ab. Aus der konkreten Sachlage und dem Argumentationsgang des Paulus können wir die maßgebende Leitlinie seines Freiheitsbegriffes erschließen.

Das Essen von Opferfleisch als Probefall christlicher Freiheit (1 Kor 8)
Worüber die Gemeinde Paulus befragte (8,1), das betraf eine normale Alltagssituation, die infolge der heidnischen Umwelt allenthalben eintrat[5]. Bemerkenswert ist jedoch die Interpretation und Beurteilung der Vorgänge in der Antwort des Paulus.

a) Es geht um folgende Situationen: Das gesamte gesellschaftliche und berufliche Leben, von dem sich der Christ nicht absondern konnte,

---

[4] R. Schnackenburg, Die sittliche Botschaft des Neuen Testaments, Bd. 2: Die urchristlichen Verkündiger, Freiburg 1988, 45-48.

[5] Zur Exegese vgl. G. Theißen, Studien zur Soziologie des Urchristentums (WUNT 19), Tübingen 1979, 272-289; H. Conzelmann, Der erste Brief an die Korinther (KEK 5), Göttingen [2]1981, 169-186; H.-J. Klauck, Herrenmahl und hellenistischer Kult. Eine religionsgeschichtliche Untersuchung zum ersten Korintherbrief (NTA NF 15), Münster 1982, 241-249; ders., 1. Korintherbrief (NEB 7), Würzburg 1984, 59-63; F. St. Jones, "Freiheit" in den Briefen des Apostels Paulus. Eine historische, exegetische und religionsgeschichtliche Studie (GTA 34), Göttingen 1987, 38-61, R. Schnackenburg, Die sittliche Botschaft des Neuen Testaments, Bd. 2, 55f.; S. Vollenweider, Freiheit als neue Schöpfung. Eine Untersuchung zur Eleutheria bei Paulus und in seiner Umwelt (FRLANT 147), Göttingen 1989, 199-232.

war religiös und kultisch durchdrungen (vgl. 9.2.3). So feierte man zu zahlreichen privaten oder öffentlichen Anlässen in den Tempeln Kultmähler, zu denen man Freunde bzw. die gesamte Öffentlichkeit einlud. Dabei verzehrte man das Fleisch der Tiere, die vorher den Göttern geopfert wurden, schickte davon Freunden oder verteilte es bei öffentlichen Feiern unter die Bürger. "Gerade für die breite Schicht der Minderbemittelten bot oft nur ein solcher Rahmen Gelegenheit zum Genuß von Fleisch, das wegen seiner Kostspieligkeit nicht zu den Grundnahrungsmitteln zählte"[6]. Ebenso gab es die Gelegenheit, geopfertes Fleisch in Markthallen zu kaufen (vgl. 1 Kor 10,25). In der Gemeinde erhob sich nun das Problem: Darf sich ein Christ an diesen Feiern in den Göttertempeln beteiligen und dabei Opferfleisch verzehren bzw. solches Fleisch kaufen? Dieses Problem enthielt mehrere Aspekte, die Paulus klären mußte, weil man nach seinem Urteil fragte.

b) Über das richtige Handeln gab es in der Gemeinde von Korinth unterschiedliche Auffassungen. Einige Christen sahen nicht die geringsten Schwierigkeiten darin, an den heidnischen Kultmählern teilzunehmen und Opferfleisch zu essen. Wir kennen ihre Gründe im einzelnen nicht, aber aus der Argumentation des Paulus in 1 Kor 8 und 1 Kor 10,14-33 lassen sich Schlagworte entnehmen, die ihr Konzept widerspiegeln:

- "Alles ist erlaubt" (10,23).
- "Wir alle haben die Erkenntnis" (8,1).
- Wir wissen, daß es keine Götzen gibt in der Welt und keinen Gott außer dem einen (8,4).

Man war sich wohl mit Paulus einig, daß der Christ nicht die Götter verehren darf (εἰδωλολατρία), indem er durch die Teilnahme am Kult eine wirkliche Gemeinschaft mit ihnen herstellt (10,20-22); denn die Teilhabe am Leib Christi in dem einen Brot (10,16f.21) schließt "eine substanzhafte Verbindung mit dem jeweiligen Kultgott"[7], die bei der Teilnahme an sakralen Mahlen gegeben war, aus. Der Genuß von geweihtem Fleisch war deshalb bei den Christen meist nicht üblich[8]. Andererseits nötigten die gesellschaftlichen Beziehungen zumindest der sozial Höhergestellten dazu, sich den allgemeinen Gepflogenheiten nicht zu entziehen, wenn man sich nicht isolieren wollte[9].

In diesem schichtenbedingten Konflikt beriefen sich einige enthusiastisch gestimmte Christen[10] auf ihre γνῶσις: Die feste Erkenntnis von

[6] H.-J. Klauck, 1. Korintherbrief, 60. Fleisch war für den kleinen Mann eine seltene Speise; er kannte es "fast ausschließlich als Bestandteil heidnisch-religiöser Feiern", zu denen geopfertes Fleisch öffentlich verteilt wurde; vgl. G. Theißen, Studien zur Soziologie des Urchristentums, 276-279.

[7] W. Schmithals, Die Gnosis in Korinth. Eine Untersuchung zu den Korintherbriefen (FRLANT 66), Göttingen ²1965, 213.

[8] Vgl. G. Theißen, Studien zur Soziologie des Urchristentums, 283.

[9] Vgl. ebd., 279-282; H.-J. Klauck, Herrenmahl und hellenistischer Kult, 247.

der Nichtigkeit der Götter erlaubt eine liberale Haltung gegenüber den Kultmählern; ihr religiöses Selbstbewußtsein erhebt sie über das Tabu des Opferfleisches und macht sie stark gegen alle Anfechtungen, so daß sie in der Teilnahme an den Kultmählern völlig frei sind. Konformität mit den sozialen Spielregeln und religiöse Überzeugung ließen sich so gut vereinbaren; obendrein galt das Unangefochtensein sogar als Ausdruck von Stärke.

c) Der Konflikt innerhalb der Gemeinde entstand bei privaten Kultmählern (1 Kor 10,23-33) und bei den öffentlichen Feiern, von denen wohl 1 Kor 8 spricht. Das Kaufen von Opferfleisch in der Markthalle dürfte in der Gemeinde weniger Probleme hervorgerufen haben und demnach leichter zu klären gewesen sein (vgl. 10,25). In den beiden anderen Fällen aber ergab sich der Konflikt, weil für die sogenannten Schwachen das Essen von Opferfleisch noch der bisher gewohnten Götterverehrung gleichkam. Soweit sie Mitglieder unterer Schichten waren, die nur bei öffentlichen Feiern überhaupt in den Genuß von Fleisch kamen, nutzten sie diese Gelegenheiten, aber sie aßen das Opferfleisch mit schlechtem Gewissen (8,7). Wenn sie nun andere Christen wie selbstverständlich das gleiche tun sahen, aber deren Gründe vermutlich nicht kannten oder aufgrund fehlender Bildung nicht verstanden, wurden sie zum Abfall vom Glauben an Christus verleitet. Sie hatten nicht die Erkenntnis und Unterscheidungsfähigkeit wie die sogenannten Starken; deshalb waren sie in ihrem Gewissen verunsichert.
Der Zusammenhang von Schichtenzugehörigkeit, Bildungsvoraussetzungen und religiösen Auffassungen[11] ist für das Verständnis des konkreten Problems und des paulinischen Lösungsvorschlags wohl zu beachten. Denn einerseits rückten in der christlichen Gemeinde Menschen unterschiedlicher Schichten einander näher, andererseits ließen sich soziale Unterschiede samt ihren geistigen Implikationen nicht einfachhin mißachten. Alle diese Aspekte betreffen nicht äußerliche Attribute, sondern den konkreten Menschen in seinem je eigenen Sosein. Möglicherweise haben sich die sogenannten Schwachen mit ihrem Glaubensverständnis verteidigt und denen, die der Praxis der sogannten Starken folgten, das Gericht angedroht (vgl. 8,8). Die sogenannten Starken reagierten wohl

10 Diese lassen sich geistesgeschichtlich schwer einordnen. Gerd Theißen spricht im Rückschluß vom Gnostizismus des 2. Jahrhunderts (wie W. Schmithals) von "korinthischen Gnostikern" (ebd., 286). Das Problem kann hier nicht diskutiert werden. Um voreilige Festlegungen zu vermeiden, dürfte sich die Devise von Hans-Josef Klauck empfehlen: "In Korinth liegen jene Elemente bereit, aus denen Gnosis entstehen kann, nämlich Mysterienglaube, popularphilosophische Strömungen, jüdische Weisheitstradition und Apokalyptik" (Herrenmahl und hellenistischer Kult, 240).

11 Diesen Komplex entwickelt vornehmlich Gerd Theißen (Studien zur Soziologie des Urchristentums, 282-286).

darauf, indem sie starr an ihrer Linie festhielten und so die anderen zum Umdenken bringen wollten[12]. Damit wurde klar, daß in dieser Sache nicht bloß vordergründige Probleme berührt waren, sondern es um die Glaubwürdigkeit christlicher Lebenspraxis ging.

d) Die Antwort des Paulus ist von programmatischer Bedeutung, insofern er die Begriffe der Erkenntnis und der Freiheit, die er mit den sogenannten Starken teilt, in den gehörigen Relationen entwickelt. Dabei versucht er mehrfach im Sinne der Korrelation (vgl. 12. Kapitel) die Verständigung mit den Adressaten: Er tritt in einen ausdrücklichen Dialog mit ihren Argumenten, integriert das, was zu bejahen ist, kritisiert die falschen Tendenzen und stimuliert zu neuer Sichtweise und Praxis; der Rekurs auf das Kreuz, mit dem Paulus die christliche Freiheitsauffassung begründet, dürfte wie eine Paradoxie zu ihrem Freiheitskonzept gewirkt haben. Vor allem aber wälzt Paulus keine Theorien, sondern fragt nach der richtigen Lebenspraxis und reflektiert in diesem Kontext auf die Grundlage, auf der Christen stehen. Er antwortet in zwei Schritten: Zuerst sucht er durch eine "theologische Grundlagendiskussion"[13] die Verständigung mit den Adressaten (8,1-6), dann entwickelt er im Blick auf die konkreten Tatbestände in Korinth das Kriterium des Handelns, das für den Christen maßgebend ist (8,7-13).
Paulus anerkennt grundsätzlich die Position der sogenannten Starken und setzt eine Leitlinie, die auch für die sogenannten Schwachen gilt; dafür spricht bereits die Verwendung des Begriffes εἰδωλόθυτον (V. 1), der das Essen von Opferfleisch negativ wertet[14]. Er greift das Stichwort γνῶσις, mit der die sogannten Starken ihre freizügige Haltung (ἐξουσία, V. 9) begründen, auf, um zuerst ihre qualitative Seite zu klären (8, 1-6) und später, die Quantität bezweifelnd (ἀλλ᾽ οὐκ ἐν πᾶσιν, V. 7), ihre realistische Gestalt in der Lebenspraxis zu erläutern. Man könnte auch sagen: Er stellt der subjektiven Interpretation der sogenannten Starken die objektiven Gegebenheiten des Gottesbildes sowie der personalen und sozialen Verhältnisse entgegen.

e) Paulus bejaht die Erkenntnis, daß es keine Götter außer dem einen Gott gibt, und dieses Opferfleisch nichts Abträgliches ist (8,4-6); das Opferfleisch wird auf Wesen bezogen, die es nicht gibt, deshalb hat es nicht mehr Wert wie jedes andere Fleisch. Bevor er dies zugesteht, führt er die Grundlage der γνῶσις auf, unter der das Essen von Opferfleisch als konkreter Anwendungsfall möglich ist: Die γνῶσις, aus der das Freiheitsbewußtsein kommt, bläht auf (8,2), wenn sie nicht von der Liebe

[12] Ähnlich H.-J. Klauck, Herrenmahl und hellenistischer Kult, 248; ders., 1. Korintherbrief, 62f.
[13] H.-J. Klauck, Herrenmahl und hellenistischer Kult, 245.
[14] Vgl. ebd., 241-243; ders., 1. Korintherbrief, 59f.; H. Conzelmann, Der erste Brief an die Korinther, 173.

durchtränkt ist, d.h. sie hebt den Menschen über die wirklichen Beziehungen hinweg, in denen alles menschliche Leben steht.
Die Basisstruktur der Existenz und der Erkenntnis ist nicht das menschliche Erkenntnisstreben und Wissen selbst; dieses verselbständigt sich, abstrahiert von allen Bezügen ("aufblähen") und "bemächtigt sich ihres Gegenstandes"[15]. Das Prinzipielle und für alles andere Grundlegende ist vielmehr ἡ ἀγάπη; durch sie bleibt der Mensch in der Erkenntnis und Anerkenntnis, die uns Gott schenkt. Die Liebe Gottes ist die identitätsstiftende Kraft, die den Menschen nicht nur am Leben erhält, sondern auch zum Lieben befähigt. "Das menschliche Lieben kommt von Gott... Nicht nur das Geliebtwerden, sondern auch das Liebenkönnen, auch das eigene liebende Handeln betrachtet der Glaubende als Geschenk Gottes ... Vor der Forderung steht das Geschenk und der ermutigende Zuspruch"[16]. Die Liebe ist die Kraft, die sich nicht auf sich selbst ausrichtet, sondern die anderen aufzuerbauen sucht. Paulus füllt den griechischen Begriff der ἀγάπη mit dem hebräischen Begriff des Erkennens, der auch die Bedeutung von Erwählen, Lieben enthält (vgl. 1 Kor 13,12; Gal 4,9; 2 Tim 2,19). Die wahre γνῶσις geht also von der Liebe aus; sie ist das eigentliche Kriterium der Erkenntnis und der Freiheit. "Nur die Liebe wirkt konstruktiv, das »inflationäre« Erkenntnisstreben destruktiv"[17]. Damit bestimmt Paulus die Koordinaten, in denen sich die γνῶσις und die Freiheit der Christen entfaltet. Dazu gehört, wie gesagt, die Freiheit von den Tabus des Opferfleisches (8,4-6), die aber der Liebe untergeordnet ist.

f) Die γνῶσις der Korinther denkt objektivierend, das Neue Testament aber denkt in personalen Kategorien. Darum stellt sich bei allem Recht der γνῶσις die Frage nach den Mitmenschen. So teilt Paulus den Korinthern mit: Das mag alles richtig sein, worin wir uns einig sind; aber wenn diese Auffassung für einige (τινὲς, V. 7) zum Anstoß wird (8,9), sind völlig neue Voraussetzungen gegeben. Die γνῶσις darf niemals an den bestehenden Verhältnissen vorbeigehen, und die Freiheit darf nicht zum schrankenlosen Libertinismus entarten. Die objektive Realität bestimmt vielmehr den Inhalt der γνῶσις und der Freiheit.
Die Situation der sogenannten Schwachen ist ein Problem des Gewissens, das es einfach anzuerkennen gilt. Die Bezugsgröße des Verhaltens ist jetzt nicht mehr die Qualität der Speise, sondern die Beziehung zum "Bruder" in seinem Sosein. Mit dem Begriff der συνείδησις bezeichnet

15 H. Conzelmann, Der erste Brief an die Korinther, 174.

16 F.-J. Nocke, Liebe, Tod und Auferstehung. Über die Mitte des Glaubens, München 1978, 34. Es ist bemerkenswert für das Verständnis von Lieben und Erkennen, daß Erich Fromm die Entwicklung der Liebesfähigkeit als Weg vom Geliebtwerden ("Ich werde geliebt, weil ich bin") zur reifen Liebe ("Ich werde geliebt, weil ich liebe") charakterisiert (Die Kunst des Liebens, Frankfurt/M. 1980, 49-52).

17 H.-J. Klauck, 1. Korintherbrief, 60.

Paulus "eine innermenschliche Instanz..., die dem Menschen als Richtungsweiser zu Bewußtsein kommt"[18]. Paulus enthält sich jeder Belehrung. Die Situation stellt sich vielmehr so dar, daß die jeweilige Gestalt des Gewissens die Rücksicht der anderen verlangt, insofern sie "den Bruder als den gelten läßt, der er ist, nicht als den, der er nach einem idealen Maß sein soll"[19]. Die Wertschätzung des anderen hat ihren unbedingten Grund darin, daß er "dein Bruder" ist, "für den Christus gestorben ist" (8,11). Wenn der Freiheitsanspruch dazu führt, daß der Bruder in seinem Gewissen verletzt wird, verzichtet Paulus auf sein Recht, Opferfleisch zu essen. Worauf Paulus mit guten Gründen bestehen könnte[20], gibt er um des anderen willen auf: er läßt nicht nur den anderen in seinem Gewissensurteil, sondern verzichtet auf sein wohlbegründetes Recht; er hält an seiner sachlichen Erkenntnis fest, aber solidarisiert sich mit dem anderen, der angesichts der Verhältnisse in Schwierigkeiten gerät. Diese Realität ist von größerem Gewicht als die Frage nach der Qualität des Fleisches.

Der freiwillige Verzicht auf das Recht um dieses anderen willen ist ein wesentliches Merkmal der Freiheit des Christen, die im Evangelium wurzelt. Er ist Ausdruck einer Freiheit, die zur Liebe befreit, insofern sie den Zwang des Selbstbeweises aufhebt und ihren Horizont auf die Achtung und persönliche Fürsorge für den anderen erweitert. "Die Umwertung aller Maßstäbe sozialen Ranges und sozialer Dominanz – einschließlich der Dominanz der höheren »Erkenntnis« und »Weisheit« – geht für Paulus aus der Kreuzespredigt unmittelbar hervor (1,18ff.)"[21]. Für das Verständnis seiner Konsequenz bleibt aber zu beachten: Er befiehlt sie nicht, sondern stellt sie als wohlbegründetes Modell vor; als Beispiel für die echte Bewährung solcher Freiheit führt er sich selbst an (1 Kor 9). Und er fordert nicht den Verzicht auf das Eigene und die Erkenntnis als Ziel an sich, sondern der sachliche Gehalt der Freiheit bindet ihn an Situationen, in denen wirklich Liebe realisiert wird. Es ist eine Freiheit zur Liebe, d.h. sie stiftet eine Beziehung zwischen freien Menschen, die gegenseitig für ihre Freiheit nach dem Maß ihrer Möglichkeiten sorgen.

Stellvertretung als Leitlinie des christlichen Freiheitsbegriffs

Im Zusammenhang mit den Realitäten des Lebens, nicht im Enthusiasmus, erweist sich der wahre Anspruch der Freiheit. Der Konflikt um das

---

18 R. Schnackenburg, Die sittliche Botschaft des Neuen Testaments, Bd. 2, 56.

19 H. Conzelmann, Der erste Brief an die Korinther, 192, Anm. 17.

20 Paulus hat nicht nur in Sachen Opferfleisch seine Übereinstimmung mit den sog. Starken begründet, sondern geht auch in der Beurteilung des Gewissens der im Glauben Gefährdeten als schwach mit ihnen eins (vgl. H.-J. Klauck, 1. Korintherbrief, 62).

21 G. Theißen, Studien zur Soziologie des Urchristentums, 287.

Essen von Opferfleisch in der korinthischen Gemeinde führt uns plastisch vor Augen, wie das christliche Freiheitsverständnis der Wirklichkeit gerecht zu werden versucht. Während ein enthusiastischer Ansatz die Ungebundenheit des Selbst behauptet, verknüpft der Christusglaube diesen Anspruch mit der fundamentalen Realität, daß der Mensch sein Sein aus der Liebe Gottes hat und in seiner Selbstverwirklichung auf das Mitsein mit anderen verwiesen ist.

a) Paulus begründet seine Entscheidung zum Verzicht, indem er an das entscheidende Heilsereignis erinnert, das die Grundlage christlichen Lebens und Handelns ist (1 Kor 8,11). Diese Erinnerung holt eine Realität in die Gegenwart, aus der wir auf dem Weg zur Freiheit wesentliche Ziele und Impulse gewinnen. Für die christliche Urgemeinde war der Stellvertretungsgedanke der Schlüssel zum Verständnis des Christus-Ereignisses. Die Pro-Existenz wird zum ersten Interpretament von Person und Werk Jesu in den ältesten Glaubensformeln (vgl. 1 Kor 15,3-5) und in den Abendmahlstexten. Indem Christus stellvertretend des Menschen Last getragen hat, d.h. uns im Tiefsten der Existenz nahegekommen ist und sein Leben dahingegeben hat (Phil 2,6-11), hat er sowohl den Anfang neuer Freiheit gesetzt als auch die Leitlinie für die Erhaltung der Freiheit vorgelegt.

b) Der Stellvertretungsgedanke charakterisiert die Erwählung und Berufung der Christen: Die Identität des Christen besteht nicht in der selbsterhöhenden Abgrenzung von anderen, sondern darin, daß Menschen füreinander einstehen und als Gefährten miteinander die Aufgaben des Lebens und die Mühen des Daseins übernehmen – je nach eigenem Vermögen, jedoch ohne Show-Effekte oder Gleichgültigkeit. Christsein heißt: berufen sein zum Anwalt der Menschen. Es geht darum, daß die Welt menschlicher werde. Stellvertretung betrifft zutiefst menschliches Handeln; denn kein Mensch kann bestehen, wenn sich niemand seiner annimmt, niemand für ihn einsteht. In der heutigen Gesellschaft hat der Stellvertretungsgedanke als "eine der Grundkategorien der biblischen Offenbarung"[22] eine entscheidende Bedeutung. Er vermittelt zwischen zwei Extremen: Auf der einen Seite steht die Betonung der Individualität, der Einzigartigkeit und Unersetzlichkeit des Menschen. Ihre überspitzte Form zeigt sich vor allem in der kämpferischen Selbstbehauptung im Konkurrenzkampf, der sich bis in die persönlichen Beziehungen als Trennwand auswirkt: Wer zu schwach ist und nicht mitkommt, muß selbst zuschauen, wo er bleibt. Auf der anderen Seite steht die Erfahrung, daß der einzelne Mensch in vielen Teilen unseres wirtschaftlichen und sozialen Lebens tatsächlich ersetzbar ist

[22] J. Ratzinger, Stellvertretung, in: H. Fries (Hrsg.), Handbuch theologischer Grundbegriffe, Bd. 2, München 1973, 566.

durch andere Elemente des Kollektivs. An meiner Stelle kann immer auch ein anderer stehen. Wo das Kollektive aber letztlich entscheidet, geht der Wert des Individuums verloren.
Der Stellvertretungsgedanke vermittelt zwischen den beiden Extremen: Es geht um Solidarität, aber nicht auf dem Umweg über das Kollektiv, sondern es geht um den unersetzbar Anderen in seiner individuellen geschichtlichen Gestalt. "Ein Mensch ist unersetzlich, aber vertretbar"[23].

c) Die Berufung zur Freiheit zeigt sich in der Stellvertretung, die die Realität des anderen nicht als Grenze der eigenen Freiheit betrachtet, sondern das Eigene für die Freiheit des anderen einsetzt. Die auf Solidarität ausgerichtete Freiheit läßt sich von den Verhältnissen der Unfreiheit betreffen, in der Menschen über Menschen herrschen; dies gilt im Bereich des Politischen und des Privaten gleichermaßen. Solche Freiheit "geht ohne Angst, sich in der Entäußerung zu verlieren, auf die widerspruchsvolle Wirklichkeit ein, um zu tun, was Menschen tun können"[24]. Die Bereitschaft dazu wird freilich vielfältig auf die Probe gestellt. Im Schwanken zwischen Erkenntnis der Wirklichkeit und Wollen schreckt die Ungewißheit der eigenen Zukunft. Die Frage liegt darum nahe, ob solche Freiheit nicht dem Selbst entgegenwirkt. In dieser Problemsituation besinnt sich der Glaube auf seine Grundlage. Der zur Freiheit Berufene kann diesen Einsatz wagen, weil er sich nicht selbst behaupten muß, sondern immer schon umgriffen ist von der Liebe Gottes (1 Kor 8,3). Diese Liebe "befreit von der Last, unmittelbar durch sich selbst sein zu müssen, und von ihren Folgen: dem Wechsel von Selbstüberforderung und Depression, Aktionismus und Resignation, von Herrschaft und Knechtschaft"[25]. Sie ermöglicht, gerade auch Wege zu denen zu suchen, die auch in einer auf ihre Freiheit stolzen Gesellschaft immer noch am Rande oder außerhalb der Solidarität liegen (vgl. 1 Kor 8,9).

d) Freiheit unter der Leitlinie der Stellvertretung heißt Gefährtenschaft. Sie steht der Neigung entgegen, das Leben durchgängig nach dem Prinzip des persönlichen Nutzeffektes zu gestalten. Was nutzt es einem, wenn man die ganze Welt für sich gewinnt, diese Welt aber dabei zerfällt, weil, statt Freundesbande zu knüpfen, nur der Sieg über den Konkurrenten zählt? Gefährtenschaft heißt, den anderen Menschen sich an-gehen zu lassen. Wenn ich immer nur frage, was ich von einer Sache habe, kann ich mit niemandem das Leben teilen. Die Welt ist gottverlassen, wenn wir nicht mit anderen Freud und Leid teilen. Gefährtenschaft hilft mit, die Lage eines anderen von innen her zu verwandeln.

23 D. Sölle, Stellvertretung. Ein Kapitel Theologie nach dem "Tode Gottes", Gütersloh 1972, 41.
24 Th. Pröpper, Freiheit, 402.
25 Ebd., 402.

e) Freiheit unter der Leitlinie der Stellvertretung heißt Aufmerksamkeit. Für die französische Fabrikarbeiterin und Religionsphilosophin Simone Weil besteht die Fülle der Nächstenliebe "einfach in der Fähigkeit, den Nächsten fragen zu können: »Welches Leiden quält dich?«... Hierzu genügt es – aber das ist zugleich auch unerläßlich –, daß man versteht, einen gewissen Blick auf ihn zu richten... Eines solchen Blickes ist nur fähig, wer der Aufmerksamkeit fähig ist"[26].

Aufmerksamkeit hat mit den Sinnen zu tun: Ich muß den anderen Menschen in seiner spezifischen Situation wahrnehmen, um eine Verbindung herstellen zu können. Ich muß die eigene Lebensqualität der Geschöpfe wahrnehmen, um mein Herrschaftsdenken in die Brüderlichkeit zu den Mitkreaturen zu verwandeln.

f) Freiheit unter der Leitlinie der Stellvertretung heißt Einsatz für die Vergessenen – und deren gibt es viele in dieser Welt, in der unsere Wahrnehmung zunehmend durch die Medien gesteuert wird. Die sarkastische Bemerkung sei mir gestattet: Weh dem, dessen Schicksal nicht von einem Journalisten registriert und publizistisch vermittelt wird, er wird niemanden finden, der sich seiner annimmt.

Stellvertretung ist Dienst für die Humanisierung der Welt. Dabei hat jeder seinen Dienst zu leisten, je nach seinen Gnadengaben. Die Christen sind die ersten, die den Stellvertretungsdienst Christi zum Heil der Welt zu realisieren haben.

16.2 Das paulinische Freiheitsverständnis in der Spannung zur Identitätsentwicklung Jugendlicher

Die bisherigen Überlegungen bewegten sich ganz im Horizont der Glaubensüberlieferung und versuchten, sich ihrer Inhaltsstruktur zu vergewissern. Im Lernprozeß selbst aber treffen solche Perspektiven stets auf gewachsene Lebensentwürfe, in denen persönliche Interessen und gesellschaftliche Erwartungen, individuelle Einsichten und internalisierte Wertsetzungen eingeschlossen sind. Die didaktische Reflexion der Freiheitsthematik hat darum das paulinische Konzept im Kontext von Schülererfahrungen abzuklären.

16.2.1 Freiheit als Ideal der Jugendlichen

Die Schwierigkeit, sich mit Jugendlichen über Freiheit zu verständigen, liegt in der Abstraktheit des Ideals. Wie menschliche Freiheit wirklich gemeint ist, wird man auch erst im Zusammenhang konkreter Sachaufgaben klären können. Dennoch geben direkt auf den Freiheitsbegriff ge-

26 Das Unglück und die Gottesliebe, München ²1961, 108.

richtete Äußerungen Anhaltspunkte für den Vorstellungshorizont, in dem sich Jugendliche bewegen, besonders dann, wenn sie vor ein Dilemma gesetzt werden. Die folgenden Überlegungen sind aus einer Befragung von 23 Schülern eines 13. Schuljahres (durchgeführt am 19. November 1987) erwachsen, deren Äußerungen im Blick auf psychologische Einsichten und soziokulturelle Gegebenheiten zu deuten sind.

Ergebnisse einer Schülerbefragung

Den Schülern wurden in Abständen von je ca. vier Minuten nacheinander vier Fragen gestellt, die sie in der gegebenen Zeit und Reihenfolge sofort beantworten sollten. Die Formulierung ging bewußt von dem Problemhorizont aus, den Paulus in 1 Kor 8 in den Blick nahm:

- Woran denken Sie, wenn Sie sagen: "Ich bin frei"?
- Worauf berufen Sie sich in Ihrem Freiheitsverständnis?
- In welchem Verhältnis sehen Sie ihre persönliche Freiheit zur Freiheit der Mitmenschen?
- Blicken Sie jetzt nochmals auf Ihre Antwort zur ersten Frage zurück! Bleiben Sie bei Ihrer Formulierung? Ja? Nein, warum nicht?

Es ging also um spontane Äußerungen, die die unmittelbare Reaktion auf ein anregendes, bedeutsames Stichwort erkennen lassen sollten.

a) Die Auswertung der Äußerungen zur ersten Frage, in denen die Schüler ihre Auffassung auch in mehreren Sätzen darstellten, geschah durch Zuordnung zu markanten Wendungen. Daraus ergaben sich folgende Schwerpunkte; die Zahlen bezeichnen die Häufigkeit dieser Auffassung in den 23 Antworten:

1.	Ich kann unabhängig von anderen, im Inneren unbeeinflußt, nacheigenen Vorstellungen und Prinzipien leben.	10
2.	Ich kann tun und lassen, was ich will.	8
3.	Ich kann meine Meinung ungehindert äußern,	5
4.	Meine Freiheit hat dort ihre Grenze, wo sie die Freiheit anderer beeinträchtigt.	5
5.	Ich trage Verantwortung für mein Handeln.	4
6.	Ich habe die Fähigkeit, eigene Entscheidungen zu treffen.	3
7.	Mir wird eher bewußt, daß ich nicht in jeder Hinsicht frei bin.	3
8.	Ich bin unabhängig von materiellen Zwängen.	3
9.	Ich kann tun, was mir Spaß macht.	2
10.	Ich kann Schönes erleben.	2
11.	Ich kann mir selbst treu sein, der eigenen Einsicht folgen.	1
12.	Freiheit bedeutet, Chancen und Möglichkeiten zum »Gutsein« im Handeln zu finden.	1

Die eigene Unabhängigkeit tritt als Präferenz der Jugendlichen deutlich hervor. Die Probleme der Ablösung von den primären und sekundären Bezugspersonen sind äußerlich weitgehend geklärt, die innere Loslösung von Identifikationen sowie der Aufbau und die Behauptung eines persönlichen, je eigenen Lebenskonzeptes ist in vollem Gang. Dabei treten kulturell bedingte Ausblendungen hervor. Bemerkenswert ist das fünffache Auftreten der vierten Wendung, obwohl die Frage egozentrisch angelegt war. Völlig aus dem Rahmen fallen die beiden letzten

Wendungen, die von demselben Schüler stammen; sie sprechen für ein Maß von Selbstreflexion und für eine Weite des Horizontes, die unter Schülern dieses Alters ziemlich selten anzutreffen ist.

b) Die Begründungen der Schüler für ihre Freiheitsauffassungen lassen sich auf wenige Positionen zurückführen. Sie verbinden sich mit unterschiedlichsten Antworten zur ersten Frage. Auch hier haben die Schüler mehrere Aussagen getroffen:

1. Der Grund meiner Freiheit liegt in mir selbst, in meinem Gewissen und meinen Prinzipien. 7
2. Jeder Mensch besitzt Würde. 6
3. Jeder Mensch ist ein von Gott geliebtes Wesen und besitzt daraus seine Würde (christliches Menschenbild) 6
4. Der Grund liegt in der demokratischen Tradition unseres Landes. 4
5. Ich wurde zu eigenem Denken erzogen. 1
6. Das Verantwortungsbewußtsein gibt mir das Recht auf Freiheit. 1
7. Freiheit ist Anlage des Menschen. 1
8. Ich bin nicht in allem frei.

In diesen Auffassungen schlagen sich einerseits Wertkonzepte nieder, die sich die Jugendlichen in ihrer Sozialisation angeeignet haben, andererseits hat sich bereits ein persönliches Autonomiebewußtsein herausgebildet. Auf der angesprochenen Problemebene dürften am ehesten auch die Bildungsinhalte durchschlagen, die eine Schule vermittelt. Die dritte Position dürfte demnach besonders in ihrer Häufigkeit nicht allgemeingültig sein.

c) Bei den beiden ersten Fragen bewegten sich die Schüler im Bereich ihrer unangefochtenen Meinung. Die dritte Frage sollte das Nachdenken auf eine Dimension von Wirklichkeit lenken, die möglicherweise bisher einfach ausgeklammert war, nämlich die Beziehung zu den Mitmenschen. Da lediglich fünf der 23 Schüler bei der ersten Frage auch die vierte Position einnahmen, wurde die Frage nach dem Verhältnis der eigenen Freiheit zu der der Mitmenschen zu einem Dilemma. An dieser Stelle erhalten die angeführten Argumente besonderes Gewicht im Hinblick auf das paulinische Freiheitsverständnis.

1. Ich akzeptiere die Freiheit meiner Mitmenschen und erwarte ihren Respekt vor meiner Freiheit (gegenseitige Anerkennung). 9
2. Die Freiheit des einzelnen hat dort ihre Grenze, wo die Freiheit anderer verletzt wird; die gegenseitige Abgrenzung ist der Persönlichkeitsentfaltung wegen notwendig. 7
3. Ich trage Mitverantwortung für die Freiheit der Mitmenschen. 3
4. Darüber mache ich mir wenige Gedanken. 2
5. In dieser Sache orientiere ich mich an dem, was menschlich richtig ist. 1
6. Ohne Antwort. 1

Die beiden ersten Positionen stehen einander nahe, unterscheiden sich aber in der konkreten Bedeutung, die der Beziehung zu den Mitmenschen beigemessen wird. Während die zweite Position stärker die Begrenztheit und Abgrenzung im Auge hat, geht die erste von einem allgemeinen Standpunkt aus auf Unterschiedlichkeit und Wahrnehmung der je eigenen Identität ein und spricht sich für Toleranz im Sinne ausdrücklicher Anerkennung des anderen aus. Auch wenn dieser Aspekt des Freiheitsproblems bei den Schülern erst im direkten Ansprechen der zwischenmenschlichen Beziehungen in Betracht kommt, wird das Einbeziehen der Mitmenschen in der befragten Lerngruppe hoch eingeschätzt. Für drei Schüler beinhaltet das eigene Freiheitsrecht darüberhinaus die Mitverantwortung für die Freiheit anderer. Die Orientierung am Humanum ist für den Schüler wichtig, der bei der ersten Frage bereits die Selbsttreue und Möglichkeit zum Gutsein betont hat.

d) Die vierte Frage sollte zur Selbstreflexion anregen, nachdem das Dilemma aufgewiesen worden war. Natürlich ist sie aufgrund ihrer Allgemeinheit nicht sonderlich ergiebig; der konkrete Fall hätte die Sache brisanter werden lassen. Die Frage zielte lediglich darauf zu erfahren, inwieweit die Schüler auch wirklich dazu bereit sind, ihre Freiheitsauffassung im Blick auf die Mitmenschen zu revidieren. Selbstverständlich ergab sich bei den Schülern, die schon bei der ersten Frage von der Verantwortung für das eigene Handeln, von der hinsichtlich der Freiheit der Mitmenschen begrenzten Freiheit und von den Möglichkeiten zum Gutsein sprachen, keine Änderung der Auffassung. Von denen, die dort ihr Freiheitsbewußtsein vom eigenen Denken her bestimmten (1. und 3. Wendung) erfaßten drei Schüler deutlicher die Notwendigkeit von eingeschränkter Freiheit und einer beurteilte diesen Tatbestand negativ. Einer der Schüler, die von der prinzipiell eingeschränkten Freiheit ausgegangen waren (7. Wendung der ersten Frage), akzentuierte ebenfalls stärker die Verantwortung für andere; die übrigen blieben bei ihren ursprünglichen Positionen. Größere Veränderungen von einer eher egozentrische Freiheitsauffassung zu einer sozialen Orientierung ergaben sich kaum; jedoch vermochte am Ende die Hälfte der Lerngruppe die Anerkennung der Freiheit der Mitmenschen mit der eigenen zu vereinbaren. Von den sechs Schülern, die sich in der zweiten Frage auf das christliche Menschenbild berufen hatten, haben vier schon am Anfang den sozialen Bezug der Freiheit positiv vertreten, einer betonte ihn im Anschluß an die Erklärung seiner christlichen Grundorientierung. Drei Schüler erfaßten von der Idee der Menschenwürde her die soziale Dimension von Freiheit.

Die Ergebnisse dieser Befragung sind in keiner Weise repräsentativ. Sie werfen auch nur ein Schlaglicht auf momentane allgemeine Auffassungen der befragten Schülergruppe. Für eine gründliche Situationsanalyse bedarf es ausgefeilterer Methoden der Befragung und Interpretation. Dies würde aber den Rahmen der vorgelegten Untersuchung zur Didaktik der Korintherbriefe sprengen; zudem fehlt im Raum der Religionspädagogik dafür noch das geeignete und bewährte Instrumentarium empirisch-theologischer Forschung. Mit dieser Befragung konnte darum nur eine Vorstudie zu einem Pilotprojekt vorgelegt werden. Dennoch vermitteln die Ergebnisse einen groben Einblick in die vorrangigen Interessen und Ausblendungen, die für Jugendliche dieser Altersstufe typisch sein dürften. Es ist zumindest zu erkennen, auf welche Tendenzen des Freiheitsbewußtseins ein Religionsunterricht trifft, der die Bedeutung der paulinischen Freiheitsauffassung für heutige Lebenssituationen zu erschließen sucht. Dazu ist zunächst noch die Interpretation der Befragungsergebnisse im Hinblick auf die Erkenntnisse über das Jugendalter und auf die Mentalität des sozialen Umfeldes notwendig.

Zwischen Selbstfindung und sozialem Engagement

Der Begriff der Freiheit markiert ein wichtiges Lebensthema der Jugendlichen. Sie fällt über weite Strecken mit dem erreichten Maß an Autonomie zusammen, das die Jugendlichen in der Ablösung von den bedeutsamen Bezugspersonen und Institutionen (Familie, Kirche, Schule u.a.) erreicht haben. Über diese Errungenschaften wachen sie mit Argusaugen.

a) Die Befragung zeigt, daß im Bewußtwerden der eigenen geistigen Kräfte, die die Jugendlichen in ihrer sich differenzierenden, abstrakten Denkfähigkeit selbst wahrnehmen, eine starke Formkraft für das Freiheitsverständnis liegt. Diese Erfahrung geht einher mit einem "intellektuellen Egozentrismus"; er "äußert sich im Glauben an die Allmacht der eigenen Überlegungen, als ob die Welt sich den Systemen (sc. der Jugendlichen) unterordnen müßte und nicht die Systeme der Welt"[27]. Dem rationalen System, das sich der Jugendliche erobert, mißt er einen umfassenden Geltungsanspruch zu. So glaubt er auch, den eigenen Standpunkt im Denken und Handeln unbedingt behaupten und rechtfertigen zu müssen. Erst mit der Zeit korrigiert die wachsende Einsicht in die Wirklichkeit den Egozentrismus, und die hautnahe Erfahrung mit konkreten Ansprüchen und Situationen bringt "das formale Denken mit der Realität der Dinge in Einklang"[28]. Für Schüler der gymnasialen Oberstufe ist dieser Prozeß besonders langwierig, weil ihre soziale Position sie noch an einer unmittelbaren Auseinandersetzung mit den vielfältigen Situationen des Lebens hindert; die Schulzeit bildet für sie ein Moratorium relativ sanktionsfreien Lebenlernens und experimentierenden Ernstspiels, insbesondere mit existentiellen Haltungen[29]. Auf Störungen des Autonomieanspruchs (vor allem durch die primären und sekundären Bezugspersonen) reagiert der Jugendliche mit großer Empfindlichkeit. Die Bestätigung seines Freiheitsanspruchs und der persönlichen Bedeutung ist ihm vorrangig wichtig. "Er möchte zu einer Be-

27 J. Piaget, Theorien und Methoden der modernen Erziehung, Wien 1972, 251.
28 Ebd., 256.
29 Vgl. H. Scarbath, Jugend zwischen Schonraum und Emanzipation – Perspektiven zur Pädagogik des Jugendalters, in: F. Henrich/R. Bleistein (Hrsg.), Jugend zwischen Schonraum und Emanzipaton, München 1972, 106ff.

stimmtheit durch Selbstbestimmung finden"[30].

b) Die Akkommodation an die Bedingungen der sozialen Lebenswelt ist noch davon bestimmt, daß das selbstaufgebaute Lebenskonzept nicht anderweitig ausgehöhlt wird. Es ist für den Jugendlichen vielmehr wichtig, Anerkennung in dem zu erfahren, was er will[31]. Zwar nimmt er das Eigenleben und -recht der Mitmenschen wahr, aber dies bildet noch einen großen Unsicherheitsfaktor im Prozeß der Selbstfindung. Die Offenheit der Kooperation ist noch von der Befürchtung belastet, das Begrenztwerden durch andere könnte zum Verlust der erreichten Autonomie führen; die Angst um den Selbstwertverlust legt die Rivalität näher als die Kooperation. Weil der Jugendliche noch nach dem Anerkanntwerden sucht, fällt die Solidarität schwer, die die personale Bestimmtheit der Mitmenschen unbedingt anerkennt. Freiheit wird deshalb erst allmählich in dem kommunikativen Horizont buchstabiert, der die Realität menschlichen Lebens ausmacht. Zunächst bleibt sie abstrakt, insofern das Wohin der Emanzipation noch offen ist. Die Entwicklung geht freilich dahin, "den ursprünglichen egozentrischen Standpunkt zu dezentrieren..., um sich dank der Gegenseitigkeit und der Koordinierung der Werte den Gesetzen der Kooperation zu unterwerfen"[32]. Diesen Lernschritt kann der Jugendliche umso leichter vollziehen, als ihm die Lehrer in der Form gegenseitiger Anerkennung begegnen, und er selber sich zur Identifizierung mit anderen herausgefordert fühlt (Verantwortung). Auf diese Selbsttranszendenz ist er ansprechbar, solange die persönliche Identität nicht angetastet wird.

c) Der Drang zur Selbstvergewisserung steht der Möglichkeit im Weg, sich an dem zu orientieren, was für andere gut ist[33]. Denn freies Agieren, das den Verzicht auf Selbstbehauptung einschließt, setzt voraus, daß ich den anderen nicht brauche. Das Einfordern einer bestimmten Funktion macht den anderen Menschen zum Mittel der eigenen Selbstfindung. "Erst durch die Bereitschaft, jeden Menschen in gleicher Weise als Subjekt anzuerkennen"[34], gibt es eine Gleichheit, die vom Zwang zur Selbstbehauptung befreit. Diese Einstellung wächst im Jugendlichen in dem Maße, wie er im anderen Menschen die Not und Sehnsucht seines eigenen Lebens wiedererkennen kann (Empathie). "Die grenzenlose Leidenschaft für das gemeinsam Menschliche"[35] erweckt auch die Bereitschaft zur Solidarität, die gegen jede Verzweckung das Selbst in seiner gewachsenen Gestalt verteidigt.

---

30 J. Werbick, Glaube im Kontext, 390.
31 Vgl. K.E. Nipkow, Grundfragen der Religionspädagogik, Bd. 3, Gütersloh 1982, 85.
32 J. Piaget, Theorien und Methoden der modernen Erziehung, 257.
33 Vgl. J. Werbick, Glaube im Kontext, 415.
34 Ebd., 412.
35 Ebd., 413.

Nach der Goldenen Regel (vgl. Mt 7,12), die über das Christentum hinaus allgemeine Geltung besitzt, führt der Weg zu dieser Solidarität über die Identifizierung mit anderen in dem, was den Menschen zum Menschen macht. Der Freiheitsanspruch als Schlüssel zur Identitätsbildung öffnet sich durch das Verständnis für die Gleichheit der Menschen auf eine Solidarität hin, die auch den Verzicht einschließen kann. Daraufhin muß er aber auch an-gesprochen werden.

d) Die konkrete Gestalt der Solidarität wird wesentlich durch die Impulse beeinflußt, die dem jungen Menschen in der sozialen Umwelt begegnen. Dort scheint das Recht auf Genuß, die individuelle Erfüllung der erwachenden Bedürfnisse im Vordergrund der Interessen zu stehen. "An die Stelle der Selbstvervollkommnung ist als Ziel der irdischen Existenz die Selbsterhaltung getreten"[36]. Die Neigung zu narzißtischer Selbstsicherung, die man Jugendlichen zugesteht, perpetuiert die Erwachsenengesellschaft als Verlangen nach Anerkennung und Bewunderung mit allen Mitteln. Die Konsumsteigerung als Devise der »Yuppie«-Generation macht Versagen und Verzicht obsolet, es sei denn um des nächsthöheren Lebensstandards willen. Zur Bestätigung der Selbstachtung ist man auf andere angewiesen; das Interesse an anderen reduziert sich auf diese Funktion. Eine andere Art von Beziehung, z.B. wirkliche Freundschaft, unterliegt dem Verdacht, sich von anderen abhängig zu machen. In solchen Formen der Selbstabgrenzung enthüllt sich eine "grundsätzliche anthropologische Verkürzung des menschlichen Lebenszusammenhangs"[37]. Denn sie versperren nicht nur die Möglichkeit, in der Kommunikation mit anderen den Horizont des Selbst zu erweitern, sondern auch sich selbst in der vorgängigen Verbundenheit mit anderen besser zu erkennen. Erst die offene Kommunikation, die den anderen in seinem Anderssein anerkennt, läßt ein Mehr an Realität im Denken und Handeln entstehen. Der Jugendliche, der seine Autonomie von innen her begründet, steht in der Spannung zu einer Mentalität, die nur die innere Leere kennt. Er steht vor der Frage, auf welche Seite er sich schlagen soll: zur Welt des Erfolgsimages oder zur Differenzierung seiner Innenwelt und seiner Kommunikation. So mangelt es dem Jugendlichen an Motiven, die ihm die Kommunikation mit anderen auf der Basis des unbedingten Respekts geraten erscheinen lassen.

16.2.2 Das paulinische Modell von Freiheit als Impuls für Jugendliche

Die Begründungen der Freiheitsauffassungen, die in der Befragung der Schüler (vgl. 16.2.1) herauskamen, hatten einen Schwerpunkt im Selbstbewußtsein und in der Würde des Menschen. Hier zeigen sich Kategori-

36 Ch. Lasch, Das Zeitalter des Narzißmus, München 1986, 72.
37 K.E. Nipkow, Grundfragen der Religionspädagogik, Bd. 1, Gütersloh [3]1984, 112.

en des neuzeitlichen Freiheitsdenkens, die den Schülern aufgrund ihrer Bildung selbstverständlich geworden sind. Daß 26 Prozent der befragten Schüler (auch) das christliche Menschenbild als Begründung anführten, dürfte mit der spezifischen Lerngruppe (Katholisches Gymnasium) zu tun haben. Diese Position muß aber keineswegs im Gegensatz zur ersten stehen. Da sie jedoch häufiger Freiheit mit der Offenheit und Verantwortung für andere verbindet, weist die christliche Begründung einen erweiterten Horizont auf; ihr Spannungsverhältnis hat die Befragung freilich nicht ausgelotet. Der Religionsunterricht tut gut daran, die allgemeinen Bildungsziele wahrzunehmen und demnach die neuzeitlichen Akzente und den gegenwärtigen Zuschnitt der Freiheitsauffassung zum Ausgangspunkt didaktischen Handelns zu nehmen. Es gilt darum, die paulinische Thematik im Bezug zum Freiheitsdenken der Jugendlichen durchzubuchstabieren.

a) Zwischen Korinth und heutigen Schülern bestehen erhebliche Unterschiede. Dennoch läßt sich zwischen dem Enthusiasmus einiger korinthischer Christen und dem Freiheitsbegriff der Jugendlichen eine Analogie ausmachen. Das Selbstbewußtsein, das Ich und das Selbst des Menschen wird zur bestimmenden Größe des Weltbildes. Die Tendenz geht immer dahin, daß das Ich um sich selbst kreist und die Welt des Anderen in sekundären Denkschritten erst hinzukommt. Die Autonomie des Subjekts läßt die Eigenwertigkeit der Weltdinge unerkannt, sie verfügt vielmehr über die Dinge, wie es will. Das Andere und die anderen Menschen sind funktionell wichtig zur Bestätigung des Selbst. Das ökologische Bewußtsein hat diese Einschichtigkeit inzwischen zwar aufgebrochen, aber da sich dieser Umbruch bisher nur auf bestimmte Phänomene, nicht auf die Denkstruktur als solche richtet, kann von einer wirklichen Veränderung noch nicht die Rede sein. Das ausgeprägte Selbstbewußtsein baut immer wieder Distanz auf, wo Partnerschaft und Mitwirkung mit dem Anderen, sei es Mensch oder Natur, angebracht wäre.

Das neuzeitliche Bewußtsein hat – so betrachtet – den Enthusiasmus in Korinth nicht überwunden. Die Veränderung liegt lediglich im Grund des Selbstbewußtseins. Der Geistenthusiasmus der Korinther, der zur Ausblendung des Irdischen führte, war von der γνῶσις der Mysterienreligionen und ihrem Erlösungsglauben beeinflußt; ihre Erkenntnis der Erlösung verwies auf eine transzendente Wirklichkeit[38]. Das neuzeitliche Selbstbewußtsein ist hingegen getrieben von dem Ziel, alles selbst in die Hand zu nehmen. Erlösung und Bindung an die Transzendenz widersprechen dem Drang zur immanent machbaren Selbstverwirklichung; ihre Zielrichtung erscheint eher als Selbstvergottung denn als Anerken-

[38] Vgl. W. Schmithals, Die Gnosis in Korinth, 137–146.

nung eines überweltlichen Schöpfers. In ihrer Alltagsvariante tritt an die Stelle der Beziehung zu einem Göttlichen die Bedürfniserfüllung. "Heute sehnen die Menschen sich nicht nach Erlösung, ... sondern nach dem Empfinden, der momentanen Illusion von persönlichem Wohlbefinden, von Gesundheit und seelischer Geborgenheit"[39]. Die Verwandtschaft gegenwärtigen Tendenzen mit dem korinthischen Enthusiasmus besteht in der vom egozentrischen Selbstbewußtsein bestimmten Ausblendung des Anderen.

b) Darin liegt nicht die Zukunft der Welt und des Menschen: der Mensch überschätzt sich und nimmt die Chancen, die in einer solidarischen Verbundenheit liegen, nicht wahr. Darum ist es notwendig, in eine kritisch-abwägende Auseinandersetzung mit der gegenwärtigen Mentalität einzutreten, wie sie seinerseits auch Paulus gegenüber den Korinthern geleistet hat (vgl. 16.1). Am modernen Freiheitsbewußtsein ist nicht alles falsch; deshalb verbietet sich eine Abschottung der christlichen Thematik gegen deren produktive Akzente. Das unterscheidende Gespräch läßt vielmehr das Unwirkliche seiner Wirklichkeitsgestaltung wahrnehmen. Der Weg dorthin führt durch die Entdeckung der Aporien, die ein hypertropher Individualismus überspielt. Auf die Verleugnung solcher Erfahrungen, die das egozentrische System bekräftigen, gilt es aufmerksam zu werden und sie aufzuheben. Integration und Kritik sind die didaktischen Denkbewegungen (vgl. 12.1.3), in denen der Dialog über das Freiheitsthema verläuft.

c) Integrierbar in das christliche Freiheitsverständnis ist das Prinzip der Unabhängigkeit und Selbständigkeit, zu der der Mensch freigesetzt ist. Im Bewußtsein des Ich und im Einstehen für seine Entscheidungen und Handlungen findet der Mensch zu sich selbst; er befreit sich dadurch aus den Mächten der Welt, der Natur und sozialen Lebenswelt, die ihn in Abhängigkeit und Angst halten. Der Mensch hat die Möglichkeit, selbst seinen Weg zu bestimmen und immer wieder neu zu finden; durch Wissen und Planen, Forschung und Technik kann und soll er die Verhältnisse seines Lebens meistern. Die Freiheit als Ausdruck der Spontaneität und Schöpferkraft des Geistes entspricht der Berufung des Menschen zur Mitwirkung an der Schöpfung. Die Aufmerksamkeit für alle Gefährdung dieser Freiheit, die aus gesellschaftlichen Mechanismen oder psychisch-geistigen Verengungen erwachsen, gehört zu den elementaren Belangen des Menschseins. Paulus verweist auf die Nichtexistenz der Götter (1 Kor 8,4), in deren Kult Menschen die Versöhntheit mit sich und der Welt suchen, und auf das Geschaffensein aller Dinge (also auch jedes Fleisches[40]) durch den einen Gott (1 Kor 8,6).

39 Ch. Lasch, Das Zeitalter des Narzißmus, 23.
40 Für Paulus ist der Schöpfungsgedanke so selbstverständlich, daß er

Aufgrund dieser Entdivinisierung der Welt ist der Mensch nicht mehr Diener göttlicher Mächte, sondern in seinem Gewissen von der Angst befreit und in allen Dingen zum Sachwalter der Schöpfung berufen.

d) Diese Distanz bedeutet aber nicht Willkür, sondern bindet den Menschen auch an die Wahrnehmung der Realität und der konkreten Sachzusammenhänge. Hier beginnt die theologische Kritik am neuzeitlichen Freiheitsbewußtsein. Will sie ihren eigenen Ansatz nicht Lügen strafen, muß es eine Kritik zugunsten der Freiheit sein. Die Freiheit, in der das Subjekt alles auf sich selbst und die Selbstachtung bezieht, verspürt nicht das Eingeschlossensein in seine eigenen Voraussetzungen; sie geht an ihrer Selbstgefälligkeit zugrunde. Das Grunddefizit besteht darin, daß sie sich nicht für die Kommunikation, in der sich alle Wirklichkeit abspielt, d.h. für den/die/das konkrete(n) Andere(n) in seiner Eigenwertigkeit öffnet. Diese Zuwendung an einen anderen Menschen muß frei, d.h. unbedingt sein: Der Andere geht nicht in einer Rolle und Funktion auf, muß nicht erst bestimmte Erwartungen erfüllen, vielmehr ist "kommunikatives Handeln" in dem Maße "frei", wie es "allein an dem sich orientiert, was für die Interaktionspartner heilsam ist"[41].
Die eigentliche Freiheit ist demnach der Wille zu dem, was dem Mitmenschen in seiner Situation nützt. Dazu bedarf es nicht der Belehrung aus dem angeblich höheren Standpunkt heraus, den der Andere gar nicht hat und nicht erreichen kann, sondern der Aufmerksamkeit für die Lebenssituation des Anderen. Die Wirklichkeit buchstabiert sich nach Paulus für den, der γνῶσις besitzt, in dem Moment anders, als ein anderer Mensch durch die Wahrnehmung des individuellen Freiheitsanspruchs in Schwierigkeiten gerät. Ein Gegengewicht zur Egozentrik stellt sich nur durch "eine grundlegende Identifizierung des Menschen mit seinem Mitmenschen" ein, insofern "ich in seinem Streben und Leiden mich wiedererkenne, mein eigenes Ergehen auf dem Spiel steht"[42]. Nur durch die Aufmerksamkeit für den anderen ist gewährleistet, daß die Freiheit nicht auf Kosten anderer befördert wird. Die Ambivalenz eines egozentrischen Freiheitsbegriffs verdeutlich Paulus an seinen Folgen für den anderen, der das Verhalten falsch versteht; so wichtig die Überzeugung des Enthusiasten im gegenständlichen Sinn sein mag, so destruktiv ist seine Freiheit im kommunikativen Sinn[43].

---

innerhalb seiner Abhandlung in 1 Kor 8 ohne weitere Argumente von dem Wort »Opferfleisch« (εἰδωλόθυτον, V. 4) zu »Fleisch« (κρέας, V. 13) überwechselt.

41 J. Werbick, Glaube im Kontext, 415.

42 Ebd., 413.

43 Vgl. H. Conzelmann, Der erste Brief an die Korinther, 184. Der Starke "mißachtet die ansteckende Wirkung seines Verhaltens auf den schwachen Bruder und verletzt so das Gebot der Liebe. Der Schwache, dessen Gewissen den Genuß von Götzenopferfleisch verurteilt, wird durch das Vorbild des Starken dazu ermutigt (ironisch

e) Ein solches Verständnis von Freiheit gewinnen Jugendliche auch ohne religiöse Motivation; in der Befragung der Schüler (vgl. 16.2.1) deutet sich dies auch an. Der Humanismus und gesellschaftliche Emanzipationsbewegungen schreiben die Solidarität mit den Schwachen ebenfalls auf ihre Fahnen. Auch hier ist eine radikale Abgrenzung des Religionsunterrichts unangebracht, weil in der totalen Konfrontation nicht bedeutsame Splitter einer mühsam zu verwirklichenden Freiheit verschüttet werden sollten. Aber deswegen kann nicht darauf verzichtet werden, den spezifischen Gehalt der biblischen Freiheitsbotschaft problembezogen auszulegen. Zum einen "ist noch nicht entschieden, ob kommunikatives Handeln auf Dauer gesichert werden kann ohne die Hoffnung auf eine – göttliche – Wirklichkeit, die unverkürzte Gleichheit und Gerechtigkeit, wahre Freiheit und durchgehaltene Solidarität auch denen gegenüber wahr macht, die dem blutigen Gang der Weltgeschichte schon zum Opfer gefallen sind"[44]. Zum andern geht es um die besonderen Akzente von Freiheit, die Paulus aus dem Christusglauben entwikkelt. Denn seine Lebensauffassung enthält Dimensionen, die dem Äußeren nach auch nichtchristlichem Denken vertraut sein mögen, in ihrem Grund aber die menschliche Vernunft übersteigen.

f) Aus der Orientierung an Christus erwächst eine Motivation, die andere Wege zu gehen ermöglicht als die Selbstbehauptung. Den entscheidenden Punkt führt Paulus in V. 11 an: Das stellvertretende Sühneleiden Christi ist ein realgeschichtliches Geschehen, in dem sich Gott den Subjekten der Geschichte zuwendet. Der Andere ist darum immer der Bruder, mit dem sich Gott identifiziert, und zwar genau so, wie ich selbst wertgeschätzt bin. Dieser Glaube gibt der Wirklichkeit eine neue Qualität. Die Enthusiasten nehmen das Erlöst-Sein für sich in Anspruch, den Anderen gestehen sie Gleiches nicht zu. Paulus erinnert an die Solidarität Gottes mit uns, die jedem die gleiche Liebe zumißt. Dadurch gebührt die Geltung, die man sich selbst zugesteht, in gleicher Weise auch dem anderen; darin gibt es nicht einmal einen graduellen Unterschied. Die Realität der Liebe Gottes läßt es als unrealistisch erscheinen, den anderen auf eine erwartete Reaktion festzulegen, bevor ich ihn gelten lasse. Paulus stellt nun für sich fest (vgl. V. 13) – er fordert es nicht von anderen – , daß er auf die Selbstbehauptung, die er in bestimmten Zusammenhängen für richtig hält, verzichtet, sobald sie das Eigenleben des anderen verletzt. Er weicht der Realität des anderen nicht aus, stellt an ihn keine Bedingungen, geht nicht Idealen nach, sondern läßt los, was an seiner eigenen Erkenntnis (vgl. V. 4f.) nur der Selbstbehauptung gegenüber anderen dient. Im Sinne der Stellvertretung verzichtet er zugunsten des anderen auf sein Recht. Sein Verzicht ist Ausdruck von

sagt Paulus »erbaut«), ebenfalls Götzenopferfleisch zu essen" (F. Lang, Die Briefe an die Korinther (NTD 7), Göttingen 1986, 112).

44 J. Werbick, Glaube im Kontext, 411.

Freiheit, insofern er sein Leben nicht in den eigenen Kräften gründet, sich nicht an sich selbst festkrallt, sondern sich los-läßt. Dieser Vorgang ist paradox; er fügt sich nicht in die Kategorien der zugreifenden Rationalität ein, die stets richten und zu-richten will, sondern strebt gerade in die entgegengesetzte Richtung. Das Problem besteht darin, daß wir Angst haben, in einem solchen Verzicht uns selbst zu verlieren und deswegen diesen Weg meiden. In seinen Idealen aber täuscht sich, wer sie nicht mit der Realität abstimmt. Freiheit wird erst dort zur wirklichen Freiheit, wo wir die konkreten Lebensvorstellungen, die wir mit ihr verbinden, auch lassen können, freilich nicht aufs Geradewohl, sondern dann, wenn es die Realität, die uns im anderen begegnet, notwendig macht.

Während für Humanismen dieses Sich-Loslassen ins Unbestimmte hineinführt, geht Paulus vom Glauben an den solidarischen Gott aus, der uns vor allen eigenen Fähigkeiten liebt und trägt (V. 3; vgl. Ps 139,13-16). Für die Angst vor der Gefährdung des Selbst gibt es keinen Grund, weil uns Gott in diesem Sich-Loslassen entgegenkommt. Der Glaubende überträgt gewissermaßen die Verantwortung für sein Selbst, die im Horizont menschlicher Vernunft allein ihm selbst zufiele, der Liebe Gottes. Das Zeugnis vom stellvertretenden Erlösungstod Christi (V. 11) ist für ihn die Garantie, daß der Verzicht auf klar begründete Rechte um des Nächsten willen nicht Selbstverlust, sondern ein Mehr an Liebe bedeutet. Der Glaube ist Freiheit zur grenzenlosen Liebe.

g) Für den Jugendlichen ist dieser Weg besonders schwer nachzuvollziehen, weil er noch ganz von der Lebensaufgabe bestimmt ist, seine Ich-Identität aufzubauen. Mit den Widersprüchen der gesellschaftlichen Wirklichkeit und seinen eigenen ambivalenten Gefühlen fertigzuwerden, ist ein Prozeß, der die Behauptung der Ich-Identiät erfordert. Andererseits gelangt jener Prozeß nur zu einer wirklichkeitsgerechten Gestalt, wenn sich der Jugendliche den Ambiguitäten des gesellschaftlichen Lebens stellt und seine "eigene Identität in einer komplexen, disparate Elemente enthaltenden Situation zu formulieren" lernt[45]. Es kann darum auch nicht das didaktische Ziel des Religionsunterrichts sein, seine Zustimmung zum Vorschlag des Paulus zu erreichen. Ein solcher Lernvorgang betrifft nämlich die ganze Person und die Lebenspraxis. Er kann sich erst in der direkten Auseinandersetzung mit konkreten Lebensituationen, die ein solches Verhalten nahelegen, ausfalten; ohne den unmittelbaren Erfahrungsbezug bleibt er abstrakt und unbestimmt. Dennoch hat die Entscheidung des Paulus (V. 13) innerhalb der Lerngeschichte des Jugendlichen eine Bedeutung als Modell, das zu denken gibt. Es

---

45 L. Krappmann, Soziologische Dimensionen der Identität. Strukturelle Bedingungen für die Teilnahme an Interaktionsprozessen, Stuttgart ^{3}1973, 167.

regt dazu an, die Selbstbehauptung, die zur Verschlossenheit in sich selbst führen kann, zu überwinden und die eigene Freiheit in der Kommunikation mit anderen zu buchstabieren. Dazu paßt nicht die Forderung nach einem allgemeinen Prinzip des Handelns, sondern sie bedarf einer Haltung der Universalität, die sich für konkrete Menschen und Situationen sensibel erweist. Diese Solidarität liegt auf der Linie der Liebe Gottes (V. 3), die von uns gesucht wird als Sinnerfüllung des Lebens.

16.3 Freiheit als Verzicht auf Rechte? Ein Unterrichtsvorschlag für das 12./13. Schuljahr

Nach den grundsätzlichen Überlegungen zum paulinischen Freiheitsmodell geht es nun darum, eine konkrete Möglichkeit seiner didaktisch-methodischen Entfaltung vorzustellen. Dazu sollen zunächst die didaktische Entscheidung offengelegt und dann ein möglicher Unterrichtsverlauf skizziert werden. Der Vorschlag wurde mehrmals im 12. und 13. Schuljahr durchgeführt.

16.3.1 Didaktische Begründung des Lernweges

Der Konflikt um das Essen von Opferfleisch hat heute keine direkte Parallele. Es stellt sich weder eine vergleichbare Sachfrage noch ergibt sich aus den soziokulturellen Situationen von damals und heute eine Verbindung, durch die die Intention des Textes in den Verständnishorizont der Schüler rücken könnte. Die Thematik von 1 Kor 8 ist für die Jugendlichen nicht nur kein interessantes Problem, aufgrund ihres schwachen religiösen Bezuges verstehen sie in den meisten Fällen auch nicht die Brisanz des Konfliktes. So wichtig in der Behandlung des Textes die Einsicht in die historischen, sozialen und religiös-kulturellen Zusammenhänge sind, so wenig kann sich die Didaktik auf eine kirchenhistorische Unterrichtsthematik beschränken. Der Text eignet sich auch nicht als Exempel für die Bearbeitung theologischer Grundentscheidungen, z.B. der Frage von Gesetz und Evangelium; dafür gibt es weder Anhaltspunkte im Bibeltext noch liegt ein judenchristlicher Kontext vor. Der Grundkonflikt von 1 Kor 8 liegt vielmehr in der Spannung von Charisma und Realität, von geistiger Orientierung und sozialer Wirklichkeit. Das Problem der Orientierung im Glauben sollte der Religionsunterricht aber primär nicht historisch angehen, sondern von der Lebenssituation und Identitätsentwicklung der Jugendlichen aus.

a) Für die Entwicklung der Persönlichkeit ist der Anspruch von Freiheit bei Jugendlichen ein entscheidendes Ideal: sie ist Richtmaß des Denkens und Handelns, Leitbild und Ziel des innersten Strebens. Die autonome Selbstbestimmung erscheint den Schülern der gymnasialen Oberstufe als das Gut ihres Lebens schlechthin. Ihr Drängen nach Freiheit macht sie empfindlich gegenüber den Forderungen von gesellschaftlichen Institutionen und Normen; das Empfinden von ungerechter Einschränkung der Selbstbestimmung regt sich in ihnen früher als die Einsicht in die realen Zusammenhänge.

Das Gespür für Gerechtigkeit ist ebenso vorhanden. Aber solange keine persönliche Verbundenheit zu anderen Menschen vorliegt, in der Einvernehmlichkeit und Gegenseitigkeit gewährleistet sind, überlagert die Behauptung errungener Freiheit häufig die Rücksicht auf andere. Die Spannung von autonomer Selbstbestimmung und den Notwendigkeiten des alltäglichen Zusammenlebens mit anderen entscheiden die Jugendlichen besonders dann zugunsten der eigenen Freiheit, wenn sie Unterschiede im intellektuellen Niveau, in der kulturellen Orientierung und im sozioökonomischen Status feststellen. Der Distanz zum Zweck der Behauptung der eigenen Freiheit gilt dann der Vorzug gegenüber der Beschäftigung mit der Lebenssituation des anderen. Dennoch kommt es darauf an, ihnen den Blick für die Realität zu öffnen, nicht zuletzt für ihre persönlichen Interessen und Lebensformen.

Die Aufgabe des Religionsunterrichts liegt deshalb in der Anregung zur Selbstkritik, d.h. in der kritischen Prüfung der eigenen geistigen Orientierung im Gegenüber zur Realität anderer Menschen, die auch dann für das persönliche Leben wichtig sind, wenn sie nicht auf dem gleichen Niveau stehen. Freiheit ist nicht nur ein relativer Begriff hinsichtlich möglicher äußerer Beschränkungen; mehr noch geht es um ein Mehr an Freiheit, das die Realität integriert. Der Religionsunterricht über 1 Kor 8 hebt darum auf ein kritisches Durcharbeiten des Freiheitsideals der Jugendlichen selbst ab. Das paulinische Modell stimuliert dazu, die eigenen »charismatischen« Kriterien des Freiseins um die Aufmerksamkeit für den Nächsten zu erweitern. Sie sollen den Verzicht nicht als Verlust, sondern als Gewinn von Freiheit durch die Liebe verstehen lernen.

b) Das Freiheitsbewußtsein der Enthusiasten verkörpert eine bestimmte Mentalität, die im Trend religiöser Strömungen der damaligen Zeit lag. Ihr Autonomiebestreben hat eine gewisse Verwandtschaft mit neuzeitlichen Emanzipationsideen, die auch in der Orientierung der Jugendlichen Platz greifen. Das Bewußtsein von Stärke baut vornehmlich auf Lebenskonzepte und -formen, die einen Vorrang vor anderen signalisieren: von der Kleidung bis zum Vorweis besonderer Statussymbole, vom exzentrischen Sprachstil bis zu »exquisiten« Sozialkontakten. Was sich einer leisten kann, wird zum Ausweis von Unabhängigkeit und Fortschritt. Die Unbedarftheit solcher Freiheitsmodelle wird spätestens dann deutlich, wenn die Kalkulation mit den materiellen Bedingungen, von denen diese Art von Freiheit abhängig ist, nicht mehr aufgeht. Die Ambivalenz dieser Mentalität ist mit den Jugendlichen zu diskutieren, weil sie ihre Orientierungssuche ständig beeinflußt. Denn es könnte sich zeigen, daß in ihnen auch andere Ideale stecken und in ihrem Alltag For-

men mitmenschlichen Handelns vorkommen, die ihnen sehr wohl etwas bedeuten.
Auf dem Hintergrund eines solchen analysierenden Gesprächs gilt es dann die Motive, die Paulus anführt, einzubringen. Die paulinische Argumentation gibt dafür durchaus einen geeigneten Leitfaden ab: Paulus bekräftigt die Erkenntnisform, die der neugewonnenen Einsicht in die Wirklichkeit aus dem Glauben an den Schöpfergott entspricht; sie befreit von Zwängen und Ängsten, die die Freiheit zu nehmen drohen. Damit gehen viele Vorstellungen von Jugendlichen in eins. Daß dieses Bewußtsein für Mitmenschen Konflikte mit sich bringt, ist eine Sache, die den Jugendlichen erst im Dilemma zu ihrem Modell deutlich wird. Dazu empfiehlt sich ein methodisches Vorgehen in den Schritten, die Paulus in 1 Kor 8 geht. Dabei könnte die Aporie des eigenen Freiheitsbewußtseins in der Konfrontation mit der paulinischen Argumentation erreicht werden.

c) Jugendliche sind große «Theoretiker». Und wenn der Religionsunterricht das Freiheitsthema allein auf theoretischer Ebene anspricht, werden sie ihr gestärktes Autonomiebewußtsein mit Vehemenz verteidigen. Entspricht ihre »Theorie« aber auch ihren realen Handeln? Was für das Verhältnis Jugendlicher zu Institutionen und Normen zutrifft, muß nicht in gleicher Weise im Bereich des persönlichen Lebens gelten. Ist nicht zu vermuten, daß sie selbst in bestimmten Lebenssituationen wie selbstverständlich Rücksichtnahme und Sensibilität für andere praktizieren? daß sie den Verzicht um des anderen willen, also nicht zum eigenen Vorteil, häufig fordern und realisieren? und daß sie solches Handeln keineswegs als Einschränkung von Freiheit empfinden? Indem der Religionsunterricht solche Situationen ihres eigenen Alltags aufgreift und den Schülern im Kontext ihres Freiheitsanspruchs zu bedenken gibt, macht er in ihrer Erfahrungswelt dennoch etwas bewußt, das mit der Intention des Paulus zusammengeht. Es muß vermieden werden, daß das paulinische Anliegen zu einem erfahrungsfernen Ideal hochstilisiert wird. Der Religionsunterricht muß vielmehr Spuren im Leben der Jugendlichen selbst zu entdecken suchen, in denen die Leitlinie des Paulus aufscheint. Darum muß der Religionsunterricht solche Situationen und ihre Bedingungen konkret ansprechen, analysieren und das Handeln werten. Dies gehört zum Inhalt des Lernens genauso dazu wie das Verständnis des paulinischen Freiheitsmodells.

Für diesen Aspekt des Themas könnte der Religionsunterricht folgende Situationen reflektieren:

- Verzicht auf chemische Produkte, technische Errungenschaften und wirtschaftliche Möglichkeiten (z.B. Tourismus) der Erhaltung der Natur wegen;

– Zusammenleben mit einem ausländischen Gastschüler in der Familie (z.B. aus der Türkei);
– Rücksichtnahme zwischen Jungen und Mädchen in Freizeitbeschäftigungen;
– in der Familie lebt ein Zuckerkranker, der nicht alles essen darf;
– in der Schulklasse befinden sich behinderte Mitschüler.

Beim Besprechen solcher Situationen geht es primär darum zu klären, inwiefern Verzicht und Rücksichtnahme ein Mehr an Freiheit bedeuten. Das Hintanstellen von Rechtsansprüchen im Zusammenleben mit anderen öffnet den Blick für neue Seiten des Lebens: es bereichert das Innere und die Welt, indem mehr Solidarität und Liebe entsteht.
Aufgrund dieser didaktischen Entscheidung läßt sich im folgenden der Unterrichtsverlauf in groben Schritten skizzieren.

16.3.2 Das paulinische Freiheitsmodell in der Selbstreflexion der Jugendlichen

Wenn der Unterricht auf die kritische Selbstreflexion der Schüler abzielt, muß das Gespräch die entscheidende Unterrichtsform sein. Ein kommunikativ ausgerichteter Freiheitsbegriff bedarf der Erfahrung, daß die Schüler alles sagen können, was sie denken, ohne die leiseste Sanktion seitens des Lehrers befürchten zu müssen; sonst schweigen sie. Der geplante Unterricht läßt sich nicht in allen Abschnitten inhaltlich genau darstellen, weil jede Lerngruppe ihre eigenen Vorstellungen entwickelt. Die folgenden Arbeitsschritte haben sich in der Unterrichtspraxis als produktiv herausgestellt.

a) Die Unterrichtssequenz beginnt mit dem (provokativen) Impuls: "Das Christentum hat der Freiheit entscheidend zum Durchbruch verholfen". Die Schüler werden diese These nicht hinnehmen, weil sie selbst sich durch die Institutionen der Kirche mehr eingeengt als befreit fühlen. Der Widerspruch der Schüler ermöglicht eine Unterscheidung: Es gibt sicher viele Ereignisse der gegenwärtigen kirchlichen Praxis und der Kirchengeschichte, die gegen die These sprechen; die Schüler beurteilen dies zumindest so. Weder die Apologie noch irgendwelche Formen der Abwiegelung werden der Problemstellung gerecht, die hier nicht auf historisches Wissen abzielt, sondern auf das Nachdenken über die eigene Sicht der Freiheit. Das Gespräch steuert demnach auf das Thema zu: Das Urteilskriterium ist das eigene Verständnis von Freiheit.

b) Im zweiten Schritt sollte dennoch der Beitrag des Christentums zur Entwicklung des Bewußtseins von der Freiheit der Menschen aufgezeigt werden, bevor das Gespräch über das Freiheitsideal weitergeführt wird. Dazu bearbeiten die Schüler zunächst einen Text aus Georg Wilhelm

Friedrich Hegels Vorlesungen über die Philosophie der Geschichte, der die Fortschritte im Bewußtsein der Freiheit skizzierend den entscheidenden Anteil des Christentums herausstreicht[46].

Fortschritte im Bewußtsein der Freiheit

In den Griechen ist erst das Bewußtsein der Freiheit aufgegangen, und darum sind sie frei gewesen. Aber sie, wie auch die Römer, wußten nur, daß einige frei sind, nicht der Mensch als solcher. Dies wußten selbst Plato und Aristoteles nicht. Darum haben die Griechen nicht nur Sklaven gehabt und ist ihr Leben und der Bestand ihrer schönen Freiheit daran gebunden gewesen, sondern auch ihre Freiheit war selbst teils nur eine zufällige, vergängliche und beschränkte Blume, teils zugleich eine harte Knechtschaft des Menschlichen, des Humanen. – Erst die germanischen Nationen sind im Christentume zum Bewußtsein gekommen, daß der Mensch als Mensch frei, die Freiheit des Geistes seine eigenste Natur ausmacht; dies Bewußtsein ist zuerst in der Religion, in der innersten Region des Geistes aufgegangen; aber dieses Prinzip auch in das weltliche Wesen einzubilden, das war eine weitere Aufgabe, welche zu lösen und auszuführen eine schwere lange Arbeit der Bildung erfordert. Mit der Annahme der christlichen Religion hat z.B. nicht unmittelbar die Sklaverei aufgehört, noch weniger ist damit sogleich in den Staaten die Freiheit herrschend, sind die Regierungen und Verfassungen auf eine vernünftige Weise organisiert oder gar auf das Prinzip der Freiheit gegründet worden. Diese Anwendung des Prinzips auf die Weltlichkeit, die Bildung und Durchdringung des weltlichen Zustandes durch dasselbe ist der lange Verlauf, welcher die Geschichte selbst ausmacht. Auf diesen Unterschied des Prinzips als eines solchen und seiner Anwendung, das ist, Einführung und Durchführung in der Wirklichkeit des Geistes und des Lebens, habe ich schon aufmerksam gemacht; er ist eine Grundbestimmung in unserer Wissenschaft und wesentlich in Gedanken festzuhalten. Wie nun dieser Unterschied in Ansehung des christlichen Prinzips des Selbstbewußtseins, der Freiheit, hier vorläufig herausgehoben worden, so findet er auch wesentlich statt in Ansehung des Prinzips der Freiheit überhaupt. Die Weltgeschichte ist der Fortschritt im Bewußtsein der Freiheit – ein Fortschritt, den wir, in seiner Notwendigkeit zu erkennen haben.

Mit dem, was ich im allgemeinen über den Unterschied des Wissens von der Freiheit gesagt habe, und zwar zunächst in der Form, daß die Orientalen nur gewußt haben, daß Einer frei, die griechische und römische Welt aber, das einige frei sind, daß wir aber wissen, alle Menschen sind an sich, das heißt der Mensch als Mensch sei frei, ist auch zugleich die Einteilung der Weltgeschichte und die Art, in der wir sie abhandeln werden, angegeben.

Arbeitsaufträge[47]:

1. Inwiefern kann Hegel von einem Wachstum des Freiheitsbewußtseins sprechen?
2. Welchen Anteil hat daran das Christentum?
3. Was folgt aus dem wachsenden Bewußtsein der menschlichen Freiheit?

Skizze der Arbeitsergebnisse:

Für die Orientalen gab es nur den Herrscher als freien Menschen. Die Griechen und Römer gingen davon aus, daß einige Menschen frei sind (Aristokraten, Philosophen), nicht der Mensch als solcher; Sklaven gehörten wie selbstverständlich zum Menschenbild. Das Christentum

46 Vgl. R. Ott/A. Schlereth (Hrsg.), Politik – Mächte und Ideologien (Alternativen 7), München 1971, 9f.

47 Vgl. R. Ott/A. Schlereth (Hrsg.), Politik – Mächte und Ideologien Lehrerkommentar, München 1973, 19f.

brachte in Deutschland (Reformation) erst den Durchbruch mit der Auffassung, daß die Freiheit eine Eigenschaft des Menschen als Menschen ist und die Freiheit des Geistes zur Natur des Menschen gehört. Dieses Bewußtsein muß aber unsere Wirklichkeit immer mehr durchdringen, muß in den Zuständen des Lebens und in der konkreten Lebensgestaltung noch verwirklicht werden. Aus dem Prinzip muß konkrete Realität werden: Jede Art von Versklavung muß aufhören; unbegründete Abhängigkeiten müssen überwunden werden; die staatliche Ordnung soll Freiheit gewährleisten.

c) Hegel geht in diesem Text nicht auf die Inhalte ein. Deshalb gilt es zu klären, inwiefern der christliche Glaube das Freiwerden des Menschen fördert. Die Rückbesinnung auf früher gelernte Glaubensinhalte soll die Bedeutung des Gottesglaubens im Judentum und Christentum vermitteln:

- Der Gottesname Jahwe steht im Alten Testament für die Befreiung aus Sklaverei und Not.
- Der Schöpfungshymnus Gen 1 betrachtet die Welt nicht als Instrument und Wirkraum göttlicher und dämonischer Mächte; die Welt hat eine Ordnung, die in der ihr eingestifteten Sachgesetzlichkeit liegt, nicht im Walten göttlicher Kräfte.
- Der Mensch ist nicht Diener der Götter, sondern als Ebenbild Gottes zum Sachwalter der Schöpfung berufen.
- Das Heilswerk Jesu zielt auf die Befreiung aus dämonischen Mächten, die den Menschen in Beschlag nehmen.
- Die Botschaft der Auferstehung eröffnet die Befreiung aus jeder Angst, besonders der Angst vor dem Tod.
- Das Bußsakrament schenkt die Freiheit vom Weiterwirken der Schuld, so daß durch die Vergebung ein wirklich neues Leben beginnen kann.

Diese und andere Glaubensüberzeugungen stellen die Grundlage für die Auffassung heraus, daß Gott jedem Menschen Freiheit schenkt. Inwieweit dieses Geschenk wirksam wird, hängt aber von dem Willen und der Klugheit der Menschen ab. Darum ist danach zu fragen, was wir unter Freiheit eigentlich verstehen.

d) Die erste Frage der o.a. Befragung (vgl. 16.2.1) gibt den Start zu einem offenen Unterrichtsgespräch: "Woran denken Sie, wenn Sie sagen: Ich bin frei?" Die Ordnung der Vorstellungen soll einen Überblick über die verschiedenen Aspekte geben; ihre Vielfalt läßt sich hier kaum anführen. Kritische Nachfragen seitens des Lehrers sind hier nicht angebracht; die Schüler sollen vielmehr ihre Standpunkte gegenseitig abklären. Es ist zu erwarten, daß die Jugendlichen die Notwendigkeit ihrer individuellen Freiheit mit großer Selbsverständlichkeit herausstreichen. Der Bezug zum Mitmenschen wird nicht eingebracht, um die Freiheitsideale der Jugendlichen offen zum Ausdruck kommen zu lassen. Wenn die Schüler darauf zu sprechen kommen, wird dieser Aspekt diskutiert unter der

Leitfrage: Bedeutet der Mitmensch für mich ein Gewinn oder eine Einschränkung meiner Freiheit? Hier tut sich in der Regel ein offenes Problem auf, weil es danach aussieht, als müßten verabsolutierende Tendenzen des Freiheitsideals aufgegeben werden, ohne daß die Jugendlichen bereits eine neue positive Perspektive haben. Die Akzentuierung des Mitmenschen, dem die Jugendlichen nicht nur gleiche Rechte zugestehen, sondern sich durchaus gesellschaftlich verbunden fühlen, drängt zu Entscheidungen über Ideal und Realität im Verständnis von Freiheit. Daß Freiheit relativ ist, ist dafür nur ein schmaler Erkenntnisgewinn, weil die Frage des Verlierens von Freiheit in seiner Folge für das Selbstbewußtsein damit nicht gelöst ist. An dieser Stelle hat die Beschäftigung mit 1 Kor 8 ihren Platz.

e) Die Textarbeit wird eingeleitet mit den notwendigen Informationen zur Konfliktsituation in Korinth: die religiöse Praxis, die Einstellung der Christen, die Schwierigkeiten der Christen bei der Teilnahme am öffentlichen Leben, die Auffassungen der Enthusiasten, die Situation der im Gewissen Unsicheren (vgl. 16.1). Die Schüler geben zunächst selbst eine Antwort auf das Problem: Darf sich ein Christ an den Feiern in den Göttertempeln beteiligen und dabei Opferfleisch verzehren bzw. solches Fleisch in den Markthallen kaufen? Die Schüler argumentieren in der Regel bejahend. Ihre Einstellung wird bekräftigt und argumentativ unterstützt, indem sie 1 Kor 8,4-6 lesen und interpretieren. (Leitfragen: Wie steht Paulus zum Freiheitsbewußtsein der Enthusiasten? Welche Begründung führt er dafür an?). Das Unterrichtsgespräch zieht Verbindungslinien zu o.a. Glaubensinhalten (vgl. c) und verdeutlicht, inwiefern es sich um eine berechtigte Freiheitsauffassung handelt. Das Ziel ist hier sehr wohl, die Vorstellungen der Schüler von Freiheit mit der christlichen Glaubensüberzeugung zu verknüpfen.

f) Ein Lernzuwachs im Sinne einer Horizonterweiterung wird angezielt, indem sich die Schüler mit der Entscheidung des Paulus auseinandersetzen. Sie analysieren 1 Kor 8, 7-13 unter folgenden Leitfragen, die zunächst nur den Textinhalt erheben:

- Welches Verhalten hält Paulus für angemessen?
- Womit begründet er seine Entscheidung?
- Was ist das entscheidende Motiv seines Handelns?

Ergebnis der Textarbeit in idealtypischer Form (vgl. 16.1):

Paulus ist dazu bereit, auf die Durchsetzung der Erkenntnis zu verzichten, wenn ein Mitmensch dadurch in Schwierigkeiten gerät. Der Verzicht hat keinen eigenen Stellenwert, sondern geschieht ausschließlich um des anderen willen, der in Gewissensnot gerät. Respekt vor und Solidarität mit den Schwachen sind für Paulus in Anbetracht der konkreten Situation, die der Schwache nicht beheben kann, geboten. Sie zählen mehr als die eigene Sachkenntnis. Das Motiv seiner Entscheidung formuliert er in V. 11: Der andere, der nicht die gleiche Erkenntnis hat, ist kein geringerer Mensch; man kann ihn nicht verachten. Er hat unendlichen Wert, weil Christus für ihn gestorben ist. Der Verzicht geschieht aus der Entscheidung für die Liebe Gottes, der alle Menschen ohne Unterschiede anerkennt und wertschätzt.

g) Die Textanalyse führt erst zum entscheidenden didaktischen Schritt. Es geht um das Gespräch über Sinn und Ziel des paulinischen Freiheitsmodells: Verzicht auf das Durchsetzen errungener Freiheit als Weg in die Freiheit. Einverständnis ist schwerlich zu erwarten, aber die neuen Perspektiven müssen mit den Schülern abgeklärt werden. Das Gespräch wird eingeleitet mit dem Impuls: Bedeutet eine solche Entscheidung ein »Weniger« oder ein »Mehr« an Freiheit? Im Verlauf des Gesprächs können auch die Vv. 1-3 als allgemeiner Deutehorizont eingebracht werden. Das Gespräch hebt nicht auf Rechthaben ab; denn Paulus drängt seine Entscheidung auch niemandem auf; sie kann nur aus dem Gewissen und aus der Besinnung auf die Motive des persönlichen Lebens kommen. Aber es geht darum, diese Denkweise angesichts der gegenwärtigen Freiheitstendenzen plausibel zu machen. Die Perspektive des paulinischen Modells läßt sich in folgendem Leitfaden formulieren, der sich die wesentlichen Kriterien vom Bibeltext selbst sagen läßt:

Durch die Vernunft gewinnt der Mensch Freiheit; er gewinnt Kräfte und Fähigkeiten, sich von den Zwängen der Wirklichkeit nicht mehr beherrschen zu lassen und immer mehr sein Selbst zu entfalten. Aber die Tendenz zur unbedingten Selbstbehauptung macht arrogant und überheblich, wenn sie wesentliche Elemente der Wirklichkeit mißachtet, vornehmlich den Mitmenschen in seinem Eigenwert und Gewissen. Freiheit ist auch Freiheit zu..., und zwar zur Verantwortung in der für den Menschen wesentlich notwendigen Solidarität. Ziel der Freiheit ist die Liebe, die dem anderen Menschen das Leben ermöglicht – selbstverständlich nicht gegen das eigene Lebensrecht. Der Nächste ist nicht die Grenze der individuellen Pläne, sondern gerade die Möglichkeit, die Freiheit in der Liebe als aufbauende Kraft der Solidarität zu verwirklichen. Das Sich-Los-Lassen ist ein Freiwerden vom Zwang der Selbstbehauptung oder ein Offenwerden für neue Möglichkeiten, die nur in der Solidarität, die aus der Freiheit kommt, zuwächst. Ich verliere nichts, wenn ich meine Ansprüche zurückstecke. Es ist ein Mehr an Freiheit, weil es eine Freiheit zur Liebe ist. Die Freiwilligkeit, von der Paulus ausgeht, ist unbedingt festzuhalten. Alle Freiheit bewährt sich in der Beziehung zu anderen und zur Gesellschaft, insofern sie als Freiheit in Liebe den anderen in die eigene Freiheit integriert.

h) Damit das Gespräch nicht bei theoretischen Zusammenhängen bleibt, setzen sich die Schüler mit einigen Situationen des Alltags auseinander, die eine analoge Struktur aufweisen wie das Problem in Korinth. Dabei geht es keinesfalls um eine moralische Anwendung, sondern um die kritische Einsicht in das eigene Handeln.
Impuls: "Es mag sein, daß Euch die Auffassung des Paulus überzogen erscheint. Ich bin überzeugt, daß Euch ein solches Verhalten in vielen Alltagssituationen selbstverständlich ist, und daß Ihr Euch dabei gar

nicht beeinträchtigt fühlt". Die Schüler nennen selbst Situationen, die der des Paulus ähnlich sind:

- Ein Gastschüler aus der Türkei lebt in einer deutschen Familie.
- Ein durch einen Verkehrsunfall querschnittgelähmter Jugendlicher ist Mitschüler in der Klasse.
- Rücksicht auf die Freundin bei gemeinsamen Unternehmungen.

Die Schüler besprechen in Gruppen die konkreten Probleme einer solchen Situation und ihr Handeln. Sie klären dabei die Frage: "Inwiefern sind Rücksichtnahme und Verzicht um des anderen willen konkrete Realisierung und keine Beeinträchtigung der eigenen Freiheit?" Eine besondere Gruppe geht der Frage nach: "Inwiefern sind die zahlreichen Initiativen zum Umweltschutz, die Verzicht verlangen (von der Spraydose bis zur Sperrung von Gebirgsregionen für den Tourismus), konkreter Ausdruck von Freiheit?" Auch wenn evtl. kein eindeutiges Einverständnis in der Sache erzielt wird, macht bereits die Auseinandersetzung selbst auf die verschiedenen Dimensionen des Problems aufmerksam.

Das Programm des Paulus ist anspruchsvoll und einfach zugleich. Es geht eigentlich um die selbstverständliche Wirklichkeit, daß Menschsein nur in einem Miteinander möglich ist, das die Personalität eines jeden achtet. Trotz aller Erkenntnisfortschritte vermögen wir die Güter des Lebens und der Welt nicht in den grundlegenden Bezügen zu sehen, die zu ihnen gehören. Die Neigung zur Selbstbehauptung legt sich immer dann nahe, wenn der Glaube an das Getragensein von der Liebe Gottes (1 Kor 8,3) schwindet. In Christus ist uns von Gott ein Weg eröffnet, der uns an die ursprüngliche Einheit in Freiheit erinnert, um uns neu auf den Weg zur Gemeinschaft aller zu machen.

Siebzehntes Kapitel

17.0 AUFBRUCH ZUR EINHEIT DER MENSCHEN (2 KOR 8)

Die Solidarität der Menschen, von der im vorangehenden Kapitel die Rede war, betrifft heute die internationalen Dimensionen unseres Alltagslebens. Die weltweite Verflechtung, die nur ein Unwissender und Tagträumer übersehen kann, läßt uns gegenüber Vorgängen in fernen Ländern nicht mehr gleichgültig sein. Es haben sich darum zahlreiche Organisationen gebildet, die dort mit materieller Hilfe den Notleidenden unter die Arme greifen oder gegen die Rechtlosigkeit von Menschen die Stimme erheben. Sie sind Schritte auf einem Weg, an dessen Ziel die Einheit der Menschen steht.

"Alle sollen eins sein" (Joh 17,21). Die Hoffnung auf Frieden und Einheit wurde immer wieder in der Menschheitsgeschichte zum Inbegriff der Zukunftserwartungen (vgl. Vergils 4. Ekloge, Immanuel Kants Schrift "Zum ewigen Frieden", Weltversammlung der Christen für Gerechtigkeit, Frieden und Bewahrung der Schöpfung). Trotz aller Skepsis gegenüber Entwürfen und Plänen des Weltfriedens hat sich angesichts der Bedrohung im Atomzeitalter die Überzeugung durchgesetzt, daß feindselige Spannungen dem Menschen schaden und bewußte Anstrengungen zur Erhaltung des Friedens unbedingt notwendig sind. Die wirtschaftliche Verflechtung muß auf das Bewußtsein hin erweitert werden, daß alle durch die Arbeit miteinander verbunden sind. Was die Einheit der Menschen sein könnte, weiß niemand zu sagen; wir sind noch viel zu sehr mit der Wahrung des Unterschiedlichen beschäftigt, als daß wir über den Tellerrand des Jeweiligen hinaus nach einer Form universalen Zusammenlebens ausschauen könnten. Möglicherweise könnte die Idee der Einheit selbst zu einer Utopie verfallen, die dann, wenn sie die Geschichtlichkeit zu überspringen versucht, gerade Spaltungen bewirkt. Es bleibt nur die Beharrlichkeit der kleinen Schritte, die sich zwar beim Rückfall in alte Feindseligkeit enttäuschen läßt, aber den Mut für den nächsten Schritt behält.

Ideen sind die Triebkraft des Handelns, kluges Handeln läßt sich mit Aufmerksamkeit und Sorgfalt auf die konkreten Bedingungen und Probleme ein, an denen die Realisierung der Ideen hängt. Frieden und Einheit gibt es nur durch Gerechtigkeit[1], d.h. indem unser Tun den beteiligten Menschen gerecht wird, gehen wir den Weg des Friedens. Über die Schritte dieses Programms immer wieder nachzudenken, ist eine unerläßliche Aufgabe auch für den Religionsunterricht. Bei diesem Thema können wir an den unterschiedlichsten Situationen und Problemen ansetzen, man würde nie fertig werden. Dieses Kapitel zeigt ein didakti-

---

[1] Vgl. Gerechtigkeit schafft Frieden. Wort der Deutschen Bischofskonferenz zum Frieden, hrsg. vom Sekretariat der Deutschen Bischofskonferenz, Bonn 1983, durchgängig.

sches Beispiel, wie mit einem Text der Korintherbriefe ein bedeutsames Moment christlicher Lebenspraxis im Unterricht erschlossen werden kann. Die historischen Vorgänge, die 2 Kor 8 bespricht, werden von Paulus so gedeutet, daß seine Darlegungen über die damaligen Zusammenhänge hinaus grundsätzliche Bedeutung erhalten. Die Arbeit beschränkt sich hier auf kurze didaktische Vorüberlegungen und die Skizze einer Unterrichtssequenz.

17.1 Didaktische Ansätze und Schwierigkeiten des Themas

Ein kurzer Überblick über mögliche didaktische Ansätze und Schwierigkeiten, die mit der Idee der Einheit der Menschen verbunden sind, soll zur unterrichtlichen Bearbeitung hinführen.

a) Bei Jugendlichen kann man mit einer gewissen Aufgeschlossenheit für das Thema rechnen. Die Offenheit für internationale Beziehungen ist unter ihnen ständig im Wachsen. Der breitgefächerte Tourismus und zahlreiche persönliche Kontakte ermöglichen es, sich mit dem Fremden vertraut zu machen (eine andere Sache ist freilich, ob dies auch wirklich geschieht). Solange es eine persönliche Bereicherung mit sich bringt, gibt es keine Probleme der Verständigung und der Solidarität. Schwieriger wird es dann, wenn diese Verbindungen etwas vom Eigenen herzugeben fordern. Aber auch dafür lassen sich die Jugendlichen gewinnen, wenn das Postulat der Solidarität ein Zugewinn an Menschlichkeit bedeutet.

b) Die Sorge für andere Völker setzt gutes Einvernehmen unter den Gebenden voraus. Paulus mußte erfahren, daß seine Bitte um die Kollekte für die Jerusalemer Gemeinde nicht vorankam, weil in der Gemeinde und im Verhältnis zu ihm Streit herrschte[2]. Wo die Menschen zu sehr von ihren eigenen Belangen beschlagnahmt sind, existieren Barrieren gegenüber anderen. Selbstbehauptung verhindert Offenheit. Diese Konflikte muß man sehen, wenn man auf die Einheit der Menschen hinarbeitet.

c) Der Friede ist eine grundlegende Kategorie der christlichen Heilsbotschaft (Eph 6,15; vgl. 1 Kor 14,33). Er ist die vordringlichste Aufgabe der Christen, weil er das Wesen des Heilswerks Christi selbst ausmacht (vgl. Eph 2,11-18; Kol 1,19f.). Das Ziel des Friedens ist die Einheit der Menschen untereinander und mit Gott. Die erste große Bewährungsprobe bestand für die Kirche in der Frage der Gemeinschaft von Judenchristen und Heidenchristen in der einen Glaubensgemeinschaft. Auf diesem Hintergrund dürfte auch die ganze Kollekte für Jerusalem zu verstehen sein. Denn Einheit wächst nicht von selbst, sondern durch Taten der Fürsorge.

---

2 Vgl H.-J. Klauck, 2. Korintherbrief (NEB 8), Würzburg 1986, 66; F. Lang, Die Briefe an die Korinther (NTD 7), Göttingen 1986, 320.

d) Jede Idee verdunstet, wenn keine konkreten Handlungen erfolgen. Paulus ist ein Mann der Tat, auch wenn wir ihn als einen Mann des geschriebenen Wortes kennenlernen. Das gescheite Reden hat für ihn weniger Bedeutung als die Belange der Praxis. Darum geht er an das Werk der Einheit, als sich in der Notsituation der Jerusalemer Gemeinde ein notwendiger Angriffspunkt bot. Das Wie der Einheit beschäftigt ihn so intensiv, daß er jeden einzelnen Schritt, der zum Gelingen der Kollekte beiträgt, bedenkt. Dabei ist er kein Funktionalist, sondern alle Schritte haben für ihn eine theologische Bedeutung. Um die Korinther für dieses Werk zu gewinnen, entfaltet er in 2 Kor 8 und 9 die anstehenden Probleme auf der Ebene der religiösen Orientierung. Er spricht sie bei ihren eigenen Charismen an und ermuntert sie zu engagierter Praxis (2 Kor 8,7). "Die charismatische Begnadung und das Geschenk vollzogener Versöhnung (sc. der Gemeinde mit Paulus) verlangen gebieterisch danach, in tätige Liebeserweise umgesetzt zu werden"[3].
e) Vom Eigenen etwas abzugeben, fällt in der Wechselseitigkeit nicht nur leichter, sondern bringt dadurch auch Bereicherung. Paulus hat darauf acht, daß alles im rechten Lot bleibt. Die Werke der Nächstenliebe sollen niemanden zugunsten anderer auszehren (was sich wohl materiell wie seelisch verstehen läßt). Es geht vielmehr um einen "Ausgleich" (2 Kor 8,13). Die Gegengabe vergilt nicht Gleiches mit Gleichem, aber es ist gewiß, daß der Geber, der sich für den anderen öffnet, auch etwas empfängt.
f) Jugendliche erheben oft den Einwand, die Leute würden mit den Spenden nur ihr Gewissen beruhigen. Das scheint ein altes Problem zu sein. Paulus ist es wichtig zu betonen, daß jede Hilfe für andere "freiwillig und von Herzen kommen" soll, "nur so ist sie Wirkung der Gnade"[4]. Selbstverständlich kann niemand darüber urteilen. Das Anliegen der Echtheit ist immer berechtigt, darf aber nicht Anlaß zur Verurteilung anderer sein. Solange die Gabe keine Abhängigkeiten schafft, ist die tatsächliche Gabe, die anderen aufhilft, gewichtiger als der Beruhigungsmechanismus. Von Echtheit kann man erst dann sprechen, wenn nicht die Spende und ihre Wirkung im Vordergrund steht, sondern das Suchen des Gemeinsamen, das Interesse an der Solidarität mit Fremden, das gegenseitige Geben und Nehmen und das Voneinander-Lernen über die sozialen, nationalen und religiösen Grenzen hinweg. Die »Fernstenliebe« ist auch nur dann glaubwürdig, wenn sie »vor Ort« praktiziert wird, z.B. in der Integration von Menschen anderer Völker und anderer sozialer Herkunft (Ausländer, Asylanten, Aussiedler) in unseren nächsten Lebensbereich. Theologie und Religionspädagogik sind erst dabei zu entdecken, daß die Brüderlichkeit und die Hilfe für das gelingende Leben von Mitmenschen eine zentrale Funktion für christliche Religio-

[3] H.-J. Klauck, 2. Korintherbrief, 68.
[4] F. Lang, Die Briefe an die Korinther, 319.

sität und religiöses Lernen haben. Der folgende Unterrichtsentwurf bezieht sich zwar auf Probleme in unserem Verhältnis zur Dritten Welt, aber noch mehr wird zu fragen sein, was die Jugendlichen an der sozialen Praxis der Pfarrgemeinden entdecken können und was dort ausgeblendet wird (z.B. Kontakt mit nichtchristlichen Ausländern). Wie Diakonie und religiöses Lernen miteinander zu verknüpfen wären, ist eine aktuelle Frage der Religionspädagogik[5]; sie muß hier jedoch ausgespart werden.

g) Das Thema ist Anlaß, die diakonische Praxis der Kirche in weltweiten oder näheren Dimensionen anzusprechen und zu diskutieren. Dabei kommt es weniger auf die Darstellung der Leistungen als auf die Motive und Ziele an. Die Aktion Misereor, die seit 1959 besteht, hat im Jahre 1989 das Leitwort "Solidarisch in der Einen Welt"[6]. Die Unterstützung der Entwicklungsarbeit in der Dritten Welt hat ihr Motiv in der Solidarität aus Freiheit. "Die Freiheit, »zu der Christus uns befreit hat« (vgl. Gal 5,1), spornt an, uns zu Dienern aller zu bekehren. So konkretisiert sich der Weg der Entwicklung und der Befreiung in der Übung von Solidarität oder in Taten der Liebe und des Dienstes am Nächsten, besonders an den Ärmsten"[7]. Misereor ruft zum Verzicht auf die private Nutzung eines Einkommensteils auf, der in einen gemeinsamen Fonds eingebracht für die Überwindung des sozialen Elends in den Entwicklungsländern verwendet werden soll. Dieses Engagement soll zugleich das Unrecht aufdecken und die Mächtigen zur Veränderung der sozialen Verhältnisse im Gewissen veranlassen. Damit verbindet sich auch die Änderung des Lebensstils in einer Gesellschaft, die den Überfluß zur Genüge kennt und leicht davon zugunsten Armer abgeben kann. Der Einsatz für das Wohl aller im Sinn der Prinzipien der Solidarität und des Gemeinwohls ist ein fester Bestandteil der christlichen Lebensform[8]. Die Argumentation des Paulus in 2 Kor 8 und 9 bildet in mancher Hinsicht einen praxisnahen Leitfaden für die Klärung sozialethischer Probleme, besonders in der Beziehung der Ersten und Zweiten zur Dritten Welt[9].

h) Der Blick auf die Glaubenspraxis nötigt auch zur Erinnerung der Kirchengeschichte. Es gilt danach zu fragen, wie die Glaubenden den An-

---

5 Vgl. Diakoniekatechese (Themaheft), in: Lebendige Katechese 7 (1985) 1-90: H.-G. Heimbrock, Pädagogische Diakonie, in: W. Böcker u.a. (Hrsg.), Handbuch religiöser Erziehung II, Düsseldorf 1987, 428-438; W. Fleckenstein, Außenseiter als Thema und Realität des katholischen Religionsunterrichts (Studien zur Theologie 4), Würzburg 1989, 562-582.

6 Vgl. Der Weg entsteht beim Gehen / Lernen für die eine Welt, 2 Bde. hrsg. von Misereor, Aachen 1989.

7 Johannes Paul II., Enzyklika Sollicitudo rei socialis (Nr. 46), hrsg. vom Sekretariat der Deutschen Bischofskonferenz, Bonn 1987, 57.

8 Ebd., 12 (Nr. 9). 37F. (Nr. 32). 45-47 (Nr. 38)

9 In der o.a. jüngsten Sozialenzyklika finden sich keinerlei Bezüge auf diese Textstellen, obwohl es die Gewohnheit von Papst Johannes Paul II. ist, die Bibel ausgiebig zu zitieren.

spruch des Wortes Gottes gesehen und in der Erinnerung an Kreuz und Auferstehung Jesu Christi den Glauben gelebt haben. Die Schüler sollen verstehen, wie sich die Antwort der Christen im Zusammenhang der jeweiligen geschichtlichen Situation bewährt hat oder gescheitert ist. Gerade die Vorwürfe Jugendlicher gegen die Kirche, bei denen sie stets auf Ereignisse der Unterdrückung durch Christen in der Geschichte verweisen, machen eine historische Aufarbeitung notwendig. Der Glaube gebietet es, die Verflochtenheit der Kirche in die geschichtlichen Ereignisse in aller Offenheit einzugestehen und sich zu geschehener Schuld zu bekennen. Im Religionsunterricht darf die Negativ-Seite der Kirchengeschichte weder ausgeklammert noch frisiert werden. Die eigentlichen Schwierigkeiten entstehen dann, wenn die Jugendlichen erst aus der Tendenzliteratur von Fehlern und inhumanen Entscheidungen in der Kirchengeschichte Kenntnis bekommen. Die Erfahrung eines Schülers, daß sich eine Autorität (hier: Kirche) Mitschuld eingesteht, gehört zu den hilfreichen Lernerfahrungen. Es empfiehlt sich darum, die Thematik des diakonischen Dienstes der Kirche mit einem Rückblick auf frühere Aktivitäten von Christen in der Dritten Welt (z.B. Mittel- und Südamerika) zu verknüpfen. Die didaktische Auslegung von 2 Kor 8 kann nicht alle Aspekte und Probleme des Themas der Einheit der Menschen bearbeiten. Neben den aufgezeigten Ansätzen und Schwierigkeiten sind durchaus auch andere denkbar. Die folgende Unterichtssequenz zeigt darum nur einen möglichen Weg, wie die Kollektenfrage des 2. Korintherbriefes in einem gegenwärtigen didaktischen Zusammenhang entfaltet werden kann.

17.2 Darstellung der Unterrichtssequenz

Die Beschäftigung mit 2 Kor 8 steht in dieser sechsstündigen Unterrichtssequenz im Kontext der kirchlichen Diakonie, die exemplarisch am Engagement der Kirche in Südamerika entfaltet wird. Dabei kommen neben den biblischen Aspekten auch kirchenhistorische und systematische Probleme zur Sprache.

a) Der Unterricht beginnt mit der Aufzählung der großen Hilfswerke der Kirche und der Charakteristik ihrer jeweiligen Zielsetzung: Missio, Misereor, Adveniat, Caritas, Aussätzigenhilfswerk u.a. Als Impuls wird den Schülern das jeweilige Jahresplakat einer dieser Organisationen vorgelegt. Die Schüler äußern dabei ihr Verständnis dieser Arbeit und evtl. ihre Kritik. Das Gespräch mündet in zwei Fragen: Wie notwendig sind die Hilfswerke für das Selbstverständnis der Kirche? Worin besteht ihre Funktion? Die Schüler besprechen diese Fragen zunächst aus ihrem Kirchenverständnis heraus und erkunden die Möglichkeiten und Grenzen der Hilfswerke. An dieser Stelle ist es auch möglich, ihnen konkretes Informationsmaterial der Hilfswerke, z.B. Misereor, auszuhändigen, um deren Zielsetzung direkt zu erfragen[10].

b) Es handelt sich hier um eine alte Praxis der Kirche. Wie wird sie verstanden? Dazu betrachten wir eine konkrete Problemsituation der frühen Kirche und ihre Praxis. In einer kurzen Schilderung[11] entfaltet der Lehrer den historischen Kontext der Kollekte, die Paulus in 1 Kor 16,1 und 2 Kor 8-9 thematisiert. Zwischen 46 und 48 n. Chr. gab es in Palästina eine große Hungersnot. Besonders schlimm war für die Menschen der Getreidemangel, der zu einer Rekordhöhe des Weizenpreises führte. Im Jahr 47 gab es eine schlechte Ernte, und das Jahr 48 war ein Sabbatjahr, in dem die Bestellung der Felder und die Ernte ruhten. Diese ökonomische Krise hatte katastrophale Auswirkungen für viele Jahre (vgl. Josephus, Antiquitates 20,101). In Antiochia war zuerst die Idee aufgetreten (vgl. Apg 11,27-30): Jeder gab das, was er vermochte, für die Christen und ihre Familien in Judäa. Die Ältesten der Gemeinde organisierten die Hilfe und bestimmten Barnabas und Paulus als Überbringer der Spenden. Die antiochenische Gemeinde bestand zu einem großen Teil aus Heidenchristen. Durch die solidarische Hilfe wollten sie ihre Gemeinschaft mit der judenchristlichen Mutterkirche in Judäa unterstreichen und vertiefen. Auf dem Apostelkonzil 49 n. Chr. in Jerusalem wurde diese Hilfsaktion als Bitte an alle Gemeinden beschlossen (vgl. Apg 24,17). Paulus hat diese Praxis in allen christlichen Gemeinden propagiert, auch in Korinth. Dort hat man sich aber wegen der zahlreichen Konflikte mit Paulus und der Bestreitung seines Apostelamtes nicht recht animieren lassen. Für Paulus war die Kollekte jedoch eine große Herzenssache. Deshalb versuchte er, die Korinther dafür zu gewinnen, daß sie die angefangene Kollekte auch zu Ende führten, damit er der Jerusalemer Gemeinde die Spenden überbringen könnte. Wie deutet er ihnen diese Praxis?

c) Nach der Lektüre von 2 Kor 8 äußern die Schüler zunächst bemerkenswerte Beobachtungen an den Worten des Paulus. Darauf folgt die Textanalyse in arbeitsteiliger Partnerarbeit:

- Womit versucht Paulus die Korinther zu motivieren? (Vv. 1-6)
- Worauf verweist er die Korinther, die auf ihre Geistesgaben und ihre Religiosität so stolz sind? (Vv. 7-9)
- Wie versteht Paulus die Kollekte? (Vv. 10-15)
- Welches Problem steht an? Welche Lösung schlägt Paulus vor? (Vv. 16-24)

d) Bevor die Schüler die Arbeitsergebnisse zusammenstellen, charakte-

---

10 Kurzgefaßte Informationen: "Diakonie, kirchliche" und "Kirchliche Hilfswerke", in: U. Ruh/D. Seeber/R. Walter (Hrsg.), Handwörterbuch religiöser Gegenwartsfragen, Freiburg 1986, 79-83.212-218.

11 Vgl. E. Haenchen, Die Apostelgeschichte (KEK 3), Göttingen [6]1968, 55f.; H. Conzelmann, Geschichte des Urchristentums, Göttingen [4]1978, 71f.; G. Lüdemann, Paulus, der Heidenapostel, Bd. I: Studien zur Chronologie, Göttingen 1980, 110-136; J. Eckert, Die Kollekte des Paulus für Jerusalem, in: P.-G. Müller/W. Stenger (Hrsg.), Kontinuität und Einheit (FS Franz Mußner), Freiburg 1981, 65-80.

risiert die Klasse den Kommunikationsstil des Paulus. Zwischen der Gemeinde in Korinth und Paulus hatte es große Konflikte gegeben; man wollte ihn nicht als Apostel anerkennen. Dieser Streit hat tiefe Wunden in die Gemeinschaft gerissen. Aber sie haben sich versöhnt. So kann Paulus wieder seine Herzenssache vorbringen. Frage: Was fällt Ihnen am Umgangsstil des Paulus auf? Paulus gibt sich konziliant, er spricht sehr bedächtig, redet ihnen gut zu; er versucht die Sache ruhig zu begründen.

e) Dann entwickeln die Schüler die Ergebnisse ihrer Textanalyse[12]:

- Paulus versucht die Korinther in folgender Weise zu motivieren: Er verweist sie auf die Leute von Mazedonien. Ohne drängendes Zureden haben jene freiwillig gespendet. Das könnt ihr auch! Ihre Gabe war überreich; sie spendeten über ihre Verhältnisse. Ihre großzügige Spende machte die eigene Armut vergessen. Die Freigebigkeit der Mazedonier ist ein Gnadengeschenk: sie erfahren Gnade durch das Hergeben ihres Besitzes; ihre wachsende Freude ermöglichte die reiche Gabe. Ihre Spende ist Ausdruck der Selbsthingabe im brüderlichen Dienst für Christus und für Paulus; dadurch versteht sie Paulus auch als wirkliche Versöhnung.
- Das eigentliche Kriterium des Gläubigseins besteht in der Liebe. Geistesgaben verlangen nach Realisierung in tätiger Liebe (vgl. 1 Kor 13). Die Liebe muß sich als echt erweisen, indem wir andere reich machen. Den Weg dorthin hat uns Christus vorgezeichnet (vgl. Phil 2,6-11): Seine Menschwerdung und sein Kreuzestod bedeuten für die Korinther Gnade und Erlösung. Darin hat er uns reich gemacht, indem er selbst arm wurde. So machen auch sie andere reich, indem sie durch das Hergeben von Geld ärmer werden. Aber Paulus befiehlt die Spende nicht, vielmehr sollen die Korinther aus dieser Besinnung Motive für ihr Handeln gewinnen. Auch wenn wir bei den Begriffen "reich" und "arm" ausschließlich ans Geld denken, versteht Paulus den gesamten Vorgang der Kollekte viel umfassender. Das gegebene und empfangene Geld ist zwar notwendiges Hilfsmittel, aber zugleich Symbol der Solidarität.
- Ist ihre Spende aber reiner Altruismus? Am eigenen Entschluß der Korinther liegt Paulus alles. Das betrifft auch den Umfang der Gabe: Jeder gibt je nach seinem Besitz; keiner soll deshalb in Not geraten. Sie sollen überlegt vorgehen, d.h. immer wieder etwas zurücklegen. Das Maß der Spende geht vom Gedanken des Ausgleichs aus. Es geht gewissermaßen um den Mittelwert zwischen Überfluß und Mangel, und es kommt auch etwas zurück: die Freude der Jerusalemer, ihr Dank und ihr Gebet. Daraus entsteht durch das wechselseitige Geben und Nehmen je nach Vermögen eine Einheit unter den Menschen, die einander persönlich fremd sind.
- Der Ablauf der Kollekte muß sorgfältig geregelt werden: Nach dem jüdischen Zeugen- und Botenrecht kann die Spende nicht einer Person allein anvertraut werden, vielmehr sollen Titus und zwei Begleiter die Kollekte überbringen - also auch andere Leute als der Apostel. In Geldangelegenheiten gibt es immer Mißtrauen (was geschieht mit unserem Geld?); das ist heute noch genauso. Es braucht also Fingerspitzengefühl, um das Vertrauen nicht zu zerstören. Paulus stiftet Vertrauen, indem er die Überbringer als "Abglanz Christi" empfiehlt; sie spiegeln in der Sorgfalt ihrer Botentätigkeit die Liebe Christi und der Gemeinde wider.

---

[12] Vgl. H.-J. Klauck, 2. Korintherbrief, 66-72; F. Lang, Die Briefe an die Korinther, 316-322.

f) Das Gespräch entfaltet alsdann die Bedeutung der Paulusworte für heute. Dabei werden besonders folgende Stichworte genauer bedacht: Ausgleich – Vertrauensfrage – Einheit über die nationalen Grenzen hinweg – Freude durch das Weggeben.

g) Die Intention von 2 Kor 8 gilt für die Kirche heute noch ebenso, besonders im Verhältnis der Kirchen Europas zu den Menschen der Dritten Welt. Durch die Geschichte sind wir mit einigen Völkern in enger Weise verbunden, auch wenn wir dies verdrängt haben. Dieser Geschichte sollten wir näher nachgehen und von da aus fragen, welche Aufgabe die Kirche heute hat.

Der Unterricht beschränkt sich auf das Beispiel Peru; dieses Land war Adressat der Misereor-Kollekte von 1986. Dort leben Menschen, in deren Geschichte und Leidenswege die Europäer tief verflochten sind – bis heute. In Peru geht es um eine große Schar verarmter und verelendeter Menschen, aber auch um die Unterdrückung der indianischen Kultur. Wie ist es dazu gekommen? Wie kann es weitergehen? Um das Problem sachgerecht zu klären, ist ein Rückblick in die Geschichte der Kolonisation und der folgenden Jahrhunderte notwendig. Arbeitsunterlagen für den Unterricht über die Entwicklung Perus sind ausgewählte Abschnitte aus Arbeitsheften von Misereor[13]. Der Unterricht beschränkt sich auf folgende Themen:

– Das Inka-Reich.
– Die Eroberung durch Pizarro und ihre Folgen.
– Die Ausbeutung in den Silberbergwerken von Potosi.
– Das Leben und die Religiosität der Indios (besonders die Bedeutung des Kreuzes).
– Die Rolle der Kirche in Peru damals und heute (besonders die Bedeutung von Bartolome de las Casas).
– Die Auswirkungen des Rollenwechsels auf die Indios: Basisgemeinschaften und Rolle des Glaubens.
– Das Engagement von Misereor im Lichte von 2 Kor 8.

h) Die Unterrichtssequenz schließt mit der Informaton über die Befreiungstheologie und mit der kritischen Auseinandersetzung über ihre wesentlichen Streitpunkte. Die "Option für die Armen" ermöglicht nochmals einen Bezug zu 2 Kor 8. Eine kurze Darstellung über die Ziele, die Methode und die Streitpunkte der Befreiungstheologie genügt[14]. Zur Kritik sollten auch Abschnitte aus der "Instruktion der Kongregation für die Glaubenslehre über die christliche Freiheit und die Befreiung"[15] herangezogen werden.

---

[13] Misereor (Hrsg.), Indios in den Anden. Leidenswege - Hoffnungswege, Aachen 1986; dass. (Hrsg.), Indios im Hochland von Peru und Bolivien. Lehrerheft, Aachen 1986 (dazu Folien und Dias); dass. (Hrsg.), Bolivien und Peru. Wege in die Verarmung, Aachen 1987.

[14] Arbeitsunterlage: H. Goldstein, Befreiungstheologie, in: U. Ruh/D. Seeber/R. Walter (Hrsg.), Handwörterbuch religiöser Gegenwartsfragen, 43-47; vgl. auch K. Lehmann u.a., Theologie der Befreiung, Einsiedeln 1977.

[15] Hrsg. vom Sekretariat der Deutschen Bischofskonferenz, Bonn 1986, besonders Nr. 66-70.75-79.

SECHSTER HAUPTABSCHNITT

Verheißung der Auferstehung: verwandelnde Kraft (1 Kor 15)

Der Religionsunterricht steht mit dem Thema »Auferstehung der Toten» in der gymnasialen Oberstufe vor einem nahezu unlösbaren Dilemma: Die Hoffnung auf die Auferstehung der Toten gehört zur Mitte der christlichen Verkündigung; sie hängt mit dem Christusglauben eng zusammen (1 Kor 15,14ff.). Deshalb bleibt sie ein entscheidender Inhalt des Religionsunterrichts. – Dem aufgeklärten Bewußtsein des modernen Menschen ist diese Botschaft aber kaum plausibel zu machen; sie spricht von einer Wirklichkeit, die sich auf dem Weg der Vernunft nicht ergründen läßt. An der Unvereinbarkeit des Auferstehungsglauben mit der modernen Weltsicht[1] gibt es nichts abzustreiten. Das Gespräch mit Schülern eines 13. Schuljahres hat gezeigt, daß die Hindernisse größer sind als die Zugänge (vgl. 5.2 und 7.3). In der Unterrichtspraxis begegnen wir immer wieder großen Widerständen im Verstehen, selbst wenn der Auferstehungsglaube intellektuell redlich entfaltet wird. Dieses Problem bestand auch schon bei den auf Vernunftgründe bauenden Griechen, wie nach der Apostelgeschichte die Dispute des Paulus in Athen (Apg 17,16-34) und das Auferstehungskapitel des 1. Korintherbriefes zeigen. Die Analyse des Schülergesprächs ließ zwar ein beträchtliches Hoffnungspotential bei den Jugendlichen hervortreten, aber einerseits galt ihr Interesse – soweit vorhanden – weniger dem Auferstehungsgedanken als dem Weiterleben nach dem Tod, andererseits waren alle Beiträge dem religionskritischen Verdacht der Projektion unerfüllter Wünsche und der egoistischen Illusion ausgesetzt (vgl. 7.2-3).
Die Feststellung von Hans Kessler hat sicher vieles für sich: "Der argumentative Disput (auf der prinzipiell-anthropologischen wie auf der kontingent-geschichtlichen Ebene) bringt kaum jemanden zum Glauben"[2]. Dennoch sollte uns der Tatbestand zu denken geben, wieviel Argumentationskraft Paulus in 1 Kor 15 aufwendet. Kein Thema der zwei Korintherbriefe ist so breit entfaltet wie die Auferstehungsbotschaft: 58 Verse! Wenn es nur eine Glaubenssache wäre, warum unternimmt er so viele Anläufe in so weitgespannten Gedankengängen, um den Inhalt der Botschaft auszulegen? Ist das nicht ein Hinweis darauf, daß sich auch die Religionsdidaktik nicht damit begnügen kann, den Schülern lediglich den Aussagegehalt des Bekenntnisses aufzuschließen? Kann man nicht 1 Kor 15 als einen hermeneutischen Versuch des Paulus be-

[1] Vgl. H. Kessler, Sucht den Lebenden nicht bei den Toten. Die Auferstehung Jesu Christi in biblischer, fundamentaltheologischer und systematischer Sicht, Düsseldorf 1985, 27-30.160.
[2] H. Kessler, Sucht den Lebenden nicht bei den Toten, 264.

zeichnen, die Lebensentwürfe der Korinther immer wieder mit dem Sinngehalt des Evangeliums von der Auferstehung Christi zu konfrontieren und daraufhin zu integrieren, obwohl die Botschaft nicht akzeptiert wird? Das Evangelium ist "Angebot und Zumutung"[3] zugleich; sein Doppelcharakter läßt sich nicht aufheben. Die Evangelisierung der Welt geht jedoch allemal mit der Aufgabe einher, eine Verbindung des Evangeliums mit der geistigen Einstellung und der Situation der Adressaten herzustellen[4]; so tut es auch Paulus in 1 Kor 15. Eine korrelativ angelegte Bibeldidaktik (vgl. 4. Hauptabschnitt) stößt bei diesem Thema an Grenzen. Das bedeutet jedoch nicht, daß die Religionsdidaktik den Erfahrungsbezug aufgeben müßte. Es kommt vielmehr darauf an, die nicht auszugleichende Spannung zwischen Glauben, gegenwärtiger Mentalität und dem Denken der Schüler auf ihre gemeinsame Fragestellung abzuhören. Die Zu-mutung der Auferstehungsbotschaft wird dabei nicht erledigt. Aber von ihrem Gehalt, der die Kategorien der Vernunft übersteigt, kann "vernünftige Verantwortung"[5] Rechenschaft ablegen. Jedenfalls stellt dieser Hauptabschnitt den Versuch dar, den entscheidenden Verkündigunginhalt des Apostels Paulus von 1 Kor 15 im Erfahrungshorizont der Schüler didaktisch neu zu erschließen.

Im ersten Schritt gehen wir der Frage nach, welche Lebensperspektiven Paulus den Korinthern mit der Botschaft von der Auferstehung der Toten in 1 Kor 15 aufweisen wollte (18. Kapitel); dazu gilt es, die Glaubenserfahrung, von der der Bibeltext spricht, im Horizont der Situation der Korinther wahrzunehmen (vgl. 12.2 und 12.4.2). Mit den Argumentationsgängen des Paulus müssen wir uns befassen, weil didaktische Materialien zur Auferstehungsthematik selten (ausgenommen der Weizenkornvergleich in V. 36f.) über das Bekenntnis in Vv. 3b-5 hinauskommen; die Perspektiven der paulinischen Verkündigung wurden in der Religionsdidaktik so gut wie gar nicht aufgearbeitet. – Die Reflexion der heutigen Erfahrungswelt (19. Kapitel) fragt im zweiten Schritt nach den Sinnkategorien, in denen die Auferstehungsbotschaft Bedeutung gewinnen kann und woraufhin sie den Sinn der Jugendlichen lenkt (vgl. 12.3 und 12.4.3). – Der dritte Schritt (20. Kapitel) entwirft schließlich einen konkreten Unterrichtsweg, der das Spannungsgefüge zwischen Schüler und Botschaft ausfaltet und Verständnisansätze eröffnet. Es kann nicht genügend betont werden, daß die Durcharbeitung dieses Themas kein volles Einverständnis der Schüler erreichen kann. Da aber das korrelati-

---

3 P. Neuenzeit, Zur Gegenwärtigkeit des Evangeliums, in; B. Jendorff/ G. Schmalenberg (Hrsg.), Evangelium Jesu Christi heute verkündigen (FS Cornelius P. Mayer), Gießen 1989, 47-60, hier 48.

4 Vgl. Dekret über das Apostolat der Laien (Nr. 18), in: Lexikon für Theologie und Kirche. Das Zweite Vatikanische Konzil, Bd. II, Freiburg 1967, 585-701, hier 665; P. Neuenzeit, Zur Gegenwärtigkeit des Evangeliums, 58.

5 H. Kessler, Sucht den Lebenden nicht bei den Toten, 264.

ve Modell der Bibeldidaktik gerade die Wechselbeziehung von Botschaft und Erfahrung der Schüler intendiert, bedarf es im Kontext dieses Themas einer erneuten Prüfung des didaktischen Ansatzes (20.2).

Achtzehntes Kapitel

18.0 DIE LEBENSPERSPEKTIVEN DES GLAUBENS AN DIE AUFERSTEHUNG DER TOTEN.

Paulus ist in seinem Denken und Verkündigen ganz davon bestimmt, daß die überlieferte Wahrheit von Jesus Christus in der tatsächlichen Lebenspraxis und im wirklichen Lebensverständnis der Gemeinde Gestalt erhält[6]. Es kennzeichnet seine spezifische Hermeneutik, daß er die entscheidenden Glaubensinhalte nicht als Lehrsätze tradiert, sondern ihre Bedeutung im Erfahrungshorizont der Gemeinde entfaltet und damit neue Lebensperspektiven gewinnt. Obwohl man sagen kann, daß der Glaube an die Auferstehung "der verborgene Schlüssel zum ganzen Brief"[7] ist und alle Themen seiner Korrespondenz durchdringt, wird er ausdrücklich erst in 1 Kor 15 thematisiert.

Das 15. Kapitel stellt eine eigenständige thematische Einheit dar. Auch wenn in 1 Kor 6,14 bereits von der Auferstehung die Rede ist, erfolgt eine Explikation des Themas in ausdrücklicher Weise erst hier. Gliederungssignale und die Art der paulinischen Argumentation zum gleichen Thema in 1 Thess 4,13ff. lassen auf einen thematischen Neuansatz schließen; unmittelbare Bezüge auf andere Briefabschnitte sind nicht erkennbar[8]. Paulus entfaltet die Verkündigung von der Auferstehung der Toten, die sich offenbar in der Gemeinde von Korinth als Problem aufgetan hat. Obwohl sich der genaue Entstehungszusammenhang nicht mehr eruieren läßt, ist am Gedankengang und am Aufbau des Briefabschnittes erkennbar, daß sich Paulus mit Vorstellungen und Behauptungen von Gemeindemitgliedern auseinandersetzt, die ihm durch mündliche Informationen bekannt geworden sind.

18.1 Die Bestreitung der Totenauferstehung in Korinth

Bevor wir den paulinischen Argumentationsgang zu rekonstruieren versuchen, ist zuerst das grundsätzliche exegetische Problem der gegnerischen Position in der Gemeinde zu klären. Im Abschnitt über das Herrenmahl ging Paulus ein Problem an, das sich durch die Praxis der Ge-

[6] Vgl. J.C. Beker, Der Sieg Gottes. Eine Untersuchung zur Struktur des paulinischen Denkens (SBS 132), Stuttgart 1988, 23f.43.103.
[7] Ebd., 66.
[8] Vgl. B. Spörlein, Die Leugnung der Auferstehung. Eine historisch-kritische Untersuchung zu 1 Kor 15 (BU 7), Regensburg 1971, 20f.; G. Sellin, Der Streit um die Auferstehung der Toten. Eine religionsgeschichtliche und exegetische Untersuchung von 1 Korinther 15 (FRLANT 138), Göttingen 1986.

meinde stellte. Eine Fehlentwicklung scheint sich ihm auch bezüglich des Inhalts im Glauben an die Auferstehung aufzutun. Dieses Problem rührt an die Grundfesten nicht nur seiner Verkündigung, sondern des Glaubens und des christlichen Sinnverständnisses überhaupt. Wiederum stellte eine Parole den Ansatzpunkt seiner Argumentation dar: Eine Auferstehung der Toten gibt es nicht (V. 12). Paulus merkte, daß mit einer solchen These die Verkündigung des Evangeliums bis ins Mark getroffen ist (V. 13). Deshalb sah er sich zu einer gründlichen Klärung des Glaubensinhalts veranlaßt.

Paulus griff nicht den gesamten Gedankengang der Leugner der Auferstehung auf und legte auch nicht ihren Standpunkt im einzelnen dar, sondern zitierte nur eine Parole, von der man nicht einmal weiß, ob sie so auch gebraucht wurde. Infolgedessen ist auch die Frage nur schwer eindeutig zu beantworten, welche Position die einflußreiche Gruppe in Korinth eigentlich eingenommen hat. Auf die einzelnen Argumente der Exegese kann in dieser Arbeit nicht kritisch eingegangen werden. Am ehesten läßt sich mit folgender Antwort auf die Frage nach der Position der korinthischen Gegner weiterarbeiten.

a) In Anbetracht der Sorgfalt und Gründlichkeit des Apostels, die er bei anderen Fragestellungen an den Tag legt, ist die Annahme eines Mißverständnisses schwer zu vertreten. Eher kann man wohl davon ausgehen, daß die Gemeindegruppe die Verkündigung von der Auferstehung mit Auffassungen vermischte, die sie bisher schon hatten, und die in der griechischen Geisteswelt ihrer Zeit in popularisierter Form vertreten wurden. Dazu gehören sicher Auffassungen gnostischer Art, die sich in dieser Zeit erst entwickelten und in Korinth auch bei anderen Situationen des Gemeindelebens[9] wirksam wurden: die Vorstellung der bereits im Pneuma erfolgten Auferstehung.

Die Korinther betrachten das Heils als "die endgültige Errettung vom Leiblichen und von den Verwicklungen in eine bedeutungslos gewordene Welt"[10]. Durch Taufe und Herrenmahl sehen sie sich der Auferstehung Christi bereits teilhaftig; für sie als "geistliche Elite" war das Heil bereits eine gegenwärtige Realität, die alles andere hinter sich und die Zukunft geklärt erscheinen ließ. Die Vorstellung einer Totenauferstehung erschien ihnen daher "nicht nur ekelhaft, weil der Leib das Heil behindert, sondern auch überflüssig und unnötig, da schon die geistliche Gemeinschaft mit Christus die Erlösung unseres eigenen Selbst bewirkt". Für solches Gedankengut gab es in Korinth einen "guten Nährboden"[11]:

[9] Auf dieser Linie lagen auch der unbedingte Freiheitsanspruch (1 Kor 8), das libertinistische Handeln (6,12ff.; 10,23ff.), die Rücksichtslosigkeit gegenüber den sog. Schwachen (11,17ff.), die Überschätzung der Geistesgaben (1 Kor 12) und der "Sakramentsrealismus, der vollkommene Erlösung schon darin erfolgt sieht, daß mit der Taufe ein himmlischer Geistleib vermittelt und der irdische Leib zur wesenlosen Hülle degradiert wurde" (E. Käsemann, Exegetische Versuche und Besinnungen II, Göttingen 1964, 121).

[10] J.C. Beker, Der Sieg Gottes, 68. Daraus auch die folgenden Zitate.

[11] Ebd., 67.

Das Zerbrechen der herkömmlichen religiös-kulturellen und sozialen Stabilisatoren bewirkten im Zeitalter des Hellenismus Unruhe und Angst um die persönliche Zukunft; die Zweifel an der Welt und an der Sinnhaftigkeit des eigenen Lebens ließen die Leute nach den Religionen greifen, die eine schnelle Wende zum Heil verhießen. In diese Atmosphäre geriet auch die Auferstehungsbotschaft des Paulus – und wurde im Sinne einer gegenwärtigen Heilsvollendung der Getauften interpretiert. Der griechische Leib-Seele-Dualismus und die Vorstellung von der Unsterblichkeit der Seele ließen sich damit vereinbaren, insofern sie eine leibliche und endzeitlich-zukünftige Auferstehung ausschlossen.

b) Die Annahme einer einheitlichen Front gegen die paulinische Verkündigung geht wohl zu weit. Die gegnerische Gruppe hat wahrscheinlich an der Wahrheit der Auferstehung Christi festgehalten; von dieser Gemeinsamkeit ging jedenfalls Paulus in Vv. 1-2 und Vv. 11b.12a aus. Aber sie haben daraus die falschen Schlüsse gezogen (V. 2c: unüberlegt), wenn sie die Auferstehung der Toten bestreiten. Wo es um die anthropologische Dimension des Auferstehungsglaubens geht, scheinen sie die Verkündigung des Paulus nicht richtig angenommen und ausgelegt zu haben. Ihre Einstellung könnte man als Enthusiasmus bezeichnen: ihre Spiritualität erhebt sie über die geschichtliche Existenz[12], ja auch über die Wirklichkeit des Todes; sie beanspruchen für sich die Vollendung, die nach Paulus noch aussteht. Sie neigen offenbar dahin, sich "ohne Vorbehalt als die Gemeinde der messianischen Endzeit"[13] zu verstehen. Ihr Enthusiasmus schloß das Verständnis für die Totenauferweckung als eine neue Wirklichkeit aus; sie hingen einfach noch an Auffassungen ihrer Umwelt, für die jegliche Totenauferweckung (vgl. Apg 17,31f.) ausgeschlossen ist, und lasen sie in die Verkündigung des Paulus hinein. Damit gerieten sie aber nach Paulus in Konflikt mit der von ihnen ja bereits angenommenen Überlieferung (V. 1).

c) Paulus wollte deshalb in 1 Kor 15 die anthropologischen Dimensionen der Glaubensüberlieferung genauer klären. Dabei ging er die Argumentation der Gruppe, über die er im Detail vielleicht auch nicht vollständig informiert war, nicht Zug um Zug durch, sondern entwickelte zum einen den inneren Zusammenhang der Totenauferweckung mit dem Glauben an die Auferweckung Christi, zum anderen die eschatologischen Perspektiven dieses Glaubens. Schließlich stellte er den Gedanken der Verwandlung der Gestalt des Menschen vom Tod zum Leben durch die Tat Gottes dem Leib-Seele-Dualismus und der Unsterblichkeitsauffassung, die durch gnostisierende Strömungen eine besondere Färbung erhalten haben, entgegen. In der Auseinandersetzung mit seinen »Geg-

12 Ebd., 74.
13 H. Schlier, Die Zeit der Kirche, Freiburg ²1962, 148.

nern« arbeitet Paulus die individuelle Dimension des Auferstehungsglaubens, der bisher christologisch und eschatologisch artikuliert war, heraus. Darüber hinaus mahnt er die Korinther auch zur Nüchternheit (V. 34), weil sie die Realität des Lebens als eines Bewährungsfeldes (V. 58) enthusiastisch überspielten[14].

Man wird also sagen können: Die gegnerische Gruppe stand unter dem Einfluß des griechischen Dualismus, der in den aufkommenden gnostischen Anschauungen eine besondere Ausformung erhielt; eine eindeutig gnostische Bewegung läßt sich in Korinth schwer belegen. Die Korinther haben unter diesen Voraussetzungen das Evangelium von Tod und Auferstehung Christi noch nicht auf die allgemeine Auferstehung hin sachgerecht bedacht. Ihr Enthusiasmus hinderte sie am Glauben an die Auferstehung der Toten. Sie leugneten die anthropologischen Konsequenzen aus dem tradierten Evangelium, weil dieser Glaube nicht in ihr Welt- und Menschenbild paßte[15]. Sie tendierten zum "Konzept einer realisierten Eschatologie (4,8), die den Vollendungszustand in die Gegenwart projizierte"[16]. Für Paulus kam diese Auffassung einer Verneinung jeder Auferstehungshoffnung gleich. Er sah darin wohl Gefahren für die Gemeinsamkeit im Bekenntnis der Auferstehung Christi (V. 13). Er fühlte sich nun veranlaßt, aus der Sorge um das Glaubens- und Lebensverständnis der Gemeinde die Bedeutung der Botschaft von der Auferstehung Christi, die den Mittelpunkt seiner Verkündigung in Korinth bildete (V. 3a), auf die Heilserwartung des Menschen hin auszulegen. Zu diesem Zweck rekurrierte er zuerst auf die Überlieferung und entwickelte daraus seine Antwort auf den korinthischen Einwand: Eine Auferstehung der Toten gibt es nicht. Seine Hermeneutik hat eine Struktur, die auch bei der Vermittlung biblischer Inhalte in der heutigen Situation als Kriterium und Anregung heranzuziehen ist. Deshalb soll in den folgenden Abschnitten die Linie seiner Argumentation anhand der Gliederung des Textes aufgezeigt werden.

18.2 Erinnerung an das Evangelium als Grundlage christlichen Lebens (Vv. 1-11)

Die Art und Weise, wie Paulus an das Thema herangeht, unterscheidet sich von anderen rhetorischen Systemen. Es geht ihm nicht um das Niederringen der Gegner, nicht um Verteidigung seiner Position, nicht um ein formales Beweisverfahren, nicht um Belehrung, nicht um die Stützung seines Amtes bzw. der Legitimation seiner Aposteltätigkeit. Gleichzeitig läßt sich beobachten, daß diese Intentionen auch mit-

[14] Die Mißachtung der sog. Schwachen paßt daher ganz ins Bild.
[15] Eine ähnliche Schwierigkeit ergab sich auch beim Glauben an die Erlösung durch den gekreuzigten Christus (1 Kor 1-2).
[16] H.-J. Klauck, 1. Korintherbrief (NEB 7), Würzburg 1984, 112.

schwingen[17], aber sie sind zurückgedrängt zugunsten des Ansatzes, der für die Glaubenspraxis allein entscheidend ist: das Festhalten am Evangelium, das, durch die Überlieferung übermittelt, die Grundlage christlichen Lebens überhaupt ist. "Evangelium als Einladung zum Glauben geht dem Glauben... stets voraus, ist Angebot und Zumutung, und zwar stets in dieser Reihenfolge des Indikativs vor dem Imperativ"[18]. Jede Glaubensaussage und –praxis hat im Evangelium ihr Maß. Paulus redet nicht über die Tradition, sondern bringt sie als wesentlichen Ausgangspunkt des Glaubens in die Reflexion ein. Die unabdingbare Notwendigkeit der Rückbesinnung auf die Grundlage betont Paulus an anderer Stelle mit dem Bild vom Baum und seinen Zweigen so: "Nicht du trägst die Wurzel, sondern die Wurzel trägt dich" (Röm 11,18). Schwerpunkt seiner Pastoral war die Sorge um die Gegenwärtigkeit des Evangeliums in der Gemeinde[19]. Den geschichtsenthobenen Enthusiasten in Korinth fehlte offenbar der Sinn dafür, welche Bedeutung das Heilsgeschehen der Vergangenheit für sie hat und welche Zukunftsperspektiven es vermittelt.

Die paulinische Theologie ist von der rabinischen Methode der Schriftauslegung geprägt. Die Tradition spielt in seiner Denkstruktur eine entscheidende Rolle. Was Paulus weiterzugeben hatte, war nicht mehr die Thora und die alttestamentlichen Messiaserwartungen – er hat damit aber auch nicht gebrochen (vgl. Gal 3,14) –, sondern das Evangelium, das Zeugnis von Tod und Auferstehung Jesu als dem entscheidenden Ereignis der Offenbarung Gottes. Aus diesem Ereignis ergibt sich für Paulus das "Wissen von der Erlösung"[20], das "auf Grund der eschatologischen Erwartung" als die entscheidende Wahrheit festzuhalten und zu überliefern ist. Der Glaube an das Evangelium ist die entscheidende Heilsbedingung, und am Evangelium sind (wie im Judentum an der Thora) alle Auslegungen zu messen. Denn darin steckt die Verheißung auf eschatologische Erfüllung, an der sich die Gemeinde zu orientieren hat.

Die Erinnerung des überlieferten Evangeliums ist Grundzug des Glaubens und gewährleistet die Richtigkeit des Glaubensverständnisses (Vv. 1-3a)

Paulus verweist die Gemeinde zuerst auf die Grundbedingung für christliches Leben. Die Erinnerung an das, was "auch ich empfangen und euch überliefert habe" (V. 3a), gehört zum Wesen des Glaubens. Der Glaube lebt nicht aus sich selbst und aus seiner eigenen Dynamik, sondern

17 Paulus konnte sehr hart mit seinen Gegnern umgehen (vgl. Phil. 3,2) und reagierte in der Auseinandersetzung oft polemisch. Genauso nahm er sich selbst und seine Wünsche aber auch zurück, wenn es um das Evangelium ging.

18 P. Neuenzeit, Zur Gegenwärtigkeit des Evangeliums, 48.

19 Paul Neuenzeit macht deutlich, daß "der Rekurs auf die Bibel... das Evangelium Gottes als Zuspruch und Anspruch noch nicht heute virulent" werden läßt. Das biblische Existenzverständnis ist vielmehr ganz bestimmt von der "Gegenwärtigkeit der früheren Heilstaten Jahwes" und begreift das Jetzt so, daß es sich "artikulierte und füllte von Gottes Heilshandeln in der Vergangenheit und ausgerichtet blieb auf die künftige Vollendung der Erlösung" (ebd., 50).

20 A. Schweitzer, Die Mystik des Apostels Paulus, Tübingen ²1954, 114f.

aus dem, was auf ihn zu-kommt und ihm anvertraut wird. Daran bleibt er gebunden, weil er selbst Verbundensein ist, und zwar mit dem Grund seiner selbst. Wenn diese Bindung verloren geht, weil sich ganz andere Vorstellungen entwickeln, besteht Gefahr für den Glauben selbst. Es geht Paulus darum, gegenüber der herrschenden Auffassung in Korinth die Botschaft deutlich zu machen, aus der die Gemeinde lebt.

Mit »Evangelium« ist nicht der spätere Gattungsbegriff gemeint[21], sondern das Wort vom Heil, das in Tod und Auferstehung Jesu gekommen ist. Es vereinigt in sich die Aussage geschichtlicher Ereignisse und ihre Deutung im Horizont des Glaubens an das Heilswirken Gottes: Das Christusgeschehen wird im Evangelium ausgelegt "mit Hilfe und im Rückgriff auf eine Bekenntnistradition"[22], die den Sinn der geschichtlichen Ereignisse erst erschließt. Paulus war von der fundamentalen Heilsbedeutsamkeit des Evangeliums überzeugt (V. 2a). Deshalb ist auch ihr Gehalt, wie er sich im »Wortlaut« ausspricht, unbedingt festzuhalten[23]: er bringt die entscheidende Offenbarung zur Sprache, die grundlegende Wahrheit, von der alles abhängt. Am Wortlaut festhalten, bedeutet nicht Buchstabengehorsam. Es geht vielmehr um die Bindung an das Heilsgeschehen, aus dem allein sich Christsein bestimmen läßt, und um die Gemeinsamkeit des Bekenntnisses, durch das allein die Einheit der Kirche gewährleistet wird. Von daher haben auch die Sätze des Bekenntnisses, in denen sich die grundlegende Überzeugung der Glaubenden ausdrückt, ihre Bedeutung: Ihr Inhalt begründet das Gewicht der Tradition[24].

a) Von der Gemeinsamkeit der Korinther im Evangelium geht Paulus jedenfalls aus (V. 1): Sie haben es angenommen, d.h. sie haben es nicht nur für vernünftig und plausibel gehalten, sondern sich vom Evangelium ansprechen und bestimmen lassen; es ist zum Grund geworden, auf dem sie stehen. Annehmen ist mehr als ein intellektueller Vorgang; mit einem mechanistischen Übernehmen wäre auch nichts erreicht. Der ganze Mensch ist davon betroffen, weil Gottes Wort als entscheidende

21 Das Evangelium als "Einladung zum Glauben an Gottes geschichtliche Nähe" liegt vielmehr "den Evangelienschriften voran, wird intensiv proklamiert in den paulinischen Schriften und bleibt ein für allemal unüberholbar (vgl. Hebr 1,1f.; 9,12) durch alle Geschichte hin" (P. Neuenzeit, Zur Gegenwärtigkeit des Evangeliums, 49).

22 K. Lehmann, Auferweckt am dritten Tag nach der Schrift (QD 38), Freiburg 1968, 36-42, hier 41. Aufgrund dieses Verständnisses wendet sich Lehmann gegen den Terminus "Formel" für 1 Kor 13,3b-5 und plädiert für "Bekenntnistradition" (ebd., 38.41.43.67).

23 Wieviel Paulus in der Auseinandersetzung mit den Korinthern an der Bindung an die Überlieferung liegt, wird z.B. aus der folgenden Beobachtung deutlich: Während er in den übrigen Kontexten für die Auferweckungsaussage die Aoristform wählt (vgl. Röm 4,26; 6,4.9; 7,4; 8,34; 2 Kor 5,15), verwendet er in 1 Kor 15 ausschließlich das Perfekt der Bekenntnistradition (vgl. Vv. 12.13.14.16.17.20).

24 "Paulus kann den Krisen gegenüber nur die Botschaft selbst noch einmal geltend machen. Eine andere Waffe hat er nicht. Aber das heißt, daß er das Kerygma in seiner Konsequenz für die so verfahrene Situation der Gegenwart auslegt. Immer geht es hier offenbar um die Frage des Was der Botschaft selbst – nicht nur um das Wie des Sagens der Botschaft" (G. Eichholz, Tradition und Interpretation. Studien zum Neuen Testament und zur Hermeneutik, München 1965, 30).

Botschaft für sein Leben geoffenbart ist (vgl. 1 Thess 2,13). Paulus versteht mit ἐν ᾧ καὶ ἑστήκατε (V. 1c) den Glauben als ein "Standfassen" oder "Feststehen" (vgl. Röm 5,2; 11,20; 1 Kor 16,13 u.ö.) im Evangelium. Weil es die Gegenwart bestimmt, ist es auch "der Grund", der Sinn christlichen Lebens.
Das Evangelium ist Botschaft von der Rettung: Wer daran festhält, wird gerettet (Praesens σώζεσθε); wer es preisgibt, verliert das Heil, da es kein anderes Evangelium gibt (vgl. Gal 1,6). Das Evangelium ist nicht Produkt menschlicher Reflexion, sondern geht ihr voraus und liegt ihr zugrunde. "Dieses »Im-Evangelium-stehen« meint die aus der Übernahme des Evangeliums folgende, neue Lebensweise"[25]. Daß dies in Korinth so geschehen ist, davon geht Paulus aus. Die gemeinsame Basis ist für ihn Bedingung der Möglichkeit, das Problem der Totenauferstehung überhaupt ansprechen und in der Auseinandersetzung auf einen Konsens ausgehen zu können, der in der Tradition bereits besteht. Die Anrede "Brüder" bekräftigt noch seine Absicht.

b) Vom gläubigen Festhalten der Tradition hängt das Heil ab. Aber dabei geht es nicht um irgend ein Evangelium, sondern um das, "mit welchem Wort ich es euch verkündigt habe" (V. 2). Die Glaubensformel, die er in Vv. 3b-5 anführt, ist Grund und Maß des Glaubensverständnisses, an das Paulus selbst und die Gemeinde gebunden bleiben. Er stellt dies so deutlich heraus, weil er sich selbst, seine Argumentation und die Gemeinde in dieser Tradition sieht: er will nicht seine Autorität legitimieren, sondern an den Glauben aller erinnern. Darum ist es wichtig, genau an der überlieferten Glaubensformel festzuhalten. Es will ihm jedoch scheinen, daß der ganze Sachverhalt bei ihnen nicht richtig angekommen ist (V. 2c). Deshalb führt er ihnen nochmals den Wortlaut vor Augen, den sie von ihm schon gehört haben (V. 3a γάρ).

c) Das Bekenntnis leitet Paulus ein mit dem Hinweis auf die Verbindungslinie zwischen den Korinthern und dem Heilsgeschehen: "Ich habe euch überliefert, was auch ich empfangen habe" (V. 3a). Die Botschaft ist durch Vermittlung in einer Traditionskette zu den Korinthern gekommen; und Paulus reiht sich selbst (καί) darin ein. "Paulus bekennt sich, indem er sich selbst nur als Glied dieser Kette versteht, bescheiden zu dieser Tradition, das gleiche verlangt er von den Korinthern"[26].

[25] J. Kremer, Das älteste Zeugnis von der Auferstehung Christi. Eine bibeltheologische Studie zur Aussage und Bedeutung von 1 Kor 15, 1-11 (SBS 17), Stuttgart 1966, 17; vgl. G. Sellin, Der Streit um die Auferstehung der Toten. Eine religionsgeschichtliche und exegetische Untersuchung von 1 Korinther 15 (FRLANT 138), Göttingen 1986, 232-236.

[26] P. Neuenzeit, Das Herrenmahl. Studien zur paulinischen Eucharistieauffassung (StANT 1), München 1960, 85; vgl. H.-J. Klauck, 1. Korintherbrief, 107.

Die Bekenntnisformel hat ihre Bedeutung aus der Tradition, an die Paulus selbst gebunden ist, nicht aus seiner Autorität, auf die er in diesem Zusammenhang auch nicht reflektiert. Wie in 1 Kor 11,23 liegt auch hier "das Hauptgewicht der Argumentation auf der einleitenden Traditionsformel"[27].

Die Argumentation des Paulus entspicht dem rabbinischen Traditionsverständnis, das er in das theologische Denken der Urkirche einbringt. Das formelhafte παρέδωκα καὶ παρέλαβον (umgekehrt in 1 Kor 11,23) ist ein rabbinischer terminus technicus, der auf eine Überlieferungskette verweist. Er kennzeichnet damit das Bekenntnis von Vv. 3b-5 als etwas, das ihm selbst vorgegeben ist. Er wendet damit "die Methode der Weitergabe des urapostolischen Traditionsgutes an"[28]. Indem er (wie in 1 Kor 11,23) "wahrheitsgetreu, wahrscheinlich wörtlich"[29] zitiert, unterstreicht er den Gültigkeitsanspruch und das Gewicht der Aussagen.

d) Mit der Traditionsformel knüpft Paulus die Verbindung zur Jerusalemer Urgemeinde, aus der die festformulierte Überlieferung Vv. 3b-5 stammt[30]. Das Evangelium besteht in dieser Tradition, es ist darin "selbst anwesend und hörbar"[31]. Er teilt das Credo mit den Zeugnissen der ersten Apostel und hat es den Korinthern "als Erstes", d.h. als Hauptinhalt seiner Verkündigung, mitgeteilt. Wie es für die Urgemeinde zur Grundlage ihres Glaubens und ihrer Christusverkündigung wurde, so hat es Paulus den Korinthern auch als Kern seiner Predigt vorgestellt. Daran erinnert er sie jetzt.

Der Wortlaut des überlieferten Bekenntnisses (Vv. 3b-5)

Nach den rhetorisch bedingten Hinweisen zitiert Paulus das überlieferte Bekenntnis in einer geprägten Form. Die Betonung der gemeinsamen Paradosis (Vv. 1-3) und V. 17 machen deutlich, weshalb ihm an der gan-

---

27 P. Neuenzeit, Das Herrenmahl, 87. Bedeutung und Gewicht solcher Traditionsformeln betont auch Hans-Josef Klauck, Herrenmahl und hellenistischer Kult. Eine religionsgeschichtliche Untersuchung zum ersten Korintherbrief (NTA NF 15), Münster 1982, 300-303.

28 P. Neuenzeit, Das Herrenmahl, 88. Den Einfluß der hellenistischen Mysteriensprache erkennt Hans-Josef Klauck (Herrenmahl und hellenistischer Kult, 302).

29 P. Neuenzeit, Das Herrenmahl, 86. Zu den Gemeinsamkeiten der beiden Traditionsformeln vgl. ebd., 92f.

30 Vgl. F. Hahn, Christologische Hoheitstitel. Ihre Geschichte im frühen Christentum (FRLANT 83), Göttingen [3]1966, 56f.197-211.348. Vieles deutet darauf hin, daß Paulus die Bekenntnisformel "entweder schon bei seiner Berufung zum Apostel, d.h. ca. 32 in Damaskus, übernommen oder auch erst drei Jahre später bei seinem ersten Besuch in Jerusalem von Petrus selbst mitgeteilt bekommen haben" könnte (P. Stuhlmacher, Auferweckung Jesu und Biblische Theologie, in: ders., Schriftauslegung auf dem Wege zur biblischen Theologie, Göttingen 1975, 141, Anm. 24; vgl. K. Lehmann, Auferweckt am dritten Tag nach der Schrift, 147-153). Der Traditionszusammenhang und die wörtliche Zitierung verleiht dem Credo eher einen Geschichtsbezug als den Charakter einer kultischen Handlung.

31 J. Kremer, Das älteste Zeugnis von der Aufestehung Christi, 23; vgl. J. Jeremias, Die Abendmahlsworte Jesu, Göttingen [4]1967, 95.

zen Formel so viel liegt. Für die Behandlung der Auferstehungsfrage hätte eine einfache Aussage genügt (vgl. Röm 10,9; 14,9).

1. In der Forschung ist man sich aufgrund sprachlicher Untersuchungen weitgehend einig, daß die Formel die Verse 3b-5 umfaßt[32], weil mit V. 6a eine neue Satzkonstruktion einsetzt. Die nachfolgenden Zeugenangaben (Vv. 6-8) könnten zwar Bestandteile anderer Traditionsformeln sein, sie gehören aber deswegen nicht zur überlieferten Formel, weil dann "die Erwähnung der Erscheinungen eindeutig ein Übergewicht gegenüber den in V. 3f. angeführten Heilstatsachen des Todes und der Auferweckung des Christus" erhielten[33]. Paulus verstärkt und erweitert das letzte Glied der Formel, indem er eine Reihe von Zeugen, vor allem von anerkannten Autoritäten und noch lebenden, d.h. befragbaren Personen, anfügt. Damit verfolgt er einen doppelten Zweck: Zum einen stellt er so die Wahrheit der Auferweckung Jesu sicher, zum anderen verstärkt er die Traditionskette, mit der er seine eigene Erfahrung und Verkündigung und damit auch den Glauben der Korinther verbinden sowie die Einheitlichkeit in der Verkündigung der Auferweckung Christi (V. 11) betonen kann[34]. Die Erweiterung der Bekenntnisformel paßt auch zum Duktus des 15. Kapitels. Hans Conzelmann interpretiert ihre Funktion so: Paulus wollte durch die Aufzählung der Zeugen die Auferstehung in zeitlicher Distanz zu den Korinthern halten und ihre direkte Aneignung als unmöglich darstellen; dadurch würde ihre Auferstehung in der Zukunft gehalten und die Bedeutung der Zwischenzeit zwischen Jesu Auferstehung und Parusie betont werden[35].

Der sprachliche Befund deutet darauf hin, daß Paulus den Grundbestand der Bekenntnisformel in Vv. 3b-5 nicht selbst formuliert, sondern als geprägtes Traditionsgut übernommen hat. Eine Reihe von Ausdrükken deuten auf einen vorpaulinischen Ursprung hin[36]. Auf die Frage,

32 Vgl. zu den einzelnen Argumenten: E. Lohse, Märtyrer und Gottesknecht. Untersuchungen zur urchristlichen Verkündigung vom Sühnetod Jesu (FRLANT 64), Göttingen ²1963, 113; J. Jeremias, Die Abendmahlsworte Jesu, 95ff; B. Spörlein, Die Leugnung der Auferstehung, 39-50; H. Conzelmann, Der erste Brief an die Korinther, 306; G. Sellin, Der Streit um die Auferstehung der Toten, 236-242. Die Annahme der erweiterten Zeugenliste, besonders von V. 7, als Element der überlieferten Formel (vgl. J. Kremer, Das älteste Zeugnis von der Auferstehung Christi, 28) hat sich in der Exegese nicht durchgesetzt, obgleich man mit der Möglichkeit mehrerer Traditionsformeln rechnet.

33 B. Spörlein, Die Leugnung der Auferstehung, 46.

34 Die ausführliche Zeugenliste kann nicht zu der Annahme verleiten, in Korinth wäre auch die Auffassung vertreten worden, Christus sei nicht auferstanden, und Paulus wollte dagegen angehen. Bruno Spörlein hat m.E. überzeugend nachgewiesen, daß es Paulus bei der zitierten Glaubensformel und dem Zeugen-Beweis "auf das in ihr mitausgesagte Ereignis, die Auferstehung des Christus, und zwar auf diese vor allem insofern" ankam, "als sie ein tatsächliches Ereignis war, das seinerseits wieder die noch ausstehende allgemeine Totenerwekkung als wirklich geschehend sicherstellen soll" (Die Leugnung der Auferstehung, 55-63; hier 63, Anm. 1).

35 Der erste Brief an die Korinther, 313.

ob das Bekenntnis auf eine aramäische Vorlage[37] zurückgeht oder ursprünglich in griechischer Sprache in Anlehnung an die LXX abgefaßt wurde[38], kann hier nicht eingegangen werden. Alles spricht dafür, daß dieses Bekenntnis schon sehr früh entstanden ist und auf die genannten Zeugen zurückgeht. Vermutlich hat es eine zentrale Stellung in der Urgemeinde eingenommen. Ein bestimmter »Sitz im Leben« läßt sich kaum ausmachen.

Es dürfte das älteste Zeugnis von der Auferstehung Christi[39] wiedergeben und den Kern der urapostolischen Christusverkündigung darstellen. Die Ostererzählungen der Evangelien gehen aus formgeschichtlichen Gründen auf dieses Bekenntnis zurück und nicht umgekehrt. Es handelt sich um Bekenntnisse, die sich auf ein Geschehen beziehen, jedoch nicht um verkürzte Erzählungen. Wenige Jahre nach Jesu Kreuzestod gab es also eine feste Bekenntnisformel, die in den Gemeinden tradiert und zu Grundlage und Maßstab der Verkündigung wurde.

2. Die Formel besteht aus folgenden Elementen:

a) Der artikellose Name Χριστός bezeichnet Jesus von Nazaret als Messias, den verheißenen Vollbringer des göttlichen Heilswerkes. Der Begriff ist sicher kein bloßer Eigenname, sondern aufgrund der Ostererfahrung hat die Urgemeinde in Jesus den erwarteten Messias gesehen und den Titel auf ihn übertragen[40]. Damit steht von Anfang an das Heilsgeschehen im Mittelpunkt der Bekenntnisformel. Was die Jünger an Ostern erfahren haben, interpretierten sie auf dem Hintergrund der alttestamentlichen Glaubenstradition, nach der der Messias (griech. Χριστός) durch seine Person und seinen Gehorsam das Heilswerk Gottes vollbringt. Das Auferstehungsereignis hat Jesus von Nazaret endgültig als den geoffenbart, der nach der alttestamentlichen Messiaserwartung die Versöhnung Gottes mit den Menschen und der Menschen untereinander stiftet. "Aus dem Verkündiger der Herrschaft des nahen und gerechten Gottes wurde der die Gerechtigkeit Gottes verkörpernde Christus dadurch, daß Gott sich mit ihm und seinem Tod, damit aber zugleich seiner irdischen Wirksamkeit schöpferisch identifiziert hat"[41]. Mit Χριστός gleich zu Anfang hebt die Formel auch in feierlicher Weise

---

36 Einzelnachweis bei: J. Jeremias, Die Abendmahlsworte Jesu, 96f.; J. Kremer, Das älteste Zeugnis von der Auferstehung Christi, 25; H. Conzelmann, Der erste Brief an die Korinther, 307.

37 J. Jeremias, Die Abendmahlsworte Jesu, 95ff. Dafür plädiert Karl Lehmann, Auferweckt am dritten Tag nach der Schrift, 87-113.

38 Zur Abwägung der Argumente vgl. H. Conzelmann, Der erste Brief an die Korinther, 307-309.

39 Neuere Untersuchungen zeigen, daß der Bekenntnisformel von 1 Kor 15,3b-5 wahrscheinlich doch ein eingliedriges Auferstehungsbekenntnis ("Gott hat Jesus von den Toten auferweckt") und der Maranatha-Ruf als Überzeugung von der Erhöhung Jesu zu Gott zeitlich voraus liegen (vgl. H. Kessler, Sucht den Lebenden nicht bei den Toten, 110-115).

40 Vgl. F. Hahn, Christologische Hoheitstitel, 133-225.

41 P. Stuhlmacher, Auferweckung Jesu und biblische Theologie, 159.

den Grund der Traditon hervor.

b) Dem Namen sind zwei Doppelaussagen beigefügt:

α) ἀπέθανεν, ἐτάφη;

β) ἐγήγερται, ὤφθη.

Durch das viermalige ὅτι werden die einzelnen Aussagen als Abfolge heilsgeschichtlicher Ereignisse aneinandergereiht. Die ersten Verben werden zum einen näher bestimmt mit κατὰ τὰς γραφάς, d.h. es geht in dieser Formel sowohl um das Bezeugen von Ereignissen als auch um das in der Schrift bezeugte Heilsgeschehen. Beiden Verben bezeichnen Ereignisse, die auch sonst mit einer Deutung als Heilsgeschehen verbunden sind (1 Thess 4,14; 2 Kor 5,15; Röm 4,25; 6,3-5; 14,9). Zum andern erhält ἀπέθανεν den Zusatz ὑπὲρ τῶν ἁμαρτιῶν ἡμῶν; ἐγήγερται wird erweitert durch τῇ ἡμέρᾳ τῇ τρίτῃ. Damit werden die Ereignisse ebenfalls in besonderer Weise als Heilsgeschehen qualifiziert. Ἐτάφη "unterstreicht die Realität und Endgültigkeit des Sterbens (Ri 8,32; Apg 2,29)"[42]. Christus teilte das Todesschicksal aller Menschen in vollem Umfang. Die Erwähnung dieser Wirklichkeit hatte in Korinth auch auf dem Hintergrund der Auseinandersetzung um den Kreuzestod des Erlösers erhebliches Gewicht. In Röm 6,4 deutet Paulus dieses Bekenntniselement im Hinblick auf die Taufe, zu der die Bekenntnisformel gehörte, weiter aus[43]. Durch diese Akzentuierung tritt die nachfolgende Aussage umso deutlicher als Antithese in der Heilsverkündigung hervor[44].

42 H.-J. Klauck, 1. Korintherbrief, 109, hier folgt er J. Blank, Paulus und Jesus. Eine theologische Grundlegung (StANT 18), München 1968, 148f.

43 Ἐτάφη gehört wohl zur Todesaussage. Die Bezugnahme auf die Tradition vom leeren Grab kann nicht ausgeschlossen werden, "wenn man zugleich die Aussage der Auferweckung vor dem apokalyptischen Erwartungshorizont einer leiblichen Totenauferstehung mitbedenkt" (H.-J. Klauck, 1. Korintherbrief, 109), aber sie läßt sich nicht positiv belegen. Paulus hatte wahrscheinlich in seiner Verkündigung kein Interesse an der Tradition vom leeren Grab als Zeugnis für die Auferstehung gezeigt, ebensowenig wie die Missionsreden der Apostelgeschichte (2,29-39; 13,29-37). Das Schwergewicht liegt vielmehr auf der offenbarenden Tat Gottes. Auch die Ostererzählungen der Evangelien, die mehr am Konkreten und Anschaulichen interessiert sind, leiten das Auferstehungsbekenntnis nicht aus der Tatsache des leeren Grabes her (Mk 16,1-8; vgl. L. Schenke, Auferstehungsverkündigung und leeres Grab (SBS 33), Stuttgart 1968, 59), zumal das Leersein selbst verschieden gedeutet werden kann (vgl. Mt 27,62ff.; Joh 20, 13ff.). An der Historizität des leeren Grabes braucht deswegen nicht gezweifelt werden, aber es kommt ihm nur "die Bedeutung des bestätigenden Zeichens" zu (A. Vögtle, Wie kam es zum Osterglauben?, Düsseldorf 1975, 95). Von der Auferweckung Jesu wird in den Evangelien nie in Verbindung mit dem leeren Grab erzählt. So kann man nicht von einem Tatsachenbeweis sprechen, wird jedoch seinen Hinweis- oder Zeichencharakter nicht unterschlagen. Vgl. K. Lehmann, Auferweckt am dritten Tag nach der Schrift, 76-86; P. Stuhlmacher, Auferweckung Jesu und Biblische Theologie, 144f.

44 Gegen Hans Conzelmann (Der erste Brief an die Korinther, 307) verteidigt Karl Lehmann (Auferweckt am dritten Tag nach der Schrift, 70-73) mit guten Gründen den adversativen Sinn des καί in V. 4b.

c) Die erste Kernaussage spricht vom Tod Christi für unsere Sünden, gemäß der Schrift. Die Kombination von Tatsachenaussage und theologischer Deutung entspringt, ähnlich der Traditionsformel von 1 Kor 11, 23-25, "gereifter begrifflicher Reflexion"[45]. In deutlicher Opposition zu einem Verständnis des Kreuzestodes Jesu als Verfluchung durch Gott (Dtn 21,23), das die jüdischen Gegner im Lichte der Thora (vgl. Gal 3,13) vorbrachten, hat die Urgemeinde von Anfang an die Beziehung zur sühnenden und stellvertretenden Hingabe des Gottesknechtes von Jes 53 zur Geltung gebracht[46]. Die Leidensaussage wurde von den ersten Christen ausdrücklich auf den Messias (Χριστός) bezogen. Damit begründeten sie einen neuen Messiasbegriff. Denn die herrschende Messiasvorstellung der vorchristlichen Ära blendete die Aussagen vom leidenden Messias, der zur Sühne für unsere Sünden stirbt, aus[47]. Von einem gängigen Messiasbild war dieser Begriff also nicht vorbereitet. Zu der neuen Konzeption des leidenden und gekreuzigten Messias gab vielmehr das Auferstehungsereignis den Anstoß, zumal im Auferstehungsbekenntnis stets der Bezug zum Kreuz erhalten blieb. Κατὰ τὰς γραφάς besagt deshalb, daß die ersten Christen die Messiasvorstellung aus Jes 53 überhaupt erst aufgenommen und den Kreuzestod Jesu aus diesen Worten interpretiert haben, "um die universale Sühnekraft seines messianischen Sterbens mit Bestimmungen aus dem Gottesknechtslied auszusprechen"[48].

Der Grundgedanke, der in der ὑπέρ-Formel[49] zum Ausdruck kommt, hat seinen Ort sowohl in der Eucharistiefeier als auch in Bekenntnissen. Im Sinne der Hingabe des Gottesknechtes wird der Tod Jesu als ein Geschehen "für unsere Sünden", "für uns", "für alle" verstanden. Die Geläufigkeit dieser Deutung als geprägte Vorstellung zeigen auch die Verwendung der Formel in verkürzter Form und ihre Abwandlungen in an-

---

45 P. Neuenzeit, Das Herrenmahl, 93.

46 Gegen die These von Ferdinand Hahn (Christologische Hoheitstitel, 201-205.210f.348), daß Jes 53 im frühen Stadium der Traditionsbildung noch keine Rolle spielte, verteidigt Karl Lehmann die Auffassung von der ursprünglichen Zusammengehörigkeit von Passionstradition und Sühnemotiv "als die einfachere, weniger verwickelte und mit nur vermuteten Hypothesen nicht belastete Lösung". Wenn die "Urgestalt des Evangeliums" (G. Bornkamm) in 1 Kor 15,3b-5 von der palästinischen Gemeinde stamme, könne man schwerlich noch frühere Traditionen annehmen (Auferweckt am dritten Tag nach der Schrift, 131-145, Zitat 140).

47 E. Lohse, Märtyrer und Gottesknecht, 108.

48 K. Lehmann, Auferweckt am dritten Tag nach der Schrift, 250; vgl. E. Lohse, Märtyrer und Gottesknecht, 223; C. Westermann, Das Buch Jesaja. Kap. 40-66 (ATD 19), Göttingen 1966, 208f.; E. Dinkler, Petrusbekenntnis und Satanswort. Das Problem der Messianität Jesu, in: ders., Signum crucis. Aufsätze zum Neuen Testament und zur Christlichen Archäologie, Tübingen 1967, 283-312, hier 300.

49 Vgl. H.-J. Klauck, 1. Korintherbrief, 108. Den gleichen Sachverhalt treffen die geprägten Wendungen διά mit Akkusativ (Röm 3,25; 4,25; 1 Kor 8,11).

deren Aussageweisen (Röm 3,25.26a; 4,25; 5,6-8; 8,32a; 14,15; 1 Kor 8,11; 11,24; 2 Kor 5, 14.15a; Gal 1,4; 3,20; 3,13). Durch das Interpretationsmodell von Jes 53 bekam der Tod Jesu folgende Züge:

- Jesus wurde für unsere Schuld geschlagen (Jes 53,5f.12) und erlitt den Tod (Jes 53, 8.10ff.); er sühnte dadurch die Verfehlungen der Menschen.
- Er nimmt den Tod in Stellvertretung für alle auf sich (Jes 53,5f.8.10ff.).
- Durch dieses Geschehen wird uns Heil vermittelt (Jes 53,5), weil die Unheilssituation aufgehoben und neues Leben begründet ist[50].

Der Sühnegedanke ist auch im griechisch-hellenistischen Sprachraum zu finden[51] und wurde vom hellenistischen Judentum im Sinne einer Ersatzleistung der Gerechten gegenüber Gott aufgenommen (4 Makk 6, 28f.). Priorität für die Deutung des Todes Jesu kommt aber dem Bezug auf Jes 53 zu[52]. Der Akzent liegt dabei nicht ausschließlich auf dem "Sterben für...", sondern mehr noch auf der einmaligen Beziehung des Gottesknechtes zu Jahwe: Er ist von Gott gesandt, um "in seiner Lebenshingabe für die Vielen den Heilswillen Gottes für die Völkerwelt" zu repräsentieren[53]. Im Tod Jesu geschieht "das Heil für alle, die Versöhnung der Welt"[54], und dieses Geschehen hat seinen Grund in Gott selbst, der sich in Jesus Christus uns zu unserem Heil zuwendet. Der Gedanke der Dahingabe Jesu durch Gott "für uns" hat seine Wurzel in der Abendmahlsbotschaft[55], deren Kern auf Jesus selbst zurückgeht. Es besteht kein Zweifel, daß die Jüngergemeinde "im Tode ihres Meisters den paradoxen Ausdruck der Heilszuwendung Gottes" erkannte, "die Jesus in seiner Gottesreichverkündigung schon zeichenhaft nahegebracht hatte"[56].

Die Erinnerung der Jünger an die Solidarität Jesu mit den Armen und Sündern gehört in diese Deutung des Todes hinein. Das Moment der Stellvertretung im Tod läßt aber nicht zu, Jesu Sterben nur als letzte Konsequenz seines Liebesengagements oder mehr oder weniger zufällige Folge seines Wirkens zu verstehen. Jesu Kreuzestod "für uns" ist vielmehr der Gipfelpunkt der Liebe Gottes, insofern darin die äußerste, alles umfassende Hingabe Christi, die nichts ausspart, auch nicht die Todesverfallenheit des Menschen, Realität geworden ist. In der Auferweckung des Gekreuzigten wird offenkundig, daß durch Jesu Tod unsere Erlösung geschieht: die Freisetzung zu neuem Leben, die uns Gott ohne unser Zutun schenkt (Röm 3,24)[57].

---

50 Vgl. P. Neuenzeit, Das Herrenmahl, 159; K. Kertelge, Das Verständnis des Todes Jesu bei Paulus, in: ders. (Hrsg.), Der Tod Jesu. Deutungen im Neuen Testament (QD 74), Freiburg 1976, 118.

51 Vgl. H. Conzelmann, Der erste Brief an die Korinther, 309f.

52 Vgl. W. Popkes, Christus traditus. Eine Untersuchung zum Begriff der Dahingabe im Neuen Testament (AThANT 49), Zürich 1967; K. Wengst, Christologische Formeln und Lieder des Urchristentums (Studien zum NT 7), Gütersloh 1972, 82f.

53 K. Kertelge, Das Verständnis des Todes Jesu bei Paulus, 119.

54 P. Neuenzeit, Das Herrenmahl, 160.

55 J. Jeremias, Die Abendmahlsworte Jesu, 97; P. Neuenzeit, Das Herrenmahl, 157-160; K. Lehmann, Auferweckt am dritten Tag nach der Schrift, 247ff.; E. Käsemann, Die Heilsbedeutung des Todes Jesu bei Paulus, in: ders., Paulinische Perspektiven, Tübingen 1969, 73.

56 K. Kertelge, Das Verständnis des Todes Jesu beim Paulus, 117.

57 Diese Perspektive in der Interpretation der Pro-Existenz betont Karl Lehmann ("Er wurde für uns gekreuzigt". Eine Skizze zur Neubesin-

Diese Akzentuierung des Bekenntnisses wird nochmals für das Verständnis der zweiten Doppelaussage wichtig.
d) Die zweite Spitzenaussage der Traditionsformel lautet: "Er wurde auferweckt am dritten Tag, gemäß der Schrift". Diese Aussage enthält sich jeder Beschreibung des Vorgangs; die gleiche Zurückhaltung kennen auch die Evangelien[58]. Historisch läßt sich nur feststellen, daß die durch den Kreuzestod ihres Meisters erschütterten Jünger nach Jerusalem zurückkehrten und die erste christliche Gemeinde bildeten: Die maßgebende Grundlage und der entscheidende Inhalt ihrer Mission war das Bekenntnis zur Auferweckung des gekreuzigten Christus. Dieses Bekenntnis stützt sich auf Erscheinungen vor einem bestimmten Kreis von Jüngern, "in denen der Gekreuzigte gerade in der göttlichen Lebenskraft und Herrlichkeit geschaut wurde, von der er kraft seines Kreuzestodes auf immer ausgeschlossen schien"[59]. Das Geschehen wird mit dem Terminus ἐγήγερται bezeichnet, der im Sinne von Verlassen des Todesreiches, Sich- Erheben aus dem Zustand des Todes nur von den Christengemeinden gebraucht wird; das substantivische Pendant lautet (für Christus) ἀνάστασις ἐκ (τῶν) νεκρῶν. Die Traditionsformel spricht von Χριστός, nicht von Jesus, d.h. das Geschehen wird von Anfang an im Horizont der alttestamentlichen Heilsverkündigung artikuliert, jedoch dadurch, daß in der Bekenntnisformel Χριστός gemeinsames Subjekt der Sterbens- und der Auferweckungsaussage ist, auf den historischen Jesus bezogen: Der gestorbene und begrabene Christus wurde auferweckt. Ἐγήγερται ist eine Metapher, d.h. das Geschehen selbst kann menschliche Sprache nur einem Begriff unserer Erfahrungswelt aussagen (vgl. 1 Thess 4,14.17), aber sie meint etwas Neues, ein Mehr, das den weltlichen Horizont übersteigt. Sie behauptet das Unerhörte: "das für die vielen Toten in der endzeitlichen Zukunft Erwartete... sei einem einzelnen Menschen in einzigartiger Weise bereits vorweg geschehen, sei für Jesus und so für diese Welt bereits eine gegenwärtige (und zu verge-

---

nung in der Soteriologie, in: Theologische Quartalschrift 162 (1982) 28-37, hier 305-310) aufgrund exegetisch-bibeltheologischer Überlegungen gegenüber Edward Schillebeeckx (Jesus. Die Geschichte von einem Lebenden, Freiburg [7]1980, 276), Hans Küng, (Christsein, München 1974, 255ff.) und Hans Kessler (Die theologische Bedeutung des Todes Jesu, Düsseldorf 1970).

58 Erst im 2. Jahrhundert tendierte das Petrusevangelium aus apologetischen Interessen zu einer genauen Vorgangsbeschreibung; vgl. E. Hennecke/W. Schneemelcher, Neutestamentliche Apokryphen I, Tübingen [5]1989, 119.122-123.

59 P. Stuhlmacher, Auferweckung Jesu und Biblische Theologie, 144. Der innere Widerspruch zwischen dem Kreuzestod als Verfluchung Gottes (Dtn 21,23) und der Verkündigung der Auferstehung des Gekreuzigten macht es nach Peter Stuhlmacher unmöglich, "diese Erscheinungen religionspsychologisch einfach als Außenprojektionen eines bereits vom irdischen Jesus geweckten und sich nach Karfreitag trotz Jesu Tod neu stabilisierenden Gottesglaubens zu interpretieren".

genwärtigende) Wirklichkeit"[60]. Das Perfekt bezeichnet das Auferweckt-Sein Christi als abgeschlossenen Tatbestand, als "Dauer des Vollendeten"[61]. Das Passivum verdeutlicht das Geschehen als Tat Gottes. Die Auferstehungsbotschaft steht im direkten Zusammenhang zum Glauben des Alten Testaments[62]: Aus dem Glauben an Jahwes Macht über den Tod erkennen die Jünger in der Auferweckung Jesu göttliches Handeln. Peter Stuhlmacher zeigte im einzelnen auf, daß "sich Israel die Auferweckungsanschauung in langer eigenständiger Traditionsarbeit erworben hat, daß diese Anschauung zur Zeit Jesu jüdisch gerade in Bekenntnisform vertreten worden ist und daß es sich bei der Hoffnung auf die Auferweckung der Toten durch Gott nicht um eine spekulative religionsgeschichtliche Anleihe, sondern vielmehr um einen Spitzensatz des israelitischen Gottesglaubens handelte"[63].

Bis in die nachexilische Zeit wäre Israel ohne diese Anschauung ausgekommen, sie habe sich aber schon in hymnischen Überlieferungen wie 1 Sam 2,1-10 frühzeitig vorbereitet, ebenso in den Erzählungen von der Entrückung des Henoch (Gen 5,24) und des Elija (2 Kön 2,5.11). Mit dem Exil sei das unbedingte Vertrauen auf Jahwes Macht, die das irdische Leben übersteigt und den Tod vernichtet, hervorgetreten (vgl. Ez 37,1-4; Dtn 32; Ps 73,23-26; Hi 19,25-27; Jes 25,6-8). Die Hoffnung der israelitischen Märtyrer in der syrischen Religionsverfolgung des 2. Jahrhunderts v.Chr. (2 Makk 7,1-23; 4 Makk 13,1-17 u.ö.) und die Auferstehungserwartung von Dan 12,1-3 setzt bereits das umfassende Vertrauen auf Jahwes Allmacht und Gerechtigkeit voraus. Nicht nur in den jüdischen Apokalypsen, sondern auch in Weisheit 2 und 3 wäre die Auferstehungshoffnung tiefster Ausdruck dieses Gottvertrauens. Persische Einflüsse hätten auf dem Weg der Ausweitung des Jahweglaubens nur sehr äußerlich mitgewirkt. Im Achtzehn-Bitten-Gebet träfen wir auf die Auferwekkungsaussage, die Paulus in Röm 4,17 in ihrer ursprünglichen Form zitierte und dann in 4,24 christlich präzisierte.

In all diesen Zeugnissen wurde die Auferweckung der Toten ausschließlich als souveräne Tat Gottes verstanden. Man kann davon ausgehen, daß das Auferstehungsbekenntnis der Jüngergemeinde auf dem alttestamentlichen Glauben an den Gott, der Tote lebendig macht, basiert,

---

60 H. Kessler, Sucht den Lebenden nicht bei den Toten, 279f.

61 F. Blass/A. Debrunner, Grammatik des neutestamentlichen Griechisch, Göttingen [9]1954, § 340, 211. Paulus selbst gebraucht sonst für die Auferstehungsaussagen den Aorist.

62 Die inhaltlichen Parallelen liegen in den Gottesprädikationen der alttestamentlich-jüdischen Gebets- und Bekenntnistradition, in der Gott als Schöpfer und als geschichtlicher Retter vor dem drohenden Tod gepriesen wird, vornehmlich in der zweiten Benediktion des Achtzehn-Bitten-Gebets: "Gepriesen seist du Herr, der du die Toten lebendig machst/auferweckst" (vgl. H. Kessler, Sucht den Lebenden nicht bei den Toten, 42-68.111).

63 P. Stuhlmacher, Auferweckung Jesu und Biblische Theologie, 146. Diese Argumentation richtet sich gegen Hans Conzelmann (Der erste Brief an die Korinther, 319), der die Herkunft des Auferstehungsglaubens aus der persischen Religion und seine Tradierung in der Apokalyptik und im Pharisäismus behauptet. Die Begründung der Auferstehungshoffnung im Jahweglauben zeigt auch auf: H. Kessler, Auferstehung, in: P. Eicher (Hrsg.), Neues Handbuch theologischer Grundbegriffe, Bd. 1, München 1984, 79-81.

und das Walten Jahwes auf Christus bezogen wurde. "Im christlichen Auferweckungsbekenntnis dokumentiert sich also, daß erst der israelitische Gottesglaube in seiner äußersten sprachlichen Entfaltung den Erscheinungszeugen dazu verholfen hat, die ihren Glauben und den Glauben aller Christen begründende und tragende Gottestat der Auferweckung Jesu zu erkennen und auszusagen"[64].

Der Zusammenhang mit dem Jahweglauben wird nochmals bestätigt durch die Herkunft der Traditionselemente "am dritten Tag" und "er erschien". Sie gehören noch zur zweiten Kernaussage, ihrer Bedeutung wegen werden sie aber gesondert bedacht.

e) Aufgrund des parallelismus membrorum besteht zwischen V. 4b und 3b Strukturgleichheit. So legt sich nahe, daß sich auch der Schriftverweis in V. 4b auf die nähere Bestimmung des Ereignisses bezieht ("am dritten Tag") und die Auferweckung in einen konkreten Sinnzusammenhang stellt[65].

In der Urgemeinde war der Zusammenhang mit Israel und seinen Traditionen noch nicht unterbrochen. Karl Lehmann zeigt auf[66], daß in der jüdischen Tradition der Targumim und Midraschim der "dritte Tag" als theologisch geprägte Zeit-Bestimmung aufbewahrt wurde. In zahlreichen Textstellen (Gen 22,4; 40,20; 42,18; Ex 19,11.16; Jos 2,16; Hos 6,2; Jona 2,3; Esra 8,17; Est 5,1 u.ö.) – deshalb auch Plural in 1 Kor 15,4b! – verbindet sich die Wendung vom "dritten Tag" mit der grundlegenden Glaubenserfahrung, daß Not und Elend nicht das Letzte sind, das über die Menschen hereinbricht, sondern Gott den unschuldig leidenden Gerechten in freier Souveränität und Barmherzigkeit aus der Not rettet; er greift "am dritten Tag" ein und löst so die Unheilszeit durch eine neue Heilszeit ab. Der dritte Tag ist also der Tag der Heilswende. Er drückt die "Gewißheit der Hoffnung auf göttliche Hilfe" aus.

Aus ihrer lebendigen Verbundenheit mit dem Glauben Israels haben die ersten Christen diese Überlieferung auf das Auferstehungsereignis hin aktualisiert. Die Zeitangabe ist also nicht chronologischer Art, sondern trägt aufgrund ihrer theologischen Bedeutung die Signatur eines heilsgeschichtlichen Ereignisses: Sie qualifiziert das Ereignis der Auferstehung als unberechenbare, unerwartete und endgültige Wendung zum Heil, die von Gott selbst geschaffen ist. Jesus hat sich in seinem Leben ganz auf Gott ausgerichtet, und der lebendige Gott, der Macht über den Tod hat, bekennt sich zu ihm und rettet ihn aus der Macht des Todes.

---

64 P. Stuhlmacher, Auferweckung Jesu und Biblische Theologie, 151;

65 Die Zeitangabe will das Geschehen zwar datieren, aber ein Bezug auf einen historischen Zeitraum nach dem Kreuzestod Jesu läßt sich aufgrund des exegetischen Befundes nicht belegen. Auch religionsgeschichtliche Erklärungen erweisen sich als problematisch (vgl. K. Lehmann, Auferweckt am dritten Tag nach der Schrift, 159-204.259-261).

66 Ebd., 108f.262-290. Infolge des Auseinanderdriftens von Synagoge und Christengemeinde hat sich vermutlich der lebendige Kontakt zur jüdischen Überlieferung abgeschwächt. Die Christen gestalteten ihren Glauben stärker aus der eigenen Überzeugung heraus. Dadurch ist in den Evangelien selbst, die durchwegs später entstanden sind, der innere Bezug auf diese Tradition verlorengegangen.

f) In ähnlicher Weise läßt sich die Bedeutung von ὤφθη mit Dativ traditionsgeschichtlich erklären. Die Beglaubigung der Auferstehung reflektiert sicherlich auf eine umwälzende Erfahrung der Jünger ("er wurde gesehen, er wurde sichtbar gemacht, er ließ sich sehen"), aber sie läßt sich nicht psychologisch als nachvollziehbare Vorstellung ausmalen. In der LXX wurde diese Wendung[67] immer wieder (Gen 12,1; 18,1; Ex 3,2 u.ö.) verwendet, "um das Erscheinen einer überirdischen, letztlich von Gott stammenden Wirklichkeit auszudrücken"[68]. Traditionsgeschichtlich steht demnach hinter der Erscheinungsaussage das Theophaniemodell. Das Bekenntnis spricht also von einem Sich-Sichtbar-Machen: Die Initiative und Aktivität geht ganz und gar von Gott aus, die Jünger sind passive Empfänger der Offenbarung des Auferweckten. Dem Erfahrungshorizont der damaligen Zeit entsprechend, wurde dieses »Erscheinen« "als reales Geschehen empfunden"[69], dem wir mit den Kategorien der Naturwissenschaft jedoch in keiner Weise beikommen. Wir müssen vielmehr die traditionsgeschichtlichen Linien im Auge behalten, die bei der Artikulierung des Osterglaubens wirksam wurden: Die ersten Christen haben dieses Widerfahrnis von Anfang an in den Horizont göttlicher Selbstbekundung gestellt; sie läßt sich nicht auf subjektive Erlebnisse der Zeugen reduzieren. Der Glaube an Jahwe, der die Toten lebendig machen kann, hatte sich in Israel zu der Erwartung ausgeweitet, daß Jahwe als Höhepunkt seiner Gerechtigkeit den Tod vernichten (Jes 24-27) und die Gerechten "zu ewigem Leben" auferwecken wird (Dan 12, 1f.). Die Vorstellung von der Erhöhung des leidenden Gottesknechtes (Jes 52,13), aus deren Zusammenhang die ersten Christen den Kreuzestod Jesu interpretierten, dürfte für sie auch "den grundlegenden Verstehenshorizont abgegeben haben, um den Glauben an ein Eingreifen Gottes zu artikulieren"[70]. Aus dieser lebendigen Glaubenstradition haben sie die Auferweckung als Erhöhung des Gekreuzigten, zu dem sich Gott selbst bekannte, verstanden und die Erscheinungen als Begegnung mit dem als »Messias« Eingesetzten, dessen Offenbarung als Beginn der endzeitlichen Auferstehung galt, interpretiert[71]. "In den Erscheinungen handelt der Auferstandene bereits in jener göttlichen Vollmacht, wie

[67] Im profanen Griechisch stünde dafür ἐφάνη. Die LXX gibt mit ὤφθη + Dativ das Niphal von »raah« wieder, das sich auflösen läßt mit der Übersetzung "er ließ sich sehen dem...". Vgl. J. Kremer, Das älteste Zeugnis von der Auferstehung Christi, 54-56; K. Lehmann, Auferweckt am dritten Tag nach der Schrift, 100f.; J. Blank, Paulus und Jesus, 156-162; A. Vögtle, Wie kam es zum Osterglauben?, 38ff.

[68] J. Kremer, Das älteste Zeugnis von der Auferstehung Christi, 56; vgl. H.-J. Klauck, 1. Korintherbrief, 109.

[69] J. Kremer, Das älteste Zeugnis von der Auferstehung Christi, 57.

[70] A. Vögtle, Wie kam es zum Osterglauben?, 113.

[71] Vgl. zu diesem Zusammenhang: A. Vögtle, Wie kam es zum Osterglauben?, 107-122. Zu dieser eschatologischen Sicht paßt auch der eschatologische Ausblick als genuines Wort Jesu in Mk 14,25 und der Flehruf der Urgemeinde »marana-tha«, der sich auf den erhöhten Christus bezieht, als originäres Element christlichen Glaubens.

sie ihm durch die Auferstehung zuteil geworden ist. Die Erscheinungen gehören schon zum Vollzug seiner »neuen Existenz«"[72]. Christus selbst erschließt sich den Jüngern. Die Erscheinungsaussagen sprechen von ihrer Begegnung mit dem Auferstandenen inmitten der geschichtlichen Welt.

Der Schwerpunkt des Bekenntnisses liegt auf der endzeitlichen Existenzweise des Auferweckten, nicht jedoch auf dem Gedanken einer Legitimation der Zeugen[73]. Vor allem für Paulus bildete die Sprachwelt der Apokalyptik "die notwendige Grammatik, den Kontext und den Rezeptionsfilter, mit deren Hilfe er sich das Christusgeschehen aneignete"[74]. Der Sieg Gottes über den Tod, den letzten Feind (1 Kor 15,26), ist das Kernmotiv der apokalyptischen Endzeiterwartung[75]: die Umwandlung und Wiederherstellung des ganzen Kosmos in einem neuen Schöpferakt Gottes[76]. Die Verherrlichung des Gekreuzigten "ist eine Vorwegnahme der apokalyptischen endgültigen Auferstehung der Toten und stellt deshalb die Vorwegnahme der Verwandlung des Kosmos und des neuen leiblichen Lebens dar"[77] (vgl. 1 Kor 15,20).

Paulus verändert diese apokalyptische Tradition, indem er im Tod Jesu bereits das endgültige Urteil Gottes über die widergöttlichen Mächte gesprochen sieht, womit dem Tod die Macht entzogen ist, und das Leben den Sieg errungen hat. Darum bedeutet Christi Auferstehung "die »sola gratia« des neuen Lebens für alle"[78]. Das Erscheinen des Auferstandenen bezeichnet darum die endzeitlich-endgültige Heilsgegenwart Gottes. "Der damit in Vollzug befindliche eschatologische Prozeß bestimmt verändernd das ganze Leben der Zeugen"[79]. Die Erscheinungsaussage darf darum von ihrer eschatologischen Dimension nicht abgekoppelt werden. Sie ist ein Grundzug in der Bekenntnistradition der Gemeinde und wurde für Paulus in 1 Kor 15 mehrfach zum entscheidenden Ansatz der Argumentation gegen die Leugnung der Totenauferweckung in Korinth, wie wir noch sehen werden. Die Auferstehung Christi ist Offenbarungsgeschehen, das auch den Empfänger in seiner ganzen Existenz betrifft[80]. Bleibt das Sich-Sichtbar-Machen in seinem unableit-

---

72 J. Blank, Paulus und Jesus, 159.
73 Dies verteidigt Anton Vögtle in der o.a. Arbeit gegen Rudolf Pesch.
74 J.C. Beker, Der Sieg Gottes, 24.
75 Ebd., 59.
76 Ebd., 64.
77 Ebd., 64.
78 Ebd., 76-79, Zitat 79.
79 H. Kessler, Sucht den Lebenden nicht bei den Toten, 151.
80 "Diese väter- und endzeitliche Heilsgegenwart Gottes ist für die LXX ein Geschehen, das sich dem Menschen nicht nur über seine Innerlichkeit (Geist, Seele, Bewußtsein) vermittelt, sondern den ganzen Menschen ergreift und auch seine Sinne affiziert" (H. Kessler, Sucht den Lebenden nicht bei den Toten, 151). "Für den Adressaten bedeutet die Erscheinung, daß er als Person in Beschlag genommen und zum Zeugendienst bestellt wird" (H.-J. Klauck, 1. Korintherbrief, 109).

baren Charakter gewahrt, läßt sich mit den Erscheinungen auch die Glaubensaufforderung verbinden; denn "ohne diesen Einsatz (sc. der menschlichen Person) erschließt sich das Gesehene dem menschlichen Verstehen nicht"[81]. Die einzig angemessene Antwort des Menschen auf die Offenbarung Gottes ist der Glaube. Glaube und Verkündigung haben ihren Grund allein in der Wirklichkeit des Auferstandenen selbst.

f) Zeugen: Die Erwähnung von Kephas und Zwölferkreis als Erscheinungszeugen bindet das Auferstehungsbekenntnis eng an die Jerusalemer Gemeinde als dem Ursprung des Glaubens und der Verkündigung der Kirche. Damit ist jedoch die Frage nach Ort und Zeit der Erscheinungen, über die der Text nichts aussagt, nicht entschieden. Petrus, der von Jesus selbst den Beinamen »Kephas« erhielt (Mk 3,6), ist der erste, dem der Auferstandene erschien. Diese Tradition findet sich auch in Lk 24,34 (vgl. Mk 16,7) und hat in den Ostererzählungen des Johannesevangeliums ihren Niederschlag gefunden (Joh 20,1-10; 21,15-23). Die Ersterscheinung begründet auch die besondere Stellung des Petrus in der Urkirche[82].

Davon unterschieden (ἔπειτα) wird die Erscheinung vor den "Zwölf". Weil Paulus diese Bezeichnung sonst nicht verwendet, dürfte sie als ursprüngliches Element in der Überlieferung verankert sein. Gemeint ist der Zwölferkreis, den Jesus selbst um sich gesammelt hat (Mk 3,14par.), "um die Restitution des endzeitlichen Gottesvolkes zeichenhaft anzusagen"[83]. Der Zwölferkreis darf als feste Größe bereits vor der Auferstehung angesehen werden[84]. Sie gehören durch die Erscheinungen zu den grundlegenden Zeugen der Auferstehung Christi; sie verbürgen ihre Wahrheit.

Die Zeugenangaben wollen die Tatsache der Erscheinungen des Auferstandenen bekräftigen. Auf die umwälzenden Erfahrungen der Jünger Jesu und ihr Zeugnis von der Wirklichkeit des lebendigmachenden Gottes bleibt die Gemeinde unaufgebbar bezogen.

---

81 K. Lehmann, Die Erscheinungen des Herren. Thesen zur hermeneutisch-theologischen Struktur der Ostererzählungen, in: H. Feld/J. Nolte (Hrsg.), Wort Gottes in der Zeit (FS Karl Hermann Schelkle), Düsseldorf 1973, 371f.

82 Dieser Vorgang kann nicht als Hinweis auf die Begründung des Osterglaubens durch Petrus interpretiert werden. "Das wiederholte »erschien« schließt aus, daß die Erscheinung vor Petrus die einzige war und als Beweis für die anderen genügt hätte" (J. Kremer, Das älteste Zeugnis von der Auferstehung Christi, 69).

83 H.-J. Klauck, 1. Korintherbrief, 109; vgl. G. Lohfink, Die Sammlung Israels. Eine Untersuchung zur lukanischen Ekklesiologie (StANT 39), München 1975, 63-67. 70-72.77-84.

84 Daß Judas nicht mehr dazu gehörte, ist ein indirekter Hinweis auf die Existenz dieses Gremiums als feste Größe vor Ostern. Zumindest in der katholischen Exegese hat die Auffassung von Hans Conzelmann (Der erste Brief an die Korinther, 312), der Kreis wäre erst nach dem Tod Jesu entstanden, keinen Anklang gefunden (vgl. J. Kremer, Das älteste Zeugnis von der Auferstehung Christi, 69f., Anm. 22; H.-J. Klauck, 1. Korintherbrief, 109).

Angaben weiterer Zeugen der Auferstehung Christi nach der überkommenen Überlieferung (Vv. 6-7)

Mit V. 6 beginnt ein neuer Satz, der sich in seiner Konstruktion jedoch V. 5 anschließt. Fast nahtlos geht so der Text in die weiteren Zeitangaben über, so daß einige Exegeten wenigstens V. 7 noch zum Grundbestand der Bekenntnistradition rechnen wollten[85].

Paulus greift hier sicherlich auf alte Traditionen zurück, um die Basis seiner Argumentation durch weitere verbürgte Erscheinungen zu verbreitern. Im Vordergrund steht für ihn die chronologische Abfolge der Ereignisse[86], nicht die Konkurrenz zwischen einer Petrus-Zwölferkreis-Tradition und einer Jakobus-Tradition[87]. Paulus führt diese Überlieferung wahrscheinlich an, um herauszustellen, daß die Erscheinungen auf einen abgeschlossenen Kreis beschränkt waren, also unwiederholbar sind. Auf das Zeugnis dieser Personen allein gründet sich die Auferstehungsbotschaft, nicht auf beliebige andere pneumatische Erfahrungen. Darum kann die Auslegung der Botschaft auch nur von dem Sinngehalt jener Zeugnisse ausgehen. Diese Tradition drückt eben die Überzeugung vieler Leute in der Jerusalemer Urgemeinde aus, nicht nur seine eigene; zwischen seiner Erfahrung und Verkündigung und dem Zeugnis der Urgemeinde besteht eine gemeinsame Zeugenschaft. Sie spricht von dem neuen Leben, das Christus nach seinem realen Tod von Gott gegeben ist, und von wirklichen Begegnungen mit ihm, die eine fundamentale Wende im Leben der Zeugen herbeiführten.

a) Die Erscheinung geschah vor "mehr als fünfhundert Brüdern auf einmal". Die örtlichen und zeitlichen Umstände sind unbekannt, die Bezugnahme auf eine anderswo erwähnte Versammlung (z.B. Pfingsten) ist wenig wahrscheinlich[88]. Gemeint ist sicher eine Versammlung von Menschen, die in einem engen Verhältnis zueinander standen ("Brüder"). Es liegt nahe, daß sich auf die Verkündigung der Auferstehung durch Petrus und die Zwölf hin eine große Zahl von Jüngern Jesu versammelte, und Christus sich ihnen als der Auferstandene ebenso erschloß, wie sie mit ihm in seinem irdischen Dasein den Anbruch des Reiches Gottes erlebten (vgl. Lk 6,17; 8,1-3; 10,1-24; bes. 19,37). Wenn wir für Petrus und die Zwölf die Kontinuität zum vorösterlichen Geschehen reklamieren, sollten wir sie für die 500 Brüder nicht ausschließen; die historische Nicht-Belegbarkeit der Zahl ist in Anbetracht der Menge und der sonstigen ungenauen Zahlenbegriffe im Neuen Testament noch kein Gegenbe-

---

[85] J. Kremer, Das älteste Zeugnis von der Auferstehung Christi, 28; U. Wilckens, Der Ursprung der Überlieferung der Erscheinungen des Auferstandenen. Zur traditionsgeschichtlichen Analyse von 1. Kor. 15,1-11, in: W. Joest/W. Pannenberg (Hrsg.), Dogma und Denkstrukturen (FS Eduard Schlink), Göttingen 1963, 56-95

[86] J. Blank, Paulus und Jesus, 166; H.-J. Klauck, 1. Korintherbrief, 110.

[87] Davon gehen aus: E. Stauffer, Jesus, Paulus und wir, Hamburg 1961, 112; U. Wilckens, Der Ursprung der Überlieferung der Erscheinungen des Auferstandenen, 67ff. Dagegen: H. Grass, Ostergeschehen und Osterberichte, Göttingen ²1967, 97; W. Schmithals, Das kirchliche Apostelamt. Eine historische Untersuchung (FRLANT 79), Göttingen 1961, 65.

[88] Vgl. J. Kremer, Das älteste Zeugnis von der Auferstehung Christi, 72ff.; J. Blank, Paulus und Jesus, 165.

weis. Das ἐφάπαξ verstärkt die Gemeinschaft ihrer Erfahrung – für andere zudem ein überwältigendes Zeugnis, zumal "die meisten von ihnen noch am Leben sind" und damit auch für die Adressaten des Paulusbriefes befragbar sind.

b) Die Bemerkung, daß "einige schon entschlafen sind", hat für die Auseinandersetzung in Korinth besonderes Gewicht: Selbst Auferstehungszeugen sind gestorben. Die Auferstehungserfahrung suspendiert nicht das Sterben. Die Anteilhabe an der Auferstehung der Toten, die mit Christus ihren Anfang nahm, ist von anderer Qualität als irgend eine irdische Erfahrung und Hoffnung (vgl. 1 Kor 15,19.35-50). Damit "begründet Paulus vorgreifend die These, daß die Gläubigen, die in diesem Zeitraum (sc. in der Zwischenzeit zwischen Jesu Auferstehung und Parusie) sterben, in das Leben gelangen"[89].

c) Auch die Erscheinung vor Jakobus wird ebenso wie die vor den Fünfhundert nur hier erwähnt. Jakobus war wohl der «Herrenbruder» (Gal 1, 19; Apg 12,17; 15,13; 21,18), der mit der ganzen Familie die Verkündigung Jesu zunächst ablehnte (Mk 6,3) und durch diese Erscheinung erst zum Glauben kam[90]. Er hat sich dann der Jerusalemer Gemeinde angeschlossen und spielte dort eine führende Rolle (vgl. Gal 2,9). Gerade dadurch, daß Paulus die Erscheinung vor Jakobus, mit dem er in Antiochia Streit hatte (vgl. Gal 2,12), nicht übergeht, bekräftigt er die Auferstehungszeugnisse. Die Übereinstimmung mit einem Gegner ist ein starkes Wahrheitszeugnis.

d) Worauf aber bezieht sich die Erwähnung der Erscheinung vor "allen Aposteln"? Auch davon ist sonst nichts überliefert. Sind mit den ἀπόστολοι andere gemeint als die bereits erwähnten? Die Verwendung des Begriffs "Apostel" ist im Neuen Testament nicht einheitlich. Bei Paulus ist er jedenfalls nicht auf die Zwölf eingeschränkt (vgl. Röm 16,7; 2 Kor 11,5.13; 12,12). Das missionarische Element aber ist konstitutiv für die ἀπόστολοι (vgl. 2,8). Darum dürften zu ihnen neben den Zwölf auch noch andere Verkündiger des Evangeliums bei Juden und Heiden gehört haben. Auch wenn die Erscheinungen nicht als Legitimation zu verstehen sind, ergibt sich aus ihnen dennoch sekundär ein Sendungsauftrag, die Botschaft weiterzugeben. Das Widerfahrnis der Erscheinung Christi befähigte sie nach dem Karfreitag zu neuer Aktivität. Paulus verankert al-

[89] H. Conzelmann, Der erste Brief an die Korinther, 313.
[90] Vgl. H.-J. Klauck, 1. Korintherbrief 110. Der Sinn der Auferstehungszeugnisse wird zu eng gefaßt, wenn sie primär als Legitimationsformeln für die Autorität der erwähnten Personen betrachtet werden. Zur Diskussion dieser Frage vgl. A. Vögtle/ R. Pesch, Wie kam es zum Osterglauben?, Düsseldorf 1976, 44-51.59-68; H. Kessler, Auferstehung, in: P. Eicher (Hrsg.), Neues Handbuch theologischer Grundbegriffe, Bd. 1, München 1984, 85f.

so die missionarische Tätigkeit derer, die nach Ostern mit der Verkündigung der Auferstehungsbotschaft begannen, in Erscheinungen Christi[91]: Jene sprechen also von dem, was sie selbst erfahren haben. Das Apostelamt bleibt für Paulus an die Christuserscheinung gebunden. Man darf demnach für V. 7 einen begrenzten Kreis von Leuten annehmen, die den Auferstandenen sahen und wahrscheinlich von Jerusalem aus mit der Verkündigung der Heilsbotschaft begannen. Genauere Angaben lassen sich nicht mehr machen.

Mit dem Verweis auf die Erscheinungen vor allen Aposteln schließt Paulus die Liste der Zeugen, die zu der überkommenen Überlieferung gehören, ab. Er erinnert damit die Korinther an die Auferstehung Christi als ein Ereignis in der Geschichte, in dem der Glaube der Zeugen begründet ist, und auf dem sie selbst Stand gefaßt haben.

Paulus stellt sich in die Reihe der Zeugen von der Auferstehung Christi (Vv. 8-10)

Das Evangelium ist durch Paulus zu den Korinthern gekommen (V. 1). Es ist nicht sein Evangelium, sondern das gemeinsame Bekenntnis der ersten Christen, das im Handeln Gottes seinen Grund hat. Was Paulus den Korinthern verkündet hat, ist aber bei ihnen in falsche Bahnen geraten. Um sie zur Wahrheit zurückzurufen, hat er sie zuerst in aller Breite an das überlieferte Zeugnis erinnert.

Nun geht es um seine Person und seine Verkündigung. Er stellt sich selbst in die Reihe der ἀπόστολοι, die die Heilsbotschaft verkünden. In vielfältiger Weise macht er in Vv. 8-10 klar, daß seine Stellung als Apostel nicht aus eigener Vollmacht, Leistung und Tauglichkeit kommt, sondern allein aus der Gnade Gottes. Auf die Grundzüge seiner Berufung zum Apostel kommt es ihm im Blick auf den Glauben der Korinther wesentlich an. Mit seinem eigenen Zeugnis will er ebenso auf ihre Haltung einwirken wie mit der überkommenen Bekenntnistradition.

a) Mit der Aufnahme des ὤφθη deutet Paulus das Damaskuserlebnis als ein Erscheinen des auferstandenen Christus (vgl. Gal 1,15f.; 1 Kor 9,1). Nach Apg 9,1-9; 22,3-16; 26,9-18 war die Christuserscheinung ausschlaggebend für seine Bekehrung, da er den irdischen Jesus wahrscheinlich nicht kannte. Paulus versteht sich selbst und seine Berufung ganz und gar von der ihm widerfahrenen Christusoffenbarung her.

b) Paulus stellt diese Erscheinung auf die gleiche Stufe wie die vorausgehenden (κἀμοί). Damit gründet er seine Berufung als Apostel qualitativ auf das gleiche Erfahrungs- und Glaubensfundament, das auch für die Jünger zum entscheidenden Ausgangspunkt wurde. Mit der Gleichar-

---

91 Vgl. K.H. Schelkle, Apostel, in: Lexikon für Theologie und Kirche, Bd. 1, Freiburg ²1957-1965, 735; H. Grass, Ostergeschehen und Osterberichte, 103; J. Blank, Paulus und Jesus, 166ff.

tigkeit seiner Ostererfahrung tritt auch seine Selbständigkeit und die Unmittelbarkeit seines Apostelamtes zum auferstandenen Christus hervor: Er hat die Botschaft nicht nur übernommen, sondern der Auferstandene ist ihm selbst begegnet, und er versteht sich als von Christus selbst ermächtigt.

c) Paulus betrachtet diese Erscheinung als die in zeitlicher Reihenfolge Letzte, als Abschluß der Erscheinungen. Bereits durch die auffällige Satzstruktur wird der Ausnahmecharakter dieses Geschehens angedeutet.

d) Denn seine Ostererfahrung fällt gewissermaßen aus dem Rahmen: ὡσπερεὶ τῷ ἐκτρώματι. Diese Christuserfahrung läßt Paulus seine gesamte Existenz völlig neu sehen. Von der Bedeutung dieser Aussage handelte bereits ein früherer Abschnitt der Arbeit (vgl. 14.2).

Paulus geht es in Vv. 8-10 auch um die Grundlegung und Qualifizierung seiner Verkündigung, die die Korinther angenommen haben. Die theologische Linie seiner Argumentation, in der er den Kern der Bekenntnistradition auf seine Person und Verkündigung hin auslegt, ist freilich vorrangig geprägt vom Glauben an die Wirkkraft göttlichen Handelns in der Geschichte. Sie ist Wirklichkeit geworden im gekreuzigten und auferstandenen Christus, sie ist der Grund, auf dem allein seine Existenz und der Glaube der Korinther basiert. Die Auferstehungsbotschaft kann nur der richtig verstehen, der sich an diese Grundlage hält.

Übereinstimmung des angenommenen Glaubens mit der Verkündigung der übrigen Apostel (V. 11)

Der Gedankengang des Paulus geht wieder zurück zum Motiv seiner Darlegung (Vv. 1-3a). Es geht um das Evangelium als Grundlage des Glaubens und um die Einheit der Verkündigung. Unterschiede mag es geben, weil verschiedene Menschen in der Verkündigung tätig sein. Aber sie gehen nicht so weit, daß dadurch die gemeinsame Sache verloren ginge. Auf den Inhalt der Botschaft kommt es allein an, und darin besteht Einigkeit. Die Überlieferung macht klar, daß seine Verkündigung in Korinth (Vv. 1-3a) keine private Botschaft war, sondern vollständig mit dem gemeinsamen Bekenntnis aller Auferstehungszeugen übereinstimmt (Plural κηρύσσομεν).

Ebenso sicher ist, daß die Korinther dieses Evangelium und kein anderes angenommen haben (Aorist). Insofern sind sie als Christen in den gleichen Glaubenszusammenhang eingebunden und können die Sache nicht auf einmal anders sehen. Zweifel an der Auferstehung Christi haben in Korinth wohl auch nicht bestanden. Dieses Ereignis ist zwar die entscheidende Grundlage von Botschaft und Glaube, aber man sollte es nicht isoliert sehen: Der Horizont dessen, was in Christi Auferstehung Wirklichkeit geworden ist, reicht viel weiter. Man muß das Ganze im Blick behalten, das hier in entscheidender Weise offenbar wurde. Probleme zeigten sich für Paulus in der anthropologischen Auslegung dieses Grunddatums der Heilsgeschichte, in der Bedeutung für die menschliche Existenz und Geschichte.

18.3 Die Auseinandersetzung mit der Glaubensauffassung in Korinth über die Wirklichkeit der Auferstehung der Toten (Vv. 12-34)

Nicht was Menschen sich ausdenken, wozu sie sich berufen fühlen, sondern die überlieferten und im gemeinsamen Kerygma bezeugten Heilstatsachen sind das Fundament christlicher Existenz. Das Ereignis von Tod und Auferstehung Jesu Christi ist der entscheidende Beziehungspunkt des Glaubens und des christlichen Lebens. Dies hat Paulus in Vv. 1-11 in Erinnerung gebracht, um seinen Wahrheits- und Wirklichkeitsgehalt im Gegenüber zu Überzeugungen, die in Korinth Fuß gefaßt haben, näher abzuklären. Nur die Erinnerung an die konkreten Ereignisse gewährleistet ein sachgemäßes Verständnis ihrer Bedeutung für den Menschen. Paulus ist Praktiker genug, um zu wissen, daß immer wieder vorgetragene Auffassungen ihre eigene Dynamik entwickeln. Darum spricht er die ganze Gemeinde an, nicht die Vertreter der abweichenden Auffassung. Und was Leute dort (ἐν ὑμῖν τινες, V.12) vertreten, ist von solchem Gewicht für das Glaubensverständnis, daß er die sich nach seiner Ansicht daraus ergebenden Konsequenzen im Blick auf den Glauben der Gemeinde durcharbeiten muß.

In Kapitel 15 erweist sich Paulus als ein Didaktiker der Korrelation: Er stellt die repräsentativen Inhalte der Glaubensüberlieferung heraus und setzt sie in Beziehung zum konkreten Leben der Gemeinde; er greift ihre Überzeugungen auf und arbeitet sie auf die Konsequenzen hin durch; er prüft ihre Vorstellungswelt, die sich auszubilden beginnt, am Maß der Überlieferung, um eine tragfähige Beziehung der Christen zur Offenbarung anzubahnen (= Auferbauung der Gemeinde)[92]. Mit der Erinnerung an die Heilsgeschichte verknüpft er ihre Bedeutung für das Leben der Christen.

Der Zusammenhang von Auferstehung der Toten und Christi und die Konsequenzen seiner Leugnung (Vv. 12-19)

Mit der Auffassung, die in Korinth vertreten wurde, war wirklich der Kern der christlichen Botschaft sowie ihre anthropologische und heilsgeschichtliche Bedeutung getroffen. Darum geht es Paulus um den Zusammenhang zwischen dem Bekenntnis und dem existentiellen Implikationen des Glaubens, nicht um die Verteidigung der Auferstehung gegenüber Ungläubigen. In bestimmten Auffassungen kristallisiert sich ein Verständnis menschlicher Existenz, das auf konkreten Voraussetzungen beruht und aus dem sich konkrete Folgen ergeben. Diese Dimen-

---

[92] Vgl. auch J.C. Beker, Der Sieg Gottes: Paulus darf man "als einen hermeneutischen Theologen bezeichnen". Seine Theologie ist bestimmt von der "Dialektik zwischen der Wahrheit des Evangeliums und seiner erlösenden, situativen »Verkörperung« in den tatsächlichen Umständen menschlicher Existenz" (103).

sion geht Paulus im Blick auf die These "Eine Auferstehung der Toten gibt es nicht" durch. Ziel seiner Argumentation ist es, die Perspektiven des Glaubens für das menschliche Leben konkret zu verdeutlichen: die Hoffnung, die auch vom Tod nicht aufgehoben wird und ihr Erfüllung im Heilswirken Gottes an uns.

a) Die Auferstehung Christi hängt mit der Auferstehung der Toten unlösbar zusammen. Wenn die Auferstehung der Toten geleugnet wird, hat dies tiefgreifende Folgen für den Glauben, den die Korinther angenommen haben. Nun wird aber die Auferstehung Christi in Korinth gar nicht geleugnet. Da hierin Einigkeit besteht, könnte Paulus das Thema auf sich beruhen lassen.
Aber es haben sich Vorstellungen (vgl. 18.1) dazwischengeschoben, die sich auf diese Glaubenstatsache selbst auswirken. Man hat die Auferstehung Christi hinsichtlich ihres Zusammenhangs und des Umfangs ihrer Bedeutung nicht verstanden. Die Korinther haben aufgrund ihrer hellenistischen Denkweise den für das Verständnis der Auferstehung Christi notwendigen apokalyptischen Denkhorizont des Paulus nicht mitvollzogen; zwischen der für die Endzeit erwarteten, endgültigen Offenbarung der Herrlichkeit Gottes, die die allgemeine Totenauferweckung bringen wird, und der Auferstehung Christi als dem bereits in der Geschichte begonnenen neuen Äon konnten sie keine notwendige Beziehung herstellen[93]. In ihrem Enthusiasmus, der aus dem Bewußtsein ihrer gegenwärtigen Teilhabe an der Auferstehung Christi erwuchs, haben sie "den Vollendungszustand in die Gegenwart projiziert"[94] und so die geschichtliche Differenz zwischen der Auferstehung Christi und der Vollendung der Welt aufgehoben. Ihre Auffassung kam einer Flucht aus der geschichtlichen Wirklichkeit, die ja bis zu der noch ausstehenden Endzeit andauert, gleich. Den biologischen Tod, der doch eine bestimmende Macht des irdischen Daseins ist, überspielten sie bzw. werteten ihn "als Befreiung der Seele und Heimkehr in ihr ewiges Reich"[95]; das Sterben des materiellen Leibes konnte nach ihrer Ansicht die göttliche Substanz in ihnen nicht zerstören[96]. Diese Vorstellung ermöglichte es ihnen, in ihrem Bewußtsein über alle Beschwernisse und Komplexitäten des geschichtlichen Lebens hinwegzusehen. Da in ihrem Leib-Seele-Dualismus das Leibliche als minderwertig gilt und zu überwinden ist, und sie diesen Vollendungszustand bereits erreicht zu haben wähnen, konnte es eine Auferstehung der Toten, d.h. von toten Leibern, nicht mehr geben (V. 12)[97]. Und wenn die Auferstehung Christi bereits die Überwindung

93 Ebd., 65f.; vgl. H.-J. Klauck, 1. Korintherbrief, 112.
94 H.-J. Klauck, 1. Korintherbrief, 112.
95 Ebd., 112.
96 F. Lang, Die Briefe an die Korinther (NTD 7), Göttingen 1986, 219.
97 Wahrscheinlich glaubten sie lediglich "an eine Verwandlung der Leenden bei der Parusie..., nicht aber an eine Auferstehung der Toten"

des Todes bedeutet, warum sollte man dann noch an die Auferstehung toter Leiber glauben?

b) Aber die These ἀνάστασις νεκρῶν οὐκ ἔστιν ist unvereinbar mit dem Glauben an Christi Auferstehung. Diesen Zusammenhang buchstabiert Paulus in Vv. 12-19 durch. Seine Argumentation verläuft nach dem logischen Gesetz, "daß ein allgemeiner negativer Satz nicht aufrecht erhalten werden kann, wenn eine positive Ausnahme nachgewiesen ist, oder daß es nicht eine einzige Ausnahme geben darf, wenn die allgemeine Negation aufrecht erhalten werden soll"[98]. Der Hinweis auf die Logik darf nicht so verstanden werden, als wollte Paulus generell die Auferstehung der Toten beweisen. Seine Argumentation geht vielmehr von Glaubenswahrheiten aus, die in der Überlieferung mitgegeben sind, aber von den Leugnern außer Acht gelassen werden. Die Auferstehung Christi, die Paulus in Vv. 3-11 bezeugte, läßt sich nur von der Prämisse der allgemeinen Totenauferweckung her verstehen. Im Blick auf die korinthische These ergänzt er darum das Wort von der Auferstehung Christi durch ἐκ νεκρῶν (V. 12). Allen spiritualistischen oder enthusiastischen Auslegungen zum Trotz geht es in der Verkündigung um das reale Herausgeholtwerden Christi aus der Welt der Toten; mit ihr ist der Beginn der Endzeit mitten in der Geschichte bereits geschehen. Wenn dies bei Christus schon geschehen ist, kann nicht gleichzeitig die Unmöglichkeit der Totenauferstehung überhaupt gelten. Paulus hält zwar die Auferstehung Christi und die Auferstehung der Toten auseinander (vgl. Vv. 1-11.23f.), aber anthropologisch betrachtet, d.h. hinsichtlich des existenzerschliesenden Glaubens gehören sie zusammen. Die Verklammerung beruht für Paulus auf der eschatologischen Dimension des Geschehens, das sich als Verheißung auch auf die Menschen richtet: Die Auferstehung Christi "ist das eschatologische Heilsereignis, das durch sich selbst die endzeitliche Totenauferstehung überhaupt und für alle Zukunft eröffnet"[99].

c) Diese Sichtweise des Glaubens bleibt den Korinthern offensichtlich versperrt. Deshalb hielten sie zwar an der Auferstehung Christi fest, aber wohl nur als ein exzeptionelles Ereignis. Paulus liegt aber alles an seiner Bedeutung für die Menschen, die in der Botschaft mitzudenken ist, weil sie im Christusgeschehen selbst angelegt ist. Darum macht er die Korinther auf die Konsequenzen einer Verneinung der Totenauferstehung aufmerksam: sie entziehen ihrer eigenen Existenz und ihrem

(H. Conzelmann, Der erste Brief an die Korinther, 321), vgl. G. Sellin, Der Streit um die Auferstehung der Toten, 15-71.

98 J. Weiß, Der erste Korintherbrief (1910), Neudruck Göttingen 1977, 353; vgl. B. Spörlein, Die Leugnung der Auferstehung, 67. Die Kritik von H. Conzelmann (Der erste Brief an die Korinther, 323) wird im folgenden widerlegt.

99 J. Blank, Paulus und Jesus, 135; vgl. B. Spörlein, Die Leugnung der Auferstehung, 66f.

Glauben den Boden. Denn das heilsgeschichtliche Verständnis der Botschaft, das sich auf die ganze Geschichte erstreckt, ist das entscheidende Strukturmoment der paulinischen Theologie; von daher kann Paulus Zeitunterschiede relativieren und verlegt alles auf das Geschehen an und mit Christus[100]. So ist auch die Auferstehung Christi in Frage gestellt (V. 13), wenn die Heilsbedeutung des Christusgeschehens, nämlich die Totenauferweckung, geleugnet wird. Damit wird für Paulus "unsere Verkündigung leer und euer Glaube sinnlos" (V. 19).

d) Der Kern des Problems besteht nicht so sehr in der Ausklammerung eines Teilinhalts des Glaubens, sondern "letztlich steht das besondere christliche Gottesbild auf dem Spiel"[101]. Paulus verwendet durchwegs für die Christusaussage das passivum divinum: Grund und Möglichkeit der Auferweckung liegen im Handeln Gottes, der schon im jüdischen Achtzehn-Bitten-Gebet als der gepriesen wird, der die Toten lebendig macht. Dies ist Wirklichkeit geworden in der Auferweckung Christi (vgl. Röm 4,17.21). Für Christen ist dieser Glaube die Wahrheit, auf der ihre Verkündigung und ihre Existenz letztlich beruhen (vgl. 2 Kor 1,9). Die Leugnung der Totenauferstehung schließt dann die Möglichkeit des lebendigmachenden Handelns Gottes schlechthin aus, also auch die Auferweckung Christi (V. 15f.). Damit zerbräche der Kern des Glaubens. Dann dennoch von der Auferweckung Christi reden zu wollen, wäre Lüge (V. 15): zwischen dem Zeugnis von Gott und der Wirklichkeit Gottes bestünde ein unauflöslicher Widerspruch. Die Verkündigung der Auferstehung Christi würde unmöglich gemacht, weil ihre Grundlage überhaupt entfallen würde.

e) Wenn aber die Voraussetzungen des Glaubens falsch sind, ergeben sich auch weiterreichende Konsequenzen:

- Der Glaube wird unwirksam (ματαία), d.h. das Leben wird nicht verändert, alles bleibt beim Alten (V. 17f.). Dies zeigt sich darin, daß Schuld nicht vergeben wird und der Mensch eingefangen bleibt in der Macht der Sünde. Paulus hebt hier auf die Heilsbedeutung von Tod und Auferstehung Christi ab, die im Grundbekenntnis ausgedrückt wird (Vv. 3b-5): Durch seine Auferweckung wurde Freiheit von der Sünde eröffnet, weil die Macht der Sünde im Tod Jesu für unsere Sünden (vgl. Röm 4,24f.) zunichte wurde. Denn Gott hat sich in der Auferweckung in endgültiger Weise zum Wirken Jesu als dem Messias, der die Menschen von den gottfeindlichen Mächten befreit, bekannt. Wenn aber dieses Wirken Gottes, das allen Menschen zugute kommen soll, geleugnet wird, entfällt die entscheidende Basis christlichen Lebens.
- Überhaupt wäre mit dem Tod wirklich alles aus, und alles bliebe sinnlos. Ja diejenigen, die im Glauben an Christus gestorben sind, hätten vergebens geglaubt: Der Glaube hätte sie nicht gerettet, sie wären verloren — weil sie an einen Gott geglaubt hätten, den es so gar nicht gibt. Nur mit dem von Gott auferweckten Christus gibt es ja den Weg zum Heil.

---

100 Vgl. P. Neuenzeit, Das Herrenmahl, 151.
101 H.-J. Klauck, 1. Korintherbrief, 113.

– Damit würde sich auch die Hoffnung auf Christus als blind und unsinnig erweisen: sie wäre nur eingegrenzt auf die Zeit bis zum Tod und würde durch den Tod zunichte gemacht. Die Hoffnung würde sich zwar auf den (auferweckten) Christus richten, aber sie zerbräche mit dem Tod. Das würde die Lage der Christen im Vergleich zu anderen Menschen, für die vorab der Tod die absolute Grenze des Menschseins ist, noch erbärmlicher machen. Denn mit dem Glauben an Christus werden in diesem Leben tiefere Dimensionen erschlossen und Erwartungen geweckt; ihr Abbrechen im Tod würde, wenn es keine Auferstehung der Toten gäbe und die Hoffnung sich nicht erfüllte, noch verheerender für uns. Paulus denkt bei dieser drastischen Folgerung sicher besonders an den hohen Einsatz der christlichen Verkündiger, die ohne die Gewißheit der Auferstehung nichts anderes als "genarrte Hoffende"[102] wären.

Der Glaube an Christus ohne die Hoffnung auf die Auferstehung von den Toten ist unsinnig. In Wirklichkeit würde auf diese Weise der Tod als die entscheidende Macht über den Menschen verdrängt; vom Beginn eines neuen Lebens, von einer Veränderung der Haltung und der Verhältnisse könnte deswegen keine Rede sein, weil sich jeder Neuansatz im Tod als unsinnig erwiese, sich nicht erfüllen könnte.

Eschatologische Dimensionen der Auferstehung Christi (Vv. 20-28)

Da nun Paulus die Konsequenzen der Auferstehungsleugnung durchgespielt und ihre Tendenzen aufgewiesen hat, kehrt er zum Kernsatz des Bekenntnisses zurück, um seine anthropologische Bedeutung positiv zu entfalten. Sein Interpretationsmodell nimmt er, wie gesagt, von der jüdischen Apokalyptik, baut es jedoch christologisch um[103]. Die Auferstehung der Toten ist ein Geschehen der Endzeit. Die Auferstehung Christi als Tat Gottes bedeutet, daß in diesem einen Menschen, der von den Toten auferweckt wurde (ἐκ νεκρῶν, V. 20), diese Endzeit mitten in der Geschichte schon begonnen hat.

Im Ereignis der Auferstehung Christi ist zwar alles beschlossen, was für das Heil der Christen Gewicht hat. Sie ist ein Ereignis, das ein für allemal Gültigkeit hat, ein "weltwendendes Geschehen, das durch Gottes souveränes Handeln eine neue Weltzeit heraufgeführt hat"[104]. In der Auferweckung Christi "erweist und definiert sich Gott selbst... effektiv und end-gültig als die »Wirklichkeit«, die die Verlorenen tatsächlich rettet"[105]. Aber Weltzeit und Geschichte dauern noch an, und ihre Mächte wirken sich noch aus. Auch die Christen sind noch der Macht des Todes ausgeliefert; diese Tatsache gilt es entschieden zu registrieren. So ist auch die Auferstehung Christi noch "unvollendet" bzw. wird erst in der zukünftigen Auferstehung aller Toten zur Vollen-

---

102 J. Weiß, Der erste Korintherbrief, 355.
103 Vgl. E. Käsemann, Exegetische Versuche und Besinnungen, Bd. II, Göttingen ³1968, 99f.105f.108-112; J.C. Beker, Der Sieg Gottes, 63-66. 69f; vgl. G. Sellin, Der Streit um die Auferstehung der Toten, 261-276.
104 G. Bornkamm, Paulus, Stuttgart 1969, 44.
105 H. Kessler, Sucht den Lebenden nicht bei den Toten, 304.

dung gelangen[106]. In der korinthischen Auffassung blieb diese anthropologisch-geschichtliche Dimension des Ereignisses ausgeklammert.

Aus der Leugnung des Zusammenhangs von Auferstehung Christi und Auferstehung der Toten in der Endzeit ergeben sich enorme Konsequenzen für das Selbstverständnis des Menschen in der Weltzeit und für die Art und Weise des Handelns. Für Paulus war damit gleichzeitig der Kern des Evangeliums getroffen. Nach dem apokalyptischen Verstehenshorizont begründet nämlich die Auferstehung Christi die Gewißheit unserer zukünftigen Auferweckung[107]; davon aber nahmen die Korinther Abstand. So geht Paulus nunmehr daran, die Wirklichkeit der Totenauferweckung aus dem Christusgeschehen zu entwickeln. Was sich ereignet hat, hat von Grund auf heilsgeschichtliche Bedeutung, d.h. die Menschen und ihre Geschichte sind miteinbezogen. Um den Korinthern Unterschied und Zusammenhang von Totenauferstehung und Auferstehung Christi verständlich zu machen, braucht er das christologisch gewendete Denkmodell der Apokalyptik, in dem er sowohl die konfessorischen Grundlagen als auch die geschichtlichen Gegebenheiten expliziert. Dazu greift er auf Bilder und Vorstellungen zurück, die auch dort eine Verständigung ermöglichen, wo abstrakte Begriffe versagen und die Dimensionen des Bekenntnisses unverstanden bleiben.

a) Paulus geht von der Auferstehung Christi als dem unerschütterlichen Fundament des Glaubens aus: "Nun aber ist Christus von den Toten auferweckt worden" (V. 20). Die Verbindung zu allen Menschen stellt die Apposition her: als der Erste der Entschlafenen wurde Christus auferweckt. Wie alle Menschen war er dem Todesschicksal unterworfen[108]. Mit dem Perfekt κεκοιμημένων hebt Paulus gerade auf die bereits verstorbenen Christen von Korinth ab (vgl. Vv. 6.18). Christus ist mit ihnen im Tod verbunden, aber er ist als Erster auferweckt.

Mit dem Bild der ἀπαρχή stellt Paulus die Verbindung zwischen dem auferstandenen Christus und der Totenauferweckung her. Es wird Bezug genommen auf die Erstlinge der Ernte und der Tierzucht, die in der Paschawoche am Tag nach dem Sabbat Gott dargebracht wurden. Die Erstlingsgabe gewährleistete den Erfolg der ganzen nachfolgenden Ernte und Aufzucht, die Gott geweiht ist[109]. Auf die Auferstehung übertragen heißt das: Christus ist nicht isoliert zu sehen, sondern er ist der Erste einer Reihe anderer, die vom Reich der Toten befreit werden (vgl. Kol 1,18). Die Nachfolge der anderen liegt in diesem Geschehen als der alles erst in Gang setzenden Ursache begründet: In ihm und durch ihn entsteht eine neue Bewegung, die auf die verstorbenen Christen hin geöffnet ist.

Gleichzeitig besteht aber auch ein Vorbehalt: Mit Christus sind nicht schon alle auferstanden, sondern er ist der Erste und bisher Einzige.

---

106 J.C. Beker, Der Sieg Gottes, 69.
107 B. Spörlein, Die Leugnung der Auferstehung, 70 u.ö.
108 Κοιμᾶσθαι ist ein Euphemismus für "sterben". Spätjüdische Erkenntnisse über die Auferstehung von den Toten (Dan 12,27; 2 Makk 12, 43-46) dürften in diesem Terminus bereits mitspielen.
109 J. Blank, Paulus und Jesus, 275. Hans-Josef Klauck macht darauf aufmerksam, daß es sich hier um den "Tag der Auferstehung Jesu" handelt (1. Korintherbrief, 113f.).

Für die anderen entsteht dadurch die Gewißheit ihrer zukünftigen Auferstehung. In der Gegenwart hat jedoch noch niemand diesen Vollendungszustand erreicht, also auch nicht die Enthusiasten in Korinth.

b) Die Zusammengehörigkeit von Auferstehung Christi und zukünftiger Totenauferweckung erläutert Paulus mit dem jüdischen Modell des Stammvaters als einer "korporativen Persönlichkeit", in dem "die Nachkommen selbst identisch mit ihren Vorfahren sind"[110]. Es relativiert die Zeitunterschiede und hebt ein für alle geltendes Existential hervor. Der erste Mensch repräsentiert so die für die gesamte Menschheit bestimmende Wirklichkeit des Todes. Ebenso gibt es jetzt einen Stammvater für die Auferstehung der Toten (V. 21), der für die Seinen eine neue Ordnung begründet. Paulus liest dabei das apokalyptische Schema der Adam-Christus-Parallele in das Stammvatermodell hinein, um wie in Röm 5,12-21 herauszustellen: "Christus wurde für die erlöste Menschheit ein ähnlicher Stammvater wie Adam für die unerlöste Menschheit"[111]. Indem Paulus durch die futurische Aussage in V. 22b von der parallelen Form abweicht, verhindert er die Folgerung der Enthusiasten[112]: Durch Christus ist zwar die Auferstehung von den Toten gekommen, aber das neue Leben für "alle", das "in Christus" seinen Grund hat, bleibt der Zukunft vorbehalten. Jetzt haben "alle" sich noch den Notwendigkeiten der Geschichte zu stellen und können sich nicht in Enthusiasmus des Pneumabesitzes einen Vollendungszustand einsuggerieren. Außerdem gilt die Totenauferweckung nur für die in Christus Entschlafenen (vgl. V. 18)[113], nicht für Ungläubige, von denen er hier auch nicht spricht.

c) Die in V. 22b aufgezeigte zeitliche Differenz und ihre Bedeutung erläutert Paulus im nächsten Abschnitt (Vv. 23-28). Für die Endzeit gibt es im apokalyptischen Modell eine bestimmte Ordnung (τάγμα, V. 23), die nicht in den Händen der Menschen liegt. Paulus verknüpft damit die Hoffnung auf das Kommen des Gottesreiches. Sein Anfang ist bereits in der Auferweckung Jesu erfolgt, aber die Vollendung geschieht erst, "wenn Christus kommt" (V. 23; vgl. 1 Thess 2,19; 3,13; 4,15; 5,23). Dann werden erst die verstorbenen Christen auferstehen. An

---

110 P. Neuenzeit, Das Herrenmahl, 152.

111 Ebd., 153.

112 Vgl. H. Conzelmann, Der erste Brief an die Korinther, 329; F. Lang, Die Briefe an die Korinther, 223.

113 Auch darin liegt eine Abweichung vom Modell der jüdischen Apokalyptik: "Die Zusammengehörigkeit zwischen Christus und der durch ihn inaugurierten Menschheit ist nämlich keine naturhafte, sondern die des Glaubens" (E. Schweizer, 1. Korinther 15,20-28 als Zeugnis paulinischer Eschatologie und ihre Verwandtschaft mit der Verkündigung Jesu, in: E.E. Ellis/E. Gräßer (Hrsg.), Jesus und Paulus (FS Werner G. Kümmel), Göttingen 1975, 301-314, hier 306; vgl. H.-J. Klauck, 1. Korintherbrief, 114; F. Lang, Die Briefe an die Korinther, 223f.).

diese Ordnung halten sich die Enthusiasten offenbar nicht; denn die Vollendung der Gottesherrschaft, die sie schon erreicht zu haben glauben, steht noch aus. Es verhält sich nämlich so, daß der auferstandene Christus zwar die Mächte und Gewalten bereits besiegt hat, aber in der noch andauernden Geschichte drohen die Menschen ihnen noch zu verhaften. Die Gottesherrschaft ist aufgrund der Auferweckung Christi schon gegenwärtige Realität, aber solange die Geschichte währt, sind die Gläubigen noch den gottfremden Mächten ausgesetzt. Wir befinden uns noch in der Zeit des Kampfes, in der sich entscheidet, auf wessen Seite wir stehen. "In diesem Sinne bleibt auch der Auferstandene immer noch der Gekreuzigte und es wird verständlich, daß auch der nach Ostern Erhöhte nicht einfach nur der Triumphierende ist"[114]. Erst wenn Christus, dem Gott die Herrschaft während dieser Geschichte aufgegeben hat, alle Mächte, besonders den Tod als den letzten Feind, entmachtet hat, ist der Zustand der Vollendung erreicht.

Es wird nochmals deutlich, daß das Kommen der Gottesherrschaft in Gegenwart und Zukunft allein Sache Gottes und die Vernichtung der Feinde zugleich auch garantiert (δεῖ) ist (V. 25); dazu dient der Verweis auf Ps 110,1. Daß dieses Geschehen unmittelbar an Christus gebunden ist, nicht im Pneumabesitz der Korinther begründet ist, verdeutlicht Paulus mit Ps 8,7 in messianischer Deutung (V. 27). Paulus beschreibt nicht das Geschehen der Vollendung, weil es Gottes Handeln allein angehört, aber er entfaltet die kosmische Dimension der zukünftigen Auferweckung der Toten. Wenn alle Mächte, zuletzt der Tod vernichtet sind, ist das Reich Gottes zur Vollendung gelangt. Dazu gehört aufgrund des toten Todes die Auferweckung der Toten, die Übergabe der Herrschaft Christi an den Vater und mit der alles durchdringenden Gottesherrschaft die Versöhnung aller mit Gott (V. 28).
Wiederum wird deutlich, daß an der Unterwerfung unter Christus alles hängt, sein Geschick für alle bestimmend bleibt, auch der Tod, durch diese Zugehörigkeit jedoch die zukünftige Rettung gewiß ist. Ostern ist aufgrund seiner eschatologischen Dimension der Grund der Hoffnung, aber Christus gehört Gott, nicht den Menschen.

Hoffnung auf die Auferstehung von den Toten und ihr Sinn für die Lebensführung (Vv. 29-34)

Nachdem Paulus Zusammengehörigkeit und Differenz von Auferstehung Christi und Auferstehung der Toten erläutert hat, entfaltet er die Bedeutung des Auferstehungsglaubens für die Gegenwart. Es ist didaktisch höchst bemerkenswert, daß er dazu auf konkrete Erfahrungssituationen der Korinther und seines eigenen Lebens zurückgreift und

114 E. Schweizer, 1. Korinther 15,20-28 als Zeugnis paulinischer Eschatologie und ihre Verwandtschaft mit der Verkündigung Jesu, 308.

ihre Struktur mit der Glaubenserfahrung in Beziehung setzt (vgl. 12.3 und 12.4.3). Damit will er die Hoffnung und ihre Bedeutung für das Selbst- und Weltverständnis von reflektierten Erfahrungen aus explizieren. Dies ist ein wichtiger Hinweis darauf, daß die Bibeldidaktik heute dieselben Wege gehen und analoge Situationen der heutigen menschlichen Erfahrungswelt reflektieren kann. Nach solchen Spuren, die auf den Weg der christlichen Hoffnung hinüber-weisen, zu suchen, ist bibeldidaktisch geradezu geboten. Wir müssen zunächst sehen, worum es bei diesen Erfahrungssituationen in 1 Kor 15,29-34 geht.

a) In Korinth gab es die Sitte, sich ein zweites Mal anstelle und zugunsten (ὑπέρ) von Toten taufen zu lassen (V. 29). Wohl unter dem Einfluß der Mysterienreligionen glaubten die Korinther das Heilsgeschehen der Taufe auch auf Verstorbene übertragen zu können. Wahrscheinlich wollten sie den Toten den Vollendungszustand, den sie in ihrem Enthusiasmus mit der Taufe verbanden, zugute kommen lassen[115]. Trotz des magischen Sakramentsverständnisses[116] kritisiert Paulus den Brauch nicht, kommt darin doch zum Ausdruck, daß es für die Verstorbenen und für alles Vergangene wirklich eine heilvolle Zukunft gibt. Die liebevolle Verbundenheit mit Toten spricht gegen die Vorstellung, daß es für jene keine Hoffnung mehr gebe, daß mit dem Tod alles aus sei. Paulus macht die Korinther so auf die Inkonsequenz in ihrer Leugnung der Totenauferweckung aufmerksam: wenn sie die Vikariatstaufe praktizieren, können sie nicht gleichzeitig die Auferstehung der Toten leugnen. Auch solche Lebensformen, die nicht seiner ursprünglichen Verkündigung entsprechen, enthalten für Paulus glaubensrelevante Aspekte.

b) Auch seine Leiderfahrungen als Apostel erhalten nur einen Sinn aus dem Glauben an die Auferstehung der Toten. Warum sollte er überhaupt die Gefährdung seines Lebens auf sich nehmen und aushalten (V. 30), wenn er in der Taufe bereits die Vollendung erreicht hätte? Ohne diese Zukunftsperspektive hätte doch die Arbeit für das Reich Gottes, die die Welt dem Heil entgegenführt, keinen Sinn. Es wäre auch nicht sinnvoll, wie "mit wilden Tieren" (V. 32) um sein Leben zu kämpfen[117]. Das Leiden ist vielmehr der Weg des Gottesreiches, der

---

115 H.-J. Klauck glaubt allerdings, es müßten hier "nicht unbedingt die Wortführer der Auferstehungsleugner" gemeint sein (1. Korintherbrief, 115).

116 Vgl. H. Conzelmann, Der erste Brief an die Korinther, 338f.; H.-J. Klauck, Herrenmahl und hellenistischer Kult, 238; vgl. G. Sellin, Der Streit um die Auferstehung der Toten, 276-289.

117 Die Rede vom Kampf mit wilden Tieren in der Arena ist wahrscheinlich bildhaft gemeint, weil von einem solchen Ereignis im Leben des Paulus, dem die Verurteilung ad bestias als römischer Bürger nicht passieren konnte, nichts überliefert ist, sofern die Angaben der Apostelgeschichte zutreffen; vgl. H. Conzelmann, Der erste Brief an die Korinther, 339; F. Lang, Die Briefe an die Korinther, 230; G. Sellin,

letztlich zur Herrlichkeit führt (vgl. 2 Kor 4,11; Röm 8,17). Es kommt nicht darauf an, dem Leiden aus dem Weg zu gehen, sondern sich ihm zu stellen. Wenn es keine Totenauferweckung gäbe, wäre es folgerichtig, nach dem Motto zu leben: "Laßt uns essen und trinken; denn morgen sind wir tot!" (V. 32b). Wer sich den vertrackten Situationen stellt, kennt Verantwortung für das Leben. Woher aber sollte die Motivation zu geduldig getragener Verantwortung kommen, wenn es keine Hoffnung über den Tod hinaus gibt? oder wenn diese Verantwortung nicht für nötig gehalten wird, weil es hier bereits die Vollendung gibt? Die Verantwortung für das Leben, die Menschen in sich spüren, erwächst – meist unbewußt – aus einer Ahnung oder Sehnsucht nach einer nicht enttäuschbaren Hoffnung. Ansonsten müßte der hemmungslose Lebensgenuß nach vulgär-epikureischen Grundsätzen gelten[118].

c) Auf eine wirklichkeitsgerechte Sicht kommt es Paulus entscheidend an. Was die Leugner der Totenauferweckung vertreten, ist ein Irrweg (V. 33). Auf solche Auffassungen sollten sich die Korinther nicht einlassen[119], weil sie zu argen Vereinfachungen führen. Gegen den korinthischen Enthusiasmus mahnt er darum auch zu Nüchternheit (V. 34) und zu Realismus, d.h. so zu leben, daß sie die wirklichen Sachverhalte und Folgen ihrer Leugnung nicht verkennen. Letztlich zeugt nämlich ihre Erkenntnis davon, daß sie Gott nicht kennen; denn die Auferstehung hängt eng mit dem Gott, der die Toten lebendig macht (Röm 4,17) und mit der Gottesherrschaft zusammen, deren Vollendung noch ansteht. Beschämend ist ihre Leugnung, weil sie in ihrem Enthusiasmus weder der Macht Gottes das Gehörige zutrauen noch sich genügend mit ihrer conditio humana befassen.

18.4 Das Wie der Auferstehung der Toten (Vv. 35-57)

Der Auferstehungsleugnung begegnete Paulus zunächst, indem er die apokalyptisch-heilsgeschichtliche Dimension der Hoffnung entfaltete: Ihr Grund liegt in der Auferstehung Christi, ihre Erfüllung steht noch aus; aber mit Gewißheit werden bei der Parusie alle, die zu Christus

---

118 Der Streit um die Auferstehung der Toten, 285f. Schon in Jes 22,13 spricht dieses Wort von der Verweigerung der Verantwortung vor Gott in der Geschichte, vom Ausschlagen der Gerichtsankündigung, des Vergebungsangebotes und der Umkehr, das zur Katastrophe führt. Bei Epikur geht es primär nicht um den hemmunglosen Lustgewinn, sondern um die Aufhebung der Todesfurcht durch die Ruhe und Heiterkeit des Gemüts (vgl. G. Scherer, Das Problem des Todes in der Philosophie, Darmstadt 1979, 108-110).

119 Mit dem Sprichtwort aus Menanders verlorener Kommödie »Thais« weist Paulus auf die ansteckende Wirkung einer solchen Mentalität hin (vgl. H.-J. Klauck, 1. Korintherbrief, 117; F. Lang, Die Briefe an die Korinther, 231; G. Sellin, Der Streit um die Auferstehung der Toten, 286-289.

gehören (V. 23), von den Toten auferweckt werden. Dieser universal-kosmische Horizont der Hoffnung ist eine genügende Interpretation für Menschen, die sich wie die Juden in eine kollektive, heilsgeschichtliche Bewegung integriert wissen.
Im Hellenismus sah sich jedoch der Einzelne auf sich zurückgeworfen, da umfassende religiöse und mythologische Deutesysteme zerbrochen waren. Das Gefühl des Bedrohtseins vom launenhaften Schicksal und die Angst vor dem Jenseits[120] ließen das Individuum vornehmlich nach seiner persönlichen Zukunft fragen. Dieser individuelle Akzent ist mit der heilsgeschichtlichen Dimension noch nicht abgeklärt. Paulus wendet sich darum der Frage nach der Zukunft des Individuums zu, um den Korinthern auch von dieser Seite her den Gehalt der Auferstehungshoffnung zu erläutern. Wir sehen hier, wie Paulus – geradezu ein Korrelationsdidaktiker! – im Dialog mit andersdenkenden Menschen die Botschaft von der Auferstehung neu zu artikulieren sich anschickt.
Wenn die Auferstehung von den Toten erhofft wird, hat dies auch mit der Frage der Leiblichkeit zu tun. Sie bildete wahrscheinlich ein erhebliches Verstehenshindernis, da von den Enthusiasten alles Leibliche negativ bewertet wurde und seine Überwindung als wesentliches Moment der Erlösung galt. Die Vorstellung des Leiblichen störte nur ihre Freude über die endgültige Erlösung. Der spiritualistische Dualismus der Korinther ließ die Beziehung der Auferstehungshoffnung zum Geschichtlichen, das im Leib des Menschen seinen Ausdruck findet, nicht zu. Was für Paulus eine selbstverständliche Voraussetzung ist, muß er im Kontext der hellenistischen Vorstellungswelt erst erläutern. Zudem hat Paulus die Korinther in Vv. 29-35 auf die Bedeutung der Auferstehungshoffnung für ihre irdisch-leibliche Existenz in der Gegenwart hingewiesen; aus ihr können sie nicht entfliehen. Jetzt geht es darum zu verdeutlichen, welche Qualität die Zukunft eben dieser Menschen angesichts des Todes hat.

Fiktive Frage nach dem Wie und dem Leib der Auferstandenen (V. 35)
Im Stil der kynisch-stoischen Diatribe greift Paulus eine Frage auf, die er als Einwand der Leugner vermutet oder die ihm tatsächlich vorgetragen wurde[121]. Die Doppelfrage (wie = mit welchem Leib) dreht sich um die Auferstehung des Leibes (σῶμα). Es geht also um die heilvolle Zukunft des Einzelnen angesichts des Todes.
Mit dem Begriff σῶμα geht er direkt gegen die spiritualistischen Aufer-

120 Vgl. E.R. Dodds, Heiden und Christen im Zeitalter der Angst, Frankfurt/M. 1986, durchgängig.
121 Was zutrifft, läßt sich nicht mehr entscheiden. Zu Vv. 35-58 vgl. K. Müller, Die Leiblichkeit des Heils. 1 Kor 15,35-58, in: L. De Lorenzi (ed.), Résurrection du Christ et des chrétiens (1 Co 15) (Serie Monograpique de "Benedictina". Section Biblico-Oecumenique 8), Rome 1985, 171-255; G. Sellin, Der Streit um die Auferstehung der Toten, 210-230.

stehungsleugner vor, die eine Auferstehung des Leibes ausschließen (s.o.). Durch die Differenz der griechischen und hebräischen Anthropologie hindurch muß Paulus die Besonderheit des Lebens angesichts der Todesgrenze verständlich machen; dazu ist der Begriff »Leib« ungeheuer wichtig. Als Jude kann er sich ein Existieren ohne Leib gar nicht vorstellen. Von daher ist auch der Begriffsinhalt von σῶμα, der für seine Argumentation eine große Rolle spielt, bestimmt. Σῶμα steht für das personale Subjekt als Ganzes, das in Beziehung zu sich selbst und zu anderen treten kann[122]. Auch die Toten haben einen Leib, wenn auch in der Verhältnislosigkeit, gehört doch der Mensch durch das Begräbnis als solcher der scheol an[123].

Da unser Denken selbst vom griechischen Modell der Unterscheidung von Leib und Seele bestimmt ist, müssen wir uns von der Vorstellung einer leiblosen Existenz freimachen. Nach alttestamentlich-jüdischer Auffassung stirbt der ganze Mensch in seiner gesamten geschichtlich geprägten Gestalt – die Geschichtlichkeit ist dabei ein wesentliches Moment – , aber er existiert als Schatten in der scheol weiter. Dieses Sterben ist keine vollständige Auflösung des Menschseins, keine totale Vernichtung. Als der, der einer geworden ist, befindet er sich durch den Tod im Schattendasein. Die von Gott gegebene nefesch (Gen 2,7) "bleibt auch im Tod noch das unzerstörbare Subjekt seines Menschseins und der Garant seiner geschöpflichen Identität"[124]. Daher kann man nicht davon sprechen, daß es die Toten »nicht mehr gibt«; in Schattengestalt existieren sie noch. Die Frage ist jedoch, "mit welchem Leib kommen sie" (sc. aus der scheol)? Auf dem alttestamentlich-jüdischen Konzept von Anthropologie stehend, versucht Paulus die Frage nach der Gestalt des Leibes, die sich als solche erst für dualistisch denkende Griechen stellt, zu beantworten. Sein Kunststück wird darin bestehen, den Griechen in ihrer eigenen Sprache eine Vorstellung von der leiblichen Auferstehung zu vermitteln, die die hebräische Vorstellung von der Ganzheit des Menschen voraussetzt. Eine ebenso schwierige Übersetzungsleistung hat die Bibeldidaktik zu vollbringen, wenn sie die christliche Auferstehungshoffnung im Horizont der aufgeklärten Rationalität der Moderne als Lebensperspektive vorzustellen sucht.

---

122 Vgl. R. Bultmann, Theologie des Neuen Testaments, Tübingen [5] 1965, 193-203; P. Neuenzeit, Das Herrenmahl, 177; H. Kessler, Sucht den Lebenden nicht bei den Toten, 322-327.

123 Vgl. H.W. Wolff, Anthropologie des Alten Testaments, München 1977, 150-166.

124 E. Haag, Seele und Unsterblichkeit in biblischer Sicht, in: R. Friedli u.a., Seele. Problembegriff christlicher Eschatologie (QD 106), Freiburg 1986, 31-93, hier 44. Haag macht im Blick auf Gen 3,17-19 darauf aufmerksam, daß "in dem Strafurteil Gottes über den sündigen Menschen von der Rücknahme des Lebensatems durch Gott mit keiner Silbe die Rede ist" (ebd., 43). Die Einhauchung des Lebensatems durch Gott bedeute "weniger die Mitteilung eines Lebenselementes an sich als vielmehr die dadurch hervorgerufene Befähigung des Menschen zu einer Führungsgeschichte mit Gott". Diese ermögliche es dem Schöpfer, den Menschen "durch das Medium der Geschichte" zu seiner Vollendung zu führen. Auch über die Todesschwelle hinaus behalte der Mensch die Fähigkeit, "die Selbsterschließung Gottes für seine Vollendung anzunehmen" (ebd., 44).

Vergleich mit Erscheinungen der Schöpfungswirklichkeit: Qualitativer Sprung vom Sterben zum Leben durch Gottes Handeln (Vv. 36-38)

Das Problem der Leiblichkeit der Auferstandenen geht Paulus in Analogie zu Tatbeständen in der Schöpfung (Vv. 36-41) und in vier Antithesen (Vv. 42b-44a) an und zwar indem er, auf die Schöpfertätigkeit Gottes nach der biblischen Urgeschichte zurückgreifend, Identität und Diskontinuität des irdischen Leibes und des Auferstehungsleibes verdeutlicht. Von einer "törichten Frage" (V. 36a) spricht er deshalb, weil die Enthusiasten entgegen ihrem Weisheits- und Erkenntnisanspruch die lebendigmachende Kraft des Schöpfers in seinen Geschöpfen nicht erkennen. Mit ἄφρων tadelt er nicht mangelnden Verstand, sondern ihre Verstocktheit, die der Schöpfermacht Gottes nichts zutraut (vgl. Ps 14,1; Weish 3,1-3)[125].

a) Den Auferstehungsleib setzt Paulus zuerst in Analogie zum *Samenkorn* (vgl. Joh 12,24). Dabei verfährt er aber so, daß er das Werden einer Pflanze in die Sprache der Auferstehungsverkündigung kleidet[126]. Die Erfahrung, daß aus einem sterbenden Samenkorn neues Leben entsteht (V. 36b), erscheint als Vorgang des Lebendigwerdens aus dem Sterben, der sich bei der Auferstehung abspielt. Das Beispiel des Samenkorns ist freilich nicht konsequent durchgeführt; denn biologisch kann von einem Sterben des Samenkorns nicht die Rede sein[127]. Daran erkennt man, daß er die Analogie von der Auferstehungsaussage her durchführt. Das Sterben des Samenkorns ist für ihn die Voraussetzung für das "Lebendigwerden", jene Wirklichkeit wurde aber von den Enthusiasten übersprungen. Wichtiger ist, daß nach der damaligen Auffassung die neue Pflanze nicht durch einen organischen Prozeß entsteht, sondern ihr Wachstum "Wirkung der wunderbaren Schöpferkraft Gottes" ist[128]; denn alles Leben steht in der Beziehung zu Gott, aus dem es seine Existenz hat, und Tod bedeutet Gottesferne. Der anfängliche Schöpferwille Gottes ist auch in der Auferstehung der Toten wirksam (deshalb ζωοποιεῖται). Das Ziel des Vergleichs ist: Mit dem Tod ist das Ende aller menschlichen und weltlichen Möglichkeiten gegeben, dennoch entsteht aus dem Toten Leben. Die verschobene Analogie des Samenkorns zielt zudem auf den Gedanken der *Identität* des Toten und Lebendigen.

b) Zugleich besteht eine *Diskontinuität*: das σῶμα der Auferstehung entspricht nicht dem irdischen Leib. Dies erläutert Paulus am Unterschied zwischen dem "Leib" des Samenkorns und dem der aufgegangenen Saat. Der (nicht durchgezogene) Vergleich ist auch hier wieder von der Auferstehungsaussage her aufgezäumt. Wie das Samenkorn im Vergleich zur

---

125 Vgl. J. Weiß, Der erste Korintherbrief (1910), Neudruck Göttingen 1977, 368.

126 H.-J. Klauck, 1. Korintherbrief, 117.

127 Ebd., 117: "In der antiken Botanik rechnete man mit einem Sich-Auflösen oder Verfaulen des Samenkorns in der Erde als Voraussetzung für das Wachstums der Pflanze, woraus man auf das allgemeine Lebensgesetz des »Stirb und werde« schloß"; vgl. auch H. Conzelmann, Der erste Brief an die Korinther, 344.

128 F. Lang, Die Briefe an die Korinther, 232.

vollendeten Gestalt der aufgekeimten Saat nackt ist[129], so auch der irdische Leib im Vergleich zum Leib der Auferstandenen (vgl. 2 Kor 5, 2-4). "Gerade so wie das Korn, das du in die Erde legst, durchaus nicht ahnen läßt, daß daraus ein Halm mit Ähre und Körnern werden wird, gerade so unähnlich und überraschend neu ist der Leib des Auferstandenen gegenüber dem ins Grab gelegten"[130].
c) Der entscheidende Punkt für Paulus ist nicht die Frage nach der wahrnehmbaren, definierbaren Gestalt. Viel mehr liegt ihm an der Andersartigkeit der Auferweckten im Vergleich zum irdischen Leben; sie entzieht sich jedoch jeder anthropologischen Spekulation. Auferwekkung der Toten hat ihren Grund allein im Handeln Gottes, der der Gott der Lebendigen ist. Sie liegt allein in der unableitbaren, souveränen Macht Gottes: Gott gewährt das Leben und die individuelle Gestalt, die er vorgesehen hat (V. 38). Wie er den unterschiedlichen Samenarten ihre je eigene Gestalt (σῶμα) gibt (Praesens der creatio continua), so mannigfaltig werden auch die Leiber sein, die Gott den Auferweckten geben wird. Es geht Paulus um die Anerkennung der Macht Gottes, die sich von allem Geschaffenen und Weltlichen unterscheidet. Die Möglichkeit eine Auferweckung der Toten zu bezweifeln, kommt dann einem Irrtum in der Gotteserkenntnis gleich (ἀγνωσία θεοῦ, V. 34; ἄφρων, V. 36)[131].

Vergleich mit der Möglichkeit unterschiedlicher Gestalten des Lebendigen in der Schöpfung (Vv. 39-41)

Die Aussage vom ἴδιον σῶμα der Auferweckten (V. 38) bedarf der weiteren Erläuterung. Darum setzt Paulus die Analogie des Handelns Gottes in der Auferweckung der Toten mit den Werken der Schöpfung fort. Hier greift er auf Gen 1 zurück, um an einzelnen Beispielen die reiche Mannigfaltigkeit des Lebendigen aus dem Schöpfungswillen Gottes darzutun. Dabei setzt er jedoch den Menschen an die Spitze der Reihe, weil seine Argumentation ja auf die Zukunft des Menschen hinausläuft.
a) Um die konkrete Seinsweise der irdischen Lebewesen von der der Auferstandenen abzuheben, verwendet Paulus jetzt den Begriff σάρξ. Er bezeichnet "das ganze Lebewesen in seiner konkreten Gestalt..., wenn die Schwachheit, Versuchlichkeit und Vergänglichkeit des irdischen Wesens ausgedrückt werden soll"[132]. Schon diese Verschiedenheit zeugt von der Kraft Gottes, dem Lebendigen seine je eigene Qualität zu geben.
b) Nochmals deutlicher wird dies, wenn wir die Himmelskörper (V. 40) mit den irdischen Lebewesen vergleichen. Da sie keine Leiber von

129 Zur Herkunft des Bildes vom Nacktsein des Samenkorns vgl. J. Weiß, Der erste Korintherbrief, 369f.
130 Ebd., 369.
131 Vgl. J. Blank, Paulus und Jesus, 151f.
132 F. Lang, Die Briefe an die Korinther, 233.

"Fleisch und Blut" (V. 50) sind, greift er wieder den Begriff σῶμα auf, kennzeichnet jedoch die Seinsweise der σώματα ἐπουράνια mit dem Begriff δόξα (starker Gegensatz durch ἀλλά, V. 40b)[133]. Intendiert ist hier wiederum die Unterschiedlichkeit der Himmelskörper in der Teilhabe an der δόξα Gottes und ihre Verschiedenheit zu den irdischen Gestalten. Wenn schon unter den Geschöpfen nicht nur eine so große Vielfalt von Lebensformen, sondern auch eine sich steigernde Nähe zum Lichtglanz Gottes besteht, könnte sich da nicht die Schöpferkraft auch in der Auferstehung von den Toten zeigen?

Alle Vergleiche heben die Gemeinsamkeiten (σῶμα) und Unterschiede (verschiedene σάρξ und δόξα) in den Werken Gottes hervor. Sie bereiten die Möglichkeit des Auferstehungsleibes vor, enthalten aber keine Hinweise auf seine besondere Qualität.

Übertragung auf den Auferstehungsleib: gegensätzliche Struktur des Irdischen und des Auferweckten (Vv. 42-44)

Aus dem Tatbestand, daß sich Gottes Schöpferhandeln in solch vielfältiger Weise zeigt, zieht Paulus nun Schlüsse auf den Auferstehungsleib. Hier muß er wiederum hebräisches Gedankengut in griechische Worte fassen. Die Analogie bewegt sich auf der Ebene der wunderbaren Fülle göttlichen Handelns (V. 42a), hebt aber jetzt auf die völlige Andersartigkeit des Auferstehungsleibes im Vergleich zu den irdischen σώματα ab. Die vier anaphorisch komponierten Antithesen (Vv. 42-44a), in denen er vorangehende Begriffe auf den Menschen anwendet, zielen auf die Charakteristik des Lebens jenseits der Todesgrenze. Das von Gott gewährte Leben ist ἐν ἀφθαρσίᾳ, ἐν δόξῃ, ἐν δυνάμει, σῶμα πνευματικόν.

a) Das Bild vom Gesätwerden meint nicht nur die Bestattung der Toten, sondern die "ganze Wegstrecke des Lebens mit dem Tod als Abschluß"[134]. Vergänglichkeit ist ihr wesenhaftes Merkmal. Dem selben Menschen – dies bringt die Anapher des Satzbaus zum Ausdruck – schenkt Gott die Seinsweise "in Unverweslichkeit" (V. 42b).

b) Mit einer inhaltlichen Steigerung hebt er die Seinsweise "in Herrlichkeit" von der Armseligkeit und Versuchlichkeit des irdischen Menschen ab (V. 43a).

c) Eine nochmalige Steigerung sagt die Seinsweise ἐν δυνάμει an, die den Auferstehungsleib der Kraft des schöpferischen Gottesgeistes (vgl. Röm 8,11) naherückt; sie enthebt ihn aller Anfechtung und allen Leides (ἀσθένεια), das die irdische Existenz prägt (V. 43b).

d) Den Ziel- und Höhepunkt erreicht die Antithesenreihe in der Gegenüberstellung von σῶμα ψυχικόν und σῶμα πνευματικόν (V. 44a). Die Anapher von Satzbau und σῶμα-Begriff verdeutlicht mit Entschiedenheit die

133 Die Problematik der δόξα der irdischen Lebewesen im Unterschied zu den Himmelskörpern kann hier auf sich beruhen.

134 H.-J. Klauck, 1. Korintherbrief, 118f. 465

Identität der Person in den beiden Seinsweisen. Der Begriff "psychisch" hat mit dem griechischen Modell von der Unsterblichkeit der Seele nichts zu tun, sondern kennzeichnet entsprechend Gen 2,7 das Subjektsein des Menschen in der irdischen, der Vergänglichkeit unterworfenen Existenz (vgl. 1 Kor 2,14). Entgegen der korinthischen Auffassung ist der Auferweckte auch ein Leib, d.h. die mit dem irdischen Menschen identische Person, aber er gehört dem Bereich des göttlichen πνεῦμα an. Jetzt besitzt der Mensch eine auf Gott hingeordnete, aber vergängliche Existenz. Die pneumatische Existenz kann jetzt noch nicht im Besitz des Menschen sein, sondern wird erst in der zukünftigen Auferweckung der Toten von Gott geschenkt.
Damit hat Paulus die Frage von V. 35 beantwortet: In der Auferweckung der Toten dauert dieselbe Person fort, die gestorben ist, aber durch Gottes belebende Macht ist ihre Existenz unvergänglich und allein vom Geist Gottes bestimmt. Die Hoffnung des Christen richtet sich also darauf, daß der Mensch mit allem, was er in der Welt und Geschichte geworden ist, von der entgegenkommenden Liebe Gottes umgriffen wird.

Die heilsgeschichtliche Dimension der Antitypik der Leiber (Vv. 45-49)
Die Hoffnung auf Auferweckung, die auf der Schöpfermacht Gottes gründet, findet ihre Bestätigung durch das Heilsgeschehen in Jesus Christus. Paulus verknüpft darum seine schöpfungstheologischen Erwägungen zum Auferstehungsleib mit der christologischen Verkündigung, indem er die Adam-Christus-Parallele (Vv. 21-22) wieder aufnimmt.
a) Die allgemeine Schöpfungsaussage wendet Paulus gezielt auf die Menschen an, zu denen auch Christus zählt[135]. Adam repräsentiert die irdische Lebensweise, die der Vergänglichkeit unterworfen ist (V. 45a). Aber in dieser Menschenreihe gibt es einen Letzten, der auch Mensch war, aber lebendigmachender Geist wurde (V. 45b). Der auferstandene Christus verkörpert die pneumatische Seinsweise, die nichts mehr mit Verweslichkeit, Armseligkeit, Schwachheit (Vv. 42-43) zu tun hat. Mit ihm beginnt eine neue Reihe.
b) V. 45b hat eine doppelte Bedeutung: Dieser letzte Adam ist eine geschichtliche Person, also einer von uns, der das gleiche Lebensschicksal hatte. Die Kontrastrierung des Ersten und Letzten stellt uns vor die Entscheidung, in welche Reihe wir uns selber stellen.
c) Der Begriff πνεῦμα ζωοποιοῦν weist Christus mehr als eine Repräsentationsfunktion zu: aufgrund der neuen Seinsweise, die ihm geschenkt

[135] Die Kommentare verweisen darauf, daß Paulus hier das Schema des Philo von Alexandrien, in dem der himmlische Mensch mit dem Geschöpf von Gen 1,26f. und der irdische Mensch mit dem Geschöpf von Gen 2,7 gleichgesetzt und dadurch Gottes Pneuma und menschlicher Lebensodem unterschieden werden, abwandelt (vgl. H. Conzelmann, Der erste Brief an die Korinther, 351ff.; H.-J. Klauck, 1. Korintherbrief, 119); so besonders G. Sellin, Der Streit um die Auferstehung der Toten, 72-188.

ist (V. 4b), verleiht er selbst das pneumatische Leben (V. 22). Christus vertritt und schenkt als Antitypus zu Adam das neue Leben.
d) Die Antitypik ermöglicht Paulus in V. 46f. auch ein Zurechtrücken der korinthischen Position, indem er ihre geschichtliche Dimension akzentuiert. V. 44 aufnehmend, betont er die geschichtliche Priorität des Irdischen (also: des Schwachen und Verweslichen). Niemand kann die Tatsache, daß der Mensch von der Erde stammt und Erde ist, überspringen. Das Irdische ist auch kein Abfall von einer Existenzweise, die ursprünglich überirdisch war und die der Mensch durch die Taufe wiedergewinnt. Auch der Getaufte ist den Bedingungen des Irdischen nicht entzogen, sondern muß sich bis in den Tod den irdischen Lebenssituationen stellen.
e) Die überirdische Existenz des zweiten Adam ist vielmehr ἐξ οὐρανοῦ. Der apokalyptische Kontext der Auferstehungshoffnung verbindet diese Existenzweise mit der Parusie. Die Existenzweise des zweiten Menschen, um die es in der gesamten Thematik geht, meint "den eschatologischen Menschen, der in der Endzeit nach der Parusie alle gottfeindlichen Mächte vernichten wird"[136]. Sie kommt im Vergleich zur irdischen Existenz zeitlich danach (ἔπειτα, V. 46) und an zweiter Stelle (δεύτερος, V. 47). Mit diesen Angaben setzt er die Auferstehungshoffnung wiederum von der Auffassung der Enthusiasten ab.
f) Mit V. 48 greift Paulus wieder das Entsprechungsverhältnis und die kosmisch-universale Dimension auf, in der die individuelle Auferstehungshoffnung zu sehen ist. Er konfrontiert die Adressaten wiederum mit einer Entscheidung. Das Stammvater-Verhältnis ordnet die Nachfahren in die jeweilige Existenzweise ein: irdisch oder himmlisch. Wer zu Christus gehört, dessen Existenzweise entspricht auch seiner. Dabei darf die apokalyptische Sichtweise aber nicht vergessen werden.
g) Die gemeinsame Wesensart durch den gleichen Stammvater drückt Paulus in V. 49 mit dem Begriff τὴν εἰκόνα φέρειν aus; ähnlich der Vorstellung vom Tragen eines Gewandes (vgl. V. 53) hält er damit die Möglichkeit eines Wechsels der Existenzweise offen. Entscheidend ist an dieser Aussage, daß der »Träger« der irdischen und der himmlischen Existenzweise dasselbe Subjekt ("wir") ist. Als ob er ein Mißverständnis korrigieren müßte, ergänzt er seine Aussagen von V. 48 durch das Futur (vgl. auch V. 22). Die Neugestaltung steht noch aus. Sie ist noch nicht erfahrbare Wirklichkeit (eschatologischer Vorbehalt!), sondern Gegenstand von Hoffnung[137]. Mit seiner gesamten Argumentation verdeutlicht aber Paulus, daß diese Hoffnung aufgrund der lebenschaffenden Macht Gottes, die jetzt schon Christus, am Ende allen, die zu

136 F. Lang, Die Briefe an die Korinther, 237.
137 Das Futur hat keinen ethischen Akzent, sondern erläutert die Verheißung der Auferstehungshoffnung auf dem Hintergrund der korinthischen Position.

ihm gehören, das unvergängliche Leben schenkt, so gewiß ist wie die irdischen Sachverhalte.

Notwendigkeit der Verwandlung der Menschen von der Vergänglichkeit zur Unvergänglichkeit (Vv. 50-57)

Die leibliche Auferstehung hat einen ungleich tieferen Bedeutungsgehalt als jede spirituelle Auffassung: sie erfaßt den ganzen Menschen und die ganze Geschichte, und zwar schon deswegen, weil auch das irdische Leben sich nur als Ganzes sehen, sich nicht auf die geistig-seelische Dimension reduzieren läßt. Neu ansetzend ("Brüder") behauptet Paulus gegen die dichotomische Auffassung der Enthusiasten zum einen den wirklichen Charakter der irdischen Existenz im Vergleich zum neuen Leben, zum andern den grundlegenden Unterschied der Totenauferstehung zu deren Deutung. Diese skizzierte Hoffnung gilt es noch vom apokalyptischen Modell der Endzeit her zu beleuchten.

a) Als geschaffene Menschen dieser Welt ("Fleisch und Blut") können wir uns dem Tod nicht entziehen. Der Tod aber ist das Gegenteil dessen, was Gott verheißen hat. In der dem Tod verfallenen Existenzweise kann niemand an der apokalyptischen Vollendung teilhaben, in der "Gott herrscht über alles und in allem" (V. 50; vgl. Vv. 24- 28). Mit der urchristlichen Formel "das Reich Gottes erben" (vgl. Gal 5,21; 1 Kor 6,9f.; Mt 25,34; Joh 3,3.5)[138] kennzeichnet Paulus nochmals die völlige Andersartigkeit der eschatologischen Existenzweise; sie läßt sich in der irdischen Existenz, in der wir uns alle noch befinden, nicht erreichen. Die Vergänglichkeit kann "sich nicht zur Unvergänglichkeit weiter entwickeln"[139].

b) Auferstehung bedeutet vielmehr, daß alle "einer fundamentalen Transformation bedürfen"[140]. Da Paulus selbst wahrscheinlich glaubte, noch zu seinen Lebzeiten zusammen mit den anderen die Parusie zu erleben (vgl. 1 Thess 4,15-17), trifft er für dieses zukünftige Geschehen eine prophetische Voraussage, die der Enthüllung eines Geheimnisses gleichkommt (V. 51). Auch wenn zu diesem als nah erwarteten Zeitpunkt noch nicht alle verstorben sein werden, gibt es für niemanden einen Vorteil bzw. Nachteil. Auch die Lebenden werden nicht in der irdischen Existenzweise am Reich Gottes teilhaben, sondern verwandelt werden. Dieses Geschehen ist "ein genaues Äquivalent zum Sterben und zum Auferwecktwerden der Toten in neuer Leiblichkeit"[141].

---

138 Paulus kennt den Begriff "Reich Gottes", aber er ist nicht die tragende Mitte seiner Botschaft.

139 F. Lang, Die Briefe an die Korinther, 239; vgl. K. Müller, Die Leiblichkeit des Heils, 230-242.

140 H.-J. Klauck, 1. Korintherbrief, 121 (Unterstreichung von mir).

141 Ebd., 121.

c) Die Gleichwertigkeit der Lebenden und der Toten in der Parusie unterstreicht Paulus mit dem apokalyptischen Bild des letzten Posaunenschalls (V. 52), der den Vollendungsakt einleitet (vgl. Jes 27,13; Zef 1,16; Sach 9,14). Ohne jede zeitliche und qualitative Differenz werden die Toten und die Lebenden an der Herrschaft Gottes teilhaben: durch Auferweckung zur Unvergänglichkeit oder durch Verwandlung in das σῶμα πνευματικόν. Für das Eintreten in das endzeitliche Geschehen ist das Lebendig- oder Totsein ohne Belang. Die apokalyptische Vorstellung bildet hier wiederum die Differenz zur Auffassung der Enthusiasten, die sich jetzt schon in der pneumatischen Existenzweise wähnen.
d) Paulus beschreibt nicht den erwarteten Vollendungszustand, sondern drückt in apokalyptischen Bildern das Wesentliche der Veränderung aus. Die Metapher des Bekleidens (V. 52f) veranschaulicht sowohl die "Identität des Gläubigen mit seiner künftigen Existenz"[142] (vgl. V. 49) als auch den Wechsel in die neue Existenzweise, die sich mit der alten nicht vereinbaren läßt. Die Vollendung meint eine neue personale Existenz, in der der Tod überwunden ist.
e) Das gesamte Geschehen liegt in der Hand Gottes. Die apokalyptischen Bilder sprechen vom feststehenden Heilsplan Gottes, nach dem die Vollendung mit Sicherheit eintreten wird (δεῖ).
f) Worauf es entscheidend ankommt, ist die Entmachtung des Todes (V. 54f.). Alle fürchten den "Stachel" des Todes, d.h. seine unüberwindliche Gewaltherrschaft. Nach dem Wort der Schrift (Jes 25,8; Hos 13,14) können wir jedoch auf die Bundestreue Gottes vertrauen. Seine Verheissungen zielen auf den Sieg über den Tod, den ärgsten und letzten Feind, der der Herrschaft Gottes entgegensteht. Darum gibt es eine Hoffnung, die im Tod zwar ihren heftigsten Widerpart hat, aber durch Gottes Liebe auch im Tod nicht enttäuscht wird.
g) In V. 56 bringt Paulus diese Hoffnung in Verbindung mit einem thematischen Zusammenhang, den er vornehmlich im Römerbrief entfaltet: Gesetz – Sünde – Tod. Gerade die Sünde gibt dem Tod den Unheilscharakter, die Gottesferne (vgl. Röm 7,5-13). Dieser Kontext macht deutlich, daß es Paulus nicht einfach um das Problem des biologischen Todes geht. Der Tod ist für ihn Ausdruck einer zerbrochenen Beziehung zu Gott, die in der Sünde ihren Ursprung hat. Auferstehung als Sieg über den Tod bedeutet, in einer unzerstörbaren Gemeinschaft zu leben. Diesen Zusammenhang müssen wir hier nicht weiter verfolgen.
h) Paulus deutet diesen Zusammenhang kurz an, weil er den Hintergrund für das Heilswerk Christi bildet (V. 57). Die Hoffnung auf den Sieg über den Tod hat uns der stellvertretende Sühnetod Christi eröffnet (V. 3b). Sie erwächst nicht aus den eigenen Kräften, sondern ist eine Gabe Gottes (διδόντι), an der wir jetzt schon (Praesens!) Anteil

142 H. Conzelmann, Der erste Brief an die Korinther, 360. Den Gegensatz betont K. Müller, Die Leiblichkeit des Heils, 237 u.ö.

haben; diese Hoffnung ist schon in der Gegenwart eine wirksame Lebenskraft. Ihr Grund liegt darin, daß "der vorweggenommene Sieg am Kreuz und in der Auferstehung Christi schon auf den endgültigen Sieg Gottes in der endgültigen Auferstehung der Toten hinstrebt"[143]. Unsere Antwort ist der Dank gegenüber Gott, der uns aus freier Liebe den Sieg über den Tod schenkt.

18.5 Aufmunterung der Brüder gegen Frustrationsneigungen (V. 58)

Die Perspektiven der Auferstehungshoffnung übersteigen den innerweltlichen Erfahrungshorizont, so daß nicht nur die Sprache versagt, sondern die Erkenntnisfähigkeit des Menschen überhaupt an ihre Grenze kommt. Die Paradoxie dieser Hoffnung besteht darum in dem ständigen Widerspruch zu all dem, was wir zu ermessen vermögen. Obwohl alles dagegen spricht, hält sie an dem Aufbruch zum neuen Leben mitten in der vom Tod gezeichneten Existenz fest. Kennzeichnend für die Schärfe der Paradoxie ist die Erfahrung des Todes, der eine despotische Herrschaft über die Welt und den Menschen ausübt (V. 55f.). An ihm scheitern alle Hoffnungen, die wir uns machen. Paulus weiß, daß die Auferstehungshoffnung die gegenwärtige Situation nicht in Wohlgefallen auflöst; die Neigung zur Frustration oder die Flucht in eine spirituelle Welt legen sich ständig nahe. Mit dem Schlußvers spricht er darum paränetisch drei Haltungen an, die der christlichen Hoffnung gemäß sind; er nimmt dabei Impulse von Vv. 1 und 34 wieder auf.

a) Von dieser Hoffnung kann man sich leicht abbringen lassen. Die notwendige Standhaftigkeit und Unerschütterlichkeit meint weder Heroismus noch titanische Widerständigkeit. Es geht vielmehr um den Glauben an die Botschaft, die wir mit unserem Verstand nicht ergründen können. Sie ist etwas, das auf uns zu-kommt. Sie abzuweisen bedeutet, die Begrenztheit unseres Erkennens nicht einzugestehen. Die christliche Hoffnung ist eng mit dem Glauben an Gott verknüpft (V. 34). Ihre Wahrheit entdeckt darum nur der, der sich der Offenbarung Gottes in Christus öffnet und letztlich nur darauf setzt.

Der Glaube erlangt die Sinnperspektiven des Lebens aus der Botschaft von Christus. Hier erfährt die Macht Gottes ihre entscheidend neue Qualität: sie offenbart sich in der äußersten Ohnmacht. Wie Christus in der Schwachheit des Kreuzes das Leben und die Kraft Gottes offenbarte, so ist das Widerständige der menschlichen Existenz kein Widerspruch zur Hoffnung, sondern der Grund ihrer Möglichkeit für den, der mit Christus diesen Weg geht. Die Paradoxie dieses Weges ist für den überwunden, der an den Gott der Lebenden glaubt.

---

143 J.C. Beker, Der Sieg Gottes, 75.

Die Standhaftigkeit, zu der Paulus aufruft, bezieht sich also auf die Paradoxie der Rettung in der Schwachheit, auf das Durchhalten einer rational nicht erschließbaren Hoffnung und auf die Geduld, die das Widerständige des Lebens nicht als Schritt zur totalen Nichtigkeit versteht, sondern sich von Gott die Verheißung des Lebens sagen läßt. Denn auch im Sterben, auf das irdisches Leben zuläuft, ist der Gott da, "der uns nicht ins Bodenlose fallen läßt, uns vielmehr dem Untergang, der Leere und Absurdität entreißt und in sein erfüllendes Leben aufnimmt"[144]. Paulus wehrt damit jeder Verdrossenheit angesichts des Negativen, aber auch jeder Neigung zur Flucht aus der Welt in spirituell-geistige Erfahrungen.
b) Auferstehung gibt es nur durch die Wirklichkeit des irdischen Lebens hindurch. Der Glaube fordert deshalb christliches Handeln in der Gegenwart. Das Standhaftwerden tendiert zum sich intensivierenden Engagement in dem, was der Herr begonnen hat. Der Glaube entläßt aus sich "eine dementsprechende Praxis der Auferstehung"[145]. Der Sieg Gottes über den Tod motiviert zum Aufbrechen destruktiver Strukturen, die so machtvoll daherkommen (vgl. V. 56). Das Werk des Herrn besteht in der Versöhnung der Menschen und der unerlösten Schöpfung (vgl. Röm 8,19). An dieser Aufgabe teilzunehmen, ist der wesentliche Inhalt der christlichen Existenz.
c) Paulus ist Realist genug, um zu wissen, daß solches Engagement mit viel Enttäuschung einhergeht. Vom Gefühl der Vergeblichkeit und Leere (κενός), das uns in unseren Bemühungen immer wieder befällt, ist auch der Christ nicht befreit; denn den Bedingungen der irdischen Existenz können wir nicht entfliehen, bzw. eine Flucht in eine geistige Welt entspricht, wie gesagt, nicht der geschichtlichen Dimension der christlichen Hoffnung. Gerade die Auferstehungshoffnung ermutigt zum Hinnehmen aller Frustrationen, weil der Mensch daran nicht zugrunde geht. Zur Praxis der Auferstehung gehört darum nicht das Vermeiden von Enttäuschungen, indem wir in Hyperaktivität oder übersteigertes Selbstbewußtsein verfallen; solche Kompensationen vertrösten nur für eine Weile über die Mißlichkeiten des Lebens hinweg, ohne daß sich der Mensch, der ja diese Wirklichkeit gestaltet, ändert. Anders wird es erst, wenn wir das Vergebliche akzeptieren; in seiner Anerkennung liegt der Schlüssel für den Aufbruch zu Neuem. Solches Tun ist für Paulus deshalb Ausdruck von Hoffnung, weil es die Botschaft gibt, daß Gott uns un-endlich anerkennt. Unser Mühen geht ein in die neue leibliche Existenz, ist dort aufgehoben, so daß die Vergeblichkeit und Enttäuschung aufhört. An diese Botschaft sich zu erinnern, ist selbst ein Schritt der Hoffnung; es befreit zum unverkrampften und sachlichen Mitwirken am Werk des Herrn.

---

144 H. Kessler, Sucht den Lebenden nicht bei den Toten, 316.
145 Ebd., 369.

Zusammenfassung: Die Glaubenserfahrung von 1 Kor 15 weist eine Lebensperspektive auf, die es außerhalb der christlichen Tradition nicht gibt. Paulus will wegen der Auffassung seiner Adressaten (vgl. 18.1) den Erfahrungsbezug dieser unerhörten Hoffnungsbotschaft herausarbeiten. Im Blick auf ihre Vorstellungswelt hebt er jedoch auch die inhaltliche Diferenz von all dem, wonach Menschen in der produktiven Kraft ihrer Phantasie sich sehnen, hervor. Der Inhalt der Hoffnung unterscheidet sich nicht nur auf gleicher Ebene von anderen Hoffnungen, sondern er übersteigt sie ins Unendliche, insofern ihre Enttäuschbarkeit durch den Tod aufgehoben ist. Da solche Hoffnung quer zu allen Denkkategorien steht, erläutert Paulus in verschiedenen Anläufen, wie intensiv diese Hoffnung gerade mit der irdischen Existenz verquickt bleibt. Sie entflieht nicht den Bedingungen der Geschichte, sondern arbeitet und leidet, freut sich und trauert mit allen Menschen. An ihrem Ende steht nicht die Absurdität, sondern sie ist getragen vom Vertrauen in die Macht Gottes, der seine Geschöpfe liebt und mit ihnen ist, bis in den Tod. Der Tod hört nicht auf, solange die Geschichte währt, aber er verliert im Horizont des Glaubens seinen Schrecken. Die Rede von der Leiblichkeit der Auferstehung zielt darauf, daß die Neuschöpfung keinen totalen Neuanfang der Welt bedeutet, sondern im Heilsplan Gottes die Schöpfung vielmehr in Gottes Liebe aufgehoben wird. Deshalb kann der Gläubige darauf vertrauen, daß alle Negativität seines Lebens und der Geschichte letztlich nicht eine Erfahrung des totalen Nichts ist, sondern im Horizont von Kreuz und Auferstehung Christi angenommen wird, und der Mensch so auch in der äußersten Ohnmacht vom Leben Gottes umgriffen wird. Was von Jesus Christus zuerst bezeugt wird, ist Inhalt und Grund unserer Hoffnung.

Neunzehntes Kapitel

19.0 DIE HOFFNUNGEN UND DIE EINE HOFFNUNG. ZUGÄNGE ZUR BOTSCHAFT DER TOTENAUFERSTEHUNG

In der Reflexion eines Unterrichtsthemas kann die Fachdidaktik weder von den persönlichen Sinndeutungen, die Jugendliche bereits entwickelt haben, noch von der Mentalität einer geschichtlichen Epoche, die sich auf das Lebensgefühl und das Bewußtsein der Jugendlichen auswirkt, absehen (vgl. 12. Kapitel). So haben wir nicht nur zu registrieren, daß das Gespräch mit den Jugendlichen über den Auferstehungsglauben große Verstehenshemmnisse zutage gefördert hat, die ihre Wurzeln in ihrer Art der Weltdeutung haben (vgl. 5. Kapitel). Man hat auch ohne jede Einschränkung zu konstatieren, daß die Korrelationsdidaktik bei einem solchen Thema in eine Bewährungsprobe gerät.
In diesem didaktischen Konzept bildet die Schülersituation weder eine negative noch eine positive Voraussetzung des Lernprozesses, sondern das Gegenüber eines Dialogs, in dem Lehrer und Schüler, sich selbst immer besser verstehend, die Glaubenserfahrung auf ihren eigenen Prozeß des Lebenlernens hin auszulegen versuchen. Zur Bibeldidaktik gehört darum auch, daß wir zu unserer eigenen Lebenswelt ein kritisches Verhältnis gewinnen, ihre Aporien aufdecken und neue Perspektiven erschließen. Die Korrelationsdidaktik greift zu kurz, wenn sie nur nach Analogien des Glaubens in der Erfahrungswelt fragt, ohne die alle Erfahrung übersteigenden Impulse wahrzunehmen und im Kontext der persönlichen Sinndeutung des Lebens zu verarbeiten (vgl. 11.2.1 e). Was Schüler von sich aus zum Auferstehungsglauben zu sagen haben, ist darum keine didaktische Negativfolie, sondern selbst Gegenstand der Frage nach den wirklichen Sinnzielen ihres Lebens.

Wie bereits dargelegt (vgl. 12.1.3), sollten wir in der didaktischen Entfaltung eines Themas stets vier Kategorien des Dialogs ins Auge fassen:
a) Es könnte sich nämlich herausstellen, daß selbst in der Abwehr tradierter Glaubensaussagen Hoffnungen zum Ausdruck kommen, die der christlichen Hoffnung nicht widersprechen. Die Besinnung auf die eigenen Hoffnungen vermag im Religionsunterricht "zu jenen Grunderfahrungen hinzuführen, in denen die Herausforderung des Menschen durch Jesus Christus, durch das Vorhaben Gottes mit uns, wie es in Jesus Christus offenbar wurde, wahrgenommen werden kann"[1]. Auf diesem Weg richtet sich der Lernprozeß der Schüler darauf, wie in Glaubensinhalten ihre eigene Sache thematisiert wird (integrierender Dialog).
b) Das kritische Gegenüber der Glaubensbotschaft läßt auch deutlich werden, inwiefern Inhalt und Praxis unserer Hoffnungen zu kurz greifen. Die Tragfähigkeit von Zielsetzungen läßt sich erst einschätzen, wenn wir uns im Gegenüber zu einem Größeren ihrer Grenzen bewußt werden. Kritik zielt nicht auf Destruktion der menschlichen Hoffnungen, sondern auf Einsicht in ihre Beschränktheit im Blick auf das Ganze der menschlichen Existenz. Dazu zählt auch die kritische Aufarbeitung der Interpretationen, die wir uns von der Botschaft der Auferstehung zurechtlegen (kritischer Dialog).

1 J. Werbick, Glaubenlernen aus Erfahrung. Grundbegriffe einer Didaktik des Glaubens, München 1989, 56.

c) Die Struktur unserer Hoffnungen ist oft so festgefahren, daß sie scheitern müssen, weil sie die Möglichkeit eines ganz Anderen ausblenden. Wo wir jedoch zur Aporie unserer Hoffnungen vorstoßen, vermag auch das, was unseren kognitiven Konstruktionen widerspricht, zum Neuanfang in der Lebensorientierung führen (paradoxer Dialog).
d) Indem wir die Hoffnungsbilder der Auferstehungsbotschaft auf die Grunderfahrungen des Lebens beziehen, lernen wir beides neu sehen: den Fluchtpunkt des Schönen und Mißlichen im Leben und die Neugestaltung der innersten Hoffnungen in der Verheißung der Totenauferstehung. In dieser Spanne eschatologischer Lebensperspektiven tut sich für das Hier und Heute des Denkens und Handelns ein neuer Horizont auf. Es könnte darum – vielleicht! – sein, daß den Schülern in der Beschäftigung mit der Botschaft das eigentliche Ziel ihrer Hoffnungen aufgeht (stimulierender Dialog).

Auf solchen Wegen versuchte auch Paulus den Korinthern im Kontext ihrer Interpretationen und seiner Erfahrungen die Botschaft von der Totenauferstehung plausibel zu machen. Das gleiche hat die Bibeldidaktik zu leisten, insofern sie im Kontext der heutigen Schülersituation, die selbstredend völlig anders strukturiert ist als im damaligen Korinth, die Bedeutung des Auferstehungsglaubens zu entfalten sucht. Dazu will diese Arbeit einen Beitrag liefern; er kann nur bescheiden sein, weil das didaktische Problem unüberschaubar ist. Zuvor soll die grundsätzliche Möglichkeit einer korrelativen Auslegung der Auferstehungsbotschaft reflektiert werden.

19.1 Systematisch-theologische Überlegungen zum Erfahrungsbezug des Auferstehungsglaubens

Bereits mehrfach wurde in dieser Arbeit deutlich, daß Paulus seine Gesprächspartner in Korinth nicht durch ideale Konstruktionen ins Unrecht setzt, sondern immer wieder Anknüpfungen für die Botschaft in der menschlichen Erfahrungswelt und in Lebensformen sucht. Gerade in solchen Korrelationen trat aber auch das Überbietende der Botschaft vom Heil des Menschen in Christus hervor. Eine biblische Didaktik, die dieses Konzept im Horizont gegenwärtiger Erfahrungen aufzunehmen versucht, sollte ihr Vorgehen in einer so wichtigen Sache des Glaubens auch aus der Sicht systematisch-theologischer Überlegungen beleuchten. Dies geschieht im folgenden vornehmlich im Blick auf Arbeiten von Gisbert Greshake[2] und Jürgen Werbick[3].

a) Katholische Theologie hat auch in der Neuzeit, in der die Einheit von Theologie und Philosophie zerbrochen war, nicht darauf verzichtet, "die

---

[2] Theologiegeschichtliche und systematische Untersuchungen zum Verständnis der Auferstehung, in: G. Greshake/J. Kremer, Resurrectio mortuorum. Zum theologischen Verständnis der leiblichen Auferstehung, Darmstadt 1986, 165-371.

[3] Glaubenlernen aus Erfahrung. Grundbegriffe einer Didaktik des Glaubens, München 1989.

Botschaft von der Auferstehung der Toten denkerisch zu vermitteln"[4] und "für Lernprozesse im Glauben und auf Glauben hin" optiert[5]. Damit der Glaube den menschlichen Sinndeutungen nicht fremd bleibt, suchte sie Entsprechungen zwischen seiner Botschaft und den rational erfaßten Strukturen des Menschseins zu bestimmen. Schöpfungs- und Inkarnationstheologie zeigen nicht nur das Ineinander von göttlichem Handeln und geschichtlicher Wirklichkeit, sondern auch das Angelegtsein des Menschen auf die Vollendung von Welt und Geschichte, die von Gott kommt. Ohne solche Entsprechungen bliebe die Auferstehungsbotschaft "dem Menschen fremd und befremdlich und würde ihm nicht als faszinierende Einladung zu Glaube und Hoffnung begegnen können"[6]. Die rationale Argumentation sollte man aber nicht nur als "Selbstvergewisserung des Glaubenden über die Fundamente seines Glaubens" verstehen[7], sondern mit Jürgen Werbick auch davon ausgehen, "daß menschliche Vernunft in der Geschichte von der im Glauben vernommenen Offenbarung je neu zur Vernunft gebracht werden muß"[8]. Es geht also um eine produktive Vermittlung, in der sich Denken und Glauben im Licht des je anderen gegenseitig aufklären, nicht nur um Zugänge von der Erfahrung auf den Glauben hin.

b) Das Aufbrechen der wissenschaftlich-technischen Rationalität erschwerte die Möglichkeit, den Auferstehungsglauben mit der Vernunft zu vereinbaren[9]. Die Reduktion von Wirklichkeit auf erklärbare und rein geschichtliche Sachverhalte schloß den Gedanken an eine Wirklichkeit, die sich den Kriterien der Wissenschaft entzieht, aus. Für Immanuel Kant bildete der Glaube an die Unsterblichkeit nur noch ein Postulat der praktischen Vernunft, das sich aus dem Vollkommenheits- und Glückseligkeitsstreben des Menschen ergibt[10]. Gisbert Greshake macht

---

4 G. Greshake, Theologiegeschichtliche und systematische Untersuchungen zum Verständnis der Auferstehung, 301.

5 J. Werbick, Glaubenlernen aus Erfahrung, 21.

6 G. Greshake, Theologiegeschichtliche und systematische Untersuchungen zum Verständnis der Auferstehung, 301.

7 Ebd., 309.

8 Glaubenlernen aus Erfahrung, 20. Jürgen Werbick führt dieses Argument gegen die Konsequenzen der als Geschichte einer Erziehung verstandenen Offenbarungsgeschichte bei Gotthold Ephraim Lessing an, die "von der authentischen Auslegung des Glaubens durch die Kirche" wegführt (ebd., 20). Die katholische Kirche habe zwar den pädagogischen Optimismus der Aufklärung rezipiert, nicht jedoch deren "emanzipatorische Leidenschaft", die auf die "Erlangung von eigenständiger Urteilskraft" und auf die Einsicht in "Verbiegungen und Verkürzungen des Glaubens in der Geschichte des Christentums" angelegt ist (ebd., 21).

9 Vgl. H. Kessler, Sucht den Lebenden nicht bei den Toten. Die Auferstehung Jesu Christi in biblischer, fundamentaltheologischer und systematischer Sicht, Düsseldorf 1985, 27-30.160f.

10 Kritik der praktischen Vernunft, A 219-223, in: I. Kant, Werke in zehn Bänden, Bd. 6, hrsg. von W. Weischedel, Darmstadt 1968, 252-254; vgl. J. Werbick, Glaubenlernen aus Erfahrung, 162.

deutlich, daß dieses Postulat nur im "Interesse an der Selbstvergewisserung und Selbstsetzung des Subjekts" aufgestellt wird; denn "nur in der Annahme einer persönlichen Unzerstörbarkeit können die Aporien der faktischen Existenz überwunden werden"[11]. Einige Schüler haben in dem analysierten Unterrichtsgespräch ebenfalls in dieser Weise argumentiert: sie gingen von konkreten, unmittelbaren Erfahrungen aus und postulierten die denkerische Notwendigkeit eines Lebens nach dem Tod (vgl. 5.2, Nr. 1). Bei der Analyse der Schüleräußerungen (vgl. 7.2) bestätigte sich auch die Auffassung von Gisbert Greshake, daß solche Argumente Gewicht haben, weil sie "mindestens die verantwortliche Frage nach einer postmortalen Existenz des Menschen" aufgreifen, aber "mehr als die Hoffnung auf eine gewisse Unzerstörbarkeit im Menschen... eröffnen sie zunächst nicht; sie lassen das postmortale Geschick des Leibes (direkt) außer Betracht"[12]. Zudem schließen sie die Möglichkeit der Sinnlosigkeit des Daseins nicht aus. Eine Verstehensbrücke ist zwar da, aber die Seite des Glaubens muß auch beschritten werden, um den Bedeutungsreichtum der Auferstehungshoffnung zu erfassen.

c) Durch den rationalistischen Denkstil verfiel der Auferstehungsglaube vollständig dem Verdacht der illusorischen Wunschprojektion. Gisbert Greshake vermutet, daß die Funktionalisierung des Unsterblichkeitsgedankens im Gefolge von Immanuel Kant "geradewegs in den «Feuer-Bach» der Religionskritik geführt hat"[13]. Auch davon zeugten zahlreiche Schüleräußerungen (vgl. 5.2, Nr. 2.3). Mit solchen Argumenten ist schwer umzugehen, weil der Glaube in der Tat allzu oft zur Flucht aus den verwirrenden Verhältnissen des Alltags und damit zur (direkten oder indirekten) Manifestation destruktiver Strukturen neigt. Ihnen können wir didaktisch auf dreierlei Weise begegnen:

– An der Aufmerksamkeit von Christen für Unrecht und Leid in der Welt und am Einsatz für neue Strukturen des Lebens muß erfahrbar werden, wie sich die Hoffnung als verwandelnde Kraft jetzt schon auswirkt[14]; sie schöpft alle Möglichkeiten des Handelns aus, um in der Gegenwart Freude und Glück zu bringen.
– Die Hoffnung ermutigt zum Engagement auch dort, wo Resignation und Verzweiflung auftreten und die Flucht aus der Verantwortung sich nahelegt (vgl. 1 Kor 15,30-32).
– Auch der Projektionsverdacht bedarf der Kritik. Denn gehen menschliche Projektionen in jedem Fall an der Realität vorbei? Zeigen sich darin nicht auch Verweisungen auf eine andere Wirklichkeit? Entspre-

[11] G. Greshake, Theologiegeschichtliche und systematische Untersuchungen zum Verständnis der Auferstehung, 298; vgl. J. Werbick, Glaubenlernen aus Erfahrung, 162.
[12] G. Greshake, Theologiegeschichtliche und systematische Untersuchungen zum Verständnis der Auferstehung, 318.
[13] Ebd., 299; vgl. J. Werbick, Glaubenlernen aus Erfahrung, 163.
[14] Vgl. H. Kessler, Sucht den Lebenden nicht bei den Toten, 368f.

chen die religiösen Bedürfnisse nicht wirklichen Grunderfahrungen des Menschseins, die auf das Vollkommene tendieren? "Sollten die menschlichen Hoffnungsbilder allein schon deshalb irreal sein, weil sie sich in menschlicher Praxis nicht einholen lassen?"[15]

Das Bewußtwerden dessen, wessen wir wirklich bedürfen und was wir ständig ausgrenzen und kompensieren, ist ein entscheidender Schritt der Selbstauslegung, zu der gerade die Auferstehungshoffnung veranlaßt.

d) So wird es wiederum ein wichtiger Weg sein, in allgemein-menschlichen Phänomenen einen Zugang zur Auferstehungsbotschaft zu suchen[16]. Die systematische Theologie geht daran, "Transzendenzphänomene im menschlichen Leben" begrifflich zu durchdringen, in denen "sich die These von der menschlichen Unsterblichkeit indirekt bewahrheitet, daß sie die ratio befähigt, die sonst aporetisch und unverständlich bleibende menschliche Erfahrung zu begreifen, zu integrieren und auf ein sinnvolles Ziel hin zu stimulieren"[17].

Die Bibeldidaktik hat diesen Prozeß zur Selbstbesinnung auf das, was das Leben ausmacht, ebenfalls zu befördern. Im Unterschied zur Systematik muß sie jedoch die konkreten Erfahrungsweisen der Jugendlichen aufsuchen und die Botschaft auf Erfahrungen des Lebens hin interpretieren. Dieser Lernprozeß verläuft nicht allein in den Bahnen rationaler Argumentation. Eine solche Didaktik muß der Gefahr wehren, Glauben als lernbar im Sinne einer stringenten Gedankenfolge zu verstehen. Der Glaube betrifft die ganze Person und fordert primär Umkehr und Entscheidung. Jedes Erfahrungslernen ist "prinzipiell unverfügbar" und "im Kern unverfügbares Geschenk"[18], erst recht das Glaubenlernen. Letztlich läßt sich der Glaube an die Auferstehung auch mit noch so großer intellektueller Redlichkeit nicht herbeiführen. Denn "ohne Annahme der Existenz eines dem Menschen zugewandten Gottes stehen alle Unsterblichkeitsbeweise notwendig unter Projektionsverdacht"[19], den die Schüler gerade gegen den Glauben anführen. Für den Lernprozeß stellt sich darum die doppelte Aufgabe:

– Der Religionsunterricht muß trotz aller Verstehensschwierigkeiten die entscheidenden Momente der authentischen Glaubenstradition und -praxis zu bedenken geben, die Beschäftigung mit (wenigstens Auszügen von) 1 Kor 15 ist darum unerläßlich. Die Offenheit des Lernprozesses für das Unverfügbare ermöglicht dem Schüler die Verknüpfung seiner Hoffnungen mit dem Glauben an die Totenauferstehung.

15 Vgl. J. Werbick, Glaubenlernen aus Erfahrung, 171-174, Zitat 172.
16 Vgl. H. Kessler, Sucht den Lebenden nicht bei den Toten, 31-40.
17 G. Greshake, Theologiegeschichtliche und systematische Untersuchungen zum Verständnis der Auferstehung, 305.
18 J. Werbick, Glaubenlernen aus Erfahrung, 27.28.
19 G. Greshake, Theologiegeschichtliche und systematische Untersuchungen zum Verständnis der Auferstehung, 305.

– In dieser Hinsicht wird der Religionsunterricht "Kommunikationsprozesse initiieren, in denen die Lernenden sich des Sinnes dieser Hoffnung vergewissern, in denen sie sich gegenseitig und den Lehrer dazu herausfordern können, zur Sprache zu bringen, was diese Hoffnung ihnen bedeutet"[20].

Diese Aspekte lassen sich nicht in eine lineare Unterrichtskonzeption bringen; der Lernfortschritt hängt vielmehr wesentlich am Betroffensein der Schüler von der Sache. Die entscheidenden Kategorien didaktischer Auslegung der Auferstehungsbotschaft sollen auf dem Hintergrund der vorgelegten Überlegungen im nächsten Schritt entwickelt werden.

19.2 Zwischen Bedürfnisdenken und Sehnsucht

Überlegungen zu einer erfahrungsbezogenen Bibeldidaktik gehen von der Schülersituation aus, wie sie von der zeitgenössischen Mentalität bestimmt ist[21]. Darin liegen Schwierigkeiten begründet, Inhalt und Haltung christlicher Hoffnung zu akzeptieren, aber auch Ansätze, die es in kritischer Auseinandersetzung aufzudecken gilt. Dem soll im folgenden durch eine kritische Sondierung der Grundsituation, in der die Jugendlichen heranwachsen, näher nachgegangen werden.

Die Jugendlichen wachsen in einer Zivilisation auf, deren Lebenshorizont vom Bedürfnisdenken geprägt ist; seine Grundlagen sind die Kategorien technischen und wirtschaftlichen Fortschritts, der die Befriedigung von materiellen Bedürfnissen verheißt. Das Genießen des Lebens wird von vielen als ihre Lebensaufgabe angesehen, hinter der die Perspektive von Unsterblichkeits- und Auferstehungsglauben verschwinden[22]. Unter den Jugendlichen meldet sich aber auch Kritik an den Fassaden der Zivilisation: an der Umweltzerstörung, der Gefährdung durch Wettrüsten, der psychischen Verelendung von Menschen, der Beziehungslosigkeit. Als Ganzes gibt die Jugend jedoch ein zwiespältiges Bild ab. Das Vertrauen in die Zukunftsperspektiven unserer Lebenswelt ist von Angst durchsetzt; ihre Wünsche nach einer humanen Gesellschaft reduzieren sich jedoch bei vielen auf die pragmatischen Weisen der Bedürfnisbefriedigung.

Andererseits meldet sich in vielen Jugendlichen die Sehnsucht nach einer neuen Welt, die nicht mehr an die Bedürfnisbefriedigung der Wohlstandsgesellschaft anschließt: als Sehnsucht nach Frieden, Liebe und Freiheit, in der die Menschheit heil wird. Im konkreten Alltag ist diese

20 J. Werbick, Glaubenlernen aus Erfahrung, 14.

21 Wir müssen sogar von einer zunehmenden Beeinflussung der Jugendlichen durch öffentliche Sozialisationsformen ausgehen. Vgl. dazu W. Hornstein, Gesellschaftlicher Wertewandel und Generationskonflikt, in: ders. (Hrsg.), Jugend ohne Orientierung?, München 1982, 116-127.

22 Das Abnehmen des Glaubens an die eigene Unsterblichkeit in der Korrelation zu gesteigerter Konsumorientierung, das Gerhard Schmidtchen 1979 diagnostizierte, dürfte sich heute nicht verändert haben; vgl. ders., Protestanten und Katholiken, Bern 1979, 257ff.

Sehnsucht freilich noch stark vermischt mit den Kategorien der Sozialisation, in denen sie aufwachsen. Im Alltagsverhalten gibt sich die jugendliche Welt durchaus als ambivalent zu erkennen: sie steht zwischen Disco, Kino, Kneipe, Protest und Meditation. Aber die Erwachsenen täten gut daran, die konstruktiven Tendenzen entschieden ernstzunehmen und sie nicht mit der Meßlatte überkommener christlicher Lebensmaximen als defizitär zu bewerten.
Die Jugendlichen auf ihre virulente Sehnsucht anzusprechen, sich fragend mit ihren Perspektiven auseinanderzusetzen und ihre Sehnsucht positiv zu bestärken, ist eine wichtige pädagogische Aufgabe. Dazu ist es nötig, die im Bedürfnisdenken verborgene Sehnsucht herauszuarbeiten.

19.2.1 Tendenzen und Kritik des Bedürfnisdenkens

Die folgenden Überlegungen greifen Impulse auf, die im Beschluß "Unsere Hoffnung" der Gemeinsamen Synode der Bistümer in der Bundesrepublik Deutschland Anlaß zum Nachdenken über den Glauben in unserer Zeit geworden sind[23]. Das öffentliche und private Leben ist auf die Befriedigung von Bedürfnissen abgestellt, die auf vielerlei Weise von den Subjekten der Gesellschaft als Forderung angemeldet werden und deren Nichteinlösung Anlaß zur Frustration und/oder Protest ist. Mit diesen Maßstäben werden Ansehen, Wert, Fortschritt gemessen und Defizite konstatiert. Bedürfniserfüllung bestimmt das Bewußtsein und das Handeln. Da die Bedürfnisse immer verwickelter werden, bleibt keine Zeit mehr zum "Sammeln des Gemüts"[24]. Ökonomische Rückschläge mit ihren massiven sozialen Folgen veränderten noch nicht das leitende Strukturprinzip unserer Gesellschaft. Diese Tendenzen gilt es kritisch abwägend zu beurteilen.

a) Ein auf Bedürfnisbefriedigung abgestelltes Denken, Handeln und Leben ist gekennzeichnet durch Wirklichkeitsferne. Der Mensch vermag auf die wirklichen Gegebenheiten des Lebens nicht zu antworten, weil er sich nur auf sich bezieht und nur die Erfüllung augenblicklicher Wünsche intendiert. Dies betrifft vor allem die Wahrnehmung von Lebenssituationen der Mitmenschen. Jene Ausrichtung bedeutet im Grunde das Aufbauen einer Wunschwelt über oder gegen die Wirklichkeit menschlicher Existenz, so daß diese selbst zur eigentlichen Wirklichkeit wird und das Denken beherrscht.

b) Die Kritik an der reinen Bedürfnisgesellschaft darf nicht so verstanden werden, als wäre jede Bedürfnisorientierung im Unrecht. Das Pro-

---

23 Gemeinsame Synode der Bistümer in der Bundesrepublik Deutschland. Offizielle Gesamtausgabe I, Freiburg 1976, 84-111.

24 F. Novalis, zitiert nach J.B. Müller, Bedürfnis I, in: J. Ritter (Hrsg.), Historisches Wörterbuch der Philosophie, Bd. 1, Darmstadt 1971, 765-767, hier 766.

blem liegt vielmehr in der rechten Einordnung der Bedürfnisse in das Gesamtsystem menschlicher Lebensorientierung und in der Bestimmung der Grenzen von Bedürfnisorientierung. Die Befriedigung von Bedürfnissen gehört zu den Grundmotiven sowohl der individuellen Lebensgestaltung als auch des Aufbaus der Gesellschaft. So weisen Charlotte Bühler und R. Ekstein nach: Bedürfnisbefriedigung als eine homöostatische Tendenz, "psycho-physische Triebe sowie auch die der Anerkennung und Durchsetzung des Ich dienenden Bedürfnisse zu befriedigen"[25], gehört zu den Bedingungen der Persönlichkeitsentwicklung. Vitale Bedürfnisse, ob man für sie einen naturalen oder kulturellen Ursprung angeben mag, bilden den Rahmen für die Sinnenwelt des Menschen. Sie haben Einfluß auf den Aufmerksamkeitsgrad und die Rezeptionsintensität des Subjekts. Was das Subjekt als bedeutsam wahrnimmt und aufnimmt, wird von den Bedürfnissen her mitbestimmt[26]. An den Bedürfnissen vorbei den Menschen interpretieren zu wollen, würde nur auf ein idealistisches Verständnis hinauslaufen, das sich den Notwendigkeiten leiblich-psychischer Prozesse entzieht.

c) Die Probleme tun sich aber mit aller Schärfe dort auf, "wo die gesellschaftlichen und öffentlichen Interessen ausschließlich von der Bedürfnisstruktur geprägt sind"[27]. Wenn Bedürfniserfüllung die Funktion lebenspraktischer Orientierung erhält, bleibt nur ein reduktionistisches Verständnis vom Menschen: Menschliches Verhalten hat dann lediglich die Bedürfnisse zum Grund und Ziel; Verhalten und Zustände werden nur als Ergebnis biologisch-physiologisch gesteuerter Prozesse betrachtet. Im Grunde ist dieses Konzept auch irrational, weil es die Funktion der Vernunft verkennt. Vernunft und reflexives Bewußtsein lassen sich aber nicht aus den Triebwünschen und unbewußten Antrieben herleiten. In psychoanalytischer Sicht ist die Sublimation eine eigenständige Kraft, die dazukommen muß, um der Triebenergie Richtung und Ziel zu weisen. Die sublimative Kraft der Vernunft läßt die Bedürfnisse erst zur konstruktiven Kulturleistung kommen und eröffnet die Dimension der Zukunft[28]. Zur Erfüllung des Lebens gehört darum auch, daß der Mensch Aufgaben braucht, die ihm aus seiner Welt als Anspruch entgegenkommen und auf die er seine Energie und sein Handeln richtet.

---

[25] Ch. Bühler/R. Ekstein, Anthropologische Resultate aus biographischer Forschung, in: H.G. Gadamer/P. Vogler (Hrsg.), Neue Anthropologie, Bd. 5: Psychologische Anthropologie, Stuttgart 1973, 349-385, hier 374.

[26] Vgl. auch O.W. Haseloff, Kommunikation, Transformation und Interaktion, in: ebd., 94-140, hier 97f.

[27] Unsere Hoffnung, in: Gemeinsame Synode der Bistümer in der Bundesrepublik Deutschland. Offizielle Gesamtausgabe I, 87.

[28] J. Nuttin, Das Verhalten des Menschen: Der Mensch in seiner Erscheinungswelt, in: H.G. Gadamer/P. Vogler (Hrsg.), Neue Anthropologie, Bd. 5, 163-199, hier 178.

d) Im reinen Bedürfnisdenken aber ist das Subjekt Grund und Ziel. Die Bedürfnisse halten das Subjekt bei sich selber fest. Es ist nur sich selber zugewandt, denn das Ziel der Bedürfnisregung ist lediglich der Spannungsausgleich im psychischen Haushalt oder die Beseitigung eines im Subjekt selber auftretenden Mangels. Andere Objekte existieren nur unter der Rücksicht ihrer Funktion, die ihnen für das Subjekt zugemessen wird; sie haben keine eigene Qualität, die dem Subjekt gegenüberstünde. Denn es gibt außer dem Subjekt nichts Bedeutsames; auch der emotionale Reiz hat seinen Ursprung im Mangelempfinden des Subjekts. Das Subjekt gibt den Dingen erst dadurch einen Wert, daß es sie in sich hineinzieht (Konsumhaltung).

Dieses Verständnis des Subjekts zur Welt beschreibt Friedrich Nietzsche so: "Unsere Bedürfnisse sind es, die die Welt auslegen; unsere Triebe und deren Für und Wider"[29]. Es liegt dem Subjekt nicht an der Erweiterung seines Welthorizontes, weil es sich selbst genug ist und sich nur durch sich selbst zu bereichern glaubt. Das Bedürfnisdenken okkupiert nur in infantiler Manier die Welt für sich. Weil es kein wirkliches Gegenüber kennt, hält es das Subjekt in sich verschlossen wie in einem Käfig.

e) Wo sich dieses Denken einnistet, findet Hoffnung keinen Entwicklungsansatz. Kommunikation und Zuwendung stumpfen ab zu dumpfer Begierlichkeit. Denn von Grund auf schließt es die Bejahung der eigenen Wert- und Sinnhaftigkeit dessen, was außerhalb des Subjekts bleibt, aus. Es ist nicht dafür offen, von einem Anderen affiziert, bewegt zu werden und sich in einer Antwort neu zu orientieren. Hingabe an anderes bleibt ein unsinniges Unterfangen. Vertrauen hat weder Grund noch Richtung, weil es außer dem Subjekt und dem, was das Subjekt zu okkupieren vermag, nichts gibt.
Hoffnung, sofern dieser Begriff überhaupt noch angebracht sein kann, verliert sich in der Phantasie einer selber erfundenen Welt, die ihre eigenen Verheißungen nicht einlösen kann und die Erfahrung des Mangels nurmehr intensiviert. Hoffnung ist aber nur dann wirklich Hoffnung, wenn sie ihren Grund nicht im Subjekt hat, sondern in der Beziehung zu einem Anderen, der den Grund gibt. Hoffnung ist der Ausdruck des Angewiesenseins auf ein Anderes, das in der Zeitlichkeit Halt gibt, und von dem sich das Subjekt an-sprechen läßt. Das Bedürfnisdenken läßt keinen Raum für den "Gott unserer Hoffnung" (Röm 15,13), auf den der christliche Glaube sich bezieht.
Totales Bedürfnisdenken und christliche Hoffnung schließen einander aus, weil sich Gott jeder Funktionalisierung in den Bedürfnissen entzieht. Es muß beim Menschen aber auch etwas anderes geben, bei dem Gott Einlaß findet und wo Hoffnung wachsen kann. Hoffen lernen impliziert daher immer die Besinnung des Menschen auf sich selbst und

[29] Aus dem Nachlaß der Achtzigerjahre, in: Werke, Bd. 3, hrsg. von K. Schlechta, München 1966, 903.

die Frage nach der Interpretation seiner eigenen Existenz. Die Interpretation des Menschen als Bedürfniswesen jedenfalls widerstrebt der "Hoffnungs- und Leidensgeschichte der Menschheit"[30], weil sie zu kurz greift und den Menschen nur bei sich selbst und seinem Zustand festhält.

19.2.2 Sehnsucht als bewegende Kraft

Die Interpretation des menschlichen Lebens, die der christliche Glaube meint, geht aus von der "Sehnsucht, die alle unsere Bedürfnisse übersteigt"[31]. Die Sehnsucht ist jene Fähigkeit des Menschen, in der sich sein Ausgestrecktsein in die Zukunft vorzüglich ausdrückt. Im alltäglichen Sprachgebrauch wird Sehnsucht meist verkürzt auf Sentimentalität. In Wirklichkeit ist sie eine bewegende Kraft, die über die Gegenwart hinaus sich einer neuen Wirklichkeit entgegenstreckt. Wie die Schüleräusserungen zeigten (vgl. 5.2 und 7.2), kleidet sie sich auch in andere Formen als in den Glauben. Ihr Grundzug ist die Empfänglichkeit für Erfahrungen, in denen das Subjekt sich selbst zu finden sucht, die es aber gegenwärtig entbehren muß. Ihr Ziel ist das Streben nach Vereinigung mit etwas, das das Sinnstreben des Subjekts zu erfüllen vermag. In ihr steckt das Verlangen nach so etwas wie Heimat, nach der Erfüllung des Lebens in einem absolut bergenden, höchsten Gut. In verschwindenden Augenblicken scheint sie als ein beglückendes Gefühl auf.

a) Sehnsucht hat ihren Ausgangs- und Erfüllungspunkt primär nicht im materiellen Bereich, sondern spielt sich auf der Ebene des Sich-Verstehens, der Selbstauslegung des Menschen in der Welt ab. In diesem weiteren Horizont kann auch die materielle Situation Anlaß von Sehnsucht sein, sofern sich mit ihnen die Frage nach dem Stand und dem Wert des Subjekts verbindet bzw. die Situation des Subjekts darin konkret faßbar wird, z.B. wenn wirtschaftliche Not oder äußerer Zwang die Ursache für die Entfremdung des Subjekts von sich selbst darstellt. Sehnsucht setzt das Empfinden voraus, nicht mit sich selbst, mit seinem Grund und Sinn übereinzustimmen. Sie ist dann ein Sich-Ausstrecken auf ein noch Ausstehendes, von dem die Erfüllung des in der Existenz angelegten Sinnes erwartet wird. "Sehnsucht sucht durch etwas zu sich selbst zu kommen"[32]. Der Sehnsucht geht es um die Situation des Alltags, an der sie "das Verbautsein des Ursprünglichen"[33] spürt. Erst im Durchbruch zum Anderen als Fremden und Unbekannten scheint das Ursprüngliche auf, in dem der Mensch zu sich kommt.

b) Sehnsucht heißt also, sich auf das Andere, auf das, was es selbst nicht ist und nicht hat (einen Menschen, ein Ereignis u.a.) einzustellen. Sie hält nicht an den Sicherungen des Alltags fest, durch die der

30 Unsere Hoffnung, 87.
31 Unsere Hoffnung, 87.
32 H. Lipps, Die menschliche Natur, Frankfurt/M. ²1977, 119.
33 Ebd., 119.

Sinn des Lebens "für schon entschieden gilt"[34]. Sie "durchschaut das Spiel, das hinwegbringen soll über das, was ihm gerade aufbricht im Grunde des Daseins"[35]. Sie stößt den Horizont des je schon Vorhandenen auf, um sich offenzuhalten, den Blick frei zu haben für das, was das Leben verwandeln kann. Beschwichtigung und Vertröstung liegen ihr fern, weil sie nur durch die Realität hindurch Sehnsucht ist. Die Sehnsucht sieht ihr Ziel auf sich zukommen, weil ihr Horizont weit und offen für Verwandlung ist; sie lebt in der Aufmerksamkeit und Bereitschaft für das Andere.

c) Insofern enthält sie auch eine bewegende Kraft für die Gegenwart, die es ermöglicht, das zu tun, was zu tun ist. Sehnsucht hat die "größte Nähe zur Hoffnung", ja sie ist "deren innerstes Leben, wenn anders dieses ein Sich-spannen auf ein je noch Ausstehendes ist"[36]. Sie ist auf etwas ausgerichtet, das sie nicht selbst herstellen, an sich raffen, konsumieren kann[37]. Daß das Ziel vornehmlich nicht vom Subjekt und seiner Kraft abhängig ist, das unterscheidet die Sehnsucht vom Bedürfnis. Sehnsucht interpretiert darum die Welt auch anders als das Bedürfnisdenken: Sie macht die Welt und das Leben nicht zur Funktion des Subjekts, sondern steht zu ihr in einer ant-wortenden Beziehung, d.h. sie erkennt der Welt und den Menschen einen Erfahrungsraum zu, den das Subjekt immer vor sich hat, dem es sich öffnet und von dem her es Sinn empfängt, den es nicht aus sich hat. Welt und Mensch sind nicht fertig oder nur Ressource der Bedürfniserfüllung, sondern voller Geheimnisse, die zu entdecken das Subjekt sich in der Hoffnung auf den Weg macht. Und der Weg ist nicht verbaut durch Vorstellungen, an denen sich das Subjekt festhält.

19.2.3 Sehnsucht – ein anderes Weltverhältnis als Bedürfnisdenken

Die Sehnsucht, nicht das Bedürfnis, ist darum der Anfang der Religion. Sie kennt die Welt und die Geschichte als Ort der Selbstverwirklichung des Menschen; sie überspringt nicht die Situationen des Lebens, sondern nimmt mit Aufmerksamkeit an ihnen teil. Aber Welt und Geschichte sind für sie noch nicht ausgemacht, sondern offen für die Erfahrung des ganz Anderen, das dem auf den ersten Blick Sinnlosen Sinn und Erfüllung zu geben vermag. Wo es aber nichts anderes als mich selbst, meine Kräfte und Produkte (ob realisiert oder noch im Stadium der Realisierung) gibt, kann es dieses ganz Andere nicht geben, dann bleibt der Mensch mit sich allein. Dies demonstriert deutlich die Neuzeit mit ihrer Wissenschafts- und Wirtschaftseuphorie.

---

34 Ebd., 120.
35 Ebd., 120
36 H. Fahrenbach, Wesen und Sinn der Hoffnung. Versuch über ein Grenzphänomen zwischen philosophischer und theologischer Daseinsauslegung, Diss. Heidelberg 1956, 51.
37 Darum ist Sehnsucht mehr als ein Verlangen, das sich nur auf Erreichbares bezieht.

a) In der Sehnsucht gibt der Mensch zu, sich selbst noch nicht zu haben, ja von sich selbst nicht genau zu wissen, wer man sei. Im Bedürfnisdenken glaubt der Mensch, sich selbst genau zu kennen, einer Besinnung auf sich selbst nicht mehr bedürftig zu sein. Es geht ihm mehr um sich selbst. Das Subjekt ist die Bedeutung seiner selbst und die Welt wird nur im Subjekt bedeutsam. Daraus kann nicht Hoffnung erwachsen, weil man das, was man hat oder zu beschaffen vor hat, nicht mehr erhoffen kann (vgl. Röm 8,24c), und das Subjekt nur auf Selbsterfüllung bedacht ist.

b) So geben die beiden Ausgangspunkte des Denkens, Bedürfnisdenken und Sehnsucht, auch verschiedene Orientierungsweisen und Bilder vom Menschen zu erkennen, die sich nicht in gleicher Weise mit dem christlichen Glauben vereinbaren lassen. "Die Gottesbotschaft unserer christlichen Hoffnung widersetzt sich einem schlechthin geheimnisleeren Bild vom Menschen, das nur einen reinen Bedürfnismenschen zeigt, einen Menschen ohne Sehnsucht"[38]. Bedürfnisdenken entleert das Menschenbild vom Geheimnis. Der »Bedürfnismensch« hat keinen Raum mehr vor sich oder um sich; alles ist reduziert auf die Funktionalität und das Maß seiner Interessen. In der Bedürfniswelt gibt es keinen vertrauten Umgang mit den Dingen, kein Gefühl der Dazugehörigkeit. Man fühlt sich nicht in die Dinge und Menschen ein, sondern heftet sie an einem vorgezeichneten Funktionsablauf fest. Der Mensch wird darin, im eigentlichen Sinn des Wortes, eingeschlossen, weil der gelingende Funktionsablauf zum Kriterium und zum Erfüllungspunkt wird. Im Grunde gehen ihn die Dinge und Ereignisse selbst nichts an. Er stellt keine weiteren Fragen mehr an sich und seine Welt, bzw. das Fragen und Suchen endet bei der ausgemachten Funktionalität[39]. Alles wird unter die Perspektive des Wissens als Gewußtes oder noch nicht Gewußtes gerückt. Das Funktionsdenken beurteilt die Welt nur nach den Gründen, die der Verstand hat. Mit dem Verstand arbeitet der Mensch, aber dort wohnt er nicht, dort hat er nicht seinen Grund, darin kann er kein Vertrauen setzen.

c) In der Welt das Geheimnis sehen, bedeutet anzuerkennen, daß auch Wissenschaft, Werktätigkeit, Handeln einen Grund haben, der nicht mit ihnen identisch ist, für sie also auch nicht zu greifen ist, auf den hin wir uns aber durchfragen müssen. An die Welt tritt dieser Mensch in der willigen Hingabe, die sich dem Anderen zuwendet, heran, um durch das unbekannte Andere seinen Grund zu finden, sich ihm anzuvertrauen und sich daheim zu fühlen. Hingabe lebt aus der Sehnsucht; Sehnsucht gibt es nur, wo es das Geheimnis gibt. Nur diese Reaktion gibt einen Ansatz für die christliche Hoffnung.

---

38 Unsere Hoffnung, 87.

39 Darin liegt der Grund für die mit dem Abnehmen des Auferstehungsglaubens verbundene Konsumorientierung; vgl. G. Schmidtchen, Protestanten und Katholiken, 311.

d) Dieser Gedankengang befindet sich auf der Linie der Philosophie Pascals: "Es ist das Herz, das Gott spürt und nicht die Vernunft. Das ist der Glaube: Gott spürbar im Herzen und nicht der Vernunft"[40]. Der Weg zu Gott führt nur über die Besinnung des Menschen auf seinen personalen Grund, auf den er sich einzulassen vermag, mit dem er zusammenwohnt. Dieses Geheimnis wird im Bedürfnisdenken verdrängt, weil der Mensch nur bei sich selbst bleibt und sich selbst nicht überschreitet auf seinen Anfang hin.

e) Die Reaktion menschlichen Strebens auf die Bedürfnisse hat ihre Ursache in der Angst vor der Unsicherheit, Ungewißheit, Abgründigkeit, in die ihn das Geheimnis seines Lebens hineinführen könnte. Der Griff nach den Sicherungsseilen, d.h. nach dem, was man hat oder sich beschaffen kann, verleitet dazu, dort zu bleiben, sich dem Vordergründigen zu überlassen[41]. In der Verlockung vergißt der Mensch zu fragen, wer er selbst sei – er wird sich selbst entfremdet. Denn "die Ordnung des Denkens fordert, daß man mit sich selbst beginne, und zwar sowohl mit seinem Schöpfer als auch mit seinem Ende. Nun, woran denken die Menschen? Daran nie, sondern an Tanzen, Laute spielen, Singen, Dichten, Ringe stechen usw. und daran, sich zu schlagen, sich zum König zu machen, ohne nachzudenken, was es ist, ein König zu sein, und was es ist, ein Mensch zu sein"[42].

Die Welt der Konsumgüter hat die Fragen nach dem Grund zugestellt. Das Interesse gilt nurmehr den Bedürfnissen und Produkten. Weil alles nur in Funktion genommen wird, gibt es nichts Personales mehr zu entdecken. Das Subjekt entleert die Welt, indem es die Welt auf die Bedürfnisse hin uminterpretiert.

19.3 Weg der Verständigung: Die vielen Hoffnungen und die christliche Hoffnung

Nachdem die Unterschiedlichkeit von Bedürfnisdenken und Sehnsucht verdeutlicht ist, geht es nunmehr darum, das Verhältnis der menschlichen Hoffnungen zur christlichen Hoffnung zu reflektieren. Dieser Schritt soll Möglichkeiten und Ansätze der Verständigung in der gemeinsamen Frage nach der Zukunft des Menschen erkunden. Grundlage dieser Reflexion ist zunächst eine Besinnung auf die Bedeutung der Hoffnung für die menschliche Existenz. Die philosophisch-anthropologische Auslegung der Hoffnung hat in dieser Untersuchung eine doppelte Funktion:

---

40 B. Pascal, Über die Religion und über einige andere Gegenstände (Pensées), hrsg. von E. Wasmuth, Tübingen [4]1948, 144 (Frg. 278; vgl. Frg. 277).

41 "Die Angst des Menschen davor, zu nichts gut und quantité negligeable zu sein, die Angst davor, unnütz, überflüssig, ohne jede Notwendigkeit zu sein, die mich das Unverfügbare als Bedrohung erfahren läßt" zieht die Reaktion nach sich, "sich selbst wichtig, ja zum Mittelpunkt der Welt zu machen" (J. Werbick, Glaubenlernen aus Erfahrung, 177).

42 B. Pascal, Über die Religion und über einige andere Gegenstände, 86 (Frg. 146).

zum einen stellt sie den Verstehenshintergrund für die Interpretation der konkreten Hoffnungen dar, zum andern eröffnet sie den Horizont zur Entfaltung der christlichen Hoffnung, zu der der Religionsunterricht hinführen soll. In der Interpretation der Schülerbeiträge geht es um die Inhalte ihrer Hoffnung, d.h. um die konkreten Erwartungen von Sinnerfüllung. Daran sind näherhin das Wie des Hoffens und seiner anthropologischen Implikationen zu klären. Auf diesem Hintergrund muß sich näher zeigen, worin Zusammenhang und Differenz ihrer Hoffnungen und der christlichen Hoffnung bestehen und wie beides miteinander vermittelt werden kann.

19.3.1 Philosophisch-anthropologische Auslegung von Hoffnung

a) Hoffnung[43] ist ein Sich-Ausstrecken auf ein konkretes Gut oder auf das Gutsein der Existenz, dessen Realwerden in der Zukunft erwartet wird. Der Sachverhalt der Erwartung ist für den Hoffenden bedeutsam, aber er gehört zur Kategorie des Noch-nicht. Obwohl der Hoffende das konkrete Gut nicht als persönliche Erfahrung wahrnimmt, wird sein Gemüt und sein Bewußtsein davon affiziert, und es zielt auf Anteilhabe an ihm. Denn die Hoffnung erhebt sich aus dem Empfinden eines Mangels und artikuliert sich als Vorgreifen auf einen Wert, den der Mensch als Erfüllung seiner Sehnsucht bejaht. Die Erfüllung liegt jedoch außerhalb seiner Macht. Eine Empfänglichkeit des Hoffenden für den konkreten Sachverhalt ist dazu jedoch vorausgesetzt, insofern besteht eine Mitwirkung an der Erfüllung.

b) Hoffnung ist eine dynamische Grundhaltung: Sie ist dem Leben mitgegeben als "Ur-Gebärde des Lebendigen"[44], als der Stoff, aus dem die Seele gemacht ist[45], als "Grundzug des menschlichen Bewußtseins" und "Grundbestimmung innerhalb der objektiven Wirklichkeit"[46]. Die Objekte können wechseln. Echte Hoffnung aber wächst je neu aus dem Enttäuschtwerden. Denn es geht in der Hoffnung letztlich nicht um dies oder das, sondern um das Gelingen des Lebens als eines Ganzen. Darum ist sie die Gestalt des Lebens, in der sich der Mensch auf einen bestimmten Sinn hin aus-legt, der in der Gefährdung von ihm selbst als tragende Möglichkeit[47] der Existenz vernommen wird. Hoffen besteht darin, daß der Mensch sich in der Bedrängnis und Unsicherheit auf eine sinnvolle Möglichkeit der Existenz hin öffnet und darin Vertrauen für das eigene Leben gewinnt.

c) Ihren konkreten Inhalt erhält die Hoffnung durch die Verflechtung

---

[43] Vgl. zum folgenden Heinrich Middendorf, Phänomenologie der Hoffnung, Amsterdam 1985; H. Fahrenbach, Wesen und Sinn der Hoffnung. Versuch über ein Grenzphänomen zwischen philosophischer und theologischer Daseinsauslegung, Diss. Heidelberg 1956.

[44] J. Pieper, Über die Hoffnung, München ^{7}1977, 27.

[45] G. Marcel, Sein und Haben, Paderborn 1954, 87.

[46] E. Bloch, Das Prinzip Hoffnung, Frankfurt/M. 1959, 5. Mit diesen allgemeinen Charakteristiken sollen keineswegs die Unterschiede im Begriff von Hoffnung geleugnet werden.

[47] Formalobjekt der Hoffnung ist nach Thomas von Aquin immer auch ein bonum possibile (S. theol. II/II 17,1).

mit den jeweiligen Situationen des Lebens. Darin artikuliert sie sich als "praktisches Antwortsverhalten"[48] auf deren Herausforderungen. Je tiefer der Mensch von einer Situation betroffen ist, desto dringlicher meldet sich die Frage nach den tragenden Möglichkeiten des Lebens. Desto mehr zeigt sich in der Hoffnung ein Angewiesensein auf etwas Zu-Kommendes, dem sich der Mensch anzuvertrauen vermag. Denn er ist in betroffenmachenden Situationen auf sich selbst zurückgeworfen. Will er nicht verzweifeln, stellt sich die Frage, woraus er Bestand gewinnen und die Situation bewältigen kann.

d) Am tiefsten ist der Mensch betroffen durch den Tod als der ständig bevorstehenden Grenze des Lebens, die den Sinn des Ganzen in Frage stellt. Die Grenzsituation des Todes ist "die eigentliche Krisis und Bewährung einer jeden Daseinshoffnung"; denn die Zukunft des Daseins ist dadurch "zutiefst in einem Geheimnis beschlossen, das für den Sinn des Lebens eine äußerste Frage bedeutet"[49]. Im Anschluß an Sören Kiergegaard weist Heinrich Fahrenbach darauf hin, daß Hoffnung erst und allein im Übernehmen-können des Todes als Frage an den Sinnbestand des eigenen Daseins eine wahrhaft "lebendige" Hoffnung zu sein vermöge; dies gelinge nur in einem den Tod tranzendieren Sinn, der in einer Grundhoffnung besteht[50].

e) Entscheidend ist darum die Frage, worauf die gefaßte Hoffnung beruht. In der Hoffnung, die der Mensch hat oder faßt, drückt sich sein tatsächliches Sinnverstehen des Daseins in der Welt oder seine Sinngebung aus tragenden Beziehungen aus. In dem, worauf der Mensch hofft, bekundet er die Sinnrichtung seiner Existenz, d.h. das, worin er seinen letzten Halt findet. In der Gefährdung des Daseins und in der Ungewißheit über die Zukunft strebt er sein Leben auf einen Sinn hin zu verwirklichen, der ihm als umgreifender Horizont zugewachsen ist oder zuwächst (im Sinne von Verinnerlichung) und ihm als Gestalt gelungenen Lebens vorschwebt. Nur aus einer positiven Möglichkeit, auf die sich der Mensch in seiner Sehnsucht[51] bezieht, gewinnt er Vertrauen in die Zukunft. Ihre Tragfähigkeit steht jedoch angesichts wechselnder Lebenssituationen stets in der Bewährung, weil ihr Inhalt durch das Noch-nicht fraglich bleibt. Die Ungesichertheit gehört ebenso zur Hoffnung wie das Schöpfen neuen Mutes[52]. Hoffen ist darum ein Ausharren in Geduld (Röm 8,25).

f) Gerade in der Gefährdung und kritischen Herausforderung wird die Begrenztheit des eigenen Könnens am meisten offenkundig. In der Ohnmacht wird der Sinngrund, aus dem der Mensch lebt, auf den Prüfstand

48 H. Middendorf, Phänomenologie der Hoffnung, 14.43-72.
49 H. Fahrenbach, Wesen und Sinn der Hoffnung, 98.
50 Ebd. 9.
51 H. Middendorf, Phänomenologie der Hoffnung, 27-31.
52 Nach Thomas von Aquin ist das Verhalten der Hoffnung gleichermaßen bestimmt von Hochgemutheit (magnanimitas) und Demut (humilitas) (S. theol. II/II 161,1).

gestellt: Es geht um die Bewährung seiner Kraft zum Trotzdem, das dem Verfallen ins Nichts und in die Verzweiflung widersteht. In der Unbeständigkeit des Daseins, die im Hineinragen des Todes in das Leben ihren Grund hat, bleibt die Hoffnung lebendig, wenn sie sich auf Möglichkeiten hin auslegt, die aus einem unendlichen Gegenüber zu-kommen und Halt geben. Dieses Hoffen artikuliert sich als Überschreiten in Möglichkeiten hinein, die nicht der menschlichen Verfügungsgewalt unterliegen. "Ja, das Hoffen ist dieses Transzendieren in den Bereich eines von mir selbst her unverfügbaren Zu-künftigen, weil es jeweils Grenzsituationen meines eigenen Könnens entspringt, bzw. ein besonderes »Können« an dieser Grenze ist"[53]. In der Hoffnung erweist sich der Mensch wesentlich als angewiesen auf einen Sinn, der ihm gegeben wird. Dieser erweist sich als tragfähig, insofern er in aller Ungesichertheit und Bedrohung des Daseins Zuversicht gibt, und der Mensch sich – so wie er ist und in welcher Lage auch immer er sich befindet – zu bejahen vermag.

g) Echt ist diese Hoffnung, wenn der Mensch sich jeder Flucht aus den Herausforderungen der Wirklichkeit versagt, indem er die Spannungen der Gegenwart aus-hält und die eigene Begrenztheit bejaht. Diese Hoffnung bleibt offen für das Zu-Kommende, in dem der Grund der Zuversicht verborgen liegt. Das bedeutet auch, daß der Hoffende sich in seinem Dasein nicht durch ein abgeschlossenes Wissen seiner Zukunft einrichten kann, sondern sich in der Fraglichkeit seiner Existenz auf das Zu-Kommende hin los-lassen muß. Dies selbst aber ist nie fraglos gegeben. Der Mensch streckt sich vielmehr aus – er ist gespannt – auf einen Sinn, der ihm durch alle Bedrohung hindurch entgegenkommt.

Diese philosophisch-anthropologische Auslegung hat die Hoffnung als Grundzug menschlicher Existenz sowie ihre Dimensionen entfaltet. Ihre konkrete Bestimmtheit erhält die Hoffnung jedoch durch den Sinn, auf den sich der Mensch – bewußt oder unbewußt – jeweils bezieht. Ohne daß dies im einzelnen angeführt werden mußte, wurden zahlreiche Aspekte deutlich, auf die Paulus in der Auseinandersetzung mit den Korinthern in 1 Kor 15 abgehoben hat (vgl. 18. Kapitel). Auf dieser Grundlage sollen im folgenden die Äußerungen der Schüler auf die Erwartungen hin untersucht werden, in denen sie ihre Existenz festmachen.

19.3.2 Hoffnungspotential in den Erwartungen der Jugendlichen

Die philosophisch-anthropologische Reflexion von Hoffnung sollte uns davor warnen, die Zukunftsvorstellungen der Jugendlichen und die christliche Hoffnung mechanistisch voneinander zu trennen. Sowohl didaktische als auch theologische Gründe sprechen dafür, in ihren Erwartungen Anfänge einer dynamischen Zukunftsperspektive zu sehen, an deren letztem Ziel der Glaube an die Totenauferstehung steht. Daß ihre Erwartungen um des Letztgültigen willen auch einer Kritik zu unterziehen sind, dürfte aus den bisherigen Überlegungen (vgl. 19.2) klargeworden sein.

---

53 H. Fahrenbach, Wesen und Sinn der Hoffnung, 122.

Die didaktische Analyse der Schüleräußerungen (vgl. 7.2-3) hat gezeigt, daß einerseits die Schüler nicht auf die Widerstände gegen den Glauben festzulegen sind – ihre Kritik des religiösen Bedürfnisses ist sogar ernstzunehmen –, andererseits ihre eigenen Sinndeutungen dem Glauben nicht widersprechen. Es kommt in der Didaktik vielmehr darauf an, sich von den Erfahrungen der Jugendlichen herausfordern zu lassen und zu erspüren versuchen, "welche Wahrheit sich in der verwirrenden und widersprüchlichen Vielfalt der erfahrenen Wirklichkeit ankündigt und »abzeichnet«"[54]. Ähnlich wie Paulus in 1 Kor 15 gegenüber der Gemeinde Analogien aus der Lebenspraxis und der Schöpfung anführte, jedoch auch das Überbietende der Totenauferstehung unterstrich (vgl. 18. Kapitel), kann der Religionsunterricht die Erwartungen der Jugendlichen positiv aufgreifen. Daß diese Analogien sowohl das Aufbrechen der selbstverständlichen Lebenswelt[55] als auch das Stimulans des Glaubens für die Sinnorientierung zu verdeutlichen hat, ist genügend dargelegt (vgl. 12. Kapitel). Analogien gewährleisten die Wirklichkeitsnähe des Glaubens. Um falschen Analogiebildungen vorzubeugen, sollte die Didaktik ebenfalls die paulinische Argumentation zum Maß nehmen: das Kriterium der Entsprechung kommt nicht aus der alltäglichen Erfahrungswelt, sondern aus dem Glauben, der von der Identität und Differenz des Irdischen und Überirdischen in der Auferstehung ausgeht (vgl. 18.4)[56]. Auch für die Theologie ist das Zueinander von Gott und Welt in einer dialogischen Beziehung ein wesentlicher Zug der Heilsbotschaft. Die stockwerksartige Trennung von Natur und Gnade in der frühen Neuzeit hatte schwerwiegende Folgen für das Auferstehungsverständnis: "Ein Gnaden- und Auferstehungsverständnis, das nicht mehr deutlich machen kann, daß dadurch der Mensch zu sich selbst befreit und zur Vollendung gebracht wird, steht Pate zu seiner eigenen Aufhebung"[57]. Das 2. Vatikanische Konzil entwickelte darum eine Leitlinie, die das didaktische Programm stützt: "Freude und Hoffnung, Trauer und Angst der Menschen von heute, besonders der Armen und Bedrängten aller Art, sind auch Freude und Hoffnung, Trauer und Angst der Jünger Christi.

54 J. Werbick, Glaubenlernen aus Erfahrung, 122.

55 Jürgen Werbick nennt die "Verfremdung des Alltäglichen", in der "die alltäglichen Erfahrungen ihre Selbstverständlichkeit verlieren", die "eigentliche »didaktische Klippe«", die der Religionsunterricht passieren muß, um zu den Grunderfahrungen des Lebens vorzudringen (ebd., 122).

56 Die Warnung Jürgen Werbicks vor den gefährlichen Folgen des Analogiedenkens behält trotzdem ihr Recht (Glaubenlernen aus Erfahrung, 72); sie stellen sich dann ein, wenn die Richtung der Analogiebildung unbeachtet bleibt. Jürgen Werbick löst das Problem ähnlich, wenn er formuliert: "Identitätsverbürgendes Wissen aus Glauben lebt von der göttlichen Auslegung menschlicher Grunderfahrungen" (ebd., 73; Unterstreichung von mir).

57 G. Greshake, Theologiegeschichtliche und systematische Untersuchungen zum Verständnis der Auferstehung, 338-340, hier 340, Anm. 469.

Und es gibt nichts wahrhaft Menschliches, das nicht in ihren Herzen seinen Widerhall fände"[58]. Dieses Grundverständnis von Glauben geht von folgenden anthropologischen Voraussetzungen aus:

– Der Mensch ist nicht ein in sich stehendes Wesen, sondern lebt in der andauernden Beziehung zu Gott, die in der Schöpfung ihren Anfang und Grund hat (Bundestheologie).
– Die Schöpfung ist auf ihre Vollendung hin unterwegs (Geschichtlichkeit); was in Jesus Christus bereits geschichtliche Wirklichkeit geworden ist, wird auch die Schöpfung erreichen, sofern sie sich mit Christus auf den Weg macht (eschatologische Dimension).

Auch wenn die Schüler diese Überlegungen nicht teilen, eröffnet die Aufarbeitung ihrer Erfahrungen eine Perspektive, die Anstöße zu ihrer Neuinterpretation gibt. Denn nach dieser theologischen Betrachtungsweise ist "alles, was jetzt wahrhaft gut und wertvoll, gelingend und glücklich ist, auch eine Antezipation der künftigen universalen Auferstehung"[59]. Der didaktische Ansatz bei der Erfahrungswelt der Jugendlichen macht es notwendig, daß der Religionsunterricht die präsentischen Züge der eschatologischen Auferstehungshoffnung betont. Auf den ebenfalls notwendigen Weg der Verfremdung der Alltagserfahrungen und auf die Frage nach den Grunderfahrungen, um die es auch Paulus in 1 Kor 15 gegangen war, ist genügend hingewiesen worden. Aus diesen Gründen können wir auch bei der Auferstehungsthematik die Erfahrungen der Schüler in eine didaktische Korrelation zu biblischen Botschaft setzen. Dabei geht es um die Frage: Inwiefern sind die von den Schülern geäußerten Zukunftsperspektiven Schritte auf dem Weg der christlichen Hoffnung?

a) Das Glück des Augenblicks auszuschöpfen, wo auch immer es sich im Alltag auftut, hat für den Jugendlichen eine große Bedeutung. Auch wenn diese Momente nur kurz greifen und die Wirklichkeit vereinfachen, können sie nicht abqualifiziert werden. Für den Jugendlichen sind sie Durchblicke durch die Zwänge und Belastungen des Alltags; er kann seine Erfahrung ohne Vereinfachungen nicht ordnen und gewichten. Für viele Jugendliche ist z.B. das Motorrad ein Symbol, in dem sie ihrer Sehnsucht nach dem ganz Anderen Ausdruck geben (vgl. 5.2, Nr. 2). Sich mitzufreuen ist die einzig adäquate Antwort. Was junge Menschen glücklich macht, weist über den Augenblick hinaus auf die Sinnhaftigkeit des Lebens. Das Streben nach Glück entspricht der Sehnsucht, die sich nach dem Sinn des Ganzen ausstreckt. Diese Erfahrungen sind ein Vorgriff auf die Erfüllung des menschlichen Lebens, ohne die auch das

[58] Pastorale Konstitution über die Kirche in der Welt von heute (Nr. 1), in: Lexikon für Theologie und Kirche. Das Zweite Vatikanische Konzil, Bd. III, Freiburg 1968, 241-592, hier 281.

[59] G. Greshake, Theologiegeschichtliche und systematische Untersuchungen zum Verständnis der Auferstehung, 357.

einzelne Glückserlebnis nicht die Bedeutung bekommen könnte, die es hat. In der totalen Abgestumpftheit würde man nämlich den Sinn solcher Erlebnisse nicht mehr wahrnehmen, weil es im Einerlei weder Höhen noch Tiefen gibt. Wenn die Schüler gegenwärtiges Glücksstreben und Auferstehungsglaube so deutlich voneinander trennen, hat dies seinen Grund darin, daß sie sich im Recht auf ihr Glück nicht ernstgenommen fühlen. Sie stellen ihrer Identität wegen ihre positiven Erfahrungen gegen die Glaubenstradition und halten gerade die momentanen Glückserlebnisse fest, ehe sie ihnen aus vermeintlich besserer Einsicht weginterpretiert werden. Diese innere Ausrichtung der Glücksmomente auf den Sinn der ganzen Wirklichkeit muß der Religionsunterricht den Jugendlichen eröffnen.

b) Es ist richtig, daß das Glücksstreben nicht zwingend auf ein anderes Leben oder auf ein Sinnganzes verweist (vgl. 19.1). Aber der beständige Drang nach Glück kann ohne die Erwartung künftiger Sinnerfüllung auch nachträglich nicht gerechtfertigt werden. Das Augenblickshafte als Ausdruck der Vergänglichkeit des Glücks läßt solche Erfahrungen auf das Absurde zulaufen, wenn nicht eine ins Unendliche reichende Sehnsucht das Suchen immer wieder inspiriert. In einer solchen offenen Zukunftsperspektive gibt es keine Gewißheit. Aber die Frage nach einer die Sehnsucht erfüllenden Existenz ist unabweisbar gestellt. Nach der christlichen Überzeugung kommt dem Menschen in dieser Sehnsucht der Gott entgegen, der allein Bestand gibt. In dieser Begegnung wird das Sinnen und Trachten des Menschen nicht ausgelöscht, sondern vollendet. Darum besteht in der menschlichen Sehnsucht auch kein Widerspruch zur christlichen Hoffnung. Die Botschaft dieser Verheißung muß der Religionsunterricht jedoch den Schülern auf den angeführten Zusammenhang hin ausrichten. Logisch zwingend ist die Zustimmung zu ihr freilich nicht; sie stellt den Jugendlichen jedoch vor die Entscheidung, woraufhin er seinen Lebenssinn entwirft.

c) Wenn Jugendliche den transzendentalen Spannungsbogen nicht mitvollziehen können, hat dies seinen Grund darin, daß ihnen das Gespür für Sehnsucht als ursprüngliche Triebkraft menschlicher Existenz fehlt. Müssen sie nicht deswegen so vordergründig und monokausal mit Hoffnung und Auferstehungshoffnung umgehen, weil sie wirkliche Sehnsucht nicht kennen? Wo lernen sie in ihrer Sozialisation diese Sehnsucht? Der Lernprozeß bedarf daher des nachsinnenden Gesprächs, das durch die Wünsche und Bedürfnisse der Jugendlichen hindurch die ursprüngliche Sehnsucht nach dem Heilsein des Lebens herauszuschälen versucht ("Was drängt dich dazu?"). Die Wirksamkeit dieser elementaren Kraft sollen sie an ihren Erfahrungen verstehen lernen, das bedeutet, daß ihnen das Gute in ihren faszinierenden Erlebnissen bekräftigt wird, um ihnen so Hoffnung »zu machen«, wie man sagt. Nur wo wir das Faszinierende des Lebens entdecken, kann die Hoffnung, daß es nicht ins Absurde läuft, wachbleiben.

d) Das Vordringen zu wirklicher Sehnsucht geht nicht ohne die Kritik der Bedürfnisse, soweit sie sich an den Konsum heften. Welche Erfahrungen werden aber im Glück durch Konsum zugedeckt? Die Werbung, die ja zum Konsum anlockt, liefert unzählige Beispiele dafür, wie Sehnsüchte des Menschen zur Konsumempfehlung verzweckt und wirtschaftliche Produkte als Schlüssel zur Vollendung einsuggeriert werden[60]. Solche Surrogate haben eine inversive Wirkung, insofern sie das Bewußtsein am Genuß als Lebensglück festhalten, und die permanente Wiederkehr der Genüsse und der Antrieb zum gesteigerten Konsum das Versprechen gegenwärtiger Erfüllung in sich birgt; die Fixierung auf die augenblickliche Befriedigung und auf neue Bedürfnisse führt einen Strudel mit sich, in dem jedes Interesse an der Zukunft verloren geht. Es kommt darauf an zu erkennen: "Bedürfnissteuerung funktioniert über das Versprechen der Angstfreiheit, und sie funktioniert umso effektiver, je suggestiver dieses Versprechen ins Bild (ins Wort) gebracht wird"[61]. Was darin verdrängt wird, gilt es zum Bewußtsein zu bringen: die Angst vor Versagen und Scheitern, vor Nichtanerkanntsein und Nichtgeliebtwerden, die Angst vor dem Nichtmitkommen in der Konkurrenz, die Angst vor dem Tod. Diese Ängste hängen untereinander zusammen, insofern sie Ausdruck von Endlichkeit sind. Konsumdrang und Überbietung der Konkurrenten entziehen sich der Herausforderung der Angst, die eigene Endlichkeit gelassen hinzunehmen. Die Kritik der Bedürfnisse zielt also auf die Wahrnehmung der Angst, die dem Leben inhärent ist und durch nichts ausgeschaltet werden kann. In der Anerkennung der Angst findet der Mensch zu sich selbst und zu der wirklichen Sehnsucht, die die Realität nicht überspringt.

e) Die wirkliche Sehnsucht der Jugendlichen bricht immer wieder durch, und zwar im Bedürfnis nach "Anerkennung des Individuums" und des ganzen Lebens (vgl. 5.2, Nr. 4), die von jeder Verzweckung frei ist. Die Sehnsucht nach Identität schließt das Bedürfnis nach tragenden Beziehungen ein. Das Ganze soll Sinn haben und bekommt ihn durch die Anerkennung, die wir uns gegenseitig schenken. Damit kommt ein wesentlicher Zusammenhang zur Sprache.
Aber ist dieses Ideal nicht eine Selbstüberforderung? Können wir uns selbst denn immer annehmen, worin die Voraussetzung für die Annahme

---

[60] Beispiel: Seit 1988 wird für die Zigarette "Memphis" mit dem Slogan geworben: "Die Leichte für Starke"; freudig hochspringende Jugendliche symbolisieren die alles überwindende Lebenskraft, die in solchem Genuß vermittelt wird.

[61] J. Werbick, Glaubenlernen aus Erfahrung, 190.

anderer liegt? Leisten wir wirklich Solidarität gegenüber jedermann? Was ist mit denen, die immer wieder von unserer Solidarität ausgeschlossen werden? Wie bewältigen wir verweigerte oder nicht geleistete Anerkennung? Die Ideale der Jugendlichen, so bedeutungsvoll sie sind, klammern den Tatbestand aus, daß menschliches Hoffen immer der Enttäuschbarkeit, dem Umsonst unterliegt, das zum Aufgeben jeder Hoffnung führen kann. Woher nimmt man in der Enttäuschung die Kraft zum Durchhalten? Das Hoffnungsmoment der geäußerten Erwartung liegt darin, daß sie auf eine Beziehung tendiert, die alle Belastungen durchträgt. So steht auch hier am Ende wieder die Frage: "Sehnt sich der Mensch nicht doch zuletzt nach jenem Rechtfertigenden, der ihn nicht noch einmal um seiner selbst willen begehrt, der ihn als den Anderen begehrt und sich an ihm erfreuen kann, weil er der andere ist, den er nicht braucht und den er doch zutiefst erwünscht? Sehnt sich der Mensch nicht doch zuletzt nach Gott, dem unendlich Beziehungsfähigen und Beziehungswilligen, dessen Wunsch er sich verdankt, auf dessen Selbstlosigkeit und Wohlwollen er sich verlassen darf, von dessen interesselos freier Zuneigung er sich aus Grund- und Bodenlosigkeit seines Daseins gerettet weiß?"[62]

f) Die Sehnsucht nach Solidarität darf dann auch vor dem Tod nicht haltmachen, vornehmlich vor dem Tod der Opfer von Unrecht und Haß. Wenn die Kommunikation so wichtig ist, können ohne Selbstwiderspruch die Toten nicht abgeschrieben und vergessen werden, deren Solidarität wir die eigene Existenz verdanken. Vergangenes Unrecht kann eine bessere Gesellschaftsordnung nicht wiedergutmachen, die Toten haben daran keinen Anteil. "Die erlittene Paradoxie einer Existenz, die sich weigert, das Gedächtnis an die Opfer der Geschichte auszulöschen, um glücklich zu sein"[63], stellt notwendig die Frage nach einem Gott, der den Tod überwindet, das Ideal der Kommunikation verwirklicht und den Opfern Gerechtigkeit widerfahren läßt.

g) Auch in den religionskritischen Einwänden der Jugendlichen (vgl. 5.2, Nr. 3) liegt ein Hoffnungsansatz, wenn die Eindimensionalität der Argumente aufgebrochen wird. Die Kritik an der »Utopie« einer Auferstehung setzt ja bei dem Vorwurf der Passivität gegenüber den gegenwärtigen Zuständen und bei der Sehnsucht nach einer Veränderung zum Besseren an. Der Religionskritik von Ludwig Feuerbach und Karl Marx entspre-

62 Ebd., 185. Die Verknüpfung von menschlicher Sehnsucht und christlicher Hoffnung war von mir schon weitgehend entwickelt, ehe ich die Ausführungen von Jürgen Werbick (ebd., 181-193) kennenlernte, die ich als sehr hilfreich einschätze.

63 H. Peukert, Wissenschaftstheorie – Handlungstheorie – Fundamentale Theologie. Analysen zu Ansatz und Status theologischer Theoriebildung, Frankfurt/M. 1978, 310; vgl. auch H. Kessler, Sucht den Lebenden nicht bei den Toten, 36-39.

chend gilt einigen Jugendlichen Gott als "Produkt des Menschen" und der Auferstehungsglaube als Überwindung der Ohnmacht vor der Realität des Todes; sie lenken nur von der Aufgabe, hier und jetzt für ein besseres Leben zu sorgen, ab. Diese Kritik des religiösen Bedürfnisses muß der Religionsunterricht ernst nehmen; letztlich kommen darin auch säkularisierte Impulse der christlichen Hoffnung selbst zum Ausdruck, wie wir noch sehen werden (vgl. 19.4). Deshalb ist nicht alle Kritik abzuwerten, aber es müssen Fragen gestellt werden[64]: Gewährleistet die atheistische Auseinandersetzung mit der Realität eine bessere Gestaltung des Lebens? Müssen wir wegen des ständigen Mißlingens von Veränderung zum Guten alle »Utopien« aufgeben? Lebt menschliche Praxis nicht stets von Imaginationen der Zukunft, die sich immer wieder neu auftun, letztlich unabschließbar sind? Kann es nicht so sein, "daß »in«, mit und »inmitten« der ungeheuren Menge menschlicher Projektionen auch Verweisungen auf eine Wirklichkeit vorkommen, die wirklich »anders« ist, eine Wirklichkeit, die der Mensch in seiner religiösen Einbildungskraft zu reflektieren fähig ist"?[65] Gibt es unter den sogenannten religiösen Projektionen nicht auch Hoffnungen, die wirklich mit konkreten Erfahrungen zu tun haben, z.B. die Sehnsucht nach Frieden, Liebe und Gerechtigkeit?
Das Problem der Religionskritik hängt eng mit ihrem eigenen Gottesbild zusammen (vgl. 9.7.3) und kann letztlich nur von der Annahme der christlichen Gotteserfahrung geklärt werden; in jener geht es nämlich nicht um die Verlagerung der Sehnsucht des Menschen in die Transzendenz, sondern um ihre Erfüllung. Die Sehnsucht ist eine bewegende Kraft der Lebenspraxis (vgl. 19.2.2). "Gott wäre unmenschlich, wenn er die Sehnsucht des Menschen ins Leere laufen ließe, wenn er sich den tiefsten Hoffnungen der Menschen entzöge, wenn er ihre Hoffnungsbilder – ihre Projektionen – nur desavouierte"[66].

Solche Ansätze[67] bauen, wie gesagt (vgl. 19.1), Verstehensbrücken von der Lebensorientierung der Jugendlichen zum Auferstehungsglauben. Ihre Annahme setzt die Entscheidung für die christliche Hoffnung voraus. Damit sie den Schülern möglich ist, muß der Religionsunterricht das Hoffnungsbild der christlichen Glaubenstradition so zur Sprache bringen, daß Auferstehung als Erfüllung menschlicher Sehnsucht verstanden werden kann. Dieser Schritt impliziert auch die Aufklärung von Mißverständnissen, die Unterscheidung von anderen Hoffnungsbildern

---

64 Vgl. J. Werbick, Glaubenlernen aus Erfahrung, 172-174.
65 P.L. Berger, Auf den Spuren der Engel, Frankfurt/M. 1970, 74.
66 J. Werbick, Glaubenlernen aus Erfahrung, 173. Zur Religionskritik vgl. auch G. Theißen, Argumente für einen kritischen Glauben oder: Was hält der Religionskritik stand?, München 1978.
67 Andere Zugänge der Schüler zum Auferstehungsglauben wurden bereits in 7.2 skizziert.

(z.B. Unsterblichkeit der Seele; vgl. 5.2, Nr. 8) und die Abgrenzung des Glaubens gegen Verzerrungen.

19.4 Christliche Hoffnung als Erfüllung menschlicher Sehnsucht

Aus den Hoffnungen der Jugendlichen läßt sich, wie gesagt, allenfalls die denkerische Möglichkeit einer Jenseitshoffnung ableiten[68]; sie bleibt aber stets der neuzeitlichen Metaphysikkritik ausgesetzt. Dazu kommt nun noch, daß der rein anthropologische Weg die Tiefe und Weite der christlichen Auferstehungsbotschaft, wie wir sie aus 1 Kor 15 kennen, nicht erreicht; er postuliert zwar ein Weiterleben nach dem Tod, wie es auch die Schüler taten (vgl. 7.1), aber den Bedeutungsgehalt der christlichen Hoffnung kann er nicht erschließen[69].

Was Paulus mit der Verkündigung der leiblichen Auferstehung aufgezeigt hat, übersteigt alle menschlichen Hoffnungen in die unendliche Offenheit hinein; sie hat ihren Grund und Sinn nur aus dem Handeln Gottes, das in Jesus Christus bereits Wirklichkeit geworden ist. Christliche Hoffnung bleibt nicht bei den innerweltlichen Hoffnungen stehen, widerspricht ihnen auch nicht, soweit sie ein wirkliches Gut der menschlichen Existenz intendieren; sie springt auch nicht von einem Wunsch zum anderen und verschiebt ihre Erfüllung nicht auf den »St.-Nimmerleinstag«. Die paulinische Verkündigung entwirft vielmehr Perspektiven für das Leben vor und nach dem Tod, indem sie sich letztlich an den Gott hält, der sich in Jesus Christus geoffenbart hat.

Der Religionsunterricht kann sich darum nicht mit den anthropologisch fundierten Hoffnungen begnügen, sondern muß den Schülern auch den Bedeutungsgehalt der christlichen Hoffnung zu erschließen versuchen. Damit spricht er jedoch eine Wirklichkeitsdimension an, die sich nicht mehr im rationalen Diskurs begründen läßt; daraus folgt jedoch nicht notwendig das "Verstummen vor dem Geheimnis Gottes"[70]. Das theologische Axiom von der grundsätzlichen Analogie religiöser Sprache[71] besagt vielmehr, daß wir die Verheißung der Auferstehung in menschlichen Bildern und Begriffen auszusagen vermögen, sofern wir deren Bedeutung ins unendlich Vollkommene verlängern. So kann der Religionsunterricht sehr wohl die Auferstehungsbotschaft als sinngebende Verheißung für die menschliche Existenz und Vernunft entfalten[72]. Für das Verständnis der Schüler ist freilich die enge Verknüpfung mit den menschlichen Hoffnungen didaktisch notwendig. Wie sonst sollten sie die christliche

68 Vgl. G. Greshake, Theologiegeschichtliche und systematische Untersuchungen zum Verständnis der Auferstehung, 305 u.ö.

69 Ebd., 323.

70 Ebd.., 369.

71 Vgl. R. Ott, Analoges Reden von Gott. Unterrichtsentwurf für das 11./12. Schuljahr, in: Katechetische Blätter 110 (1985) 381-384.

72 Vgl. auch M. Raske, Fragen nach der Auferstehung, in: H.-U. von Brachel/N. Mette (Hrsg.), Kommunikation und Solidarität. Beiträge zur Diskussion des handlungstheoretischen Ansatzes von Helmut Peukert in Theologie und Sozialwissenschaften, Fribourg/Münster 1985, 140-147.

Auferstehungshoffnung als Erfüllung menschlicher Sehnsucht verstehen lernen? Der folgende Abschnitt entwickelt darum wichtige Lerninhalte, die der Religionsunterricht bearbeiten sollte.

19.4.1 Der Mensch angesichts des Todes

Menschliches Hoffen, das nur auf das Machbare und die Leistungen der Vernunft (in Gegenwart und Zukunft) baut und nur das Erklärbare und von Menschen Erstellbare, den herstellbaren Lebensgenuß und die erreichbare Lebensqualität erhofft, steht immer vor der Frage: Wozu das alles, wenn man sowieso stirbt? Im Tod als Nicht-mehr-Dasein[73] laufen alle menschlichen Hoffnungen ins Nichts. Der Tod vermag die Hoffnung als Grundzug menschlicher Existenz überhaupt zu vereiteln. An dieser Erfahrung aber setzt die christliche Hoffnung an. Deshalb gehört die Frage, wie wir uns zum Tod und zum Hineinreichen des Todes ins Dasein verhalten, zum Gegenstand des Religionsunterrichts.

a) Für unsere Zeit ist kennzeichnend, daß die meisten Menschen den unabänderlichen Tatbestand des Todes abzuwehren versuchen. Die Mentalität der gegenwärtigen Zivilisation[74] ist auf den Wunsch nach anhaltender Jugendlichkeit abgestellt. Die technisch-wissenschaftlichen Innovationen sind von der Beherrschbarkeit des Todes bestimmt (vgl. 9.7). Die menschliche Existenz, die ihr Maß am sozialen Wettbewerb um die besten Plätze nimmt, kann den Tod nur als unerträgliches Versagen und endgültige Niederlage empfinden. Eine Gesellschaft, die "den Menschen hauptsächlich an seiner Stärke, seiner Fitneß und seiner Leistungskraft mißt"[75] und an den machbaren Fortschritt glaubt, kann den Tod nicht als Bestandteil des Lebens akzeptieren, bestenfalls als bedauerlichen Unglücksfall auf dem Weg zur Vollkommenheit registrieren und rituell abgelten.
Der Tod ist die Ursache der Angst, man glaubt, er könnte dem Leben die Möglichkeit des Genusses rauben. Die Vision des technologischen Fortschritts, die auf den Besitz des Perfekten, des Vollendungszustandes zielt, verschleiert die Wirklichkeit der Kontingenz und klammert das Schwache regelrecht aus dem Bewußtsein aus, bis es hinterrücks davon wieder eingeholt wird; dann aber ist der Mensch mit seinen Ängsten und Illusionen allein. Eine Hoffnung, die auf den rein menschlichen Möglichkeiten (jetzt und in der Zukunft) beruht, tendiert notwendig dazu, den Tod nicht ernst zu nehmen; sie verliert sich vielmehr in augenblickshaften Wünschen. Das Problem liegt darin, daß wir die Bedeutung des To-

---

73 Vgl. B. Welte, Religionsphilosophie, Freiburg [3]1978, 48-57.
74 Vgl. H.E. Richter, Sterben können heißt leben können, in: ders., Leben statt Machen. Einwände gegen das Verzagen, Hamburg 1987, 293-305; I. Fetscher, Verdrängung des Todes und Hoffnung auf Unsterblichkeit, in: Universitas 43 (1988) 283-293.
75 H.E. Richter, Sterben können heißt leben können, 298.

des verkürzen. Es ist darum ein entscheidender Lernschritt aufzudecken, wie wir den Tod durch den Drang nach Bedürfniserfüllung ver-drängen.

b) Das Verdrängen des Todes als des unausweichlichen Endes allen Handelns und Strebens benannte bereits Max Scheler als Signatur der nachchristlichen Kultur unsers Jahrhunderts[76]. Der "Strudel der Geschäfte um der Geschäftigkeit willen" ließ im Menschen "die Illusion eines endlosen Fortgangs des Lebens zur unmittelbaren Grundhaltung seiner Existenz werden". Der Arbeits- und Erwerbstrieb, in dem alle Kontemplation der Welt verloren ging, "fand kein Symbol" für den Tod: "denn er ist für das Erleben nicht da"; "er überkommt nur als Katastrophe"[77]. Die "Rechenhaftigkeit der Lebensführung", d.h. die Konzentration auf den sozialen Wettbewerb und Erfolg, ist nichts anderes als der verzweifelte Versuch, die Lebensangst zu verscheuchen[78]. Darin besteht für Max Scheler der Grund, daß die Frage nach dem Danach existentiell bedeutungslos und logisch abwegig geworden ist. In dieser Art der Todesverdrängung entschwindet die Ahnung eines Guten jenseits des Bekannten und Errechenbaren, das in der Sehnsucht lebendig ist; die Sehnsucht trocknet aus, wenn man sich nur an die faßbare Leistung und an den unmittelbaren Genuß anklammert. Der Tod als das Unfaßbare muß verdrängt werden, wenn der Mensch sich verzweifelt nur an sich selbst hält. "Ein Glaube an das Fortleben ist erst möglich, wenn die – trotz dem Lebenstriebe – mögliche geistige Ergebung in den Tod, wenn jene geistige Versöhnung mit ihm stattgefunden hat, die den konstitutiv gewordenen Illusionismus des modernen Menschen gegen den Tod aufzuheben vermag: wenn der übernormal verdrängte Tod wiedererscheint"[79]. Es geht darum, sich los-zulassen und sich für das ganz Andere zu öffnen.

c) Die christliche Hoffnung stellt sich dem Tod, in dem alles innerweltliche Hoffen sein Ende hat; sie anerkennt die Tatsache des Umsonst, das selbst die "Wünsche nach Anerkennung und Wertschätzung durch die uns tragende soziale Umwelt" begleitet. Iring Fetschers Optimismus, daß die gegenseitige Anerkennung "das Leben als »erfüllt« und sinnvoll erfahrbar machen würde" – davon sprachen auch Schüler (vgl. 5.2, Nr.

[76] Tod und Fortleben, in: M. Scheler, Gesammelte Werke, Bd. 10: Schriften aus dem Nachlaß Bd. I: Zur Ethik und Erkenntnislehre, Bern ²1957, 9-64; vgl. G. Greshake, Tod und Auferstehung, in: F. Böckle u.a. (Hrsg.), Christlicher Glaube in moderner Gesellschaft, Bd. 5, Freiburg 1980, 63-130, hier 67f.

[77] M. Scheler, Tod und Fortleben, 30f.

[78] "Selbst gefürchtet ist der Tod nicht mehr: denn seine Idee ist weggefürchtet, ist von derselben Lebensangst verscheucht, welche zur Rechenhaftigkeit der Lebensführung führte" (ebd., 30).

[79] Ebd., 36 (Unterstreichung von mir). Den Wandel des Verhältnisses zum Tod durch die Jahrhunderte stellt dar: Ph. Aries, Geschichte des Todes, München 1980.

4) – und so das Unabänderliche sehr wohl akzeptabel sein könnte[80], läßt viele Fragen offen: Was ist mit denen, die solches weder heute noch früher noch in Zukunft erfahren? Wird darin nicht die Gegenwart als das Ganze genommen und der Verfügung des Menschen nicht ebenso alles überlassen? Wie stark ist die Fähigkeit des Menschen zur Erinnerung? Macht die gegenseitige Anerkennung die Angst vor dem Tod, den jeder selbst sterben muß, erträglich? Ein gutes Stück sicherlich, aber auch die Einbettung in die sozialen Beziehungen bricht im Tod ab, das tragende Netzwerk reißt, weil auch die Gesellschaft weder Fortbestand gewährleistet noch selbst Bestand hat.

d) Der Tod des Menschen ist mehr als das Aufhören von Lebensfunktionen, weil der Mensch mehr ist als die Rollenbeziehungen, in denen sein Leben verläuft. Der Tod als Grenze des Lebens rührt a priori unmittelbar an die Frage nach der Hoffnung, die die Existenz des Einzelnen prägt. Im Verhältnis zum Tod spiegelt sich das Menschenbild wider; es wird in der Interpretation des Todes mitbeansprucht. Bereits dieser elementare Sachverhalt läßt uns nach dem religiös-weltanschaulichen Horizont fragen, in dem die Deutung des Todes geschieht. Es gibt nicht den »natürlichen« Tod bzw. die These vom »natürlichen« Tod beruht bereits auf weltanschaulichen Voraussetzungen[81]. Mit der Tatsache des Sterbenmüssens ist es nicht getan, denn dieses Phänomen betrifft die innersten Lebensperspektiven, den Sinn des Ganzen, auf den hin der Mensch seine ganze Existenz entwirft. Darum ist die Deutung des Todes, die der Religionsunterricht den Schülern vorlegt, bereits von der Hoffnung auf Auferstehung mitbestimmt. Es ist hier nicht möglich, eine Theologie des Todes zu entwerfen[82], dennoch seien einige Leitgedanken skizziert:

- Der Tod ist von außen kommender Abbruch der zeitlich befristeten menschlichen Existenz und ihrer Beziehungen.
- Da der Mensch dazu berufen ist, als Mitarbeiter Gottes (1 Kor 3,9) seine Fähigkeiten zur Entfaltung zu bringen und damit die Welt in der Nachfolge Christi zu gestalten, ist der Tod die letzte Aufgipfelung des Lebens oder die Krönung jenes gesamten Prozesses.
- Insofern im Tod sich die verstreuten Erfahrungen auf einen Punkt hin sammeln, faßt er das Dasein der konkreten Person zusammen. "Der Mensch bringt in seinen Tod die »Ernte der Zeit« ein"[83].

[80] I. Fetscher, Verdrängung des Todes und Hoffnung auf Unsterblichkeit, 285.
[81] Zur Auseinandersetzung mit der These vom »natürlichen« Tod vgl. G. Greshake, Tod und Auferstehung, 70-76.
[82] Vgl. K. Rahner, Zur Theologie des Todes, Freiburg 1958; ders., Zu einer Theologie des Todes, in: Schriften zur Theologie X, Einsiedeln-Zürich-Köln 1972, 181-199; E. Biser, Dasein auf Abruf. Der Tod als Schicksal, Versuchung und Aufgabe, Düsseldorf 1981; G. Greshake, Stärker als der Tod, Mainz ^{9}1986, 52-75.
[83] G. Greshake, Stärker als der Tod, 69.

- Der Tod ist der Gipfel der Freiheit, insofern die entschlossene Hinnahme des Endes die äußerste aktive Gestaltungsmöglichkeit des Menschen darstellt.
- Durch den Tod wird das Leben von Angst bestimmt, aus allen Beziehungen herauszufallen, nicht geliebt zu werden, seine Identität zu verlieren. Die Hinnahme dieses Geschehens läßt nach paulinischer Überzeugung das wahre Leben erfahren: "wir sind wie Sterbende, und seht: wir leben" (2 Kor 6,9).

Der letzte Gedanke ist nicht denkbar ohne die Auferstehungsbotschaft. So müssen wir nunmehr deutlich sagen, worauf die Auferstehungshoffnung zielt.

19.4.2 Im Tod ist das Leben

Im Tod zerbrechen alle Hoffnungen, die sich der Mensch macht. Die paulinische Verkündigung[84] widerspricht dieser Erfahrung, weil sie die menschliche Existenz in einer umfassenderen Beziehung sieht als ein anthropologisches Sinnverständnis. Ihr Grund, auf dem sie steht (1 Kor 15,1c), ist das Evangelium von der schöpferischen Kraft der Liebe Gottes, die auch den Tod überwindet (1 Kor 15,4b.57). Christliche Hoffnung hofft auf den, der lebendig macht (Röm 4,17). Sie blickt über alle Güter, die wir uns ersehnen, hinaus auf die unendliche Schöpfermacht Gottes, die der Welt das Leben schenkt und unablässig zu ihr steht (1 Kor 15,38). Weil Gott lebendig gemacht hat, darf sich unser Hoffen auf die Möglichkeiten Gottes berufen. Die Auferstehung des gekreuzigten Christus ist der Grund dafür, daß am Ende der Geschichte in Christus alle lebendig gemacht werden (1 Kor 15,20-28). Daraus wächst die Überzeugung, daß auch der Tote nicht aus der Liebe Gottes herausfällt, die sein Leben gewollt hat.

a) Die Hoffnung auf Auferstehung ist ein Paradoxon: Ihre Spann- und Impulskraft beruht nicht auf dem Denken in menschlichen Kategorien, die ja im Tod zerbrechen, sondern setzt auf ein unendliches Du jenseits aller menschlichen Möglichkeiten, das auf den Menschen zukommt und ihn auffängt. Aber sie sieht nicht am Tod vorbei, verdrängt ihn nicht und überspringt ihn nicht, indem sie sich an innerweltliche Möglichkeiten klammert. Sie akzeptiert vielmehr den Tod als wirkliches Ende menschlichen Lebens und menschlicher Möglichkeiten. Sie hält die Widersprüchlichkeit des Lebens aus, vornehmlich die Angst und die Enttäuschung, die der Tod in alle Sehnsucht einbringt, und löst sie nicht zugunsten vorletzter Bedürfnisse auf. Indem der Mensch sich in die Ohnmacht hinein los-läßt, kommt ihm das Leben entgegen; darin liegt die Paradoxie des Glaubens zu den menschlichen Maßstäben. Doch

---

[84] Die Rückbezüge auf das 18. Kapitel werden im folgenden nicht durch Gliederungsziffern, sondern durch die biblischen Textstellen aufgewiesen.

welchen Grund haben wir, diese Paradoxie als Weg der Hoffnung anzuerkennen? Nochmals: nicht darin, daß wir unsere Glücks- und Identitätssehnsucht allein in uns selbst suchen. Paulus legt Wert darauf zu betonen, daß der Gekreuzigte von den Toten auferweckt wurde (1 Kor 15,3b.12.20). Das Evangelium von Jesu Tod und Auferstehung entwirft das Vor-Bild, das Voraus der Hoffnung, die allen möglich ist (1 Kor 15, 49). Denn es erzählt von dem Paradoxon, das Grund der Hoffnung ist: "Gerade dort, wo die Menschheit am radikalsten ihr Nein gegen Gott spricht, indem sie das letzte Wort seiner Liebe, den eigenen Sohn kreuzigt, richtet der Schöpfer sein endgültiges Ja zum Menschen auf"[85] (vgl. 1 Kor 1,18-25). Im Tod Jesu wird die engste Verflechtung Gottes mit der menschlichen Existenz offenbar, und diese Liebe läßt uns auferstehen. Im Tod ist das Leben. Inmitten aller Enttäuschungen und Zweifel steigt die Hoffnung auf wie der Phönix aus der Asche.

b) Die in Christus gründende Hoffnung spricht "der vorhandenen Wirklichkeit mehr zu, als diese jeweils von sich selbst her aufzuweisen hat"[86]. So werden auch die innerweltlichen Hoffnungen nicht ad absurdum geführt, sie sind vielmehr darin aufgehoben. Hierhin gehört all die Sehnsucht, die die Jugendlichen beseelt (vgl. 19.2). Bevor sie in das Nichts der totalen Enttäuschung fallen, werden sie von der entgegenkommenden Liebe Gottes aufgenommen und vollendet (vgl. 1 Kor 15, 42-50. 53-54). In der Sehnsucht nach Liebe konzentriert sich die ganze menschliche Existenz, nicht nur ein Teil von ihr. So gilt die Hoffnung auf Auferstehung auch nicht allein einer vom Leib getrennten Seele, sondern dem ganzen Menschen mit all seinen Hoffnungen und Enttäuschungen.
Gegenüber der Vorstellung von der Unsterblichkeit der Seele bleibt immer die Frage, ob sie wirklich den ganzen Menschen meint oder bestimmte Dimensionen von Erfahrung ausklammert und den Menschen von der gesamten Schöpfungswirklichkeit isoliert. Die paulinische Verkündigung der Auferstehungsbotschaft hebt in der Betonung der leiblichen Auferstehung gerade die Identität des Verstorbenen und Auferweckten hervor; auch hierin liegt eine Entsprechung zu Jesus Christus (1 Kor 15,21). Was der Mensch hier und jetzt als ausgreifende Sehnsucht nach Geborgenheit und Erfüllung seines Handelns verspürt, erledigt sich nicht, sondern wird verwandelt in die unendliche Teilhabe am Leben Gottes, das die Gemeinschaft mit den Brüdern und Schwestern einschließt. Sie übersteigt alle Beziehungen, die unter den Menschen möglich sind, insofern sie "auch da durchhält, wo alle anderen Beziehungen des Menschen, die man »Leib« nennen mag, im Tod abgebrochen wer-

[85] G. Greshake, Theologiegeschichtliche und systematische Untersuchungen zum Verständnis der Auferstehung, 342.
[86] H. Kessler, Sucht den Lebenden nicht bei den Toten, 40.

den"[87]. Unter dieser Perspektive ist umgekehrt jede Erfahrung wirklicher Liebe nicht nichtig, sie wird vielmehr zu einem Vor-Entwurf der Liebe, die Gott uns schenkt, insofern in der Auferstehung alles Enttäuschende an ihr verwandelt wird in die Unvergänglichkeit (vgl. 1 Kor 15,42-44).

c) Die Liebe ist ein Sinnbild von Auferstehung[88], insofern in ihr die Dimensionen der christlichen Hoffnung bereits aufscheinen. Die Liebe bejaht den anderen in seinem Sosein und ist auf seine Selbstverwirklichung bedacht (vgl. 16.1.2). Der Liebende will nicht über den anderen verfügen, verfolgt nicht bestimmte, selbstgesetzte Ziele, sondern in der Liebe läßt sich der Mensch los auf den anderen hin. Sie belebt die Beziehung, insofern sie immer wieder nach neuen Möglichkeiten sucht, um die Fülle des Lebens auszuschöpfen. Ihre Wirklichkeit wird gerade im Negativen offenkundig: sie vermeidet nicht Enttäuschungen, sondern läßt jene aushalten, wo sie sich nicht klären lassen; sie traut dem Leben mehr als dem Tod. Die Liebe Gottes übersteigt menschliche Liebe: sie offenbart sich gerade in der Ohnmacht; "sie ist keine Macht, die beherrscht, sondern eine Macht, die aushalten läßt, die schließlich sogar – weil sie göttliche Macht ist – den Tod aushielt"[89]. Darin widerspricht sie dem Gottesbild der Religionskritik (vgl. 9.7; 9.9; 10,3). Christliche Hoffnung ermöglicht durch die Beziehung zu Jesus Christus das Durchtragen alles Nichtigen der Existenz. Ihr ausschlaggebender Inhalt besteht darin, "daß Gott auch und gerade in der Krise des Todes den Dialog nicht abbricht, sondern das Geschöpf in dem ihm einmal zugesprochenen relationalen Sein erhält"[90].

d) Die Universalität dieser Hoffnung sieht auch die Menschen in der Liebe Gottes geborgen, die im Laufe der Geschichte vergessen werden. Die Verheißung enthält Sinn für jeden Menschen, der sich auf der Suche nach der wirklichen Erfüllung seines Lebens befindet. Menschliche Maßstäbe des Geltungszuspruchs enden mit dem Tod, nach den Maßstäben Gottes sind auch die Opfer der Geschichte in die unendliche Lebens-

---

87 G. Greshake, Theologiegeschichtliche und systematische Untersuchungen zum Verständnis der Auferstehung, 304. Wir sprechen hier nur von der Zukunft des Menschen. Auf die mit der Auferstehungsbotschaft verbundene Verheißung für die ganze Schöpfung (vgl. 1 Kor 15,24-28; Röm 8,21) kann die Arbeit nicht eingehen.

88 Vgl. dazu J. Werbick, Glaubenlernen aus Erfahrung, 77.136-145; F.-J. Nocke, Liebe, Tod und Auferstehung. Über die Mitte des Glaubens, München 1978, durchgängig.

89 J. Werbick, Glaubenlernen aus Erfahrung, 137.

90 G. Greshake, Theologiegeschichtliche und systematische Untersuchungen zum Verständnis der Auferstehung, 304. Die christliche Hoffnung enthält noch viele Aspekte (z.B. Himmel, Hölle, Fegfeuer, Zwischenzustand), auf die im Rahmen dieser Arbeit nicht eingegangen werden kann; sie alle beruhen aber auf dem hier Dargelegten.

gemeinschaft einbezogen. Solche Hoffnung muß also nicht an dem Vergessenwerden und an den Vertracktheiten der Geschichte verzweifeln, sondern zielt auch auf Anerkennung derer, die zu den Verlierern des sozialen Wettlaufs zählen; ihre Sehnsucht erfüllt sich in der Liebe Gottes, der wir mehr zutrauen können als allen Kräften sozialer Anerkennung (vgl. 19.4.1c).

19.5 Die stimulierende Kraft christlicher Hoffnung

Christliche Hoffnung[91] streckt sich auf die unendliche Zukunft aus; deshalb sind alle gegenwärtigen Erfahrungen nur vorläufig und unvollkommen, so sehr in ihnen bereits Freude und Glück erlebt werden. Sie bleibt nicht stehen, weil es für sie in den menschlichen Dimensionen keine Vollendung geben kann. Gerade deswegen hat der Hoffende ein anderes Verhältnis zur Gegenwart. Die Auferstehungshoffnung läßt nichts, was zu dieser Welt gehört, aus, weil ihre Sehnsucht selbst den Tod als die letztgültige Signatur der Existenz integriert und durchdringt. Ihre Antwort auf die glücklichen und bedrückenden Momente des Lebens ist mehr als ein theoretischer Entwurf einer befreienden Zukunft. Ihr leibhafter Charakter gibt zu erkennen, daß alle Seiten des Menschseins darin einbezogen sind. Darum ist sie im wesentlichen auch eine Praxis der Hoffnung, die an den konkreten Problemen der gegenwärtigen Wirklichkeit ansetzt. Einige wichtige Aspekte ihrer stimulierenden Kraft sollen kurz skizziert werden.

a) Der Projektionsverdacht, den die Religionskritik gegen die Auferstehungshoffnung vorbringt, trifft nicht ihren Kern:
- Paulus bezeichnet jede Spekulation über das Wie der Auferstehung und des ewigen Lebens als "törichte Frage" (1 Kor 15,35f).
- Er vergleicht zwar das irdische Leben mit dem himmlischen. Das Ziel des Vergleichs ist aber, das Unableitbare und Überbietende der Auferstehung herauszustellen (1 Kor 15,42-44.49-50).
- Auferstehung ist Tat Gottes, die in Jesus Christus erstmals Wirklichkeit wurde (1 Kor 15,4b.12.20.38); der Mensch kann sie nicht selbst arrangieren, sondern Gott kommt auf den zu, der sich auf ihn hin los-läßt.

Die Auferstehungshoffnung meint eine Ausrichtung der menschlichen Existenz, in der gerade nicht die Flucht in Projektionen zum Mittel der Lebensgestaltung wird, sondern die Offenheit für Gott, dem sie sich, durch die Welt hindurchschauend, sehnsuchtsvoll anvertraut.

b) Die Auferstehungshoffnung durchschaut die Vorstellungen menschlicher Existenz, in denen der Mensch sich am Ziel wähnt, als Illusionen

---
91 Vgl. G. Greshake, Tod und Auferstehung, 121-123.

und Projektionen, die nur der Absicherung gegen die Angst dienen. Sie flieht nicht vor dem Tod in Projektionen, die über das Leid der Gegenwart hinwegtrösten sollen. Diese Hoffnung zwingt zur konzentrierten Aufmerksamkeit auf die Vorgänge in der Welt (1 Kor 15,17). Sie weiß um die Konflikte und Sehnsüchte der Menschen, darum nimmt sie den Menschen in die Verantwortung für die Gegenwart (1 Kor 15,58). Gleichgültigkeit gibt der Religionskritik recht. Die Identität des Verstorbenen mit dem, der auferweckt werden wird – dies meint die leibliche Auferstehung –, hebt gerade die Bedeutung des irdischen Lebens hervor, in dem es um den Aufbau des Reiches Gottes geht.

c) Das Sich-Ausstrecken auf den Sinn des Ganzen beruhigt sich nicht bei den Gegebenheiten, sondern stößt sich an den Leiden und Sinnlosigkeiten, die der Tod in sich versammelt. Ihre provokatorische und verändernde Kraft erhält sie gerade aus der Sehnsucht nach der Vollendung und Sinnerfüllung der Welt. Die Sehnsucht kann jedoch zu simpler Bedürfnisorientierung entarten in dem Maße, wie sie das radikale Fragen aufgibt und den Anspruch der Wirklichkeit mit den eigenen Interessen zudeckt. Christliche Hoffnung hebt den Schleier von allen verdeckten Sinnlosigkeiten und artikuliert die Möglichkeit eines neuen Lebens gerade auf die Probleme der Menschen hin. Der Religionsunterricht sollte die Erfahrungen der Schüler mit dem Glauben, die diesem Aspekt widersprechen, weder apologetisch abweisen noch rechtfertigen, sondern die Kritik auf dem Hintergrund der Botschaft Jesu als berechtigt anerkennen.

d) Der Hinweis auf die Gegenwart macht den Hoffenden hellsichtig und hellhörig für Ungerechtigkeit und Leid in der Welt. "Beschwichtigung oder vorschnelle Aussöhnung mit unserer leidvollen zerrissenen Wirklichkeit"[92] sind Ausdruck realitätsblinden Dahinlebens. Die Aufmerksamkeit für die Leidensgeschichten provoziert die Frage: Kann es nicht auch anders sein? Soll dies alles sein oder gibt es noch eine andere Zukunft? Diese Frage kann nur stellen, wer darum weiß, wie es um uns steht. Der Name Gottes wird in der solidarischen Teilhabe an den Leiden der Menschen "nicht zum Deckwort für eine gefährliche Beschwichtigung", sondern der Grund der Hoffnung, "die uns immer neu den Hunger nach Sinn, das Dürsten nach Gerechtigung für alle, für die Lebenden und die Toten, die Kommenden und Gewesenen weckt"[93].

e) Ihre Kraft erweist sich gerade in der Ohnmacht, in die jeder Widerstand gegen Leid und Ungerechtigkeit fallen kann. Da die gegenwärtigen Erfahrungen nur ein Vorletztes sind, weigert sie sich, ihre Endgültigkeit hinzunehmen. Sie setzt vielmehr "in Geduld, tröstlicher Erwartung und

92 Unsere Hoffnung, 88.
93 Unsere Hoffnung, 88.

freudiger Gelöstheit auf die neue Welt der kommenden Auferstehung"[94] (1 Kor 15,22.52). Aus dieser Hoffnung erwächst die Kraft, das Nichts, die Enttäuschung, die Hindernisse zum Glück zu ertragen, ohne daran zu zerbrechen. Sie schenkt gerade in der Ohnmacht die Kraft zum Widerstand gegen die Verzweiflung und zum gelassenen und sachlichen Angehen der nächsten Schritte der Ausgestaltung der Welt und zur Neuorientierung des Lebens.

Gerade dieser Aspekt kann nur im Kontext der vorher Genannten angeführt werden. Er intendiert nicht die Anstiftung zu Passivität und Trägheit, die der Religionskritik recht gäbe. Er geht vielmehr davon aus, daß es betroffenmachende Situationen gibt, die wir nicht aus eigener Kraft beseitigen oder überwinden können, wo wir wirklich ohnmächtig sind. Dieser Schritt ist erst angebracht, nachdem wir Position bezogen, die Sache geklärt und Widerstand geleistet haben. Warum sollte er dann nicht der bessere Weg sein, zumal die lebenspraktische Erfahrung dafür spricht?

f) Diese Hoffnung verdrängt nichts, sondern läßt auch die Trauer über Verlust und Mißlingen zu. Trauer ist ein anderes Wort für Umkehr. In der Trauer läßt sich der Mensch seine eigene Lebensgeschichte etwas angehen – ebenso ein Volk seine jeweilige Geschichte. Er läßt gelten, was gewesen ist, und versucht nicht das Vergangene nach seinen gegenwärtigen Wünschen umzuinterpretieren, sondern setzt sich mit den Motiven und mit der Ambivalenz seiner Handlungen auseinander. "Trauerarbeit kann nur geleistet werden, wenn wir wissen, wovon wir uns lösen müssen"[95]. Das ist schmerzvoll; aber nur im Schmerz verspüren wir die Ablösung vom "Gewesenen" (kathartischer Charakter). Trauer ist, so widersprüchlich das klingt, eine auf die Zukunft gerichtete Erfahrung. Der Trauernde integriert die Vergangenheit, damit er sich durch den Verlust und das Mißlingen durcharbeitet und "verändert, das heißt gereift, mit größeren Fähigkeiten, die Realität zu ertragen, aus ihr (sc. der Trauer) hervorgeht"[96].

Die Frage nach der Zukunft ist eine elementare Glaubensfrage. Gott ist konkret daran interessiert, wohin es mit uns und unserer Welt geht. Die zukünftige Auferstehung meint eine neue Welt für alle Menschen, in die die alte, die gegenwärtige Welt verwandelt werden wird (1 Kor 15,23-28.51c). Die Nähe Gottes zum menschlichen Leben wurde geschichtlich konkret in Jesus, dem "zweiten Adam" (1 Kor 15,21.45-47). Die Hoffnung auf das neue Leben ist darum in der Beziehung zu Christus möglich geworden.

94 G. Greshake, Theologiegeschichtliche und systematische Untersuchungen zum Verständnis der Auferstehung, 365.
95 A. Mitscherlich, Die Unfähigkeit zu trauern. Grundlagen kollektiven Verhaltens, München 1967, 82.
96 Ebd., 80.

Zwanzigstes Kapitel

20.0 DIE AUFERSTEHUNGSHOFFNUNG IN DER UNTERRICHTSPRAXIS. DIDAKTISCHE ELEMENTE FÜR DAS 12./13. SCHULJAHR

Die didaktischen Reflexionen des vorangehenden Kapitels haben genügend deutlich werden lassen, daß gerade ein so zentrales Thema christlicher Glaubenstradition tiefgreifenden Widerständen begegnet. Für eine durchgängig erfahrungsbezogene Struktur des Lernweges dürfte es schwerlich einen unmittelbaren Ansatzpunkt geben. Eine Analogie der Botschaft zu den Erfahrungen der Jugendlichen ist nur daraufhin möglich, daß in der Entsprechung zur menschlichen Sehnsucht das Überbietende ihres zentralen Gehalts nicht verschwindet, sondern deutlich wird, wie es den menschlichen Hoffnungen durch die vergängliche Existenz hindurch im Tiefsten gerecht wird. Die Analogie des Glaubens bewahrt zugleich die Andersartigkeit der Auferstehungshoffnung, da ihr alleiniger Grund das zuerst in der Auferweckung Christi verwirklichte Handeln Gottes zum Heil der Welt ist.
Die Perspektive der Didaktik kann nicht davon absehen, das Mehr an Wirklichkeit, das der Glaube an Christus zusagt, auch dann auszusagen, wenn bei den Schülern kein Verstehensansatz dazusein scheint. Der Religionsunterricht kann freilich nicht alle Verstehenshemmnisse aufheben. Denn der "Lernprozeß Hoffnung" ist durch eine konzentrierte Thematisierung, mag sie der gegenwärtigen Situation der Jugendlichen noch so sehr entsprechen, nicht abzuschließen. Dennoch vermag er Lernschritte anzubahnen, die die Ahnung von diesem Mehr der Auferstehungshoffnung verstärken. Die Botschaft kann umso mehr einleuchten, als der Religionsunterricht den inneren Sinn der Jugendlichen für die wirkliche Sehnsucht, die in ihnen steckt, aufschließt und die Verheißung der Auferstehung als Antwort Gottes, die aus seiner Liebe zu den Menschen kommt, darlegt. Die paulinische Verkündigung, die gegen den Enthusiasmus der Korinther das Zukünftige der Auferstehung herausarbeitete (bes. 1 Kor 15,20-28.49.51), kann an die Sehnsucht der Jugendlichen nach Sinnerfüllung ihres Lebens anknüpfen.
Bei dieser Perspektive kann es aber nicht bleiben. Denn der Jugendliche sucht gerade Sinnmomente, die ihm das gegenwärtige Leben strukturieren helfen. Darum muß sich der Religionsunterricht auch von der Botschaft her auf die Deutungsversuche der Schüler einlassen und die Impulse der Auferstehungshoffnung für die Gegenwart zu entfalten suchen. Dies impliziert einen Prozeß, der solche Probleme durcharbeitet, wie sie das vorangehende Kapitel darlegte. Er setzt freilich eine Kommunikation im Religionsunterricht voraus, die den Problemen der Schüler nicht ausweicht. Auf diesem Hintergrund legen die folgenden Abschnitte eine Unterrichtsskizze vor, die auf die Verständigung mit den Schülern über die Lebensperspektiven der Auferstehungsbotschaft abzielt.

20.1 Didaktische Elemente für das 12./13. Schuljahr

20.1.1 Erste Unterrichtseinheit: Einstellungen der Schüler zur Auferstehungshoffnung (2 Unterrichtsstunden)

Obgleich das freie Unterrichtsgespräch über die Auferstehung, das Grundlage der Reflexionen des zweiten Hauptabschnittes war, große didaktische Probleme ankündigte, bleibt jener Schritt unerläßlich. Denn der Religionsunterricht kann den Schülern nicht vorgefertigte Interpretationen vorlegen oder sich nur in der systematisch-theologischen Begriffssprache bewegen, wenn er ihren persönlichen Prozeß der Sinnorientierung ansprechen und die Botschaft als sinnstiftenden Impuls in ihrem Prozeß des Lebenlernens einbringen will (vgl. 12. Kapitel). Wir tun gut daran, die Auferstehungsthematik im direkten Bezug der Schüler zur Sache anzusprechen, um ihre eigenständige Verarbeitung und sprachliche Aneignung der christlichen Vorstellungen zu fördern. Das Gespräch wird jedoch anders organisiert als in 5.1-2.

a) Die Unterrichtsreihe beginnt mit dem Impuls: "Sie sind getauft auf den gekreuzigten und auferstandenen Christus. Damit ist Ihrem Leben ein bestimmtes Ziel gesetzt: Nicht der Tod ist der Gipfelpunkt Ihres Lebens, sondern die Auferstehung von den Toten. Spielt dieser Glaube für Sie persönlich eine Rolle?"[1] Die Schüler haben fünf Minuten Zeit, um über ihre persönliche Einstellung nachzudenken und Notizen für das Gespräch anzufertigen, die auch dem Formieren der Gedanken dienen.

b) Für das folgende Gespräch sollte sich die Klasse Zeit lassen. Zu denken ist sogar an eine ganze Unterrichtsstunde; denn viele Gedanken kommen auch erst, indem man über eine Sache redet. Vor Beginn des Gesprächs werden zwei Schüler aufgefordert, das Gespräch als Protokollanten zu begleiten. Sie sollen aus den Beiträgen ihrer Mitschüler die wesentlichen Akzente notieren und ins Statements zusammenfassen; es muß nicht jeder Beitrag notiert werden, aber in den Gemeinsamkeiten sollen die besonderen Auffassungen einzelner Schüler nicht untergehen.

c) Der Lehrer sollte in dieser Geprächsrunde eigene Beiträge vollständig zurückhalten und nur den Ablauf steuern bzw. die Problemstellung bekräftigen, falls erforderlich. Jedes inhaltliche Eingreifen könnte den Gedankenfluß der Schüler, auf dessen Entfaltung es in dieser Phase allein ankommt, hemmen; es muß zur Sprache kommen, was in ihnen steckt bzw. wozu sie sich im Gespräch mit den Gleichaltrigen angeregt fühlen. Der Lehrer macht sich selbst Notizen von den Schülerbeiträgen, um die Arbeit der Protokollanten zu unterstützen.

d) Das Gespräch wird nie alle Dimensionen der Schülerthematik ausschöpfen können. Die Sammlung der Beiträge dient darum als Grundlage

---

[1] Alternative, vornehmlich für Klassen, in denen sich auch Nichtchristen befinden: "Jede Religion und Weltanschauung beantwortet die Frage nach der Zukunft des Menschen anders. Nach christlicher Auffassung ist nicht der Tod der Gipfelpunkt des Lebens, sondern die Auferstehung von den Toten..."

für die Weiterarbeit und als Anstoß für weiterführende Gedanken bei der Behandlung der einzelnen Vorstellungen. Unter Leitung der Protokollanten versucht die Klasse, danach sich einen Überblick über die geäußerten Gedanken zu verschaffen, indem sie das Gespräch in Statements zu fassen versucht (vgl. 5.2); der Lehrer ergänzt und korrigiert, ebenso die Mitschüler[2]. Die Übersicht zielt auch auf eine nähere Charakteristik der einzelnen Statements. Beispiele: Das Lebensgefühl verlangt nach Weiterleben nach dem Tod. – Sinnlose Spekulationen! – Billige Vertröstung und phantastische Projektionen! – Gegenseitige Anerkennung gibt allein dem Leben Sinn. – Der Tod ist keine Grenze der Sehnsucht. – Der Glaube macht das Leben sinnvoll. – Der Glaube verändert das Leben. – Unsterblichkeit der Seele?[3]

Die Konturierung der Statements hilft den Schülern auch, sich ihrer Positionen klarzuwerden und in die Auseinandersetzung einzutreten. Sollte noch Zeit bleiben, könnte ein Statement aufgegriffen und nach den Gesichtspunkten der zweiten Unterrichtseinheit (vgl. 20.1.2) besprochen werden.

e) Alternative: Anstelle des freien Gesprächs über die Auferstehungshoffnung können den Schülern auch Statements vorgelegt werden, die Auffassungen, von Jugendlichen wiedergeben[4]:

1. Mit dem Tod ist alles aus; alles, was du erreicht hast, fällt zusammen. Das Leben ist doch sinnlos.

2. Auferstehung ist nur ein Hirngespinst von Leuten, die mit dem Leben nicht fertig werden. Wenn die Gedanken auf ein Leben nach dem Tod verlagert werden, wird man nur passiv gegenüber dem jetzigen Leben. Man macht sich keine Gedanken mehr, wie man das Leben hier besser gestalten kann.

3. Einen geistigen Überbau wie die Auferstehung brauche ich nicht. Von wirklicher Bedeutung ist nur die Annahme und Anerkennung jedes Menschen. Die gegenseitige Anerkennung gibt dem Leben einen Sinn. Wenn das Leben als Ganzes anerkannt wird, gibt es keine Probleme mehr.

4. Das Leben hier kann doch nicht alles sein, da muß mehr Sinn drin sein. Der Gedanke an die Auferstehung kann da beruhigend wirken.

5. Auferstehung ist für mich fühlbar, wenn ich positive Erfahrungen mit anderen Menschen habe, wenn es mir gut geht. Das ist zwar eine brüchige Erfahrung, aber meine Wünsche gehen immer weiter, sie sind unersättlich.

6. Man lebt anders, wenn man an die Auferstehung glaubt. Man ist nicht mehr so verkrampft, daß man nichts verpaßt, bevor man den Löffel abgibt; und ich kann mir auch wirklich Gedanken machen über die Welt.

7. Der Glaube an die Auferstehung macht das Leben hier keineswegs

---

2 Die Zusammenfassung kann auch in häuslicher Arbeit vorbereitet werden, wenn die Unterrichtseinheit nicht in einer Doppelstunde durchgeführt wird.

3 Die angeführten Stichworte und Thesen sind 5.2 entnommen.

4 Die Formulierungen sind 5.2 entnommen und anderen Schüleräußerungen nachgebildet.

gleichgültig. Es hat vielmehr einen Zweck, auf meine Ziele hinzuarbeiten. Auferstehung ist das Ziel meines Lebens, das mir sagt: Mit dem, was du hier tust, rennst du nicht am Ende gegen eine Wand, sondern die Welt hat ein Ziel, sie wird in der Auferstehung vollendet.

8. Der Tod ist nur eine Wende. Eine körperliche Vorstellung ist völlig ausgeschlossen, weil es im Jenseits nicht so sein kann wie hier. Die alte Vorstellung vom Körper als Gefängnis der Seele, die im Tod befreit wird und unsterblich weiterlebt, ist mir plausibler als die leibliche Auferstehung im Christentum.

Die Schüler lesen die Statements und entscheiden anhand der Frage: Welche der vorgetragenen Vorstellungen erscheinen Ihnen bedenkenswert? Was in der Klasse nicht relevant ist, wird nicht weiter verfolgt; die anderen Auffassungen werden dann anhand der Frage weiter besprochen. Wenn die Schüler Statement 2 (Projektion) und 3 (Anerkennung genügt) ausschließen sollten, muß sie der Lehrer dennoch einbringen, weil sich der Religionsunterricht nicht der Auseinandersetzung mit der Religionskritik, die zur Mentalität unserer Zeit gehört, stellen sollte[5].

20.1.2 Zweite Unterrichtseinheit: Religionskritische Einwände gegen den Auferstehungsglauben

(2 Unterrichtsstunden)

Mit dieser Thematik tritt der Unterricht in die konkrete Klärung der Inhalte ein. Die religionskritischen Einwände werden vorweggenommen, um die größten Hindernisse zuerst aufzuarbeiten.

a) Die Schüler vergewissern sich nochmals des Inhalts und der Absicht der religionskritischen Einwände (z.B. anhand der o.a. Statements) und diskutieren ihre Berechtigung. Zur Unterstützung können noch Texte bekannter Autoren (z.B. Heinrich Heine; Marlene Dietrich) eingebracht werden[6]. Damit die Argumente nicht zu leicht genommen werden, sollten sich ein oder zwei Schüler als »Anwälte« zur Verfügung stellen. Als Ziel der ersten Gesprächsrunde sollte deutlich werden, daß der Auferstehungsglaube sehr wohl für Projektionen und Vertröstungen auf ein besseres Jenseits und zur Ablenkung von Problemen der Gegenwart mißbraucht werden kann. Andererseits geht die Religionskritik von einem Gottesbild aus, das mit dem Evangelium nichts zu tun hat.

b) Im zweiten Schritt sollen sich die Schüler mit dem geistesgeschichtlichen Hintergrund der Projektionstheorie auseinandersetzen,

[5] Jürgen Werbick betont mit Recht die Wichtigkeit des Themas "Religionskritik" in der Sekundarstufe II (Glaubenlernen aus Erfahrung, 192), wie sich auch in dieser Arbeit zeigt. Es sollte aber nicht ein eigenständiges Thema sein, sondern an bestimmte Lebens- oder Glaubensfragen angebunden werden (z.B. Frage nach der Existenz Gottes oder Auferstehungsglaube).

[6] Das Gedicht "Den Engeln und den Spatzen" und die Meinung von Marlene Dietrich sind abgedruckt in: W. Trutwin (Hrsg.), Ewiges Leben (Forum Religion 7), Düsseldorf 1986, 64f.

selbst wenn das erste Gespräch bereits weiterführende Gedanken zutage förderte. An einer entscheidenden Stelle sollen die Schüler lernen, die Geister zu unterscheiden. Der Religionsunterricht kann nicht alle religionskritischen Einwände Revue passieren lassen[7], sondern nur exemplarisch vorgehen. Am besten eignet sich dazu die für alle spätere Kritik grundlegende Beurteilung der Religion durch Ludwig Feuerbach (vgl. 9.7), in der er speziell den christlichen Jenseitsglauben als das "verschönerte Dasein" zu entlarven sucht. Den Schülern wird dazu ein Textauszug aus "Das Wesen des Christentums" vorgelegt[8]. Die Schüler analysieren den Text anhand folgender Arbeitsaufgaben:

1. Wie erklärt Feuerbach die Entstehung des Jenseitsglaubens?
2. Worin besteht der Unterschied zwischen dem religiösen und dem natürlichen Menschen?
3. Worauf zielt seine Kritik?

c) Nach der Klärung der Textaussage tritt die Klasse in den Dialog über die Projektionstheorie ein. Darin kommen frühere Überlegungen zum Zug, die hier nur thesenartig wiederholt werden (vgl. 19.1c; 19.3.2e.g; 19.5a). Vornehmlich sollte in dieser Phase der Projektionsverdacht selbst der Kritik unterzogen werden.

– Treffen die kritisierten Projektionen nicht die realen Wünschen nach Sinnerfüllung?
– Entsprechen die religiösen Hoffnungen nicht wirklichen Bedürfnissen des Menschen?
– Können nicht auch Träume und Ideale der Menschen, die sich im Diesseits nicht erfüllen lassen, auf ein jenseitiges Leben hindeuten? Ist die Hoffnung auf ihre Erfüllung im Jenseits deswegen schon Unsinn?
– Die gegenseitige Anerkennung ist wirklich ein unerläßliches Ziel des Zusammenlebens. Aber können wir uns denn selbst immer annehmen? Überfordern wir uns nicht selbst, wenn die Gültigkeit eines Lebens ausschließlich von der Bestätigung anderer abhängt?
– Der Wunsch nach Anerkennung verbindet sich mit dem Projektionsvorwurf. Ist er vielleicht nur eine säkulare Lösung von letzterem?
– Wie bewältigen wir versagte Anerkennung? Woher hat der Mensch die Kraft, Angst auszuhalten, wenn alles nur von der mitmenschlichen Solidarität abhängt?
– Ist nicht die Erwartung Feuerbachs selbst eine unrealistische Projektion?
– Müssen wir wegen der ständigen Erfahrung des Mißlingens alle Utopien aufgeben?
– Gott wäre sicher unmenschlich, wenn er seinen Geschöpfen nicht die

[7] Nicht das Vielerlei bringt einen Zugewinn, sondern nur die vertiefende Auseinandersetzung mit einer Position.

[8] L. Feuerbach, Das Wesen des Christentums (Reclam 4571-77), Stuttgart 1969, 279f.; abgedruckt in: W. Trutwin (Hrsg.), Ewiges Leben, 66. Auf einen erneuten Abdruck wird hier wegen der leichten Zugänglichkeit des Textes verzichtet.

innerste Sehnsucht stillen würde.
- Der Glaube an die Vollendung, die wir hier nicht erreichen, kann auch zum Motiv für die Arbeit an einer besseren Welt werden.
- Können nicht in den Imaginationen einer unendlichen Zukunft auch Bilder einer neuen Welt stecken, die wir nicht nur genauer ausdeuten, sondern auch als Impuls für die Bewältigung der Gegenwart nehmen können?
- Enthalten andere Zukunftsvorstellungen produktivere Impulse für die Bewältigung der Realität?

Der Dialog sollte deutlich machen, daß der anthropologische Ansatz der Religionskritik und der Glaube gleichermaßen von der Sehnsucht des Menschen getragen sind, deshalb nicht Gegensätze bilden, sondern einander korrigieren können. Der Glaube bedarf geradezu der Rückbindung an die wirklichen Bedürfnisse des Menschen, um nicht zu reinen Projektionen zu verkommen. Die Religionskritik muß sich der Reichweite ihrer Argumente klar werden. Außerdem sollte sich die Frage profilieren: Worauf hofft der Christ eigentlich, was unterscheidet die christliche Hoffnung von einer Projektion? Auf die Sehnsucht und den Inhalt christlicher Hoffnung gehen die folgenden Unterrichtseinheiten ein.

20.1.3 Dritte Unterrichtseinheit: Die menschliche Sehnsucht und die christliche Hoffnung

(2 Unterrichtsstunden)

Die folgende Unterrichtseinheit macht den Versuch, von Transzendenzphänomenen des menschlichen Lebens aus einen Zugang zur Auferstehungsbotschaft zu erschließen. Sie geht den Weg der Besinnung auf die Sehnsucht, die in konkreten Zukunftserwartungen der Jugendlichen stecken und über das rational Faßbare hinausgreifen (vgl. 19.2).

a) Die Stunde beginnt mit dem Bild eines vor Anker liegenden Segelboots im Abendlicht und dem Text von Otmar Schnurr[9]:

"Die Segel sind eingeholt. Das Schiff schaukelt auf den sanft gewordenen Wellen. Die Konturen der Berge schmiegen sich an die Unendlichkeit des Himmels. Die Abendsonne zaubert einen unwirklichen Schimmer, der alles in Harmonie taucht. Die Gedanken an die harten Tage auf See sind verflogen, das Toben des Sturmes verhallt. Der Traum von Ruhe beginnt, die Sehnsucht macht sich auf den Weg."

Der Lehrer nimmt den Impuls auf mit der Frage: "Wohin geht Ihre Sehnsucht?" Die Schüler schreiben ihre Antworten auf einen Zettel; alle werden anschließend vorgelesen[10].

b) Einige markante bzw. extreme und normale Sehnsuchtsbilder der Schüler werden dann gründlicher bedacht. "Die Sehnsucht ist auf der Suche. Was suche ich in dieser Sehnsucht?" Das Gespräch soll nicht nur die konkreten Ziele klären und den Wert des Ersehnten qualifizieren; dabei wird es auch die Sackgassen und Scheinformen des Glücks, auf die wir uns oft so einlassen, als wären sie endgültig, aufspüren. Wer Träume hat, ist noch gespannt. Die Realität veranlaßt uns aber auch,

[9] Ein solches Bild mit dem zitierten Text findet sich in: O. Schnurr, Zünd-Funken. Gedankensprünge ins Leben, München 1985, 5.
[10] Vgl. ebd., 7.

die Reichweite der Träume und Glücksmomente klar abzustecken; denn es geht um das Gelingen des Lebens. Nicht zuletzt führt die Klärung der Sehnsuchtsbilder auch zur Kritik an der Konsumhaltung. Das Gespräch sollte hier nahe an den Erfahrungen der Schüler entlanggehen[11].

c) Als Zusammenfassung könnte der folgende Text gelesen und besprochen werden:

Sehnsucht

In jedem Menschen steckt Sehnsucht. Sie treibt zu mehr als zu den Erlebnissen des Alltags und zur Erfüllung der Bedürfnisse. In ihr steckt das Verlangen nach Heimat, in der der Mensch trotz aller irritierenden Erfahrungen verankert ist, und nach einem Gut, das seinem Leben Sinn gibt. In einigen Augenblicken der Liebe, der Freundschaft, des Gelingens, der Freiheit scheint sie als beglückendes Gefühl auf. Solche Momente verschwinden wieder, aber die Sehnsucht hält den Blick weiter offen für etwas anderes oder jemand anderen, der das Leben verwandeln kann. Sehnsucht macht sich auf den Weg nach dem ganz Anderen, in dem sie Erfüllung erfährt, und sie hält ständig in Bewegung. Sie hört nur dort auf, wo ein erreichtes Gut für das Ganze gehalten wird.

Die christliche Hoffnung teilt über weite Strecken die Sehnsucht der Menschen. Alles, was Glück bringt, betrachtet sie als Geschenk Gottes. Was ein wirkliches Gut für die Welt und die Menschen darstellt, das wir ersehnen (z.B. wirtschaftliches Auskommen, Freundschaft, Frieden), schätzt sie hoch. Die Sehnsucht der Menschen kann in dem Maße nicht des Unsinns verdächtigt werden, als sie auf das Gute in all seiner Vielfalt abzielt und es fördert. Es geht in der christlichen Hoffnung allein um das Gelingen des Lebens. Deshalb spielt sie auch alles, was die Sehnsucht der Menschen nach Erfüllung des Lebens ausmacht, nicht gegen ihre Hoffnung aus. Vielmehr verhält es sich so: "Freude und Hoffnung, Trauer und Angst der Menschen von heute, besonders der Armen und Bedrängten aller Art, sind auch Freude und Hoffnung, Trauer und Angst der Jünger Christi" (2. Vatikanisches Konzil).

Der Grund für diese Gemeinsamkeit liegt im Glauben selbst: Die Frage nach der Zukunft des Menschen und der Welt ist eine elementare Glaubensfrage. Die christliche Hoffnung ist konkret daran interessiert, wohin es mit uns und unserer Welt geht. Die Zukunft des Reiches Gottes meint eine neue Welt für alle Menschen, in die die alte Welt verwandelt wird. Weil Gott, der die Welt erschaffen hat, sie auch vollenden wird, befindet sich das menschliche Leben immer auf dem Weg der Sehnsucht. Christlicher Glaube geht daher zutiefst ineins mit den Hoffnungen der Menschen.

d) An der Seite des menschlichen Glücks steht immer eine andere Erfahrung: der Tod, der alle Hoffnungen zunichte macht. Für alles, was wir ersehnen, gilt das Gedicht von Jorge Luis Borges[12]:

Grenzen

Es gibt eine Verszeile von Verlaine, die mir nicht mehr einfallen wird,
es gibt eine Straße in der Nachbarschaft, die meinen Schritten verboten ist,
es gibt einen Spiegel, der mich zum letzten Mal erblickt hat,
es gibt eine Tür, die verschlossen bleibt bis ans Ende der Welt,
unter den Büchern in meiner Bibliothek (ich habe sie vor mir)
ist eines, das ich nie mehr aufschlagen werde.
Diesen Sommer werde ich fünfzig Jahre alt;
der Tod verheert mich, unablässig.

---

11 Hinweise in: ebd., 6.

Während dieses Arbeitsschrittes bringt der Lehrer vor den Augen der Schüler eine Sanduhr in Gang, als Symbol für das Zerrinnen von Zeit und Leben.

Arbeitsaufgaben:

1. Charakterisieren Sie die Absicht der Relativsätze in Zeile 1-4 im Vergleich zu den Hauptsätzen!
2. Vergleichen Sie die Zeile 5 mit den vorangehenden und bestimmen Sie die Funktion von Zeile 5 und 6!
3. Welche Bedeutung hat der Tod für den Dichter?

Kurze Interpretation:

Leben ist immer ein Stück Sterben. Die nächstliegenden Dinge sind von dem Tatbestand ihres zukünftigen Aufhörens gekennzeichnet: die Erinnerung an Wertvolles, die Wege des Lebens, das Ich, ja die ganze Welt. Das Leben ist vergänglich. Manchmal gibt es etwas, das die Vergänglichkeit aufzuhalten scheint; ein Buch aus der Bibliothek ist für den Dichter ein retardierendes Moment im Zug der Zeit. Aber der Lauf der Dinge läßt sich nicht stoppen. Woran sein Herz hängt, das vergeht, zuletzt auch er selbst. Im Zerrinnen der wertvollen Dinge kündigt sich das Ende des Menschen an. Der Tod ist die verheerende Erfahrung, er zerstört "unablässig" und zuletzt die ganze Person.

e) Die Schüler besprechen das Gedicht anhand der Frage: "Welche Antwort würden Sie dem Dichter geben?" Der Blick der Schüler wendet sich nochmals ihren eigenen Glücksmomenten zu. Der Blick auf die Sanduhr zeigt, daß sie nicht festgehalten werden können. Alle Sehnsucht unterliegt dem Umsonst, der Enttäuschbarkeit, die durch den Tod kommt. Was ist dann mit all dem, woraufhin wir uns angestrengt haben?

f) Wie stehen wir zum Tod? Was ist für uns der Tod? Gibt es das Bewußtsein von dem ins Leben hereinragenden Tod überhaupt? Nur kurz sollte der Tatbestand der Verdrängung des Todes angesprochen und interpretiert werden (vgl. 19.4.1a.b). Wir halten viel von unserem Realitätssinn und von der Wissenschaft als Erforschung von Tatsachen, aber diesem einen Phänomen weichen wir ständig aus. Der Grund der Verdrängung liegt darin, daß wir nur an unsere eigenen Leistungen »glauben«; wir legen uns selbst damit ausschließlich auf uns selbst fest. Die Annahme des Nichts ("Mit dem Tod ist alles aus") legt sich darum nahe. Dem Tod kann man aber nur gerecht werden, wenn man einen Standpunkt jenseits dieser Erfahrung gewinnt.

g) Die christliche Antwort auf den Tod läßt sich in einem ersten Schritt mit dem folgenden Text erarbeiten; er bildet den zweiten Teil zu dem obigen Text (vgl. c).

Christliche Hoffnung stellt sich dem Tatbestand, daß menschliches Hoffen immer der Enttäuschbarkeit, dem Umsonst unterliegt. Diese Erfahrung führt uns immer wieder zum Aufgeben jeder Hoffnung. Der Glaube stellt sich der entscheidenden Ursache des Umsonst, in dem alles innerweltliche Hoffen sein Ende findet: dem Tod, der härtesten "Gegen-Utopie" (Ernst Bloch). Sie weiß nicht nur um diese Erfahrung, son-

---

12 J.L. Borges, Borges und ich, München 1963; abgedruckt in: A. Backes u.a. (Hrsg.), Tod (Konzepte 3. Materialeine für den Religionsunterricht in dert Sekundarstufe II), Frankfurt/M.-München 1978, 9.

dern anerkennt sie und sucht in keiner Weise diese Enttäuschung zu vermeiden. Menschliches Hoffen, das nur auf die menschliche Leistung (in Gegenwart und Zukunft) baut, das nur das Erklärbare und von Menschen Leistbare, den herstellbaren Lebensgenuß und die erkennbare und erreichbare Lebensqualität erhofft, steht immer vor der Frage: "Wozu das alles, wenn man sowieso stirbt?" Im Tod läuft alles ins Nichts. Hält man den Tod für das absolute Ende, so lügt jede Hoffnung. Eine Hoffnung, die auf rein menschlichen Möglichkeiten beruht, tendiert dazu, den Tod nicht ernst zu nehmen; sie verliert sich in augenblickshaften Wünschen. Ein auffallendes Merkmal unserer nachchristlichen Zeit und Kultur ist darum das Verdrängen des Todes als des unausweichlichen Endes allen Strebens und Handelns. Der Tod vereitelt die Hoffnung als Grundzug menschlicher Existenz.

Christliche Hoffnung unterscheidet sich von den allgemein menschlichen Hoffnungen, indem sie diese übersteigt in eine unendliche Offenheit hinein. Sie widerspricht nicht den innerweltlichen Hoffnungen, sofern sie ein wirkliches Gut des Menschen intendieren, bleibt aber auch nicht bei ihnen stehen. Sie verschiebt ihre Erfüllung nicht auf den St.-Nimmerleinstag, sondern hält sich an den Gott, der sich in Jesus Christus geoffenbart hat.

20.1.4 Vierte Unterrichtseinheit: Was gibt uns Gott zu hoffen?

(4 Unterrichtsstunden)

Die christliche Hoffnung geht zwar von der unableitbaren Tat Gottes an Christus aus, aber ihr Inhalt steht in engem Konnex zu den menschlichen Erfahrungen, besonders zum Tod und seiner Wirkung auf die gesamte Existenz. Diesen Fragezusammenhang muß die Bibeldidaktik im Auge behalten, wenn sie die Botschaft von 1 Kor 15 auslegt. Die Arbeit mit dem Text, die den Schwerpunkt der vierten Unterrichtseinheit bildet, bedarf darum der Verknüpfung mit den vorangehenden Unterrichtseinheiten. Sie kann freilich nur kurz ausfallen, sollte aber dort, wo das Auslegungsgespräch mit den Schülern es nahelegt, intensiviert werden. Zwei grundsätzliche Schwierigkeiten mit 1 Kor 15 sind zu bedenken:

- Der Text steckt voller theologischer Probleme (vgl. 18. Kapitel). Soweit sie die heutige Situation nicht treffen, kann der Religionsunterricht jene auch aussparen. So wichtig die apokalyptischen und kosmologischen Aspekte der paulinischen Argumentation sind (15,23-28. 45-50), so sehr erschweren sie den Schülern das Verständnis. Auch die Bezugnahme auf die Erfahrungen (Vv. 29-34) bedürfte ausführlicher Erläuterungen. Der Zuschnitt auf die menschliche Hoffnung entspricht jedoch sowohl der didaktischen Zielsetzung als auch dem Kern des Bibeltextes. Unter dieser Rücksicht kann sich der Religionsunterricht auf bestimmte Abschnitte von 1 Kor 15 konzentrieren.
- Die Verstehensbarrieren gegenüber dem Auferstehungsglauben in Korinth und heute sind unterschiedlich. Die Korinther leugneten die Totenauferstehung, weil sie sich in ihrem pneumatischen Enthusiasmus bereits der Vollendung teilhaftig glaubten, dadurch aber die Bedingungen der realen Existenz samt dem Tod verdrängten (vgl. 18.1). Mit der Erinnerung an die Auferweckung Jesu, an der die Korinther festhielten (1 Kor 15,12-20), konnte Paulus die Leugner — vielleicht — für die Bedeutung des Evangeliums gewinnen. Die heutige Auffassung ist wesentlich radikaler: die Möglichkeit einer Befreiung aus der Fessel des Todes wird grundsätzlich bezweifelt. Da die paulinische Argu-

mentation an die Grundlagen geht und auf das Heilshandeln Gottes abhebt, können wir den Text auch als unmittelbare Antwort auf heutige Auffassungen nehmen. Aber es ist offen, ob die Schüler die Perspektiven der Botschaft akzeptieren; die Voraussetzungen bei den Adressaten, mit denen man auf Einverständnis plädieren könnte, sind heute gründlich in Frage gestellt.

Das didaktische Ziel der Auslegung von 1 Kor 15 lautet darum nicht Einverständnis, sondern die Schüler sollen im Kontext der menschlichen Sehnsucht die Auferstehungsbotschaft als Hoffnung verstehen, die sich durch das Nichts des Todes hindurch an die Liebe und Treue des lebendigmachenden Gottes hält. Die Beschäftigung mit dem Inhalt dieser Verheißung eröffnet den Jugendlichen eine Perspektive für die Hoffnungen ihres Lebens, stellt sie allerdings gleichzeitig vor die Entscheidung, woraufhin sie ihr Leben einrichten. Der Religionsunterricht kann die Schüler nur auf die Entscheidung, den Auferstehungsglauben für sich anzunehmen, ansprechen. Folgende Unterrichtsschritte sind auf dieses Ziel ausgerichtet.

a) Als Einstieg sind drei Möglichkeiten denkbar: Die Schüler diskutieren die Folgen der These: "Mit dem Tod ist alles aus" (vgl. 20.1.1e). Oder: Sie diskutieren die These "Hält man den Tod für das absolute Ende, so lügt jede Hoffnung" (vgl. 20.1.3g). Oder: Wir besprechen die provokanten Antworten von Kurt Marti[13]:

"Was kommt nach dem Tod?
nach dem Tod
kommen die Rechnungen
für Sarg, Begräbnis und Grab

Was kommt nach dem Tod?
nach dem Tod
kommen die Wohnungssucher
und fragen, ob die Wohnung erhältlich

Was kommt nach dem Tod?
nach dem Tod
kommen die Grabsteingeschäfte
und bewerben sich um den Auftrag

Was kommt nach dem Tod?
nach dem Tod
kommt die Lebensversicherung
und zahlt die Versicherungssumme

Was kommt nach dem Tod?"

Auf die gestellte Frage können wir mit dem Hinweis auf den "Strudel der Geschäfte um der Geschäftigkeit willen" (vgl. 19.4.1) reagieren. Aber

13 K. Marti, Leichenreden, Darmstadt-Neuwied 1969.

sie wird dadurch nicht beantwortet, sondern stellt sich fortwährend neu. Wenn es sonst nichts gibt als das jetzige Leben und sein flüchtiges Glück, ist der Tod wirklich das absolute Ende. Mit dem Tod ist alles aus; alle Hoffnungen und Wünsche werden enttäuscht – und dabei bleibt's.

b) Die Schüler geben selbst eine Antwort auf die Frage, mit der das Gedicht von Kurt Marti schließt. Dabei kommen eventuell derartige Auffassungen zur Sprache: Wir leben in der nachkommenden Generation weiter. – Die Leistung eines Menschen bleibt in Erinnerung. – Die Seele lebt weiter. Diese Deutungen sollen auf ihre Tragfähigkeit geprüft werden (vgl. 19.4.1).
- Wie stark ist die Fähigkeit des Menschen zur Erinnerung?
- Was ist mit denen, die diese Wertschätzung nicht erfahren?
- Macht die Wertschätzung bereits den Tod, den jeder selbst sterben muß, erträglicher?
- Hat denn die Gesellschaft Bestand?
- Verstehen wir nicht immer mehr den Menschen als eine Ganzheit, in der der Körper ebenso wichtig ist wie die Seele?
- Klammern wir nicht wesentliche Erfahrungen, die wir gerade mit dem Leib verbinden (z.B. Liebe), aus?

Es hilft den Jugendlichen nicht, ihre Auffassungen zu desavourieren, aber damit ihr Denken weiterkommt, muß man solche Fragen stellen.

c) Die Hoffnung der Christen hat einen anderen Inhalt: Der Tod ist das wirkliche Ende des Lebens. Aber mit dem Tod verfällt der Mensch nicht in das Nichts, sondern er wird von Gott zu neuem Leben auferweckt. Der Mensch kann darauf vertrauen, daß er selbst, seine Hoffnungen und sein Leiden, von Gott aufgenommen werden. Worauf gründet diese Hoffnung? Worauf geht sie hinaus? Paulus hat sich Leuten stellen müssen, die die Hoffnung auf die Auferstehung der Toten bestritten, und versucht, den Glauben plausibel zu machen. Die Schüler lesen 1 Kor 15,12-22 und suchen den Gedankengang des Paulus nachzuzeichnen, indem sie folgende Arbeitsaufgaben erledigen:

1. Wie wichtig ist der Glaube an die Auferstehung?
2. Worin liegt der Grund der Hoffnung auf Totenauferstehung?
3. Welcher Zusammenhang besteht zwischen Jesus und uns?

d) Das Auslegungsgespräch will zum einen die paulinische Argumentation erfassen, zum andern den Kern der Hoffnung im Vergleich zu den Auffassungen der Schüler herausstellen (vgl. 18.3):
- Der Auferstehungsglaube ist der Kern der christlichen Botschaft. Ohne Auferstehung gibt es keine Hoffnung; die Hoffnungen (besonders der Glaubensverkündiger) würden in sich zusammenfallen. Das Christsein wäre eine totale Illusion und würde vom Tod ad absurdum

geführt. Der Tod würde das Leben nicht verändern. Die Christen wären "genarrte Hoffende" (Johannes Weiß). Der Glaube an Gott wäre widersprüchlich.

– Der Grund der Hoffnung ist allein Gott selbst (V. 15): Er weckt Tote auf. Jesus ist der erste, den Gott aus der Welt der Toten herausgeholt hat. Die Hoffnung hängt entscheidend mit dem Gottesbild zusammen. Der Schöpfer ist Herr über den Tod, weil alles Leben von ihm kommt, er auch dem Toten Leben gibt.
– Mit der Auferweckung Christi ist es in unserer Welt anders geworden: Jesus Christus teilte mit allen Menschen das Schicksal des Todes. Aber mit ihm hat eine ganz neue Möglichkeit begonnen. Was ihm geschenkt wurde, wird Gott auch allen schenken, die an Christus, d.h. an dieses Geschehen in Christus glauben. Was Gott in Christus begonnen hat, will er am Ende der Geschichte vollenden.

Diese Hoffnung sieht den Tod anders als andere Hoffnungen: sie setzt allein auf die Liebe Gottes, die in Christus geschichtlich schon Wirklichkeit geworden ist. Die Radikalität der paulinischen Argumentation von der totalen Sinnlosigkeit des Lebens ohne Auferstehung können wir zwar nicht mitvollziehen; aber wenn wir die Macht des Todes ernst nehmen, legt sich dieser Schluß nahe. Die christliche Hoffnung will am Tod nichts ableugnen, sie stellt sich vielmehr dem Tatbestand, daß im Tod alle Sehnsucht enttäuscht wird.

Die <u>Grundlage</u> der paulinischen Argumentation ist das <u>Bekenntnis</u> von Tod und Auferstehung Christi in 1 Kor 15,3b-5. Die inhaltliche Bedeutung dies Bekenntnisses können die Schüler nicht selbst erschließen. Sie können lediglich an den einzelnen Sätzen Tatsachenangaben und Deutemerkmale unterscheiden, selbst diese nur annähernd. Der Lehrer sollte ihnen darum das Bekenntnis mit dem folgenden Text erläutern:

1 Kor 15,3b-5 enthält das älteste Zeugnis von Tod und Auferstehung Christi in der Bibel; älter sind nur noch kürzere Aussagen, die hier schon enthalten sind. Es ist ein Bekenntnis, das schon sehr früh in der Jerusalemer Urgemeinde entstanden ist (30-35 n. Chr.) und auf die angeführten Zeugen zurückgeht. Die Ostererzählungen in den Evangelien, die erst 70 - 100 n. Chr. entstanden, gehen auf dieses Bekenntnis zurück. Weder beim Tod noch bei der Auferstehung Christi geht es nur um Fakten, vielmehr wird immer auch die Bedeutung des Geschehens mitgeteilt. Was geschehen ist, wird aus dem Glauben an Gott gedeutet ("gemäß den Schriften"). Das Bekenntnis spricht also vor allem von Gott.

Die <u>erste Aussage</u> spricht vom Tod Jesu "für uns". Der Tod des Messias, der das göttliche Heilswerk vollbringt, wird mit dem Bild vom leidenden Gottesknecht (Jes 53) gedeutet: Er wurde für unsere Schuld geschlagen und getötet; er hat dadurch die Schuld gesühnt und die Menschen mit Gott versöhnt. Er nahm stellvertretend für uns den Tod auf sich. Sein Tod hebt darum die Unheilssituation, die Sinnlosigkeit des Lebens durch den Tod, auf und begründet neues Leben (vgl. 1 Kor 15,17). Die Lebenshingabe des Sohnes Gottes ist der Gipfelpunkt der Liebe Gottes.

Die zweite Aussage ("begraben") bekräftigt, daß Christus wirklich tot war, wie jeder von uns es sein wird. Von einem Scheintod oder einer Entrückung kann nicht die Rede sein.

Die dritte Aussage verwendet eine Metapher für den unbegreiflichen Vorgang, daß Gottes Macht über den Tod Christus neues Leben geschenkt hat. Die Zeitangabe ist symbolisch, nicht als Datum zu verstehen. Sie erinnert an die Glaubenserfahrung der Bibel, daß der Mensch Not und Elend nicht ausweichen kann, sondern sie aushalten muß; aber sie sind nicht das Letzte, weil Gott selbst die Wende zum Leben, zum Guten herbeiführen wird.

Die vierte Aussage drückt aus, wie dieses Geschehen den Menschen offenbar wurde: Christus ließ sich sehen; er zeigte sich den Jüngern so lebendig wie Gott. Die Erscheinungen gehen ganz von Gott aus. Die Zeugen stehen aber für diese Wahrheit ein; und sie setzen ihre Hoffnung auf den lebendigen Gott. Sie geben dieses Zeugnis an alle Menschen weiter, damit wir diese Hoffnung teilen können.

Die Schüler sollten sich diese Auslegung auch kognitiv aneignen.

f) Wer aus dieser Hoffnung lebt, braucht den Tod nicht zu verdrängen. Der Tod bekommt vielmehr ein anderes Gesicht – und damit auch die geschichtliche Existenz. Es ist didaktisch sinnvoll, daß sich die Schüler mit der christlichen Deutung des Todes befassen (vgl. 19.4.1d). Einen Deuteversuch von Gisbert Greshake, der das Evolutionsmodell mit der christlichen Hoffnung zu verknüpfen sucht, kann der Religionsunterricht gut vermitteln[14]. Dieser Schritt kann jedoch auch entfallen, wenn das Problem des Todes schon anderweitig bearbeitet wurde.

g) Worauf richtet sich die Zukunftserwartung des christlichen Glaubens? Anhand von 1 Kor 15,35-44.51-53 stellen wir heraus, was über die verheißene Zukunft sagbar ist. Die Frage nach der persönlichen Zukunft eines jeden, wie sie in V. 35 anklingt, bewegt uns noch genauso wie die Korinther. Aber dazu ist zunächst einiges zu erläutern: Wenn Paulus vom Leib spricht, der auferstehen wird, meint er den ganzen Menschen; anders kann er vom Menschen gar nicht reden. Der Leib ist Ausdruck der gesamten Persönlichkeit und all dessen, was ein Mensch im Laufe seines Lebens geworden ist. Im Tod endet das Leben des Menschen. Aber die Hoffnung geht dahin, daß der Tod nicht auch das totale Ende der Person ist. Wie Paulus dies meint, legt er in dem ausgewählten Textabschnitt dar.
Die Schüler gehen nach der Lektüre dieses Abschnittes folgende Arbeitsaufgaben an:

1. Wie charakterisiert Paulus die auferweckte Person, wie nicht?
2. Worauf zielen die Vergleiche mit dem Samenkorn, den anderen Lebewesen und den Himmelskörpern?
3. Wodurch ist das neue Leben möglich?

---

14 G. Greshake, Stärker als der Tod, Mainz ^{6}1986, 67-70; abgedruckt in: A. Backes u.a. (Hrsg.), Tod, 23-25; Arbeitsaufgaben in: ebd., 61. Wegen der dortigen Aufschlüsselung des Textes wird dieser Schritt nicht weiter differenziert.

h) Das Auswertungsgespräch sollte folgende Deutung der christlichen Hoffnung herausarbeiten: Das neue Leben hat seinen Grund allein in der Schöpfermacht Gottes. Er gibt der Person die Gestalt, wie er jedem Geschöpf seine je eigene Gestalt gibt. Der Vergleich mit dem Samenkorn (V. 36f) besagt, daß im Tod Neues entsteht; das alte Samenkorn muß sterben, damit daraus neues Leben wird. Es ist dieselbe Person, die stirbt und auferweckt wird. Aber Gott gibt ihm eine Gestalt, die sich in wesentlichen Eigenschaften von dem jetzigen Leben unterscheidet: sie ist unverweslich, herrlich, stark, überirdisch, unvergänglich. Es ist ein Leben, das dem Leben Gottes gleicht: Gott schenkt den Menschen im Tod die Erfüllung der Sehnsucht, die ihn bewegt, und vollendet das irdische Leben in die Unvergänglichkeit seiner Liebe. Paulus nennt dieses Geschehen eine Verwandlung des vergänglichen Menschen in das unvergängliche Leben mit Gott[15]. Näher beschreiben kann er den neuen Menschen nicht, denn dieses Geschehen ist allein Sache Gottes, vor der wir nur verstummen können. Aber die Hoffnung, daß diese Verwandlung geschehen wird, ist unverbrüchlich: Gott läßt den Menschen nicht ins Nichts fallen, sondern er umfängt ihn in seiner unvergänglichen Liebe mit allem, was er in der Welt und Geschichte geworden ist, und gibt ihm das ewige Leben.

i) Die Praxis zeigt, daß die Schüler zu dieser Auslegung selber nur Bruchstücke beitragen können, denn der Gedanke liegt wirklich fernab ihrer Vorstellungswelt. Aber auch die Deutung des Lehrers wirkt für sie als Impuls, der sie zur Neuorientierung anregen kann. Die Formulierung ist notwendigerweis abstrakt, denn die gemeinte Wirklichkeit ist nicht vorstellbar. Um dennoch die Imaginationskraft der Schüler anzusprechen, könnte zum Schluß das Anastasismosaik aus der Klosterkirche von Daphni oder die Farblithographie "Auferstehung" von Alfred Manessier betrachtet und meditiert werden[16].

20.1.5 Fünfte Unterrichtseinheit: Hoffen heißt anders leben
(2 Unterrichtsstunden)

Die Beschäftigung mit 1 Kor 15 kann den Unterricht über die Auferstehungsbotschaft nicht abschließen. Er erreicht damit zwar den entscheidenden Punkt, aber man könnte meinen, der Religionsunterricht hätte

[15] Daß die Möglichkeit einer Verwandlung in eine neue Form des Lebens nicht fernab liegt, zeigt der Physiker Gernot Eder an den Erkenntnissen über die "Metamorphosenfreundlichkeit der Materie" (Gibt es ein Danach?, in: P. Hünermann (Hrsg.), Sterben, Tod und Auferstehung. Ein interdisziplinäres Gespräch, Düsseldorf 1984, 11-27). Darüber könnte ein Schüler an dieser Stelle referieren.

[16] Die beiden Bilder finden sich als Dia in: G. Lange, Bilder der Kunst zur Bibel, München 1980 (D 29, D 48). Kunsthistorische, bildtheologische und -didaktische Interpretationen legte vor: G. Lange, Kunst zur Bibel. 32 Bildinterpretationen, München 1988, 220-227 (Manessier). 228-239 (Daphni).

mit der Erarbeitung des Glaubensinhalts sein Ziel erreicht. Die innere Spannung zur Erfahrung der Schüler, von der der gesamte Unterrichtsentwurf ausgeht, bliebe damit im Unbestimmten; die Erwägungen zur menschlichen Sehnsucht hätten lediglich eine induktive Funktion. Das Akzeptieren der Botschaft ist eine Sache der persönlichen Glaubensentscheidung. Dennoch sollte der Unterricht die Jugendlichen auf eine Fährte setzen, in der sie die tiefgründige Beziehung der Auferstehung zur menschlichen Sehnsucht nach dem Gelingen des Lebens (vgl. 20.1.3) erahnen können. Die Korrelation erledigt sich nicht mit einer sogenannten Hinführung zum Glaubensinhalt.

Die abschließende Unterrichtseinheit führt zurück zum Jugendlichen und zu seiner Gegenwart. Denn Hoffnung ist nicht nur »Glaubenssache«, sondern bleibt mit den Gefühlen und Gedanken des Schülers vernetzt. Die nächste Zukunft des Ich und die Bedingungen und Folgen des sozialen Eingebundenseins halten ihn ja am meisten in Atem. Selber noch auf der Suche nach den Möglichkeiten im Jetzt vermögen Jugendliche die Bedeutung der Auferstehungshoffnung nur in dem Maße zu integrieren, als sie erfahren, "daß der Gott der guten Schöpfung »gegen alle Hoffnung« auch sie gewollt und bei ihrem Namen gerufen hat, um ihnen Zukunft zu sein in den dunklen Aussichten unserer Zeit und durch sie hindurch"[17]. Die Unterrichtseinheit thematisiert diese Dimension in zwei Richtungen: als Bekräftigung der Identität und als Motivation zu neuer Sinnorientierung, die den widerständigen Erfahrungen nicht ausweicht. Wenn Jugendliche eine entspannte Atmosphäre erleben, in die hinein sie sich loslassen können, werden auch ihre Ängste und Konflikte laut (vgl. 5.2, Nr.6). Soweit es die schulischen Bedingungen zulassen, sollte der Religionsunterricht dazu Gelegenheit geben. Die folgende Unterrichtseinheit ist bewußt so angelegt, daß jeder Leistungsdruck draussen bleibt, die Schüler ihren Erlebnissen nachgehen und darüber sprechen können. Der Verlaufsvorschlag stellt nur mögliche Elemente vor, die sogar zugunsten des unmittelbaren Dialogs der Schüler untereinander und mit dem Lehrer zurücktreten sollen.

a) Wenn der Streß aufhört, macht sich die Sehnsucht auf den Weg. Zugleich stellen sich auch Wehmut oder gar Verzweiflung ein. Es ist gut, sich für solche Gefühle Zeit zu lassen, sie in Tagträumen durchzugehen. Auch dazu sollten wir uns im Religionsunterricht Zeit nehmen – für uns selbst.

Nachdem wir uns lange mit der Zukunft befaßt haben, versuchen wir uns jetzt ein wenig vorzutasten zu dem, was uns heute bewegt. Eine Jugendliche schreibt[18]:

"Ich verrinne, ich verrinne wie Sand,
der durch die Finger rinnt.

---

17 P. Neuenzeit, hoffen, in: G. Bitter/G. Miller (Hrsg.), Handbuch religionspädagogischer Grundbegriffe, Bd. 1, München 1986, 418.

18 E. Kappeler, Es schreit in mir. Briefdokumente junger Menschen, München 1980, 23.

Ich habe auf einmal so viele Sinne,
die alle anders durstig sind.
Ich fühle mich an hundert Stellen
schwellen und schmerzen,
aber am meisten mitten im Herzen.
Ich möchte sterben, lass mich allein.
Ich glaube, es wird mir gelingen,
so bange zu sein,
dass mir die Pulse zerspringen.
Das ist mein Gedicht.
Ich bin ein 15jähriges Mädchen, eine von denen, die man nicht beachtet. Eine von vielen, denen das Leben verleidet ist. Eine, die in einer Seifenblase lebt, die jeden Augenblick zu platzen droht. Eine, die nichts besitzt als Illusionen, die ihr zur Flucht verhelfen.
Was tut die Gesellschaft?
Sie lässt mich ertrinken im Sand, in meiner Phantasie, in meinen Illusionen. Ich bin kein Mensch mehr. Ich habe kein »Ich« mehr. Man hat mein »Ich« ermordet. Ich bin nur noch ein grosses Fragezeichen, das dahinvegetiert, einfach so. Der heutige Mensch hat kein Gewissen."

b) Impuls: Das Mädchen ist etwas jünger als Ihr, aber fremd dürften Euch diese Gedanken auch nicht vorkommen. Versuchen wir, die Probleme, die zur Sprache kommen, konkret zu fassen; nicht objektiv, sondern subjektiv könnt Ihr das sicher nachempfinden, weil es Euch auch schon so erging. – Im freien Gedankenaustausch versuchen die Schüler, die Situation genauer zu fassen und mit konkreten Erlebnissen zu füllen. Der Lehrer motiviert lediglich zum Weitersprechen durch Hinweis auf bestimmte Textstellen. Beispiele:

– "Durstige Sinne" – eine eigenartige Metapher!
– Wie kommt ein Jugendlicher dazu, von Illusionen zu reden?
– Schwer verständlich: "Man hat mein »Ich« ermordet".

Das Gespräch könnte zu der Bedeutung des Ich hingelenkt werden. Zur Unterstützung könnten die Schüler auch die Karikatur von Ivan Steiger[19] betrachten, interpretieren und die Fäden mit persönlichen Worten beschriften (vgl. nächste Seite).

c) Die Schüler gehen als nächstes daran, in Einzel- oder Partnerarbeit dem Mädchen einen Brief zu schreiben, in dem sie ihre persönliche Sicht des Lebens als Antwort formulieren: Ein Brief an eine Freundin/ einen Freund. Einige beliebig ausgewählte, anonyme Briefe liest der Lehrer kommentarlos vor; denn es geht nicht um das bessere Wissen, das vielleicht auch der Lehrer nicht hat, sondern um Anregung zu einer neuen Sicht der Dinge.

d) Um den Problemhorizont zu erweitern, trägt der Lehrer die kurze Chassidische Erzählung[20] vor:

[19] Die Karikatur von Ivan Steiger (Copyright Ivan Steiger) findet sich in: K. Heintz/ G. Neumüller (Hrsg.), Moral und Gewissen (Konzepte 5. Materialien für den Religionsunterricht in der Sekundarstufe II), Frankfurt/M.–München 1979, 15.

[20] M. Buber, Die Erzählungen der Chassidim, Zürich 1984, 394.

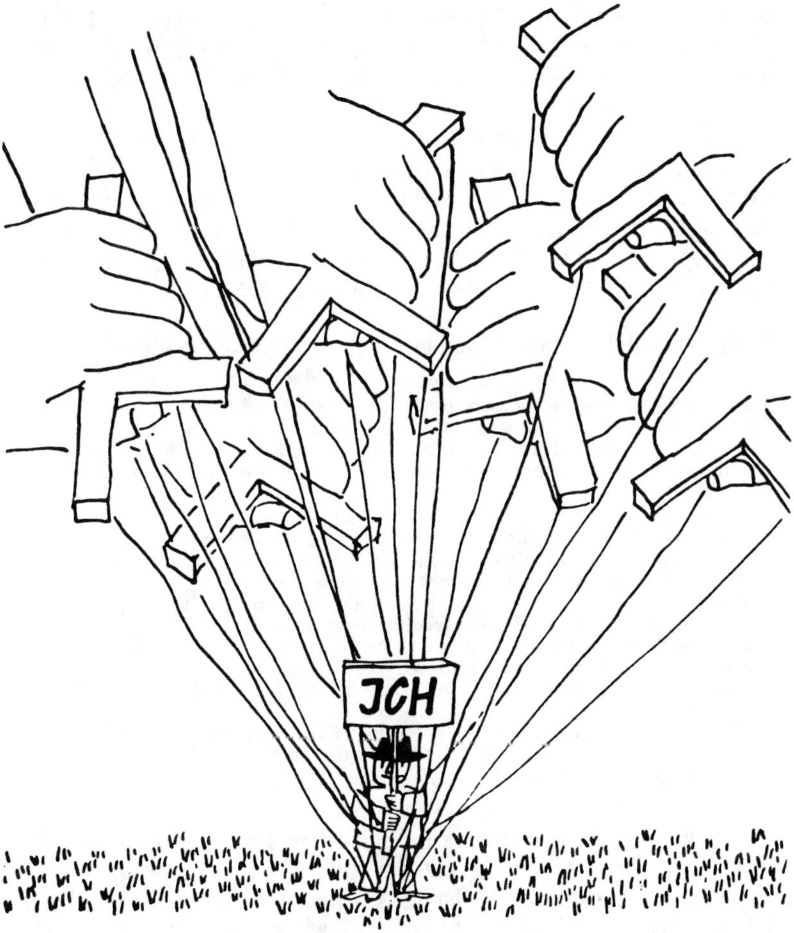

"Vor dem Ende sprach Rabbi Sussja: In der kommenden Welt wird man mich nicht fragen: Warum bist du nicht Mose gewesen? Man wird mich fragen: Warum bist du nicht Sussja gewesen?"

Die Schüler ersetzen den Namen "Mose" durch die Namen anderer Persönlichkeiten, die ihnen viel bedeuten, und den Namen "Sussja" durch ihren eigenen. Worauf kommt es an? Was sollen wir erreichen? Ist das angestrebte Ziel Egoismus? Was unterscheidet Egoismus von Selbstliebe?[21] Was hat das Ich-Bewußtsein mit Gott zu tun?

e) Die Schwierigkeit liegt darin, daß jeder zu sich Ja sagen möchte. Aber

[21] Dazu schreibt Erich Fromm Anregendes in: Die Kunst des Liebens, Frankfurt/M.– Berlin–Wien 1982, 69-75.

wie soll das gehen? Ein Stück weit kann es jeder aus eigener Kraft, aber oft reichen die Kräfte nicht. Es ist keine Flucht aus der Wirklichkeit, wenn sich einer aus einer solchen Situation auf den lebendigmachenden Gott los-läßt. Die Botschaft von Christus sagt uns sogar: Wer sich auf Gott hin los-läßt, wird gerettet; allein daraus erwächst die Hoffnung wider aller Hoffnung. Dieser Zusammenhang läßt sich mit den Schülern kaum erarbeiten, der Lehrer sollte vielmehr von sich aus von der Hoffnung sprechen, die in der Botschaft von Tod und Auferstehung Christi liegt (vgl. 18.2.3.1g; 18.2.5e.f); denn diese Hoffnung liegt in der Ohnmacht und in der Trauer, in der uns Christus entgegenkommt[22].

f) Als Abschluß könnte folgender Text vorgetragen werden[23]:

An die Auferstehung glauben

Wer an die Auferstehung von den Toten glaubt, lebt anders. Leben und Tod bekommen ein anderes Gesicht, eine andere Gestalt – nicht von selbst, sondern durch den Glauben. Nicht erst am Ende des Lebens, vielmehr jetzt schon verbindet uns der Glaube mit dem ewigen Leben Gottes.

Auf dem Weg zur Auferstehung sind wir,
- wenn wir Ja zum Leben sagen, obwohl uns oft Angst befällt;
- wenn wir uns mit dem Unsinn der Zerstörung des Lebens, der Menschen und der Natur nicht abfinden;
- wenn wir uns unermüdlich aufmachen, Versöhnung und Frieden zu stiften, wo Streit und Zwietracht herrschen;
- wenn wir uns im Versagen nicht selbst aufgeben, sondern unser Leben als Geschenk Gottes anzunehmen bereit sind;
- wenn wir Trost zu geben versuchen, wo Menschen bedrückt und traurig sind;
- wenn wir Glück und Freude, Erfolg und Hoffnung mit anderen teilen;
- wenn wir trotz des Sterbens die Hoffnung nicht aufgeben.

Die Stunde schließt mit der nochmaligen Zitation von 1 Kor 15,42-44.

Die engere Unterrichtsthematik ist damit abgeschlossen, aber die Tür zu weiteren Themen, die eng mit der Auferstehungshoffnung zusammenhängen, ist aufgestoßen. Denn Hoffen heißt nicht nur für sich hoffen, sondern auch für andere hoffen. Wie wir in der Beziehung zu den Nächsten und zu den Fernen diese Hoffnung weitergeben können (vgl. 19.5), daran zeigt sich gerade, wie christliche Auferstehungsbotschaft sich der menschlichen Geschichte verpflichtet weiß, weder auf Flucht vor noch auf Verdrängung der Konflikte abhebt.

20.2 Korrelative Didaktik der Auferstehungsbotschaft?

Die Auferstehungsthematik stößt auf wenig Einverständnis bei den

[22] Möglich ist auch ein Gespräch über Jes 49,13-17. Meditative Anregungen in: K. Berger, Wie ein Vogel ist das Wort. Wirklichkeit des Menschen und Parteilichkeit des Herzens nach Texten der Bibel, Stuttgart 1987, 72-76.

[23] Vgl. R. Ott, Startzeichen. Anstöße zum Glauben, München 1985, 114.

Schülern. Dies ist auch dann noch der Fall, wenn der Unterricht die Erfahrungen der Schüler durcharbeitet, wie es die dargestellten Unterrichtseinheiten vorsehen. Es ist in der Entfaltung des Themas immer wie ein Sprung, wenn die Rede auf die Auferstehung kommt. Die Schüler arbeiten an den Texten, die ihnen vorgelegt werden, aber ihr Dialogbeitrag ist manchmal merkwürdig reaktiv und wenig von persönlichen Reflexionen getragen. Sie registrieren die Botschaft mehr oder weniger stumm, als wäre sie ein Sachverhalt, der mit ihnen nichts zu tun hat. Die Verknüpfung mit ihren Erfahrungen gelingt nicht.
Bedeutet dies, daß der korrelative Ansatz der Bibeldidaktik bei einem entscheidenden Thema der christlichen Botschaft nicht zu verwirklichen ist? Das vorgelegte Unterrichtskonzept hat das korrelative Modell der Bibeldidaktik (vgl. 12.1-3) durchgespielt, aber entspricht es überhaupt noch dessen Absichten? Ist hier nicht ein didaktischer Sprung in die Glaubensunterweisung erfolgt, die sich den Erfahrungsbezug erspart? Andersherum ließe sich auch fragen: Wenn die Auferstehungsbotschaft sich nicht erfahrungsbezogen vermitteln läßt, sollte man sie dann nicht aussparen? Diese Probleme tangieren das gesamte Verständnis von Religionsunterricht, insofern das didaktische Konzept von seiner Aufgabenstellung her hinterfragt werden muß. Anhand der Unterrichtssequenz über die Auferstehung ist darum das Modell korrelativer Bibeldidaktik nochmals zu reflektieren (vgl. 12.1-3). Dazu sind sowohl bibelhermeneutische Überlegungen anzustellen als auch die Lernsituation genauer zu betrachten (vgl. 0.3, Nr. 17 und 18). Sie sind die Voraussetzungen für die Einordnung der Unterrichtssequenz in das bibeldidaktische Modell bzw. für dessen neuerliche Reflexion in Anbetracht eines solchen Glaubensthemas.

20.2.1 Bibelhermeneutische Überlegungen zu 1 Kor 15

Die Annahme der Auferstehungsbotschaft beruht auf einer Glaubensentscheidung. Dies wird direkt oder indirekt bei den vorangehenden grundsätzlichen und unterrichtlichen Reflexionen vorausgesetzt. Aber kann deshalb von einem Lernprozeß, der sich im Horizont der Schüler bewegt, abgesehen werden? Es ist sinnvoll, in dieser Sache zurückzufragen, wie Paulus sein Glaubenszeugnis zur Sprache zu bringen sucht.

Paulus macht den Korinthern mit Entschiedenheit deutlich, daß alles an der Annahme des überlieferten Glaubens hängt (1 Kor 15,2.17.34). Dann müßte es aber doch genügen, ihnen das Auferstehungsbekenntnis erneut vorzulegen – und desweiteren zu schweigen!? Aber Paulus verfährt nicht so. Er weiß sehr genau, daß Überzeugungsarbeit notwendig ist, wo das Unverständnis groß ist (vgl. 6. Kapitel). Lukas stellt den Prediger Paulus in der Areopagrede von Athen (Apg 17,16-33) auch so dar, daß er Interesse findet, wenn er in seiner Rede an Vorstellungen der Hörer anzuknüpfen sucht, sich aber bei der Auferstehungsbotschaft, die für seine Hörer völlig neu ist, die Meinungen und die Hörerschaft teilen; der Glaube an die Auferstehung legt sich nicht für jeden denkenden

Menschen ohne weiteres nahe[24]. Deshalb unternimmt er in 1 Kor 15 mehrere Anläufe (Vv. 3.12.20.23.29.35.51), um verschiedene Aspekte der Glaubenstradition zu erläutern (vgl. 18. Kapitel). Er geht von Bekanntem oder von den Auffassungen der Korinther und ihren Fragen aus, um ihnen Zusammenhänge mit der Auferstehungsbotschaft herzustellen. Dabei hat er den schwierigen Part, das hellenistische Denken, das auf eine präsentische Eschatologie hinausläuft, auf den Horizont des apokalyptischen Modells der Geschichte hin aufzubrechen. Obwohl die Korinther den Glauben an den auferstandenen Christus angenommen haben, war ihnen der Glaube an die Auferstehung der Toten nicht verständlich. Deshalb fragt Paulus auch: "Oder habt ihr den Glauben vielleicht unüberlegt angenommen?" (V. 2).

Es kennzeichnet die missionarische Arbeit des Paulus, daß er auch noch dort zu argumentieren versucht, wo er Widerstand erfährt. Er scheut seinerseits nicht den Widerspruch, wo er die Auffassung seiner Hörer nicht teilen kann. Auch wenn er merkt, daß seine Rede nicht akzeptiert wird, hört er nicht auf, sondern hält die Paradoxie des Glaubenszeugnisses durch. Das Paradoxe seiner Verkündigung läßt sich nicht vermeiden, er kann es auch nicht aussparen, obwohl er kein Einverständnis erreicht. Er argumentiert immer weiter, obwohl er genau weiß, daß es um eine Glaubenssache geht. Er geht auch nicht von den Anknüpfungen an die Vorstellungswelt der Hörer ab und steigert sich nicht in systematisierende Spekulationen, obwohl ihm kein Durchbruch zu gelingen scheint. Paulus baut nicht auf mechanische Verknüpfungen, sondern er hebt darauf ab, im Horizont der korinthischen Vorstellungen Fragen wachzurufen (vgl. 1 Kor 15,12.35) und sie im Lichte der Auferstehungsbotschaft nach den verschiedenen Seiten hin durchzuarbeiten; daher

[24] Die Bezugnahme auf Apg 17 ist in diesem Zusammenhang nur bedingt berechtigt, weil die Areopagrede wahrscheinlich eine "lukanische Schöpfung" ist (E. Haenchen, Die Apostelgeschichte (KEK 3), Göttingen ^{6}1968, 467). Trotz des lukanischen Sprachkolorits und der spezifischen Intention des Lukas, die auch diese Rede zu erkennen gibt, sieht Franz Mußner in der Apg "keine Verfälschung jenes Paulus, wie er uns in seinen Briefen entgegentritt" (Apostelgeschichte (NEB 5), Würzburg 1984, 11). Ein direkter Rückgriff auf eine dem Lukas "vorgegebene Areopagrede des Paulus", von der Rudolf Pesch ausgeht (Die Apostelgeschichte. 2. Teilband (EKK V/2), Zürich—Neukirchen—Vluyn 1986, 142) dürfte schwerlich zu begründen sein. Näher liegt die Einschätzung der Apostelreden bei Franz Mußner, daß "Lukas weiß, was der Redner Passendes zu jeweiligen Situation gesagt haben könnte, wie etwa Petrus auf dem Apostelkonzil oder Paulus zu Juden oder Heiden (Areopagrede!)" (Apostelgeschichte, 7). Im Blick auf die Korintherbriefe erscheint die Zuordnung des Paulus zur strengeren Richtung der Mission im Unterschied zur milderen (vgl. E. Haenchen, Die Apostelgeschichte, 466), als deren Vertreter etwa Clemens von Alexandrien gilt, zu schematisch. Paulus ließ es gewiß nicht an der Deutlichkeit der Worte und an der Schärfe der Auseinandersetzung mit seinen Gegnern innerhalb der Gemeinde fehlen; genauso arbeitete er auch auf Anknüpfung hin. Daß er in seinen Briefen an die Gläubigen von Rom die Heiden als unentschuldbar darstellt (Röm 1,18-32), entspricht seiner Überzeugungsabsicht ebenso wie die auf Anknüpfung bedachte, interesseweckende Rede vor Heiden. Schließlich war es Paulus, der das Programm der Heidenmission entscheidend geprägt hat.

kommt auch die Verschlungenheit seines Gedankengangs, die das Verständnis heute so erschwert. Für Paulus hört die Verkündigungsaufgabe also nicht mit dem Konstatieren eines Glaubensentscheidung auf ("Das kann man nur noch glauben"). Durch seine Argumentationen will er vielmehr die Denkweise seiner Hörer ansprechen und sie für die Implikationen der Botschaft öffnen. Sein Tun ist unabhängig davon, ob es akzeptiert wird.

20.2.2 Interpretation des Schülerverhaltens

Zeigt sich in der Zurückhaltung der Schüler das Scheitern des korrelativen Modells? Die Antwort hängt davon ab, wie man das Schülerverhalten interpretiert und worin das didaktische Ziel des Korrelierens besteht. Die Auswertung des Schülergesprächs über den Auferstehungsglauben (7. Kapitel) hat bereits die eminenten Barrieren gegenüber diesem Glaubensinhalt deutlich werden lassen. Damit ist also immer zu rechnen, ebenso damit, daß die Argumentationsgänge auch dann ihr Ziel nicht erreichen, wenn sie die Erfahrungswelt der Schüler intensiv reflektieren. Äußerlich betrachtet besteht vielleicht nur ein Minimum an Schülerbeteiligung. Aber die Schüler stören wegen dieses Themas auch nicht den Unterricht und melden sich deshalb nicht ab. Ihre passive Präsenz ist ein Zeichen dafür, daß ihnen die paradoxe Spannung zwischen ihren Erfahrungen und Denkkategorien und dem Auferstehungsglauben bewußt wird; sie lehnen die christliche Botschaft nicht von vornherein ab, aber sie können nicht ohne weiteres auf die Lebensperspektiven des Glaubens einschwenken.

Die Auferstehungsbotschaft geht von anderen Erfahrungen aus, als sie die Schüler machen und von einer anderen Weltsicht, als die Jugendlichen sie aufzubauen beabsichtigen. Sie spricht ausschließlich vom Handeln Gottes, das zwar dem Heil des Menschen gilt, aber von den menschlichen Vorstellungskategorien nicht eingeholt werden kann. Man kann sich ihr nur in Analogien nähern (vgl. 1 Kor 15, 35-41). Der Inhalt der Botschaft stellt die Schemata des Lebensverständnisses, die wir uns aufbauen, in Frage, insofern sie vom Leben im Tod spricht. Wer sich der Botschaft anschließt, müßte sich radikal in Frage stellen lassen und das aufzugeben bereit sein, was er aufgebaut hat und ihm Sicherheit gibt.

Adoleszenten sind aber mitten in einem Prozeß der Identitätssuche, in dem die autonome Deutung der Realität und der Lebensperspektiven sowie das Festhalten an der Selbstvergewisserung eine bedeutsame Rolle spielen (vgl. 4.3; 5.3.2; 7.3.3). Den Auferstehungsglauben zu akzeptieren, würde die Öffnung für und die Bejahung von Erfahrungen jenseits der eigenen Denkkategorien bedeuten. Denn Glauben ist ein Sich-Einlassen auf das, was mir von Gott entgegenkommt. Damit ein solcher Lern-

prozeß Hoffnung zustande kommen kann, bedarf es nicht nur der "Hoffnungsworte"; es muß für die jungen Menschen auch "Hoffnungsorte" geben, an denen sie "anschaulich gelebte Hoffnung" erfahren[25] und selbst zur Hoffnung angestiftet werden. Der unterrichtliche Dialog kann dies nicht erreichen.
Dennoch ist auch das Schweigen der Schüler ein didaktisch beredter Beitrag: die Spannung zwischen ihrer Erfahrungswelt und der Auferstehungsbotschaft wird nicht aufgelöst. Der Blick auf das Sinnpotential der Botschaft ist wegen der Glaubensentscheidung verstellt, aber die Spannung bleibt erhalten, gerade weil die Auferstehung im Horizont der Erfahrungen der Schüler zur Sprache kommt. Die Paradoxie des Glaubens hat ihre Entsprechung in den Widersprüchlichkeiten des Lebens, die der junge Mensch im Aufbau seiner Identität auszuhalten lernen muß[26]. Insofern würde man ihre Identitätsbildung und erst recht die Orientierung des Lebens an religiöser Deutung der Wirklichkeit geradezu hemmen, wenn man ihnen diese Paradoxie glaubte ersparen zu müssen. Der religiöse Lernprozeß kann freilich nur weiterkommen, wenn sich der Jugendliche auf diese Paradoxie einläßt.

20.2.3 Korrelationsdidaktische Metareflexion

Die Praxiserfahrung mit dem Auferstehungsthema könnte die Vermutung nahelegen, daß am Ende der didaktischen Arbeit zwar das Thema bleibt, aber die Korrelation sich aufgelöst hat. Es scheint so, als schließen die drei ersten Unterrichtseinheiten induktiv die Wirklichkeit der Jugendlichen für die Antwort des Glaubens auf und leiten zu einem neuen Verständnis der Heilsbotschaft an, aber eine Rückbindung an die Erfahrungswelt der Schüler unterbleibe. Diese Beobachtung tangiert die Problematik der religionspädagogischen Theoriebildung.

Nachdem der Adressatenbezug durch das 2. Vatikanische Konzil von der Vorfeldkatechese zum Hauptanliegen avanciert war, entstand das Konzept einer "induktiven Didaktik". In der hermeneutischen Katechese lag der "Schwerpunkt in der Vergegenwärtigung" der Heilsbotschaft[27]. Der induktive Ansatz von Bruno Dreher ging darüber hinaus. Er zielte darauf, daß der Religionsunterricht "die wirklich gelebte Welt des Menschen in ihren realen Daseinshorizonten unverkürzt erfaßt" und zwingend zur "Heilsbotschaft als Antwort auf die Frage des Menschen heute" hinführt[28]. Der Religionsunterricht solle die "Daseinsfrage des Menschen in der Tiefe" treffen[29]; denn die menschlichen Erfahrungen,

[25] P.M. Zulehner, Pastoraltheologie. Bd. 1: Fundamentalpastoral. Kirche zwischen Auftrag und Erwartung, Düsseldorf 1989, 82; vgl. auch W. Langer, Hoffnung erfahren lassen, in: Christlich-Pädagogische Blätter 96 (1983) 96-104.

[26] Vgl. L. Krappmann, Soziologische Dimensionen der Identität. Strukturelle Bedingungen für die Teilnahme an Interaktionsprozessen, Stuttgart [3]1973, 150-167.

[27] B. Dreher, Induktion als Weg der Verkündigung, in: W.G. Esser (Hrsg.), Zum Religionsunterricht morgen I. Perspektiven künftiger Religionspädagogik, München-Wuppertal 1970, 349-358, hier 349.

[28] Ebd., 349-351.

[29] Ebd., 350.

die der Religionsunterricht aufschließt, verweisen auf die Heilsbotschaft. Das Anliegen der "induktiven Didaktik" ist in die Didaktik der Korrelation eingegangen, trifft aber nicht ihren Kern. Sind die dargestellten didaktischen Elemente zur Auferstehungsthematik eher dem induktiven Ansatz zuzuordnen oder verwirklichen sie das korrelative Konzept? Diese Frage macht nochmals eine korrelationsdidaktische Metareflexion notwendig (vgl. 11.2).

Die Auferstehungsbotschaft geht von der unableitbaren Selbstoffenbarung Gottes aus. Sie ist auf die Lebensfragen der Menschen ausgerichtet, aber ihr Anspruch läßt sich nicht für gegenwärtige Fragestellungen verzwecken[30]. "Offenbarung ist an den vernünftigen Menschen gerichtet und gibt ihm zu denken"[31]. Gottes Offenbarung ist selbst eine Frage an die Lebensentwürfe des Menschen, die sich nicht mit schnellen Antworten von Schülern erledigen läßt. Sie will provozieren und korrigieren, wo sich der Mensch in seinen Deutungen verstrickt. Die Offenbarung ist gewissermaßen auch eine Gegenfrage an den nach dem Sinn seines Lebens suchenden Menschen. Eine Antwort kann nur der geben, sich in Frage stellen läßt. Die Antwort des Menschen setzt voraus, daß er sich je neu sagen läßt, "wie Gott in... Lebens- und Krisenerfahrungen heilend auf die Menschen zukommt und wie er die Not verwandeln will"[32]. Aber gerade dazu ist die Korrelation zur Erfahrung der Schüler notwendig. Wie Schüler die Probleme ihres Lebens erfassen, hat mit der Auferstehungsbotschaft zu tun; das eine ist nicht ohne das andere zu haben. Die Korrelation von Glaube und Erfahrung zielt nicht auf glatte Lösungen, die möglicherweise auf Minimalisierungen der existentiellen Probleme oder auf Funktionalisierung des Glaubens hinauslaufen. Ihre wesentliche Intention ist vielmehr, daß sie die Spannung zwischen der Offenbarung und den menschlichen Lebensentwürfen aufrecht erhält und aushält[33]. Der Religionsunterricht hat nicht fertige Korrelate zu präsentieren, sondern den Schülern die Möglichkeit des Korrelierens der Glaubensbotschaft mit ihrem eigenen Leben zu geben. Dazu ist die dialogische Struktur des Unterrichts, die die Frage offenhält, unerläßlich. Mit dem Korrelieren wird der Mensch nicht fertig. Die zahlreichen Argumentationsansätze des Paulus in 1 Kor 15 wären Unsinn, wenn die Auferstehungsbotschaft losgelöst von der Erfahrung entfaltet werden könnte. Aber die Botschaft kann nur zum "Angebot einer Erfahrungschance"[34] für die Schüler werden, wenn der Religionsunterricht die Spannung zu ihren Erfahrungen und Lebensweisen aufrecht erhält. Da-

[30] J. Werbick, Glaubenlernen aus Erfahrung. Grundbegriffe einer Didaktik des Glaubens, München 1989, 200 u.ö.
[31] J. Schmitz, Offenbarung (Leitfaden Theologie 19), Düsseldorf 1988, 187; ähnlich J. Werbick, Glaubenlernen aus Erfahrung, 203.
[32] J. Werbick, Glaubenlernen aus Erfahrung, 209.
[33] Vgl. ebd., 198.
[34] E. Schillebeeckx, Christus und die Christen. Die Geschichte einer neuen Lebenspraxis, Freiburg 1977, 35.

mit haben die didaktischen Elemente (20.1) mehr im Sinn als der induktive Ansatz. Sie stellen gewissermaßen den Ernstfall der Korrelationsdidaktik dar, insofern die Auferstehungsthematik ganz im Lichtschatten des Glaubens liegt, wo die Schülersituation nicht unmittelbar in den Blick kommt, aber ihre Bedeutung wird noch von der Schülererfahrung gehalten und bleibt in einer Spannung zu den Lebensentwürfen der Schüler. Auch wenn die Botschaft nicht akzeptiert wird, stellen die verschiedenen Interpretationen der Lebenswirklichkeit dennoch Versuche dar, den Schülern ähnlich wie Paulus zu verstehen zu geben, "was mein Leben lebendig macht und zur Vollendung bringt, wie und worin mir die Liebe (sc. Gottes) zuletzt gut tut"[35]. Unter dieser Rücksicht ist es didaktisch möglich, über den Glauben zu sprechen, auch wenn er auf Unverständnis stößt, und nicht von der Korrelation abzugehen, obwohl alles vom Glauben abhängt.

20.2.4 Korrektur des bibeldidaktischen Modells?

Bei besonderen Problemen ist ein besonderes Nachdenken erforderlich. Läßt sich angesichts der Schwierigkeiten einer korrelativen Auslegung der Auferstehungsbotschaft das entwickelte Modell der Bibeldidaktik (12. Kapitel) halten? Der kritische Rückblick fragt nochmals nach Absicht und Struktur des Modells.

Die Ellipsenform wurde gewählt, weil sie der Absicht des Religionsunterrichts am meisten gerecht wird. In unserer kulturellen Situation kann man im Religionsunterricht kaum mehr von einer religilösen Sozialisation ausgehen, auf die sich eine allein an den Glaubensinhalten interessierte Unterweisung beziehen und stützen könnte. Das Aufwachsen der Schüler in einer religiös indifferenten Gesellschaft bedingt einen Lernprozeß, in dem Schüler und Glaubenstradition erst aufeinander zugeführt werden müssen. Im Religionsunterricht werden darum zwei ansonsten selbständige Größen miteinander verknüpft, die Glaubenstradition und die Lebenswelt der Schüler. Sie bilden die beiden Pole des Unterrichtsgeschehens, die aufgrund ihrer Unterschiedlichkeit in einem spannungsvollen Gefüge aufeinander einwirken. Da gibt es Kräfte, die auf die Pole eine gegenseitige Anziehung ausüben, und Momente der gegenseitigen Abstoßung. Der Unterricht bewegt sich darum wie auf einer Ellipsenbahn dergestalt hin und her, daß seine Thematik einmal mehr die Schülererfahrung bespricht und einmal mehr die Inhalte der Glaubenstradition. Was äußerlich als ein Nacheinander von Unterrichtsinhalten erscheint, wird innerlich und oft auch ausdrücklich durch die Spannung der beiden Pole miteinander verknüpft. Korrelativ angelegt ist der Unterricht aber nur, wenn er sowohl die Glaubenstradition als auch die Schülererfahrung zur Sprache bringt, und das eine in der Spannung zum anderen bleibt. Das darin angelegte Prinzip der Wechselbe-

[35] J. Werbick, Glaubenlernen aus Erfahrung, 214.

ziehung ermöglicht auch unterschiedliche Formen der beiderseitigen Verknüpfung, die dem Unterricht bestimmte Akzente geben.
- Der Bibeltext zwingt zur Frage nach seiner Intention, weil den Schülern die Vorstellungswelt fremd ist.
- Das Lebensmodell eines Bibeltextes veranlaßt zum Nachdenken über die eigene Interpretation von Wirklichkeit und das konkrete Handeln.
- Die Beschäftigung mit einem Bibeltext ist Anlaß zur kritischen Betrachtung der gegenwärtigen Mentalität.
- Der Bibeltext provoziert zu Fragen an die Glaubensüberlieferung, z.B. Wie können wir uns die Auferstehung der Toten vorstellen?
- Der Widerspruch zwischen Glaubenstradition und Schülererfahrung scheint nicht auflösbar, weil der Glauben als lebensfremd empfunden oder die Vorstellungswelt der Schüler von ganz anderen Motiven bestimmt wird.
- In anderen Unterrichtssituationen versuchen sich die Schüler die Bedeutung eines Bibeltextes für ihr persönliches Leben anzueignen und in ihre Worte zu übersetzen.
- Der Unterricht bezieht zwar die Besprechung der Erfahrung der Schüler und der Lebensperspektiven des Glaubensinhalts aufeinander, aber eine Verknüpfung kommt (noch) nicht zustande.

Diese Unterrichtssituationen werden nur beispielhaft angeführt. Die Spannung kann in einer Vielzahl von Formen ausgetragen werden. Alle stellen, auf das Modell übertragen, gewissermaßen Punkte auf der Ellipsenbahn dar, die eine größere oder geringere Nähe zu dem einen oder anderen Pol haben. Dies trifft selbstverständlich nur dann zu, wenn der Unterricht sowohl die Erfahrungswelt der Schüler als auch die Glaubenstradition thematisiert.

In diesem Spannungsgefüge gibt es auch den Fall, daß es bei den Schülern nicht zu einer faßbaren Verknüpfung der Glaubenstradition mit ihren Erfahrungen kommt, aber die Spannung auch nicht aufgelöst wird, indem die Schüler das Glaubensthema massiv abblocken. Eine solche Situation ergibt sich immer wieder bei der Auferstehungsthematik. Es gibt auch den umgekehrten Fall, daß die Schüler sich vollständig in ihrem Erfahrungshorizont artikulieren, ohne daß ihnen der lebensweltliche Zusammenhang mit dem Glaubensthema bewußt wird[36]. Zuweilen begegnet man auch Schülerauffassungen, die sich wie säkularisierte Inhalte des christlichen Glaubens ausnehmen. Das Modell ist auf den Dialog der Schüler mit der Glaubenserfahrung angelegt. Aufgrund der unterschiedlichen Standorte der beiden Größen des Modells ist, wie gesagt, nicht immer eine ausdrückliche Verknüpfung möglich. Deshalb wird aber

---

[36] Eine solche Situation bestand m.E. in den Unterrichtseinheiten, die das Beurteilen von Schwachsein zum Thema hatten (9.4-5), wenn die Gespräche auch durch Bibeltexte ausgelöst worden waren.

noch nicht das Modell gesprengt. Die beiden erwähnten Fälle sind dennoch im korrelationsdidaktischen Modell angesiedelt, sofern der Religionsunterricht sich vom Pol der Glaubenserfahrung aus auf den Weg macht, um mit den Schülern ihre eigene Erfahrungswelt und die Bedeutung der Botschaft für sie selbst zu erkunden, und umgekehrt. Die Auferstehungsthematik stellt dann einen Extrem- oder Grenzfall von Korrelation dar: sie liegt (auf der Ellipsenbahn) ganz im Licht der Glaubenstradition, aber bleibt für das Verständnis der Schüler, die sich innerhalb der Kategorien ihrer Sinndeutung der Zukunft bewegen, nicht erfaßbar. Zur Integration der Auferstehungsbotschaft gelangen sie nur durch eine persönliche Glaubensentscheidung, die es ihnen möglich macht, die Meditation über die christliche Hoffnung in ihre persönliche Lebenspraxis mitzunehmen. Einen ersten Schritt auf diesem Weg zeigt die fünfte Unterrichtseinheit (20.1.5). Das Ausziehen der Korrelation erfordert Lernprozesse, die der Religionsunterricht in der Regel nicht intendieren kann, aber er kann die Gelegenheit geben, mit den Schülern dahingehende Versuche anzustellen und mit jedem Integrationsversuch wieder kritisch nach den eigenen Lebenszielen und nach Verzerrungen der tradierten Glaubenserfahrung zu fragen.

Der Glaube an die Auferstehung ist gerade der Glaubensernstfall der Korrelationsdidaktik. Die Gespräche der Schüler über ihre Sehnsucht und die menschliche Hoffnung intendieren mehr als die "induktive Didaktik", sie sind Versuche der Annäherung an die Glaubensbotschaft, wie wir sie von Paulus (1 Kor 15) kennen. Sie sind motiviert von der gleichen Frage nach der Zukunft des Menschen angesichts des Todes, und sie bleiben auf die christliche Botschaft ausgerichtet, ja es besteht bei den Schülern durchaus Interesse, sich damit zu befassen. Der entscheidende Schritt, auf den es Paulus ankam und der auch im Religionsunterricht im Blick bleibt, liegt außerhalb der Möglichkeiten des unterrichtlichen Arrangements. Der Religionsunterricht kann die Schüler an die Situation der Glaubensentscheidung heranführen, die Entscheidung selbst herbeiführen könnte er nur auf Kosten der Religionsfreiheit. Wenn er die Entscheidung offenhält, bleibt er dennoch dem Glauben und dem Schüler gleichermaßen verpflichtet. Das Modell der korrelativen Bibeldidaktik gerät zwar an die äußerste Grenzen seiner Möglichkeiten, aber der Religionsunterricht bleibt dennoch innerhalb des Modells – sofern er die Spannung von Glaubensbotschaft und Erfahrungen der Schüler wirklich aufrecht erhält, wie immer wieder betont werden muß. Obwohl die Paradoxie von Glauben und Erfahrung bei der Auferstehungsthematik am deutlichsten hervortritt, muß die Didaktik den korrelativen Ansatz auch in Extremfällen nicht aufgeben. Die Paradoxie ist, wie ausgeführt (vgl. 3.3.2; 10.2.12), ein Strukturmoment von Glaubenserfahrung, das umso krasser wirkt, je weiter die Mentalität der Epoche und die Intention der Glaubensüberlieferung voneinander entfernt sind. In der Paradoxie liegt aber zumindest eine Restchance der Korrelation.

Von Paulus können wir aber auch lernen, daß sich die Religionsdidaktik auch dann noch auf den Weg macht, die Glaubensüberlieferung mit den Erfahrungen der Schüler zu verknüpfen, wenn alles an der persönlichen Glaubensentscheidung hängt. Die Korrelationsdidaktik ist darum auch der Ernstfall religiösen Lehrens und Lernens, in dem der Hinorientierung der kirchlichen Verkündigung auf die Erfahrungswelt der Schüler nahezu das gleiche Interesse gilt wie der Lebensweisung des Evangeliums.

SCHLUSS
ERGEBNISSE UND WEITERFÜHRENDE PERSPEKTIVEN

Die Untersuchung hatte sich mehreren Aufgaben zu stellen (vgl. 0.2), sie aber nicht nebeneinander abzuhandeln, sondern miteinander zu verschränken. Der Arbeitsweg sollte dem entsprechen, wie Praktische Theologie ihren Untersuchungsgegenstand konstituiert (vgl. 0.3). In die jeweiligen Schritten arbeitete sie verschiedene Problemfelder in den Reflexionsgang ein. Wenn nunmehr die Rückschau auf das zurückgelegte Wegstück bibeldidaktischer Forschung ansteht, sollen sowohl die Einsichten in die Bedingungen und Möglichkeiten von Bibelauslegung im Religionsunterricht der gymnasialen Oberstufe, insoweit sie produktiv geworden sind, als auch die Methodik des wissenschaftlichen Gegenstandsbereiches in kurzen Thesen skizziert werden.

Die Bibeldidaktik reflektiert die Prozesse religiösen Lernens, in denen es um die Auslegung von Bibeltexten mit Schülern geht. Dieser Gegenstandsbereich umfaßt eine Vielzahl von Problemkreisen, deren Erforschung für das Verständnis und den Aufbau bibelbezogener Lernprozesse notwendig ist. Die wichtigsten Ergebnisse sollen den Beitrag der Arbeit zur Theoriebildung der Bibeldidaktik deutlich machen. Die konkreten Aspekte der Arbeit, die sich auf die Auslegung der Korintherbriefe beziehen, werden in dieser Zusammenfassung nicht mehr eigens angeführt, aber in den allgemeinen Thesen mitbedacht. Daran schließt sich ein Aufweis unbearbeiteter Probleme und weiterführender Perspektiven bibeldidaktischer Forschung an.

1. Die Kluft zwischen der Situation der Schüler und der Glaubenserfahrung der Bibel läßt es nicht zu, die Auslegung der Bibeltexte nur auf das Verständnis der gemeinten Aussagen abzustellen. Auf diesem Weg bleibt die Bibel ein museales Buch einer fremden Kultur. Schulisches Lernen zielt dagegen auf das Einverständnis in der Sache. Zur Bibeldidaktik gehört daher eine Hermeneutik, die den Adressaten in den Auslegungsprozeß einbezieht und als ebenbürtiges Gegenüber der Botschaft betrachtet. Auf Einverständnis kann die Bibeldidaktik nur abheben, wenn sie die Situation der Adressaten als den Kontext, dessen Komponenten den Lernprozeß unmittelbar beeinflussen, veranschlagt. Die Ansätze der hermeneutischen Bibeldidaktik der sechziger Jahre sind darum aufzugreifen und weiterzuführen.

2. Die Schülerorientierung der Bibeldidaktik meint daher, daß die Auslegung von Bibeltexten nur im direkten Bezug auf den Prozeß des Lebenlernens der jungen Menschen vonstatten gehen kann. Exegetisch-bibeltheologische Reflexionen dienen der Vergewisserung des Lehrers in der Sache, die er sich selbst ebenfalls immer wieder neu anzueignen hat, aber sind als solche noch kein Lerngegenstand des Religionsunterrichts. Die exegetische Texterschließung macht die Sache noch nicht für den Schüler verständlich. Das didaktische Interesse am Lernprozeß der Schüler bedingt vielmehr eine Fragehaltung der Schüler, deren Ziele mit

der wissenschaftlichen Bibelforschung nicht identisch sind. Es geht ihr vielmehr darum, die Lebensperspektiven der biblischen Botschaft für den Schüler selbst zu erschließen. Daher ist die Reflexion der jugendlichen Erfahrungswelt eine unerläßliche Bedingung der Auslegung selbst.
3. Die Unterrichtspraxis bestätigt Ergebnisse der Jugendforschung, daß die Bedeutsamkeit der Bibel für Jugendliche an der Thematisierung von existentiellen Erfahrungen hängt, die ihre Identitätsbildung berühren. Widerstände von Jugendlichen gegen die Bibel beruhen zumeist auf der Lebensferne der besprochenen Thematik. Wo dagegen eigene existentielle Interessen zur Sprache kommen bzw. Bibeltexte unter dieser Rücksicht bedacht werden, lassen sich die Hindernisse abbauen. Es kommt dabei zu allererst auf die Herstellung eines Spannungsbogens zwischen den Intentionen der Bibel und dem Erfahrungshorizont der Schüler an. Daraufhin erarbeitet entweder die Unterrichtsplanung eine sachbezogene Fragestellung aus der Reflexion der Erfahrungen oder die Spannung, die sich in der Begegnung mit der Bibel ergibt, wird sowohl in die Lebensthematik der Schüler ausgezogen als auch auf die Glaubenserfahrung des Textes durchbuchstabiert. Dies wird nur durch das Durcharbeiten konkreter Erfahrungssituationen des jugendlichen Lebens erreicht, nicht durch die allgemeine Anknüpfung an anthropologischen Tatbeständen.
4. Damit die Bibel Widerhall finden kann, müssen wir sie selbst auf dem Hintergrund von Erfahrungen lesen. Das didaktische Prinzip der »originalen Begegnung« motiviert die Exegese zur entscheidenden Frage nach dem »Sitz im Leben« eines Textes. Die Exegese muß sich die Erfahrungsorientierung selbst zu eigen machen, indem sie nach den individuellen und gesellschaftlichen Situationen, der Sachthematik und den bestimmenden Wertvorstellungen, die der Bibeltext zu erkennen gibt, fragt. Die formgeschichtliche und soziologische Exegese führt nahe an die Konstitutionsbedingungen des Bibeltextes heran. Dieser Fragezusammenhang läßt uns auch den Anspruch der Gotteserfahrung, die darin laut wird, für die Konfrontation mit der gegenwärtigen Wirklichkeit konkreter verstehen.
5. Die Begegnung mit der Bibel im Sinne einer bloßen Kenntnisnahme eines anregenden Lebensmodells bringt kaum etwas in Bewegung. Das wirkliche Verstehen fremder Texte setzt vielmehr die Reflektiertheit unseres eigenen Lebens voraus. Die rückhaltlose Frage nach der Tragfähigkeit unserer Mentalität öffnet den Blick für Lebensmodelle der Bibel. Dazu muß die Reflexion mit den Schülern zuerst zur Aporie der eigenen Lebensvorstellungen hinführen. Die Paradoxie der biblischen Botschaft ist insofern ein fruchtbares Moment in der Begegnung, als an ihr unheilvolle, festgefahrene Denkstrukturen in Frage gestellt werden.
6. Glaubenlernen zielt vor allem auf die Vermittlung motivkräftiger, sinnstiftender Lebensorientierung. Darum setzt die Frage nach der Ver-

mittlung der biblischen Botschaft die Einsicht in die Verstehensbedingungen der Schüler voraus. Sie spielt nicht nur unter methodischer Rücksicht eine bedeutsame Rolle, sondern führt erst zu der Ebene, auf der eine Verständigung mit der Bibel stattfinden kann. Die Bibeldidaktik hat darum die Frage nach der Zielbestimmung des Lebens, die die Jugendlichen selbst treffen, in den Blick zu nehmen. Auf diesen Prozeß der Identitätsbildung wirken besonders die Einstellungen und Interpretationsmuster der sozialen Umwelt ein. In ihren eigenen Lebensentwürfen verarbeiten die Jugendlichen zudem früher Gelerntes. Diese Aspekte bestimmen die Möglichkeit der Aneignung biblischer Inhalte wesentlich mit. Auch hier kann die Didaktik die konkreten Verstehensbedingungen erst in der direkten Auseinandersetzung der Schüler mit einem Thema erfassen. Die didaktische Forschung ist aus diesem Grund auf die Praxis angewiesen, aus der sie themenbezogene Erkenntnisse gewinnen und so den didaktischen Problemzusammenhang deutlicher konturieren kann.

7. Die Didaktik muß die Erkenntnisse der Exegese nicht nur hinsichtlich der sachrichtigen Vermittlung von biblischen Inhalten berücksichtigen, sondern auch ihre Arbeitsform am Textbestand selbst überprüfen. Die Kommunikationsform von Texten liefert der Didaktik das Recht und besonders die Mittel und Wege, um den Lernweg näher abzuklären. Zugleich gerät auch die Grenze didaktischer Bemühungen deutlicher in den Blick. Gerade die Beschäftigung mit den Paulustexten zeigt, daß die kritisch-konstruktive Auseinandersetzung mit den Erfahrungen der Adressaten und ihrem soziokulturellen Kontext elementar zum Glaubenlernen gehört. Die didaktische Erarbeitung eines biblischen Themas kommt ohne die Berücksichtigung der Kommunikationsform nicht zum Ziel.

8. Aufgrund der Schülerorientierung werden auch für die Bibeldidaktik humanwissenschaftliche Einsichten über die Situation der Jugendlichen wichtig. Die Beschäftigung mit der Bibel ist immer eingebunden in den Lebenslernprozeß der Schüler, auf den sich der Unterricht bezieht. Aber nicht allgemeine Schemata über »die« Jugendlichen sollen das didaktische Konzept bestimmen. Was die Jugendforschung erarbeitet, stellt für die Didaktik einen Interpretationsrahmen dar. Im Gespräch mit den Jugendlichen selbst gilt es zu allererst herauszufinden, welche Konturen ihre Vorstellungswelt hat. Unabhängig von der Kommunikation mit den Jugendlichen kann die Religionsdidaktik ihren Gegenstand nicht konstituieren.

9. Der Dialog ist in jederlei Hinsicht das Konstituens der Bibeldidaktik auf allen Ebenen der Forschung, in Theorie und Praxis. Spannungen sollen nicht eingeebnet werden, sondern stellen den Anlaß zur Verständigung in der Sache dar. Der Dialog ermöglicht Teilhabe und Teilgeben an persönlichen Erfahrungen, in deren Horizont sich der Lernprozeß vollzieht. Er verstärkt die Beziehung zwischen Lehrer und Schülern, in der der Lebensbezug des Glaubens einen wesentlichen Anhalt hat. Aber

auch der Prozeß des Glaubenlernens selbst vollzieht sich als ein gemeinsames Sich-Annähern an die Lebensperspektiven der Botschaft, deren "Sinnüberschuß" (Paul Ricoeur) Lehrer und Schüler immer neu einzuholen beginnen. Der Dialog vermag alle Einfältigkeit aufzubrechen, sofern er die Fraglichkeit gewachsener Auffassungen im Gegenüber zur Sache aufrecht erhält. Das Paradoxe vornehmlich der Kreuzesbotschaft veranlaßt die Didaktik dazu, auf der konkreten Erfahrungsebene unsere Lebensvorstellungen in ihrer Aporie herauszuarbeiten. Die Identität des Christlichen bleibt auch dann Gegenstand des Dialogs, wenn kein Einverständnis erreicht wird.

10. Die theoretische Klärung der Lernsituation liefert wichtige Voraussetzungen für den Aufbau von Lernschritten. Dennoch macht sie noch nicht das entscheidende Moment der Schülerorientierung aus. Auslegung mit Schülern bindet das Lernen an die Kommunikation in der Sache. Was in der Interpretation des Unterrichts zur Sprache kommt, bildet den wirklichen Lerngegenstand. Zur Didaktik gehört der Regelkreis von Planung, Durchführung und Nachreflexion. Aber für das Einverständnis in der Sache sind nur die wirklichen Inhalte des Unterrichts von Bedeutung. Die Unterrichtspraxis stellt darum die notwendige Bewährungsprobe aller Theoriebildung dar.

11. Der Praxisbezug der Bibeldidaktik ist notwendig, um das Ineinander von Sachstruktur und Auffassungsstruktur im Lernprozeß genauer erfassen zu können. Zum einen werden auf diesem Weg erst die wirklichen Zusammenhänge und Verstehenshemmnisse klar, die für den Aufbau geplanter Lernprozesse von Bedeutung sind. Zum andern können wir die wirkliche Lebensthematik der Schüler, die wesentlich durch ihre Lebensgeschichte und die Mentalität der Zeitepoche geprägt ist, als Kontext der biblischen Botschaft und als Bedingungsfeld des religiösen Lernens besser verstehen. Jeder Lernschritt ist auch Aufarbeiten des bisher Gelernten. Die Bibeldidaktik kann darum nicht ihre Augen vor der Lerngeschichte der Schüler und der Mentalität der Zeit verschließen, sondern muß die Bezüge der Botschaft zur Erfahrung der Schüler durchbuchstabieren. Darüber lassen sich grundlegende Reflexionen anstellen, die Praxis selbst zeigt erst die Zugänge und Sperren gegenüber dem lebendigen Evangelium.

12. Die Schwierigkeit des Dialogs mit der Bibel besteht darin: Wo und wie finde ich dort die Probleme der Jugendlichen wieder? Biblische Texte können für die gegenwärtige Lebensorientierung Bedeutung gewinnen, indem wir nach der gemeinsamen Sache fragen (Grunderfahrungen) und mit den Schülern die Lebensperspektiven der biblischen Botschaft zu erfassen suchen. Dabei stoßen wir häufig auf Paradoxien im Wirklichkeitsverständnis (z.B. Kreuz). Wo wir jedoch konsequent nach der Lebensqualität von Glaubensinhalten fragen, kann uns ihr auch gegenwärtig gültiger Impuls aufgehen. Auf der Ebene der Lebensorien-

tierung sprengt die Paradoxie den Dialog nicht, sondern wirkt wie ein ständiger Widerspruch zur gegenwärtigen Mentalität. Dies setzt jedoch voraus, daß der Unterricht aus den gewonnenen Einsichten heraus immer wieder neu das Gespräch über die Erfahrungen der Schüler aufnimmt und nach neuen Lebens- und Handlungsformen sucht.

13. Die verschiedenen unterrichtlichen Aufgaben lassen sich in einem Modell der Bibeldidaktik zusammenfassen. Es soll sowohl die Dimensionen didaktischer Planung integrieren als auch für die Dynamik des Unterrichts offenbleiben. Eine solche theoretische Konstruktion kann aber nur aus reflektierter Praxis gewonnen werden. Ein bibeldidaktisches Modell bildet einerseits die wesentlichen Komponenten einer Theorie ab, die der biblischen Überlieferung und der Lernsituation gerecht wird, andererseits stellt es auch die Grundlage für die Entfaltung erneuerter Praxis dar, indem es handlungsleitende Kriterien aufstellt.

14. Die Arbeit mit biblischen Texten in der gymnasialen Oberstufe fördert die Aneignung der biblischen Botschaft, insofern der Unterricht immer wieder die Glaubenserfahrung mit dem Prozeß der Bedeutungsbildung bei den Adressaten zu verknüpfen sucht. Das Anliegen der Korrelationsdidaktik impliziert den Dialog zwischen Schüler und Bibel, insofern die beiden Pole des Unterrichtsgeschehens in ein Spannungsverhältnis gebracht werden. Im Modell dialogischer Bibeldidaktik bildet die Ellipsenbahn einerseits die wechselseitige Bezogenheit von Schüler und Bibel ab, die das Spannungsgefüge aufrecht erhält, andererseits läßt sie auch den Spannungsbogen erkennen, in dem unterschiedlich akzentuierte Unterrichtssituationen stehen. Die Achse des Dialogs bildet die Frage nach Sinn. Die Dynamik des Wechselspiels entsteht dadurch, daß die Beziehung von Denk- und Verhaltensstruktur und Glaubenserfahrung zueinander den Charakter der Integration, Stimulation, Kritik oder Paradoxie annehmen kann. Sie richtet den Unterricht auf einen Prozeß aus, in dem die Schüler aus den biblischen Texten Impulse zur Sinnorientierung entdecken, die Bibel und ihr Leben besser verstehen und sich das Wertvolle aneignen können.

15. Damit die Dynamik des Religionsunterrichts erhalten bleibt, ist die didaktische Vergewisserung nach der Schülerseite hin und durch die exegetische Klärung der biblischen Botschaft zu verbreitern. Der Unterricht ist eingebunden in den Prozeß der Bedeutungsbildung, die die Schüler selbst schon leisten (Schülerorientierung). Die Anleitung zur Selbstreflexion verbindet der Religionsunterricht mit den Lebensperspektiven der biblischen Botschaft. Die didaktische Interpretation der Bibel zielt auf die Grunderfahrung und ihre Deutung aus dem Glauben, die die Bedeutung eines Textes ausmacht. Das didaktische Prinzip der »originalen Begegnung« verknüpft sich mit der exegetischen Frage nach dem »Sitz im Leben«, um die Analogie zwischen den Lebenssituationen der Bibel und der Schüler sachgerecht zu eruieren. Das Suchen nach

Entsprechungen zielt nicht auf Egalisierung von Botschaft und gegenwärtiger Erfahrung, sondern will die Lebenswelt der Schüler zu sich selbst aufschließen, indem sie sie auf den Glauben an Gott hin öffnet.

16. Das bibeldidaktische Modell bedarf auf zwei Ebenen der Rückbindung an die Praxis. Zum einen muß sie in Kriterien der Unterrichtsplanung umgesetzt werden, zum andern muß das Konzept selbst in die praktische Bewährung kommen, wo es in der unterrichtlichen Durchführung verschiedener Themen seine Tragfähigkeit zu erweisen hat. Die Entscheidungen des Lehrers lassen sich in der »didaktischen Analyse« darstellen, die den Reflexionszusammenhang von der Themenfindung bis zum methodischen Aufbau von Unterrichtsstunden aufreißt. Sie bilden die Grundlage für die Konstruktion konkreter Unterrichtssequenzen. Anhand des Rasters können biblische Themen für die Unterrichtsplanung aufgeschlüsselt werden. In der Erprobung der Unterrichtsentwürfe geht es um die Prüfung des didaktischen Ansatzes und um die Tragweite des bibeldidaktischen Modells.

17. Ein Modell der Bibeldidaktik dient als Leitfaden für die Unterrichtspraxis. Es zeigt sich jedoch oft, daß die Praxis komplexer ist, als sie von der Theorie erfaßt wurde. Die vorliegende Untersuchung sieht jedoch die Theoriebildung in unlösbarem Konnex mit der Unterrichtspraxis. Komplexe Probleme didaktischer Vermittlung sind darum Anlaß, die Struktur des Didaktikmodells in einer Metareflexion erneut zu überprüfen. Die Auferstehungsthematik ist ein solcher Probefall für ein schülerorientiertes Modell der Bibelauslegung. Bei diesem Glaubensinhalt hängt alles von der persönlichen Glaubensentscheidung ab. Eine unmittelbare Verknüpfung mit Erfahrungen der Schüler, die das Einverständnis in den überlieferten Glauben ermöglicht, ist schwerlich direkt anzuzielen. Es ist aber anzunehmen, daß die Verstehenswege zur Auferstehungsbotschaft gerade von der Verknüpfung der Auslegung mit menschlichen Erfahrungen abhängt und auch die Glaubensentscheidung selbst »verdunsten« würde, wenn sie nicht in der Spannung zu den Erfahrungen bliebe. Gerade die Didaktik der Auferstehungsbotschaft könnte Anlaß sein, ein korrelatives Didaktikmodell zu sprengen. Aber nicht nur dieses Modell, sondern jede didaktische Vermittlung dieser Botschaft kommt bei solchen Themen an ein Ende, weil sich der Glaube letztlich nicht auf der Ebene schulischer Lernprozesse konstituieren läßt. Die Auferstehungsthematik gehört daher zu den Extremfällen dialogischer Bibeldidaktik, gewissermaßen als Glaubensernstfall. Ihre Bedeutung für den Prozeß des Leben- und Glaubenlernens läßt sich dennoch nur im Kontext bewußt gemachter Erfahrungen artikulieren.

18. Das Modell ist auf eine bestimmte Reichweite ausgelegt, nämlich auf die Korintherbriefe und auf den Bereich der gymnasialen Oberstufe. Es ist zu vermuten, daß eine vergleichbare didaktische Struktur auch der Auslegung von Evangelientexten entsprechen würde. Dies müßte

jedoch in einer eigenen Untersuchung anhand der spezifischen Probleme jener Texte, besonders hinsichtlich der Textgattungen, aufgewiesen werden. Ebenso ist offen, inwieweit diese Theorie der Bibeldidaktik auch der Lernsituation der Sekundarstufe I und der berufsbildenden Schulen gerecht werden könnte. Gerade der Blick auf die lebensgeschichtlichen Bedingungen des religiösen Lernens gemahnt zur Vorsicht.

19. Ausgehend vom methodologischen Modell bibeldidaktischer Forschung (vgl. 0.3) verweist die Arbeit in zweierlei Hinsicht auf Probleme, die nicht hinreichend erfaßt wurden.

- Die Arbeit gibt keine Angaben zur Verifizierung der didaktischen Anregungen in vergleichbaren Unterrichtssituationen. Dazu müßte das Instrumentarium zur Analyse der Lernsituation, wie es hier entwickelt ist, erweitert und verfeinert werden. Dies konnte nicht genügend geleistet werden.
- Offen ist auch die didaktische Rezeption exegetischer Methoden. Innerhalb der Theologie selbst ist die Diskussion über ihre Methoden wieder entfacht, insofern die historisch-kritischen Methoden in die Spannungen zu tiefenpsychologischen und dogmatisch-fundamentalen Interpretationen geraten sind. Zahlreiche Themen (z.B. Schwachsein, Kreuz) könnten eine Klärung im Kontext solcher Sichtweisen nahelegen. Da die Bibeldidaktik in das Gesamt der Bibelhermeneutik verflochten ist, bedürfte dieses Problem einer genaueren Klärung.

20. Nahezu alle biblischen Themen betreffen über alle besonderen Objekte hinaus die Person selbst und ihre Selbstverwirklichung in der Zukunft. Unter dieser Rücksicht greifen Lernprozesse im Religionsunterricht von vornherein zu kurz, weil sie die Tiefe und Breite von Erfahrung nicht erreichen, auf der religiöses Lernen beruht. Es geht um die Entwicklung von Kräften im Menschen, aus denen der Heranwachsende sein Verhalten zum Leben, zu sich selbst und zur Mitwelt aufbaut und die seine Identität durch die Konflikte des Lebens und die Enttäuschungen hindurch erhalten. Damit sind Lernaufgaben angesprochen, die sich auf die gesamte Sozialisation und Erziehung der jungen Menschen erstrekken. Die Lernschritte, die der Religionsunterricht anregt, können sich über weite Strecken nur festigen, wo junge Menschen die Erfahrung der Gemeinschaft mit Glaubenden machen, die auf einem ähnlichen Weg der Sinnorientierung die Jugendlichen aufmerksam begleiten. Die persönliche Nähe in der Schulseelsorge oder das Mitgehen von Erwachsenen, durch das die jungen Menschen anschaulich gelebten Glauben erleben können, vermag die kognitiv-affektiven Lernschritte des Religionsunterrichts zu vertiefen und zu weiteren Schritten des Glaubenlernens anzustiften. Da sich das Modell dialogischer Bibeldidaktik an verschiedenen Themen bewährt hat, läßt sich folgern, daß eine auf die Erfahrung bezogene, korrelative Auslegung der Bibel mit den Schülern den Prozeß des Glaubenlernens im Religionsunterricht der Kolleg-/Studienstufe ein gutes Stück zu fördern vermag.

NACHWORT

Am Ende eines langen Weges unterrichtspraktischer und theoriebezogener Reflexionsgänge gilt es auch Rückschau zu halten auf das persönliche Umfeld, in dem die vorliegende Arbeit möglich wurde. Die volle berufliche Beanspruchung in Ausbildungstätigkeit und Unterrichtspraxis hat zwar das rasche Vorankommen der Arbeit gehindert, aber auch zur Vertiefung der Problemsicht beigetragen. Daß sie dennoch zustande kam, ist vielen Menschen zu verdanken.

An erster Stelle danke ich meiner Frau Renate für das Aushalten,Entlasten und die mitdenkende Begleitung. Ihr möchte ich die Arbeit widmen, um meine Wertschätzung für ihre Geduld und Liebe auszudrücken. Die vorliegende Arbeit wurde im Wintersemester 1989/90 von der Katholisch-Theologischen Fakultät der Julius-Maximilians-Universität Würzburg als Inaugural-Dissertation angenommen. Sie hatte dort den Titel: "Wenn ich schwach bin, dann bin ich stark (2 Kor 12,10). Auslegung der Korintherbriefe im Religionsunterricht der gymnasialen Oberstufe auf dem Weg zu einem Modell dialogischer Bibeldidaktik". Angeregt und betreut wurde die Dissertation von Universitätsprofessor Dr. Paul Neuenzeit. Ihm danke ich ganz besonders für die kritischen Impulse, für die wohltuende Begleitung und für die Mühe der Begutachtung. Ohne seinen bibel- und didaktikkundigen Rat und seine Ermunterung hätte ich manche Schritte so nicht setzen können. Mein Dank gilt ebenso Universitätsprofessor Dr. Hans-Josef Klauck für das Zweitgutachten und den Professoren der Fakultät für die Abnahme der mündlichen Prüfungen.

Vieles, was am Schreibtisch entstanden ist, bekam auch Anregung aus alltäglichen Begegnungen mit Freunden und Bekannten, nicht zuletzt aus der Arbeit mit den Schülern des Bischöflichen Willigis-Gymnasiums Mainz. Besonders wichtig wurden in manchen Passagen auch Gespräche mit Inge Mayer und Götz Renartz, deren psychotherapeutische Erfahrung mir interessante Einsichten über das Konstruieren von Wirklichkeit im Alltag ermöglichte. Auch ihnen möchte ich Dank sagen. Frau Ingrid Weidig gilt mein Dank für das Mitwirken beim Schreiben des Manuskripts.

Für die finanzielle Unterstützung bei der Drucklegung der Dissertation danke ich dem Bischöflichen Ordinariat Mainz, namentlich Generalvikar Martin Luley und Domkapitular Ernst Kalb, sowie meinen Verwandten.

Die Dissertation versteht sich als Beitrag zur didaktischen Vermittlung biblischer Inhalte. Um den Reichtum ihres Sinngehaltes zu erschließen, bedarf es der Zusammenschau zahlreicher Erfahrungsebenen und wissenschaftlicher Erkenntnisse. Auch wenn die Arbeit nur einen Schritt auf dem Weg einer schülerbezogenen Auslegung entwickeln konnte, besteht die Hoffnung, daß sich der Weg gelohnt hat und sich weitere Schritte der Verfeinerung anschließen können.

LITERATURVERZEICHNIS

H. ALBERT, Ethik und Meta-Ethik, in: H. Albert/E. Topitsch, Werturteilsstreit, Darmstadt 1971, 500-516

K. ALLERBECK/W. HOAG, Jugend ohne Zukunft? Einstellungen, Umwelt, Lebensperspektiven, München 1985

G. ALTNER, Technisch-wissenschaftliche Welt und Schöpfung, in: F. Böckle u.a. (Hrsg.), Christlicher Glaube in moderner Gesellschaft, Bd. 20, Freiburg 1982, 85-118

H. ARENDT, Vita activa oder Vom tätigen Leben, München [2]1981

PH. ARIES, Geschichte des Todes, München 1980

F.X. ARNOLD, Dienst am Glauben. Das vordringlichste Anliegen heutiger Seelsorge, Freiburg 1948

K. ASCHERSLEBEN, Einführung in die Unterrichtsmethodik, Stuttgart 1974

A. AUER, Autonome Moral und christlicher Glaube, Düsseldorf 1984

D.P. AUSUBEL, Das Jugendalter. Fakten - Probleme - Theorie, München 1971

A. BACKES u.a. (Hrsg.), Tod (Konzepte 3. Materialien für den Religionsunterricht in der Sekundarstufe II), Frankfurt/M.-München 1978

F. BACON, Novum organum, hrsg. von M. Buhr, Berlin 1962

H.-E. BAHR, Liebe, Glück - Zunehmende Verlassenheit - neue Solidarität, in: ders./ R. Gronemeyer (Hrsg.), Anders leben - überleben, Frankfurt/M. 1978, 27-51

I. BALDERMANN, Biblische Didaktik. Die sprachliche Form als Leitfaden unterrichtlicher Texterschließung am Beispiel synoptischer Erzählungen, Hamburg 1963

I. BALDERMANN, Der biblische Unterricht. Ein Handbuch für den evangelischen Religionsunterricht, Braunschweig 1969

I. BALDERMANN/G. KITTEL, Die Sache des Religionsunterrichts. Zwischen Curriculum und Biblizismus, Göttingen 1975

I. BALDERMANN/K.E. NIPKOW/H. STOCK, Bibel und Elementarisierung (Rph 1), Frankfurt/M. 1979

I. BALDERMANN, Engagement und Verstehen. Politische Erfahrungen als Schlüssel zu biblischen Texten, in: Der Evangelische Erzieher 36 (1984) 147-157

G. BARDY, Menschen werden Christen. Das Drama der Bekehrung in den ersten Jahrhunderten, hrsg. von J. Blank, Freiburg 1988

H. BARTH/T. SCHRAMM, Selbsterfahrung mit der Bibel, München-Göttingen 1977

G. BAUDLER, Der Religionsuntericht an der deutschen Schule. Eine erste Bilanz, München 1971

G. BAUDLER, Korrelationsdidaktik: Leben durch Glauben erschließen (UTB 1306), Paderborn 1984

R. BAUMANN, Mitte und Norm des Christlichen. Eine Auslegung von 1 Korinther 1,1 – 3,4 (NTA NF 5), Münster 1968

J.C. BEKER, Der Sieg Gottes. Eine Untersuchung zur Struktur des paulinischen Denkens (SBS 132), Stuttgart 1988

K. BERGER, Apostelbrief und apostolische Rede. Zum Formular frühchristlicher Briefe, in: Zeitschrift für die neutestamentliche Wissenschaft 65 (1974) 190-231

K. BERGER, Exegese des Neuen Testaments (UTB 658), Heidelberg 1977

K. BERGER, Die impliziten Gegner. Zur Methode des Erschließens von "Gegnern" in neutestamentlichen Texten, in: D. Lührmann/G. Strecker (Hrsg.), Kirche (FS Günther Bornkamm), Tübingen 1980, 373-400

K. BERGER, Hellenistische Gattungen im Neuen Testament, in: H. Temporini/W. Haase (Hrsg.), Aufstieg und Niedergang der römischen Welt. Geschichte und Kultur Roms im Spiegel der neueren Forschung II: Prinzipat, Bd. 25: Religion, Teil 2, Berlin 1984, 1326-1365

K. BERGER, Wie ein Vogel ist das Wort. Wirklichkeit des Menschen und Parteilichkeit des Herzens nach Texten der Bibel, Stuttgart 1987

P.L. BERGER, Auf den Spuren der Engel, Frankfurt/M. 1970
H. BERTRAM, Jugend heute. Die Einstellungen der Jugend zu Familie, Beruf und Gesellschaft, München 1987
G. BIEMER/D. BENNER, Elemente zu einer currikularen Strategie für den Religionsunterricht in der Sekundarstufe II, in: Pädagogische Rundschau 27 (1973) 798-822
G. BIEMER/A. BIESINGER, Theologie im Religionsunterricht. Zur Begründung der Inhalte des Religionsunterrichts aus der Theologie, München 1976
G. BIEMER, Menschliche Grunderfahrungen und ihre religionspädagogische Vermittlung, in: E. Feifel (Hrsg.), Welterfahrung und christliche Hoffnung, Donauwörth 1977, 44-74
G. BIEMER/D. KNAB (Hrsg.), Lehrplanarbeit im Prozeß. Religionspädagogische Lehrplanreform, Freiburg 1982
E. BISER, Dasein auf Abruf. Der Tod als Schicksal, Versuchung und Aufgabe, Düsseldorf 1981
G. BITTER/G. MILLER (Hrsg.), Konturen heutiger Theologie, München 1976
G. BITTER/G. MILLER (Hrsg.), Handbuch religionspädagogischer Grundbegriffe. 2 Bde., München 1986
J. BLANK, Paulus und Jesus. Eine theologische Grundlegung (StANT 18), München 1968
J. BLANK, Neutestamentliche Themen im Zielfelderplan, in: R. Ott/G. Miller (Hrsg.), Zielfelderplan - Dialog mit den Wissenschaften, München 1976, 45-61
W. BLANKENBURG, Leistungsprinzip, in: G. Ritter/K. Gründer (Hrsg.), Historisches Wörterbuch der Philosophie, Bd. 5, Darmstadt 1980, 220-224
F. BLASS/A. DEBRUNNER, Grammatik des neutestamentlichen Griechisch, Göttingen 1954
H. BLUMENBERG, Die Legitimität der Neuzeit, Frankfurt/M. 1966
L. BOFF, Erfahrung von Gnade. Entwurf einer Gnadenlehre, Düsseldorf 1978
O. BOLLNOW, Begegnung und Bildung, in: B. Gerner (Hrsg.), Begegnung. Ein anthropologisch-pädagogisches Grundereignis, Darmstadt 1969, 120-144
D. BONHOEFFER, Widerstand und Ergebung. Briefe und Aufzeichnungen aus der Haft, München/Hamburg ^{4}1967
G. BORNKAMM, Die Vorgeschichte des sogenannten zweiten Korintherbriefes, in: ders., Studien zum Neuen Testament, München 1985, 237-269
G. BORNKAMM, Paulus, Stuttgart 1969
J.B. BRANTSCHEN, Warum läßt der gute Gott uns leiden?, Freiburg 1986
J.S. BRUNER, Der Prozeß der Erziehung, Berlin/Düsseldorf ^{3}1973
J.S. BRUNER, Entwurf einer Unterrichtstheorie, Berlin/Düsseldorf 1974
M. BUBER, Das dialogische Prinzip, Heidelberg 1965
M. BUBER, Die Erzählungen der Chassidim, Zürich 1094
A.A. BUCHER/K.H. REICH (Hrsg.), Entwicklung von Religiosität, Grundlagen—Theorieprobleme—Praktische Anwendung, Freiburg Schweiz 1989
W.-D. BUCKOW, Religiöse Sozialisation, in: Jahrbuch der Religionspädagogik, Bd. 2, Neukirchen-Vluyn 1985, 41-67
CH. BÜHLER/R. EKSTEIN, Anthropologische Resultate aus biographischer Forschung, in: H.G. Gadamer/P. Vogler (Hrsg.), Neue Anthropologie, Bd. 5: Psychologische Anthropologie, Stuttgart 1973, 349-385
R. BULTMANN, Der Stil der paulinischen Predigt und die kynisch-stoische Diatribe (FRLANT 13), Göttingen 1910
R. BULTMANN, In eigener Sache (1957), in: ders., Glauben und Verstehen, Bd. 3, Tübingen 1960, 178-189
R. BULTMANN, Theologie des Neuen Testaments, Tübingen ^{5}1965
R. BULTMANN, Der zweite Brief an die Korinther, hrsg. von E. Dinkler (KEK Sonderband), Göttingen 1976

V. DI CHIO, Die Korrelationsmethode in der religiösen Erwachsenenbildung der Gegenwart, Zürich 1975
V. DI CHIO, Unterricht: Religion, in: D. Lenzen (Hrsg.), Enzyklopädie Erziehungswissenschaft. Bd. 9.2: Sekundarstufe II – Jugendbildung zwischen Schule und Beruf, hrsg. von H. Blankertz/J. Derbolav/A. Kell/G. Kutscha, Stuttgart 1983, 637-645
J.P. CLAYTON, Was heißt "Korrelation" bei Paul Tillich ?, in: Neue Zeitschrift für systematische Theologie und Religionsphilosophie 20 (1978) 175-191
H. CONZELMANN, Der erste Brief an die Korinther (KEK 5), Göttingen ^{2}1981
G. DAUTZENBERG, Sprache und Gestalt neutestamentlicher Schriften, in: J. Schreiner (Hrsg.), Gestalt und Anspruch des Neuen Testaments, Würzburg 1969, 21-40
G. DAUTZENBERG, Urchristliche Prophetie (BWANT 104), Stuttgart 1975
DEKRET ÜBER DAS APOSTOLAT DER LAIEN, in: Lexikon für Theologie und Kirche. Das Zweite Vatikanische Konzil, Bd. II, Freiburg 1967, 585-701
J. DERBOLAV, Vom Wesen geschichtlicher Begegnung, in: B. Gerner (Hrsg.), Begegnung. Ein anthropologisch-pädagogisches Grundereignis, Darmstadt 1969, 145-162
J. DERBOLAV, "Existentielle Begegnung" und "Begegnung am Problem", in: ebd., 174-196
J. DERBOLAV, Pestalozzis systematisches Vermächtnis, in: Pädagogische Rundschau 31 (1977) 940-949
DER RELIGIÖSE INDIFFERENTISMUS (Themaheft), in: Concilium 19 (1983) 325-405
DEUTSCHES JUGENDINSTITUT (Hrsg.), Immer diese Jugend! Ein zeitgeschichtliches Mosaik. 1945 bis heute, München 1985
DIAKONIEKATECHESE (Themaheft), in: Lebendige Katechese 7 (1985) 1-90
DIE NEUEN RELIGIÖSEN BEWEGUNGEN (Themaheft), in: Concilium 19 (1983) 1-81
E. DINKLER, Signum crucis. Aufsätze zum Neuen Testament und zur Christlichen Archäologie, Tübingen 1967
E.R. DODDS, Heiden und Christen im Zeitalter der Angst, Frankfurt/M. 1986
R. DÖBERT, Sinnstiftung ohne Sinnsysteme?, in: W. Fischer/W. Marhold (Hrsg.), Religionssoziologie als Wissenssoziologie, Stuttgart 1978, 52-72
DOGMATISCHE KONSTITUTION ÜBER DIE KIRCHE, in: Lexikon für Theologie und Kirche. Das Zweite Vatikanische Konzil, Bd. I, Freiburg 1967, 137-359
DOGMATISCHE KONSTITUTION ÜBER DIE GÖTTLICHE OFFENBARUNG, in: Lexikon für Theologie und Kirche. Das Zweite Vatikanische Konzil, Bd. II, Freiburg 1967, 497-583
F.M. DOSTOJEWSKIJ, Die Brüder Karamasow, 3 Bde., Frankfurt/M. 1984
B. DREHER, Die biblische Unterweisung im katholischen und evangelischen Religionsunterricht, Freiburg 1963
B. DREHER, Katholische und evangelische Bibelkatechese, in: Katechetische Blätter 91 (1966) 67-80
B. DREHER, Induktion als Weg der Verkündigung, in: W.G. Esser (Hrsg.), Zum Religionsunterricht morgen I. Perspektiven künftiger Religionspädagogik, München-Wuppertal 1970, 349-358
G. EBELING, Wort und Glaube, Bd. II, Tübingen 1962
G. EBELING, Wort und Glaube, Bd. III, Tübingen 1975
G. EBELING, Dogmatik und Exegese, in: Zeitschrift für Theologie und Kirche 77 (1980) 269-286
J. ECKER, Handbuch zur Katholischen Schulbibel, Trier 1907ff.
J. ECKERT, Die Kollekte des Paulus für Jerusalem, in: P.-G. Müller/W. Stenger (Hrsg.), Kontinuität und Einheit (FS Franz Mußner), Freiburg 1981, 65-80
G. EDER, Gibt es ein Danach?, in: P. Hünermann (Hrsg.), Sterben, Tod und Auferstehung. Ein interdisziplinäres Gespräch, Düsseldorf 1984, 11-27

I. EIBL-EIBESFELDT, Krieg und Frieden aus der Sicht der Verhaltensforschung (Neuausgabe), München ^{3}1986
P. EICHER, Das Offenbarungsgeschehen in seiner katechetischen Konsequenz, in: Katechetische Blätter 101 (1976) 289-305
P. EICHER, Offenbarung. Zur Präzisierung einer überstrapazierten Kategorie, in: G. Bitter/G. Miller (Hrsg.), Konturen heutiger Theologie, München 1976, 108-134
P. EICHER (Hrsg.), Neues Handbuch theologischer Grundbegriffe, 4 Bde., München 1984
G. EICHHOLZ, Tradition und Interpretation. Studien zum Neuen Testament und zur Hermeneutik (Theologische Bücherei), München 1965
EINHEITSÜBERSETZUNG DER HEILIGEN SCHRIFT. Die Bibel. Studienausgabe, hrsg. im Auftrag der Bischöfe Deutschlands, Österreichs, der Schweiz u.a., Stuttgart 1984
W. ELLIGER, Paulus in Griechenland. Philippi, Thessaloniki, Athen, Korinth (SBS 92/93), Stuttgart 1978
D. EMEIS, Der Religionsunterricht als Lernort des Glaubens, in: Katechetische Blätter 112 (1987) 4-17
EMNID INSTITUT, Zur geistigen Situation der Jugend unter Berücksichtigung bildungsrelevanter Aspekte, Bielefeld 1985
R. ENGLERT, Glaubensgeschichte und Bildungsprozeß. Versuch einer religionspädagogischen Kairologie, München 1985
E.H. ERIKSON, Jugend und Krise. Die Psychodynamik im sozialen Wandel, Stuttgart 1970
E.H. ERIKSON, Einsicht und Verantwortung. Die Rolle des Ethischen in der Psychoanalyse, Frankfurt/M. 1971
E.H. ERIKSON, Identität und Lebenszyklus, Frankfurt/M. 1973
W.G. ESSER (Hrsg.), Zum Religionsunterricht morgen I. Perspektiven künftiger Religionspädagogik, München-Wuppertal 1970
A. EXELER, Inhalte des Religionsunterrichts. Vom stofforientierten zum situationsbezogenen Religionsunterricht, in: E. Feifel u.a. (Hrsg.), Handbuch der Religionspädagogik, Bd. 2, Gütersloh-Zürich 1974, 90-118
A. EXELER, Religionsunterricht – Anwalt des Menschen ?, in: Katechetische Blätter 104 (1979) 21-35
A. EXELER, Der Religionslehrer als Zeuge, in: Katechetische Blätter 106 (1981) 3-14
EXISTENZWISSEN , hrsg. von der Redaktion der Frankfurter Hefte (FH extra 5), Frankfurt/M. 1983
H. FAHRENBACH, Wesen und Sinn der Hoffnung. Versuch über ein Grenzphänomen zwischen philosophischer und theologischer Daseinsauslegung, Diss. Heidelberg 1956
E. FASCHER, Urchristliche Briefliteratur, in: Religion in Geschichte und Gegenwart, Bd. I, Tübingen ^{3}1957, 1412-1415
E. FEIFEL, Die Sprache des Religionsunterrichts in den Dimensionen von Zukunft und Hoffnung. Überlegungen zur gesellschaftskritischen Funktion des Religionsunterrichts, in: W.G. Esser (Hrsg.), Zum Religionsunterricht morgen I. Perspektiven künftiger Religionspädagogik, München / Wuppertal 1970, 43-58
E. FEIFEL, Fragestellungen und Aufgaben gegenwärtiger Religionspädagogik, in: G. Stachel/W.G. Esser (Hrsg.), Was ist Religionspädagogik?, Zürich 1971, 149-262
E. FEIFEL, Die Bedeutung der Erfahrung für religiöse Bildung und Erziehung, in: ders. u.a. (Hrsg.), Handbuch der Religionspädagogik, Bd. 1, Gütersloh-Zürich 1973, 86-107
E. FEIFEL, Sozialpsychologische Aspekte einer Realitätskontrolle, in: ders. u.a. (Hrsg.), Handbuch der Religionspädagogik, Bd. 2, Gütersloh-Zürich 1974, 208-219

E. FEIFEL u.a. (Hrsg.), Handbuch der Religionspädagogik, 3 Bde., Gütersloh/Zürich 1973-1975
E. FEIFEL (Hrsg.), Welterfahrung und christliche Hoffnung, Donauwörth 1977
E. FEIFEL, Religionsunterricht, in: G. Bitter/G. Miller (Hrsg.), Handbuch religionspädagogischer Grundbegriffe, Bd. 1, München 1986, 198-208
E. FEIFEL, Von der curricularen zur kommunikativen Didaktik. Zur Situation der Religionspädagogik, in: E. Paul/A. Stock (Hrsg.), Glauben ermöglichen (FS Günter Stachel), Mainz 1987, 21-32
I. FETSCHER, Verdrängung des Todes und Hoffnung auf Unsterblichkeit, in: Universitas 43 (1988) 283-293
L. FEUERBACH, Das Wesen des Christentums, Stuttgart 1969
L. FEUERBACH, Das Wesen der Religion, Leipzig 1923
E. FINK, Metaphysik der Erziehung im Weltverständnis von Plato und Aristoteles, Frankfurt/M. 1970
H. FISCHER, Das freie Unterrichtsgespräch, Braunschweig 1955
W.FLECKENSTEIN, Außenseiter als Thema und Realität des katholischen Religionsunterrichts (Studien zur Theologie 4), Würzburg 1989
J.W. FOWLER, Stages of Faith. The Psychology of Human Development and the Quest for Meaning, San Francisco 1981
F. FOX, Das Verhältnis des Christen zur Welt nach Paulus, in: Katechetische Blätter 103 (1978) 741-746
H. FOX, Kompendium Didaktik Katholische Religion, München 1986
H.-J. FRAAS, Entwicklung und religiöse Sozialisation, in: W. Böcker u.a. (Hrsg.), Handbuch religiöser Erziehung, Bd. 1, Düsseldorf 1987
H. FRIES, Bekenntnis/Konfession, in: P. Eicher (Hrsg.), Neues Handbuch theologischer Grundbegriffe, Bd. 1, München 1984, 109-118
M. FRISCH, Homo faber, Frankfurt/M. 1957
K. FRÖR, Wege zur Schriftauslegung. Biblische Hermeneutik für Unterricht und Predigt, Düsseldorf [3]1967
F. FROITZHEIM, Christologie und Eschatologie bei Paulus (FzB 35), Würzburg 1979
E. FROMM, Entfremdung – Vom Alten Testament bis zur Gegenwart, in: H.-H. Schrey (Hrsg.), Entfremdung, Darmstadt 1975, 60-91
E. FROMM, Haben oder Sein. Die seelischen Grundlagen einer neuen Gesellschaft, Stuttgart 1976
E. FROMM, Die Kunst des Liebens, Frankfurt/M.-Berlin-Wien 1982
E. FROMM, Psychoanalyse und Ethik. Bausteine zu einer humanistischen Charakterologie, Frankfurt/M. 1985
G. FUCHS, Glaubhaft ist nur Liebe. Theologische Anmerkungen zu Ansatz und Perspektive des Zielfelderplans für die Primarstufe, in: Katechetische Blätter 102 (1977) (1977) 371-377
O. FUCHS, Biblische Geschichten und christliches Handeln. Überlegungen zu einer angemessenen Vermittlungstheorie zwischen Schrift und Leben, in: Katholisches Bibelwerk (Hrsg.), Dynamik im Wort. Lehre von der Bibel. Leben aus der Bibel (FS zum 50-jährigen Bestehen des Katholischen Bibelwerks), Stuttgart 1983, 361-381
O. FUCHS, Der Stellenwert der Bibel in der heutigen Pastoral, in: Katholisches Bibelwerk (Hrsg.), 50 Jahre Katholisches Bibelwerk in Deutschland, Stuttgart 1983, 104-125
O. FUCHS (Hrsg.), Theologie und Handeln. Beiträge zur Fundierung der Praktischen Theologie als Handlungstheorie, Düsseldorf 1984
O. FUCHS, Von Gott predigen. Anleitungen – Beispiele – Überlegungen, Gütersloh 1984
M. FUHRMANN, Die antike Rhetorik, München/Zürich 1984

H.G. GADAMER, Wahrheit und Methode. Grundzüge einer philosophischen Hermeneutik, Tübingen [2]1965
A. GEHLEN u.a., Sinn und Unsinn des Leistungsprinzips, München 1974
TH. GEIGER, Die soziale Schichtung des deutschen Volkes, Stuttgart 1932
GEMEINSAME SYNODE DER BISTÜMER IN DER BUNDESREPUBLIK DEUTSCHLAND. Offizielle Gesamtausgabe I, Freiburg 1976
D. GEORGI, Die Gegner des Paulus im 2. Korintherbrief. Studien zur religiösen Propaganda in der Spätantike (WMANT 11), Neukirchen 1964
GERECHTIGKEIT SCHAFFT FRIEDEN. Wort der Deutschen Bischofskonferenz zum Frieden, hrsg. vom Sekretariat der Deutschen Bischofskonferenz, Bonn 1983
H. GRASS, Ostergeschehen und Osterberichte, Göttingen 1967
G. GRESHAKE, Der Preis der Liebe. Besinnung über das Leid, Freiburg [2]1979
G. GRESHAKE, Tod und Auferstehung, in: F. Böckle u.a. (Hrsg.), Christlicher Glaube in moderner Gesellschaft, Bd. 5, Freiburg 1980, 63-130
G. GRESHAKE, Stärker als der Tod, Mainz [9]1986
G. GRESHAKE/J. KREMER, Resurrectio mortuorum. Zum theologischen Verständnis der leiblichen Auferstehung, Darmstadt 1986
B. GÖTZ/J. KALTSCHMID (Hrsg.), Erziehungswissenschaft und Soziologie, Darmstadt 1977
A.H.J. GUNNEWEG/W. SCHMITHALS, Leistung, Stuttgart 1978
E. HAAG, Seele und Unsterblichkeit in biblischer Sicht, in: R. Friedli u.a., Seele. Problembegriff christlicher Eschatologie (QD 106), Freiburg 1986, 31-93
J. HABERMAS, Theorie der Gesellschaft oder Sozialtechnologie, Frankfurt/M. 1971
J. HABERMAS, Kleine politische Schriften, Frankfurt/M. 1981
E. HAENCHEN, Die Apostelgeschichte (KEK 3), Göttingen [6]1968
W. HAFTMANN, Marc Chagall, Köln [2]1977
F. HAHN, Christologische Hoheitstitel. Ihre Geschichte im frühen Christentum (FRLANT 83), Göttingen [3]1966
U. HAHN, Freudenfeuer, Stuttgart 1985
H. HALBFAS, Der Religionsunterricht. Didaktische und psychologische Konturen, Düsseldorf 1965
H. HALBFAS, Religionsunterricht in der Grundschule. Lehrerhandbuch 4, Düsseldorf 1986
H. HALBFAS, Das Paradoxon, in: E. Paul/A. Stock (Hrsg.), Glauben ermöglichen (FS Günter Stachel), Mainz 1987, 361-369
O.W. HASELOFF, Kommunikation, Transformation und Interaktion, in: H.G. Gadamer/P. Vogler (Hrsg.), Neue Anthropologie, Bd. 5: Psychologische Anthropologie, Stuttgart 1973, 94-140
H.-G. HEIMBROCK, Pädagogische Diakonie, in: W. Böcker u.a. (Hrsg.), Handbuch religiöser Erziehung II, Düsseldorf 1987, 428-438
K. HEINTZ/G. NEUMÜLLER (Hrsg.), Moral und Gewissen (Konzepte 5. Materialien für den Religionsunterricht in der Sekundarstufe II), Frankfurt/M.-München 1979
U. HEMEL, Religionspädagogik im Kontext von Theologie und Kirche, Düsseldorf 1986
U. HEMEL, Ziele religiöser Erziehung. Beiträge zu einer integrativen Theorie (Regensburger Studien zur Theologie 38), Frankfurt/M.-Bern 1988
E. HENNECKE/W. SCHNEEMELCHER, Neutestamentliche Apokryphen I, Tübingen [5]1989
H.-J. HÖHN, Krise der Moderne – Krise der Vernunft? Motive und Perspektiven der aktuellen Zivilisationskritik, in: Zeitschrift für katholische Theologie 109 (1987) 20-47
H.-J. HÖHN, Ende oder Wende der Moderne?, in: Orientierung 52 (1988) 114-117
J. HOFFMEISTER, Wörterbuch der philosophischen Begriffe, Hamburg [2]1955
J. HOFMEIER, Kleine Fachdidaktik Katholische Religion, München 1983

H. HOLZ, Analogie, in: H. Krings u.a. (Hrsg.), Handbuch philosophischer Grundbegriffe, Studienausgabe Bd. 1, München 1973, 51-65
W. HORNSTEIN, Erwachsenwerden im Spannungsfeld politischer, sozialer und ökonomischer Anforderungen und Widersprüche, in: M. Furian (Hrsg.), Gefährdete Jugend. Zwischen Zweifel, Resignation und Hoffnung, Heidelberg 1980, 13-55
W. HORNSTEIN (Hrsg.), Jugend ohne Orientierung?, München 1982
G. HOWE, Gott und die Technik. Die Verantwortung der Christenheit für die wissenschaftlich-technische Welt, Hamburg-Zürich 1971
W. HUBER, Die Verantwortung des Intellektuellen, in: Neue Sammlung 23 (1983) 337-351
K. HURRELMAN, Das Modell des produktiv realitätsverarbeitenden Subjekts in der Sozialisationsforschung, in: Zeitschrift für Sozialisationsforschung und Erziehungssoziologie 3 (1983) 91-104
INSTRUKTION DER KONGREGATION FÜR DIE GLAUBENSLEHRE ÜBER DIE CHRISTLICHE FREIHEIT UND DIE BEFREIUNG, hrsg. vom Sekretariat der Deutschen Bischofskonferenz, Bonn 1986
K. JASPERS, Descartes und die Philosophie, Berlin ^{3}1956
J. JEREMIAS, Die Abendmahlsworte Jesu, Göttingen ^{4}1967
B. JOERGES, Leistung, in: J. Ritter/K. Gründer (Hrsg.), Historisches Wörterbuch der Philosophie, Bd. 5, Darmstadt 1980, 215-220
JOHANNES PAUL II., Enzyklika "Redemptor hominis", hrsg. vom Sekretariat der Deutschen Bischofskonferenz, Bonn 1979
JOHANNES PAUL II., Apostolisches Schreiben Catechesi tradendae, Freiburg/ Schweiz 1979
JOHANNES PAUL II, Apostolisches Schreiben Salvifici doloris über den christlichen Sinn des menschlichen Leidens, hrsg. vom Sekretariat der Deutschen Bischofskonferenz, Bonn 1984
JOHANNES PAUL II, Enzyklika "Sollicitudo rei socialis", hrsg. vom Sekretariat der Deutschen Bischofskonferenz, Bonn 1987
F.ST. JONES, "Freiheit" in den Briefen des Apostels Paulus. Eine historische, exegetische und religionsgeschichtliche Studie (GTA 34), Göttingen 1987
JUGENDWERK DER DEUTSCHEN SHELL (Hrsg.), Jugendliche und Erwachsene '85, Hamburg 1985
J.A. JUNGMANN, Die Frohbotschaft in unserer Glaubensverkündigung, Regensburg 1936
E. KÄSEMANN, Einführung zu F.C. Baur, Ausgewählte Werke I, Göttingen 1963
E. KÄSEMANN, Exegetische Versuche und Besinnungen II, Göttingen 1964
E. KÄSEMANN, Paulinische Perspektiven, Tübingen 1969
Th. KAMPMANN, Das Geheimnis des Alten Testaments. Eine Wegweisung, München 1962
I. KANT, Werke in zehn Bänden, hrsg. von W. Weischedel, Darmstadt 1968
E. KAPPELER, Es schreit in mir. Briefdokumente junger Menschen, München 1980
KATHOLISCHER KATECHISMUS der Bistümer Deutschlands, Freiburg 1955
F.-X. KAUFMANN, Gesellschaftliche Bedingungen der Glaubensvermittlung, in: G. Stachel u.a. (Hrsg.), Sozialisation - Identitätsfindung - Glaubenserfahrung (SPT 18), Zürich 1979, 67-100
F.-X. KAUFMANN/ G. STACHEL, Religiöse Sozialisation, in: F. Böckle u.a. (Hrsg.), Christlicher Glaube in moderner Gesellschaft, Bd. 25, Freiburg 1980, 117-164
F.-X. KAUFMANN, Der Ort Gottes in unserer Kultur, in: Herder Korrespondenz 39 (1985) 329-334
F.-X. KAUFMANN, Religiöser Indifferentismus, in: E. Paul/A. Stock (Hrsg.), Glauben ermöglichen (Festschrift für Günter Stachel), Mainz 1987, 115-127

F.-X. KAUFMANN/J.B. METZ, Zukunftsfähigkeit. Suchbewegungen im Christentum, Freiburg 1987
R. KEGAN, Die Entwicklungsstufen des Selbst. Fortschritte und Krisen im menschlichen Leben, München 1986
K. KERTELGE (Hrsg.), Der Tod Jesu. Deutungen im Neuen Testament (QD 74), Freiburg 1976
H. KESSLER, Die theologische Bedeutung des Todes Jesu, Düsseldorf 1970
H. KESSLER, Auferstehung, in: P. Eicher (Hrsg.), Neues Handbuch theologischer Grundbegriffe, Bd. 1, München 1984, 79-81
H. KESSLER, Sucht den Lebenden nicht bei den Toten. Die Auferstehung Jesu Christi in biblischer, fundamentaltheologischer und systematischer Sicht, Düsseldorf 1985
W. KLAFKI, Das pädagogische Problem des Elementaren und die Theorie der kategorialen Bildung, Weinheim [4]1964
W. KLAFKI, Studien zur Bildungstheorie und Didaktik, Weinheim [10]1975
W. KLAFKI, Neue Studien zur Bildungstheorie und Didaktik. Beiträge zur kritisch-konstruktiven Didaktik, Weinheim 1985
H.-J. KLAUCK, Hausgemeinde und Hauskirche im frühen Christentum (SBS 103), Stuttgart 1981
H.-J. KLAUCK, Herrenmahl und hellenistischer Kult. Eine religionsgeschichtliche Untersuchung zum ersten Korintherbrief (NTA NF 15), Münster 1982
H.-J. KLAUCK, 1. Korintherbrief (NEB 7), Würzburg 1984
H.-J. KLAUCK, 2. Korintherbrief (NEB 8), Würzburg 1986
H.-J. KLAUCK, Die Autorität des Charismas, in: E. Klinger/R. Zerfaß (Hrsg.), Die Kirche der Laien. Eine Weichenstellung des Konzils, Würzburg 1987, 25-37
H.-J. KLAUCK, Gemeindestrukturen im ersten Korintherbrief, in: ders., Gemeinde – Amt – Sakrament. Neutestamentliche Perspektiven, Würzburg 1989, 37-45
W. KLUXEN, Analogie, in: J. Ritter (Hrsg.), Historisches Wörterbuch der Philosophie, Bd. 1, Darmstadt 1971, 214-227
J. KNECHT, Praktischer Kommentar zur Biblischen Geschichte, Freiburg 1882 ([25]1925)
J. KOPPERSCHMIDT, Allgemeine Rhetorik. Einführung in die Theorie der Persuasiven Kommunikation, Stuttgart 1973
P. KOSLOWSKI/R. SPAEMANN/ R. LÖW (Hrsg.), Moderne oder Postmoderne? Zur Signatur des gegenwärtigen Zeitalters, Weinheim 1986
P. KOSLOWSKI, Die Baustellen der Postmoderne, in: P. Koslowski/R. Spaemann/R. Löw (Hrsg.), Moderne oder Postmoderne? Zur Signatur des gegenwärtigen Zeitalters, Weinheim 1986, 1-16
L. KRAPPMANN, Soziale Dimensionen der Identität. Strukturelle Bedingungen für die Teilnahme an Interaktionsprozessen, Stuttgart [3]1973
J. KREMER, Das älteste Zeugnis von der Auferstehung Christi. Eine bibeltheologische Studie zur Aussage und Bedeutung von 1 Kor 15,1-11 (SBS 17), Stuttgart 1966
J. KREMER, Die Zukunft der Toten. Hoffnung auf persönliche Auferstehung im Wandel der Zeiten, Stuttgart 1988
H. KREUTZWALD, Zur Geschichte des Biblischen Unterrichts und zur Formgeschichte des biblischen Schulbuches, Freiburg 1957
E. KÜNG, Ökonomie und Moral, in: F. Böckle u.a. (Hrsg.), Christlicher Glaube in moderner Gesellschaft, Bd. 17, Freiburg 1981, 123-162
H. KÜNG, Christsein, München 1974
KULTUSMINISTERIUM RHEINLAND-PFALZ (Hrsg.), Lehrplan Katholische Religionslehre. Grundfach in der Oberstufe des Gymnasiums (Mainzer Studienstufe), Mainz-Worms 1983

K.-J. KUSCHEL (Hrsg.), Der andere Jesus. Ein Lesebuch moderner literarischer Texte, Zürich-Gütersloh 1983
K.-J. KUSCHEL, Dichtung und Religion in der Literatur unserer Zeit, in: Zeitwende 58 (1987) 161-181
F. LANG, Die Briefe an die Korinther (NTD 7), Göttingen 1986
H. LANG, Religiöse Dimensionen der Alltagserfahrung, in: Katechetische Blätter 107 (1982) 274-281
G. LANGE, Bilder der Kunst zur Bibel, München 1960
G. LANGE, Zwischenbilanz zum Korrelationsprinzip, in: Katechetische Blätter 105 (1980) 151-155
G. LANGE, Kunst zur Bibel. 32 Bildinterpretationen, München 1988
S.K. LANGER, Philosophie auf neuem Wege. Das Symbol im Denken, im Ritus und in der Kunst, Frankfurt/M. 1984
W. LANGER, Kerygma und Katechese. Theologische und didaktische Neubegründungen des Bibelunterrichts, München 1966
W. LANGER, Praxis des Bibelunterrichts. Ziele - Gestaltungsformen - Entwürfe, Stuttgart-München 1975
W. LANGER, Moralpädagogische Bibelinterpretation. Die ethische Aktualisierung biblischer Texte im deutschsprachigen katholischen Bibelunterricht seit dem Ende des 18. Jahrhunderts, Theol. Diss. Münster 1977
W. LANGER, Wozu sind wir auf Erden? Die Antwort der Katechismen auf die Frage nach dem Sinn des Lebens, in: Theologisch-Praktische Quartalschrift 162 (1982) 20-31
W. LANGER, Hoffnung erfahren lassen, in: Christlich-Pädagogische Blätter 96 (1983) 96-104
W. LANGER, Bibelarbeit, in: G. Bitter/G. Miller (Hrsg.), Handbuch religionspädagogischer Grundbegriffe, Bd. 1, München 1986, 275-284
W. LANGER (Hrsg.), Handbuch der Bibelarbeit, München 1987
W. LANGER, Die Bibel in der Schule, in: ders. (Hrsg.), Handbuch der Bibelarbeit, München 1987, 210-220
M.J. LANGEVELD, Studien zur Anthropologie des Kindes, Tübingen 1956
CH. LASCH, Das Zeitalter des Narzißmus, München 1986
H. LAUSBERG, Handbuch der literarischen Rhetorik, München 1960
K. LEHMANN, Auferweckt am dritten Tag nach der Schrift (QD 38), Freiburg 1968
K. LEHMANN, Die Erscheinungen des Herrn. Thesen zur hermeneutisch-theologischen Struktur der Ostererzählungen, in: H. Feld/J. Nolte, Wort Gottes in der Zeit (FS Karl Hermann Schelkle), Düsseldorf 1973, 371-384
K. LEHMANN u.a., Theologie der Befreiung, Einsiedeln 1977
K. LEHMANN, Kreatürlichkeit des Menschen als Verantwortung für die Erde, in: Ph. Schmitz (Hrsg.), Macht euch die Erde untertan? Schöpfungsglaube und Umweltkrise, Würzburg 1981
K. LEHMANN, "Er wurde für uns gekreuzigt". Eine Skizze zur Neubesinnung in der Soteriologie, in: Theologische Quartalschrift 162 (1982) 298-317
TH. LIDZ, Das menschliche Leben. Die Entwicklung der Persönlichkeit im Lebenszyklus, Frankfurt/M. 1970
H. LIPPS, Die menschliche Natur, Frankfurt/M. ^{2}1977
R. LÖW, Nietzsche, Sophist und Erzieher. Philosophische Untersuchungen zum systematischen Ort von Friedrich Nietzsches Denken, Weinheim 1984
G. LOHFINK, Die Sammlung Israels. Eine Untersuchung zur lukanischen Ekklesiologie (StANT 39), München 1975
E. LOHSE, Märtyrer und Gottesknecht. Untersuchungen zur christlichen Verkündigung vom Sühnetod Jesu (FRLANT 64), Göttingen ^{2}1963
TH. LUCKMANN, Persönliche Identität, soziale Rolle und Rollendistanz, in: O. Mar-

quard/ K. Stierle (Hrsg.), Identität (Poetik und Hermeneutik VIII), München 1979, 293-313
G. LÜDEMANN, Paulus, der Heidenapostel, 2 Bde. (FRLANT 125/130), Göttingen 1980/83
J. MACQUARRY, Gott-Rede. Eine Untersuchung der Sprache und Logik der Theologie, Würzburg 1974
O. MARQUARD, Abschied vom Prinzipiellen, Stuttgart 1981
O. MARQUARD, Plädoyer für die Fähigkeit, einsam zu sein, in: Frankfurter Allgemeine Zeitung Nr. 79 vom 6. April 1983, 11
O. MARQUARD, Über die Unvermeidlichkeit der Geisteswissenschaften, in: Sprache und Literatur in Wissenschaft und Unterricht 17 (1986) 72-81
K. MARTI, Leichenreden, Darmstadt-Neuwied 1969
C. MENZE, Wissenschaftsorientierung als Problem der Schule, in: Pädagogische Rundschau 35 (1981) 147-165
C. MERCHANT, Der Tod der Natur. Ökologie, Frauen und neuzeitliche Naturwissenschaft, München 1987
R. MERKERT/W. SIMON, Didaktik und Fachdidaktik Religion. Didaktische Grundpositionen und ihre Rezeption durch die Religionspädagogik, Zürich-Köln 1979
H. MERKLEIN, Die Weisheit Gottes und die Weisheit der Welt (1 Kor 1,21). Zur Möglichkeit und Hermeneutik einer "natürlichen Theologie" nach Paulus, in: G. W. Hunold/ W. Korff (Hrsg.), Die Welt für morgen. Ethische Herausforderungen im Anspruch der Zukunft (FS Franz Böckle), München 1986, 391-403
H. MERKLEIN, Studien zu Jesus und Paulus (WUNT 43), Tübingen 1987
N. METTE, Kirchlich distanzierte Christlichkeit. Eine Herausforderung für die praktische Kirchentheorie, München 1982
J. MEURERS, Das heutige Wissen über die Struktur des Universums und seine naturphilosophische Bedeutung, in: Tragweite und Grenze der wissenschaftlichen Methoden. Naturwissenschaft und Theologie Heft 5, Freiburg 1962
H. MIDDENDORF, Über die Hoffnung, Diss. München 1937 (Neudruck: Phänomenologie der Hoffnung, Amsterdam 1985)
D. MIETH, Nach einer Bestimmung des Begriffs ›Erfahrung‹: Was ist Erfahrung?, in: Concilium 14 (1978) 159-167
D. MIETH, Gotteserfahrung und Weltverantwortung. Über die christliche Spiritualität des Handelns, München 1982
G. MILANESI, Religionssoziologie. Wandlungsprozesse im religiösen Verhalten, Zürich 1976
G. MILANESI, Glaubenserfahrung und Sozialisation, in: G. Stachel u.a. (Hrsg.), Sozialisation — Identitätsfindung - Glaubenserfahrung (SPT 18), Zürich 1979, 101-121
G. MILLER, Konzeptionen des Religionsunterrichts, in: G. Bitter/G. Miller (Hrsg.), Handbuch religionspädagogischer Grundbegriffe, Bd. 1, München 1986, 432-440
MISEREOR (Hrsg.), Indios in den Anden. Leidenswege — Hoffnungswege, Aachen 1986
MISEREOR (Hrsg.), Indios im Hochland von Peru und Bolivien. Lehrerheft, Aachen 1986
MISEREOR (Hrsg.), Bolivien und Peru. Wege in die Verarmung, Aachen 1987
MISEREOR (Hrsg.), Der Weg entsteht beim Gehen, Aachen 1989
MISEREOR (Hrsg.), Lernen für die eine Welt, Aachen 1989
A. MITSCHERLICH, Die Unfähigkeit zu trauern. Grundlagen kollektiven Verhaltens, München 1967
H. MOHR, Natur und Moral. Ethik in der Biologie (Dimensionen der modernen Biologie 4), Darmstadt 1987
CH. MORGENTHALER, Sozialisation und Religion. Sozialwissenschaftliche Materialien zur religionspädagogischen Theoriebildung, Gütersloh 1976

A.M.K. MÜLLER, Die präparierte Zeit. Der Mensch in der Krise seiner eigenen Zielsetzungen, Stuttgart ²1973
J.B. MÜLLER, Bedürfnis I, in: J. Ritter (Hrsg.), Historisches Wörterbuch der Philosophie, Bd. 1, Darmstadt 1971, 765-767
K. MÜLLER, Die Leiblichkeit des Heils: 1 Kor 15,35-58, in: L. de Lorenzi (Hrsg.), Résurrection du Christ et des chrétiens (1 Co 15), Rom 1985, 171-281
K. MÜLLER, Exegese/Bibelwissenschaft, in: P. Eicher (Hrsg.), Neues Handbuch theologischer Grundbegriffe, Bd. 1, München 1984, 332-353
J. MÜLLER-BARDORFF, Paulus. Wege zu didaktischer Erschließung der paulinischen Briefe, Gütersloh 1970
C.P. MÜLLER-THURAU, Lass uns mal 'ne Schnecke angraben. Sprache und Sprüche der Jugendszene, Düsseldorf ²1983
J. MUNCK, Paulus und die Heilsgeschichte, Kopenhagen 1954
F. MUßNER, Apostelgeschichte (NEB 5), Würzburg 1984
F. MUßNER, Das Thoraleben im jüdischen Verständnis, in: K. Kertelge (Hrsg.), Das Gesetz im Neuen Testament (QD 108), Freiburg 1986, 28-45
E. NESTLE Hrsg.), Novum Testamentum Graece et Latine, Stuttgart ¹⁶1954
P. NEUENZEIT, Das Herrenmahl. Studien zur paulinischen Eucharistieauffassung (StANT 1), München 1960
P. NEUENZEIT, Bibel und Exegese im künftigen Religionsunterricht, in: Katechetische Blätter 95 (1970) 135-144
P. NEUENZEIT, Ziel Gottes ist der Mensch. Zur Begründung zielgerichteten Handelns im Religionsunterricht, in: Katechetische Blätter 108 (1983) 809-819
P. NEUENZEIT, Vorlesung Religionspädagogik IV, Wintersemester 1985/86, Arbeitsblätter (unveröffentl. Manuskript)
P. NEUENZEIT, Hoffen, in: G. Bitter/G. Miller (Hrsg.), Handbuch religionspädagogischer Grundbegriffe, Bd. 1, München 1986, 414-418
P. NEUENZEIT, Zur Gegenwärtigkeit des Evangeliums, in: B. Jendorff/G. Schmalenberg (Hrsg.), Evangelium Jesu Christi heute verkündigen (FS Cornelius P. Mayer), Gießen 1989, 47-60
W.S. NICKLIS (Hrsg.), Handwörterbuch der Schulpädagogik, Bad Heilbrunn 1973
F. NIETZSCHE, Werke, hrsg. von K. Schlechta, München 1966
K.E. NIPKOW, Schule und Religionsunterricht im Wandel. Ausgewählte Studien zur Pädagogik und Religionspädagogik, Heidelberg/Düsseldorf 1971
K.E. NIPKOW, Grundfragen der Religionspädagogik, 3 Bde., Gütersloh 1975-1982
K.E. NIPKOW, Elementarisierung biblischer Inhalte, in: I. Baldermann/K.E. Nipkow/H. Stock, Bibel und Elementarisierung (Rph 1), Frankfurt/M. 1979, 35-73
K.E. NIPKOW, Das Problem der Elementarisierung der Inhalte des Religionsunterrichts, in: G. Biemer/D. Knab (Hrsg.), Lehrplanarbeit im Prozeß. Religionspädagogische Lehrplanreform, Freiburg 1982, 73-95
K.E. NIPKOW, Lebensgeschichte und religiöse Lebenslinie, in: Jahrbuch der Religionspäadagogik, Bd. 3, Neukirchen-Vluyn 1986, 3-35
K.E. NIPKOW, Leistung, in: W. Böcker u.a. (Hrsg), Handbuch religiöser Erziehung, Bd. 1, Düsseldorf 1987, 163-176
K.E. NIPKOW, Die Gottesfrage bei Jugendlichen - Auswertung einer empirischen Umfrage, in: U. Nembach (Hrsg.), Jugend und Religion in Europa, Frankfurt/M.-Bern 1987, 233-259
K.E. NIPKOW, Erwachsenwerden ohne Gott? Gotteserfahrung im Lebenslauf, München 1987
K.E. NIPKOW, Grundfragen der didaktischen Textvermittlung, in: W. Langer (Hrsg.), Handbuch der Bibelarbeit, München 1987, 242-249
K.E. NIPKOW, Entwicklungspsychologie und Religionsdidaktik. Zur Problem- und Rezeptionslage und zur Bedeutung entwicklungspsychologischer Fragen in einer elementarisierenden didaktischen Analyse als Kern der Unterrichtsvorbereitung,

in: Zeitschrift für Pädagogik 33 (1987) 149-165
K.E. NIPKOW, Religiöse Denkformen in Glaubenskrisen und kirchlichen Konflikten, in: Religionspädagogische Beiträge 21/1988, 95-114
F.-J. NOCKE, Liebe, Tod und Auferstehung. Über die Mitte des Glaubens, München 1978
F.-J. NOCKE, Korrelation. Stichwort zur Orientierung, in: Katechetische Blätter 105 (1980) 130f.
J. NUTTIN, Das Verhalten des Menschen: Der Mensch in seiner Erscheinungswelt, in: H.G. Gadamer/P. Vogler (Hrsg.), Neue Anthropologie, Bd. 5: Psychologische Anthropologie, Stuttgart 1973, 163-199
R. OERTER, Moderne Entwicklungspsychologie, Donauwörth 1969
R. OERTER/L. MONTADA, Entwicklungspsychologie, München-Weinheim [2]1987
H.W. OFFELE, Geschichte und Grundanliegen der sogenannten Münchener katechetischen Methode, München o.J. (1961)
J. ORTEGA Y GASSET, Vom Menschen als utopischem Wesen, Stuttgart 1951
J. ORTEGA Y GASSET, Über die Liebe, München [2]1986
F. OSER/P. GMÜNDER, Der Mensch - Stufen seiner religiösen Entwicklung. Ein strukturgenetischer Ansatz, Zürich 1984
F. OSER, Grundformen biblischen Lernens, in: E. Paul/ A. Stock (Hrsg.), Glauben ermöglichen (FS Günter Stachel), Mainz 1987, 213-246
R. OTT/A. SCHLERETH, Politik — Mächte und Ideologien (Alternativen 7), München 1971
R. OTT/A. SCHLERETH, Politik — Mächte und Ideologien. Lehrerkommentar (Alternativen 7), München 1973
R. OTT/G. MILLER (Hrsg.), Zielfelderplan — Dialog mit den Wissenschaften, München 1976
R. OTT, Die Inhaltsfrage in der Vermittlung von Dogmatik und Religionspädagogik, in: G. Stachel u.a. (Hrsg.), Inhalte religiösen Lernens (SPT 14), Zürich 1977, 18-26
R. OTT, Philemon und Onesimus - Ein Fall für Paulus, in: Religionsunterricht an höheren Schulen 23 (1980) 246-249
R. OTT, Buße und Eucharistie. Ein Buch für Eltern und Katecheten, München 1980
R. OTT, Grundschuldidaktik für Lehrer weiterführender Schulen, in: Religionsunterricht an höheren Schulen 24 (1981) 127-139
R. OTT, Analoges Reden von Gott. Unterrichtsentwurf für das 11./12. Schuljahr, in: Katechetische Blätter 110 (1985) 381-384
R. OTT, Startzeichen. Anstösse zum Glauben, München 1985
R. OTT, Sozialisation, in: G. Bitter/G. Miller (Hrsg.), Handbuch religionspädagogischer Grundbegriffe, Bd. 1, München 1986, 61-67
R. OTT, Wie mit der Bibel unterrichten? Kommentare zu bibeldidaktischen Büchern von 1980 bis 1984, in: Religionspädagogische Beiträge 17/1986, 79-90
R. OTT, Geschichte der katholischen Bibeldidaktik, in: W. Langer (Hrsg.), Handbuch der Bibelarbeit, München 1987, 226-230
G. OTTO, Handbuch des Religionsunterrichts, Hamburg 1964
S. PAINADATH, Der leidende Gott. Das christliche Gottesbild aus der Sicht eines Inders, in: Missio-pastoral 1/1984
B. PASCAL, Über die Religion und über einige andere Gegenstände (Pensées), hrsg. von E. Wasmuth, Tübingen 1948
PASTORALE KONSTITUTION ÜBER DIE KIRCHE IN DER WELT VON HEUTE, in: Lexikon für Theologie und Kirche. Das Zweite Vatikanische Konzil, Bd. III, Freiburg 1968, 241-592
PAUL VI., Apostolisches Schreiben "Evangelii nuntiandi" Seiner Heiligkeit Papst Pauls VI. an den Episkopat, den Klerus und alle Gläubigen der Katholischen Kirche über die Evangelisierung in der Welt von heute. 8. Dezember 1975, hrsg. vom Sekretariat der Deutschen Bischofskonferenz, Bonn 1975

E. PAUL, Wie ist Glaube auf Erfahrung beziehbar ?, in: Katechetische Blätter 98 (1973) 699-703
E. PAUL, Methoden, in: E. Feifel u.a. (Hrsg.), Handbuch der Religionspädagogik, Bd. 2, Gütersloh-Zürich 1974, 145-172
E. PAUL, "Die Bibel unter heutigen Bedingungen verstehen". Zu den bibeldidaktischen Neuerscheinungen, in: Religionspädagogische Beiträge 1/1978, 3-23
E. PAUL, Religion (katholisch) in der Sekundarstufe II, in: L. Roth (Hrsg.), Handlexikon zur Didaktik der Schulfächer, München 1980, 416-418
E. PAUL/G. STACHEL/W. LANGER, Katechismus - Ja? Nein? Wie? (SPT 25), Zürich 1982
E. PAUL, Die Münchener Methode: Intention-Realisierung-Grenzen, in: Katechetische Blätter 113 (1988) 186-192
PAULUS IM RELIGIONSUNTERRICHT (Themaheft), in: Katechetische Blätter 103 (1978) 741-769
R. PESCH, Die Apostelgeschichte, 2 Bde. (EKK V/1-2), Zürich/Neukirchen-Vluyn 1986
R. PESCH, Paulus ringt um die Lebensform der Kirche. Vier Briefe an die Gemeinde Gottes in Korinth, Freiburg 1986
R. PESCH, Paulus kämpft um sein Apostolat, Freiburg 1987
H. PEUKERT, Wissenschaftstheorie – Handlungstheorie – Fundamentale Theologie. Analysen zu Ansatz und Status theologischer Theoriebildung, Frankfurt/M. 1978
J. PIAGET, Theorien und Methoden der modernen Erziehung, Wien 1972
W. POPKES, Christus traditus. Eine Untersuchung zum Begriff der Dahingabe im Neuen Testament (AThANT 49), Zürich 1967
R. PREUL, Kategoriale Bildung im Religionsunterricht, Heidelberg 1973
R. PREUL, Religion - Bildung - Sozialisation. Studien zur Grundlegung einer religionspädagogischen Bildungstheorie, Gütersloh 1980
TH. PRÖPPER, Freiheit, in: P. Eicher (Hrsg.), Neues Handbuch theologischer Grundbegriffe, Bd. 1, München 1984, 374-403
B. QUELQUEJEU/J.-P. JOSSUA, Erfahrung, in: P. Eicher (Hrsg.), Neues Handbuch theologischer Grundbegriffe, Bd. 1, München 1984, 230-241
RAHMENPLAN FÜR DIE GLAUBENSUNTERWEISUNG mit Plänen für das 1.-10. Schuljahr, hrsg. von den Katholischen Bischöfen Deutschlands durch den Deutschen Katecheten-Verein, München 1967
RAHMENPLAN für den katholischen Religionsunterricht an den Gymnasien in der Bundesrepublik Deutschland, München 1969
K. RAHNER, Zur Theologie des Todes, Freiburg 1958
K. RAHNER, Zu einer Theologie des Todes, in: Schriften zur Theologie X, Einsiedeln-Zürich-Köln 1972, 181-199
I.T. RAMSEY, Religiöse Paradoxien, in: D.M. High (Hrsg.), Sprachanalyse und religiöses Sprechen. Mit einer Einführung von Helmut Peukert, Düsseldorf 1972, 133-158
M. RASKE, Fragen nach der Auferstehung, in: H.-U. von Brachel/N. Mette (Hrsg.), Kommunikation und Solidarität. Beiträge zur Diskussion des handlungstheoretischen Ansatzes von Helmut Peukert in Theologie und Sozialwissenschaften, Fribourg- Münster 1985, 140-147
J. RATZINGER, Einführung in das Christentum, München ³1968
J. RATZINGER, Stellvertretung, in: H. Fries (Hrsg.), Handbuch theologischer Grundbegriffe, Bd. 2, München 1973, 566-575
J. RATZINGER, Die Krise der Katechese und ihre Überwindung. Rede in Frankreich, Einsiedeln 1983
U. RAULFF (Hrsg.), Mentalitäten-Geschichte. Zur historischen Rekonstruktion geistiger Prozesse, Berlin 1987
H.E. RICHTER, Der Gotteskomplex. Die Geburt und die Krise des Glaubens an die

Allmacht des Menschen, Hamburg 1979
H.E. RICHTER, Zur Psychologie des Friedens, Reinbeck 1984
H.E. RICHTER, Die Chance des Gewissens. Erinnerungen und Assoziationen, Hamburg 1986
H.E. RICHTER, Leben statt Machen. Einwände gegen das Verzagen, Hamburg 1987
P. RICOEUR, Hermeneutik und Psychoanalyse, München 1974
J. RITTER (Hrsg.), Historisches Wörterbuch der Philosophie, Darmstadt 1971ff.
J. RITTER, Fortschritt, in: ders. (Hrsg.), Historisches Wörterbuch der Philosophie, Bd. 2, Darmstadt 1972, 1032-1059
A.-M. RIZZUTO, The Birth of the Living God, Chicago/London 1979
M. ROCK, Theologie der Natur und ihre anthropologisch-ethischen Konsequenzen, in: D. Birnbacher (Hrsg.), Ökologie und Ethik, Stuttgart 1980, 72-102
E. ROLLINCK, Offenbarung/Erfahrung, in: G. Miller/G. Bitter (Hrsg.), Handbuch religionspädagogischer Grundbegriffe, Bd. 2, München 1986, 654-661
H. ROMBACH, Phänomenologie des gegenwärtigen Bewußtseins, Freiburg/München 1980
H. ROMBACH, Leistung und Muße, in: F. Böckle u.a. (Hrsg.), Christlicher Glaube in moderner Gesellschaft, Bd. 8, Freiburg 1980, 39-69
G. ROMBOLD/H. SCHWEBEL, Christus in der Kunst des 20. Jahrhunderts, Freiburg 1983
F. ROSENZWEIG, Der Stern der Erlösung, Den Haag [4]1976
H. ROTH, Pädagogische Psychologie des Lehrens und Lernens, Hannover [13]1971
H. ROTHBUCHER, Modellbegriff und Modellkritik, in: E. Feifel u.a. (Hrsg.), Handbuch der Religionspädagogik, Bd. 2, Gütersloh/Zürich 1974, 271-286
D. RÜSCHEMEYER, Mentalität und Ideologie, in: R. König (Hrsg.), Das Fischer-Lexikon Sozio logie, Frankfurt/M. 1967, 190-194
U. RUH/D. SEEBER/R. WALTER (Hrsg.), Handwörterbuch religiöser Gegenwartsfragen, Freiburg 1986
H. SCARBATH, Jugend zwischen Schonraum und Emanzipation — Perspektiven zur Pädagogik des Jugendalters, in: F. Henrich/R. Bleistein (Hrsg.), Jugend zwischen Schonraum und Emanzipation, München 1972, 97-126
K. SCHÄFER, Paradox, in: H. Krings u.a. (Hrsg.), Handbuch philosophischer Grundbegriffe. Studienausgabe Bd. 4, München 1973, 1051-1059
M. SCHELER, Tod und Fortleben, in: ders., Gesammelte Werke, Bd. 10: Schriften aus dem Nachlaß Bd. I: Zur Ethik und Erkenntnislehre, Bern [2]1957, 9-64
K.H. SCHELKLE, Apostel, in: Lexikon für Theologie und Kirche, Bd. 1, Freiburg [2]1957-1965
K.H. SCHELKLE, Paulus. Leben — Briefe — Theologie, Darmstadt 1981
H.-M. SCHENKE/K.M. FISCHER, Einleitung in die Schriften des Neuen Testaments, Bd. I: Briefe des Paulus und Schriften des Paulinismus, Gütersloh 1978
L. SCHENKE, Auferstehungsverkündigung und leeres Grab (SBS 33), Stuttgart 1968
G. SCHERER, Das Problem des Todes in der Philosophie, Darmstadt 1979
E. SCHILLEBEECKX, Glaubensinterpretation. Beiträge zu einer hermeneutischen und kritischen Thelogie, Mainz 1971
E. SCHILLEBEECKX, Christus und die Christen. Die Geschichte einer neuen Lebenspraxis, Freiburg 1977
E. SCHILLEBEECKX, Menschliche Erfahrung und Glaube an Jesus Christus, Freiburg 1979
E. SCHILLEBEECKX, Offenbarung, Glaube und Erfahrung, in: Katechetische Blätter 105 (1980) 84-95
E. SCHILLEBEECKX, Erfahrung und Glaube, in: F. Böckle u.a. (Hrsg.), Christlicher Glaube in moderner Gesellschaft, Bd. 25, Freiburg 1980, 73-116
E. SCHILLEBEECKX, Jesus. Die Geschichte von einem Lebenden, Freiburg [7]1980
H. SCHILLING, Grundlagen der Religionspädagogik. Zum Verhältnis von Theologie

und Erziehungswissenschaft, Düsseldorf 1970
G. SCHIWY, Der Geist des neuen Zeitalters. New-Age-Spiritualität und Christentum, München 1987
H. SCHLIER, Die Zeit der Kirche, Freiburg ²1962
H. SCHLIER, Grundzüge einer paulinischen Theologie, Freiburg 1978
R. SCHLÜTER, Der Religionslehrer als Zeuge - Eine hilfreiche religionspädagogische Forderung?, in: Theologie und Glaube 74 (1984) 341-356
G. SCHMIDTCHEN, Protestanten und Katholiken, Bern 1979
W. SCHMITHALS, Das kirchliche Apostelamt. Eine historische Untersuchung (FRLANT 79), Göttingen 1961
W. SCHMITHALS, Die Gnosis in Korinth. Eine Untersuchung zu den Korintherbriefen (FRLANT 66), Göttingen ²1965
W. SCHMITHALS, Zur Herkunft der gnostischen Elemente in der Sprache des Paulus, in: B. Aland (Hrsg.), Gnosis (Festschrift für Hans Jonas), Göttingen 1978, 385-414
J. SCHMITZ, Offenbarung (Leitfaden Theologie 19), Düsseldorf 1988
R. SCHNACKENBURG, Die sittliche Botschaft des Neuen Testaments, 2 Bde., Freiburg 1986/1988
N. SCHNEIDER, Die rhetorische Eigenart der paulinischen Antithese, Tübingen 1970
O. SCHNURR, Zünd-Funken. Gedankensprünge ins Leben, München 1985
W. SCHRAGE, Leid, Kreuz und Eschaton. Die Peristasenkataloge als Merkmale paulinischer theologia crucis und Eschatologie, in: Evangelische Theologie 34 (1974) 141-175
A. SCHREIBER, Die Gemeinde von Korinth. Versuch einer gruppendynamischen Betrachtung der Entwicklung der Gemeinde von Korinth auf der Basis des ersten Korintherbriefes (NTA NF 12), Münster 1977
H. SCHRÖER, Die Denkform der Paradoxalität als theologisches Problem, Göttingen 1960
A. SCHWEITZER, Die Mystik des Apostels Paulus, Tübingen ²1954
F. SCHWEITZER, Lebensgeschichte und Religion. Religiöse Entwicklung und Erziehung im Kindes- und Jugendalter, München 1987
E. SCHWEIZER, 1. Korinther 15,20-28 als Zeugnis paulinischer Eschatologie und ihre Verwandtschaft mit der Verkündigung Jesu, in: E.E. Wllis/E. Gräßer (Hrsg.), Jesus und Paulus (FS Werner G. Kümmel), Göttingen 1975, 301-314
M. SECKLER, Aufklärung und Offenbarung, in: F. Böckle u.a. (Hrsg.), Christlicher Glaube in moderner Gesellschaft, Bd. 21, Freiburg 1980, 5-78
G. SELLIN, Der Streit um die Auferstehung der Toten. Eine religionsgeschichtliche und exegetische Untersuchung von 1 Korinther 15 (FRLANT 138), Göttingen 1986
SENECA, Philosophische Schriften, hrsg. von M. Rosenbach, Darmstadt ²1980
W. SIMON, Inhaltsstrukturen des Religionsunterrichts. Eine Untersuchung zum Problem der Inhalte religiösen Lehrens und Lernens (SPT 27), Zürich 1983
C. SKUPIEN, Biblische Erneuerung. Die bibeldidaktische Erneuerung im deutschen Religionsunterricht der 1960er Jahre und die bibelkatechetische Erneuerung in der polnischen Katechese der 1970er Jahre, Frankfurt/Main 1984
G. SÖHNGEN, Art. Analogie, in: H. Fries (Hrsg.), Handbuch theologischer Grundbegriffe, Bd. I, München 1962, 49-61
G. SÖHNGEN, Die Weisheit der Theologie durch den Weg der Wissenschaft, in: J. Feiner/M. Löhrer (Hrsg.), Mysterium Salutis, Bd. I: Die Grundlagen heilsgeschichtlicher Dogmatik, Einsiedeln 1965, 905-980
D. SÖLLE, Stellvertretung. Ein Kapitel Theologie nach dem "Tod Gottes", Gütersloh 1972
R. SPAEMANN, Ende der Modernität?, in: P. Koslowski/R. Spaemann/R. Löw (Hrsg.), Moderne oder Postmoderne? Zur Signatur des gegenwärtigen Zeitalters, Weinheim 1986, 19-40

B. SPÖRLEIN, Die Leugnung der Auferstehung. Eine historisch-kritische Untersuchung zu 1 Kor 15 (BU 7), Regensburg 1971
G. STACHEL, Bibelkatechese im Zeitalter der kritischen Exegese, in: Katechetische Blätter 91 (1966) 81-100
G. STACHEL, Der Bibelunterricht. Grundlagen und Beispiele, Zürich 1967
G. STACHEL (Hrsg.), Existentiale Hermeneutik, Zürich 1969
G. STACHEL, Lernziele und Religionsunterricht, in: H. Heinemann/ G. Stachel/ S. Vierzig, Lernziele und Religionsunterricht. Grundsätzliche Überlegungen und Modelle lernzielorientierten Unterrichts, Zürich-Einsiedeln-Köln 1970, 24-56
G. STACHEL, Curriculum und Religionsunterricht, Zürich 1971
G. STACHEL, Das Was und Wie religiöser Erziehung, in: G. Stachel/ W.G. Esser, Was Religionspädagogik?, Zürich-Einsiedeln-Köln 1971, 64-89
G. STACHEL, Theorie und Praxis des Curriculum, in: E. Feifel u.a. (Hrsg.), Handbuch der Religionspädagogik Bd. 2, Gütersloh-Zürich 1974, 34-72
G. STACHEL, Religionspädagogische "Modelle", in: E. Feifel u.a. (Hrsg.), Handbuch der Religionspädagogik, Bd. 2, Gütersloh-Zürich 1974, 220-230
G. STACHEL, Die Religionsstunde - beobachtet und analysiert. Eine Untersuchung zur Praxis des Religionsunterrichts, Zürich-Einsiedeln-Köln 1976
G. STACHEL (Hrsg.), Bibelunterricht - dokumentiert und analysiert. Eine Untersuchung zur Praxis des Bibelunterrichts (SPT 11), Zürich 1976
G. STACHEL/D. MIETH, ethisch handeln lernen. Zu Konzeption und Inhalt ethischer Erziehung, Zürich 1978
G. STACHEL, Die "unerledigte Hermeneutik" - Bibelunterricht als Auslegung der Schrift unter heutigen Bedingungen, in: Religionspädagogische Beiträge 1/1978, 24-58
G. STACHEL u.a. (Hrsg.), Sozialisation — Identitätsfindung — Glaubenserfahrung (SPT 18), Zürich 1979
G. STACHEL, Erfahrung interpretieren. Beiträge zu einer konkreten Religionspädagogik, Zürich 1982
G. STACHEL, Biblische Spiritualität, in: Religionspädagogische Beiträge 16/1985, 2-34
G. STACHEL, Spiritueller Umgang mit biblischen Texten, in: W. Langer (Hrsg.), Handbuch der Bibelarbeit, München 1987, 102-106
G. STACHEL, Fixierung auf eine rationale Theorie: Das moralische Urteil in der Meßbarkeit von Stufen seiner Entwicklung, in: Religionspädagogische Beiträge 21/1988, 50-64
E. STAUFFER, Jesus, Paulus und wir, Hamburg 1961
A. STOCK, Umgang mit theologischen Texten, Zürich 1974
P. STUHLMACHER, Schriftauslegung auf dem Wege zur biblischen Theologie, Göttingen 1975
P. STUHLMACHER, Exegese und Erfahrung, in: E. Jüngel u.a. (Hrsg.), Verifikationen (FS Gerhard Ebeling), Tübingen 1982, 67-89
J. SUDBRACK, Neue Religiosität — Herausforderung für die Christen, Mainz 1987
P. TEILHARD DE CHARDIN, Der Mensch im Kosmos, München [6]1959
G. THEIßEN, Argumente für einen kritischen Glauben oder: Was hält der Religionskritik stand?, München 1978
G. THEIßEN, Studien zur Soziologie des Urchristentums (WUNT 19), Tübingen 1979
J. THIELE, Bibelarbeit im Religionsunterricht. Ein Werkbuch zur Bibeldidaktik, München 1981
P. TILLICH, Systematische Theologie, 3 Bde., Stuttgart 1956
P. TILLICH, Die verlorene Dimension. Not und Hoffnung unserer Zeit, Hamburg 1962
H. TREMEL (Hrsg.), Das Paradies im Angebot. Religiöse Elemente in der Werbung, Frankfurt/M. 1986
W. TRILLING, Mit Paulus im Gespräch. Das Lebenswerk des großen Völkerapostels -

Eine Hinführung, Graz 1983
W. TRUTWIN (Hrsg.), Religion – Sekundarstufe II. Ein Arbeitsbuch für den Kursunterricht, Düsseldorf 1974
W. TRUTWIN (Hrsg.), Ewiges Leben (Forum Religion 7), Düsseldorf 1986
VERANTWORTUNG WAHRNEHMEN FÜR DIE SCHÖPFUNG. Gemeinsame Erklärung des Rates der Evangelischen Kirche in Deutschland und der Deutschen Bischofskonferenz, Köln 1985
PH. VIELHAUER, Geschichte der urchristlichen Literatur. Einleitung in das Neue Testament, die Apokryphen und die Apostolischen Väter, Berlin 1975
A. VÖGTLE/R. PESCH, Wie kam es zum Osterglauben?, Düsseldorf 1975
S. VOLLENWEIDER, Freiheit als neue Schöpfung. Eine Untersuchung zur Eleutheria bei Paulus und in seiner Umwelt (FRLANT 147), Göttingen 1989
WACHSEN IM GLAUBEN (Themaheft), in: Religionspädagogische Beiträge 21/1988
W. WARNACH/O.H. PESCH/R. SPAEMANN, Freiheit, in: J. Ritter (Hrsg.), Historisches Wörterbuch der Philosophie, Bd. 2, Darmstadt 1972, 1064-1098
P. WATZLAWICK/J.H. BEAVIN/D.D. JACKSON, Menschliche Kommunikation. Formen, Störungen, Paradoxien, Bern [4]1974
A. WEBER, Die Münchener katechetische Methode, Kempten-München 1905
H. WEDER, Das Kreuz Jesu bei Paulus. Ein Versuch, über den Geschichtsbezug des christlichen Glaubens nachzudenken (FRLANT 125), Göttingen 1981
H. WEDER, Exegese und Dogmatik. Überlegungen zur Bedeutung der Dogmatik für die Arbeit des Exegeten, in: Zeitschrift für Theologie und Kirche 84 (1987) 137-161
K. WEGENAST, Bibeldidaktik 1975-1985. Ein Überblick, in: Jahrbuch der Religionspädagogik. Bd. 3, Neukirchen-Vluyn 1987, 127-152
K. WEGENAST, Geschichte der evangelischen Bibeldidaktik, in: W. Langer (Hrsg.), Handbuch der Bibelarbeit, München 1987, 221-226
G. u. N. WEIDINGER, Gesten, Zeichen und Symbole im Gottesdienst, München 1981
S. WEIL, Das Unglück und die Gottesliebe, München [2]1961
S. WEIL, Fabriktagebuch und andere Schriften zum Industriesystem, Frankfurt/M. 1978
W. WEISCHEDEL, Skeptische Ethik, Frankfurt/Main 1980
J. WEIß, Der erste Korintherbrief (1910), Neudruck Göttingen 1977
C.F. VON WEIZSÄCKER, Die Tragweite der Wissenschaft, Stuttgart 1966
C.F. VON WEIZSÄCKER, Deutlichkeit. Beiträge zu politischen und religiösen Gegenwartsfragen, München [2]1979
C.F. VON WEIZSÄCKER, Bewußtseinswandel, München 1988
B. WELTE, Religionsphilosophie, Freiburg [3]1978
K. WENGST, Christologische Formeln und Lieder des Urchristentums (Studien zum NT 7), Gütersloh 1972
J. WERBICK, Theologie aus Erfahrung? Die Lehre von der Dreifaltigkeit als Regulativ christlicher Glaubenserfahrung, in: Religionspädagogische Beiträge 2/1978, 31-65
J. WERBICK, Der Glaube als "Lebenswissen". Begriff und Dimension eines identitätsverbürgenden Wissens aus dem Glauben, in: Katechetische Blätter 107 (1982) 326-333
J. WERBICK, Glaube im Kontext. Prolegomena und Skizzen zu einer elementaren Theologie (SPT 26), Zürich 1983
J. WERBICK, Wahrheit, die dem Menschen gut tut. Zur Diskussion um die Korrelationsdidaktik, in: Katechetische Blätter 110 (1985) 326-336
J. WERBICK, Religionsdidaktik als "theologische Konkretionswissenschaft", in: Katechetische Blätter 113 (1988) 82-99

J. WERBICK, Glaubenlernen aus Erfahrung. Grundbegriffe einer Didaktik des Glaubens, Düsseldorf 1989
C, WESTERMANN, Das Buch Jesaja. Kap. 40-66 (ATD 19), Göttingen 1966
A.N. WHITEHEAD, Wissenschaft und moderne Welt, Zürich 1949
S. WIEDENHOFER, Offenbarung, in: P. Eicher (Hrsg.), Neues Handbuch theologischer Grundbegriffe, Bd. 3, München 1985, 270-286
U. WILCKENS, Weisheit und Torheit. Eine exegetisch-religionsgeschichtliche Untersuchung zu 1. Kor 1 und 2 (BHTh 26), Tübingen 1959
U. WILCKENS, Der Ursprung der Überlieferung der Erscheinungen des Auferstandenen. Zur traditionsgeschichtlichen Analyse von 1. Kor. 15,1-11 in: W. Joest/W. Pannenberg (Hrsg.), Dogma und Denkstrukturen (FS Eduard Schlink), Göttingen 1963, 56-95
U. WILCKENS, Zu 1 Kor 2,1-16, in: C. Andresen/G. Klein (Hrsg.), Theologia crucis - signum crucis (Festschrift für Erich Dinkler), Tübingen 1979, 501-537
W. WINK, Bibelauslegung als Interaktion. Über die Grenzen historisch-kritischer Methode, Stuttgart 1976
H.W. WOLFF, Anthropologie des Alten Testaments, München ^{3}1977
E. ZELLER, Sage und schreibe, Stuttgart 1971
R. ZERFAß, Praktische Theologie als Handlungswissenschaft, in: F. Klostermann/R. Zerfaß (Hrsg.), Praktische Theologie heute, München-Mainz 1974, 164-172
ZIELFELDERPLAN für den katholischen Religionsunterricht in der Grundschule. Grundlegung, hrsg. im Auftrag der Bischöflichen Kommission für Erziehung und Schule von der Zentralstelle für Bildung der Deutschen Bischofskonferenz, München 1977
H. ZIRKER, Aufbau einer religiösen Verständigungsfähigkeit - die Aufgabe des Religionsunterrichts, in: Katechetische Blätter 101 (1976) 489-503
H. ZIRKER u.a., Zugänge zu biblischen Texten. Eine Lesehilfe zur Bibel für die Grundschule. Neues Testament, Düsseldorf 1980
H. ZIRKER, Der Glaube und die Erfahrungen der Christen. Belastungen in Familie und Öffentlichkeit, in: Theologische Quartalschrift 161 (1981) 115-130
H. ZIRKER, Religionskritik (Leitfaden Theologie 5), Düsseldorf 1982
H. ZIRKER, Religionskritik - Zweifel, in: W. Böcker u.a. (Hrsg.), Handbuch religiöser Erziehung, Bd. 2, Düsseldorf 1987, 530-541
P.M. ZULEHNER, Pastoraltheologie. Bd. 1: Fundamentalpastoral. Kirche zwischen Auftrag und Erwartung, Düsseldorf 1989
H.A. ZWERGEL, Religiöse Erziehung und Entwicklung der Persönlichkeit, Zürich 1976

Christian Grethlein

Religionsunterricht an Gymnasien – Eine Chance für volkskirchliche Pfarrer
Eine empirische Untersuchung der Einstellung hauptamtlicher Religionslehrer an bayerischen Gymnasien zu ihrem Unterrichtsfach

Frankfurt/M., Bern, Nancy, New York, 1984. 205 S.
Europäische Hochschulschriften: Reihe 33, Religionspädagogik. Bd. 7
ISBN 3-8204-7841-8 br. DM 57.--/sFr. 47.--

Kirche muß ihre Zukunft planen, gerade in Hinblick auf den Einsatz von Mitarbeitern. Welche Wichtigkeit dem Religionsunterricht für die Kirche der Zukunft zukommt, ist umstritten.
Die Befragung hauptamtlicher Religionslehrer (Pfarrer) an bayrischen Gymnasien zeigt: Ein verstärkter Einsatz im Religionsunterricht lohnt sich, wenn die gegenwärtige volkskirchliche Struktur der Kirche akzeptiert wird. Eine Stärkung der parochialen Kirchengemeinden ist jedoch auf Grund der distanzierten Haltung der Religionslehrer vom Religionsunterricht nicht zu erwarten.

Aus dem Inhalt: Planung kirchlichen Handelns – Methodische Reflexion: Wichtigkeit empirischer Methodik in der gegenwärtigen Theologie – Entstehung des Fragebogens – Statistische Auswertungsverfahren – Ergebnisse und Folgerungen.

Verlag Peter Lang Frankfurt a.M. · Bern · New York · Paris
Auslieferung: Verlag Peter Lang AG, Jupiterstr. 15, CH-3000 Bern 15
Telefon (004131) 321122, Telex pela ch 912 651, Telefax (004131) 321131
- Preisänderungen vorbehalten -